마오
이후의

중
국

마오 이후의 중국

성장과 통제,
초강대국 중국의 역설

프랑크 디쾨터 지음
고기탁 옮김

China After Mao

Frank Dikötter

CHINA AFTER MAO: A HISTORY (1976-2020)
by FRANK DIKÖTTER

Copyright (C) Frank Dikötter, 2021
Korean Translation Copyright (C) The Open Books Co., 2025
All rights reserved.

This Korean edition published by arrangement with The Wylie Agency (UK) Ltd.

일러두기
• 옮긴이 주는 각주로 표시하였습니다.

이 책은 실로 꿰매어 제본하는 정통적인 사철 방식으로 만들어졌습니다.
사철 방식으로 제본된 책은 오랫동안 보관해도 손상되지 않습니다.

머리말

영화 「백 투 더 퓨처」가 최고의 흥행을 기록한 1985년 여름에 스위스 제네바 대학교 학생이었던 나는 중국어 공부를 위해 중국으로 향했다. 중국 외교부는 나를 베이징에서 가까운 인구 5백만의 거대 해안 도시 톈진에 소재한 난카이 대학교에 배정했다(오늘날 이 도시는 규모 면에서 세 배로 성장했다). 나는 비행기를 타고 홍콩까지 간 다음에 그곳에서 국경을 넘었고, 기차를 타고 일주일 동안 북쪽으로 이동했다. 여정 중에 새로운 친구들도 사귀었다. 그들 중 한 명은 나의 성(姓)을 기억하지 못했는지 나중에 〈중국 톈진에 사는 네덜란드인 프랑크 앞〉이라고 써서 엽서를 보내왔다. 그럼에도 엽서는 아무런 문제 없이 나에게 배달되었다. 도시에 거주하는 외국인이라고는 일곱 명의 네덜란드인을 포함해 고작 여든 명이 전부였고 그 일곱 명의 네덜란드인 가운데 프랑크라는 이름을 가진 사람이 한 명밖에 없었기 때문이다.

모든 주요 도시가 그렇듯이 톈진에도 1950년대에 소련 전문가들의 도움을 받아 건설된 넓은 도로망이 구축되어 있었다. 교통 정체는 없었다. 10억이 넘는 인구에도 불구하고 자가용은 2만 대가 채 되지 않았다. 대신에 양쪽 도로변의 지정된 차선에는 수많은 통근자의 자전거 행렬이 버스와 트럭, 가끔씩 보이는 자가용을 에워싸고 있었다. 그들은 새벽에 일어나 해가 지기 전에 퇴근했기 때문에 도시는 밤 9시만 되어도 적막에 휩싸였다. 때때로 나는 희미한 가로등 등불에 의지한 채 자전거를 타고 6차선 도로를 혼자 달리고는 했다.

2019년 10월 난카이 대학교 1백 주년 기념행사에 즈음하여 나는 다시 그곳을 찾았다. 톈진은 완전히 변해 있었다. 하늘과 맞닿은 도시의 스카이라인은 반짝이는 고층 건물들로 마치 불타는 듯했고, 아파트 건물과 복합 상업 지구로 이루어진 이미 완공되었거나 아직 공사 중인 단지들이 끝없이 이어지면서 도시 스프롤 현상이 광범위하게 진행되고 있었다. 맑은 날에는 도시 어디에서든 톈진 파이낸스 센터를 볼 수 있었다. 하늘을 향해 거의 6백 미터나 우뚝 솟은 그 건물은 외장 유리가 햇빛에 반사되면서 거대한 크리스털 첨탑처럼 반짝였다. 하지만 이런 겉모습은 기만적일 수 있다. 나의 은사들과 그들의 후임자들은 여전히 똑같은 초라한 콘크리트 상자에서 살고 있었다. 이런저런 화분들로 가득 찬 발코니는 먼지투성이였고, 복도는 캠퍼스를 돌아다닐 때 이용하는 낡은 자전거들로 어수선했다. 내가 듣기로 한 가지 달라진 점은 있었다. 대부분의 교수 자녀들이 이제는 미국에 거주한다는 사실이었다.

몇 년 전 중화 인민 공화국은 덩샤오핑이 1978년 12월에 도입한 경제 개혁 프로그램 〈개혁 개방〉 40주년을 공식적으로 기념했다. 문화 대혁명이 불러온 혼란으로 휘청거리던 고립 국가에서 세계 제2의 경제 대국으로 올라선 변화는 으레 기적으로 칭송되었다. 〈기적은 어떻게 만들어졌는가〉라는 한 학술서의 제목이 중국 사회에 만연한 관점을 단적으로 보여 준다. 일부 전문가들의 관심은 애초에 기적이 실제로 존재했는지보다 기적이 실질적으로 종료되었는지 여부에 있는 듯하다.

하지만 아무리 전문가들이라 한들 어떻게 알겠는가? 35년 전에 기숙사에 들어갔을 때 나는 그곳의 외국인 학생들이 베이징에서 무슨 일이 일어나고 있는지 추론하느라 많은 시간을 보낸다는 사실을 알게 되었다. 그들 중 일부는 중국 관찰자가 되었다. 그리고 크렘린 관찰자들의 기술을 차용했다. 즉 그들은 신뢰할 만한 정보가 부족했고 그래서 베이징 자금성 근처에 중국 공산당의 핵심 기관들이 모여 있는 중난하이에 관한 정보를 얻기 위해 예컨대 톈안먼 광장에서 진행된 열병식에서 각 지도자들이 사열대의 어디에 자리했는지, 『인민일보』가 뉴스 기사를 어떻게 배치했는지, 라디오에서 특정 문구가 얼마나 자주 반복되는지와 같은 지극히 추상적인 징후들을 면밀히 검토해야 했다. 나는 그와 같은 방식에 회의적이었고 과거를 연구하는 쪽을 선호했다.

나는 지금도 회의적이다. 〈개혁 개방〉이 시작된 지 40년이 지난 시점에서 누군가에게는 당연한 기대일 수 있겠지만 오늘날에도 상황은 크게 다르지 않다. 몇 년 전 중국 총리 리커창은 중국의 국내 생산 수치와 관련해서 〈인간이 만든 것이므로 신뢰할 수 없다〉라고 언급했다. 전문가들도 물론 이 문제를 알고 있으며 극복할 방법을 모색하는 중이다. 일례로 〈리커창 지수〉라는 것이 있는데, 이 지수는 총리 본인이 총전력 소비량과 연계해 경제 성장률을 추적 관찰하는 데 사용한 지수이다. 그럼에도 우리가 아는 것이 거의 없다는 점은 여전하다. 중국 관찰자 제임스 파머가 최근에 말했듯이 〈중국 정부를 포함해 그 누구도 중국에 대해 아무것도 모른다〉.[1] 모든 정보가 신뢰할 수 없거나 불완전하거나 왜곡되어 있다. 지방 정부가 정확한 숫자를 보고하지 않는 까닭에 우리는 중국 경제의 실제 규모를 알지 못하며, 은행들이 쉬쉬하는 까닭에 악성 대출 규모를 알지 못한다. 훌륭한 연구자들은 누구나 소크라테스의 역설을 염두에 둔다. 〈나는 내가 모른다는 사실을 안다.〉 하지만 적어도 중국에 관한 한 우리는 우리가 무엇을 모르는지조차 모르고 있다.

혼잡한 8차선 도로를 사이에 두고 난카이 대학교 북문 바로 건너편에는 젊은 군인들이 지키는 크고 휑뎅그렁한 건물에 톈진시 기록 보관소가 있다. 내가 학생일 때였다면 접근은 생각지도 못했을 곳이다. 하지만 기록 보관소 접근을 규제하는 법은 1996년에 개정되었고 이제는 추천장으로 무장한 전문 역사학자들이 점점 더 많은 기밀 해제된 자료를 이용할 수 있게 되었다. 물론 지극히 민감한 정보들은 여전히 기록 보관소의 깊숙한 곳에 안전하게 잠겨 있겠지만 그럼에도 불구하고 연구자들은 비로소 마오 시대의 어두운 밤을 파헤칠 수 있는 기회를 얻게 되었다.

나는 10년 동안 아열대 지역인 광둥성부터 몽골 사막 인근의 가난하고 매우 건조한 지역인 간쑤성까지 중국 전역을 여행하면서 수천 건의 당 기록물을 조사했다. 누렇게 바랜 서류철 안에는 손으로 휘갈겨 쓰거나 깔끔하게 타이핑한 최고 회의의 비밀회의록, 대량 학살 사건에 대한 조사 내용, 수많은 주민을 굶주리게 만든 지도자들의 자백, 농촌의 저항에 관한 보고서, 비밀 여론 조사, 일반인들이 쓴 항의 서한 등이 들어 있었다. 나는 마오 치하에서 일반인들의 삶을 다룬 소위 〈인민 3부작〉으로 알려진 세 권의 책을 썼다.

시기적으로 운이 좋았다. 2012년 11월에 시진핑이 집권한 뒤부터 기록 보관소들이 다시 문을 닫기 시작했기 때문이다. 이후 마오쩌둥의 대기근과 문화 대혁명에 관한 많은 기록물이 재분류되었다. 역설적이게도 마지막 2년은 수십 년에 걸친 〈개혁 개방〉을 탐구하기에 좋은 시기였다. 모든 기록 보관 담당자를 포함하여 중국인들은 1978년 이후에 경제 기적이나 다름없는 일이 일어났으며 그것은 외국 자본주의자들마저 숨이 턱 막힐 정도로 놀라운 것이라는 이야기를 들어 온 터였다. 〈경제 개혁〉이라는 단어가 소환된 순간, 마오 시대 전반에 드리워져 있던 암영은 사라졌다. 그리고 이제 우리는 처음으로 사실상 중국 공산당에 의해 생산된 증거들을 이용하여 1976년 이후의 중국 공산당 역사를 검토할 수 있게 되었다.

모든 민주주의 국가에는 어떤 공식 문서가 기밀 해제될 수 있고, 언제 대중이 열람할 수 있는지를 결정하는 일단의 규정과 조례가 존재한다. 원칙적으로 대부분의 국가들은 30년 규정을 고수한다. 해마다 크리스마스 무렵이 되면 런던 큐 지구의 국립 기록 보관소를 찾는 독자들은 영국 총리실이나 보안국에서 기밀 해제될 최신 자료들을 간절히 기다린다. 하지만 현실적으로 세계 정부 기관들은 수많은 문건에 대해 다양한 예외를 적용함으로써 공개를 유보한다.

중화 인민 공화국의 법 역시 30년 규정을 따르고 있기에 원칙적으로 독자들은 1992년에 생산된 기록물까지 열람할 수 있어야 한다. 하지만 중국은 민주주의 국가가 아니라 독재 국가이다. 게다가 같은 법이라도 어떻게 적용할지는 일반적으로 각 지역에서 자체적으로 결정된다. 그 결과 기록물에 접근할 수 있는 기회도 지역마다 차이가 있다. 어떤 기록 보관소에서는 온건한 내용의 신문 기사조차 국가 기밀로 취급되는 까닭에 모든 외부인의 출입이 정문 초소에서부터 아예 거부되는가 하면, 어떤 기록 보관소에서는 공산주의자들이 승리한 1949년 이전에 생산된 모든 문서에 대한 접근이 금지될 것이다. 반면에 대륙 하나를 통째로 차지하다시피 한 이 거대한 나라 곳곳에는 놀라울 정도로 개방적인 기록 보관소들도 존재한다. 그런 지역의 기록 보관소들은 때때로 독자들에게 30년 규정을 훌쩍 넘어서는 2009년에 생산된 광범위한 주요 자료들도 열람할 수 있도록 허락할 것이다.

나의 설명은 도시 및 지방 기록 보관소 10여 곳에서 입수된 약 6백 건의 문서에 기초하고 있으며 여기에 더해 신문 기사부터 미발표된 회고록에 이르기까지 보다 전통적인 주요 자료들도 참고한다. 특히 리루이의 비밀 일기에 많은 무게를 두고 있는데, 마오의 개인 비서로 일하기도 했던 리루이는 1959년에 기근 문제를 언급한 죄로 감옥에서 20년을 보냈고 1976년에 주석이 사망하면서 중앙 위원회에 합류할 것을 요청받았다. 그는 정부 각층의 당원들을 조사하고 배치하는 업무를 담당하는 조직부(구소련의 조직국에 해당한다)에서 오랫동안 부부장으로 일했다. 그리고 내부에서 공산당 체제를 지켜보면서 진정한 민주주의자가 되었고 2004년에 출간을 목적으로 글을 쓰는 행위를 금지당했다. 리루이의 비밀 일기는 2012년까지 계속되며 그가 고위 당원들과 나눈 대화들을 매우 상세히 보여 준다. 역사가에게는 당연히 증거도 중요하지만 균형감도 중요하다. 말인즉슨 그 두 가지가 부족할 때는 뒤로 한발 물러나 다른 이들이 이야기를 이어 가도록 하는 편이 현명하다. 나는 리루이가 일기 쓰기를 중단하고 시진핑이 전면에 나서는 2012년에 그와 같은 순간을 맞이한다.

그동안 볼 수 없었던 풍부한 증거들은 〈개혁과 개방〉의 시대에 관한 몇 가지 일반적인 가정들을 확인할 수 있게 해준다. 수십 년 동안 외국의 다양한 정치인이나 기업가, 전문가 등은 우리에게 중화 인민 공화국이 책임 있는 이해관계자로 거듭나고 있을 뿐 아니라 잠재적으로 찬란한 민주주의 국가로 나아가는 과정에 있다고 주장했다. 소가 수레를 끄는 것만큼이나 확실하게 경제 개혁은 정치 개혁을 견인할 터였다. 하지만 권력 분립주의를 지지하는 지도자들의 발언은 어디에도 없었다. 오히려 독점 체제를 유지하는 것이 경제 개혁의 절대적인 목표로 반복해서 규정되었다. 오늘날까지 중국 공산당 내에 가장 유력한 인물로 칭송받는 자오쯔양은 1989년 10월 전당 대회에서 다음과 같이 말했다. 〈우리는 절대로 서구의 권력 분립주의나 다당제를 따라 하지 않을 것이다.〉 불과 몇 개월 전 동독 지도자 에리히 호네커를 만난 자리에서도 그는 일단 생활 수준이 높아지면 중국 인민들이 사회주의의 우월성을 인정할 거라고 주장한 터였다. 그러면서 이렇게 덧붙였다. 〈우리는 규제 완화의 폭을 조금씩 지속적으로 줄여 나갈 수 있다.〉 이후의 다른 지도자들도 수시로 동일한 메시지를 내놓았다. 이를테면 2018년에 시진핑은 특히 서구의 〈사법 독립성〉과 〈권력 분립주의〉와 관련해서 〈중국이 다른 나라들을 따라 하지 말아야 한다〉고 경고했다.[2]

지난 몇 년 사이에 수많은 관찰자가 뒤늦게 생각을 바꾸었고 그들은 민주주의를 향한 중국 공산당의 흔들림 없는 전진을 더 이상 기대하지 않게 되었다. 물론 여전히 많은 관찰자가 실질적인 경제 개혁을 통해 계획 경제에서 시장 경제로, 국유제에서 사유제로 나아가고자 한 과거를 사실로 믿고 있다. 하지만 우리는 〈경제 개혁〉이라는 용어가 중국 정부의 공식적인 선전에도 불구하고 과연 정확한 표현인지 따져 볼 필요가 있다. 지금까지 우리가 목격한 것은 계획 경제를 어설프게 손보려는 노력에 불과했기 때문이다. 그게 아니라면 중국 공산당이 5개년 계획을 고집하고 있는 사실을 달리 어떻게 설명할 수 있을까? 여기에 더해서 1976년 이래로 그들은 모든 산업과 대부분의 대기업들에 대한 소유권을 유지하고 있다. 오늘날까지도 중국의 모든 토지는 국가 소유이다. 대다수의 원자재가 국가 소유이며, 국가가 주요 산업을 직간접적으로 통제하고, 은행 또한 국가 소유이다. 전형적인 마르크스식 표현에서 〈생산 수단〉은 당의 통제 아래 놓인다. 국가에 의해 생산 수단이 통제되는 경제를 우리는 보통 사회주의 경제라고 부른다.

1989년 이후로 당 지도부는 중국 경제를 진정한 시장 경쟁에 개방할 생각이 아예 없었다. 이유는 간단했다. 그렇게 하는 순간, 중국 경제가 붕괴될 거라는 사실을 알았기 때문이다. 기록에 따르면 그들은 사기업을 제한하는 한편 국영 기업을 확대하기 위해 끊임없이 노력했다. 공개 석상과 비공개 석상에서의 수많은 진술이 증명하듯이 그들은 시종

일관 사회주의 체제의 우월성을 굳게 믿고 있다. 홍콩 국경과 인접한 선전시의 몇몇 마을이 1980년에 중국 최초의 경제특구로 지정되었을 때 자오쯔양은 다음과 같은 점을 분명히 했다. 〈우리가 만들려는 것은 특별 경제 구역이지 특별 정치 구역이 아니다. 우리는 사회주의를 유지하면서 자본주의에 맞서야 한다.〉[3]

그렇게 거의 40년이 지난 오늘날, 중국에서는 상위 1백 개의 사기업 중 95개를 전현직 공산당원들이 소유하고 있다. 자본주의는 결국 자본에 관한 것이다. 그리고 돈은 수익률과 이윤율을 둘러싼 규칙의 적용을 받는 경제재(經濟財)이다. 하지만 중국에서 자본은 정치재(政治財)로, 국영 은행을 통해 정치적 목적을 추구하는 정부가 직간접적으로 통제하는 기업들에 분배하는 것이었다. 더욱이 시장은 주로 개인 간의 재화 교환에 기반을 두고 있다. 권력 분립주의에 기초한 독립된 사법 체계 없이 어떻게 이런 재화에 대한 소유권이 보호될 수 있을까? 수년에 걸쳐 비평가들이 의문을 제기하고 있음에도 숭배자들은 중화 인민 공화국의 이른바 〈자본주의〉로의 〈전환〉에 내내 박수를 보내는 중이다. 반면에 이 책이 무언가를 입증한다면 그것은 정치 개혁 없는 시장 개혁이 있을 수 없다는 것일 터이다. 상업적 거래가 〈자유〉일 수 있는지 혹은 〈자유〉여야 하는지에 관한 논쟁은 핵심을 놓치고 있다. 핵심은 법에 의해 통제되지 않고, 독립적인 사법 체계와 자유롭고 개방적인 언론에 의해 뒷받침되지 않는 시장은 결코 제대로 된 시장이라고 할 수 없다는 점이다. 정치적 자유가 없는 경제적 자유는 존재하지 않는다. 정치가 경제의 성격을 결정하는 것이며 그 반대는 될 수 없다. 정치는 권력과 그 권력으로 무엇을 할 수 있는가에 관한 것이다. 권력은 견제와 균형의 원칙과 더불어 갈수록 복잡해지는 시민 사회와 독립적인 언론 등의 요구에 부응해 여러 기관으로 분산되어야 할까? 아니면 한 개인이나 한 정당에 집중되어야 할까? 전자는 민주주의라고 불리며 후자는 독재라고 불린다.

여느 민주 국가와 마찬가지로 독재 국가도 시간이 흐르면서 변하기 마련이다. 변화하는 세상에 끊임없이 적응한다. 일례로 모잠비크는 1982년에 서방 세계와 관계 회복에 나섰고, 그로부터 1년 뒤에는 자국 경제를 다변화하고 국영 농장 대신 가족 농업을 활성화했다. 또한 다국적 기업들을 끌어들여 합작 회사를 설립하거나 정부와 계약을 체결하도록 종용했다. 마르크스·레닌주의를 계승한 사회주의자로 1975년에 모잠비크의 독립을 이끈 사모라 마셸은 그를 성공한 게릴라 지도자로 만들어 준 바로 그 추진력으로 모잠비크 1호 영업 사원이 되었다. 그는 파업권을 박탈당한 값싼 노동력을 이용해 세계 각지의 기업 임원들에게 구애를 펼치며 그들을 유치했다. 모잠비크만 그런 것이 아니었다. 다호메이 왕국*부터 시리아에 이르기까지 일련의 다른 독재 정권들도 비슷한 도박을 벌였다. 그리고 경제 붕괴를 피하기 위해 그들은 사유 농경지와 소규모 도시 기업들, 외국 기업의 참여가 그들의 정치적 지배력을 약화시키지 않을 거라는 쪽에 베팅했다. 이들 정권을 매우 구체적으로 묘사한 배리 루빈은 그들을 〈근대의 독재자들〉이라고 칭했다. 그들은 또 다른 하위 범주인 이른바 〈전통적인 독재자들〉과 일반적으로 대비되어 보이는 보통의 〈독재자들〉이다.[4]

사람들은 때때로 국가적 책무보다 효율이 더 중요하다고 말한다. 과연 그럴까? 우리가 중화 인민 공화국에서 보는 것은 질서 정연한 권력 이양보다 끊임없이 변하는 파벌 간의 쓰라린 배신과 권력 다툼이다. 중국 지도자들은 대부분 기본적인 경제학조차 이해하지 못한 데다, 많은 경우에 질적인 성장을 도외시하면서 성장률이라는 단 하나의 수치에 병적으로 집착한다. 그에 따른 결과는 경이적인 규모의 낭비이다. 예

* 지금의 베냉.

컨대 국영 기업들은 가치를 더하는 대신 빼는 경우가 적지 않다. 말인즉슨 그들이 사용하는 원자재가 그들이 생산하는 완제품보다 더 가치 있다는 뜻이다. 다소 역설적이지만 무엇보다 일당제 국가는 경제를 통제할 수단이 없다. 결정권이 공공의 이익을 무시하고 중앙 정부의 지침에도 아랑곳하지 않는 지방 정부에 있기 때문이다.

〈개혁 개방〉의 시기를 통해 중국은 과연 개방되었을까? 문화 대혁명 때와 비교하면 확실히 그렇다. 하지만 세계의 다른 나라들과 비교하면 거의 그렇지 않다. 중국 정권이 지난 40년간 구축한 것은 중국을 세계의 다른 나라들과 격리시킬 수 있는 명백히 단절된 체계이다. 개방은 사람과 사상, 재화, 자본 등의 이동을 의미한다. 하지만 중국은 그 모든 흐름을 통제하고 대개는 한 방향으로만 움직이도록 허용한다. 이를테면 수백만 명의 중국인은 자국을 벗어나 외국에 살면서 일할 수 있지만 외국인이 중국으로 이주하는 경우는 매우 드물다. 〈개혁 개방〉을 실시한 지 40년이 지난 시점까지도 중국에 거주하는 외국인 수는 1백만 명이 채 되지 않았다. 이는 총인구 대비 약 0.07퍼센트 수준으로 다른 어떤 나라보다 낮은 수치이며 북한의 절반도 되지 않는 것이었다(종종 〈외국인 혐오증〉 국가라는 비난을 듣는 일본도 2.8퍼센트였다). 완제품의 경우에도 경이적일 만큼 많은 양이 해외로 수출될 수 있는 반면에 실질적으로 중국에 수입될 수 있는 양은 상대적으로 미미하다. 오늘날 인류의 5분의 1을 차지하는 중국인들이 한 해에 볼 수 있는 외국 영화라고는 정부의 승인을 받은 36편이 고작이다. 중국 시장에 자본을 투입하는 것은 가능하지만 회수하기는 어려운데 중국 정부가 강력한 자본 통제 정책을 실시하고 있기 때문이다. 다수의 기록 보관소를 통해 점점 더 상세히 밝혀지고 있듯이 1976년 이래로 도입된 무수한 규칙과 규제, 제재, 특별 배당금, 공제액, 보조금, 장려금 등은 어쩌면 근대사에서 가장 기울어진 운동장일지 모를 어떤 것을 만들었다.

경제가 실제로 성장한 것은 의심할 여지가 없다. 수십 년에 걸친 인재(人災)로부터 벗어난 마당에 어찌 그렇지 않을 수 있을까? 그럼에도 시골조차 생활비가 터무니없이 비싼 나라에서 6억 명에 가까운 사람들이 한 달에 140달러도 되지 않는 돈으로 먹고살아야 하는 상황이 많은 외부 관찰자에게 드러난 것은 최근인 2020년 6월로, 〈리커창 지수〉의 시조이기도 한 리커창의 독백을 통해서였다.[5] 사실상 모든 것이 눈에 보이는 것과 다르다. 중국에는 평범한 사람들의 이례적인 검소함과 국가에 의해 통제되는 사치스러울 정도의 부유함이 공존한다. 당원들이 국가를 위해 일하는 경우에 그들의 고용주는 그들이 집과 자동차를 구하고, 자녀를 학교에 보내고, 해외여행을 다니는 등의 많은 비용을 지불한다. 반면에 평범한 사람들은 국영 은행에 저축하는 것 말고는 다른 대안이 없다. 국가는 이 돈으로 사회주의의 이점을 선전하기 위해 고층 건물과 고속 철도, 신공항, 끝없이 이어진 자동차 전용 도로를 건설한다. 또한 국영 기업도 부양한다. 금융 제한 때문에 일반인들이 국민 생산에 기여하는 몫은 근대 역사상 그 어떤 나라보다 낮다. 이 같은 현상을 가리키는 중국어 표현도 존재한다. 〈국가는 부유하고 국민은 가난하다.〉

국가와 국영 은행들은 거의 아무런 책임 없이 돈을 지출하거나 빌려줄 수 있다. 실제로도 그렇게 함으로써 대규모 낭비를 자행하고 지속적으로 증가하는 엄청난 규모의 부채를 양산한다. 물론 그들은 이런 사실을 애써 감추고 있다. 그럼 사정이 어느 정도로 나쁜 것일까? 아무도 모른다. 앞으로도 알 수 없을 것이다. 기록 보관소에 신중하게 제출될 부채 관련 자료 보고서를 만들기 위해 정부에서 고용한 회계 직원들조차 수면 아래에서 벌어지는 일을 전부 알 수는 없기 때문이다. 많은 사람이 겉보기에 그럴듯하게 꾸미는 데 탁월한 재주를 가진 대가(大家)들이다. 모든 단계의 권력 집단에 조작된 계약서, 가짜 고객, 만연한 분식 회계 등에 더해 난독화가 존재한다. 유권자에 대해 책임을 져야 하는 선출직 공무원은 고사하고 권력 분립도 없고 따라서 독립적인 언론이나 독립적인 회계 감사도 없는 체제에서 무엇을 기대할 수 있을까? 정기적으로 반(反)부패 운동이 시행된다. 해당 운동의 역사는 중국 공산당이 집권한 1949년까지 거슬러 올라가지만 체제 깊숙이 자리 잡은 부패는 일시적으로 완화되기만 할 뿐 근절되지 않는다. 지도부는 비상사태를 선포하고, 사회 기반 시설 건설을 중단할 것을 요구하고, 기업들에 지출을 억제하도록 명령하기를 반복할 뿐이다.

당 기록 보관소의 전체 서류 중 가운데 5분의 1은 부채와 부채를 해결하기 위한 대출, 그런 대출 때문에 늘어난 부채, 또 그렇게 늘어난 부채를 해결하기 위한 더욱 많은 대출과 관련 있다. 호황과 불황이 자본주의의 특징이라면 중화 인민 공화국의 상황은 호황과 무한정 유예된 불황만 존재하는 듯싶다. 중국 공산당은 평범한 사람들의 예금과 꾸준히 유입되는 외국인 투자금을 비롯해서 엄청난 가용 자산을 보유하고 있다. 이를 바탕으로 악성 부채는 고사하고 자본 수익률도 무시한 채 이런저런 야심 찬 프로젝트들에 점점 더 많은 돈을 투자하고 있다. 경제가 부채보다 빠르게 성장하면 부채가 흡수되겠지만 중국은 경제가 부채 증가율을 따라가지 못하는 상황이 지속되고 있다. 베이징에 위치한 중국 인민 대학교의 경제학과 교수이자 중국 인민 은행 부총재를 지낸 샹쑹쥐는 2019년에 다음과 같이 말했다. 〈기본적으로 중국 경제는 모든 것이 투기에 기반하고 있으며 하나같이 과도한 빚더미에 올라 있다.〉[6]

모든 독재 국가에서 지도자의 결정은 의도치 않은 심대한 영향을 미친다. 인구 증가를 억제할 목적으로 도입된 한 자녀 정책은 오늘날 전국적인 노동력 감소뿐 아니라 남자가 여자보다 훨씬 많아지는 결과를 불러왔다. 정권에 의해 강제되는 수많은 지령도 예측하지 못한 결과를 가져오기는 마찬가지다. 계층 구조 전반에서 너무나 많은 당원이 상부의 지시를 왜곡하거나, 지연하거나, 아예 무시하기 때문이다. 1978년 이후로 중앙 정부는 지방 정부가 보다 많은 경제적 유인을 도입하기를 바라며 그들에게 보다 많은 권한을 이양했지만 지방 정부는 자신들의 영지를 더욱 보호하려는 방향으로 나아갔고 경제적인 장벽을 만들어 경쟁을 막고자 했다. 적정한 수의 대형 철강 공장을 보유한 통합된 국가 경제 대신에 모든 마을과 현(縣), 도시가 자신들의 철강 공장을 소유하기를 원했고 그 결과 철강 공장이 성(省) 하나에 수백 개씩 난립하면서 국가의 희소 자원을 고갈시켰다.

지방 정부에는 그 지역의 당 비서가 존재한다. 그리고 그(여성인 경우는 매우 드물다)는 시장(市場)을 대신하여 자신의 정치적 영향력을 강화하는 방식으로 자본을 배분한다. 혹시라도 지역 경제가 망하더라도 그는 중앙은행이 반드시 자신을 구제해 줄 거라는 사실을 안다. 정권은 〈사회적 불안정성〉을 가장 두려워하기 때문이다. 이 경우에는 예금 인출 사태와 거리로 쏟아져 나온 노동자들의 시위가 될 것이다.

기록 보관소를 통해 보이는 이미지는 자국을 어떻게 번영으로 이끌지 명확한 비전을 가진 당의 모습이 아니다. 중국은 멀리서 보면 인상적일 만큼 질서 정연한 유조선을 닮았다. 선장과 그 부관들은 위풍당당한 모습으로 함교에 서 있는 반면에 갑판 아래의 선원들은 배가 침몰하지 않도록 필사적으로 물을 퍼내고 구멍을 메우고 있다. 〈원대한 계획〉이나 〈비밀 전략〉은 존재하지 않고, 막후에서 진행되는 끊임없는 권력 쟁탈전에 더해서 예측할 수 없는 수많은 사건과 예상치 못한 결과, 갑작스러운 노선 변경만 존재한다. 그럼에도 나는 이 모든 것이 더 나은 역사를 만들 거라고 믿는다.

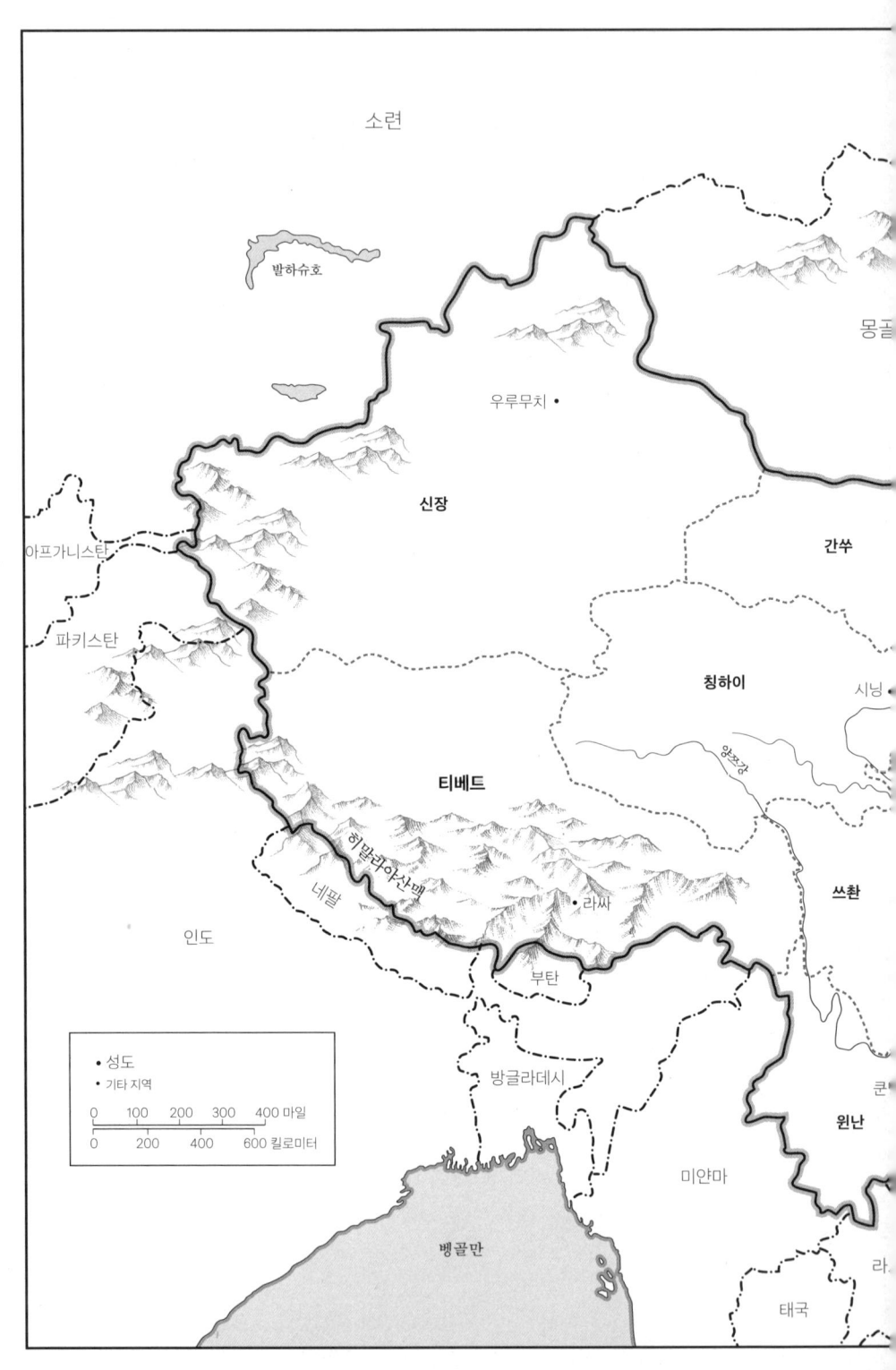

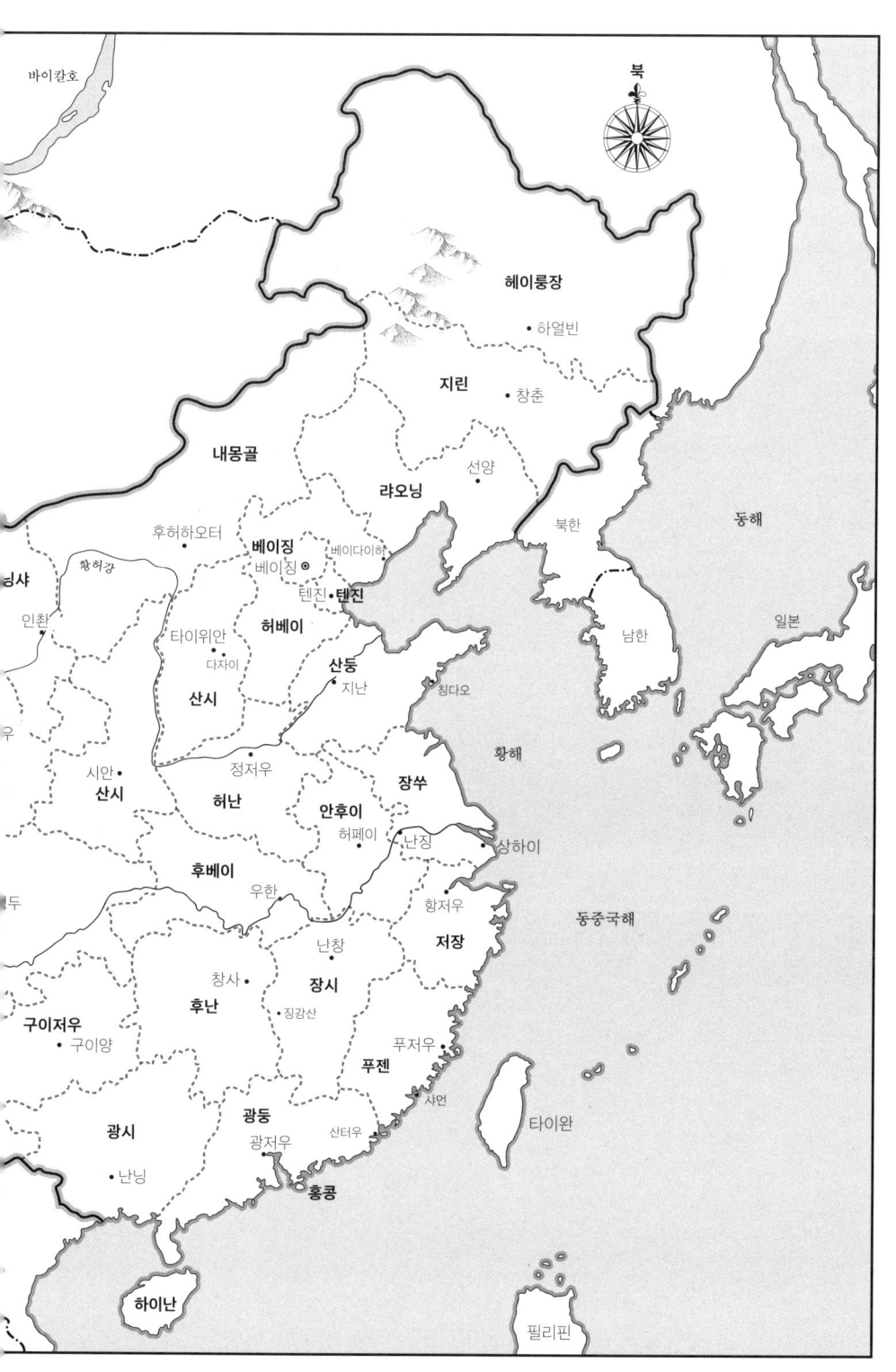

차례

	머리말	5
1	또 다른 독재자(1976~1979)	23
2	긴축(1979~1982)	67
3	개혁(1982~1984)	95
4	인민과 가격에 의한(1984~1988)	135
5	대학살(1989)	169
6	분수령(1989~1991)	211
7	사회주의 손에 들린 자본주의 도구(1992~1996)	253
8	큰 것이 아름답다(1997~2001)	291
9	세계화(2001~2008)	333
10	오만(2008~2012)	379
	맺음말	421
	감사의 말	433
	주	435
	선별 참고 문헌	501
	찾아보기	515

1
또 다른 독재자(1976~1979)

베이징 중심부에는 톈안먼 광장이라고 불리는 광활한 돌사막이 있다. 1976년 당시를 기준으로 인구 1백만 명 정도는 쉽게 수용할 수 있는 세계 최대의 포장된 구역이었다. 광장 이름은 명나라와 청나라 시대의 황제들이 사용한 고대 누각과 안마당, 궁전 등이 넓게 펼쳐진 자금성의 남쪽 출입구 이름인 톈안먼을 따서 지었다. 톈안먼 앞에 위치하고 알파벳 T 형태를 한 이 광장은 수 세기에 걸쳐 왕좌로 이어지는 왕도의 일부로 굳어졌지만 원래는 규모가 훨씬 작았다. 1949년에 중국 공산당이 중국을 정복한 직후 마오쩌둥은 이 광장을 〈10억 인구를 수용할 수 있도록〉 확장하라고 지시했다. 그에 따라 몇 개의 궁문이 해체되었고, 중세 시대의 건축물이 철거되었으며, 주변 성벽 일부 구간이 덩굴과 관목이 울창했던 총안(銃眼)이 있는 난간과 함께 평지로 변했다. 광장은 크기가 네 배로 늘어나 축구장 60개 크기의 광활하고 텅 빈 공간으로 탈바꿈했다. 광장 위쪽을 동쪽에서 서쪽으로 가로지르는 창안 대로(大路)는 1924년에 전차가 들어왔지만 여전히 좁은 상태였다. 하지만 점차 도시 경계를 한참 넘어서는 8차선 대로로 확장되었다. 1959년 10월에 혁명 10주년을 기념하기 위해 광장 서쪽에 인민 대회당이, 동쪽에는 중국 역사 박물관이 들어섰다. 둘 사이에는 화강암으로 된 약 37미터 높이의 방첨탑인 인민 영웅 기념비가 세워지면서 전통적으로 남북으로 이어지던 궁궐 진입로를 가로막았다. 그 결과 도시의 중심축이 바뀌었고 이제는 도시를 동서로 가르는 창안 대로와 톈안먼 광장이 그 역할을 대신하고 있다.[1]

황제 치하에서 시위는 허용되지 않았지만 1911년에 청나라가 멸망한 직후부터 톈안먼 앞은 정치적으로 부쩍 큰 의미를 갖기 시작했다. 국민당이 중국을 지배하던 1925년에는 톈안먼 위에 국부(國父) 쑨원의 대형 초상화가 걸렸고 1945년에 이 초상화는 그의 후계자인 장제스의 얼굴로 대체되었다. 장제스 군대가 어쩔 수 없이 타이완으로 물러난 이후에 중화 인민 공화국이 선포된 1949년 10월 1일부터는 장제스의 초상화 대신 마오쩌둥의 초상화가 내걸렸다.

때로는 시위자들이 광장을 점령하기도 했다. 1919년 5·4 운동 당시에는 4천 명에 가까운 학생들이 톈안먼 광장에 집결해 독일 조계지를 제1차 세계 대전 전승국의 동맹국인 일본에 넘겨주기로 한 베르사유 조약에 반대하며 시위를 벌였다. 시위자들이 일본 제품에 대한 불매 운동을 요구하면서 5·4 운동은 전국적인 파문을 일으켰다. 그들은 또한 과학과 민주주의를 보다 광범위하게 요구했다. 1912년에 중국은 아시아 최초의 공화국이 되었다. 4천만 명의 유권자들이 3만 명의 선거인단을 선출했고 그렇게 이루어진 선거인단이 참의원과 중의원을 뽑았다. 하지만 이후에 보다 많은 사람이 참여하는 대의제에 대한 희망은 좌절되었고, 이제 시위자들은 중국이 옛 왕정 질서를 상징할 뿐 아니라 시대에도 뒤떨어진 현자인 공자를 대신하여 〈과학 선생〉과 〈민주주의 선생〉의 지도 아래 현대로 옮겨 가야 한다고 주장했다.[2]

광장에서는 이 외에도 많은 시위가 있었고 그중 일부는 폭력적으로 진압되었다. 1926년 3월 18일, 헌병들은 제국주의에 반대하는 시위대를 해산시키라는 명령을 받았고 뒤이은 충돌 과정에서 47명의 민간인 사망자가 발생했다. 학살에 대한 대중의 반발은 의회가 비난 결의안을 통과시켜야 할 정도로 엄청났다. 한 달 뒤 정부는 결국 실각했다. 중국의 유명 작가 루쉰은 이 충돌을 〈공화국 수립 이래 가장 암울한 날〉로 칭했다.³

공화정 시대 전반을 거치면서 민주주의에 대한 열망이 너무 커진 까닭에 공산주의자들 역시 그와 같은 요구를 수용할 수밖에 없었다. 중국 공산당은 1921년에 수립된 이후로 수년 동안 당원 수가 몇백 명 수준에 불과했다. 1940년 1월에 마오쩌둥과 그의 대필 작가이자 모스크바에서 공부하고 독서를 좋아하는 야심 찬 청년 천보다는 「신민주주의론」을 발표했다. 이 논문은 다당제와 민주적 자유, 사유 재산 보호를 약속했다. 그리고 완전한 거짓 공약이었음에도 민주적인 미래에 대한 비전에 이끌린 수천 명의 학생, 교사, 예술가, 작가, 언론인 등이 이듬해부터 공산당에 가입하면서 광범위한 대중의 관심을 이끌어 냈다.

「신민주주의론」에서 제시된 약속들은 1949년 이후 하나씩 깨져 나갔다. 공산당의 영향력 밖에서 활동하던 모든 조직 — 노동조합, 학생 단체, 독립된 상공 회의소, 시민 단체 등 — 이 새로운 정권 초기에 사라졌다. 부활한 〈문자의 옥(獄)〉*은 예술가와 작가에게 당의 기조와 보조를 맞출 것을 요구했다. 이미 1950년에 소위 바람직하지 않은 것으로 여겨지는 책들은 거대한 장작불에 소각되거나 수 톤의 펄프로 재가공되었다. 1956년에 이르러서는 정부가 작은 상점부터 민간 기업과 대규모 제조업까지 전부 수용하면서 모든 상공업 기능이 국가의 몫이 되었다. 1958년 여름에는 농촌 사람들이 인민공사로 불리는 조직에 배속되었다. 농부는 토지를 빼앗긴 채 국가의 지시에 따라 움직이는 일종의 노예로 전락했다.⁴

* 중국 청나라 때 일어난 여러 필화 사건을 통틀어 이르는 말.

대중 시위는 금지되었지만 톈안먼 광장은 새로운 정치 무대로 발전했다. 세심하게 연출된 퍼레이드가 1년에 두 번씩 개최되면서 마치 시계처럼 딱딱 맞추어 움직이는 병사들과 기마병들, 중전차와 장갑차가 톈안먼 위에 설치된 연단에서 그들을 내려다보는 주석 앞을 지나갔다. 문화 대혁명 기간에는 주기적으로 열린 대규모 집회에서 소위 위대한 조타수가 열정적으로 붉은 책(『마오쩌둥 어록』)을 흔드는 약 1천2백만 명의 홍위병들을 사열했다.

광장의 통제권이 시민에게 넘어간 적도 있다. 중국에서 청명절은 다른 말로 조상의 묘를 청소하는 날이기도 하다. 전통적으로 가족들이 모여 조상의 묘를 벌초하고, 비석을 손질하고, 죽은 친척들에게 꽃을 바치는 날이다. 그리고 1976년 청명절은 4월 4일 일요일이었다. 톈안먼 광장에는 수십만 명의 시민이 모여들었고 저우언라이를 기리며 인민 영웅 기념비 아래에 화환을 바쳤다. 저우언라이 총리는 각기 다른 세 부위에 암이 발병하여 비쩍 마르고 오그라든 채 불과 몇 개월 전인 1976년 1월 8일에 세상을 떠난 터였다. 많은 사람에게 저우언라이는 마담 마오로도 알려진 장칭이 수장으로 있는 강력한 파벌인 〈사인방(四人帮)〉을 견제하는 대항 세력을 대표했다. 교묘하게 사람을 조종하는 데 명수인 마오 주석은 그들을 서로 맞서게 함으로써 자신의 우위를 유지하고자 했다.

생애 말년에 저우언라이는 중국을 개방하고 절실한 외국 기술을 수입함으로써 계획 경제의 질서를 회복하고자 조심스럽게 노력했다. 1975년 1월에 그는 자동 거수기나 다름없던 중국의 입법부인 전국 인민 대표 대회에서 자신의 마지막 연설 중 하나를 행했다. 그는 세계에 뒤떨어진 특히 농업과 산업, 국방 및 과학 기술 분야를 비롯하여 중국의 모든 분야를 현대화할 것을 요구했다.[5] 그리고 주석의 동의를 얻어 이 계획을 〈4대 현대화〉라고 명명했다. 한편 마오는 경제를 현대화하는 데 찬성하면서도 자신이 죽는 순간 혹시라도 저우언라이가 자신의 모든 정치적 유산을 훼손할까 봐 두려웠다. 그는 자신의 아내와 그녀의 파벌을 이용해 총리를 고립시켰고, 장칭과 사인방은 저우언라이의 정책은 〈외국 기계에 대한 맹목적인 숭배〉일 뿐 아니라 당시로서는 사회주의에 대한 포기와 자본주의로의 복귀를 뜻하는 또 다른 〈수정주의〉라며 맹비난했다.

저우언라이는 고립되었지만 야심을 품은 마담 마오는 당과 군에 대한 장악력을 확대하려 하면서 선을 넘었다. 결국 두 파벌 간의 균형을 맞추기 위해 1974년에 마오쩌둥은 덩샤오핑을 복권시키면서 저우언라이의 대리인으로 임명했다. 다른 주요 간부들처럼 덩샤오핑도 문화 대혁명이 한창일 때 〈부르주아 반동 노선〉을 따랐다는 이유로 권력에서 밀려나 있었다. 저우언라이가 입원해 있는 동안 덩샤오핑은 차츰 권력을 장악해 나갔다. 그 역시 경제에 초점을 맞추었지만 접근법은 총리와 달리 과격했다. 그는 일정에 맞추어 교통 문제를 해결하지 못하는 철도 공무원들을 엄벌하겠다고 위협했으며, 산업계 지도자들에게 가장 최근에 제시된 생산 목표를 빠짐없이 달성하도록 요구했다. 그리고 그 역시 마담 마오의 분노를 샀는데, 마담 마오는 자신의 선전부 통제권을 이용하여 지속적으로 그를 비난하는 기사들을 쏟아 냈다.[6]

덩샤오핑의 폭력적인 접근법이 불러온 피해자 중에는 랴오닝성의 혁명 위원회 당 서기로 유명해진 청년이자 주석의 조카인 마오위안신도 있었다. 덩샤오핑은 랴오닝성의 주력 기업인 안산 철강 공사 경영진을 축소함으로써 지휘 체계를 문화 대혁명 이전 수준으로 간소화했다. 마오위안신은 덩샤오핑이 문화 대혁명의 어두운 그늘에서 은밀하게 등장한 완전히 새로운 부르주아 계급을 대변한다고 비난하면서 그에 대한 부정적인 생각을 갖도록 삼촌을 부추겼다. 저우언라이가 사망하자 주석은 두 파벌 중 어느 쪽에도 속하지 않는 한 사람에게 눈을 돌렸다. 건장한 체격에 사교적인 화궈펑은 그다지 눈에 띄는 인물은 아니었지만 마오쩌둥을 향한 충성심만큼은 진짜였다. 마오쩌둥이 〈아무도 화궈펑처럼 진실을 말하지 않는다〉라고 이야기할 정도였다.[7] 화궈펑은 마오쩌둥의 고향인 사오산의 당 서기로, 자신의 주인을 위한 거대한 기념관을 세웠을 뿐 아니라 순례자들을 유치하기 위해 철로까지 건설한 터였다. 덩샤오핑의 역할은 저우언라이를 위한 추도사까지였고, 화궈펑이 취임하면서 곧바로 부총리직에서 해임되었다.

저우언라이가 사라지고 덩샤오핑까지 다시 숙청되자 문화 대혁명이 한창일 때로 회귀하는 게 아닌지 우려하는 사람들이 생겨났다. 그들은 상하이 사인방이 통제하는 신문사에서 발표된, 〈부끄러운 줄 모르는 주자파(走資派)〉의 정권 재창출을 돕고자 한 〈당내 주자파〉를 규탄하는 3월 25일 자 사설 내용에 격분했다. 기사를 읽은 사람들은 누구나 이른바 자본주의의 협력자들이라는 말이 저우언라이와 덩샤오핑을 가리키고 있음을 알았다. 난징에서 시위대가 거리로 나섰다. 상하이 인근 도시인 우시에서도 죽은 총리의 초상화를 들거나 덩샤오핑의 추도사가 녹음된 카세트테이프를 확성기로 틀면서 구름 같은 인파가 붉은 광장으로 쏟아져 나왔다. 베이징에서는 〈마녀 장칭〉을 공격하는 시(詩)들이 등장했다.[8]

쌀쌀하고 비까지 부슬부슬 내리는 청명절에 사람들은 톈안먼 광장을 점거하고 공개적으로 반발했다. 어떤 시위자들은 묵묵히 총리를 애도했다. 한 남자는 전통적인 종이우산을 들고 수십 년 전인 1919년 5월 4일에 학생들이 지배자에 맞섰던 때를 상기시켰다. 보다 직설적인 사람들도 있었다. 그들은 직접 마이크를 들고 〈새로운 태후〉를 맹비난하거

나, 하얀 비단에 총리를 옹호하는 혈서를 써서 휘둘렀다.[9]

　최고 지도자의 뜻에 묵묵히 저항하는 사람들의 분위기는 엄숙했다. 반면에 사인방은 소리 높여 최후의 결전을 촉구하고 있었다. 제국 시절에는 자금성의 주홍색 담장 안에서 황제가 자기 주변을 하나같이 교활한 속내를 감춘 채 운명을 개척하고자 획책을 일삼은 소수의 환관이나 후궁, 군인, 관리 등으로 채우면서 음모와 권력 놀음이 난무했다. 마오쩌둥 시대에는 서쪽에서 광장을 내려다보는 인민 대회당에서 회랑 정치가 이루어졌다. 스탈린주의 건축물에서 영감을 받은 거대하고 위압적인 모습의 인민 대회당에는 1만 명이 넘는 대표들을 수용할 수 있는 온통 빨간색으로 뒤덮인 엄청난 크기의 강당이 있었다. 여기에 더해서 전국의 성 이름을 딴 수십 개의 동굴 같은 회의장은 창안 대로를 사이에 두고 건너편에 위치한 예전 황궁보다 더 넉넉한 정치적 책략과 거래를 위한 공간을 제공했다.

　인민 대회당은 2백여 명의 최고 지도자들로 구성되는 중앙 위원회의 위원을 승인하기 위해 5년마다 전국 대표 대회가 열리는 장소였다. 그리고 명목상 중앙 위원회는 24명으로 이루어진 정치국 또는 중국 공산당 중앙 정치국 위원들을 선출했다. 일상적인 결정은 연배 있는 7~8명의 위원들로 구성된 훨씬 작은 규모의 상무 위원회에서 이루어졌다. 가장 강력한 권력자는 주석이었다. 다른 많은 것과 마찬가지로 이 같은 권력 구조는 스탈린의 민주 집중제 원칙이 반영된 결과였는데, 민주 집중제란 정치적 결정이 모든 공산당원에게 구속력을 갖는 투표 절차를 거쳐 이루어져야 한다는 의미였다. 하지만 실제로는 피라미드 꼭대기에 있는 사람 손에서 최고 권력이 나온다는 점에서 정반대였다. 오직 한 정당만 존재하는 까닭에 지도자에게 충성심을 표현하는 것이 무엇보다 중요했으며 반대 의견을 내비치는 것은 위험했다.

82세의 마오 주석은 너무 노쇠해 회의에 직접 참석할 수 없었다. 그는 자금성 서쪽 일단의 연못과 깔끔하게 손질된 정원이 딸려 있는 황실 복합 단지인 중난하이 내에 위치해 있는, 고위 지도자들을 위한 수많은 거주지 중 하나인 풀사이드 하우스에서 지냈다. 그럼에도 모든 중요한 사건을 보고받았고, 모든 중요한 결정을 내렸다. 광장 아래로 그물처럼 펼쳐진 지하 터널망이 주요 건물들과 연결되었으며 전령들이 회당과 복합 단지를 오갔다. 톈안먼 광장이 점령되기 전인 4월 1일, 마오위안신은 삼촌에게 접근해서 넌지시 저우언라이의 죽음이 문제를 일으키는 데 이용되고 있음을 암시했다. 그리고 모든 마르크스·레닌주의 정권이 늘 엄청난 팡파르와 함께 기념하는 노동절에, 부총리직에서는 이미 해임되었지만 여전히 정치국 위원이던 덩샤오핑이 대중 앞에 나서지 못하도록 금지할 것을 제안했다. 마오 주석도 동의했다.[10]

   사흘 뒤 군중이 광장을 점령하자 정치국 위원들이 인민 대회당에 모였다. 화궈펑은 보이지 않는 곳에 숨어서 대중을 선동하며 그들에게 〈주석을 공격하라〉, 〈중심을 공격하라〉고 부추기는 〈불순분자들〉을 맹렬히 비난했다. 그는 비난 세력에 일반인만 있는 것이 아니라고 주장했다. 철도부와 외교부 공무원들을 비롯하여 수백 명의 국가 기관 대표들이 저우언라이를 기리고자 화환을 바치고 있었기 때문이다. 가장 적극적인 참가자들 역시 핵무기 프로그램을 관리하는 대규모의 비밀스러운 부서인 제7기계 공업부 소속이었다. 중국 공산당의 입장에서 볼 때 톈안먼 광장 시위는 일종의 〈계급 투쟁〉인 동시에 반동분자들이 공산당에 맞서 쿠데타를 조장하고 있음을 경고해 주는 신호로 받아들여졌다.[11]

   자정이 막 지난 4월 5일 새벽에 민병대가 광장을 청소했다. 화환은 전부 트럭에 실었고, 소방 호스를 이용해 인민 영웅 기념비 하단에 적힌 선전 문구들도 제거했다. 날이 밝자 분노한 시위대가 광장으로 몰려들기 시작했고 경찰과 충돌을 벌였다.

그날 늦게 마오위안신은 주석에게 다시 보고하는 자리에서 민병대가 공격당하고 광장 동쪽에 위치한 공안부가 습격당하는 등 그때까지 약 50건의 반동 사건이 발생했다고 설명했다. 수도뿐 아니라 전국의 여러 도시에서 발생한 소란은 〈계획적이고 조직적이었다〉. 덩샤오핑은 이제 일부러 〈반혁명적인 소문〉을 퍼뜨리고 〈산 사람을 압박하기 위해 죽은 사람을 이용한〉 사람이 되어 있었다. 마오위안신은 밑도 끝도 없이 불쑥 〈우리가 속았습니다〉라고 말하면서 삼촌에게 군대가 고도의 경계 태세에 돌입했으며 언제든 진입할 준비가 되어 있음을 알렸다. 마오 주석이 호응했다.[12]

시위대가 광장에서 민병대와 충돌한 바로 그 순간에 덩샤오핑은 정치국에 소환되어 출두했다. 사인방의 일원이 되기 전까지 상하이에서 선전부 부장으로 일했던 음울한 남자 장춘차오는 덩샤오핑을 중국의 임레 너지라고 부르며 집요하고 맹렬하게 공격했다.[13] 임레 너지는 소련을 등에 업은 자국 정부에 맞서 1956년에 헝가리 혁명을 이끈 땅딸막하고 고집 센 공산주의 정치인이었다.

저녁 무렵까지 약 3만 명의 민병대가 준비되었다. 그들 중 상당수는 자금성 안에 숨었고, 광장 동쪽에 위치한 중국 역사 박물관에도 일부가 매복했다. 화궈펑은 여전히 그들이 상황의 심각성을 제대로 알지 못하고 있으며 무장 세력 또한 광장을 점령하고 있는 군중의 상대가 되지 못할 거라는 생각에 걱정이 앞섰다. 하지만 군부의 거듭된 우려에도 불구하고 왕년에 상하이의 면직 공장에서 보안 책임자로 일하다가 사인방의 일원으로 영전한 왕훙원은 탁자를 쾅쾅 내려치며 자신은 민병대가 광장에 진입할 때 들고 갈 무기로 나무 곤봉 말고는 다른 어떤 무기도 허락하지 않겠다고 공언했다.[14]

오후 6시 30분부터 확성기에서 시위를 〈반혁명적 음모〉라며 비난하고 군중에게 해산을 요구하는 경고 메시지가 계속해서 흘러나왔다. 메시지는 덩샤오핑을 콕 짚어서 공격했다. 몇 시간 뒤 화궈펑은 전화기를 들어 민병대에 광장으로 진입하라는 명령을 하달했다. 투광등(投光燈)에 불이 들어왔고 광장은 봉쇄되었다. 아직 광장에 남아 있던 2백여 명의 사람들이 구타를 당하고 끌려갔다. 인민 대회당에서 장칭은 쌍안경으로 이 과정을 지켜보았다. 그날 저녁 늦게 그녀는 땅콩과 구운 돼지고기를 먹으며 축배를 들었다. 자정 직전에 1백 명의 공안 요원들로 이루어진 청소 작업반이 광장에 투입되어 피를 닦아 냈다.[15]

마오쩌둥은 인후와 인두, 혀, 횡격막, 갈비뼈를 포함해 근육을 조절하는 신경 세포의 점진적인 퇴화를 일으키는 루게릭병을 앓았다. 그래서 그의 불분명한 말을 이해할 수 있는 유일한 사람이자 그가 20여 년 전 유혹한 기차 승무원인 장위펑을 통해서만 자신의 의사를 전달했다. 하지만 지적 능력만큼은 예전 그대로였다. 회의록을 통해 충분히 알수 있듯이 마오쩌둥은 마지막까지 계략의 달인이었다. 그의 조카가 4월 7일 풀사이드 하우스에서 그에게 다시 보고를 진행하면서 장춘차오가 덩샤오핑을 너지라고 지칭한 일을 언급하자 그는 고개를 끄덕이며 동의를 표했다. 마오쩌둥은 정치국에 당원권을 제외한 덩샤오핑의 모든 직위를 해제하도록 명령했다. 주석은 힘겹게 손을 흔들며 〈그가 가진 직책들을 모두 박탈하라〉고 말했다. 거기에 더해 문화 대혁명 당시에 덩샤오핑이 심은 〈시한폭탄〉이라는 이유로 숙청되었다가 얼마 전 복권된 장군 쑤전화를 회의에 참석하지 못하게 하라는 지시도 내렸다. 국방부를 맡고 있던 육군 원수 예젠잉도 배제시켰다. 어느새 총리이던 화궈펑은 제1부주석으로 승진함으로써 마오쩌둥이 직접 지명한 후계자가 될 참이었다. 마오 주석은 재차 손을 흔들며 〈서둘러라〉라고 말했다. 〈일을

완료하면 오거라.〉¹⁶

전국적인 탄압이 뒤따랐고 수천 명이 반동죄로 체포되었다. 그리고 그보다 훨씬 많은 사람이 톈안먼 사건 가담 여부와 관련해서 심문을 당했다. 전국적으로 사람들은 덩샤오핑을 비난하도록 종용되었지만 공작은 완전히 실패했다. 한 참가자는 〈우리는 분노에 차서 행진했다〉라고 회상했다. 모든 사람이 끝을 기다리고 있었다.¹⁷

전통적으로 온 가족이 보름달 아래 모여 그들에게 주어진 것에 감사하는 중추절 하루 뒤인 1976년 9월 9일 자정을 갓 넘긴 시점에 마침내 그 끝이 도래했다.

화궈펑은 손에 쥔 카드가 거의 없었다. 그는 마오쩌둥이 종이쪽에 휘갈겨 쓴 몇 줄의 글에 매달렸다. 〈천천히 움직이고 서두르지 말라. 앞서 내린 지시에 따라 행동하라. 당신이 책임을 맡고 있으니 나는 걱정이 없다.〉 글 내용은 그게 전부였다. 그럼에도 마오쩌둥이 어떤 상황에서 그런 말을 했는지는 여전히 불분명하다. 공식 전기(傳記)는 그가 1976년 4월 말에 뉴질랜드 총리 로버트 멀둔을 만났을 때 동석한 화궈펑에게 조언으로 써준 글이라고 주장했다. 반면에 마오 주석의 말년에 곁을 지킨 장위펑은 자신의 일기에서 화궈펑이 일부 성(省) 지도자들에 대한 불만을 토로하자 마오쩌둥이 그를 달래기 위해 그와 같은 메시지를 이용했다고 밝혔다.¹⁸

또 다른 문제도 있었다. 화궈펑은 톈안먼 사건이 발생했을 당시에 공안부장이었고 따라서 대중에게 미운털이 박혀 있었다. 물론 4월 5일에 인민 대회당 안에서 정확히 무슨 일이 있었는지는 여전히 극비였다. 화궈펑이 덩샤오핑의 신임을 떨어뜨리는 동시에 자신의 출세를 위해 의도적으로 해당 사건을 이용했다는 것을 아는 사람은 거의 없었다. 그리고 직접 전화기를 들어 광장을 공격하라고 명령한 사람이 바로 그였다는 사실을 아는 사람은 더더욱 없었다. 자신의 손에 피를 묻힌 화궈펑은 덩샤오핑의 권력 복귀에 반대하는 사람들과 손잡는 것 말곤 다른 선택의 여지가 없었다.

그러나 화궈펑에게는 한 가지 유리한 점이 있었다. 사람들이 그를 과소평가한다는 사실이었다. 그리고 이 점을 이용해 그는 불리한 패를 쥐고도 비교적 잘 싸웠다. 싸움을 잘 이겨 냈다. 마오쩌둥이 사망하고 불과 이틀 뒤 그는 덩샤오핑의 운명이 결정된 정치국 회의에 참석하지 못하도록 금지당했던 두 명의 베테랑 육군 지도자 예젠잉 원수와 쑤전화 장군을 접촉했다. 지도부의 안전을 책임지는 부대를 지휘하던 마오쩌둥의 이전 경호원 왕둥싱에게도 손을 뻗었다. 10월 6일, 『마오쩌둥 선집』 제5권에 대해 논의한다는 핑계로 정치국 회의가 소집되었다. 그리고 사인방의 구성원들은 인민 대회당에 도착하는 족족 체포되었다. 늘 그랬듯 교활한 마담 마오는 위험을 감지하고 회의에 불참했지만 후에 자신의 거처에서 체포되었다.[19]

그것은 쿠데타나 다름없었다. 그리고 쿠데타 이후에는 숙청 작업이 진행되었다. 딱히 이례적인 일은 아니었다. 다른 모든 숙청 작업과 마찬가지로 늘 해오던 일의 연장에 불과했다. 적을 비난하는 대회가 여기저기에서 개최되었다. 수도 베이징에서는 행렬을 이룬 수십만 명의 사람들이 〈반당파 사인방〉을 비난하는 거대한 깃발을 휘둘렀다. 사인방은 반역자이고, 외세와 결탁했으며, 중국을 배신했고, 자본주의를 재건하려 했다는 비난을 받았다. 한 참가자의 언급에 따르면 이들 대회는 〈문화 대혁명 당시의 그것과 똑같은 종류의 것이었다〉. 몇 달 뒤 모든 관련 증거를 면밀히 조사해서 도출된 115쪽 분량의 판결문은 다음과 같은 결론을 내렸다. 〈장춘차오는 타이완 간첩이고, 장칭은 반역자이며, 야오원위안은 외국의 주류(主類) 분자이고, 왕훙원은 부활한 자본주의 분자이다.〉 장칭과 그녀의 광신적인 추종자 세 명은 희생양이 되었다. 하룻밤 사이에 신문과 서적, 사진, 영화 등에서 사인방에 대한 언급이 거의 모두 사라졌다.[20]

10월 24일 톈안먼 광장에서 열린 대규모 대회에서 쿠데타 이후 처음으로 지도부가 대중 앞에 모습을 드러냈다. 이제 공식적으로 당 주석이 된 화궈펑은 연단 위를 왔다 갔다 하거나, 대중의 환호에 가벼운 박수로 응답하거나, 전임자와 매우 비슷한 더없이 행복한 미소를 지으면서 자신의 새로운 역할에 빠르게 적응해 나갔다.

화궈펑의 다음 과제는 경쟁자를 약화시키고 자신의 입지를 강화하는 것이었다. 모든 유력자의 비밀을 알고 있던 전직 경호원 왕둥싱이 그의 오른팔이 되었다. 그들은 1977년 1월 8일에 저우언라이의 사망 1주년을 기리려는 몇몇 시위자들이 톈안먼 광장에 모습을 보이자 해당 사건을 빌미로 일종의 종교 재판을 시작했다. 덩샤오핑의 복권을 요구하는 벽보를 붙인 청년 리둥민은 그렇게 체포된 후에 위험한 〈반혁명 파벌〉의 존재를 시인하도록 강요받았다. 왕둥싱은 전화를 돌려 전국의 공안 기관에 소문 하나하나를 전부 조사하라고 지시했다. 랴오닝성 당국은 사람들에게 〈덩샤오핑의 총리 임명을 단호히 지지하라〉고 촉구하는 벽보를 발견했다. 지도부는 〈나라 안팎에 존재하는 계급의 적들이 우리를 공격하고 있다〉며 목소리를 높였고 모든 당원에게 〈주의를 기울이고 경계를 늦추지 말라〉는 명령이 내려졌다. 정치적으로 긴장된 분위기 속에 보다 많은 마녀사냥이 뒤따랐고, 보다 많은 음모가 발견되었다.[21]

화궈펑은 스스로를 주석이 남긴 유산의 충실한 수호자라고 생각했다. 수도의 지하 깊은 곳 저온실에 보존할 목적으로 전임자의 시신에 포름알데히드가 주입되고 있던 바로 그 순간에 화궈펑은 톈안먼 광장에 기념관을 세우고 전임자의 시신을 수정으로 만든 관에 넣어 대중에게 공개하겠다고 선언했다. 시신이 조작된 것만큼이나 마오쩌둥이 생전에 한 모든 말도 부당하게 이용되었다. 1977년 2월에 몇몇 사설들은 다음과 같이 공표했다. 〈마오쩌둥이 어떤 정책을 결정했든 우리는 단호히 지킬 것이다. 그가 어떤 지시를 내렸든 우리는 변함없이 따를 것이다.〉 사람들은 이러한 기조를 마오쩌둥의 결정과 지시 두 가지는 무엇이든 옳다는 〈양개범시(兩個凡是)〉라는 조롱 섞인 말로 지칭했다.

화궈펑은 스승을 흉내 내기 시작했다. 머리카락을 올백으로 빗어 넘겼고 연출된 사진을 위해 포즈를 취하면서 위대한 조타수가 그랬던 것처럼 모호한 말들을 툭툭 내던졌다. 학교와 사무실, 공장에는 그의 초상화가 걸렸다. 이런 초상화들 가운데 특히 눈에 띄는 것은 환하게 웃는 마오 주석이 마치 〈당신이 책임을 맡고 있으니 나는 걱정이 없다〉라고 말하면서 화궈펑에게 자신의 유지(遺志)를 전하고 화궈펑이 겸허하게 임무를 받아들이는 듯한 그림과 포스터였다. 수많은 노래와 시, 조각상이 새로운 지도자를 칭송했다. 하지만 〈훌륭한 우리 지도자를 최대한 바짝 뒤따르라〉는 선전부의 독려에도 불구하고 새 주석은 자신의 정권을 떠받칠 제도적인 권위나 정치적인 카리스마가 부족했다. 개인숭배를 위한 그의 섣부른 시도는 일반 시민들뿐 아니라 당직자들로부터도 그를 고립시켰다.

수차례에 걸쳐 예젠잉 원수는 덩샤오핑의 복권을 허락할 것을 제안했다. 그러나 화궈펑은 요지부동이었다. 그는 당 회의에서 바로 전년에 톈안먼 광장에서 발생한 시위들이 반혁명적이었고, 덩샤오핑은 마오 주석에 의해 우파로 규정되어 응징을 당한 것이며, 마오 주석이 한 모든 말을 소중히 여겨야 한다고 주장했다.[22]

전혀 다른 성격의 인물들과 함께 일하며 경력을 쌓아 온 교활한 리셴녠이 새롭게 이 싸움에 가담했다. 일상적인 정부 업무를 담당하는 부총리로서 그는 상당한 영향력을 지닌 인물이었다. 사인방이 몰락한 이후에는 덩샤오핑을 둘러싼 비난을 내내 묵인해 온 참이었다. 〈자신을 거물이라고 생각하는 사람은 하나같이 어떤 식으로든 추락하게 되어 있다. 린뱌오는 자신을 거물이라 생각했고, 사인방도 스스로 거물이라 생각했으며, 덩샤오핑 또한 자신을 거물이라고 생각했다.〉 하지만 3월 들어 리셴녠에게 심경의 변화가 찾아왔고 덩샤오핑의 복권을 공식적으로 요구하는 정치국 회의에서 예젠잉 원수 쪽에 합류했다.[23]

화궈펑은 양보할 수밖에 없었다. 문화 대혁명 기간에 당의 원로들이 굴욕을 당한 터였고, 따라서 기록을 조사하여 부당하게 굴욕을 당한 간부들을 복권시키려는 움직임에 반대하는 것은 변화를 갈망하는 광범위한 요구에 부합하지 않았다. 게다가 대부분의 고위 관리들은 치열한 정치판에서 수십 년 동안 생존 기술을 연마한 닳고 닳은 사람들이었다. 많은 사람이 예상했던 것보다 대단한 결단력을 보여 주었음에도 화궈펑이 그런 사람들의 상대가 될 리 만무했다. 공식적으로 화궈펑은 총리인 동시에 주석이었지만 막상 주변을 둘러보면 〈다른 사람의 수하들이 성(省)과 정부 조직, 군부와 언론에 대한 장악력을 공고히 하며 늘려 나가고 있었다〉.[24] 화궈펑으로서는 매우 실망스럽게도 1977년 여름에 덩샤오핑이 권력에 복귀했다.

화궈펑과 덩샤오핑은 똑같이 마오쩌둥 사상을 기치로 내걸었다. 그리고 오랜 경험을 가진 지도자들은 하나같이 과거를 떠올렸다. 어떤 지도자들은 1966년에 문화 대혁명이 시작되면서 멈추었던 지점에서 다시 시작하기를 원했고, 어떤 지도자들은 심지어 더 뒤로 가서 1958년에 대재앙을 초래한 대약진 운동 이전으로 돌아가기를 원했다.

덩샤오핑은 1956년으로 돌아갔다. 그해 2월 25일, 소련의 지도자이자 당 서기였던 니키타 흐루쇼프는 3년 전 세상을 떠난 그의 스승이오시프 스탈린의 평판을 완전히 뒤집는 비밀 연설로 사회주의 진영을 뿌리째 뒤흔들어 놓았다. 지도부가 내내 스탈린 정권을 모방해 온 베이징의 고위층이 받아들이기에 흐루쇼프의 연설은 그야말로 실망스러웠다. 그리고 중국의 스탈린이던 마오쩌둥은 탈스탈린화를 자신의 권위에 대한 도전으로 간주했다. 그는 정확히 두 달 뒤인 4월 25일에 열린 정치국 확대회의에서 〈논십대 관계(論十大關係)〉라는 제목의 연설을 통해 자신의 생각을 밝혔다. 마오 주석은 중국이 스스로의 힘으로 나아갈 준비가 되어 있으며 사회주의를 향한 중국만의 길을 찾겠다고 선언했다. 중국은 중공업만 강조하는 옛 스탈린 방식을 무턱대고 따라 하는 대신에 농업과 경공업을 아우르는 보다 균형 잡힌 발전 전략을 바탕으로 중국만의 방식을 개발하고, 또한 적절한 임금 조정을 통해 일반 시민들의 요구에도 부응할 터였다. 마오 주석은 계속해서 중국이 사회주의로 나아가기 위한 중국만의 길을 계획함에 있어 다른 자본주의 국가들의 과학 기술을 빌려야 한다고 주장했다. 〈산업적으로 발전한 국가들은 상대적으로 적은 인력과 높은 효율성으로 기업을 운영한다. 그들은 사업하는 법을 안다.〉 다른 나라로부터 배워야만 중국이 강해지고 번영할 수 있다는 점에서 이 또한 하나의 기발한 생각일 수 있었다.[25]

마오쩌둥의 연설은 그의 생전에 공개되지 않았다. 흐루쇼프는 스탈린에 대한 우상화를 비난했고, 베이징의 마오 주석 동료들은 이 러시아 지도자의 비밀 연설에 근거해 집단 지도 체제로의 복귀를 주장했다. 마오쩌둥은 지식인들에게 표현의 자유를 독려함으로써 대응했다. 같은 맥락에서 당에 〈백 송이의 꽃을 피우고 백 개의 학파가 겨루게 하라〉고 요구했다. 마오 주석은 대중이 자신을 무조건 칭찬하고 자기편에 설 거라고 믿었다. 하지만 백 송이의 꽃은 결과적으로 공산당에 대한 대중의 분노를 분출시켰고 마오 주석으로 하여금 방침을 바꾸어 1957년 5월에 탄압을 지시하도록 만들었다. 덩샤오핑은 일반인들에게 자기 생각을 말하도록 허락하려는 것에 대다수의 다른 동료들과 마찬가지로 발끈했고, 전면적인 조치를 요구했으며, 수십만 명을 대상으로 한 군사 작전을 지휘하게 되었다. 그는 자신의 임무를 너무나 훌륭하게 수행했고 무수한 희생자를 모기가 들끓는 늪지대인 베이다황(北大荒)의 노동 수용소로 보냈다.26

〈논십대 관계〉 연설은 덩샤오핑을 비롯한 그 밖의 당원들에게 깊은 울림을 자아냈다. 심지어 대약진 운동과 문화 대혁명이라는 대재앙을 거치면서 점점 더 호소력을 발휘하는 듯했다. 마오쩌둥의 연설은 저우언라이가 1975년 1월에 발표한 4대 현대화 프로그램에도 영감을 주었다. 그로부터 6개월 뒤 덩샤오핑은 마오 주석에게 접근하여 새로운 판본을 제안했다. 그는 『마오쩌둥 선집』 제5권에 예의 연설문도 포함되어야 한다고 생각했다. 마오쩌둥은 새로운 판본의 여백에 〈이 연설은 정말로 너무 중요할 뿐 아니라 위대한 목표를 담고 있으며 현세대와 후세대를 위한 아주 유용한 이론적인 지침을 제공할 것이다〉라는 메모를 적었다. 마오쩌둥은 연설문을 회람하는 것까지 허락했지만 출간은 끝내 허락하지 않았다.27

화궈펑 역시 마오쩌둥의 연설문을 열렬히 찬양했다. 그는 1976년 12월 25일에 집결한 당원들 앞에서 〈전당, 전군, 전 인민이 이 훌륭한 연설문을 성실하고 철저하게 공부해야 한다〉라고 역설했다. 그리고 바로 이튿날 『인민일보』는 마오쩌둥의 생일을 맞이하여 〈논십대 관계〉를 게재함으로써 10년에 걸친 혼돈을 끝내고 지속적인 경제 발전을 이루어야 한다는 광범위한 공감대에 공식적으로 추인 도장을 찍었다.28

화궈펑은 경제에 대한 실용적인 접근법의 도래를 알리는 데 굳이 덩샤오핑이 필요하지 않았다. 다른 사람들처럼 화궈펑도 간절히 중국을 경제난에서 벗어나게 하고 싶었다. 그는 시간을 낭비하지 않았고 곧장 1976년 11월에 갈수록 증가하는 외국 기술 도입 비용을 지불하기 위해 수출을 대대적으로 늘릴 것을 촉구했다.[29]

이 또한 앞으로 나아가기보다는 문화 대혁명 이전 시절로의 회귀를 암시했다. 화궈펑이 요구한 것은 수십 년 전 스탈린이 개발한 모델에 기초한 방식이었다. 즉 농촌에서 곡물을 징발해 국제 시장에 판매하고, 그렇게 벌어들인 외화를 가지고 턴키 방식의 즉시 사용 가능한 상태로 공장들을 사들여 정체된 농업 국가를 산업 강국으로 탈바꿈시키는 방식이었다. 보다 많은 곡식을 징발하기 위해 스탈린은 농민을 국영 농장에 몰아넣고 농촌을 집산화(集產化)했다. 5개년 계획에 필요한 자금을 대느라 농촌에서 엄청난 양의 우유와 달걀, 고기는 물론이고 밀과 옥수수, 호밀 등의 재고가 고갈되면서 1932년까지 약 6백만 명이 굶주림으로 사망했다. 농민들이 풀과 나무껍질을 먹는 지경이 된 순간에도 다른 한쪽에서는 맨땅에 거대한 산업 도시들이 건설되었다. 뉴욕의 스카이라인에 필적하도록 계획된 수많은 프로젝트와 함께 모스크바도 변신에 성공했다. 호화로운 호텔과 갓 지은 기차역, 새로 들여온 지하철과 일련의 인상적인 초고층 빌딩들이 수도 모스크바에서 계약하느라 바쁜 수많은 기업가를 현혹시켰다. 미국 건축가들로 이루어진 기업의 대표 앨버트 칸은 수백 개의 공장 건설을 지휘하면서 사실상 〈1차와 2차 5개년 계획의 산업 건축가〉가 되었다.[30]

스탈린이 미국을 추월하기를 원했던 것처럼 1958년에 마오 주석도 대약진 운동을 통해 자국의 경쟁자들을 따라잡기 위해 혈안이 되어 있었다. 〈더 많이 수입하고 더 많이 수출하라〉가 당시의 선전 구호가 되었을 정도로 중국은 수출에 박차를 가했다. 농촌에서는 많은 식량을 끌어모으기 위해 농민들이 인민공사에 배속되었다. 지도부는 제철소와 시멘트 공장, 유리 공장, 발전소, 정유 공장 등을 마구잡이로 사들였다. 콘크리트로 된 고층 건물을 짓기 위해 수만 채의 주택과 사무실, 공장이 철거되면서 베이징의 모습도 크게 달라졌다. 철거된 자리에는 공회당과 박물관, 기념비 등이 들어섰지만 최소 4천5백만 명이 굶주림으로 목숨을 잃었다.[31]

이들 수입품의 대부분은 소련에서 들어왔다. 1951년 5월에 국제연합이 한국 전쟁에서 중국이 수행한 역할을 이유로 전략적으로 중요한 수입품에 대해 금수 조치를 내린 이래로 중국은 소련의 경제적, 군사적 원조에 의존해 왔기 때문이다. 그런데 1960년 여름에 중국과 소련의 사이가 틀어졌다. 그리고 수천 명의 소련 고문과 그들의 부양가족에게 짐을 싸서 중국을 떠나라는 명령이 떨어졌다. 수십 건에 달하는 대규모 프로젝트도 그대로 중단되었다.

이미 중소 분쟁 이전에도 중국은 자신들이 생산한 제품을 아시아와 아프리카에 덤핑으로 판매하기 시작한 터였다. 자전거와 재봉틀부터 보온병, 돼지고기 통조림, 만년필에 이르기까지 그들은 모든 종류의 제품을 원가 이하로 판매했다. 진정한 공산주의를 향한 경주에서 자신들이 러시아보다 얼마나 앞서 있는지 보여 주기 위함이었다. 또한 중국은 콩기름과 시멘트, 구조용 강재(鋼材), 창유리 분야에서 일본의 아성을 흔들기 위해 전력을 다했다. 무엇보다 직물 시장은 생지 원단부터 면날염 원단에 이르기까지 국제 시장에 중국 제품이 넘쳐 나면서 공산주의의 우월성을 주장하는 전장이 되었다. 소련에 대한 수출이 감소했지만 전 세계 다른 나라들에 대한 수출은 오히려 더 늘어났다.[32]

대약진 운동이 초래한 재앙은 마오 주석에게 쿠데타에 대한 두려움을 심어 주었다. 그는 흐루쇼프가 스탈린을 맹공했듯이 자기 또한 심지어 죽기도 전에 공공연히 비난을 받게 될까 봐 걱정했다. 그가 찾은 해답은 문화 대혁명이었고 사람들에게 주석에 대한 영원한 충성심을 증명하도록 강요함으로써 서로 싸우게 만드는 것이었다. 수출은 〈자본주의적인〉 것으로 비난받았고 중국 스스로 문을 걸어 잠그면서 대신에 자립정신이 환영을 받았다. 지도부가 중국을 보다 큰 전체와 연결시켜 주던 다수의 무역망을 차단하고 국가 경제에 자립 원칙을 도입함에 따라 모든 성(省)이 경제적 자급자족 상태에 빠졌다. 1970년에 이르러서는 공장들이 모든 것을 지역 내에서 생산하도록 강요당하면서 단추를 만드는 지극히 간단한 일조차 하나의 도전이 되었다. 자립정신을 고집하는 교조적인 주장은 계획 경제를 사람들의 가장 기본적인 요구조차 충족하지 못하는 비현실적인 수준으로 악화시켰다. 비옥한 오아시스 중심부에 위치하며 홍위병들이 첨탑과 회교 사원을 공장으로 개조한 투르판에서는 비누 하나를 세 사람이 한 계절 내내 나누어 써야 했다. 투르판이 속한 신장은 제국의 가장 변두리에 있었지만 홍콩 근처의 주장강 삼각주 변에 위치한 무역 도시들도 성냥이나 비누, 치약, 건전지, 무명천 등이 부족하기는 마찬가지였다. 대약진 운동이라는 재앙에 바로 뒤이은 문화 대혁명은 1976년을 기준으로 전국적인 삶의 질을 해방 전날보다 낮게 떨어뜨리는 데 결정적인 역할을 했다.[33]

화궈펑은 해외 무역에 초점을 맞추었지만 수도(首都) 건설, 제조업, 철도와 교통, 금융과 재무, 농업, 과학과 기술에 관한 회의들을 개최하면서 노동자와 보다 잘 정비된 시장을 위한 물질적인 유인도 개선했다. 한 중국 연구가의 계산에 따르면 1977년 7월에 덩샤오핑이 공식적으로 복귀하기 전까지 그와 같은 회의들이 40차례 이상 열린 것으로 파악되었다.[34]

죽은 스승을 기리는 어마어마한 규모의 능묘가 서서히 그 위용을 드러내기 시작한 8월에 당 지도부는 제11차 당 대회 제1차 전체 회의가 열린 인민 대회당에 모여 단합된 모습을 연출했다. 그들은 10여 년에 걸쳐 좌절을 겪은 노인들이었고 이제는 변화를 갈망하고 있었다. 화궈펑은 얼굴에 주름살이 가득했고 이따금씩 꾸물거리면서 불편해하는 모습을 보였다. 예젠잉 원수는 너무 노쇠하여 보조원의 도움을 받아야만 앉거나 일어설 수 있었다. 리셴녠은 내내 지루한 표정이었는데 어쩌다 한 번씩 얼굴에 미소가 피어올랐다. 반면에 덩샤오핑은 비록 나이가 들어 얼굴이 처지기는 했어도 편안하고 자신만만해 보였다. 그들은 일제히 마오쩌둥을 찬양했다.[35]

한편으로 그들 모두는 마음이 급했다. 당헌에 명시된 그 대회의 공식적인 목표는 저우언라이 총리가 1975년 1월에 4대 현대화와 함께 공표했던 〈중국을 빠른 속도로 발전시켜 현 세기가 끝나기 전에 강력하고 현대적인 사회주의 국가가 되는 것〉이었기 때문이다. 결과적으로 4대 현대화는 저우언라이 총리가 새천년을 맞이하기 전까지 중국을 세계 최고의 산업 강국으로 변모시키기 위해 두 번의 15년 계획을 내놓았을 때인 1963년부터 이미 구상된 터였다. 특정한 자본주의 국가들을 소정의 짧은 기간 안에 따라잡거나 추월하기 위해 높은 성장률을 강조하는 것은 더할 나위 없이 스탈린스러운 방식이었다. 그리고 기본적으로 지도부가 향후 20년에 걸쳐 추진해 나갈 계획이기도 했다.[36]

당 원로들은 새로운 대약진 운동을 요구할 만큼 열정적이었다. 앞선 대약진 운동이 초래한 재앙을 생각하면 유감스러운 단어 선택일 수도 있었지만 그들은 잃어버린 10년을 만회해야 한다고 생각했다. 1978년 2월에 열린 정치국 회의에서 그들은 앞다투어 보다 높은 목표를 추진할 것을 주장했다. 덩샤오핑은 강철이야말로 중공업의 중추라 여겼고 따라서 강철 생산량을 늘리기를 원했다. 전력도 문제였기 때문에 대형 발전소를 수입할 필요가 있었다. 그는 선진 기술을 더 많이 수입할 것을 촉구하면서 〈우리는 더 빠르게 움직여야 한다〉고 말했다.[37]

1985년까지 선진 기술에 대한 수입 목표가 65억 달러로 정해진 것이 불과 1년 전이었는데 덩샤오핑이 촉구하고 나서자 해당 금액은 1백억 달러로 상향되었다. 그다음에는 다시 180억 달러로 늘어났고 종국에는 8백억 달러까지 올라갔다. 그리고 1백 건이 훌쩍 넘는 대규모 프로젝트들이 계획되었다. 1978년 한 해에만 거대한 제철소와 현대적인 섬유 공장부터 원자력 발전소까지 22개가 넘는 턴키 방식의 공장들이 해외에서 수입되었다.[38]

지난 10년 동안 중국은 스스로 만들어 낸 고립 상태로 살아온 터였다. 문화 대혁명이 한창일 때 계급 투쟁과 반제국주의 투쟁을 선동하던 거친 언어는 잠재적으로 중립적인 나라들까지 멀어지도록 만들었다. 1967년에 케냐 대사관 앞에는 얼굴을 검게 칠한 밀짚 인형이 내걸렸고 수개월 동안 정문에 대롱거리는 채로 방치되었다. 인도네시아 대사관과 몽골 대사관은 매우 장기간에 걸친 포위를 견뎌야 했다. 베이징에 있던 영국의 재외 공관도 불타서 잿더미로 변했다.[39] 그럼에도 변덕스러운 주석이 끝없이 반복되는 숙청과 비난을 탐닉하면서 문화 대혁명 기간에 발생한 피해는 일반 시민들이 떠안아야 했다. 이제 모든 계층의 당원들에게 정치적 생존은 혼신의 힘을 다해야 하는 일이 되었다. 마오쩌둥의 말 한마디에 수많은 사람의 운명이 결정될 수 있었기 때문이다. 요컨대 어떤 단체든 그가 〈반혁명적〉이라고 선언하면 그걸로 끝이었다. 그의 판결은 하룻밤 사이에도 바뀔 수 있었고 아랫사람들로 하여금 앞다투어 충성심을 증명하도록 만들었다. 게다가 클래식 음악을 듣거나 소설을 읽는 것처럼 소위 이국적인 취향의 모든 행위는 〈부르주아〉라는 비난을 받았다. 그 결과 문맹률이 치솟았다. 1978년에 국무원이 인정했듯이 중국의 일부 지역에서는 주민의 반 이상이 글을 읽을 줄 몰랐고, 몇몇 성(省)은 당 간부 세 명 중 한 명이 문맹이었다.⁴⁰ 한 예리한 관찰자의 지적에 따르면 〈화궈펑과 덩샤오핑은 중간 규모의 국가들조차 지도에서 그 위치를 찾아내는 데 어려움을 겪었을 터였다〉. 그들은 바깥세상이 어떻게 돌아가는지 전혀 알지 못했다.⁴¹

1972년에 마오쩌둥은 독단으로 미국과 화해를 추진함으로써 소련에 치우쳐 있던 힘의 균형에 변화를 가져왔다. 당연히 많은 사람이 충격을 받았다. 지난 수십 년 동안 중국은 세계를 노예로 만드는 데 열중하는 제국주의의 요새라며 미국을 비난해 온 참이었다. 저우언라이는 혐미(嫌美) 운동의 유창한 대변인이 되어 1950년에 본인이 직접 그 같은 풍조를 확립해 왔다. 미국 정치인을 피에 굶주린 살인자로 묘사한 만화들은 공공 기관의 확성기를 통해 분출되는 악의적인 구호들을 곁들였다. 외교 정책은 숱한 우여곡절을 겪었으며, 정권의 끊임없는 비난 속에서 계산된 독설은 때때로 순전한 분노를 담아내기도 했지만 그 안에 담긴 메시지는 수십 년 동안 매우 분명했다. 자본주의자들을 미워하고, 저주하고, 경멸하라.⁴²

헨리 키신저 국무 장관을 비롯한 순진한 숭배자들은 마오쩌둥의 도박이 전략적 천재성을 보여 준다고 주장했으나 기실은 그의 도박은 20세기 들어 가장 중대한 지정학적 오해 중 하나에 기초하고 있었다. 즉 미국이 구제 불능의 사양길에 접어든 열강이라는 것이다. 중국 지도부의 이 같은 오해는 향후 수십 년간 계속될 터였다.

선진 기술 획득이 4대 현대화의 핵심이었던 까닭에 실상 조사를 위한 대표단이 해외로 파견되었다. 무역 대표단 파견을 제안한 핵심 인물 중 한 명인 구무가 나중에 언급했듯이 레닌도 1917년에 과학 기술을 배우고자 해외로 대표단을 보낸 적이 있었다. 〈우리도 똑같이 했을 뿐이다.〉⁴³ 1977년 9월에 미국에 대표단이 파견되었다. 중국 국제 무역 촉진 위원회 회장 왕야오팅은 화학 공학부터 금속 공학에 이르기까지 모든 분야의 전문가들을 대동했다. 그들은 월터 먼데일 부통령과 함께 점심 식사를 했고 모빌과 유니언 카바이드, 엑손, 존 디어를 비롯한 여러 기업을 방문했다. 재충전을 위해 디즈니랜드에서 휴식을 취하기도 했다. 그들은 미국에 머무르는 내내 그들이 살펴본 산업들의 정치학에 대해서는 아무런 질문도 하지 않았다. 〈그들은 오로지 기술에만 관심이 있었다〉라고 그들을 담당했던 안내자는 말했다.⁴⁴

중국으로 돌아온 대표단은 미국의 산업 발전 속도가 지속적으로 더뎌지고 있으며 경제 위기가 미국의 전후 팽창주의에 종지부를 찍었다고 보고했다. 계속된 보고에 따르면 미국의 실업률도 하늘을 찌를 듯이 높았다. 석유는 앞으로 10년 안에 고갈될 것이고, 무역은 250억 달러가 넘는 기록적인 적자의 무게에 짓눌려 삐걱거리고 있었다.⁴⁵

1978년이 되자 뉴질랜드와 일본, 동유럽과 서유럽 등 다른 지역에도 무역 대표단과 견학단이 파견되었다. 그리고 1979년에 전국적인 규모로 치러진 대외 무역 관련 회의에서 외교부가 요약한 바에 따르면 그들의 평가도 똑같았다. 〈일부 선진 자본주의 국가들이 경기 하락에 직면해 있다는 점에서 국제 정세는 우리에게 유리하다. 그들은 잉여 자본과 장비, 생산물, 인력을 해소하기 위한 배출구를 찾고자 열을 올리고 있다. 새로운 에너지원과 원자재를 찾으려고 애쓰고 있다. 그들의 통화는 현저히 팽창해 있고, 금융 위기가 시작될 조짐을 보이고 있으며, 실업률은 계속해서 상승하는 중이고, 경제 전망은 암울하다.〉 1980년에 중국을 방문했을 때 밀턴 프리드먼이 주목했듯이, 심지어 주요 전문가와 은행 이사진조차 〈시장이 어떻게 작동하는지에 대해 믿을 수 없을 정도로 무지했다〉. 그들은 〈자본주의의 내재적 모순〉에 대해서만 지겹게 이야기할 뿐이었다. 지난 한 세기 동안 자본주의의 몰락이 임박했다고 예언해 온 고전적인 마르크스주의와 정확히 일치하는 논리였다. 따라서 다음과 같은 결론은 필연적이었다. 외교부의 표현을 그대로 옮기자면, 〈우리는 지극히 유리한 이 기회를 잡아야 한다〉.[46]

화궈펑과 덩샤오핑은 예젠잉 원수가 중간에서 균형을 유지하는 가운데 불안정한 삼두 정치 체제를 유지하며 권력을 공유했다. 1978년 5월부터 11월까지 두 사람은 마오쩌둥의 의의를 논하는 철학 논쟁에서 이념 전쟁을 벌였고 각자 대리인을 내세워 대립했다. 왕둥싱은 이념을 담당하면서 화궈펑을 대신하여 펜을 들었다. 덩샤오핑은 곧 스타의 반열에 오르게 될 다소 별나지만 쾌활하고 인습적이지 않으며 강단 있는 62세의 후야오방에게 의지했다. 항시 인간의 본성을 꿰뚫어 본 날카로운 관찰자였던 마오쩌둥은 언젠가 후야오방에 대해 다음과 같이 말했다. 〈읽기를 좋아하지만 피상적인 것에만 집중하고 말하기를 좋아하며 과장되게 진술한다.〉[47]

1977년에 후야오방은 이념 교화를 담당하는 최고 기관인 중앙당교의 교장으로 임명되었다. 그의 주된 임무는 마오 주석의 모든 지시를 철저히 따르려는 화궈펑의 정책에 따라붙은 불손한 이름인 〈양개범시〉를 타파하는 것이었다. 외부인이 보기에 이 작업은 추상적인 의미론처럼 보일 수 있었지만, 문화 대혁명 때 통과된 공식적인 결정들이 여전히 유효했던 상황에서 매우 실질적인 결과들을 불러왔다. 관련 가족과 그 가족의 친척들까지 포함하면 희생자 수는 거의 1억 명에 육박했다.[48] 톈안먼 광장에 모인 시위대를 〈반동〉으로 규정한 것은 하나의 사례에 불과했다.

후야오방은 유일한 진리의 규준으로 실천의 원칙을 제시했다. 요컨대 말이란 실질적인 행동으로 판단되어야 한다는 의미였다. 개신교와 가톨릭 신자들이 성서 해석을 두고 서로를 격렬하게 공격했던 것과 같은 치열한 싸움이 벌어졌다. 전화 통화가 오가고, 신문 사설이 조작되고, 절연(絶緣)이 공표되고, 정보가 유출되고, 검열을 우회하는 설명이 소개되고, 강습회가 열렸다. 처음 싸움이 시작된 곳은 베이징이었지만 얼마 지나지 않아 전국적으로 확산되었다. 진리의 규준 추종자들은 마오쩌둥의 기치를 무너뜨린다는 이유로 고발되었다. 그러자 그들은 역으로 양개범시 원칙이 마오 주석의 말 한마디 한마디에 교조적으로 집착하면서 마오쩌둥 사상을 훼손한다고 고발했다.

1978년 12월에 극적인 사건이 발생했다. 앞서 1977년 8월에 열린 제11차 당 대회 제1차 전체 회의는 새로운 지도부의 출범을 알린 터였다. 두 번째로 열린 전체 회의는 대체로 권력 강화에 초점을 맞추었다. 그리고 관례상 미래에 대한 폭넓은 비전을 제시하는 자리로 세 번째 전체 회의가 준비되었다. 제3차 전체 회의를 위한 무대는 1964년에 소련 양식으로 지어졌으며 정예 군인들이 관리하는 특별 보안 부서를 갖춘 캐피털 웨스트 호텔이었다. 그곳은 최고위 군 장성들이 중요한 거래를 성사시키기 위해 비공개로 회의를 개최할 때 자주 이용하는 곳이기도 했다.

전체 회의가 공식적으로 열리기도 전부터, 톈안먼 광장 서쪽 창안대로에 접한 시단에 있는 한 오래된 버스 정류장 부근의 길게 이어진 벽돌 담장에 손으로 쓴 벽보들이 나붙기 시작했다. 벽보는 추위에 대비해 옷을 두툼하게 껴입은 수많은 구경꾼을 끌어모았다. 신문을 통해 두 진영 간의 논쟁을 지루하게 지켜보던 일반인들은 실질적인 행동을 통해 드러나는 진실을 옹호한 후야오방의 선전 문구를 좋아했다. 얼마 지나지 않아 민주의 벽이라는 이름으로 불리게 된 그 벽돌 담장은 대중이 현상(現狀)에 대한 불만을 표출하는 중심지로 자리 잡았다. 어떤 시위자들은 그들의 개인적인 불만에 자세한 설명을 곁들인 글을 담장에 붙였다. 어떤 시위자들은 대약진 운동 당시 마오쩌둥에게 대항했다는 이유로 숙청된 펑더화이 같은 고위 관리들의 완전한 복권을 요구했다. 많은 사람이 덩샤오핑을 약자로 여겼으며 그에게 예전 직책을 돌려줄 것을 요구했다. 또한 이런저런 집회들이 조직되면서 미국의 삼권 분립주의를 공부하라고 요구하는 연설자도 등장했다. 문화 대혁명 때 박해를 당한 토목 기사 런완딩은 인권 동맹을 설립하고 모든 시민에게 기본 인권을 보장해 줄 것을 요구하는 선언문을 발표했다. 보통 선거권에 대한 요구도 있었다. 베이징 동물원에 근무하던 웨이징성이라는 전기 기사는 당의 4대 현대화를 보완한 다섯 번째 현대화, 즉 민주주의를 요구했다. 한 캐나다 기자의 표현에 따르면 〈그들은 중국인들이 표현의 자유가 무엇인지도 모른다는 터무니없는 낭설을 불식시켰다. 그들은 그것이 무엇인지 알고 있으며 원하고 있다〉.[49]

11월 말에 이르러 덩샤오핑은 유력한 미국 기자 로버트 노박의 인터뷰 요청을 받아들였다. 인민 대회당의 넓은 방에서 만난 부총리는 자신만만한 태도로 연신 판다 담배를 피워 댔으며 의자 옆에 놓인 타구에 가끔씩 가래를 뱉었다. 시단의 벽보에 관한 질문을 받자 그는 고개를 끄덕이며 찬성을 표했다. 노박이 이 지도자의 말을 다시 군중에게 전했다. 〈민주의 벽은 좋은 것이다.〉 시위자들은 좋아서 난리가 났고 약 1만 명에 이르는 사람들이 밤까지 지속된 지지 표명을 위해 톈안먼 광장으로 행진했다.[50]

양개범시를 둘러싼 논란이 대중의 시위에 불을 지폈다면, 그들의 시위는 2백여 명의 대의원 중 몇몇에게 자기 목소리를 내도록 부추겼다. 당원들은 공식적인 전체 회의 전에 열린 예비 공작 회의에서 원래 경제 정책을 논의할 예정이었다. 하지만 한자리에 모인 그들 중 몇몇이 대본에서 벗어나 마오쩌둥이 숙청한 관리들의 정치적 회생을 청원하기 시작했다. 그러자 다수의 참석자가 내내 속에만 담아 두었던 분노를 잇따라 표출하면서 회의는 통제 불능 상태에 빠졌다. 경제 계획을 수립할 때 주도적인 역할을 해낸 원로 경제학자 천윈도 나서서 오명을 벗겨 줄 필요가 있는 사람들의 명단을 제출했다. 결국 베이징시 당 위원회는 회의 중간에 1976년 4월 5일에 발생한 톈안먼 사태에 대한 평가를 뒤집었고 박해를 당한 사람들 모두 명예를 회복하게 될 거라고 발표했다.

화궈펑은 자신이 수세에 몰렸음을 깨달았다. 11월 25일, 그는 실천의 원칙을 유일한 진실의 규준으로 받아들이고 일단의 사안들에 대한 자신의 입장을 번복하면서 허둥지둥 백기를 들었다. 12월 13일에 이르러서는 동료들에게 자신을 더 이상 〈주석〉으로 칭하지 말아 달라고 겸손하게 요청했다. 예젠잉 원수가 그의 진실성을 칭찬하며 그를 방어하기 위해 나섰다. 화궈펑은 총리와 주석이라는 공식 직함을 간신히 유지할 수 있었지만 덩샤오핑이 당을 장악했다. 그는 민주장(民主墻), 즉 민주의 벽을 이용해 경쟁자를 꼼짝 못 하게 만들고 자신의 입지를 강화했다.[51]

1970년 10월 1일에 중국의 모든 도시에서 국경절을 기념하는 행진이 펼쳐진 가운데 마오 주석이 해마다 거행되는 행진을 사열하기 위해 톈안먼의 연단에 모습을 드러냈다. 주석 옆에는 미국인이 서 있었는데 그동안은 한 번도 그런 경우가 없었다. 중국 내에서 제국주의 진영과의 관계에 중대한 변화가 진행 중임을 암시하기 위해 마오쩌둥이 수십 년 전 옌안에서 자신을 처음으로 인터뷰한 베테랑 기자 에드거 스노를 이용한 것이었다. 중국인들 사이에서는 즉각적으로 희미한 희망의 빛이 점화되었지만 미국인들이 그 신호를 알아차리기까지는 상당한 시간이 걸렸다. 그리고 마침내 1972년 2월에 리처드 M. 닉슨이 중국을 방문했다.

마오쩌둥에 비하면 로버트 노박과 인터뷰할 때 덩샤오핑은 차라리 직설적인 쪽에 가까웠다. 그는 미국과 중국 정부가 러시아에 맞서 협력해야 한다고 거듭 강조하면서 해당 기자를 이용해 관계 정상화를 요구하는 메시지를 전달했다. 중국 정부가 해외로 파견한 특파원들이 하나같이 국가를 위해 일하는 공산당원들이었던 까닭에 마오쩌둥과 덩샤오핑은 미국 특파원들도 워싱턴에 있는 그들의 지배자에게 보고하는 비밀 정보 요원일 거라고 생각했다.

1974년과 다시 1977년에 복권된 뒤로 덩샤오핑은 외교 문제를 담당했다. 1960년 중소 분쟁 이후 앞선 몇 년 동안 덩샤오핑은 가장 큰 소리로 소련을 비난한 사람들 중 하나였다. 1964년에 집권한 레오니트 브레즈네프가 격렬한 비난 강도에 놀라 그를 〈반(反)소련 난쟁이〉라고 지칭할 정도였다.[52] 다른 동료들과 마찬가지로 덩샤오핑은 미국이 아닌 소련과 베트남을 중국의 주된 위협으로 간주했다. 1973년에 미국이 베트남 평화 협정에 서명하고 베트남에서 군대를 철수하기 시작하자 그는 소련이 지배적인 세계 강대국으로 부상하여 미국을 대체할 거라고 판단했다. 그와 같은 변화는 중국에 일본을 비롯한 미국과 동맹을 맺도록 요구했다.

덩샤오핑은 일본을 먼저 방문했다. 1955년에 미국은 다른 회원국들, 특히 프랑스를 비롯한 대다수 영연방 국가들의 거센 반대에도 불구하고 일본이 일명 〈가트〉로 알려진 관세 및 무역에 관한 일반 협정 (GATT)에 가입할 수 있도록 도와주었다. 가입에 반대한 회원국들은 일본의 최혜국 지위를 보류함으로써 원래는 회원국들이 서로에게 제공하는 모든 이권과 특권, 면제권을 제한했다. 그럼에도 방대한 양의 섬유와 철강, 자동차, 화학 및 전자 제품이 태평양을 가로질러 운송되는 상황에서 미국의 낮은 관세는 일본의 수출 급증을 가져왔다. 무역 흑자는 일본이 외국 기술을 수입하여 모방하고, 중공업을 발전시키고, 최고의 국제 경쟁자들과 어깨를 나란히 할 수 있는 자국 상표를 육성하는 데 이용되었다. 일본의 성장률은 매년 10퍼센트에 달했고 이내 경제 기적이라는 말을 만들어 냈다. 그러나 베트남과 한창 값비싼 전쟁을 치르던 중인 1971년에 닉슨이 금 태환제를 포기하고 모든 수입품에 10퍼센트의 추가 요금을 부과했다. 그로부터 2년 뒤 석유 위기는 일본의 급성장에 종말을 고했다.

  덩샤오핑은 고속 열차를 타고 세계적으로 인기 있는 전자 기기와 텔레비전, 자동차를 생산하는 공장들을 방문했다. 그는 후진국인 중국이 일본으로부터 배우기를 열망한다고 설명하면서 겸손한 태도를 취했다. 그를 맞이한 사람들이 자신들의 나라가 중국에 고통을 끼쳤다며 사과하고 나서자 제2차 세계 대전에 대한 기억을 털어 버리며 그들의 비위를 맞추기도 했다. 그는 양국이 공유하는 공동의 유산을 강조하며 우정의 손길을 내밀었다. 중국 전역에 사회 기반 시설을 건설하는 것을 돕기 위해 수백억 달러를 원조함으로써 일본은 중국의 가장 중대한 기부자가 되었고 엄청나게 많은 돈이 중국에 풀리기 시작했다. 최혜국 지위를 이용해 이득을 본 일본이 이번에는 특혜 관세율까지 포함된 최혜국 지위를 중국에 승인해 주었다.[53]

  하지만 중국 입장에서 중요한 것은 미국과의 관계였다. 1979년 1월에 미국을 방문하기 이전부터 덩샤오핑은 워싱턴에서 온 대표단을 몇 차례 만난 터였다. 그리고 외국에서 온 방문객을 권력자의 내실까지 들이는 것은 그 자체로 선택된 소수에게만 허락되는 엄청난 특권으로 간주되었다. 헝가리 예수회의 라슬로 라다니가 1974년에 지적했듯이 공산 국가의 지도자들은 그들의 폐쇄된 나라를 둘러싸고 있는 신비로운 분위기를 최대한 활용했다. 〈예컨대 아시아 국가 두 곳만 언급하자면 일본이나 인도처럼 다른 많은 국가도 중국 못지않게 중요하다. 하지만 현대적인 일본이나 인도 같은 나라에서는 어떠한 신비도 개입하지 않는다. 반면에 중국에 들어가는 것은 그 자체로 일대 사건이며, 고위 관료와 이야기하는 것 역시 굉장한 특권으로 여겨진다. 이처럼 위엄 넘치는 이미지를 투사하는 독특한 전략은 그동안 매우 성공적이었다.〉 워싱턴 대표단의 일원이었던 리처드 워커는 마침내 호출이 올 때까지 자신들이 며칠 동안 하염없이 기다려야 했다고 설명했다. 그들은 경외감에 사로잡힌 채 덩샤오핑 부총리와 개인 회담을 하게 되었다. 〈비밀주의와 설명되지 않은 결정들, 인위적인 신비로운 분위기, 외국인 손님에 대한 엄격한 감독, 정중한 언행과 예절에 대한 강조, 믿기지 않는 환대, 편의를 위한 세심한 배려, 무엇보다 훌륭한 식사 대접까지, 중국에서 행해지는 이런 것들이야말로 외국 손님과 외교 관계에 대한 중국식 접근법의 특징이다.〉[54]

베이징 방문객들은 세계 평화를 위협하는 소련에 대해 지속적인 경고를 들었다. 소련은 으레 나치에 비유되었고 소련 정부와 어떤 식으로든 관계를 맺는 것은 굴욕 외교의 상징이 된 뮌헨 협정과 비슷한 위험한 유화 정책으로 해석되었다. 〈북극곰〉으로 불리는 러시아는 세계 패권을 잡으려고 안달하는 사악한 제국이었다. 〈그들은 최악의 제국주의자들보다 더한 제국주의자들이다〉라고 1977년 11월에 중국 인민 외교 학회 회장 하오더칭은 강하게 주장했다.[55] 그의 발언은 미국에서 냉전 시대 전사들의 심금을 울렸는데, 소련에 반대하여 가장 호전적인 목소리를 내던 사람들이 바로 그들이었기 때문이다. 그들은 중화 인민 공화국의 가장 열렬한 지지자가 되었다.

맹렬한 반(反)소련주의자로 알려진 폴란드 태생의 백악관 국가 안전 보장 담당 대통령 보좌관 즈비그뉴 브레진스키도 그중 한 명이었다. 1978년 5월에 브레진스키는 중국에서 사흘을 보냈는데 중국인들은 그를 〈북극곰 조련사〉라고 부르며 추켜세웠다. 환송 만찬에서 그는 〈우리의 공통된 견해는 우리가 가진 차이보다 훨씬 중요하다〉라는 의견을 피력했다. 몇몇 외국 외교관들의 말처럼 그는 손님들을 환대에 취하도록 만들어 과장된 진술을 하도록 유도하는 현지 습성의 희생자가 되었다. 브레진스키는 러시아와 중국 사이에 최소한의 균형을 유지하는 정책조차 저버린 채 중국에 대한 군사적, 재정적 지원의 핵심 지지자가 될 참이었다.56

그리고 강력한 반공주의자이자 손꼽히는 인권 옹호자인 헨리 잭슨 상원 의원도 있었다. 소련과 같은 적대적인 초강대국과 무역 협정을 맺는 일에 매우 비판적이던 그는 1974년에 이를테면 시장 경제를 외면하고 이민의 자유를 비롯한 기본 인권마저 제한하는 국가들을 대상으로 경제 관계를 규제하는 잭슨·바닉 조항을 지지한 터였다. 하지만 중국에서 와인과 식사를 대접받고 마침내 덩샤오핑과 면담이 허락되자 적절히 외경심을 느낀 잭슨은 태세를 전환하여 중국과의 관계 정상화를 강력히 지지했다. 브레진스키와 잭슨은 20세기를 관통하는 다른 중대한 지정학적 오해에서 비롯된, 즉 중화 인민 공화국이 경제적으로 발전하면 그 안의 민주주의도 번창할 거라는 환영(幻影)을 공유하고 있었다.

덩샤오핑은 미국을 방문하는 동안 더 많은 친구를 사귀었다. 그는 텍사스 로데오 경기장에서 카우보이모자를 쓰고 대중을 열광시켰다. 말이 끄는 역마차를 타고 경기장을 돌면서 관중에게 손을 흔들었고, 머무는 내내 기업인들과 정치인들 모두를 매료시켰다. 덩샤오핑은 〈제한

없는〉 민주주의를 실현하겠다고 기꺼이 약속하면서도 인권에 관한 질문에는 일절 대답하지 않겠다고 경고했다. 지미 카터를 만난 자리에서는 중국인들이 다양한 견해를 자유롭게 표출할 수 있다는 사실을 증명하기 위해 콕 짚어서 민주의 벽을 언급했다.[57] 나중에 중국으로 돌아간 그는 인권에 대한 불만을 쏟아 내고 자신이 보기에 미국의 가짜 민주주의라고 생각되는 것을 비웃을 터였다. 물론 워싱턴에 있는 동안에는 계속 냉정을 유지했다.

어쨌든 도박은 성공을 거두었다. 덩샤오핑은 브레즈네프와 달리 자국의 최혜국 관세 대우를 얻어 내는 데 성공했으며 해당 조치는 이듬해인 1980년 2월 1일부터 발효되었다.[58] 이로써 중국은 미국이 다른 나라에 제공하는 모든 관세 감면을 받게 되었다. 언제나 완벽한 흥행사였던 덩샤오핑은 시애틀에서 헨리 잭슨 상원 의원과 포옹을 나누었다.[59] 그리고 1년 뒤 소련이 아프가니스탄을 침공했을 때, 보다 전략적이고 군사적인 협력이 뒤따랐다.

워싱턴에서 덩샤오핑은 지미 카터에게 중국이 베트남에 교훈을 베풀 거라고 호언장담했다. 불과 몇 개월 전인 1978년 11월 3일에 소련과 베트남은 중국이 의심스럽게 지켜보는 가운데 상호 방위 조약을 체결한 터였다. 베이징으로 돌아온 덩샤오핑은 시간을 낭비하지 않았다. 1950년에 체결한 중소 우호 동맹 상호 원조 조약이 만료된 2월 15일에 그는 중국이 캄보디아의 크메르 루주를 공격한 베트남에 반격하겠다고 발표했다. 중국의 지원을 등에 업고 1975년에 집권한 크메르 루주는 베트남이 1978년 12월 25일 이웃한 캄보디아를 침공하여 폴 포트 정권을 무너뜨린 다음에야 비로소 중단된 잔혹 행위를 통해 전체의 4분의 1에 달하는 자국민을 처형하거나 고문하거나 굶겨 죽이거나, 그 밖의 방법으로 제거한 터였다.

1979년 2월 17일에 약 20만 명의 군인들이 국경을 넘어 베트남으로 진격했다. 덩샤오핑은 침략이 아닌 징벌적인 군사 행동을 약속했다. 베트남군이 직접적인 교전을 피한 덕분에 중국군은 국경에서 약 20킬로미터 떨어진 랑손까지 진격했고 그곳에서 피비린내 나는 시가전이 벌어졌다. 인민 해방군은 중국으로 돌아오는 길에 노략질과 약탈을 자행했다. 중국 정부의 승전 선언에도 불구하고 대다수 관찰자가 보기에 그 작전은 전체적으로 조악한 지휘 체계와 경직된 의사소통으로 얼룩진 명백히 실패한 작전이었다. 한 중국군 장성은 사적인 자리에서 베트남 공격을 난장판으로 묘사하기도 했다.[60]

인민 해방군의 그저 그런 성과는 대중의 동요를 더욱 가중시켰다. 중월 전쟁 이전에도 민주의 벽 주변에서는 전례 없는 장면들이 펼쳐지고 있었다. 수백 명의 농촌 사람들이 두 차례에 걸쳐 수도에서 시위를 벌인 것이다. 그들은 저우언라이의 기일인 1월 8일에 〈기아를 타도하고 억압을 타도하라. 우리는 민주주의를 원한다〉라고 적힌 현수막을 들고 나타났다. 그들의 얼굴은 비탄에 젖어 있었고, 몇몇은 누더기만 겨우 걸치고 있었으며, 목발을 짚고 절룩거리는 사람도 있었다. 그들은 그때까지 시위를 주도해 온 학생들과 전혀 다른 모습이었다. 며칠 뒤 그들은 일할 권리를 요구하며 자신들의 불행한 사연을 중난하이의 화려한 정문 앞으로 가져왔다. 학생 시위대의 대표단도 인권을 요구하며 광장 주변을 행진했다. 반향은 전국적이었다. 창사와 광저우에는 민주주의를 지지하는 벽보들이 나붙었다. 상하이에서는 문화 대혁명 때 농촌으로 강제 이주된 5천여 명의 젊은이들이 불법적으로 고향에 돌아왔고 이제는 고향에서 지낼 수 있게 해달라고 요구하며 시위를 벌였다.[61]

베트남에서의 대실패를 기점으로 일부 시위자들은 덩샤오핑을 비난하기 시작했다. 앞서 다섯 번째 현대화를 제안했던 청년 웨이징성은 부총리를 새로운 독재자로 묘사하며 〈민주주의 아니면 새로운 독재 정치?〉라는 제목의 논평을 내놓았다.[62]

마오쩌둥을 비판하는 것과 덩샤오핑을 비난하는 것은 별개의 문제였다. 3월 16일 저녁, 부총리는 베이징 수도 체육관에서 보스턴 심포니 오케스트라가 1만 8천 명의 청중을 앞에 두고 비교적 클래식한 곡들에 더해 존 필립 수자의 「성조기여 영원하라」를 연주하는 가운데 황홀경에 취한 청중들을 주도했다. 그것은 함성과 박수, 환호, 지휘자 오자와 세이지에 대한 갈구와 더불어 미국과의 관계 정상화가 가져다준 일종의 문화적 왕관이었다. 하지만 불과 몇 시간 전, 덩샤오핑은 인민 대회당에 모인 수천 명의 간부들 앞에서 중월 전쟁에서 승리하고 돌아온 군대를 환영한 터였다. 아울러 그 자리를 이용해 민주의 벽을 거친 말로 비난했고 시위대를 〈불순분자〉로 낙인찍었다.[63]

이틀 뒤에 선전부는 〈인권〉이 〈반동분자〉를 보호하기 위해 이용되는 〈자본주의적 개념〉이라며 소리 높여 비난했다. 그동안 시위가 발생했던 도시들에서 사회주의와 프롤레타리아 독재, 당 지도부, 마르크스·레닌주의와 마오쩌둥 사상을 비판하는 일체의 언행을 금지하는 공고문이 게재되었다. 3월 29일에는 베이징에서 전면적인 규제가 시행되었다.[64]

3월 30일에 덩샤오핑은 공식적으로 4대 현대화의 기본적인 이념적 전제 조건인 이른바 4대 기본 원칙을 공표하며 다음과 같이 설명했다. 〈제국주의와 패권주의가 존재하는 한, 국가의 독재적인 기능은 사라지지 않을 것이다. 상비군이나 공안 기관, 법원, 감옥도 사라지지 않을 것이다. 그런 것들의 존재는 사회주의 국가의 민주화와 모순되지 않는다. 그런 것들이 적절하게 효과적으로 작동할 때 민주화는 방해받기

보다 오히려 확실히 보장되기 때문이다. 분명한 사실은 프롤레타리아의 독재 없이는 사회주의가 옹호되거나 발전할 수 없다는 것이다.〉 4대 기본 원칙은 아래와 같다.

1. 우리는 사회주의의 길을 고수해야 한다.
2. 우리는 프롤레타리아 독재를 지지해야 한다.
3. 우리는 공산당 지도부를 지지해야 한다.
4. 우리는 마르크스·레닌주의와 마오쩌둥 사상을 지지해야 한다.[65]

몇 주 뒤 선전과 이념에 관한 중앙 공작 회의에서 고위 당원들은 4대 기본 원칙을 지지하기 위해 덩샤오핑을 중심으로 뭉쳤다. 선전부 부장 후야오방은 그 무엇도 마르크스·레닌주의와 마오쩌둥 사상을 흔들 수 없다고 주장했다. 문화 대혁명의 첫 번째 희생자이자 한때 베이징 시장이었던 펑전은 왜 마오쩌둥 사상이 중요한지 설명했다. 〈러시아인들은 흐루쇼프가 스탈린을 때려잡은 뒤에도 여전히 레닌의 깃발을 높이 들었다. 그들이 신념에 충실했든 아니든, 그것은 중요하지 않다. 중국에서 마오쩌둥 사상을 버리면 우리는 어떤 깃발을 들 수 있을까? 우리는 마오쩌둥 사상의 기치를 높이 들어야 한다. 그렇지 않으면 우리 당과 우리 군대, 우리 중국 내 다양한 민족의 이념뿐 아니라 혁명 진영 전체에 혼란을 초래할 것이다. 그 혼란은 우리의 친구를 슬프게 하고 적을 기쁘게 할 것이다.〉[66]

5·4 운동 60주년 기념일에 대거 몰려나온 지도부가 똘똘 뭉쳐서 마르크스·레닌주의와 마오쩌둥 사상의 기치를 높이 들었다. 민주의 벽이 등장한 이래 수리를 핑계로 내내 폐쇄되었던 마오 주석의 능묘도 다시 문을 열었다.[67]

뒤이은 몇 달 동안 4대 기본 원칙을 홍보하는 선전이 봇물을 이루었다. 수도에서는 10여 명의 운동가들이 체포되었는데 그중 일부는 단지 외국인과 교류했다는 이유에서였다. 외국 기자들을 기꺼이 맞이한 웨이징성도 외국 열강에 군사 기밀을 유출한 혐의로 기소되었는데, 그 정보는 이미 공개되어 있던 것이었다. 기소장에는 언급되지 않았지만 중국 당국을 가장 화나게 만든 것은 그가 미국 정부의 관리를 만나 최혜국 지위를 인권과 연결시킬 것을 제안했다는 사실이었다. 10월에 그는 머리를 삭발한 채 법정에 섰고 표현의 자유는 헌법에 보장된 권리라고 지적하면서 스스로를 변호했다. 웨이징성의 웅변은 그에게 징역 15년 형을 안겨 주었다. 법원 밖에서 하루 종일 비를 맞으며 기다린 기자들은 판결 내용을 듣고 할 말을 잊었다.[68]

그해 말의 어느 추운 겨울날 이른 시간에 빗자루를 든 소수의 청소부들이 시단의 담장에 마지막으로 남아 있던 언론의 자유의 흔적을 치워 버렸다. 1년 뒤에 열린 한 비밀 공안 회의는 지도부에 〈부르주아 자유화 이념에 의한 공격뿐 아니라 외국 첩자와 반동 세력에 의한 침투〉를 경고했다.[69] 평전은 헌법에 명시된 네 가지 기본적인 자유, 즉 시민들이 〈자유롭게 말하고, 자신의 의견을 충분히 피력하고, 대논쟁에 참여하고, 벽보를 쓸 수 있는〉 권리를 제거하기 위한 조치에 나섰다. 1982년에는 쟁의권도 헌법에서 사라졌다. 환멸을 느낀 한 관찰자의 말처럼 〈늙은 파수꾼은 예전에 나라를 관리하던 방식으로 되돌아갔다〉.[70]

1977년 1월 자신의 취임 연설에서 인권이 외교 정책의 중심이 될 거라고 선언한 지미 카터 대통령은 사하로프부터 아나톨리 샤란스키에 이르기까지 소련의 많은 반체제 인사와 개인적인 친분을 맺었다. 그러나 중국의 반체제 인사들이 당면한 인권 문제에 대해서는 내내 침묵을 지켰다. 1987년에 중국을 방문했을 때 기자가 웨이징성에 관련된 질

문을 하자 그는 〈당신이 설명한 사건에 대해 나는 개인적으로 아는 바가 없다〉라고 대답했다.[71]

1980년 11월에는 그동안 많은 사람에게 욕을 먹던 네 명의 인물이 법정에 섰다. 비공개로 진행되었던 웨이징성의 재판 절차와 달리 마담 마오와 그녀의 추종자들은 재판을 맡은 판사들뿐 아니라 문화 대혁명의 희생자 가족들이 포함된 880명의 〈서민 대표들〉과 3백 명의 기자들까지 대면해야 했다. 그것은 전 국민의 관심을 사로잡은 일종의 보여 주기식 재판이었으며, 신문과 라디오, 텔레비전 같은 언론이 끊임없이 모든 우여곡절을 분석했다.

마오쩌둥이 사망하고 4년이 지난 뒤에도 베이징은 여전히 북쪽 평원에서 바람을 타고 날아온 먼지로 뒤덮인 칙칙한 도시였다. 수도 베이징에는 관리가 허술하고 페인트칠도 거의 되어 있지 않은 황량하고 노후된 주택 단지들이 곳곳에 산재했다. 그나마도 당원과 모범적인 근로자를 위한 것이어서 일반인들은 공용 수도와 공용 야외 화장실, 공용 마당을 중심으로 모여 있는 금방이라도 무너질 것 같은 벽돌집에 살았다. 마구잡이로 늘어난 공장들은 베이징을 먼지와 분진 수준이 국제 기준보다 네 배나 높은, 세계에서 가장 오염된 도시로 만들었다.[72] 한 기자는 베이징을 〈사악할 만큼 끔찍한 곳〉이라고 부르면서도, 과거를 경멸하는 정권에 의해 의도적으로 훼손되어 제국의 위엄이 상당 부분 사라지기는 했지만 자금성이나 호수와 배, 누각 등을 갖춘 이화원(頤和園)처럼 여전히 매우 아름다운 곳들이 존재한다고 인정했다.[73]

문화부는 시골 지역을 조사하면서 그곳 사람들이 하는 일이라고는 일하고 먹고 자는 것밖에 없다는 사실을 알게 되었다. 〈그들의 생활은 지극히 단조롭다.〉[74] 그러나 수도 베이징에도 여흥거리가 드물기는 마찬가지였다. 문화 대혁명이 한창일 때 마담 마오가 금지한 전통극과 대중 민요 공연은 1976년 이후 서서히 제한이 풀리고 있었다. 읽을거리도 다양해졌다. 셰익스피어의 작품도 시장에 풀렸는데 독자들은 『바람과 함께 사라지다』나 애거사 크리스티의 작품을 더 좋아했다. 그럼에도 서점에 진열된 대부분의 책은 여전히 재미가 아닌 도덕 교육이나 가르침을 위한 용도였다. 춤을 추는 것은 아직 위험한 일이었으며 대다수 사람들에게 기분 전환은 가끔 영화를 보러 가거나 공원에서 산책하는 것 정도를 의미했다. 젊은이들은 홍콩과 타이완에서 들어온 해적판 음악을 들었다. 가장 많은 인기를 끈 스타는 타이완 대중가요계의 여왕 덩리쥔이었고 팬들은 그들의 지도자와 같은 성을 가졌다는 이유로 그녀에게 〈리틀 덩〉이라는 별명을 붙여 주었다.[75]

텔레비전은 채널이 두 개였는데 하나는 전국 방송이었고 다른 하나는 지역 방송이었다. 방송 편성은 둘 다 오전에 두 시간, 오후에 두 시간, 저녁에 네 시간으로 비슷했다. 대부분의 뉴스는 내방한 고위 관리가 공항에서 환영을 받거나, 크고 두툼한 의자에 앉아 국가 지도자의 말을 경청하는 대중의 무성 영상들로 채워졌다. 가끔은 외국 영화가 방영되기도 했다.[76]

아직은 텔레비전 수상기가 널리 보급되기 전이었고 그나마도 개인이 아닌 공장이나 기관 소유인 경우가 많았다. 이유는 간단했다. 대다수 선진국 노동자들이 일주일 치 급여로도 저렴한 텔레비전 수상기 두 대를 구입할 수 있었던 것에 비해 중국에서 평균적인 공장 노동자가 중국제 표준 텔레비전 수상기를 구입하려면 5개월에서 8개월 치에 해당하는 급여를 모조리 투자해야 했기 때문이다.[77]

그때 처음으로 진정한 쇼가 전국적으로 방송되었다. 사람들은 그 쇼에 매료되었다. 그들은 매일 밤 공장이나 학교 건물, 농구장에 있는 텔레비전 수상기 앞으로 모여들어, 정권이 그들에게 증오를 부추긴 〈파시스트 개 무리〉를 시청했다. 아이들은 간간이 텔레비전 화면을 향해 욕을 퍼부었고, 어른들은 사인방의 몰락을 기념하며 폭죽을 터뜨렸다. 아침이 되면 신문들은 검찰 측에 축하를 전하고 피고들에게 거친 말을 쏟아 내면서 양측의 공과를 논평했다.[78]

쇼는 세심하게 예행연습까지 마친 흥미 위주의 보도, 즉 미디어 서커스일 뿐이었다. 양쪽 모두 준비된 대본을 읽은 것에 불과했다. 그럼에도 비록 해설자가 자주 쇼를 방해하거나 부연 설명을 추가하기는 했지만 우발적인 의례의 실수나 불현듯 치미는 분노는 순전한 즐거움을 자아냈다. 그리고 이런 일은 자신의 죄를 전혀 뉘우치지 않는 마담 마오가 원고에게 욕을 퍼부을 때마다 자주 일어났다. 재판은 한 달 이상 이어졌고 1월 25일에 마침내 판결이 내려졌다. 세 명의 피고인에게는 무기 징역이, 나머지 한 명에게는 징역 20년 형이 선고되었다.

〈빵과 서커스〉, 즉 우민 정책은 오늘날의 독재자들이 너무나 잘 아는 오래된 원칙이었지만 그렇더라도 장칭과 그녀의 지극히 급진적인 공모자 세 명에 대한 대중의 뜨거운 분노는 매우 현실적으로 보였다. 여행 작가 폴 서로가 언급한 것처럼, 어쩌면 중국은 모든 것을 사인방의 탓으로 돌림으로써 문화 대혁명 때 일어난 일에 대한 죄책감을 덜고자 했을지도 모른다.[79]

재판은 적어도 한 번쯤 비난 대회에 참여한 지도부의 거의 모든 고위 간부에게 면죄부를 주었다. 그리고 무엇보다 중국 공산당으로 하여금 마오쩌둥에게 무죄를 선고하고, 계속해서 마오쩌둥 사상의 기치를 높이 들 수 있도록 해주었다. 니키타 흐루쇼프의 비밀 연설이 탈스탈린화로 이어진 것에 반해 중국에서 탈마오쩌둥화는 없을 터였다.

그럼에도 마오쩌둥의 역사적 역할에 대해서는 여전히 공식적인 결의문이 필요했다. 요컨대 문화 대혁명을 종결짓고 그것을 정리할 필요가 있었다. 이는 1981년 6월에 제6차 전체 회의가 소집된 목적이었다. 제6차 전체 회의는 1921년 7월 23일에 설립된 중국 공산당의 창당 60주년을 기념하는 시기에 열렸지만 당의 역사를 포괄적으로 다루는 결의문을 생산하는 복잡한 과정은 약 1년 반 전인 1979년 10월부터 이미 시작된 터였다. 역사적 결의문은 모든 당원에게 중요한 영향을 미치기 때문에 그와 관련된 작업은 지도자들을 바쁘게 만들었다. 특히 해당 과정을 처음부터 지휘한 덩샤오핑을 비롯해서 그들은 경제가 아닌 이념에 초점을 맞추었다. 다수의 소조(小組)가 구성되었고, 증거가 검토되었으며, 수차례에 걸쳐 초안이 만들어지고, 회람되고, 논의되고, 수정되고, 미세 조정되었다. 성장(省長)들부터 시 단위의 당 비서들에 이르기까지 약 6천 명의 사람들이 참여하여 만든 요약 보고서만 1천 건이 넘을 정도였다. 한편 피라미드의 꼭대기에서는 수시로 거래와 타협이 이루어졌는데, 최종 결과물이 다양한 사람들의 이해관계를 만족시키고 끊임없이 변화하는 세력 균형을 반영해야 했기 때문이다.

수십 년 전인 1941년에 마오쩌둥의 개인 비서로 발탁되었던 대표적인 이론가 후차오무는 가장 중요한 기여자 중 한 명이었다. 그는 마오쩌둥이 권력의 핵심으로 부상한 1945년에 당 역사에 관한 결의문 초안을 작성하여 역사를 고쳐 쓰는 일에 재능 있는 작가로 유명해졌다. 하지만 다른 사람들과 마찬가지로 문화 대혁명 당시에 숙청되었다가 1975년에 복권되었다. 이제 또다시 과거가 수정되어야 했기에 새로운 상관인 덩샤오핑은 그를 전면에 내세웠다. 그의 첫 번째 초안을 본 덩샤오핑은 문화 대혁명 당시 마오쩌둥이 저지른 실수에 너무 집중했다고 비난하면서 불같이 화를 냈다. 후차오무는 처음부터 다시 시작했고 상관의 요구를 만족시키기 위해 기발한 통찰력을 보여 주었다. 요컨대 마

오쩌둥 본인은 말년에 이르러 과학적인 마오쩌둥 사상이라는 체계에서 벗어났다는 것이었다.[80]

최종안은 마오쩌둥의 대기근을 거의 언급하지 않았을뿐더러 문화 대혁명을 린뱌오와 사인방의 탓으로 돌렸다. 덩샤오핑은 마오 주석의 명성을 지키기 위해 수시로 개입했다. 그는 〈대약진 운동과 문화 대혁명 중에 자행된 실수들이 스탈린에 의해 자행된 그것들을 훨씬 능가한다고 지적하는 동지들도 있다〉고 인정했다. 〈하지만 마오쩌둥 동지와 마오쩌둥 사상에 대한 우리의 평가는 마오쩌둥이라는 한 개인에 대한 것이 아니며, 우리 당의 전체 역사와 분리될 수 없다.〉 그리고 다음과 같은 결론을 내렸다. 〈마오쩌둥을 더럽히는 것은 우리 당을 더럽히는 것이다.〉[81] 공식적인 평가는 〈마오쩌둥 동지는 위대한 마르크스주의자였고 위대한 프롤레타리아 혁명가이자 전략가이며 이론가였다〉라는 것이었다. 비록 문화 대혁명 때 심각한 실수를 저지르기는 했어도 중요한 것은 그의 업적이고 그가 저지른 실수는 부차적인 것이었다. 〈우리는 계속해서 마오쩌둥 사상을 지지해야 한다.〉[82]

결의문은 당의 과거를 둘러싼 논쟁을 장려하기 위해서가 아니라 종결짓기 위함이었다. 제6차 전체 회의에서 결의문이 채택된 이후 대약진 운동이나 문화 대혁명을 주제로 한 학술 연구는 강력한 제지를 받았고 공식적인 관점에서 벗어나는 모든 해석이 의심을 받았다.

결의문에는 다른 목적도 있었다. 덩샤오핑은 결의문을 이용해 화궈펑을 축출하고 최고 지도자가 되었다. 1980년 11월에 그는 화궈펑과 관련된 모든 기록이 샅샅이 조사되는 가운데 후야오방에게 화궈펑을 상대로 일련의 치열한 회의를 주재하도록 맡겼다. 얼마 뒤 전화기를 직접 들고 민병대에 광장 안으로 진입하라는 명령을 내린 사실과 더불어 1976년 4월 5일 톈안먼 사태 당시에 화궈펑이 수행했던 역할이 세상에

드러났다. 화궈펑은 사임할 수밖에 없었고 후야오방이 그의 뒤를 이어 중앙 위원회 주석이 되었다. 덩샤오핑은 막강한 권력을 갖는 중앙 군사 위원회의 주석이 되었다.[83]

당 결의문에서 화궈펑은 사인방과 문화 대혁명과 함께 하나로 취급되었다. 결과적으로 1978년 12월에 열린 제3차 전체 회의는 덩샤오핑의 지도 아래 중국 공산당이 마침내 〈사회주의식 현대화를 향한 올바른 길〉로 나선 〈역사적 대전환점〉으로 신성화되었다.[84] 앞으로 수십 년간 반복될 최고의 선전 문구가 탄생하는 순간이었다.

2
긴축(1979~1982)

1978년 제3차 전체 회의에서 가장 부각된 인물은 덩샤오핑이 아닌 천원이었다. 역설적이게도 덩샤오핑은 권력을 잡자마자 힘이 빠졌다. 문화 대혁명 때 부당한 대우를 받은 당 간부들의 정치적 복귀를 탄원하는 과정에서 다수를 규합한 인물이 바로 천원이었다.

대다수의 동료들과 달리 천원은 1924년 공산당에 가입하기 전까지 상하이 상무인서관에서 식자공으로 일한 진짜 프롤레타리아 출신이었다. 소련에서 2년 동안 살았고, 소비에트 경제학을 전공했다. 숫자를 중시하는 무뚝뚝하고 재미없는 사람이던 그는 중국의 제1차 경제 계획을 수립하면서 모든 공장에 구체적인 생산량을 할당했다. 여기에 더해서 1953년 11월에는 전 국민을 대상으로 하는 곡물 전매 제도를 설계하기도 했다. 그에 따라 농민들은 국가에 고정 가격으로 곡물을 판매하도록 강요되었다. 그들은 자체 소비를 위해 도정되지 않은 곡물을 기준으로 한 달에 13~16킬로그램 이상 보유할 수 없었기 때문에 사실상 절식(節食)에 돌입했다.[1]

그럼에도 천원은 1958년 대약진 운동으로 절정에 달했던 마오 주석의 보다 급진적인 정책들을 완화하기 위해 노력했다. 3년 뒤 그는 만연한 굶주림에서 중국을 구해 내고자 시장을 새에 비유하고, 계획 경제를 새장에 비유한 〈새장 경제론〉을 내놓기도 했다. 한편으로 천원은 자신에 대해 〈부르주아 기질을 버리지 못하고 자꾸 오른쪽으로 치우친다〉고 평가한 상관을 경계했다. 그는 세상의 관심을 받지 않으려고 조심한 덕분에, 문화 대혁명 기간 중에 숱한 횡액을 피할 수 있었다.²

20년 가까운 세월 동안 방관적 입장에서 지켜본 천원은 이제 자신의 족적을 남기기로 결심했다. 계획 경제의 주된 설계자였던 그는 외국에서 수입하는 쪽으로 성급하게 방향을 바꾼 화궈펑과 덩샤오핑에게 깊은 의문을 느꼈다. 천원의 딸은 나중에 이렇게 설명했다. 〈먼저 한 가지 사실을 알아야 한다. 아버지는 미국을 싫어한다.〉³

중국이 자본주의 진영을 향해 빠른 속도로 문호를 개방하는 것에 의문을 느낀 사람은 천원만이 아니었다. 오랜 세월 동안 세상 사람들의 기억에서 잊혀 지내다가 다시 자신의 역할을 찾고자 갈망하던 당내의 다른 원로들도 마찬가지였다. 대약진 운동을 비판하고 제3차 전체 회의를 통해 가택 연금에서 벗어난 또 다른 유력한 경제학자 보이보 역시 그중 한 명이었다. 거기에 더해 바로 얼마 전 감옥에서 풀려난 쓰촨성 출신의 유쾌한 원로 군인 양상쿤도 있었다. 보다 두드러진 인물로 1977년 3월에 자신의 기조를 바꾸어 덩샤오핑의 복권에 일조한 리셴녠도 있었다. 이들을 비롯한 몇몇 사람들은 곧 〈8대 원로(八大元老)〉라 불리면서, 막후에서 엄청난 영향력을 행사하며 다시 요직을 꿰찼다. 그들은 당황스러울 만큼 자립심이 강했으며 그들의 복권을 꾀한 바로 그 남자를 비판할 준비가 되어 있었다. 덩샤오핑은 그들 한 명 한 명의 요구에 모두 부응해야 했다.⁴

1979년 3월에 민주주의 운동이 통제 불능 상태로 전개될 기미를 보이면서 덩샤오핑의 주가는 더욱 하락했다. 시위대에 놀란 고위층 전반에서 점점 더 많은 간부가 확고한 통제를 요구했다. 불과 몇 달 전에 민주주의 운동을 칭찬했던 덩샤오핑은 어쩔 수 없이 자신의 기조를 완전히 뒤집어야 했다. 베트남을 상대로 한 부총리의 앞선 모험도 군의 확연한 약점을 드러냈다는 점에서 우려를 부추겼다.

이 시점에서 천윈은 자신이 개입하기로 결심했다. 그는 1978년에 중국이 턴키 방식으로 수십 개의 기업과 다양한 해외 선진 기술을 마구 사들이면서 예산에 큰 구멍이 생겼다고 지적했다. 국가 수입이 1120억 위안이었던 것에 반해 예상된 지출은 1240억 위안에 달했다.[5] 1979년에 국영 기업들은 일찍부터 수만 건의 야심 찬 사회 기반 시설 프로젝트에 착수했다. 그리고 천윈이 이끄는 회계사들도 경종을 울리며 계속해서 공세를 이어 갔다. 그들의 지적에 따르면 그 모든 프로젝트를 달성하는 데 필요한 자금은 가용 예산의 6~7배인 1천억 위안이 넘었다. 연료와 전력, 원자재도 부족했다. 게다가 부실하게 계획된 프로젝트도 많았다. 다시 말해 설령 완료된다고 하더라도 뚜렷한 효과가 없거나 제대로 된 성능을 발휘하지 못할 수밖에 없는 프로젝트들이었다.[6]

회계 균형을 맞추기 위해 천윈은 향후 3년 동안 수입을 줄이고, 지출을 억제하고, 목표를 낮추어 한시적으로 경비를 절감할 것을 제안했다. 경제 전문가가 아니었던 덩샤오핑은 쉽게 흔들렸고 제안을 받아들였다.

새로운 접근법을 공식적으로 지칭하는 완곡한 표현인 〈탸오정(調整)〉은 찬물을 끼얹는 것이나 다름없었다. 노령의 덩샤오핑은 마음이 급했지만 이는 다른 사람들도 마찬가지였다. 경제는 엉망진창이었고 사람들은 잃어버린 시간을 만회하고자 하는 마음이 간절했다. 공장을 책임지고 있든, 마을이나 도시 또는 성을 책임지고 있든, 모든 당 서기는 풍요를 향한 나름의 비전을 가지고 있었다. 그들도 마오 주석이 사망한 뒤로 대대적인 투자를 진행하고 있던 참이었는데 최고 지도부와 달리 자신들의 지역 프로젝트가 중단되거나 축소되거나 연기되는 것을 원치 않았다.

모든 계획 경제 체제에서 필수적인 기술 중 하나는 기본 설계를 뒤집는 능력이었다. 이유는 무척 간단했다. 기본 설계가 충분한 유인을 제공하지 못했기 때문이다. 그 결과 냉담한 반응이 만연했다. 이윤 동기가 다소나마 조정되지 않았다면 경제는 진작에 스스로 무너졌을 것이다. 당 노선을 둘러싼 지속적인 양보 없이 정권을 유지하는 데 성공한 공산 정권은 세계 어디에도 없었다. 역사학자 로버트 서비스가 지적하듯이, 소련에서 발생한 불복종은 기계를 멈추게 한 모래알이라기보다 시스템이 완전히 정지하지 않도록 막아 준 윤활유에 가까웠다.[7]

이 기술들은 전국의 농장과 공장에 어느 때보다 높은 목표가 부과된 대약진 운동의 절정기에 더욱 중요했다. 사람들은 생산량을 부풀리기 위해 곡물과 철광석에 모래를 섞었다. 창의적인 회계는 필수였다. 서류상의 숫자들을 고쳐 생산량을 부풀릴 수 있었기 때문이다. 해당 기술은 자금을 유용한 사실을 감출 때도 유용했다. 가장 보편적인 속임수 중 하나는 건물이나 무도장, 승강기 등을 새로 매입함으로써 생산 자본으로 잡혀 있던 투자금을 고정 자본으로 바꾸는 것이었다. 국영 은행으로부터 끊임없이 대출을 받는 것은 흔한 술책이었다. 특히 어떤 공장도 파산이 허용되지 않았기 때문에 더욱 그랬다. 추가 자금을 확보하거나, 세금을 피하거나, 희소 자원을 이용하고자 할 때도 유력한 고위직 공무원들이 도움을 줄 수 있으므로 인맥이 필수였다. 뇌물도 난무했다. 공익에 중점을 둔 계획 경제가 역설적이게도 개인과 개인의 인맥이 무엇보다 중요한 시스템을 낳았다. 기본 설계를 우회하여 국영 기업들이 목재를 주고 빵을 받거나, 돼지를 주고 시멘트를 받는 등 그들끼리 맞바로 물물 교환을 하는 것이 일반적인 관행처럼 되었다.[8]

끝없는 기업가적 수완을 발휘하면서 국가 재산을 사취할 방법을 고안해 낸 것은 공장 경영자들이나 당 서기들만이 아니었다. 대약진 운동이 너무나 파괴적이었던 까닭에 일반 사람들의 생존은 누군가를 속이거나, 홀리거나, 무언가를 숨기거나, 훔치거나, 사기를 치거나, 약탈하거나, 밀수를 하거나, 조작하는 능력에 의해, 또는 그 밖의 다른 방법으로 국가를 속여 먹는 재주에 의해 좌우되었다. 그리고 마오의 대기근에서 살아남은 한 생존자의 말처럼 〈식량을 훔친 사람은 살아남았고, 그러지 못한 사람은 죽음을 맞이했다〉.[9] 사회 곳곳의 의도된 혼란은 공산당원이든 또는 일반 사람이든 할 것 없이 모두가 공산주의 체제 안에서 삶을 살아가는 방식이었다.

새 지도부 역시 이 같은 문제를 너무나 잘 알고 있었다. 화궈펑과 덩샤오핑은 생산 촉진을 위해 국영 기업에 대한 통제권을 중앙 정부에서 지방 정부로 이양했다. 그리고 지방 정부는 관내 기업들이 이익 일부를 자신들의 몫으로 챙겨 기업 성장에 투자할 수 있도록 허용했다.

경비 절감에 대해서는 아무도 관심이 없었다. 새로운 시스템에 한 가지 맹점이 존재한다는 사실을 알았기 때문이다. 요컨대 그들은 이익이 발생하면 그중 일부를 취할 수 있었고 반대로 적자가 발생하면 언제든 중앙은행에 전가할 수 있었다. 그들은 각자의 현대화 계획을 추구하며 서로를 앞지르기 위해 경쟁했다. 베이징에서 발간된 한 종합 보고서는 〈모든 지방 정부가 저마다의 자동차 공장과 트랙터 공장, 자전거 공장, 재봉틀 공장, 카메라 공장, 시계 공장을 짓는다〉라고 지적했다.[10] 보다 구체적인 예가 제시되기도 했는데 현급(縣級) 이상의 도시들을 기준으로 1979년 10월에 대략 1천5백 개였던 양조장은 불과 1년 만에 1만 2천 개가 늘어났다.[11]

현장의 계획 부재는 계획 경제의 주된 특징이었다. 해안과 인접한,

비교적 부유한 저장성의 기획 위원회는 〈계획성이 부족한 저장성의 많은 현과 시에서 우리는 비이성적으로 자원을 분배하고, 무질서하게 허물고 다시 짓기를 반복한다〉라고 개탄했다. 사회 기반 시설 프로젝트들이 우후죽순처럼 계속 늘어나면서 긴축 정책을 존중하는 곳이 거의 없는 듯 보였다. 한정된 양의 석탄과 석유를 두고 경쟁한 까닭에 저장성 내의 모든 장비 중 5분의 1이 가동 중지 상태였다.[12] 전국적으로는 새로운 프로젝트들의 3분의 1가량이 잦은 정전으로 골머리를 앓았다.[13]

천윈과 그의 동료들이 1979년 4월에 수도 건설에 배정된 국가 예산을 457억 위안에서 360억 위안으로 삭감했음에도 지방 정부의 투자는 두 배로 늘어나 1979년에 160억 위안을, 1980년에 이르러서는 세 배인 250억 위안을 넘어섰다. 한 회계사의 지적에 따르면 실질적인 〈건설 규모는 이 같은 수치를 훨씬 상회했다〉.[14] 한 고위 관리는 그 이유를 설명하면서 〈사회 기반 시설 프로젝트들 중에는 눈에 보이는 것도 있지만, 눈에 보이지 않는 것도 있으며, 노골적으로 불법인 것도 있다〉고 비꼬았다.[15]

돈은 노동자들에게도 돌아갔다. 마오 주석이 사망한 직후에 발간된 『논십대 관계』는 물질적 유인을 둘러싼 개선을 약속한 터였다. 화궈펑과 덩샤오핑도 비슷한 공약을 내걸었으며 국영 기업들에 보너스를 이용해 생산을 촉진할 수 있도록 허용했다. 문화 대혁명을 거치면서 가능한 한 적게 일하는 이른바 태업 기술의 달인이 된 노동자들은 바야흐로 보다 나은 조건을 요구할 기회를 얻었다. 한때 국민당의 수도였던 난징에서는 대다수 노동자가 월급의 10퍼센트에 달하는 보너스를 받았다. 저장성의 경우에는 12퍼센트가 넘었다. 한편 현금이 바닥난 기업들은 현물로 인센티브를 지급했다. 북부의 거대 산업 도시 톈진의 몇몇 공장들은 모든 직원에게 옷감과 섬유 원료를 나누어 주었다.[16] 이러한 유인책은 최고의 직원에게 보상을 주기 위한 의도로 계획되었지만 모든 직원에게 동일한 보너스가 지급되면서 생산을 증진하는 효과가 거의 없었다.

사회 기반 시설과 보너스에 풀린 돈은 인플레이션에 즉각적인 영향을 주었다. 계획 경제하에서 국가는 모든 물가를 고정한 채 수요나 공급과 상관없이 시간이 지나도 그것을 그대로 유지하는 경향이 있었다. 사람들은 더 많은 돈을 지불하는 대신에 더 길어진 줄에서 더 오래 기다리거나, 아예 구매를 포기했다. 후베이성도 달걀 한 개와 비누 한 개, 성냥 한 갑의 가격이 1966년부터 1978년까지 거의 그대로였다. 하지만 1979년과 1980년에는 전국적으로 인플레이션이 발생하여 각각 5.6퍼센트와 6퍼센트를 기록했다. 심지어 이는 공식적인 수치였을 뿐이고 홍콩 상하이 은행은 둘을 합해서 총 37.6퍼센트로 집계했다.[17]

지방 정부들은 또한 새로운 자유를 이용해 앞다투어 선진 기술을 수입하며 엄청난 낭비를 초래했다. 일례로 난징에서는 가동하지도 않는 통조림 공장에 기계를 들이는 데 170만 위안이 넘는 돈을 지출했다. 일부는 마치 〈자신의 사원이 지어지기를 기다리는 부처〉처럼 공장이 다 지어지기도 전에 외국에 기계를 주문하기까지 했다. 심지어 수도에서조차 450개의 수입 정밀 기기 중 3분의 1만 사용되었다. 수십 개의 고화질 스캐너에는 먼지만 쌓여 갔다. 소련의 전문가들은 — 어느 정도는 편견이 작용했겠지만 — 선진 장비를 설치하고 유지하는 비용이 획득 비용과 비슷할 것으로 추정했다. 그들은 〈외국 기술을 신용으로 획득하는 비용이 경제 전반에 파급되는 이득보다 크다〉는 결론을 내렸다.[18]

무엇보다 국영 기업들은 해외 무역을 핑계로 그렇지 않아도 부족한 외화를 세단이나 텔레비전 같은 사치품에 소모했다.[19] 그 방식은 해외 직구부터 은밀한 물물 교역이나 심지어 밀수에 이르기까지 다양했다. 1980년 5월에 발표된 국무원 자료에 의하면 연안 지역을 따라 밀거래된 텔레비전과 휴대용 계산기가 무려 1백만 대를 넘었다. 유력한 용의자는 어부들이었지만 어린 학생들도 돈벌이에 가담했다. 군부대가 물품 수거를 위해 정기적으로 헬리콥터를 동원하기도 했다. 남중국해에 위치한 아열대 섬 하이난의 한 부대는 외국에서 들어온 물건들을 처리하기 위해 4백 명을 고용하여 24시간 내내 작업장을 돌렸다.[20] 타이완과 마주한 푸젠성 연안에 안성맞춤으로 자리한 리롱에서는 하루에 2만 명에 달하는 사람들이 밀수품을 거래했으며 원활한 일 처리를 위해 수백 개의 임시 초가집이 세워졌다.[21] 이 모든 것이 중국의 한정된 외화를 고갈시키고 있었다.

1980년 12월에 이르러서 천윈은 분노했다. 모든 것을 삭감했음에도 적자가 170억 위안으로 급증한 까닭이었다.[22] 그는 마오의 대기근 직후에 적용된 조치들로 돌아갈 것을 요구했다. 요컨대 예산을 삭감하고, 경제 성장률을 0에 맞추고, 모든 권한을 중앙으로 집중할 것을 주장했다.[23]

8대 원로 가운데 특히 리셴녠을 비롯한 몇몇이 천윈의 강경한 입장을 지지했다. 새로운 인물도 천윈의 주장에 동조하고 나섰다. 불과 몇 달 전 정치국에 합류해 총리로 임명된 자오쯔양은 인플레이션이 암시하는 위험 신호에 주목했다. 중앙은행은 적자를 메우기 위해 지난 2년간 이미 약 130억 위안어치의 화폐를 발행한 터였고 이듬해에도 90억 위안어치 이상의 화폐를 발행할 예정이었다. 자오쯔양은 이 돈을 모두 합치면 1949년부터 1978년까지 발행된 화폐의 총액보다 많은 액수라고 설명했다. 소비가 생산을 앞질렀고 도시 거주자를 기준으로〈실질적인 삶의 질은 사실상 하락하는 중이다〉. 그는 경제가 통제되지 않으면〈정치적 안정을 유지할 수 없을 것〉이라고 전망하면서 사회적 불안이라는 이름의 망령을 소환했다. 그의 주장에 따르면 동유럽 전역에서 정부가 화폐를 마구 찍어 내고 자본주의 국가에 돈을 빌리면서 삶의 질이 하락하고 대중의 시위로 이어지고 있었다. 폴란드 노동자들은 전국 곳곳에서 광산과 조선소를 점령한 채 정부의 통제를 받지 않는 노동조합을 설립할 권리를 얻어 냈다. 〈이는 재앙으로 가는 길이다.〉[24]

허난성 지주의 아들로 태어난 자오쯔양은 일본이 중국을 침략한 뒤인 1938년에 공산당에 가입했다. 그의 나이 열아홉 살 때였다. 그리고 해방 이후인 1952년에는 마오 주석이 판단하기에 지역민에게 너무 관대한 광둥성의 지역 지도자를 대체하기 위해 파견된 무자비한 당 간부 타오주에게 영입되었다. 자오쯔양은 상관을 도와 무자비한 탄압 정책을 수행했다. 〈마을마다 피를 흘리고 집집마다 투쟁하라〉는 구호와 함께 광둥성 전역에서 잔인한 폭행과 무작위 살인이 자행되었다. 몇몇 지역에서는 요주의 인물을 결박하거나, 대들보에 매달거나, 머리만 남긴 채 땅에 묻거나, 불로 고문하기도 했다.[25]

몇 년 뒤 대약진 운동이 예상과 달리 엄청난 곡물 생산량 감소를 불러왔음이 명확해지자 1959년 1월에 자오쯔양은 농민들이 생산된 곡물을 비밀리에 분산시켜 숨겨 둔 탓이라고 주장했다. 이는 마오 주석에게 구명줄을 제공한 셈이었다. 그는 광둥성 전역에서 무자비한 작전을 단행했고, 숨겨 놓은 식량을 찾아내기 위해 농민들을 폭행하고 고문했다.[26] 하지만 다른 당 간부들과 마찬가지로 처참했던 마오의 대기근 이후 심경의 변화를 맞이했다. 그는 여전히 헌신적인 공산주의자였지만 당의 가혹한 몇몇 정책들을 완화하는 데 능숙해졌다. 그리고 특유의 느긋한 태도 덕분에 당내 고위 권력자들의 신임을 받았으며 그 덕분에 초연할 수 있었다.

자오쯔양은 1975년에 중국에서 가장 인구가 많은 쓰촨성을 관리하기 위해 파견되었고, 그곳에서 국가가 독점권을 보유한 식용유나 곡물, 육류와 같은 식료품이 암시장에서 거래되는 것을 눈감아 주었다. 1979년 11월에는 4대 기본 원칙의 주된 옹호자로 나서서 당의 향후 과업들 중에 프롤레타리아 독재를 가장 중심에 두어야 한다고 역설했다. 그는 〈자본주의 진영〉의 권력 분립과 민주 제도를 부정하면서 중화 인민 공화국의 민주주의를 인류 역사상 가장 포괄적인 동시에 성공한 제도로 묘사했다.[27] 그의 연설은 덩샤오핑의 견해와 매우 일치했다. 몇 달 뒤 덩샤오핑이 그를 베이징으로 불러들였다.

자오쯔양의 개입으로 긴축은 공공연히 가장 지엄한 명령이 되었다. 〈우리는 1961년에 했던 방식으로 돌아가야 한다〉라고 주장하면서 그는 국가의 부양 부담을 덜기 위해 2천만 명의 사람들을 도시에서 농촌으로 돌려보냈던 일을 언급했다. 덩샤오핑은 4퍼센트로 타협된 성장 목표에 동의하는 것 외에 달리 대안이 없었다. 화궈펑은 편리한 희생양이 되었고, 중공업만 강조함으로써 경공업을 희생시켰다는 비난에 직면했다.[28]

물가는 동결되었고, 투자는 축소되었으며, 중공업 위주의 프로젝트들이 중단되었다. 건설 중이던 공장들은 폐허로 남았고 공장에 설치될 예정이던 장비들도 해체되어 사라졌다. 중국 정부는 지방 관리들에게 제동을 걸었을 뿐 아니라, 부족한 외화에 의존한 지나친 확장은 위험하다는 판단하에 일본이나 서독, 프랑스 기업들과 맺었던 계약도 취소했다.

상하이에서 약 25킬로미터 떨어진, 양쯔강 남쪽 강둑에 위치한 바오산 철강 공사도 그중 하나였다. 강철은 사회주의 연금술에서 오랫동안 신성한 요소였다. 단단하고 반짝이면서 산업적이고 근대적이며 프롤레타리아적인 강철은 발전의 바로미터였다. 방정식은 아주 간단했다. 강철은 산업을 의미했고, 산업은 부와 권력을 의미했으며, 보다 많은 강철은 보다 많은 부와 권력을 의미했다. 그리고 덩샤오핑은 보다 많은 강철을 요구했다. 바오산 단지는 일본에서 수입한 최첨단 기술을 적용하고 서독과 미국의 공동 자금 지원을 받는, 중국에서 가장 진보한 철강 공장으로 계획되었다. 그러나 재앙은 계획 단계에서부터 이미 시작된 터였다. 공장이 들어설 강둑은 지반이 약해서 건설 비용을 증가시켰다. 또한 정교한 고로(高爐)를 제작하는 데 필요한 고품질의 철광석이 부족한 탓에 오스트레일리아와 브라질에서 수입해야 했다. 그런데 강 하구의 모래톱 때문에 대형 운반선이 공장 단지까지 갈 수 없었고, 화주들은 어쩔 수 없이 매번 철광석을 작은 운반선으로 실어 날라야 했다.

곧이어 기중기들의 가동이 중단되었다. 그리고 창고에서는 정밀 기기가 들어 있는, 수천 개의 개봉조차 되지 않은 나무 상자들이 쏟아져 나왔다. 1단계 계획들은 1978년에 거창한 팡파르와 함께 화려하게 시작되었지만 2단계 계획들은 보류되었다. 비록 재정적인 보상을 받았음에도 이 실패는 일본에 큰 타격을 주었다.[29]

1981년에 중국은 적자를 메우고, 너무 많은 화폐를 발행함으로써 초래된 유동성을 줄이기 위해 30년 만에 처음으로 120억 위안 규모의 채권을 발행했다. 그럼에도 정부의 조치는 부분적인 성공을 거두었을 뿐이었다. 인플레이션이 불러올 끔찍한 결과들에 대한 그 모든 경고에도 재화의 공급 속도보다 통화량이 두 배나 빠르게 증가했기 때문이다. 경제 부양을 위해 50억 위안이 추가로 투입되었다.[30]

재화의 공급을 늘려야 했지만 쉬운 일이 아니었다. 계획 경제에서는 이른바 계획이 시장을 대체했다. 정부는 공익을 위해 모든 주요한 경제적 결정을 중앙 집권화함으로써 무엇을 생산할지, 누가 어떤 것을 생산할지, 자원을 어떻게 분배할지, 원자재와 재화, 용역에 어떤 가격을 책정할지 등을 결정했다. 이런 시스템에서 돈은 계획된 생산의 흐름을 단지 따라갈 뿐인 피동적인 것에 불과했다. 하지만 중국의 계획 경제에는 계획이 없었다. 계획은 단순한 비전이 아닌 그 이상의 것을 요구했다. 즉 시장이 아닌 통계학자들이 얼마나 많은 고무신이나, 폴리에스테르 커튼이나, 자전거 안장이 필요한지를 결정했기 때문에 계획 경제는 수많은 통계학자를 요구했다. 하지만 중국에는 문화 대혁명의 여파로 통계학자가 거의 남아 있지 않았다. 통계국은 그에 따른 문제를 다음과 같이 요약했다. 〈통계가 정확하지 않으면 우리 지도자들이 실상을 이해하는 데 영향을 준다.〉 이런 통계국도 문화 대혁명의 절정기에는 직원 수가 2백 명에 불과했다. 1983년에는 1만 6천 명으로 늘어났지만 소련의 22만 명과는 여전히 비교되었다.[31]

시스템이 매 단계에서 걸림돌에 부딪힌 까닭에 충분한 통계학자들을 가지고도 계획 경제는 제대로 기능하지 못했다. 공장 경영자들이 정부의 계획을 교묘히 우회하면서 제2의 경제, 즉 암시장이 성장했다. 특히 1978년에 공장이 이윤 중 일부를 가져갈 수 있게 된 이후로 암시장의 규모는 더욱 커졌다. 그들은 원자재 구입을 위해 구매 대리인을 파견했고, 정부가 명목상 정한 가격을 끌어올렸으며, 이는 다시 전국적인 공급 문제로 이어졌다.

또 다른 문제도 있었다. 국영 기업들이 양질의 제품을 생산하거나 가격을 매기거나 판매할 줄을 모른다는 것이었다. 그들의 성과는 생산 목표를 달성하거나 초과하는 것을 기준으로 삼았다. 자신들이 생산한 물건이 팔리든 말든 그것은 그들의 관심 밖이었고 국영 소매점과 국영 무역 회사의 문제일 뿐이었다. 1982년 국무원 발표에 따르면 모든 단계에서 〈맹목적인 생산과 맹목적인 개발, 맹목적인 조달〉만 존재했다. 전국의 창고에 운영 자본의 10퍼센트가 넘는, 공식적으로 350만 위안어치의 재고가 쌓여 있었다. 이 드넓은 빈곤의 나라는 역설적으로 구매력을 가진 사람보다 더 많은 재봉틀과 자전거, 시계를 생산했다. 일례로 난징의 경우에는 현지에서 생산된 제품 중 17.5퍼센트가 끝내 판매되지 않았다.[32]

정권은 늘어난 수입액을 지불하기 위해 수출에 더욱 열을 올렸고 국영 기업들은 해외 시장을 개척해야 한다는 압박에 크게 시달렸다. 자본주의가 쇠퇴하면서 국제 정세가 수출을 늘리기에 유리한 시점이 되었다고 판단한 대외 무역부는 1979년에 〈모든 재무, 금융, 자재 공급 부서가 수출 증대를 위한 청신호를 켜야 한다〉는 지침을 발표했다.[33] 하지만 달러를 벌어들이는 일은 말처럼 쉽지 않았다. 경쟁 시장보다 전속 시장에 익숙한 공장 경영자들이 동일한 제품을 보다 낮은 가격으로 판매해야 하는 상황에 주저했기 때문이다. 그럴 때마다 대외 무역을 담당하는 무역 회사들은 그에 상응하는 보상을 제공해야 했다. 그러고 나면 이번에는 정부가 수출을 보다 매력적으로 만들기 위해 특혜 대출과 세금 환급을 제공해야 했다.

1979년에 중국의 공식 환율은 달러당 1.53위안이었는데 수출품은 달러당 평균 2.54위안의 생산비가 들었고 중국은 매 달러당 약 1위안의 손해를 보았다. 다시 말해 동일한 제품을 기준으로 수출 시장보다 내수 시장의 가격이 더 높았다. 무역부 주장에 따르면 〈우리는 수출을 할수록 손해를 보고 있으며, 이는 수출을 촉진하고 수입을 제한하는 상황에서 지극히 불리한 환율〉이었다. 문제 해결을 위해 위안화가 달러당 2.80위안으로 평가 절하되었는데 해당 환율은 중국이 〈적정 이윤〉이라고 생각하는 10퍼센트, 즉 0.26위안을 평균 생산 비용에 더해 도출한 값이었다.[34] 다시 말하면 수요와 공급에 의해 이익률이 결정된 것이 아니라 국가가 정한 명목 스프레드에 의해 이익률이 결정된 것이다.

내부 결제 환율은 1981년 1월부터 발효되었다. 손쉽고 간단한 이 조치로 이제는 전체 수출의 80퍼센트가 더 이상 손실을 유발하지 않게 되었다. 하지만 당연히 해당 조치는 회계상의 속임수에 불과했고, 더불어 이제는 수입할 때 더 많은 돈을 지불해야 할 뿐 아니라 어쩌면 보조금까지 지급해야 함을 의미했다.

내부 결제 환율은 비밀에 부쳐졌다. 어쨌거나 대외 무역은 〈자본주의 진영〉을 상대하는 첨예한 〈계급 투쟁〉의 최전선으로 자주 묘사되고 있었다. 국무원은 〈우리 중국이 두 개의 통화를 보유하고 있음을 사실상 인정하는 셈이므로 내부 결제 환율을 공개하는 일은 없을 것이다〉라고 설명했다.[35] 내부 결제 환율은 내내 공식 환율인 달러당 1.50위안이 적용된, 예컨대 해외로부터의 송금이나 관광, 외국인 투자, 재외 공관에서 발생하는 지출 등 다른 해외 거래들을 제외한 대외 무역에만 적용되었다. 내부 결제 환율이 위안화를 과소평가했는지 아니면 과대평가했는지는 알기 어려웠다. 시장이 존재하지 않는 상태에서 누구도 실질적인 이윤을 측정할 수 없기 때문이다. 기업과 정부 기관은 하나같이 이중 환율 제도를 무자비할 만큼 적극적으로 활용했다. 그들에게 고용된 똑똑한 회계사들은 둘 중에서 유리한 환율을 적용하여 장부상의 기록을 보다 많은 이윤이 발생한 것처럼 바꾸었다.[36]

내부 결제 환율은 사치품 수입에 외화를 낭비하지 못하도록 지방 정부에 제동을 걸고자 한 긴축 정책과도 부합했다. 하지만 기대만큼 효과를 거두지는 못했는데 1978년 이후 지방 정부도 대외 무역을 통해 발생한 수익 중 일부를 소유할 수 있었기 때문이다. 그들은 예컨대 수출량을 늘리기 위해 원자재를 추가로 구입하고자 할 경우에, 그리고 대금 결제를 위해 자신들이 보유한 외화를 다른 국영 기업에 송금하고자 할 경우에 공식 환율인 달러당 1.50위안이 적용되는 무역 시스템을 통해야 했다. 그 결과 달러화를 보유한 국영 기업들은 내수 시장에서 공급이 달리는 물품들을 합법적으로든 아니면 다른 방식으로든 수입하는 것이 훨씬 돈이 된다는 사실을 알게 되었다. 1982년 말까지 무역 적자가 급증하면서 외환 보유고는 계속 감소했다.[37]

경제가 발전했다면 그것은 정부의 강압과 지도부의 갑작스러운 정책 반전에도 불구하고 이루어진 것일 터였다. 성장은 공식적인 감시의 시선으로부터 한참 벗어나 있던 농촌에서 시작되었다.

사람들은 뒤로 한발 물러선 채 위에서 지침이 내려오기를 기다리는 대신에 스스로 빈곤으로부터 벗어나기 시작했다. 특히 대약진 운동으로 당에 대한 신뢰가 무너진 농촌에서는 문화 대혁명이 촉발한 혼란까지 겪으면서 당 조직이 많이 약화되어 있었다. 이미 마오쩌둥이 사망하기 이전부터 전국 곳곳에서 농민들은 토지에 대한 통제권을 되찾고 정부의 권력을 축소하려 하고 있었다. 경우에 따라서는 지방 공무원들이 앞장서서 농부들에게 몰래 토지를 나누어 주기도 했다. 또한 20년에 걸친 혁명 광풍에 지쳐 단순히 모른 체하는 경우도 있었다. 때로는 농민들과 지역 지도자들 사이에 일종의 거래가 이루어졌는데 농민들이 지역 지도자들에게 일정 비율의 수확물을 넘기면 그들이 정부에 수확물을 전달함으로써 공동 소유권이라는 허상을 유지하는 식이었다.[38]

지역마다 차이는 있었지만 전국에서 조용한 혁명이 진행되었다. 산시성(陝西省)에서는 1976년에 수백만 명이 굶주림에 시달렸다. 수많은 거지 무리가 산시성 농촌 지역을 떠돌았으며 그들은 살기 위해 진흙이나 나무껍질을 먹어야 했다. 굶어 죽은 사람도 수천 명에 달했다. 이런 상황에 그저 어깨를 으쓱해 보이는 간부들도 있었지만 어떤 간부들은 농민들이 굶어 죽거나 들판에서 곡식을 훔치는 것을 지켜보는 대신에 그들에게 땅을 넘겨주어 스스로 생존할 수 있는 기회를 주고자 했다. 성도(省都) 시안에서 몇 시간 떨어져 있는 뤄난에서는 지역 지도자들이 경작 책임을 개별 농가에 돌려주면서 모든 인민공사의 공동 자산이 분할되었다. 많은 농민이 국제 시장에 곡물을 판매하는 일에만 관심을 갖는 정부의 요구에 따라 지난 20년 동안 해오던 단일 작물 경작을 포기하고, 대신에 암시장에서 수요가 많은 작물들을 재배했다.[39]

한편 필요는 발명의 어머니라는 속담도 있듯이 상대적으로 덜 곤궁한 지역에서는, 특히 아열대 지역에 위치한 광둥성에서는 기업가 정신이 번창했다. 광둥성 전역의 농촌 시장에서 농민들은 곡물과 육류, 면화, 비단, 차(茶), 담배부터 땅콩에 이르기까지 정부가 독점권을 가진 사실상 모든 물품에 대한 활발한 거래를 주도했다.[40]

이런 관행은 마오쩌둥 사망 이후에 더욱 만연했다. 지난 수십 년 동안 정부는 강제 수매를 진행한 모든 필수 식량에 대해 가능한 한 적은 돈을 지불한 터였다. 3천 개의 생산대(生産隊)를 대상으로 진행된 한 세부적인 연구에 따르면 1978년에 쌀과 밀, 옥수수 등의 수매 가격은 생산 단가보다 약 20퍼센트나 저렴했다. 농민들은 곡물을 자체적으로 소비하거나, 암시장에 내다 팔거나, 보다 돈이 되는 작물을 재배하는 식으로 대응했다. 조달량이 감소한 것은 물론이다. 국무원은 그로 인한 손실액이 1976년에 50억 위안, 1977년에 48억 위안에 달하는 것으로 추산했다. 1979년에 이르러서는 기장과 수수, 옥수수에 더해 쌀과 밀의 주요 생산지인 후난성과 허난성을 비롯한 몇몇 성에서 전체 비축용 곡물의 약 70퍼센트가 자체적으로 소비되거나, 물물 교환이 되거나, 암시장에서 판매되었다.[41]

부족분을 충당하기 위해 중국은 캐나다와 오스트레일리아에서

1천2백만 톤의 밀을 구매했다. 게다가 1979년에는 농민들에게 지불할 수매 가격도 인상해야 했다. 농민들이 곡물을 직접 시장에 내다 팔면 공식적인 수매 가격보다 30퍼센트 더 높은 값을 받을 수 있었기 때문에 정부는 수매 가격을 20퍼센트 인상하는 선에서 타협했다. 강제로 수매할 수 있는 곡물의 양도 대폭 감소했는데 이는 정부가 추가 조달을 위해 별도의 돈을 지불해야 했음을 의미했다. 면화와 설탕, 식용유, 돼지고기, 소고기, 생선 등 12개가 훨씬 넘는 다른 주요 생산 품목에도 동일한 기준이 적용되었다. 1980년에는 양피(羊皮)와 삼베, 목재 가격도 인상되었다.[42]

이 같은 변화는 정부에 막대한 비용 증가를 가져다준 동시에 돈의 흐름을 반전시켰다. 지난 30년간 농업은 제조업을 보조해 온 터였다. 해당 기간 동안 농민들은 자신들이 생산한 농산물을 인위적으로 정해진 낮은 가격에 판매하고, 반대로 자신들이 사용할 연장이나 연료, 비료 등은 크게 오른 가격에 구입해야 했다. 하지만 이제는 농촌이 도시를 인질로 잡은 채 몸값을 요구하고 있었다.

조달 비용이 증가했음에도 판매 가격은 대체로 동일하게 유지되었다. 추가 비용을 도시의 소비자들에게 전가할 수 없었던 까닭이다. 차액을 메우기 위해 중국 정부는 1979년에만 약 80억 위안을 지출했다. 그 과정에서 상무부는 육류와 달걀에만 20억 위안을 지출했다. 상무부는 〈조금만 생각해 보라. 그처럼 막대한 돈을 지원해야 하는데 우리가 어떻게 감당할 수 있겠는가?〉라고 지적했다. 여기에 더해서 이렇게 의심하는 사람들도 많았다. 〈그들 중 일부는 정부에 고기와 달걀을 판매한 뒤 정부로부터 다시 매입하여 재차 정부에 판매할 것이다.〉 전국적으로 거래되는 고기와 달걀 가격이 지역마다 다르다는 점에서 완전히 새로운 영역의 수지맞는 장삿길이 열린 셈이었다. 한 집계에 따르면 1982년에

는 보조금이 전체 예산의 3분의 1에 해당하는 무려 3백억 위안에 달한 것으로 추산되었다.[43]

보조금은 농촌의 공동체들을 강화하기 위한 것이었다. 이윤 중 일부를 소유할 수 있게 허용함으로써 도시 기업들을 고무하고자 했듯이, 중국 정부는 1978년에 빈사 상태의 인민공사들을 상대로 계약 책임제를 도입해, 농민들이 의무적인 조달 할당량을 충족한 뒤에 남은 수확물을 전량 소유하고 마음대로 처분할 수 있게 함으로써 생산성 증대를 꾀했다. 지도부는 토지를 분할하거나 농업 생산에 대한 책임을 개별 농가에 위임하는 행위를 명시적으로 금지했지만 농민들은 토지에 대한 결코 충족될 수 없는 욕구를 가지고 있었다. 인민공사가 농촌 부락과 생산 계약을 체결하고 나면 각각의 농촌 부락은 계약에 따른 생산 책임을 다시 개별 농가에 위임했다. 이 같은 진행은 사실상 토지의 사유화를 의미했다.

3년 동안 정부는 탈집산화에 맞서 이길 수 없는 전쟁을 치렀다. 1978년 12월에 제3차 전체 회의는 다음을 분명히 했다. 〈우리는 가족농과 토지 분할을 허용하지 않는다. 개인이 독립적으로 농사짓는 것 또한 허용하지 않는다.〉[44] 이후로도 비슷한 제약이 반복해서 발표되었다. 그러던 중 1980년 3월에 하나의 양보안이 제시되었다. 국가 계획 위원회의 수장 야오이린은 인민공사가 충분히 활성화되지 않은 가난하고 인구 밀도가 적은 지역에 한해 가족농을 허용할 것을 제안했다. 그리고 〈나는 야오이린의 의견에 동의한다〉라는 덩샤오핑의 선언이 뒤따랐다. 〈우리는 어떤 일은 생산대(生産隊)에 주고, 어떤 일은 개인에게 줄 수 있다. 그럼에도 두려워하지 말자. 그로 인해 사회주의 체제의 본질이 영향 받는 일은 없을 것이다.〉[45]

그해 말인 1980년 11월에 지도부는 〈발전하는 공동 경제는 중국 농업의 굳건한 토대이다. 공동 경제의 우월한 특징은 민간 부문이 결코 따라올 수 없으며, 이는 지난 20년간 드러난 농업 발전의 역사를 통해 증명된 사실이다〉라고 대대적으로 공표했다. 지도부가 〈가족농은 토지를 분할하거나 개인이 독립적으로 농사를 짓는 행위와 다를 바 없으며 절대로 허용될 수 없다〉라고 규탄하면서 탈집산화를 둘러싼 반대 운동이 전국적으로 전개되었다.[46]

반대 운동은 결국 실패했다. 1981년 1월에 농업부가 인정한 바에 따르면 구이저우성 전체 농가의 78퍼센트와 간쑤성 전체 농가의 56퍼센트, 안후이성 전체 농가의 51퍼센트, 광둥성 전체 농가의 30퍼센트가 토지 경작에 대한 직접적인 책임을 진 채로 무엇을 심고, 어떻게 재배하고, 수확물을 어떻게 처리할지 등에 관련된 모든 결정을 내리고 있었다. 농업부의 주장에 의하면 일부 지역에서는 〈공동 경제가 소멸하면서〉 모든 농가가 독립적으로 토지를 경작하기도 했다. 〈계속해서 늘어나고 있다는 점을 감안하면 이들 수치는 그나마 낮은 편이다.〉[47]

저장성에 대한 한 세부적인 연구는 자작농이 거침없이 증가하는 이유를 다음과 같이 밝혔다. 〈집단 농장의 생산량은 오랫동안 늘어나지 않고 있으며 구성원들에게 돌아가는 이익이 매우 제한적이다.〉 한 농부는 이 문제를 보다 간단명료하게 표현했다. 〈집단 농장을 신뢰할 수 없기 때문에 우리는 땅을 나누어 스스로 경작하는 것 말곤 다른 대안이 없다.〉 보다 북쪽에 위치하고 여전히 영양실조와 굶주림에서 벗어나지 못한 가난한 후베이성의 농민들은 훨씬 직설적이었다. 〈집단 농장 체제는 아무런 장점이 없다.〉[48]

1982년 겨울에 인민공사가 공식적으로 해체되면서 한 시대의 종말을 알렸다. 이 대전환의 과정에서 중심 무대를 차지한 것은 바로 농민들이었다. 일반인에 불과한 수백만 명의 농민들이 정부를 효과적으로 압도한 결과였다. 수십 년 동안 그들의 생활 수준은 정체되어 있었다. 하지만 1982년에 이르러 스스로 빈곤에서 벗어나며 그들의 수입은 두 배로 늘어났다. 당시 베이징 주재 동독 대사관의 한 예리한 관찰자는 〈중앙 정부가 매년 채택하는 농업 연보는 기본적으로 마을 단위에서 자발적인 과정을 통해 이미 달성된 것을 문서화할 뿐이다〉라고 지적했다. 사회학자 케이트 저우는 후에 표현을 약간 달리해서 이렇게 말했다. 〈정부가 규제를 푼 것은 조직화되지 않은 수많은 농부가 관련 규제를 이미 무의미하게 만들었다는 사실을 인정할 수밖에 없었기 때문이다.〉[49]

농민들은 자신들이 보기에 적당하다고 생각되는 토지를 경작할 권리를 얻었지만 토지를 소유할 수는 없었다. 중국 정부는 시종일관 이른바 생산 수단의 공동 소유라는 마르크스주의의 원칙을 포기할 생각이 없었다. 인민공사가 아래로부터 무너져 소멸한 뒤로 모든 농가에 15년마다 갱신되는 토지 임대권이 주어졌다.

정부는 또 다른 기본권인 이동의 자유도 제한했다. 1955년에 저우언라이는 소련이 수십 년 전에 채택한 국내 여권 제도와 유사한 호구 제도를 농촌에 도입한 터였다. 이 제도는 농민들을 토지에 묶어 둠으로써 집단 농장들이 값싼 노동력을 이용할 수 있게 해주었다. 또한 사람들을 〈도시 거주자〉(시민)와 〈농부〉(농민)로 분류하여 중국을 두 개의 분리된 세계로 나누어 놓았다. 그 안에서 아이들은 어머니의 신분을 물려받았다. 말인즉슨 시골 소녀가 설령 도시에서 결혼을 하더라도 그녀의 아이들은 여전히 〈농부〉라는 뜻이었다. 〈농부〉는 마치 세습되는 카스트 계급처럼 취급받으며, 정부가 피고용인들, 즉 도시 거주자들에게 제공하는 공영 주택이나 식량 배급부터 건강이나 교육, 장애에 관련된 복지 혜택에 이르기까지 다양한 특전으로부터 제외되었다.[50]

사회적 불안정을 항상 두려워한 중국 정권은 전체 농촌 인구의 3분의 1에 해당하는 약 1억 명을 포함하여 상당수의 국민들을 농촌에서 벗어나지 못하도록 제한했다. 그렇게 농촌에 묶인 사람들은 대부분 실업 상태이거나 불완전 고용 상태였으며 아무 일도 하지 않으면서 또는 교대로 밭에서 일하면서 인민공사로부터 돈을 받았다.[51]

중국 정권이 실제로 썼던 마르크스주의 용어인 이른바 〈잉여 노동〉의 일부를 흡수하는 한 가지 방법은 농촌에 대한 투자를 제한하는 것이었다. 어린 소녀들이 들판에서 자랑스럽게 트랙터를 운전하는 모습을 특징으로 하는 사회주의식 초상화와 함께 〈농촌의 기계화〉를 강조한 30년에 걸친 선전에도 불구하고 농촌에는 정작 기계가 거의 없었다. 여전히 중국은 1840년대의 영국처럼 땀을 연료 삼아 근육의 힘으로 돌아가는 나라였다. 제3차 전체 회의에서 〈농부들은 스스로의 힘에 의존해야 한다〉라는 성명이 발표되고, 1978년 12월을 기점으로 농촌에 대한 추가적인 투자가 중단되었다. 일례로 중국에서 가장 가난한 성 가운데 하나이면서 황량한 언덕들이 차츰 거대한 사막으로 변해 가고 있던 간쑤성의 농업에 대한 투자는 1980년에 절반이 삭감되었고 이듬해에 다시 절반이 삭감되었다. 1983년에 이르러서는 1979년의 22퍼센트에 불과한 수준으로 떨어졌다. 다른 지역에서도 비슷한 삭감이 이루어졌다. 농업을 담당한 선임 관리인 완리가 1981년에 말했듯이 〈농업에 쓸 돈은 없었다〉.[52]

정권은 교육 사업에 대한 투자도 의도적으로 기피했다. 1949년 이래로 지도부는 사람보다 사회 기반 시설에 더 많은 투자를 해오고 있었다. 그들은 음악당이나 박물관, 경기장, 신도시와 같은 보다 그럴듯한 프로젝트들에는 자금을 쏟아부었지만 농촌의 교육 문제는 외면했다. 수도에서 근무하든 아니면 내륙의 외진 현청 소재지에서 근무하든, 공무원들은 자기들보다 아래에 있는 사람들에 대해 책임감을 갖지 않았다. 다시 말해 그들의 책임감은 자기들보다 위에 있는 사람들을 향해 있었다. 크고, 인상적이며, 가시적인 권력의 흔적은 효과적인 통치가 이루어지고 있다는 착각을 불러일으키는 확실한 방법 중 하나였다. 이 방법은 사람들이 단순한 피지배자로, 국가의 이익을 위해서는 얼마든지 착취해도 되는 값싼 노동력의 원천으로 취급되는 농촌 지역에서 특히 잘 통했다. 1981년 5월에 장기적인 교육 목표를 논의하기 위해 모였을 때 지도부는 전국의 문맹률이 어느 정도인지 이미 알고 있었다. 일례로 해안에 위치한 가장 부유한 지역 중 하나인 저장성 퉁샹현에서는 아주 단순한 글자조차 읽지 못하는 젊은이들이 70퍼센트에 달했다. 후야오방은 〈우리는 한 번도 모든 사람을 위한 보편적인 초등 교육을 실시한 적이 없다〉라고 언급하면서 〈우리는 지난 30년 동안 이 목표를 달성하는 데 실패했다〉라고 덧붙였다. 그러면서 국가가 보편적인 초등 교육을 위한 무거운 경제적 부담을 감당할 수는 없다고 설명했다. 늘 그래 왔듯이 경제가 우선이었다. 그는 〈국민들로 하여금 그들 자신의 문제는 스스로 해결하게 하자. 그들에게 직접 교사를 모집하고 학교를 짓게 하자〉라고 조언했다.[53]

넘쳐 나는 실업자를 흡수하는 최고의 방법은 대약진 운동이 한창일 때 — 인민공사와 함께 — 도입된 향진 기업에서 마을 주민들이 일하도록 장려하는 것이었다. 모두를 위한 풍요로운 공산주의 사회를 추구하면서 농민들은 〈두 다리로 걷기〉라는 선전 문구처럼 농업과 공업을 동시에 변화시키도록 요구된 셈이었다. 대부분의 향진 기업들은 소규모로 운영되었고, 시대에 뒤떨어진 전통적인 기술을 사용했다. 그들의 목표는 현지에서 이용 가능한 원자재를 활용하여 현지 인민공사에 속한 구성원들의 수요를 충족함으로써 경제 자립도를 높이는 것이었다.

그들은 밀가루를 만들고, 기름을 짜고, 연장을 수리하고, 숯이나 석회암을 가공했다. 타일과 벽돌, 비료를 만들었으며, 밀짚 멍석과 나무 바구니부터 솜까지 수공예품을 만들기도 했다.[54]

대약진 운동은 재앙이었지만, 자립 개념은 문화 대혁명 기간 동안 꽃을 피웠다. 이 개념은 사람들이 스스로 살아가도록 내버려두는 데 편리한 이론적 근거를 제공했다. 다자이는 전국의 모든 마을이 본받아야 할 모범이 되었다. 가난한 산시성(山西省)의 외딴 구석에 메마른 도랑과 가파른 계곡으로 둘러싸인 다자이 마을은 정부의 보조금을 모두 거부하고 순전히 자기 의지만으로 가난에서 벗어난 터였다. 언덕 비탈에 펼쳐진 계단식 논, 계곡을 가로지르며 물을 끌어오는 수로들, 호두나무와 오디나무, 과수원과 양돈장에 더해서 국수 공장과 기계 수리점, 이 외에도 다양한 향진 기업은 마을의 자랑거리였다. 당연한 일이지만 다자이 마을은 속임수였다. 마을의 모범적인 주민들은 주석이 쓴 대본에 따라 마지못해 연기하는 배우들이었고, 기적에 가까운 수확량은 다른 마을에서 빌려다 놓은 것들이었다. 그럼에도 포스터와 신문 기사, 라디오 방송, 선전 영화를 통해 모든 인민공사에서 자립정신이 장려되면서 다자이 마을은 대대적으로 홍보되었다.[55]

농민들은 토지를 되찾기 위해 조용히 문화 대혁명의 혼란을 이용했던 것처럼 지역 공장과 향진 기업을 설립하기 위해 자립 정책을 이용했다. 이들 공장이나 기업은 원칙적으로 공동 소유가 되어야 했지만 상당수가 단지 명목상으로만 공동 소유일 뿐 완전히 사기업처럼 운영되었다. 중국 해안을 따라 등장한 지하 공장들은 그들이 번 돈을 이용해 암시장에서 곡물과 고기를 사들였고, 어유(魚油)부터 아스피린에 이르기까지 계획 경제가 제공하지 못하는 물품들을 수입하기도 했다. 또한 사업을 운영하는 데 필요한 희소 자원을 구하기 위해 구매 대리인을 파견해서 석탄과 철, 철강 등을 사들이며 국영 기업과 경쟁을 벌이기도 했다. 심지어 마오 주석이 사망하기 이전부터 산업은 농촌 곳곳을 지배했다. 상하이 바로 밖에 위치한 촨사현에서는 정부의 지시에 따라 지역 주민들은 의무적으로 면화를 재배해야 했지만, 전체 생산에서 산업이 차지하는 비중은 1970년에 54퍼센트에서 5년 뒤 74퍼센트로 증가했다.[56]

인민공사들이 문화 대혁명으로 잃어버린 10년을 만회하도록 돕기 위해 1978년 이후로 인민공사의 직영 기업들, 즉 향진 기업들은 3년 동안 세금이 면제되었다.[57] 그에 따라 명목상으로만 〈인민 소유〉이든 아니든, 향진 기업들은 더욱 번창했다. 상하이에서 자전거로 오갈 수 있는 거리에 위치한 장쑤성의 세 개 현의 지도자들이 자신들의 관할권 안에 있는 기업들의 경제 활동을 감독하기를 거절하면서 기업들이 각자의 이윤을 추구할 수 있게 되었다. 덩달아 한 가지 직업만 가지고 있던 사람들이 동시에 몇 가지 직업을 갖게 되었다. 그들은 물고기를 잡으면서 장사를 하는 동시에 저녁이 되면 밭을 경작했다. 1983년에 이르러 그 지역의 산출량에서 산업이 차지하는 비중은 80퍼센트에 달했다.[58]

해안가 지역에서 비슷한 경우를 흔히 볼 수 있었는데 특히 광둥성은 다른 어느 곳보다 이런 현상이 두드러졌다. 전국의 다른 지역으로부터 배우기 위해 상하이에서 파견된 일단의 관찰자들은 자신들이 발견한 사실에 깜짝 놀랐다. 주장강 삼각주 지역의 사람들은 정부에서 의무로 정한 곡물 생산에서 손을 떼고 있었다. 땅이 메말라 농작물 수확량이 보잘것없던 둥관에서는 사람들이 보다 돈이 되는 직업에 종사하고 있었으며, 많은 직업이 성 전역의 마을들을 연결하는 개인 운송에 특화되어 있었다. 수면 위의 고정 가옥들과 수로들이 마을 곳곳을 가로지르는 순더에서는 사람들이 물고기 양식으로 직업을 바꾸면서 논 면적이 반 토막 난 상태였다. 어떤 마을은 살아 있는 생선을 시장으로 운반하기 위해 정부에서 금지한 자가용을 이용했는데 정기적으로 성도를 오가며 납품하는 개인 차량도 열 대에 달했다. 방대한 하천계의 중심에 오아시스처럼 자리 잡은 광저우 사람들은 문화 대혁명 초기에 어쩌다 한 번씩 나오는 죽은 생선을 사기 위해 몇 시간씩 줄을 서야 했었다. 이제 그들은 살아 있는 생선을 심지어 1979년에서 1983년 사이에 40퍼센트나 내린 가격으로 구매할 수 있었다. 오토바이를 탄 몇몇을 포함한 소규모 행상들은 매일 1천 톤이 넘는 채소를 도시 전역에 배달하고 있었다.[59]

순더에서는 마을 주민들이 원예업으로 전업하면서 밭의 10퍼센트가 꽃으로 뒤덮였다. 꽃은 홍콩까지 팔려 나갔다. 수요가 너무 많아서 때로는 노동자를 고용해야 할 정도였는데, 베이징의 지도자들은 그들의 행태를 〈자본주의적〉이라고 비난했다. 비슷한 예로 1982년에 2천 명의 주민들이 모여 소파 공장을 설립해 전국에 가구를 판매한 마을도 있었다. 보고서를 작성한 저자들이 내린 결론에 따르면 〈광둥성은 시장을 따르고 있었다〉.[60] 광둥성의 제1서기 런중이는 변화를 열망한 계몽적인 지도자였다. 자오쯔양과 달리 그는 권력 분립의 진정한 신봉자인 동시에 자신의 속내를 드러내지 않을 정도로 매우 현명한 사람이었다.[61]

전혀 예상치 못한 향진 기업들의 선전은 의도하지 않은 결과를 낳았다. 논밭을 갈아 직접 농사를 짓는 사람들이 인상된 수매 가격에도 불구하고 보다 많은 양의 곡물에 대해 수매를 진행하지 않으려 한 것이다. 그들은 비록 소규모일지라도 자신들이 생산한 곡물을 도시에 판매하는 것보다 향진 기업에서 가공하는 쪽이 더 돈이 된다는 사실을 깨달았다. 그리고 이는 비싸게 주고 수입한 새로운 장비로 무장한 다수의 공장을 포함하여 중공업에 사용될 원자재가 감소하는 결과로 이어졌다. 1975년에 상하이의 면화 공장들은 12만 5천 톤의 면화를 소비한 터였다. 불과 4년 만에 조달량은 60퍼센트나 줄어 5만 톤 이하로 감소했다.

면화 수입은 1979년과 1980년에 각각 두 배씩 늘어났다. 담배의 조달 감소율은 24퍼센트로 나타났다. 가죽부터 동유(桐油)와 송진에 이르기까지 다른 모든 상품의 조달량 또한 극적으로 하락했다.62

지도부는 긴축 정책과 수요 억제, 수입 감축으로 대응했다. 하지만 갈수록 이런 기조를 농촌에 적용하기가 어려웠다. 1982년 겨울에 인민공사가 해체된 뒤로 천윈과 그의 측근들이 주도했던 계획 경제 체제는 더 이상 농촌 경제가 나아가는 방향을 통제할 수 없었다.63

산아 제한은 장차 수십 년 동안 지속될 긴축 노력의 중요한 측면 중 하나였다. 모든 것을 중앙에서 계획하려는 충동은 다른 많은 것과 마찬가지로 그 기원이 마오 주석까지 거슬러 올라가는데 아이를 출산하는 문제도 예외는 아니었다. 이미 1957년부터 마오쩌둥은 자국 인구가 너무 많은 것은 아닌지 고민하고 있었다. 〈아이를 덜 낳는 편이 좋을 것 같다. 출산도 계획적으로 관리될 필요가 있다. 내가 보기에 인간은 스스로를 관리하는 능력이 전혀 없다. 우리는 공장에서 무엇을 생산할지를 계획하고, 옷감, 탁자와 의자, 철강을 얼마나 생산할지 계획하지만 아이를 얼마나 낳을지는 계획하지 않는다.〉 몇 년 뒤에 그는 다시 한번 같은 생각을 하게 되었고 1964년에 출산 계획 위원회가 설립되기에 이르렀다. 1970년에 위원회는 의무적인 출산 계획을 홍보하기 위한 본격적인 운동에 돌입하면서 주석의 지혜가 담긴 말을 널리 전파하고자 선전대까지 동원했다. 〈인간은 스스로를 통제해야 하며 계획적으로 인구를 조절해야 한다.〉 공무원들은 가임기 여성들을 파악하여 상세한 기록을 작성했으며 두 명 이상의 자녀를 출산한 여성들을 괴롭혔다. 지역마다 그 양상이 매우 다르기는 했지만 여성 불임 수술과 강제 낙태는 흔한 일이 되었다. 1971년에 이르러서는 산둥성에서만 1백만 건이 훌쩍 넘는 낙태 수술이 시행되었다. 전국적으로는 1971년부터 1976년까지 평균적으로 매년 약 5백만 건의 낙태 수술이 진행되었다.[64]

화궈펑의 치하에서 수치는 더욱 치솟았다. 1978년에 톈진에서는 총 10만 8천 건의 출산이 이루어진 데 비해 임신을 중절한 사례는 7만 건에 달했다. 14세부터 55세까지의 가임기 여성들을 기준으로 낙태율이 40퍼센트가 넘는 수준이었다. 정부 기조에 보조를 맞추는 데 실패한 집안들은 수도가 끊기거나, 자전거를 압수당하거나, 월급이 10퍼센트 삭감되었다. 할당제는 농촌에서도 엄격하게 시행되었다.[65]

1981년 1월에 보다 과감한 조치들이 도입되었다. 긴축 정책의 설계자 천윈은 급증하는 곡물 수입량에 우려를 나타냈다. 1980년 9월에 열린 정치국 회의에서 그는 〈10억 명의 사람들이 먹고 살아야 하는 것은 맞지만 무작정 많이 먹을 수는 없다. 그러면 모든 것을 먹어 없앨 것이기 때문이다. 우리는 사회 기반 시설에 할애할 돈을 어느 정도 모을 필요가 있다〉라고 경고했다.[66] 앞서 대약진 운동 1년 전인 1957년에도 천윈은 비슷한 주장을 내놓은 터였다.[67] 그의 주장은 국가가 대중에게 소비를 줄이도록 강제하고 그렇게 해서 모은 돈은 공익을 위해 투자한다는 점에서 최상의 마르크스주의 경제학과 일치했다. 덩샤오핑을 비롯한 다른 사람들도 천윈의 주장에 동의했다. 그들은 한때 로켓 과학자였다가 인구 통계학자로 변신하여 지구 최후의 날 시나리오를 제안한 송젠의 글에서 편리한 명분을 찾았다. 그 명분이란 머지않은 미래에 〈도시를 휩쓸어 버릴〉 수억 명의 농민들을 비롯해서 중국 인구가 〈터질 때만 기다리는 일종의 시한폭탄〉이라는 것이었다.[68] 가능한 한 빠른 시일 안에 인구 성장을 중단시킬 필요가 있었다. 송젠의 유사 과학이 그동안 세상에 선보인 것 중 가장 엄격했던 산아 제한 정책에 일견 객관적인 근거를 제공하는 순간이었다.[69]

당 관료들에게 자녀를 한 명 이하로 낳으라는 지시가 내려졌다. 어쩌다 둘을 낳는 경우에는 첫째가 무조건 딸이어야 했다. 정책은 지역마다 조금씩 달랐지만 장쑤성과 쓰촨성처럼 인구가 많은 곳에서 특히 엄격하게 적용되었다. 탄압이 확산되었고 학대가 빈발했다. 1981년 여름에 광동성 동부에서는 임신 8개월 차인 일부 희생자들을 포함하여 수천 명의 여성들이 낙태를 강요받았다. 한 인민공사에서는 출산 계획 위원회 집행자들이 325건의 임신 중 316건을 바람직하지 않은 것으로 간주하고 임신을 중절시켰다.[70]

1982년에는 성인뿐 아니라 국가의 허락 없이 태어난 아이들을 겨냥하여 더욱 과격한 규제가 도입되었다. 이제 허락 없이 태어난 아이들은 더 이상 호적에 올라갈 수 없었고 한 사람의 시민으로서 어떠한 권리도 누리지 못할 터였다.[71] 사람들은 저항했다. 농촌에서는 마을로의 접근을 막기도 하고 정부의 대리인을 공격하기도 하면서 임신부를 숨기려고 노력했다. 자오쯔양이 정책을 옹호하기 위해 나섰다. 〈일부 간부들이 폭행과 모욕을 당했는데 그들은 국민과 국가를 위해 중요한 임무를 수행하는 중이다.〉[72] 1983년에 1440만 건의 낙태와 2070만 건의 불임 수술, 1780만 건의 자궁 내 피임 장치 삽입이 이루어지면서 그 수치가 정점을 찍은 듯했다.[73]

이 정책은 이후 수년에 걸쳐 조금씩 조정되었고 노골적으로 강압하기보다 설득을 꾀하는 보다 교묘한 방식으로 변해 갔다. 그리고 적어도 정부가 일자리와 주거, 교육, 의료 문제를 통제하는 도시에 한해서는 풍요로운 삶을 누릴 수 있게 되었다. 그 대가로 앞으로 수십 년 동안은 직장에서 승진하는 문제부터 병원을 이용하는 일에 이르기까지 삶의 모든 것이 산아 제한에 얼마나 순응하느냐에 따라 결정될 터였다. 산아 제한은 사실상 삶에 대한 제한을 의미했다.

3
개혁(1982~1984)

긴축 정책은 1982년 9월에 열린 제12차 당 대회에서 공식적으로 종료되었다. 하지만 〈사회주의식 현대화〉를 본격화하고 중국을 외부 세계에 보다 많이 개방하기 위해서는 한 가지 과제가 더 남아 있었다. 덩샤오핑이 전체 회의에서 개회사를 통해 설명한 대로 〈해외로부터 유입되는 퇴폐적인 사고〉에 맞선 피할 수 없는 투쟁이 바로 그것이었다. 그는 계속해서 〈우리는 부르주아적인 생활 방식이 중국에 확산되는 것을 절대로 용납하지 않을 것이다〉라고 말했다.[1] 불과 몇 개월 전 일단의 군 지도자들을 상대로 연설할 때도 그는 중국으로 흘러드는 〈외국의 부패한 자본주의적인 것들〉에 우려를 표한 터였다. 〈심각한 범죄와 중대 범죄자들이 경제 분야뿐 아니라 정치와 문화 분야에서도 발견된다.〉 사회주의적 이상과 규율을 심어 줄 수 있는 〈사회주의적 문명〉에 더해서 단속이 필요한 시점이었다. 덩샤오핑은 손님을 초대하기 전에 집을 청소하고자 했다.[2]

정확히 무엇이 〈사회주의적 문명〉을 구성하는지는 다소 불분명했다. 하지만 사회주의적 규율에 관한 것이라면 정권은 이미 준비된 답을 가지고 있었다. 1963년에 마오쩌둥은 국민들에게 레이펑으로부터 배우라고 권고한 터였다. 레이펑은 소위 인민에게 봉사하기 위해 일생을 헌신한 젊은 군인이었고 사후에 발견된 그의 일기는 책으로 출간되어 전국에서 연구되었다. 레이펑이 일기에서 설명한 바에 따르면 마오 주석은 환영이 되어 그의 앞에 나타나 이렇게 말했다. 〈열심히 공부하라, 당에 영원히 충성하라, 인민에게 충성하라!〉 레이펑은 모두가 본받아야 할 모범적인 인물로 수많은 구호와 포스터, 노래, 연극, 영화 등에 영감을 주었다. 심지어 글을 읽을 줄 모르는 농민들에게 그의 이타적인 업적과 주석에 대한 헌신적인 이야기들을 들려주기 위해 이야기꾼들이 농촌으로 파견되었다.[3]

레이펑이라는 인물이 만들어지기까지 그 이면에는 1954년부터 1966년까지 중국 공산주의 청년단을 이끈 후야오방의 지도적인 손길이 있었다. 마르크스와 마오쩌둥의 열렬한 신봉자였던 후야오방은 오랫동안 청년단 단원들에게 니콜라이 오스트롭스키의 고전적인 볼셰비키 소설 『강철은 어떻게 단련되었는가』를 읽으라고 주문해 온 터였다. 1963년에 그는 레이펑의 잠재력을 알아보았고 청년단의 공식 대변지인 『중국 청년보』에 소개된 일련의 기사를 통해 그를 모범 사례로 떠받들었다.[4]

웨이징성을 비롯한 민주화 운동가들이 투옥되고 몇 개월이 지난 1980년에 후야오방은 자신의 영웅을 부활시켰다. 3월 5일은 레이펑의 날로 선포되었다. 수만 명의 젊은이들이 그 군인을 기리기 위해 베이징과 상하이 거리를 행진했다. 그의 선행에 영원성을 부여하기 위한 엽서들이 전국의 서점과 우체국에서 판매되었다. 학생들은 매일 그를 찬양하는 노래를 불렀다. 선전대는 〈레이펑이 자신은 돌볼 생각조차 하지 않은 채 오직 다른 사람의 이익만 생각했다〉는 점을 강조했다. 정권은 레이펑이 점점 늘어 가는 젊은이들의 물질주의에 제동을 걸고 그들로 하여금 외국에서 밀수된 라디오나 녹음기, 선글라스, 청바지를 거부하도

록 영감을 주기를 바랐다.[5]

제12차 당 대회에서 덩샤오핑이 개회사를 한 지 불과 두 달 만에 레이펑의 새로운 화신(化身)이 등장했다. 이번에는 거름 구덩이에 빠진 늙은 농부를 구하려다 목숨을 잃은 의대생이었다. 의대생 장화는 레이펑의 업데이트된 버전이었고, 신문 칼럼들은 그의 일기와 학업 성적을 집중 조명했다. 이기적으로 개인적인 부를 추구하기보다 공익을 위해 헌신하는 것이 사회주의의 특징이라는 메시지는 앞선 것과 동일했다. 잠자리를 공장 내 작업장으로 옮겨 자신의 할당량을 일정보다 10년이나 앞서 달성한 철강 노동자부터 자신에게 주어진 배역을 젊은 가수에게 양보한 여자 오페라 가수에 이르기까지 다른 모범 사례들도 연이어 등장했다. 1982년 12월에 열린 전국 인민 대표 대회에서는 자오쯔양이 자신을 돌보는 것도 잊은 채 4대 현대화를 위해 매진하다 목숨을 잃은 두 명의 과학자에게 극찬을 아끼지 않았다. 교조주의적 마르크스주의자 후차오무는 그들을 공산당의 〈긍지와 영예〉로 칭했다.[6]

하지만 이들 순교자들의 요절은 국민에게 영감을 주기는커녕 좀처럼 드물고 활발한 논쟁을 촉발했다. 언론의 독자들은 자신이 대학생이라면 거름 구덩이에 빠져 죽기를 열망해야 하는지 의문을 표했다. 이타적인 행동을 비웃는 독자들도 많았다.[7]

논쟁이 한창이던 바로 그 순간에 『인민일보』의 부편집장 왕뤄수이는 제2차 세계 대전 이후에 국제적인 명성을 얻게 된 마르크스적 인도주의에 관한 논설을 게재했다. 마르크스적 인도주의를 지지하는 사람들은 마르크스주의가 하나의 학문이라기보다 확장된 계몽적 가치이며, 인간을 정치적, 경제적, 이데올로기적으로 압박하는 족쇄로부터 해방시켜 각자의 완전한 개성을 실현할 수 있도록 해야 한다는 필요성을 강조한다고 주장했다. 왕뤄수이의 주장에 따르면 사회주의적 인도주의는 독재 국가에서 으레 그러듯이 한 개인을 다른 모든 사람보다 위에 두는 대신에 〈자유와 존엄은 누구도 침범할 수 없는 것〉이므로 〈모든 사람이 진실과 법 앞에 평등하다〉는 입장을 취했다. 그리고 얼마 뒤인 1983년 3월에 지도부가 카를 마르크스의 사망 1백 주년을 기리면서 또 다른 유력한 이론가가 논쟁에 동참했다. 1949년 이후에 저우양은 선전부의 고위 성직자로서 대대적인 종교 재판을 통해 작가들을 연달아 감옥에 보낸 터였다. 하지만 저우양 본인도 자신의 스승에 의해 마찬가지로 희생양으로 전락했으며 문화 대혁명 기간에 축출되었었다. 이제 다른 사람이 되어 돌아온 그는 자신이 희생양으로 삼았던 사람들에게 1979년 11월에 공개적으로 사과했다. 그리고 1983년 3월 16일에 왕뤄수이의 승인을 받아 『인민일보』에 카를 마르크스에 관한 평론을 발표했다. 그의 주장에 따르면 마르크스는 소외 개념을 이용해 노동자들이 자본주의 체제에서 어떻게 단순한 도구로 전락했는지 설명했다. 저우양은 사회주의 체제에서도 사람들이 사회적, 정치적으로 소외감을 느낄 수 있으며 지도자들도 자신들이 대변해야 할 사람들로부터 소외될 수 있다고 지적했다.[8]

저우양의 글은 당이 불과 몇 달 전 헌법에 포함시킨 4대 원칙에 대한 직접적인 도전이었다.[9] 후차오무는 인도주의에 관한 논쟁을 〈부르주아 자유화〉를 위한 움직임으로 규정하면서 곧바로 공격을 시작했다. 선전부를 이끄는 수장이자 경제 개혁에 격렬하게 반대했던 것으로 유명한 당의 충실한 일꾼 덩리췬도 후차오무의 공격에 힘을 보탰다. 3월 13일에 그들은 왕뤄수이에게 자아비판문을 쓰도록 강요했다.[10]

당 서열 2위인 후야오방은 계속해서 유보적인 태도를 취했다. 덩샤오핑 역시 저우양의 주장이 다른 지식인들에게 사회주의의 본질에 대해 의문을 갖도록 부추긴다는 점에서 우려스러운 눈길로 사태를 지켜보았지만 그럼에도 직접적으로는 어떠한 언급도 하지 않았다.

덩샤오핑은 일찍이 범죄에 대한 단속을 약속한 참이었고 이 약속을 인도주의를 둘러싼 논쟁보다 우선했다. 가장 먼저 부패에 대한 단속이 이루어졌다. 밀수나 뇌물 수수, 착복, 탈세, 횡령, 국유 재산에 대한 절도 등으로 유죄 판결을 받은 당원들에게 사형을 비롯한 무자비한 조치들이 내려졌다. 1983년 7월 말까지 약 3만 명의 당원들이 경제 범죄로 유죄 판결을 받았는데, 그들 중 일부는 텔레비전으로 전 과정이 중계되는 가운데 머리에 총알을 맞고 처형되었다. 나머지는 투옥되거나 지위를 박탈당했다. 전국 인민 대표 대회의 대변인이 자랑스럽게 설명했듯이 세계를 향해 문을 여는 것은 〈정신을 좀먹는 부르주아 이데올로기의 영향〉에 저항하고 경제 범죄를 근절하는 조치를 더더욱 필요한 일로 만들었다.[11]

그다음엔 일반 범죄자에 대한 단속이 뒤따랐다. 8월 첫째 주에 실시된 일련의 조직적인 급습에서 수천 명의 용의자들이 체포되었다. 8월 6일 밤에는 수도에서만 약 3천 명이 체포되어 수감되었다. 2주 뒤 베이징 노동자 경기장에서는 6만 명의 군중이 환호하는 가운데 머리를 삭발당한 30명의 강도와 방화범, 살인자 등이 무자비한 경찰의 통제 아래 고개를 숙인 채 사형 선고를 받았다. 그들은 곧장 지붕이 없는 트럭에 실려 처형장으로 끌려갔다. 다른 대도시들에서도 비슷한 수의 사람들이 총살당했다. 보하이해에 인접한 항구 도시 탕구에서는 17명의 범죄자가 도시 근처의 언덕으로 끌려간 뒤에 군중이 지켜보는 앞에서 처형되었다. 양쯔강 근처의 한 마을에 살던 자이만샤라는 젊은 여성은 10여 명의 남자들과 동침했다는 이유로 사형에 처해졌다.[12]

강력 범죄 방지 캠페인이라고도 불린 이 운동은 국가 권력을 과시함으로써 두려움을 심어 주었다. 비록 당국이 목표한 숫자를 채우는 과정에서 두어 명의 무고한 행인들이 구금되기도 했으나 베이징에서는 절도와 폭행, 살인부터 강간에 이르기까지 다양한 범죄 용의자들이 체포되었다. 몇몇은 석방되기도 했지만 그들 중 대다수는 감옥에 수감되거나 신장으로 강제 유배되었다.[13]

이 운동은 10월 1일 국경절을 기념할 즈음에 맞추어 마무리되었다. 그리고 축제가 끝나자마자 선전부는 범죄의 영향보다 원인을 파악하는 일에 집중했다. 그들이 알아낸 바에 따르면 원인은 외국에서 유입된 퇴폐적인 사고방식에 있었다. 선글라스와 청바지, 장발, 팝송 등은 미쳐 날뛰는 파멸적인 사회적 질병, 이른바 개인주의가 겉으로 발현된 징후들이었다.

이제 덩샤오핑의 정형화된 작품을 올리기 위한 무대가 준비되었다. 1983년 10월 12일, 제12기 중앙 위원회 제2차 전체 회의에서 최고 지도자 덩샤오핑은 정신을 오염시키는 것을 청소하자는 의미의 〈청제 정신 오염(清除精神污染)〉이라는 구호를 내걸었다. 그는 작가와 예술가야말로 〈인간 영혼을 다루는 기술자〉라고 설명하면서 스탈린이 1930년대에 사용했던 용어를 다시 꺼내 들었다. 그들의 역할은 사회주의의 기치를 높이 올리고 사람들에게 당에 대한 믿음을 갖도록, 그리고 〈사회주의식 현대화라는 대의〉에 기여하도록 가르치는 것이었다. 그럼에도 그들 중 몇몇은 부르주아적인 사고로 사람들의 정신을 좀먹으면서 사회주의에 대한 불신의 씨앗을 퍼뜨리고 있었다. 〈약간의 정신 오염은 아무것도 아니며 굳이 소란을 피울 가치도 없다고 생각하지 말라〉고 그는 경고했다. 정신 오염을 근절할 근본적인 조치가 없다면 외국에서 들어온 위험한 사고들이 〈보다 많은 사람에게 비정통적인 길을 걷게 할 것이며, 그 결과는 끔찍할 수 있다〉.[14]

정신 오염에 맞선 운동이 몇 달에 걸쳐 전개되었다. 대대적인 단속은 문화 대혁명을 떠올리기에 충분했고 〈부르주아적〉이거나 〈퇴폐적〉인 것으로 간주된 모든 것이 공격당했다. 도서관에서는 논란을 일으킨 책들이 서가에서 사라졌고, 외국 영화의 상영이 취소되었으며, 찻집들은 외국 팝송 대신 애국적인 노래를 틀라는 명령을 받았다. 지리적으로 홍콩과 가까운 덕분에 다른 지역보다 더 개방적이었던 광저우에서는 매춘부와 포주가 체포되었으며 군인들에게 막사에 붙여 놓은 핀업 모델의 사진들을 제거하라는 지시가 내려졌다.[15]

이러한 단속은 의도치 않은 결과를 낳았다. 사회주의에 대한 환멸이 어느 정도인지를 드러낸 것이다. 적지 않은 당원들이 마르크스주의에 의구심을 가진 듯했다. 한 운동가는 〈공산주의를 믿지 않는 공산당원이라니, 가당하기나 한 일인가?〉라며 놀라움을 표했다. 대학가에도 정신 오염이 만연한 듯 보였다. 한 대학에서는 철학과 한 곳에서만 여덟 명의 대학원생이 자청하여 카를 마르크스를 반박하기 위해 나섰을 정도였다. 사회주의 가치관에 별다른 감흥을 느끼지 못하는 것은 일반인들도 마찬가지인 듯 보였다. 내륙으로 수천 킬로미터 들어간 곳에 위치한 간쑤성의 젊은 철도 노동자들은 마르크스·레닌주의와 마오쩌둥 사상에 넌더리가 난다며 대놓고 토로했다. 그들 중 한 명은 이렇게 덧붙였다. 〈나는 공산주의가 아닌 돈을 믿는다.〉[16]

정신 오염에 맞선 운동이 난관에 부딪히자 지도부는 자신감을 잃었고 심지어 분열되었다. 아무도 문화 대혁명 시절의 마녀사냥을 반복하고 싶어 하지 않았다. 무장 요구를 너무 심각하게 받아들인 당의 행동 대원들에게는 제지가 가해졌다. 저우양은 자신의 행동이 너무 성급했다고 고백하면서 적당히 물러섰다. 왕뤄수이는 『인민일보』 부편집장직에서 해임되었다. 1984년 1월 들어 후차오무가 인도주의와 소외 문제를 해결한 뒤로 관련 논쟁은 조용히 마무리되었다.[17] 이제는 〈사회주의식 현대화〉에 박차를 가할 때였다.

농촌 경제는 1978년 이후로 번창했다. 그럼에도 평소대로라면 사회주의 체제의 장점을 전 세계에 홍보하는 데 열을 올렸을 중국 정권은 오히려 말을 아꼈다. 그들은 애초에 인민공사를 약화하기보다 강화하려고 했다. 하지만 인민공사가 해체되는 순간, 분위기가 바뀌었다. 1983년에 선전부는 곡물부터 면화와 설탕, 식용유에 이르기까지 농촌의 생산량이 최고치를 경신하면서 만들어진 새로운 기록들을 연이어 홍보했다.[18] 부유한 농민들이 본받아야 할 모범으로 추앙된 것도 이때가 처음이었다. 신문과 라디오, 텔레비전은 이 개척자들이 어떻게 돈을 벌었는지 설명했다. 개중에는 뱀 양식을 한 사람도 있었고, 오리를 키우거나 희귀한 약용 식물을 재배한 사람도 있었다. 〈부자가 되는 것은 영예로운 일이다〉라는 새로운 구호도 등장했다.[19]

수많은 공식 논평이 밝힌 바에 따르면 그들의 성공 원인은 개별 농가와 계약을 체결하도록 한 〈농가 계약 책임제〉 덕분이었다. 계약 책임제는 곧 새로운 만병통치약이 되었다. 앞서 1978년에 국영 기업들에 이윤 중 일부를 가져갈 수 있도록 허용한 실험은 엇갈린 결과를 낳은 터였다. 당 서기들이 생산이 아닌 소비에 재원을 탕진하고 그로 인한 적자를 정부에 떠넘겼기 때문이다. 농가 계약 책임제에서 영감을 받은 지도부는 1984년 5월에 여섯 개의 도시에 비슷한 제도를 도입했다. 그리고 6개월 뒤에 열린 제12차 당 대회 제3차 전체 회의에서 공식적으로 이 제도를 전국적으로 실시했다.

새로운 계약 책임제는 두 단계로 이루어지는 계약을 채택했다. 첫 번째 단계에서는 정부와 국영 기업의 경영자 간에 계약이 체결되었고 생산과 마케팅, 투자를 비롯한 경제적 결정과 관련된 부분에서 당 비서가 아닌 경영자에게 보다 많은 권한이 주어졌다. 첫 번째 계약이 완료된 다음에는 피고용인들이 경영자와 계약을 맺었으며 성과에 따른 보수를 받았다. 더 많이 생산한 사람이 더 많은 보수를 받는 식이었다. 가장 진취적인 공작대에는 시장을 개척할 수 있는 보다 많은 재량이 주어졌다. 농촌의 농민들과 마찬가지로 그들은 중앙 정부에서 주도하는 계획에서 벗어나 전적으로 시장에 맞춘 재화와 용역을 생산할 수 있었다. 새로운 제도는 국영 기업에 대한 국가의 소유권을 약화시키지 않으면서 기업가 정신을 장려하기 위해 고안되었다. 그리고 수입과 고용 안정성이 보장된 〈철밥통〉을 사기그릇으로 바꾸었다.[20]

이 계약 책임제가 등장한 것은 정부가 새로운 세금 제도의 도입을 시도한 지 1년이 지난 시점이었다. 1983년에 중앙 재정에 가해지는 부담을 덜기 위해 국영 기업들은 이윤 중 일부를 가져가는 대신 세금을 내도록 요구되었다. 여기에 더해서 이제 그들은 정부의 융자금이 아닌 은행의 대출을 받아야 했다. 수년째 예산이 감소하고 안정적인 수입원이 절대적으로 필요했던 까닭에 정부는 서둘러 새로운 세금 제도를 승인했다.[21] 그러나 새로운 세금 제도는 역효과를 낳았다. 수익성이 좋은 기업들까지 세금을 내지 않으려고 손실을 입은 것으로 장부를 조작했기 때문이었다. 일부 기업들은 중앙 정부의 엄중한 문책에도 불구하고 부채를 늘릴 목적으로 직원들에게 보너스를 지급했고, 일부는 이익을 숨기기도 했다. 상무부가 2천5백 개의 기업들을 조사한 뒤에 밝힌 바에 따르면 정부를 속이려는 의도적인 시도로 수억 위안이 증발한 터였다. 그렇게 숨긴 자금으로 〈활동 자금〉을 만드는 것이 일종의 관행처럼 자리 잡았다.[22]

1983년 말에 이르러 적자 기업의 경영자들은 이윤을 내겠다는 약속을 강요당했다. 중국의 산업 중심지인 헤이룽장성에서 진행된 한 공개 행사에서는 성을 통틀어 가장 큰 손실을 기록한 22개 공장의 경영자들이 소환되었고 맹세문에 서명하도록 요구되었다. 그들의 표정은 굳어 있었고 언론은 해당 운동을 〈죽도록 싸우라는 군사 명령〉으로 묘사했다. 경영자 중 몇몇은 심지어 해고되었다. 그럼에도 불구하고 속임수는 줄지 않았다.[23] 해결책은 농촌에서 손짓하고 있는 듯했다. 1984년 여름에 자오쯔양이 제안했듯이 〈우리는 농촌에 적용했던 경제 개혁을 위한 중대한 조치들을 도시 기업들에 이식해야 한다〉.[24]

계약 책임제의 목표는 보다 큰 유연성을 도입하는 것에 더해서 보다 큰 성장을 달성하기 위함이지 발전을 증진하기 위함이 아니었다. 할당과 목표를 통해 통치하는 방식에 오랫동안 익숙했던 지도부는 1977년에 20세기 말까지 중국을 선도적인 산업 강국으로 만든다는 저우언라이의 목표를 당헌에 집어넣었다. 3년의 긴축 기간 동안 의도적으로 성장을 억제해 왔음에도 불구하고 1982년에 덩샤오핑은 2000년까지 경제 규모를 네 배로 성장시킬 것을 제안하면서 저우언라이의 목표에 새로운 추진력을 제공했다. 자신의 목표가 정확히 몇 퍼센트 수준의 성장을 암시하는지 물었을 때 자오쯔양과 야오이린은 확실하게 대답하지 못했다. 반면에 후야오방은 보다 잘 준비되어 있었고 평균적으로 7.2퍼센트의 성장이 요구될 거라고 설명했다. 덩샤오핑은 손을 흔들며 7퍼센트로 정리했다.[25]

7퍼센트는 목표가 되었고 이에 상응하는 할당량이 국영 기업들에 배분되었다. 계약 책임제가 그들에게 잉여 생산물을 자기 것으로 하고 시장에 팔 수 있도록 허용하면서 현부터 성에 이르기까지 모든 지역이 정해진 일정보다 앞당겨서 목표를 달성하려고 서로 경쟁하기 시작했다.[26] 그에 따른 결과는 기적에 가까운 성장률의 급등이었다. 1983년에 10퍼센트를 겨우 넘었던 산업 성장률은 1984년에 15퍼센트를 훌쩍 뛰

어넘었고, 1985년에는 무려 22퍼센트를 기록했다. 적어도 공식 통계에 따르면 그랬다.[27]

앞선 1978년부터 1982년까지의 인플레이션 주기가 반복되는 듯 보였지만 이번에는 은행들이 매우 다른 역할을 수행했다. 계획 경제에서 그동안 은행들은 정부가 고안한 경제 프로그램에 자금을 대는 출납원 역할을 했다. 중국 인민 은행으로 불리는 중앙은행을 제외하고도 중국에는 마찬가지로 국가 소유이지만 제각각 특정한 소관 업무를 갖는 네 개의 특수 은행이 있었다. 중국 농업 은행과 중국 공상 은행, 중국 건설 은행, 중국은행이 그것이었다. 베이징으로부터 보다 많은 자율권을 부여받은 이들 네 개의 특수 은행은 하나같이 대출 한도를 높였다. 기반 확장을 위해 전국에 있는 지점들에 이전보다 높은 대출 목표를 부과했다. 그 결과 통화량이 40~50퍼센트까지 급증했다.[28] 1984년 한 해에만 인플레이션이 23퍼센트를 기록했다.[29]

한 내부 보고서에 따르면 허난성 한 곳의 사례만 보더라도 네 개 특수 은행은 〈끝없이〉 돈을 빌려주었다. 중국 공상 은행 한 곳에서만 6개월 동안 2억 5천만 위안의 대출이 진행되었을 정도였다. 은행들이 더 이상 예금에 의존하지 않고 서로에게 돈을 대출해 주면서 다단계 사기까지 등장했다. 〈특수 은행들은 일수 이자를 적용하여 그들끼리 단기 대출을 진행하며 매 단계에서 무조건적으로 보다 높은 이자율을 부과한다.〉 황허강을 가로지르는 두 개의 주요 철도 노선을 보유한 성도 정저우에서는 건설 은행의 한 지점이 공상 은행의 한 지점에 대출을 연장해 주면 해당 공상 은행 지점은 다시 농업 은행에 자금을 융통해 주었고, 그렇게 융통된 자금은 해당 농업 은행에서 다시 한번 다른 상품으로 재포장되어 시골 지점들로 분배되었다. 서류상으로만 존재하는 유령 회사들과 신탁 회사들도 손쉽게 신용 대출을 이용하는 듯 보였다. 지린성에서는

47개에 달하는 일련의 신탁 회사들이 국영 은행들로부터 3억 위안이 넘는 돈을 대출받았으며 이 돈은 재분배되어 원자재나 소비재를 구입하는 데 사용되었다. 이런 신탁 회사들의 고객 중에는 성도인 창춘시 당국도 있었다.[30]

앞으로 수십 년 동안 은행 시스템을 괴롭히게 될 추가적인 문제도 있었다. 독재 정권에는 일반적으로 한 명의 독재자만 존재하지 않는다. 다시 말해 다수의 독재자가 존재한다. 지도자 원리(독일어로는 〈Führerprinzip〉)라고 알려진 원칙이었다. 이를테면 가장 높은 자리를 차지하는 것은 한 명의 독재자이지만 그 한 명의 독재자 밑으로도 당 서열의 매 단계마다 누군가는 지도력을 발휘할 것으로 기대된다는 뜻이다. 기본적으로 은행들은 모두 국가의 소유였지만 지방 은행들은 아무래도 지방 정부의 지시에 따를 수밖에 없었다. 그리고 지방 정부는 현지의 기업들을 지원했으며, 은행이 위기에 처하면 중앙 정부가 구제하기 위해 나설 것을 알았기 때문에 은행으로부터 최대한 많은 것을 얻어 내고자 했다. 일례로 후베이성 황스에서 전구를 생산하던 한 국영 기업은 창고에 3백만 위안어치의 재고를 쌓아 둔 가운데 50만 위안의 부채를 지게 되었다. 은행이 더 이상의 대출을 거부하자 시 당국의 당 서기가 나섰고 〈경제 개혁〉을 방해한다며 은행 경영자를 비난했다.[31]

기존의 시스템에서 국영 기업들은 국영 은행으로부터 받은 대출을 상환하려 노력했다. 그런데 새로운 계약 책임제하에서는 미상환 부채에 대해 변제를 거부하는 경영자들이 나타났다. 우한의 한 이불 공장은 1985년에 손실액이 150만 위안까지 누적되어 있었다. 새로운 공장 경영자는 계약을 승계하면서 부채에 대해서는 인수하기를 거부했다. 그런 사례가 한둘이 아니었다. 후베이성의 71개 국영 기업을 대상으로 회계 감사를 진행한 당국은 그들 중 대다수가 미상환 부채에 대한 변제를 보류하고 있으며 체납금이 2억 1천만 위안에 달한다는 사실을 알게 되었다. 국영 기업 경영자들에게 최우선 순위는 다름 아닌 자신이었고 그 다음이 노동자와 세금이었다. 은행은 그들의 목록 중 가장 아래에 위치했다. 몇몇 새로운 경영자들은 어차피 자신들의 돈도 아니었기에 인심을 베풀기도 했다. 양쯔강의 싼샤 바로 아래에 위치한 이창의 한 식품 가공 공장은 이익이 12퍼센트나 급감했는데도 월급을 87퍼센트나 인상했다.[32]

1986년 말에 이르러 후베이성 전역에서 국영 기업들이 받은 대출금은 1백억 위안에 달했다. 여기에 향진 기업들까지 포함하면 그 금액은 세 배로 늘어났다. 그런데 전체적으로 35퍼센트를 기록한 운영 자금 증가율이 겨우 9.7퍼센트를 기록한 생산 증가율을 훨씬 웃돌았다. 고정 자산에 추가로 100위안을 투자할 때마다 97.11위안의 가치가 만들어진 것이다. 전국 평균은 100.14위안이었다. 물론 이 같은 수치는 후베이성의 운영 자금이 60퍼센트나 급증했음에도 생산 증가율이 15퍼센트에 그친 1984년에 비하면 상당히 개선된 수치였다.[33] 인상적인 듯 보이는 산업 성장률은 다시 말해 막대한 자본 투입과 고용 확대에 따른 결과일 뿐이었다. 수십 년에 걸친 침체기를 끝으로 1980년대 초반에 별다른 노력 없이 급격한 개선을 경험했던 생산성 향상은 이제 끝난 참이었다.[34] 전국 인민 대표 대회 부위원장 왕런중은 동독 지도자 에리히 호네커를 만난 자리에서 이렇게 말했다. 〈우리는 우리가 생산하는 것보다 더 많이 소비한다.〉[35]

지도부와 기업 경영자들은 하나같이 높은 성장 목표를 추구했기 때문에 수량이 품질보다 우선이었다. 다시 말해 생산품의 품질이 조악한 경우가 많았고 따라서 구매자를 거의 찾을 수 없었다. 1986년에 이르러 후베이성에는 약 17억 위안어치의 생산품이 창고에 적체되어 있었다.36 전기 제품만 보자면 1984년 말까지 전국적으로 255억 위안어치의 제품들이 폐기되었다. 공장 노동자가 한 달에 평균 50위안을 벌던 시절이었다.37

　품질이 문제가 된 또 하나의 이유는 생산을 계산하는 방식과 관련이 있었다. 중국 정부는 1929년까지 거슬러 올라가는 소비에트 방식을 따랐는데, 이는 기업의 판매량이 아닌 물리적인 생산량에 공식 가격을 곱해서 산정하는 것이었다. 매출과 무관했다. 중요한 것은 가치가 아니라 물량이었기 때문이다. 일례로 1987년에 중국의 제철소들은 5천만 톤의 강철을 생산했지만 그중 5백만 톤만 사용할 수 있었다. 중국은 문제를 모면하기 위해 2천만 톤의 강철을 수입해야 했다. 양적인 성장 촉진은 종종 보다 많은 부를 창출하는 것이 아니라 소중한 원자재의 낭비를 촉진하는 결과로 이어졌다.38

　생산품은 품질이 의심스러운 경우가 많은 반면, 생산에 필요한 자원은 비쌌다. 국영 기업들은 원자재를 두고 다른 국영 기업들뿐 아니라 농촌 지역의 여러 향진 기업과도 경쟁해야 했다. 국영 기업의 조달 대리인들은 추가적인 자원을 찾아 점점 더 멀리까지 전국을 누비고 다니면서 자재 가격 상승을 부추겼다. 가난한 내륙 지역들과 연안을 따라 위치한 상대적으로 덜 가난한 지역들 간의 거대한 구조적 불균형은 더욱 악화되었다. 간쑤성의 성도인 란저우에서는 백화점들이 이전보다 나은 상품들을 선택할 수 있는 기회를 제공했다. 대부분의 완제품들은 현지에서 구한 원자재를 이용한 것이었지만 실제로는 간쑤성에서 2천 킬로미터나 떨어진 연안 지역에 위치한 공장들에서 생산되고 있었다. 비록 가난했지만 한때는 간쑤성도 진짜 가죽과 합성 가죽이 모두 안정적으로 공급되던 시절이 있었다. 그러나 이제 간쑤성의 무두질 공장들은 훨씬 많은 보조금을 받는 국영 기업의 조달 대리인들이 자재상에게 지불하는 가격을 맞출 수가 없었다. 식품 분야도 마찬가지여서 두유나 된장과 같은 단순한 지역 농산물조차 공급자를 구하기가 어려워졌다.[39]

해안 지역에 위치한 일부 국영 기업들은 상대적으로 경쟁력이 있었다. 그렇다고 해서 꼭 효율적으로 운영되었다는 의미는 아니었다. 계약 책임제의 목표 중 하나는 상당수가 체급만 비대해진 채 막대한 적자로 운영되면서 점점 더 경쟁력을 잃어 가던 40만여 개의 국영 기업들을 현대화하는 것이었다. 그들은 하나같이 무료 의료 서비스와 교육, 주거 및 오락 시설을 제공했다. 심지어 몇몇 거대 기업들은 자체적으로 텔레비전 방송국과 병원, 학위 취득을 목적으로 하지 않는 대학을 운영하기도 했다. 공장 경영자들은 이전보다 많은 자율권이 주어졌음에도 불구하고 어떤 직원도 해고할 수 없었다. 파산 제도가 존재하지 않았기 때문에 일부 경영자들은 자신들의 자율권을 이용하여 효율이나 생산성과 무관하게 투자를 늘리거나 직원들의 월급을 올려 주기도 했다. 자오쯔양의 주장에 따르면 1984년을 기준으로 장려금과 보너스를 포함하여 임금은 전국적으로 22.3퍼센트나 올라 생산 증가율을 훨씬 웃돌았다. 여기에 더해 1985년 일사분기에만 또다시 35퍼센트가 증가했다.[40] 어떤 경우에는 비싼 수입품 가격과, 자격을 갖춘 전문 인력의 부족, 원자재와 에너지의 제약 때문에 개혁이 성과를 저하시키기도 했다. 1985년 말에 톈진에서는 계속 운영 중인 공장들이 심각한 에너지 부족 때문에 다섯 곳 중 두 곳꼴로 일시적으로 생산을 중단해야 했다.[41]

톈진은 상하이와 베이징에 이어 중국에서 세 번째 큰 도시로 오래된 대운하와 보하이해로 흘러가는 하이강이 만나는 곳에 있는 거대 산업 도시였다. 그럼에도 톈진시 당 위원회에서 발표된 한 보고서의 지적에 따르면 〈현재 몇몇 공산품의 품질이 저하되고 효율성도 떨어지고 있는 데다 손실은 증가하고 있으며 낭비는 심각한 수준이다〉. 톈진시는 전체 국영 기업의 5퍼센트에 불과한 기업들이 총수익의 절반을 창출했다. 이런 상황은 상하이도 크게 다르지 않았다.[42]

전국에서 계약 책임제와 관련된 지시 문서들이 세심하게 검토되었다. 양쯔강 변에 위치한 번화한 도시 사스의 노동자들과 당 간부들은 모두 시큰둥한 반응을 드러냈다. 그들은 정부가 여전히 모든 단계에서 통제력을 유지하고 있다고 지적했다. 〈권력을 위임한다고 말하지만 정부의 손길은 여전히 확고하게 통제력을 유지하고 있다.〉 그들의 평가는 냉혹했다. 즉 그것은 새 술병에 담긴 오래된 술이거나, 현지의 표현을 빌리자면 〈같은 약으로 만든 다른 육수〉였다.[43]

문화 대혁명 기간에 농촌 사람들이 국가의 통제를 피하는 데 능숙해졌다면 개인 사업가들은 도시에서 번창했다. 마오쩌둥이 사망하기 훨씬 전부터 도시의 속임수는 농촌의 속임수와 맞물려서 움직였다. 명목상 사인방의 확고한 통제하에 있던 상하이에서는 1975년에 끝이 보이지 않는 듯한 일련의 개별적인 행상들이 도시를 방문하여 시골에서 생산된 천연 산물들을 판매했다. 그들은 석탄과 목재, 구리 등을 팔았으며 상하이와 항저우의 시세 차이를 이용해 세 배의 이윤을 남겼다. 시장 감독관들은 무력했다. 〈그들은 우리가 고발하면 흩어졌다가 우리가 사라지면 다시 모인다.〉 때로는 개입을 시도한 정부 대리인들이 비난을 당하거나 폭언을 당하기도 했으며 심지어는 구타를 당하기도 했다.[44]

예컨대 팝콘 판매자만 도시 전역에 약 350명이 있었고 그들은 하루에 10위안까지 벌기도 했다. 여기에 더해서 석탄 판매가 제한되자 사람들은 암시장으로 몰렸다. 한 지방 관리는 아내에게 연료 공급자를 알아보라고 했으며 한편으로 열세 살짜리 자기 딸에게 〈거래하는 법〉을 가르쳤다.[45]

1976년 말에 이르러서는 백화점 외부나 지하 통로, 공장 출입구 주변 등에 자연스레 형성된 소규모 암시장을 제외하고도 40개가 넘는 암시장이 존재했다. 그중 하나는 1928년에 헝가리 건축가가 짓고 대리석 계단이 눈길을 사로잡는 보석 같은 건물 다광밍 영화관(大光明电影院) 밖에서 운영되고 있었다. 다른 하나는 예전에 경마장이었다가 지금은 인민 광장으로 불리는 넓은 아스팔트 광장에서 당국이 훤히 지켜보는 가운데 영업을 하고 있었다. 그런가 하면 문화 대혁명 때 파괴되어 지금은 플라스틱 공장으로 변한 예전 징안 사원의 터에 자리를 잡은 암시장도 있었다. 일부 암시장은 수백 명의 행상인들을 끌어들였고 그들은 식용유와 곡물, 비누, 장난감부터 요리책과 외설적인 사진에 이르기까지 생각할 수 있는 모든 상품을 제공했다. 정확히 추산하기는 어렵지만 그럼에도 이들 암시장의 거래량은 담배만 2백만 갑이 넘게 판매될 정도로 엄청났다.[46]

모든 행상이 불법은 아니었다. 1949년 이후에도 중국 정부는 소수의 개인에게 자영업이나 자전거 수리, 소규모 음식점, 온수 판매, 가정에서의 장난감 제작, 노점 등을 계속 운영할 수 있도록 허용해 준 터였다. 그런 사람들을 〈개별 가구(個體戶)〉라는 용어로 불렀는데 이는 그들이 호구(戶口) 제도에 따라 분류되었기 때문이다. 정부는 그들의 활동을 지속적으로 감시했고 때때로 그들을 엄중하게 단속하거나, 〈자본주의자〉라고 비난하거나, 숫자를 줄이기도 하면서 엄격하게 통제했다. 문화 대혁명 이전까지 상하이에서는 공식적으로 약 3만 4천 명에 달하는 자영업자들이 용인되었지만 1976년에 이르러서는 겨우 1만 3천 명의 자영업자들만 남아 있었다.[47]

그럼에도 그들은 매우 중요한 역할을 수행했다. 사회주의가 도입되고 수십 년이 지났음에도 여전히 국가가 국민에게 기본적인 편의조차 제공하지 못하고 있었기 때문이다. 문화 대혁명 기간에 행상인의 숫자가 감소했을 때 사람들은 더 이상 온수를 이용할 수 없었다. 1977년에 이르러서는 8만 명 넘게 모여 사는 한 거리에 국영 상점이 고작 세 개밖에 없어서 모든 주민이 공급난에 시달렸다. 개인 행상을 이용하지 못하는 주민들은 생필품을 구하기 위해 30분을 걸어 나가야 했다. 이발이나 옷 세탁, 간단한 수리와 같은 용역을 이용하고자 할 때도 사정은 비슷했다. 일반인의 입장에서 단순한 거래 하나하나가 큰일이 되었다.[48]

공식적인 자격증을 소지한 자영업자들은 대부분 60세가 넘었다. 상하이 훙커우구(區)의 한 87세 노인은 〈자본주의를 말살〉함과 동시에 그를 국가의 피고용인으로 만들고자 한 숱한 정치적 시도에도 불구하고 고집스럽게 자신의 직업을 고수하고 있었다. 많은 자영업자가 차별을 당했는데, 이 같은 관행은 그들이 원자재를 공급받는 국가 기관으로부터 부당한 대우를 받았다는 것을 의미했다. 이로써 암시장 사람들이 등장해 그 자리를 채우게 되었다.[49]

사인방이 몰락한 뒤에 그들은 정식으로 등록하도록 장려되었다. 또한 피고용인이 8명 이상인 가족 기업으로 분류되던 개인 사업체들도 용인되었다. 그럼에도 수많은 규제와 무수한 관료주의적 걸림돌로 인해 그들의 공식적인 숫자는 여전히 낮게 유지되었다. 1980년에 북부의 산업 중심지에 위치한 대도시이자 공해에 찌든 선양시의 시장이 30곳에 달하는 암시장에서 불법적으로 활동하던 행상인들에게 공공장소에서 물건을 판매할 수 있도록 단계적으로 허가했을 때는 마치 작은 혁명처럼 환영을 받았다.[50] 하지만 저항은 끝나지 않았고, 전국의 많은 도시가 행상인들이 농촌에서 생산된 것을 시장으로 가져오는 행위를 여전히 공식적으로 금지했으며 모든 거래를 국가가 나서서 통제하려 했다. 1983년까지 쓰촨성의 중심에 위치한 대도시 청두 역시 그런 상황에 놓

여 있었다.[51]

그러므로 많은 자영업자가 계속해서 합법과 불법의 중간 지대에 머물렀다. 1986년에 상하이에는 불법 자영업자 한 명당 한 명꼴로 정식으로 등록한 합법적인 자영업자가 존재했다. 그들은 길모퉁이와 인도를 점령한 채 약 1만 7천 개의 가판대를 설치한 행상인들을 비롯하여 사방에 존재했다. 시 당국에 고용된, 숫자밖에 모르는 한 회계 직원의 추산에 따르면 그들은 도로의 전체 표면적 중 8.7퍼센트를 점령한 터였다. 이들 가판대 중 일부는 영구적으로 자리를 잡기도 했다.[52]

다른 도시들도 상황은 비슷해서 공식적인 허가가 있든 없든 마치 지난 30년이 아예 존재하지 않았던 것처럼 그들의 상업적 과거로 회귀했다. 동중국해 연안의 항구 도시로 청록이 우거진 언덕들에 둘러싸여 있는 원저우만큼 번창한 도시는 없었다. 원저우는 내륙에서 생산된 산물 — 담배와 차, 코이어coir, 키티솔이라고 불리는 종이우산, 대나무, 도자기 등 — 이 전통적으로 뗏목과 정크에 실려 하류에 집하된 뒤 다른 연안 도시나 외국으로 팔려 나가는 곳이었다. 다른 도시들과 마찬가지로 이 도시에도 자영업자들은 내내 존재했으며 1976년 이후에는 그 숫자가 1만 1천 명으로 치솟았다. 시 당국에서 그 같은 흐름을 저지하기 위해 몇 차례 어정쩡한 시도를 벌였지만 1978년 이후로는 시류에 편승하기로 결정한 터였다. 해방 이전에 지역 상인들이 지은 인상적인 저택들 뒤로 정원과 사당이 미로처럼 얽혀 있는 곳에서, 원저우의 사업가들은 집에서 옷을 깁거나, 철제 냄비를 주조하거나, 우산을 수선하는 등의 소규모 사업을 운영했다. 그들이 인도 위에 쏟아 낸 물건들은 시골 장사꾼들이 도시로 가져온 채소 더미와 자리 경쟁을 벌였다.[53]

1983년에 이르러 원저우의 민간 부문은 4천 개가 넘는 사업체를 자랑했는데, 이는 원저우 전체 사업체 수의 40퍼센트가 넘는 수치였다.

한 보고서는 〈몇 걸음마다 상점이 있다〉라고 발표할 정도였다. 때로는 공장 근로자가 집에서 개인 사업체를 운영하느라 너무 바빠서 출근하지 못하는 경우도 있었다. 국영 기업들은 그들과 경쟁하는 데 어려움을 겪었으며 주어진 목표 또한 달성하지 못했다.[54]

인구가 30만 명에 불과한 도시였지만 원저우는 베이징의 관심을 끌었다. 1985년 12월 1일, 자오쯔양이 원저우를 찾아와 연설을 했다. 그는 자본주의가 장기적으로 사람들 사이에 갈등을 불러올 것이며 그로 인해 사회적 불안정을 초래할 수 있고 더 나아가 정치적 동요를 촉발할 수 있다고 설명했다. 그 때문에 국영 기업을 활성화하고 공동 경제를 지지하는 것은 반드시 필요한 일이었다. 몇 주 뒤 이번에는 후차오무가 찾아왔고, 그는 지도부가 원저우처럼 작은 도시에서는 민간 기업들을 용인할 수 있음을 분명히 했다. 그럼에도 저장성 전체에서 동일한 실험이 시행된다면 문제가 될 터였다. 〈중국은 더 이상 사회주의 국가가 아닌 자본주의 국가가 될 것이다.〉 그는 〈반드시 제한이 있어야 한다〉라고 결론을 내렸다.[55]

전국적으로 민간 사업가들을 둘러싼 제약은 계속되었고, 국가에 의해 통제되는 자본과 자원, 에너지, 운송에 대한 접근도 제한되었다. 원저우를 비롯한 다른 도시들이 보여 준 해법은 인민공사 소속으로 위장하고 공유(公有)라는 이름 아래 운영되는 이른바 〈종속 기업〉이 되는 것이었다. 개인 사업체는 국영 기업이나 군부대에 일정한 수수료를 지급하는 대신 그들의 이름과 로고가 박힌 편지지, 은행 계좌를 사용했다. 당시에 유행했던 한 속설을 인용하자면, 이들 가짜 향진 기업들은 〈거목의 시원한 그늘에 기댈 수 있었다〉. 즉 그들은 보다 유력한 국가 기관과의 관계를 이용해 공식적인 조사의 표적이 되는 것을 피할 수 있었다.[56] 이들 사업체가 상대적으로 큰 국영 기업들을 통해 세금도 납부했기 때문에 일부 지방 정부는 오히려 이런 관행을 은근히 부추기기도 했다.

완전한 독립 기업이든, 아니면 단지 종속 기업에 불과하든 민간 기업은 1984년 이후로 번창했다. 계약 책임제가 등장하면서 기업 경영자는 가장 유능한 공작대 중 한 팀에 하청을 줄 수 있게 되었고, 하청을 받은 공작대는 일단 국가에서 정해 준 할당량을 충족한 뒤에는 시장을 개척할 수 있었다. 이 같은 계약과 하도급 계약의 의도치 않은 결과 중 하나는 민간 기업이 국영 기업과 보다 쉽게 연결되는 한편으로 국영 기업이 이름만 아닐 뿐 실질적으로는 보다 쉽게 민간 기업이 될 수 있다는 것이었다.

그에 따른 결과는 암시장의 번창으로 나타났다. 국영 기업들이 종속 기업들과 손잡고 이기적인 목적을 위해 가격 체계를 이용했다. 그래서 모든 물건에는 두 가지 가격이 존재했다. 예컨대 목재나 면화, 담뱃잎, 철강, 시멘트 같은 원자재에는 국영 기업들이 요구하는 고정 가격과 더불어 공개 시장에서 판매될 때 적용되는 보다 높은 가격이 존재했다. 국영 기업들은 그들에게 공급된 원자재를 수수료 명목으로 종속 기업들에 넘겼다. 정부도 국영 기업들의 완제품에 대해서는 고정 가격을 지불했지만 할당량을 초과한 잉여 생산물에 대해서는 국영 기업들이 공개 시장에 판매할 수 있도록 허용해 주었다. 여기에서도 민간 기업과 공공 기업은 손을 잡았고 정부의 비용으로 빠른 수익을 창출했다. 손쉽게 돈을 벌려는 기업들이 1984년 이후로 후베이성 한 곳에서만 8천 개 이상 등장했으며 그중 상당수는 국영 기업들과 그들의 종속 기업들을 대신하여 수단과 방법을 가리지 않고 수익을 만들어 냈다. 이와 관련하여 지방 당국은 다음과 같이 지적했다. 많은 경우에 〈정부와 사업체의 구분이 명확하지 않다〉.[57]

개인 기업이나 향진 기업 또는 국영 기업의 차이도 불분명해졌다.

공동 자산이 하룻밤 사이에 전용되어 국영 기업의 구성원들에게 분배될 수 있었다. 공동 자산은 이제 명목상 그것들을 시장에 내다 파는 〈인민들의 소유〉였다.[58] 계획 경제의 잔재는 한 경제학자가 〈시장 및 사유재산 정책 중에서 선택되고, 저온 살균되고, 부분적이고, 잘리고, 제한되고, 분리된 조각들〉이라고 부른 것과 결합되었다.[59] 그 결과는 혼합된 시스템이 아닌 불안정한 시스템, 즉 경제학 교수이자 중앙 위원회 후보 위원이던 류궈광의 완곡한 표현에 따르면 〈혼란스러운 경제 시스템〉이었다.[60]

소유권 구조가 어찌 되었든 이런 변화로 인해 가장 큰 영향을 받은 곳은 소매업과 요식업, 서비스업, 운송업 분야였다. 몇몇 도시에서는 개인 사업자들이 이발소, 자전거 수리점, 음식을 판매하는 노점, 운송 사업체 등을 운영함으로써 일반인들의 삶을 점진적으로 개선하는 데 성공했다. 하지만 다른 도시의 정부 관리들은 3차 산업의 수익성이 충분하지 않다고 판단하여 부족한 부분을 보완해 줄 개인 사업자들도 없는 상태로 해당 산업이 더욱 쇠퇴하도록 방치했다. 일례로 난징에서는 1983년과 1985년 사이에 수리점과 목욕탕 숫자가 크게 감소해서 수만 명의 인구가 거주하는 구역에 단 한 명의 이발사도 찾아볼 수 없었다.[61]

심지어 자영업자들이 번창한 상하이 같은 도시에서도 늘어나는 자영업자 숫자에 비례하여 공공 서비스에 대한 정부의 지원이 감소하면서 자영업자들의 노력이 상쇄되었다. 대다수 노동자들이 식사를 할 때 주로 이용하는 매점들도 지원에서 제외되었다. 지붕이 새는 집들도 부지기수였다. 어떤 조사관은 〈밖에서 비가 내리면 안에서는 이슬비가 내린다〉라고 언급할 정도였다. 연료가 없어서 잔해와 쓰레기를 태우는 집들도 있었다.[62] 사회 기반 시설도 붕괴되고 있었는데 구시가지의 하수 처리 시설은 그 기원이 1949년 이전까지 거슬러 올라갔다.[63] 당국의 용인을 받았든 받지 않았든, ⟨부자⟩가 된 자영업자들도 거의 없었다. 시장 조사관이나 경찰관, 지역 공무원들이 자신들의 몫을 요구하는 바람에 대부분의 자영업자들이 일종의 괴롭힘을 경험했다.

점진적인 변화에도 불구하고 1987년을 기준으로 총 10억 명이 넘는 인구 가운데 공식적으로 민간 사업체의 직원으로 등록된 인원은 겨우 2천2백만 명에 불과했다. 그리고 그들 중 1천5백만 명 이상이 농촌에 거주했다. 그에 비하면 향진 기업들이 고용한 직원들은 약 9천만 명에 달했다. 몇몇 추산에 따르면 전체 민간 사업체 중 절반이 비밀리에 운영되었다고 하지만 그럼에도 민간 기업들이 전체 경제에서 차지하는 비중은 여전히 미미했다.[64]

1987년에 원저우 부시장이 인정했듯이 우한이나 선양, 베이징 같은 대도시에서는 민간 부문이 여전히 소규모에 불과했고 비록 일부이기는 하지만 거의 존재하지 않는 도시들도 있었다. 중국 ⟨자본주의의 온상⟩ 취급을 받던 원저우는 시(市) 수입의 3분의 2를 국영 기업들에 의존했다. ⟨우리는 공유(公有)라는 배에 타고 있다. 배가 침몰하면 우리도 가라앉는다.⟩[65]

1984년 1월, 덩샤오핑이 숨춘을 깜짝 방문했다. 전국 방송을 통해 수백만 명이 지켜보는 가운데 그는 도시를 둘러보았고, 전자 제품을 생산하는 공장을 시찰하였으며, 시장의 보고를 들었다. 그런 다음 근엄한 표정으로 ⟨특별 경제 구역을 신설하려는 우리의 정책은 옳다⟩라는 의견을 피력하며 축복을 내렸다.[66]

덩샤오핑이 방문하기 전까지 많은 사람에게 숨춘은 자본주의의 영향을 받아 이른바 회색 지대에서 활동하는 이념적으로 의심스러운 도시로 여겨졌다. 1980년 12월에 자오쯔양과 완리, 야오이린, 구무 등이 특별 회의를 주재하여〈우리는 중국이 자본주의에 흡수되는 것을 절대로 용납하지 않을 것이다〉라고 경고한 것도 같은 맥락에서였다. 그들은 미국과 홍콩의 적대적인 외국 세력이〈광둥을 홍콩처럼 바꾸려 한다〉고 비난하면서〈우리가 만들려는 것은 특별 경제 구역이지, 특별 정치 구역이 아니다〉라고 설명했다. 몇 주 뒤 천윈은 단호한 어조로〈외국 자본가도 자본주의자이기는 마찬가지다〉라고 공표했다.[67]

선전이란 이름으로 더 잘 알려진 숨춘은 덩샤오핑이 지지한 사실이 라디오와 신문, 텔레비전을 통해 전국에 알려지면서 유명세를 탔다. 앞서 다자이 마을이 자립과 관련된 혁명적인 교훈을 흡수하려는 수천 명의 당원들을 마치 자석처럼 끌어들였던 것과 마찬가지로, 외국의 자본과 기술을 끌어들인 선전시의 경험을 배우고자 하는 당 관리들에게 선전은 일종의 성지가 되었다. 톈진시 한 곳에서만 5천 명의 시찰단이 파견되었을 정도였다. 그야말로 선전시가 소화하기 어려울 정도로 많은 방문객이 찾아왔는데 소문에 따르면 대다수의 시찰단은 강의보다 쇼핑을 더 좋아했다고 전해진다.[68]

1976년 당시에 선전은 인구 약 3만 명의 조용하고 궁벽한 곳에 불과했다. 하지만 이곳은 홍콩과 철도로 연결되어 있었다. 홍콩은 강철과 유리로 된 수백 개의 초고층 건물들이 복잡한 스카이라인에서 한자리를 차지하기 위해 경쟁하는 거대한 금융 중심지였다. 일본과 미국이 중국의 무역 사절단과 견학단에 깊은 인상을 주었듯이 홍콩 또한 그들의 상상력을 사로잡았다. 1977년 8월에 뉴질랜드로 향하던 쑹쯔밍과 차이수판은 영국령 홍콩을 경유하는 도중에 깜짝 놀랐다. 천연자원이라곤 하나도 없이 그저 바다에 떠 있는 바위에 불과한 섬에 생산되지 않는 것이 없는 것처럼 보였기 때문이다. 전 세계에서 실려 온 원자재가 분주한 항구에 부려지고, 다시 저렴한 조화(造花)부터 첨단 컴퓨터에 이르기까지 온갖 종류의 물건들을 대량으로 찍어 내는 3만 6천 개의 공장으로 공급되고 있었다. 홍콩은 관세가 없고 세금도 저렴한 자유항으로, 전 세계로부터 투자를 유치하고 있었다. 항구와 은행, 전문성, 무엇보다 돈까지 홍콩의 모든 것이 4대 현대화를 추진하는 데 이용될 수 있을 터였다. 마오 주석은 일찍이 몇 년 전에 〈장기적인 계획을 세우고 홍콩을 충분히 활용하라〉라고 이야기한 바 있었다.[69]

쑹쯔밍과 차이수판은 하나의 대표단일 뿐이었다. 영국령 홍콩이 중국 본토의 비공식적인 훈련장이 되면서 많은 대표단이 파견되었다. 상하이는 우비를 생산하는 기술부터 초고층 건물을 건설하는 기술에 이르기까지 온갖 것을 배우기 위한 대표단들을 파견했다. 광둥성은 1978년에 모든 산업 및 상업 분야에 각각의 견학단을 파견했다. 중국이 따라야 할 모델이 있다면 그것은 일본이 아닌 홍콩이었다.[70]

홍콩은 다른 세계와의 연결 고리로서 오랫동안 공산주의 정권에 없어서는 안 될 존재였다. 1949년에 죽의 장막이 내려진 뒤에 영국령 홍콩은 중국의 중개인이 되어 외국 상품을 수입하고 본토에서 생산된 제품을 수출하는 역할을 수행했다. 대약진 운동이 한창일 때 소련과의 관계가 단절되면서 홍콩은 중국의 가장 큰 외화 수입원으로 부상했다.[71]

인도네시아에서 캘리포니아에 이르기까지 외국에 거주하는 다른 중국계 이민자들과 마찬가지로 홍콩 사람들은 〈홍콩과 마카오 출신 화교이자 동포〉로 불렸다. 홍콩의 누군가는 중국 정부에 의해 잠재적인 스파이나 자본주의 진영의 간첩으로 간주되기도 했지만, 또 다른 누군가는 중국이 직접 통제하는 유력가들과 기관들의 그물 조직인 통일 전선을 통해 육성되기도 했다. 중국 정부는 홍콩의 노동조합이나 상공 회의소, 통신사 등을 비롯한 일련의 자발적인 단체들에 자금을 지원했는데 그들의 그물 조직은 문화 대혁명 기간 중에 상당 부분 와해되었다.

1976년 이후에 지도부는 통일 전선을 부활시키고자 하는 가운데 새로운 반전을 꾀했다. 1979년 9월에 열린 통일 전선 회의에서 화궈펑은 애국자라고 해서 모두 사회주의자인 것은 아니며 홍콩 자본가들도 애국자라고 주장했다. 〈우리가 사회주의자들로만 통일 전선을 구축하려 한다면 그들은 동참하지 않을 것이다〉라고 리셴녠은 말했다. 〈반면에 우리는 애국자들로 이루어진 통일 전선을 구축할 수도 있다.〉 이 주장은 1981년에 당의 고위층 전반에 깊은 울림을 주었다. 그리고 보이보는 다음과 같이 선언했다. 〈화교 문제와 관련하여 우리에게는 오직 한 가지 기준만 있을 뿐이다. 바로 애국심이다.〉[72]

화교들의 환심을 사려는 〈매력 공세〉가 시작되었고, 문화 대혁명 당시에 화교들의 재산을 징발한 행위에 대한 참회의 표현들이 등장했다. 1979년 9월에 덩샤오핑은 화교들의 집을, 특히 부유한 사업가들의 집을 돌려주라고 직접 지시했다. 그렇게 함으로써 수혜자들이 자금을 투자하고 4대 현대화에 기여할 것으로 예상되었기 때문에 내려진 조치였다.[73]

홍콩의 애국자들로부터 인재와 자본을 유치하는 이상적인 방법은 국경 바로 너머에 특별 구역을 개설하는 것이었다. 『인민일보』의 설명에 따르면 마르크스주의 원칙을 위반할 필요도 없었는데 이미 소련이 1920년대에 외국 기업들과 합작 회사를 설립하면서 선례를 만들었기 때문이었다.[74] 특별 구역에서 중국 정부는 땅과 건물, 노동력을 제공하고 외국 기업들은 원자재와 장비, 전문 지식을 제공했다. 귀중한 외화로 전액을 지불하지 않고도 외국의 과학 기술을 들여올 수 있었다는 점에서 특별 구역은 중국이 앞으로 나아가야 할 방향을 보여 주었다. 선전은 행정 구역상 바오안현 안에 위치했으며, 바오안현은 1842년에 난징 조약을 통해 영국에 영구적으로 양도되기 이전까지의 홍콩섬과 1898년부터 99년 동안 임대된 신제를 모두 포함하고 있었다. 1978년 9월에 국무원은 바오안현을 자유 무역 지대로 공식 선포했다. 주장강을 사이에 두고 마카오와 인접한 주하이시에도 또 다른 자유 무역 지대가 세워졌다. 각각의 자유 무역 지대에는 3년 동안 매년 5천만 위안이 투자되었다.[75]

이런 행보는 대담성과 거리가 멀었다. 수출 가공 지구라고도 불린 이른바 자유 무역 지대가 최초로 등장한 것은 1959년 아일랜드의 섀넌 공항에서였다. 이후 1970년까지 10개국에 이런 자유 무역 지대가 설치되었으며 향후 10년간 계속 늘어나 1986년까지 50개의 나라에 175개의 자유 무역 지대가 설치되었다.

주하이에 설립된 최초의 합작 기업은 양모 방적 공장이었는데 성과는 과히 좋지 않았다. 짧은 실험은 생산량이 급감하여 공장이 문을 닫는 것으로 끝났다. 홍콩인 소유주의 말을 빌리자면 〈그들은 일하는 것을 그다지 좋아하지 않았다〉. 직원들은 중국 정부로부터 월급을 받았지만 보수가 절망적일 만큼 낮았고 대부분이 글을 몰랐다. 반면에 십장과 감독관은 글도 읽을 줄 알고 덧셈도 할 줄 알았지만 일반 직원들이 받는 것과 동일한 보수를 받았다.[76]

다른 합작 기업들의 사정도 전혀 나을 게 없었다. 선전에서 가장 유망한 공장은 포드와 미쓰비시의 홍콩 내 유통 회사인 하퍼스 인터내셔널이 설립한 자동차 조립 공장이었다. 10여 개에 달하는 다른 기업들도 낮은 임금에 매료되어 공장을 가동했다. 1979년에 그들은 여전히 비포장도로를 거쳐야만 큰길로 나갈 수 있는 텅 빈 들판 한가운데 서 있었다. 하지만 중국이 최혜국으로 인정된 덕분에 자유 무역 지대를 통해 홍콩 기업들이 제품의 원산지를 변경하는 방식으로 미국에서 정한 수출 할당량을 우회하는 길을 열어 줄 거라는 기대에 차 있었다.[77]

다른 초창기 문제들도 나타났다. 형편없는 급여를 받던 근로자들

중 상당수가 홍콩의 화려한 불빛과 높은 급여에 끌려 탈출을 시도한 것도 그중 하나였다. 1978년 8월에는 불과 열흘 동안 약 6백 명의 노동자들이 국경을 넘어 달아났다.[78] 탈출은 계속 늘어났고 시대의 흐름이 되었다. 홍콩의 국경 순찰대는 1979년 5월에만 1만 4천 건이 넘는 밀입국 시도를 차단했다. 거대한 울타리가 세워졌고 소수의 구르카 용병 부대가 투입되는 등 기존의 제지 수단도 강화되었다.[79]

온건파로 알려진 경험 많은 당원 시중쉰은 그 같은 흐름에 맞서 싸우는 것이 불가능한 일임을 알았다. 중국 남부의 국제 무역 발전을 지원하기 위해 갓 부임한 그는 외국 무역에 관련된 사안들 — 무역 지대의 근로자들에게 보다 나은 환경을 제공하는 문제도 포함하여 — 에서 광둥성과 푸젠성에 독자적으로 결정할 수 있는 권한을 인정해 주자고 제안했다. 덩샤오핑은 〈이들 지역을 특구(特區)로 부르자〉라고 선언함으로써 제2차 세계 대전이 발발하기 전에 공산주의자들이 국경 지역에 만들었던 게릴라 지대를 떠올리게 했다. 1979년 7월에 바오안 무역 지대는 선전 특구라는 이름으로 바뀌었다. 나중에는 다시 선전 경제특구라는 이름으로 바뀔 터였다. 주하이 역시 푸젠성 해안에 위치한 산터우, 샤먼과 더불어 경제특구가 되었다.[80]

4년 뒤 이들 네 곳 가운데 제대로 운영된 지역은 선전이 유일했다. 그런 선전조차도 지도부가 의도한 만큼 발전하지는 못한 터였다. 원래라면 선전은 외국인 투자자를 유치하고 해외 수출을 촉진해야 했다. 하지만 덩샤오핑이 방문했을 당시에 선전은 수입이 수출보다 세 배나 많아 5억 달러가 넘는 무역 적자를 기록하고 있었다. 도시의 주요 수입원도 첨단 기술에 기반한 산업들이 아닌 관광업과 부동산이었다. 상하이 당국은 새로운 건물들이 한 주가 다르게 층수를 높여 가는 모습에 감탄하며 주목했지만 급격한 도시화에는 막대한 비용이 수반되었다.[81] 정부는 사회 기반 시설을 구축하기 위해 선전에 연간 10억 달러를 쏟아부었는데, 이는 선전이 외국인 투자자들로부터 유치한 투자금의 몇 배에 달하는 돈이었다. 요컨대 선전은 특혜 운임을 적용받아 물건을 수입하거나 수출함으로써 번창하는 수출입 중계지가 되어 있었다.[82]

경제특구 네 곳의 저조한 성과에도 불구하고 중국 지도부는 더 많은 도시를 외국 무역에 개방하고자 했다. 자오쯔양은 1980년에 발간된 『제3의 물결』을 읽었는데, 책의 저자인 미국의 미래학자 앨빈 토플러는 농업 혁명과 산업 혁명에 이어 생물 복제와 유선 방송부터 인터넷에 이르기까지 컴퓨터를 기반으로 하는 세 번째 혁명이 일어날 거라고 예측한 터였다. 1983년 10월에 자오쯔양은 두 번째 물결을 통째로 건너뛴 채 해안을 따라 현대 기술 산업을 육성하고 중공업을 내륙 지역으로 옮길 것을 제안했다. 〈시류는 누구도 기다려 주지 않는다. 기회는 누구에게나 찾아오지만 딱 한 번 문을 두드릴 뿐이다〉라고 그는 말했다. 1868년에 일본이 메이지 유신이라는 기회를 잡았다면 이제는 중국이 그들의 경쟁자를 추월할 차례였다.[83]

이 사안을 심사숙고하기 위해 공업 경제 연구소의 소장 마훙과 영리하지만 공격적인 국가 경제 위원회의 부주임 주룽지가 포함된 학습 소규모 연구 모임이 꾸려졌고 그들은 『제3의 물결』을 자본주의 진영이 고질적인 경제 위기로부터 스스로를 구제하기 위해 사용하려는 마법의 총알이라고 결론지었다. 책은 마르크스주의의 신조에도 벗어났다. 하지만 사회주의 경제라는 토대 위에 수립된 하나의 전략으로서 외부 세계를 따라잡을 수 있는 커다란 기회이기도 했다. 덩샤오핑과 특히 천원은 중국의 미래 발전에 컴퓨터가 가지는 중요성을 강조했다. 결과적으로 『제3의 물결』은 모든 당 관리의 필독서가 되었다.[84]

선전을 깜짝 방문하고 몇 주 뒤인 1984년 2월 24일에 덩샤오핑은 후야오방과 자오쯔양을 비롯한 몇몇을 호출했다. 그리고 그 자리에서 〈우리는 경제 구역을 조금 더 신속하게, 조금 더 잘 처리해야 한다〉라는 의견을 피력했다. 곧이어 공작 회의가 소집되었고 그들은 수개월의 준비 기간 동안 연구한 끝에 보다 많은 연안 도시를 외국 무역에 개방해야 한다는 결론에 도달했다. 레닌이 동료들에게 외국 자본주의자의 자본을 이용해 소련을 발전시켜야 한다고 독려했던 터였다. 그리고 이제 덩샤오핑은 외국 자본만으로 충분하지 않으며 특구에 보다 많은 합작 기업들이 필요하다고 주장했다. 1984년 4월 6일에 다롄, 톈진, 상하이, 원저우, 광저우를 포함한 14개의 도시가 개방되었고 사실상 특별 경제 구역이 되었다. 베이징에서 내건 조건은 단 하나였다. 앞서 선전에는 수십억 위안을 쏟아부었지만 이제 그들은 새롭게 특구로 지정된 도시들에 보다 많은 자금을 지원할 의지도, 능력도 없었다. 〈우리는 여러분에게 개방할 수 있는 자유를 주었다〉라고 자오쯔양은 설명했다. 〈문제가 생길 때마다 매번 베이징에 찾아오지 말라.〉 실제로 지방 정부는 중앙 정부의 재원에 압박을 덜 가하는 대가로 보다 많은 재량을 얻었고, 이는 양쪽 모두에게 이득인 시나리오처럼 보였다. 자오쯔양은 〈보다 신속한 결과를 얻기 위해 우리가 해야 할 일은 권한을 더 낮은 곳으로 이양하는 것이다〉라고 말했다.[85]

보다 진보된 기술을 풀도록 외국 기업들을 독려하기 위해 새로운 특구는 경제 기술 개발구라는 이름으로 불렸다.[86] 그런데 1976년 이후 무역 대표단을 해외에 파견하는 데 중추적인 역할을 해오던 구무가 새로 지정된 개발구에 경고를 보냈다. 4월 6일에 14개의 도시가 개방되자 그는 외국의 특허권이 조직적으로 침해당하고 있다는 의혹이 해외에서 들끓고 있다고 지적했다. 그러면서 신중해야 한다고 조언했다.[87]

4년 전인 1980년 3월 3일에 세계 지적 재산권 기구에 가입했음에도 불구하고 뒤따르는 조약상의 의무에 대해 중국 지도부는 말로만 존중을 표할 뿐이었다. 당내 전반에서 지적 재산에 대한 도둑질이 적극적으로 장려되었다. 일례로 1981년에 상하이의 한 공장은 살균제로 이용되는 포세틸알루미늄을 복제하는 데 성공했다. 이 화합물은 프랑스 제약 회사 론풀랑크가 1977년에 최초 등록한 것이었다. 해당 공장이 처리 과정을 설명하는 논문을 발표하자 프랑스 대사관은 항의서를 제출했다. 이 외에도 많은 사건이 있었고 결국 국무원 부총리 완리는 1982년 11월에 서독의 제약사 대표단을 만난 자리에서 자국이 국제법을 준수할 거라고 엄숙히 공표해야 했다. 이 일을 계기로 1983년 2월 25일에 화학 공업부와 농림 축산 어업부는 공동으로 〈외국 의약품 복제 시 비밀 유지에 관한〉 지침을 발표했다. 그 내용은 중국에 부여된 법적인 의무 때문에 〈우리는 공개적으로 이용 가능한 간행물에 복제 사실을 발표할 수 없으며, 반드시 제품 이름을 변경해야 한다〉라는 것이었다. 덧붙여 위조는 〈통제된 환경〉에서만 행해질 수 있다고도 언급되었다.[88]

외국 기업들의 지적 재산은 계획 경제의 지휘 구조상 가장 위 단계에서 수집되어 아래 단계로 분배되었다. 1983년 3월 18일, 화학 공업부는 산하의 모든 국영 기업에 첨단 기술에 정통할 뿐 아니라 〈정치적으로도 신뢰할 수 있는 주요 간부들〉을 과학 기술 정보국으로 보내 〈특별한 경로로 획득한 외국의 과학 기술에 관한 정보〉로 규정된 〈특별 자료〉가 있는 열람실을 방문하게 하라는 통지문을 발송했다.[89]

컴퓨터는 특히 중요한 안건이었다. 중국 최초의 IBM 컴퓨터 시스템 — IBM System/370 Model 138 — 은 1979년에 선양 고풍기 유한공사에 설치되었다. 당시의 컴퓨터는 육중한 기계였고 메인 프레임 컴퓨터가 캐비닛 크기만 했다. 메인 프레임 컴퓨터에 대한 특허는 따로 존재하지 않았고 그렇게 복제 컴퓨터가 만들어졌다. 반면에 IBM을 경쟁에서 우위에 설 수 있도록 해준 중요한 소프트웨어와 관련 기술은 비밀에 부쳐졌고 특허로 보호되었다. 복제 컴퓨터를 대량으로 생산해 사회주의 진영의 동맹국들에 수출한 소련은 컴퓨터 역공학 분야에서 세계 최고의 전문가들을 보유하고 있었다.[90]

1980년 10월에 상하이 컴퓨팅 위원회는 IBM 시스템 370에 대한 복제 가능성을 모색했다. 해당 사업에는 260만 달러의 사업비와 지역민 및 외국인 전문가 다섯 명으로 구성된 한 팀, 그리고 미국 내에 위치한 적당한 연락 사무소가 필요했다. 샌프란시스코는 앞서 1월에 다이앤 파인스타인 시장이 상하이와 자매결연을 맺은 터였고 따라서 완벽한 기지로 간주되었다. 대표단은 〈친선이라는 이름으로〉 방문하게 될 것이었다. 1개월 뒤에 상하이 당 위원회가 제안을 승인했다.[91]

2년 뒤 상하이는 산하의 국영 기업들이 복잡한 기술을 수입해서 복제하는 데 제한적인 성공을 거두었음을 인정했다. 한 보고서는 〈우리는 복제를 둘러싼 통일된 접근 방식이 필요하다〉라고 지적했다. 그래야만 〈복제된 장비의 품질이 보장되기 때문이다〉.[92]

앨빈 토플러의 『제3의 물결』이 공식적으로 승인된 이후로 위조는 더욱 중요해졌다. 톈진에서는 중국이 몇 단계를 건너뛰어 발전하려면 위조가 필수라는 견해를 밝힌 경공업국의 논문이 발표될 정도였다. 톈진을 포함한 14개의 새로운 특별 경제 구역은 〈소비재와 첨단 기술을 복제하기 위한 이상적인 환경〉을 제공했다. 파나소닉 제품을 복제한 잉커우 세탁기 공장은 단지 한 예에 불과했다.[93]

1978년에 부활한 국가 보밀국(國家保密局)은 당원들에게 경솔한 눈과 귀로부터 위조 문화를 보호할 것을 거듭 지시했다.[94] 모든 중앙 위원회가 그렇듯이 중앙 보밀 위원회도 모든 현과 도시에 지부를 두고 있었다. 일례로 상하이 보밀 위원회는 합작 투자를 진행할 때 어떤 자료를 외국 파트너와 공유할 수 있는지에 대해 1985년에 명확한 지침을 하달했다. 지침에 따르면 〈비공식적인 경로를 통해 수입된 이른바 금수 조치된 장비와 기계, 시공품, 견본, 씨앗, 기술 및 유사 자료에 관한〉 정보는 공유 대상에서 제외되었다.[95]

그럼에도 불구하고 외국 대표단의 지적에 따르면 그들의 중국 파트너는 자신들이 특허 기술을 어떻게 복제했는지 설명하는 데 아무 거리낌이 없었다.[96] 구체적으로 복제를 금지하는 어떠한 법적 제재도 없었고, 복제 행위에 대한 도덕적 반감도 없었다. 사유 재산이라는 개념이 거의 존재하지 않았다. 이것이 바로 사회주의 국가가 일하는 방식이었다. 공공의 이익이 개인의 권리보다 항상 우선시되었으며 그 개인이 자본주의자인 경우에는 특히 그랬다.

대외 무역에도 변화가 나타났다. 연안을 따라 위치한 유력한 산업 도시들이 개방을 선언했고, 1984년 9월에는 전국적으로 대외 무역에 계약 책임제가 도입되었다. 그때까지 모든 외국인과의 거래가 집중되었던 대외 무역 기업들은 독점권을 잃었다. 거의 하룻밤 사이에 수천 개의 새로운 기업들이 생겨났고 국영 기업의 대리인 역할을 따내기 위해 서로 경쟁했다. 해외 무역 업체들이 수출 판매에서 자신들의 몫으로 가져갈 수 있는 비율도 1983년에 8퍼센트에서 1985년에는 25퍼센트로 증가했다.[97]

그에 따른 결과는 수입의 급증으로 나타났다. 1985년에는 컬러텔레비전과 녹음기, 마이크로컴퓨터에 더해서 턴키 방식의 공장에 대한 수요에 힘입어 수입이 60퍼센트나 치솟았다. 1985년 4월에 자오쯔양은 〈너 나 할 것 없이 모두가 컬러텔레비전과 냉장고, 세탁기 등의 조립라인부터 녹음기에 이르기까지 온갖 것을 수입한다〉라고 말했다. 그리고 〈계속해서 이런 식으로 갈 수는 없다〉고 경고했다. 그럼에도 그가 할 수 있는 일은 아무것도 없었다. 외화에 대한 통제를 강화하면 그동안 수출 증가를 불러왔던 동력이 힘을 잃기 때문이었다.[98] 그로부터 1년도 지나지 않아서, 경제적 침체기를 빠져나와 겨우 회복 중이던 중국의 공식적인 외환 보유고는 170억 달러에서 30억 달러 미만으로 감소했으며 한 달 치 수입 물량을 감당하기도 벅찬 수준이 되었다.[99]

    1978년의 상황이 이번에는 보다 큰 규모로 재연되었다. 수입이 배로 늘어났고, 비싸지만 부적당한 기술들이 구매되었으며, 사치품에 막대한 돈이 지출되었다. 전국의 지방 정부들은 가장 쉬운 길을 선택했으며 한때 해적으로 유명했던 아열대 섬 하이난은 그중에서도 유독 두드러졌다. 하이난의 관리들은 어업과 농장에 투자하는 대신 1983년 3월에 부여받은 면세 혜택을 이용하여 빈곤을 종식시키고 섬을 경제 개혁의 현장으로 탈바꿈시키기로 했다. 그에 따라 지방 정부는 8만 9천 대의 자동차와 트럭에 더해서 수백만 대의 텔레비전과 비디오테이프리코더, 화장품과 식품, 장난감 등을 수입했다. 항구가 미어터질 지경이었다. 하이난을 면세 구역으로 만든 법령은 수입품이 현지에서만 사용되어야 한다고 명시했지만 수입품은 전국으로 재판매되었고 이 과정에서 구매 대리인들은 수입된 가격보다 최대 세 배 비싸게 사치품을 구매했다. 특수 은행 두 곳의 현지 지점들은 대출을 통해 이러한 거래들에 자금을 지원했다. 해당 자금은 원래라면 섬의 도로와 철도, 공항을 개발하는 데 할당되어야 했지만 암시장에서 해외 무역 기업들이 기술을 수입하기 위해 보유할 수 있도록 허용된 통화로 교환되었다. 1985년 봄에 중앙 정부가 마침내 단속에 나섰고 이 사건은 중국 역사상 가장 큰 규모의 외환 시장 조작 사건으로 기록되었다.[100]

수입이 급증하면서 수출이 수입을 따라가지 못했다. 애당초 계약 책임제를 도입한 목적은 수출품에 대한 생산을 장려하기 위함이었다. 그런데 공식 환율은 과대평가되어 있었다. 중국은 앞서 1980년 1월에 이중 환율 제도를 도입하면서 내부 정산율을 달러당 2.80위안으로 고정한 터였다. 이후 수년 동안 인플레이션은 해외에서 1달러를 벌어들이는 평균 비용의 점진적인 상승을 의미했으며 1983년에 이르러서는 그 비용이 달러당 3.20위안까지 증가했다.[101] 상하이의 모든 공장이 더 이상 수출 시장을 위해 가격을 내릴 수 없다며 가동을 중단했다. 그러자 이번에는 무역 회사들이 대출 상환을 거부하는 방식으로 대응하고 나왔다. 중국 정부가 개입해 보조금을 지급하고 그와 동시에 이중 환율 제도에서 비롯된 부작용을 상쇄하고자 잇단 뒤틀린 정책들을 내놓았다.[102]

1985년 1월 1일에 수출을 늘리기 위한 일련의 점진적인 평가 절하가 단행되면서 내부 정산율은 조용히 폐기되었다. 1985년 8월에 위안화는 달러당 2.90위안으로 떨어졌다. 10월에는 짧은 기간에 연속으로 네 번의 평가 절하가 이루어졌고 환율은 달러당 3.20위안으로 낮아졌다. 1986년 7월에도 한 차례 추가 인하를 거쳐 환율은 달러당 3.71위안이 되었는데 1989년 12월까지 그대로 유지되었다.[103]

그래도 충분치 않았다. 1985년 1월에 중국 북부의 거대 산업 도시 톈진에서는 1달러를 수출하는 데 드는 단가가 3.44위안에 달했다.[104] 남부의 거대 산업 도시 상하이도 상황이 별반 다르지 않았다. 거의 모든 산업 분야에서 수출은 손실을 수반했다. 상하이에서 가장 큰 고무 공장인 다중화는 달러당 5.50위안의 단가로 해외 시장에 판매할 타이어를 생산했다. 결국 생산량이 곤두박질치자 시 당국은 세금과 관세 인하를 비롯하여 새로운 양보안을 내놓아야 했다.[105]

인플레이션은 소비 붐을 초래함으로써 문제를 더욱 악화시켰다.

특수 은행들을 통한 대출이 급증할수록 재화를 구매하는 데 쓸 돈도 늘어났다. 그러자 많은 기업이 생산 단가보다 낮은 국제 시세에 맞추어 제품을 수출하기보다 내수 시장에 판매하는 쪽을 선호했다. 왜곡된 공식 환율로 인한 부작용을 상쇄하는 동시에 수출 성장을 촉진하기 위해 중국 정부는 직접적인 수출 보조금부터 스와프 시장이나 부가 가치세 환급, 저금리 수출 금융 등 간접적인 조치에 이르기까지 일련의 보상책을 도입했다.

이런 조치들에 힘입어 중국의 수출 추진력은 다시 탄력을 받았다. 공식적인 통계 수치에 압도된 외국인 관찰자들은 잠자던 거인이 수년 간의 잠에서 깨어나고 있다고 썼다. 보고된 바에 따르면 1978년에 1백억 달러에 조금 못 미쳤던 중국의 수출액은 1988년에 거의 5백억 달러로 늘어났다. 1978년에 전 세계 무역의 1퍼센트에도 못 미쳤던 수출 규모가 1988년에 1.7퍼센트로 증가한 셈이었다. 1959년에 기록한 수치에 비해 여전히 낮았지만 그럼에도 이 같은 수출 증가는 중국의 지역 경제를 변화시켰고, 중국과 전 세계 다른 나라들과의 경제 관계를 근본적으로 바꾸어 놓았다. 특히 섬유와 경공업 제품의 수출 성장세가 다른 범주의 제품들에 비해 빠른 것으로 나타났다.[106]

중국 입장에서 가장 큰 시장은 일본과 미국이었다. 두 나라는 소련을 견제하고자 하는 생각이 강했기 때문에 각각 1978년과 1980년에 중국의 최혜국 지위를 인정했다. 다만 일본 정부와 달리 미국 정부는 중국이 자국 기업에 수출 보조금을 지급한다고 판단될 경우에 상계 관세를 부과할 수 있는 권한을 가졌다. 미국의 공장 소유주들과 그 밖의 생산자들은 중국의 수출 기업들이 부당하게 보조금을 받는다고 반복적으로 불만을 제기함으로써 특히 섬유를 비롯하여 중국의 수출에 대해 쿼터제가 부과되도록 부추겼다.

이 새로운 무역 장벽은 수출품이 홍콩항을 통해 우회하여 미국으로 보내지면서 간단히 무력화되었다. 1978년에 홍콩을 경유한 재수출 규모는 미국에 도착하는 중국의 전체 수출 물량 중 약 4분의 1을 차지했다. 1984년에는 거의 절반에 달하는 물량이 홍콩을 경유했으며, 1988년에 들어서는 우회 수출 규모가 더욱 늘어나 중국에서 미국으로 직접 수출되는 규모를 초과하기에 이르렀다.[107] 이러한 우회 선적의 핵심은 1978년에 홍콩과 국경을 마주한 곳에 설립된 자유 무역 지대였다.

1985년에 발생한 하이난 자동차 수입 스캔들은 모든 경제특구의 명성을 실추시켰다. 그럼에도 선전은 특별했다. 처음부터 선전은 전 세계에 설립된 다른 무역 지대에는 없는, 보다 광범위한 정치적 목적을 추구하기 위해 계획된 터였다. 요컨대 중화 인민 공화국은 한 나라 안에서 두 가지 시스템을 운영할 수 있음을 증명하고자 했다. 1983년에 『인민일보』는 〈홍콩이 할 수 있는 것은 선전도 할 수 있으며 심지어 더 잘할 수 있다〉라고 보도했다.[108]

한 국가에 두 개 이상의 시스템을 수용할 수 있다는 개념은 1981년 9월 예젠잉 원수에 의해 처음 제안되었으며, 정권이 반드시 되찾겠다고 천명한 배신자들의 섬 타이완을 염두에 두고 개발되었다. 그리고 1997년에 영국의 신제 임대가 만료됨에 따라 9개 항목으로 이루어진 예젠잉 원수의 계획은 홍콩을 포함하는 것으로 수정되었다. 수정된 계획에 따르면 주권은 베이징에 귀속되지만 홍콩은 자유항을 계속 유지하면서 국제 금융의 중심지로 남아 있을 예정이었다. 1982년 4월 6일에는 덩샤오핑이 베이징을 방문 중이던 영국 보수당의 에드워드 히스에게 〈홍콩은 홍콩 주민들에 의해 운영될 것〉이라고 선언했다.[109] 하지만 홍콩섬은 애초에 영구적으로 양도된 상태였고, 마거릿 대처 영국 총리는 주권을 양도하는 것을 꺼렸다. 그녀는 1997년 이후에도 어떤 형태로든 행정적인 통제권을 갖고 있지 않으면 〈공산주의 정권이 협정을 존중할 거라고 믿을 수 없기 때문에〉 영국 정부가 보장받을 수 있는 것이 아무것도 없을 거라고 생각했다.[110]

싱가포르와 타이완이 잠재적인 투자자들에게 접근하면서 홍콩에서 자본이 유출되자 1982년 9월에 대처가 베이징으로 날아갔다. 후야오방은 때마침 베이징을 방문한 북한의 독재자 김일성을 접대하느라 자리를 비운 참이었다. 대신에 자오쯔양이 청나라 때 체결된 조약을 인정하기를 거부하면서 분위기를 조성했다. 그리고 노골적으로 베이징은 언제나 홍콩의 안정보다 주권을 우선시할 거라고 이야기함으로써 대처를 냉혹한 선택 상황에 밀어 넣었다. 자오쯔양은 한술 더 떠서 그녀에게 양허율(讓許率)이 적용된 장기 대출까지 요구했다.[111]

9월 24일 대처와 덩샤오핑의 만남은 진전이 없었다. 덩샤오핑은 1997년 이후로도 계속해서 영국이 제도상의 존재로 존속할 가능성에 굳은 표정으로 난색을 보였다. 그는 영국이 행정적인 통제권을 유지한다는 계획에 의문을 제기했고 손을 한 차례 튕기듯 내저으며 가능성을 일축했다. 때때로 몸을 앞으로 기울여 목을 가다듬고는 발치에 놓인 타구에 큰 소리로 가래를 뱉기도 했다. 그는 대중적인 소동이 발생하면 반환 시점과 방식을 재고할 수도 있다고 협박했다. 또 은근한 목소리로 영국 은행인 홍콩 상하이 은행이 얼마나 많은 지폐를 발행했는지는 아무도 모르는 일이라고 말했다. 그의 음모론은 철의 여인을 흔들었다. 요약하자면 그녀 앞에는 세계에서 가장 강력한 권력을 가졌지만 의회가 어떻게 작동하는지에 대해 아무것도 모르는 남자가 있었고, 그 남자가 영국 총리인 자신이 그에게 압박을 가하기 위해 금융 불안을 꾀하고 있다고 주장하고 있었다.[112] 회의장을 벗어나며 텔레비전 카메라 앞에서 눈에 띄게 휘청이던 마거릿 대처는 인민 대회당 계단 위에서 결국 바닥에 넘어졌다.

런던으로 돌아온 대처는 베이징의 지도자들 가운데 국제 금융이나 법 체계에 기반한 자유라는 개념을 이해하는 사람이 아무도 없다는 결론에 도달했다.[113] 그리고 그녀의 의심은 곧 사실로 확인되었다. 대처를 만나고 몇 시간 뒤에 덩샤오핑은 홍콩에서 찾아온 중재인을 만났고 그 자리에서 식민지를 인계받음으로써 중국은 홍콩에서 보다 많은 외화를 거두어들일 수 있을 거라고 말한 터였다.[114] 11월에도 그는 영국이 홍콩 달러를 조작했다는 주장을 되풀이하며 영국이 어떤 다른 음모를 꾸며낼지 궁금하다고 비꼬았다.[115]

협상은 없었다. 1997년 이전에 홍콩을 되찾겠다는 반복된 위협에 더해서 단호한 항의와 불유쾌한 경고만 있을 뿐이었다.[116] 중국 정부는 1984년 9월 말까지 협정을 체결할 것을 요구하며 자체적으로 마감 시한까지 정해 놓았다. 세부 사항도 없고 보장된 것도 없었지만 집요할 만큼 특구(特區) 개념을 밀어붙였다. 자신들이 정해 둔 마감 시한을 1년 앞두고서야 그들은 자신들이 기본법도 준비하지 못했을뿐더러 홍콩의 법 체계를 연구하지도 못했음을 인정했다.[117]

1984년 12월 19일, 양국은 공동 선언에 서명한 뒤 1997년 7월 1일을 기점으로 홍콩이 특별 행정구가 될 거라고 발표했다. 중국 정부는 홍콩의 독립된 행정, 금융 및 사법 체계를 향후 50년 동안 그대로 유지하기로 약속했다. 이 행사를 기념하기 위해 최고 지도자는 〈중국은 항상 약속을 지킬 것이다〉라는 제목의 연설을 수행했다.[118]

자신들의 일정대로 10월 1일 국경절에 맞추어 공동 선언이 이루어지지는 않았지만 덩샤오핑은 이른 아침부터 광장에서 기다린 10만 명의 군중 앞에서 의기양양하게 연단에 올랐다. 그의 첫 일성은 마오 주석이 35년 전에 사용했던 가장 유명한 슬로건과 똑같았다. 〈중국 인민이 일어섰다!〉 그는 계속해서 〈우리는 사회주의 사회를 건설했다. 우리는 인류의 역사적 흐름을 바꾸었다〉라고 덧붙였다. 군중으로부터 박수가 쏟아졌다.[119]

4
인민과 가격에 의한(1984~1988)

1937년 9월에 마오쩌둥은 〈반(反)자유주의〉라는 제목의 짧은 소론을 발표했다. 단합해야 한다는 핑계로 이념 투쟁을 기피하는 당원들이 표적이었다. 그는 혁명 조직을 갉아먹는 열한 가지 유형의 자유주의를 나열했다. 〈어떤 사람이 명백히 잘못하고 있음에도 평화와 우정을 지키기 위해 그냥 내버려두는 것〉도 그중 하나였다. 그 밖에도 〈지시에 불응하면서 자신의 의견만을 중시하는 것〉, 〈잘못된 견해를 듣고도 반박하지 않는 것〉, 〈형식적으로 일하면서 그럭저럭 해나가는 것〉 등이 있었다.[1]

1983년 10월 12일에는 덩샤오핑이 정신 오염의 위험성을 경시하지 말라고 동료들에게 경고했다. 마오쩌둥의 소론을 세세히 인용하면서 그는 〈어떤 당원도 당 위에 서서 마음대로 할 수 없다〉고 경고했다.[2]

덩샤오핑은 경제 현대화 프로그램에 대한 당원들의 헌신을 약화시킬 수 있다는 점에서 정신 오염에 맞선 운동에 고삐를 채우고자 조금은 마지못해 후야오방의 손을 들어 주었다. 문학계는 자신감을 되찾았다. 일당 독재 국가의 모든 공무원이 그렇듯이 작가들도 국가의 통제를 받는 협회에 소속되어 있었다. 그리고 국가의 통제를 받는 모든 협회가 그렇듯이 작가들이 속한 협회도 지도부가 내놓는 최신 정책을 연구하고 수행하기 위해 정기적으로 회의를 개최했다. 작가들도 투표를 하기는 했지만 거대한 기계의 톱니바퀴 같은 하찮은 존재에 불과했고 따라서 당이 선정한 후보자에게만 투표할 수 있었다. 1984년 12월 29일부터 1985년 1월 5일까지 중국 작가 협회는 제4차 대회를 개최했다. 후야오방은 초대를 받았으나 덩리췬은 선전부 부장이었음에도 초대를 받지 못했다.

후야오방은 왜소한 체격에 섬세하지만, 적어도 겉으로 보기에는 열정과 에너지가 넘치는 사람이었다. 청중과 대화할 때면 흥분해서 제자리에서 뛰어오르거나, 양팔을 흔들며 몸짓을 하거나, 종종 목소리가 통제 불능이 될 때도 있었다. 강한 허난성 사투리는 몇몇 청중을 당황하게 만들기도 했다. 그는 속어를 즐겨 사용했다. 숭배자들은 그의 파격적인 방식을 신선하게 받아들였지만 그의 태도는 명백히 다른 사람들을 불편하게 만들었다.[3]

대회 연설에서 후야오방은 마치 자유주의자 같은 태도를 취했다. 당 지도부에 직접적으로 종속된 기관과 나머지 다른 협회 사이에 구분을 두면서 당에 종속되지 않은 협회들이 아무런 개입 없이 자유롭게 투표할 수 있어야 한다고 주장했다. 또한 그는 일반적으로 당에서 제공하는 검증된 후보자들 명단을 폐기할 것을 제안했다.

회원들이 투표를 진행했다. 그리고 정신 오염에 맞선 운동에 적극적이었던 후보자들은 당선에 실패했다. 대신에 덩리췬이 비난한 적 있는 존경받는 소설가 바진이 정식으로 당선되었다. 더더욱 분통 터지는 일도 있었는데 4대 원칙에 대해 비판적인 글을 썼던 사회 고발 언론인 류빈옌이 부위원장으로 선출된 것이었다. 류빈옌은 새롭게 주어진 기회를 이용해서 자신의 이른바〈부르주아적인〉사상을 비판한 적들을 공격했다.[4]

선거 결과는 당 고위층 전반을 충격에 빠뜨렸다. 후차오무와 덩리췬은 그야말로 격분했다. 리셴녠은 당에 대한 반란이라고 비난했다. 덩샤오핑이 후야오방을 호출했다. 며칠 뒤인 2월 8일, 죄를 깊이 뉘우친 후야오방이 중앙 위원회에서 연설을 행했고, 정신 오염에 맞서 싸우는 일의 압도적인 중요성을 강조했다. 그에 따르면 오직 사회주의만이 진정한 민주주의로 이어질 수 있었고, 언론인은 유일하게 합법적으로 인민의 이익을 대변하는 당의 대변자였다. 그의 연설은 당이 보내는 엄중한 메시지였고, 몇 달이 지나서 당 기관지인 『붉은 깃발』에 게재되었다.[5]

1985년 5월에 후야오방은 다시 한번 오판을 범했다. 그는 루컹과 인터뷰를 진행했는데 루컹은 보수 국민당과 그 뒤를 이은 중국 공산당이 감옥에 보낸, 좀처럼 보기 드문 전력을 가진 노련한 언론인이었다. 〈큰 목소리〉라는 별명을 가진 루컹은 홍콩에서 진행된 해당 인터뷰를 공개하면서 총서기인 후야오방을 정직하고, 반대 의견을 기꺼이 용인하고자 하는 개화된 사람으로 묘사하여 작은 돌풍을 일으켰다. 인터뷰 중에 루컹은 덩샤오핑이 당시에 보유하고 있던 유일한 공식적인 직책인 중앙 군사 위원회 주석직에 대해 직접 언급했다. 〈당신은 왜 다 늙은 덩샤오핑이 아직 살아 있을 때 중앙 군사 위원회를 넘겨받지 않습니까? 중앙 군사 위원회를 넘겨받지 않은 상태에서 혹시라도 미래에 군 지휘관들이 당신에게 반기를 들면 어떻게 하려고 합니까?〉 후야오방은 당장은 전쟁이 임박한 상황이 아니어서 덩샤오핑이 해당 직책을 맡도록 놔두고 있다고 대답했다. 루컹은 천윈과 후차오무, 덩리췬에 대해서도 비판적인 발언을 했는데 후야오방은 침묵했다.[6]

인터뷰 내용은 상당 부분 편집되어 발표되었지만 원본 녹취록이 덩샤오핑의 관심을 끌었다. 그는 〈도저히 묵과할 수 없는 일〉이라며 분노했다. 바야흐로 후야오방을 제거할 기회만 엿보고 있던 덩샤오핑에게 이 사건이 결정적인 계기가 된 듯했다.[7]

당의 총서기로서 후야오방은 몇 년에 걸쳐 젊은 당원들을 끌어올림으로써 당의 인적 쇄신을 도모했다. 그 결과, 유력한 당원 가운데 상당수가 한때 그의 세력 기반이던 청년단 출신이었다. 이런 그의 행보는 다른 이들의 눈살을 찌푸리게 했다.[8] 하지만 그는 군대 내에서도 영향력을 확장해 나가고 있었다. 마오 주석의 간명한 표현처럼 〈권력은 총구에서 나오는 법이었다〉. 1949년 이전까지 산시(山西)-차하르-후베이 야전군에 소속되어 후야오방 밑에서 복무한 인물들이 군 전반의 핵심 요직에 임명되었다. 물론 그의 결정은 으레 그렇듯 복잡한 정치적 계산에 따른 것이었다. 일당 독재 국가에서 정치는 끊임없이 변화하는 파벌과 한시적인 동맹 사이에서 권력을 잡기 위해 벌이는 끝없는 경쟁을 중심으로 전개되었다. 누구도 혼자 살아남을 수 없었다. 그리고 이 같은 경쟁에서는 충성심이 가장 중요했기 때문에 모든 사람이 자신의 부하를 끌어올려 세력 기반을 구축하고자 했다. 정점에 있던 지도적인 간부가 몰락하면 그 아래로 피라미드 조직 전체가 붕괴되었다. 파벌 싸움이 당을 집어삼키는 폐해를 막기 위해 레닌은 일찍이 1921년에 파벌 싸움을 금지한 터였다. 〈무리를 조직하는 행위〉나 〈사적인 목적을 위해 패거리를 결성하는 행위〉, 〈파벌을 만드는 행위〉 등을 금지하는 단호한 명령이 몇 번이나 내려졌지만 문제의 행위들은 오랜 금지에도 불구하고 당 조직의 모든 단계에서 이루어지는 소위 회랑 정치에서 여전히 필수적인 요소로 남아 있었다. 다만 신중한 태도가 요구될 뿐이었다.

    1986년 5월에 시험이 찾아왔다. 앞서 20년 전에 흐루쇼프가 비밀 회의에서 스탈린을 비난한 뒤에 마오쩌둥은 자신이 건강상의 이유로 자리에서 물러날 수도 있다고 말하면서 동료들의 충성심을 시험했다. 당시에 덩샤오핑과 류사오치는 그 자리에 계속 남아 달라고 간청하는 대신 명예 주석이라는 직위를 신설하여 마오 주석의 분노를 샀었다. 이제 덩샤오핑도 비슷한 전략을 사용하기로 했고, 자신이 젊은 세대를 위해 자리를 비워 주어야 할지를 두고 노골적으로 고민하는 모습을 연출했다. 자오쯔양은 덩샤오핑의 소매를 붙잡고 계속 그 자리에 있어 달라고 간청했다. 〈우리는 주석님에게 의지하고 있습니다.〉 반면에 후야오방은 덩샤오핑의 생각에 기꺼이 동의했다.[9] 일련의 크나큰 실수들에 이은 또 하나의 치명적인 실수였다.

일당 독재 국가에서 정치적 시위는 위험한 모험이 될 수 있다. 확실하게 믿을 수 있는 전략 중 하나는 5월 4일과 같은 공식적으로 인정된 혁명절에 시위를 하는 것이었다. 또 다른 전략은 일본에 반대하는 시위를 하는 것이었다. 그것이 가짜든 진짜든 상관없이 민족주의 정서에 간섭할 만큼 정치적 용기를 가진 지도자는 거의 없기 때문이다. 이 경우에는 만주사변을 기리는 9월 18일이 좋은 선택이었는데 9월 18일은 중국 북동부에 주둔한 일본 관동군이 1931년에 만주에 대한 전면적인 침략을 정당화하기 위해 이른바 류타오후 사건을 일으킨 날이었다.

1985년 9월 18일은 1976년 4월 5일 이래로 가장 큰 규모의 시위가 있었고 몇몇 대학에서 나온 1천 명의 학생들이 톈안먼 광장에 집결해 현수막을 흔들며 일본에 반대하는 구호를 외쳤다. 그들의 분노는 일본인 전몰자를 기리는 신사를 참배한 나카소네 야스히로 총리에서 비롯된 터였다. 학생들은 〈두 번째 점령에 반대한다〉라고 외쳤는데 중국 내에서 일본의 상업적 입지가 강화되고 있음을 암시했다. 경찰이 광장을 폐쇄했지만 더 이상의 조치는 없었다.[10]

시위대는 아무런 처벌도 받지 않았다. 공산주의자들의 기준에서는 매우 이례적인 일이었는데, 아무래도 고위층의 묵인이 있은 듯 보였다. 몇 주 뒤에 전국의 20개 대학에서 시위가 벌어졌고 시안과 우한, 청두

등 여러 도시에서 대규모 소요 사태로 발전했다. 시위대의 폭발이 사실은 정부의 경제 정책에 대한 은연중의 공격이었음이 명백해지는 순간이었다. 그리고 이번에는 신속한 보복이 뒤따랐다.[11]

시위 선동자들은 무대 뒤에서 학생들을 조종한 혐의로 기소된 〈소수의〉 사람들처럼 보였으며, 개방 정책에 반대하는 이들, 부르주아 자유화에 찬성하는 타락한 부류들, 사인방을 추종하는 쓰레기들, 지하 조직, 타이완과 홍콩의 스파이 등으로 묘사되었다. 대부분의 시위대는 애국자였고 단지 순진했을 뿐이었다. 〈우리는 프롤레타리아의 규율을 지켜야 하며 자유주의에 맞서야 한다〉고 지도부는 비공개 자리에서 큰 소리로 규탄했다.[12]

11월 20일, 수백 명의 베이징 학생들이 다시 광장에 모였고 인민 영웅 기념비 앞에서 철야 농성을 준비했다. 그러자 지프차를 탄 경찰들이 광장으로 진입해 학생들을 해산시켰다.

후야오방은 청년들에게 〈공산주의에 대한 믿음을 강화하라〉, 〈불온한 세력들에 맞서 저항을 강화하라〉고 촉구했지만 소요 사태를 진정시키는 데 실패했다. 시위는 다시 들불처럼 번졌고 학생들은 대학 당국의 위협과 인플레이션, 열악한 생활 환경, 당원들의 부패에 대해 항의했다. 일부 학생들은 〈특권을 포기하라〉고 외치면서 외부 세계에 문호를 개방함으로써 이득을 취한 고위 공무원들을 향해 분노를 표출했다. 12월 19일에는 신장의 성도인 우루무치에서 수천 명의 위구르족 학생들이 거리로 쏟아져 나왔으며 그들은 핵 실험에 더해서 일반 범죄자들을 수용할 목적으로 신장에 설치된 수많은 노동 수용소에 반대하는 시위를 벌였다.[13]

시위는 차츰 잦아들었지만 지도부는 충격을 받았다. 9월 18일, 자오쯔양은 베이징 학생들이 가두시위를 하는 와중에도 차기 5개년 계획을 논의하기 위해 모인 사람들 앞에서 연설을 했다. 그의 설명에 따르면 사회주의 노선을 고수하고 인민에 의한 민주적인 독재를 유지하기 위해서는 경제 범죄에 맞서 싸우는 한편으로 세뇌를 강화할 필요가 있었다. 요컨대 중국은 〈애국심과 집단주의, 사회주의, 공산주의에 기반한 이념 교육을 강화〉하는 동시에 〈자본주의와 봉건주의를 비롯한 그 밖의 이념적으로 불온한 세력과 싸워야〉 했다.[14]

이른바 〈강력 범죄 방지 캠페인〉이 부활했다. 덩샤오핑은 〈몇 사람을 죽여서 충격을 주어라. 1950년대에 일하던 방식으로 돌아가려면 우리에게는 아직 10년의 세월이 더 필요하다. 2년 동안은 무자비해져라〉라고 권고했다.[15]

도시는 최근에 발생한 범죄들을 상술하는 벽보들로 다시 뒤덮였고, 도로 위에는 죄수를 처형장으로 싣고 가는 호송차들이 다시 모습을 드러냈다. 다만 이번에는 당 내부의 족벌주의를 향한 광범위한 분노를 의식한 듯 몇몇 고위 관료의 가족도 강간 혐의로 기소되어 법에 따라 총살되었다. 지도부는 자신들의 이미지를 개선하기 위해 노력하고 있었다. 같은 맥락으로 『북경만보』는 〈죽을죄를 진 사람은 법대로 처형되어야 한다〉라고 목소리를 높였다.[16]

물론 이런 모습은 단지 시늉에 불과했다. 국가에 의해 단죄된 용의자의 절대다수는 여전히 일반인들이었다. 1986년 6월에 이르러서는 강력 범죄 방지 캠페인이 시작된 이후 새로 수감된 재소자만 1백만 명이 넘어가면서 교도소 체계 전체가 삐걱거렸다. 감방은 비좁았고 환경도 비위생적이었다. 사법부 부부장의 보고에 따르면 고문도 〈심심치 않게〉 이루어졌다. 가죽 허리띠로 채찍질을 당하거나, 깨진 돌 위에 무릎을 꿇리거나, 더위나 추위에 무방비 상태로 노출되는 등 〈수감자들이 학대당하고 고문당하는 방식은 다양했다〉.[17]

퇴폐적인 자본주의 사상에 반대하는 운동도 부활했다. 당은〈정신 오염〉을 근절하겠다고 재차 약속하며 물의를 일으킨 연극들을 금지하고 몇몇 인기 가수의 공연도 금지했다.[18]

하지만 이런 조치들 중 어느 것도 기본적인 모순을 해결하지 못했다. 즉 도시에서 살아가는 일반인들은 인플레이션이 자신들의 생활 수준을 서서히 갉아먹고 있는 가운데 당원들이 금전적인 이득을 취하기 위해 그들의 정치적 영향력을 이용해서 사회주의 제도를 악용하는 것을 지켜보아야 했다. 소수의 관료들에 대한 처벌과 이른바 올바른 행동을 고취하기 위한 운동만으로는 진정한 책임을 지지 않는 당원들의 손에 권력을 집중시키는 정치 구조를 개혁하기란 사실상 불가능했다.

1986년 말에 학생들은 다시 거리로 나섰고 이번에는 훨씬 숫자가 많았다. 또한 그들은 공공연하게 민주주의를 수용하는 모습을 보였다. 민주의 벽이 무너진 이후로 정치 활동가들은 정권에 정면으로 맞서기보다 헌법에 보장된 모든 민주적 권리를 활용하고자 했다. 모든 사회주의 국가가 그렇듯이 중국 정권은 원칙적으로 누구나 피선거권을 가지며, 공식적으로 국가와 지방 수준에서 최고의 권위를 갖는 인민 대표 대회에 인민의 권한을 부여한 민주 집중제 원칙에 기반하고 있었다. 하지만 이는 속임수에 불과했는데 권력 분립이 없는 상태에서 전국 인민 대표 대회는 지도부의 결정에 그저 거수기 역할밖에 할 수 없었기 때문이다.

1980년 10월에 창사의 한 학생은 자신이〈마르크스주의자는 아니지만 덩샤오핑과 자오쯔양의 과학적인 사회주의를 지지한다〉라고 소개하면서 전국 인민 대표 대회 위원 선거에 예비 후보로 나섰다. 결과는 예상한 대로였다. 막상 후보로 선발되자 그의 이름이 후보자 명단에서 사라진 것이다. 시위대가 지역 당사로 몰려갔고〈관료주의를 타도하라〉

고 외치면서 연좌 농성을 벌였다. 80명이 추가로 단식 농성에도 나섰다. 다른 지역에서도 사람들이 선거에 출마했지만 그들의 이름은 투표용지에서 조용히 사라졌다.[19]

1986년 11월에는 안후이성의 성도인 허페이의 과학 기술 대학교 학생들도 인민 대표 대회 위원을 선출하는 지방 선거에 출마하려고 준비했다. 사근사근하고 말씨가 상냥하며 올빼미 눈처럼 커다란 안경을 쓴 천체 물리학자 팡리즈가 그들을 지지했는데, 그는 전국을 순회하며 학생들에게 당이 민주적 권리를 넘겨줄 때까지 기다릴 게 아니라 적극적으로 요구해야 한다고 주장해 온 터였다. 하지만 허페이시의 당 위원회는 이미 선거에서 누구를 당선시킬지 정해 둔 상태였다. 학생들이 탄원서를 제출했지만 무시되었다. 길이 1백 미터에 달하는 담장을 따라 벽보들이 나붙었고 개중에는 1863년 게티즈버그 연설에서 에이브러햄 링컨이 했던 유명한 문구인 〈국민의, 국민에 의한, 국민을 위한 정부〉를 요구하는 벽보들도 보였다. 당국은 벽보를 철거하기에 이르렀고 그러자 12월 5일에 수천 명이 민주 개혁을 요구하며 지방 정부 청사를 향해 행진을 벌였다. 며칠 뒤 지방 당국은 선거를 연기하고 팡리즈를 비롯한 몇몇 학생들에게 선거에 출마할 수 있도록 허락함으로써 한발 뒤로 물러섰다.[20]

학생들이 거둔 성과가 파급 효과를 불러일으켰다. 우한과 베이징, 난징, 톈진을 비롯한 10여 개 도시에서 수만 명의 학생들이 거리로 나왔다. 상하이에서는 시의 당 서기인 장쩌민이 자오퉁 대학교에서 학생들에게 연설한 뒤로 시위가 더욱 탄력을 얻었다. 그는 학생들에게 공감을 표현하는 대신에 오히려 이기적이라고 질책하며, 이따금씩 연단을 내려치면서 자신의 주장을 강조함으로써 학생들의 분노를 샀다. 학생들은 야유하며 그를 강당 밖으로 쫓아 버렸다. 이튿날부터는 지역 주민들까지 학생들에 합류했으며 그들은 홑이불로 즉석에서 만든 현수막에 급하게 휘갈겨 쓴 구호를 들고 행진을 벌였다. 12월 21일에 이르러서는 10만 명에 달하는 사람들이 인민 광장으로 쏟아져 나와 교통이 마비되었다. 한 외국인 관찰자의 증언에 따르면 시위는 축제 같은 분위기였으며 시위대는 〈갑작스럽게 찾아온 해방감과 두려움의 부재〉라는 감정에 들떠 있었다. 그들은 다른 무엇보다 특히 〈민주주의와 자유, 인권, 잔혹행위에 대한 반대, 기만행위에 대한 반대〉를 외쳤다. 시위대는 오후에 해산했다.[21]

12월 23일에 『인민일보』는 학생들을 〈우리의 희망이자 미래〉라고 지칭하면서 단결을 호소하는 회유적인 사설을 발표했다.[22] 이튿날 중앙위원회가 소집되었고 사회주의와 당에 반대하는 불순분자들에게 속아 넘어간 시위대의 〈반동적인 구호〉를 비난했다. 전국의 모든 성에 상황을 악화시킬 수 있는 단어 사용을 피하라는 지시가 내려졌다. 아울러 사진이나 녹음 형태로 소요 사태의 증거를 수집하고 공장 노동자들과 연계하려는 학생들의 모든 시도를 인정사정 보지 말고 단속하라는 지시도 하달되었다.[23] 톈진 시장 리루이환이 그보다 일주일 전에 발표한 전략은 시위가 가진 의의를 깎아내리는 것이었다. 〈그러한 사건들은 특별할 것이 없다〉라고 그는 말했다. 〈우리가 평정을 잃을 이유는 없다.〉 12월 25일 『인민일보』에 발표된 새로운 사설은 학생들에게 공산당의 지도 아래 경제 개혁이 일단락되고 나면 정치 개혁이 뒤따를 거라고 장담했다.[24]

시위자들에게 시위하기 며칠 전에 미리 허가를 받도록 하고 주모자 전원의 이름과 주소, 직업을 제출하도록 요구하는 새로운 규정이 불과 하룻밤 만에 통과되었다.[25] 곧이어 12월 26일에 열린 비밀회의에서 팡리즈와 류빈옌 그리고 당을 향해 오로지 폭정에 불과하다고 비난했던 저자 왕뤄왕이 소요 사태의 주요 선동자인 동시에 〈사인방을 추종하는 쓰레기들〉로 지목되었다.[26] 시위는 흐지부지되었다.

12월 28일, 소요 사태가 명백히 진정되는 양상을 보이자 자오쯔양은 당 비서처에서 진행된 대담에서 〈부르주아 자유화〉를 거친 말로 비난했다. 상황이 후야오방에게 불리하게 돌아가고 있었다.[27]

이틀 뒤 덩샤오핑은 자오쯔양을 비롯한 몇 사람과 만나 이야기를 나누었다. 그는 4대 원칙에 공개적으로 반대하는 팡리즈를 맹비난했다. 〈나는 팡리즈의 연설문을 읽어 보았다. 당원이라는 사람이 그런 식으로 말하다니, 괘씸하기 짝이 없다. 왜 이런 사람을 계속 당원으로 놔두어야 하는가?〉 그는 민주주의에 대해서도 신랄한 비판을 쏟아 냈다. 〈우리는 부르주아 민주주의를 따라 할 수 없다. 우리는 권력 분립주의 같은 것을 채택할 수 없다. 그럴 경우 모든 것이 통제 불능이 될 것이다.〉 덩샤오핑은 1979년에 민주의 벽을 무너뜨렸을 때와 비슷한 수준의 확고한 통제를 요구했다. 〈우리는 웨이징성을 체포하지 않았던가? 그래서 중국의 이미지가 타격을 입었는가?〉 그는 폴란드가 1981년에 계엄령을 선포해 상황을 진압하고 노동조합들과의 마찰을 해결한 방식을 칭찬했다. 〈우리는 말로만 독재적 수단을 사용할 것처럼 떠들 게 아니라 실제로 독재적 수단을 사용할 준비가 되어 있어야 한다.〉 그는 특히 작금의 소요 사태에 직면해서 〈분명한 입장을 취하지 못하고 부르주아 자유화에 반대하는 단호한 태도를 유지하지 못한 점〉을 나무랐다.[28]

1987년 1월 4일, 후야오방은 사직서를 제출했지만 그럼에도 당 원로들과 그 밖의 고위 지도자들이 조사를 핑계로 번갈아 가며 그에게 비난을 쏟아 낸 일련의 진을 빼는 회의에 참석해야 했다. 회의는 6일 내내 지속되었다. 덩리췬은 다섯 시간 넘게 자신의 정적을 비난하면서 그 상황을 즐겼다. 노련한 군 지휘자 위추리는 자기 사람들을 끌어올려 덩샤오핑을 무대 밖으로 밀어내려고 한 모사꾼이라며 그를 공격했다. 후야오방이 복권시킨 양상쿤 역시 자비가 없었다. 얻을 것이 가장 많았던 자오쯔양도 마찬가지였다. 본인의 설명에 따르면, 자신은 일찍이 1984년부터 후야오방이 당의 규율을 존중하지 않는다고 느낀 터였다. 심지어 미래에 덩샤오핑과 천윈이 은퇴하면 자신에게 주어진 임무를 수행할 수조차 없을 것 같아 걱정하던 터였다. 자오쯔양이 최후의 일격을 날렸다. 〈나는 당신과 계속 함께 일할 수 없을 것 같다.〉 그리고 1월 16일에 거수 과정을 거쳐 후야오방의 사임이 받아들여졌다.[29]

후야오방을 둘러싼 가장 악의적인 비난은 그가 루컹 기자에게 국가 기밀을 누설했다는 것이었다.[30] 그럼에도 불구하고 당은 여전히 관대했고 그에게 당원 자격을 유지하도록 해주었다. 후야오방은 대중의 시야에서 완전히 사라졌으며 마르크스와 레닌 전집에 빠져들었다.[31]

겨울 휴식기 동안 일부 학생들이 작은 유리병을 깨부수고 다녔다. 중국 구어(口語)에서 작은 유리병은 〈샤오핑〉으로 발음되었다.[32]

그들의 행동은 일종의 쿠데타였다. 덩샤오핑은 후야오방을 축출하는 데 충분한 지지를 얻기 위해 정치국 확대회의나 특별 업무 회의 등에서 여전히 한자리씩 차지하고 있던 당 원로들과 몇몇 퇴역 군인들에게 눈을 돌렸다. 그들은 당헌에 명시되어 있는 절차를 노골적으로 무시하고 때때로 투표나 거수 과정에 참여함으로써 상당한 영향력을 행사하고 있었다.[33]

그들의 권력은 1987년 10월 25일부터 11월 1일까지 열린 제13차 당 대회 제1차 전체 회의에서 공식화되었다. 덩샤오핑이 은퇴할 경우에 당 원로들도 모두 물러나야 한다는 중국 권력 구조의 핵심에 놓인 난제 하나가 해결된 셈이었다. 주요 사안에 대해 정치국은 덩샤오핑과 당 원로들의 지시를 받아야 한다는 내용의 결의안이 통과되었다. 이로써 모든 직책에서 공식적으로 은퇴한 덩샤오핑에게 주요 사안에 대한 최종 결정권이 부여되었다. 83세의 나이로 이제 그는 중앙 군사 위원회 주석이라는 직함을 제외하곤 아무 직함이 없는 독재자가 되었다. 양상쿤과 보이보는 둘 다 79세였으며 비록 투표까지 허락받지는 못했지만 상무위원회에서 열리는 모든 회의에 참석할 수 있는 권한을 부여받았다.[34] 더 이상 중앙 위원회 소속이 아니었던 천윈은 덩샤오핑의 뒤를 이어 중국 인민 정치 협상 회의의 위원장으로 취임했다. 그의 나이는 82세였다.

그 결과 일당 독재 국가라는 기준에서 판단하더라도 극도로 불안정한 정치 체제가 탄생했다. 그 중심에 포진한 일단의 노인들은 막후에서 계속 권력을 휘둘렀으며 중앙 위원회에 의해 명목상 선출된 사람들이 내리는 모든 결정을 두고 말싸움을 벌였다. 직위는 더 이상 직함과 부합하지 않았고 직함과 그에 따른 직무가 일치하지도 않았다. 국가 지도자라고 해서 꼭 당의 지도자나 정부의 지도자인 것도 아니었다. 요컨대 아무리 영향력을 많이 잃었다고는 하지만 중앙 위원회에 소속되지도 않은 누군가가 요직을 차지할 수 있게 된 것이다. 그야말로 공산주의 역사상 처음 있는 일이었다. 한 관찰자는 〈소련을 비롯한 다른 공산 국가의 공산당들도 놀란 눈으로 중국을 쳐다보았을 것〉이라고 지적했다.[35]

후야오방이 제거된 뒤에는 류빈옌과 팡리즈, 왕뤄왕도 당에서 축출되었다. 텔레비전 방송 프로그램에서는 잊을 만하면 한 번씩 그들 세 명의 범인 식별용 얼굴 사진을 내보냈다. 〈부르주아 자유화에 단호히 반대하리〉는 구호와 함께 신문 헤드라인과 요란하게 울려 퍼지는 선전용 확성기에 그들의 이름이 오르내렸다.[36]

자오쯔양은 만장일치로 후야오방의 뒤를 이어 총서기로 선출되었다. 그가 총서기로서 가장 먼저 취한 행동 중 하나는 청년들에게 〈레이

평에게 배울 것〉을 요구하는 현수막과 벽보를 통해 레이펑을 소환하는 것이었다. 유력한 퇴역 군인 위추리는 선전의 대가 후차오무를 비롯한 고위급 지도자들이 참석한 가운데 모범적인 군인 레이펑을 기리기 위한 회의를 주재했다. 그들은 최고 지도자 덩샤오핑이 했던 지혜의 말을 다시금 환기시켰다. 〈진정한 공산주의자가 되고자 하는 사람은 레이펑의 미덕과 정신을 배워야 한다.〉[37]

몇몇 신문들이 폐간되었는데, 『선전시 청년일보』도 그중 하나였다. 이 신문은 1986년 10월에 「위기! 신시대의 문학이 위기에 직면하다」라는 기사를 내보냈다. 기사를 쓴 류샤오보라는 이름의 청년이 이른바 중국 문학계의 기득권층을 향해 통렬한 공격을 개시한 참이었다.[38]

이전의 많은 운동과 마찬가지로 이 운동도 흐지부지되었다. 결과적으로 자오쯔양은 외국 사상을 근절하는 일에 후야오방만큼이나 단호하지 못한 것으로 드러났다. 이유는 언제나 동일했다. 문화 대혁명을 떠올리게 하는 대중 운동을 사람들이 달가워하지 않았기 때문이다.

하지만 보다 중요한 이유도 있었는데 외국인 투자자들을 겁주어 쫓아내지 않으려면 안정된 인상을 주어야 했기 때문이다. 경제는 다른 어느 때보다 많은 외화를 필요로 했다. 중국은 1979년과 1980년에 처음 발생한 인플레이션 때문에 이후 몇 년 동안 경제적 침체기를 겪었다. 1984년과 1985년에는 특수 은행들을 통한 대출이 크게 증가하면서 두 번째 인플레이션 사태가 발생했다. 1986년에 또다시 사치품에 대한 수입 규제가 실시되었다. 그리고 텔레비전과 자동차, 가전제품의 해외 구매량이 무시해도 될 정도의 수준으로 감소했다. 수도의 건설 붐도 위축되었으며 이런 흐름은 다시 시멘트와 구리, 알루미늄, 철강 같은 자재들의 수입 감소로 이어졌다.[39]

여기까지는 단지 시작에 불과했다. 중국의 주요 수출 품목 중 하나인 석유 가격이 국제 시장에서 폭락하면서 중국 지도부는 감소한 매출을 보완하기 위해 불리한 가격으로 보다 많은 원자재를 수출해야 했다. 그 결과 일본에 수출되던 원면(原綿)은 매출이 8퍼센트 증가했지만 총수출량은 45퍼센트나 증가했다. 자오쯔양이 1987년 6월에 에리히 호네커에게 말했듯이 〈우리는 다른 여러 제품을 수출해야 했지만 그것들은 거의 돈이 되지 않았다〉.[40] 외국인 투자가 급감하면서 문제는 더욱 복잡해졌다. 외국인들은 중국의 까다로운 외환 규제와 끝없는 관료주의, 진입이 거의 불가능한 내수 시장 때문에 망설이고 있었다.[41]

과열된 경제를 식히려는 노력은 국제 유가 하락 및 외국인 투자 감소와 맞물려 뜻밖에 산업 성장률의 급격한 하락을 불러왔다. 1986년 하반기부터 자오쯔양은 방향을 완전히 바꾸었고, 산업 성장률을 재활성화시키기 위해 경제에 보다 많은 자금을 쏟아부었다. 10월에는 합작 회사들을 대상으로 세금 인하를 비롯한 새로운 우대 정책들도 발표했다. 사실상 끝난 적이 없던 두 번째 인플레 시기가 서서히 세 번째 인플레 시기로 옮아가고 있었다.[42]

유리해진 상황에도 불구하고 외국인들의 투자 계약 건수는 계속 감소했다. 후야오방이 해임된 뒤로 외국인들은 〈부르주아 자유화〉에 반대하는 운동이 보다 엄격한 상업 규제로 이어질 것을 우려하고 있었다.

해당 운동은 국영 기업들에 추가 대출이 이루어지면서 조용히 폐기되었다. 자오쯔양은 모순적인 상황과 씨름하고 있었다. 소비를 억제하기 위해서는 강력한 금융 규제가 필요했지만 다른 한편으로는 운영 자금의 80퍼센트 이상을 은행 대출에 의존하는 국영 기업들을 부양해야 했기 때문이다. 대외 무역에서도 비슷한 역설이 작용했다. 적자를 줄이기 위해서는 강력한 수출 동력을 만들어야 했지만 그 작업은 온갖 종류의 보조금과 리베이트, 대출 등을 요구했다. 통화 공급량의 증가는 당연한 수순이었다.43 영국 대사관이 「데자뷔: 중국 경제의 과열」이라는 보고서에서 언급한 바에 따르면 〈발전소를 돌리고자 혈안이 된 경제에서 충분한 증기가 새어 나오고 있다〉.44

예산이 감소할수록 물가가 상승했는데 이러한 현상은 1979년부터 지도부를 괴롭혀 온 문제였다. 핵심은 가격이었다. 계획 경제를 표방하는 정부가 모든 가격을 고정했기 때문이다. 대안은 모든 구매자와 판매자에게 특정 상품에 대해 그들이 얼마를 지불할지 협상할 수 있도록 허용하는 것이었다. 하지만 이 방법은 그다지 매력적인 대안이 아니었는데 여기에는 그럴 만한 이유가 있었다. 국영 기업의 근로자들이 소비하는 재화는 가격이 급등하고 반대로 그들이 찍어 내는 조잡한 제품들의 가격은 폭락할 터였기 때문이다. 또한 농민들은 앞서 1979년에 정부를 압박해 도시에 공급되는 식료품의 조달 가격을 인상하도록 했던 것처럼 재차 도시를 인질로 삼아 몸값을 지불하도록 요구할 터였다. 더욱 분통 터지는 점은 당국이 마지못해 묵인해 준 사기업들이 그들과 경쟁하는 국영 기업들을 상대로 가격 경쟁에서 손쉽게 승리할 거라는 사실이었다.

대량 실업과 사회적 불안정이라는 망령은 정부로 하여금 절대로 오지 않을 완벽한 순간을 기다리면서 점진적인 접근법을 채택하도록 만들었다. 1981년 6월부터 1982년 8월 사이에 지방 당국과 그들 소유의 기업들은 대다수 산업 제품들의 가격을 주어진 범위 안에서 조정할 수 있게 되었고, 이러한 변화는 비슷한 제품이라도 사뭇 다른 가격들이 존재할 수 있음을 의미했다.45 그로부터 얼마 뒤인 1984년에는 국영 기업들에 할당량을 초과하여 생산된 모든 생산물을 시장 가격으로 판매할 수 있는 자격이 주어지면서 이중 가격제가 도입되었다. 하나는 계획 경제하의 고정된 가격이었고, 다른 하나는 시장에서 판매하는 가격이었다. 그 둘 사이의 가격 차이를 사람들이 악용하면서 각종 부패가 만연하는 거대한 회색 지대가 등장했다. 이중 가격제는 국가에 의해 고정된 인위적인 가격을 유지하기 위한 보조금을 요구함으로써 중앙 정부의 재정 부담을 가중시켰다. 보다 많은 돈을 발행하는 것으로 문제는 해결되었지만 그로 인한 통화량의 증가는 가장 먼저 시장 가격 상승을 불러왔고 그다음에는 암시장의 마법을 통해 고정 가격의 상승을 초래했다.

국가 보조금을 줄이려는 목적에서 1985년 5월에 광범위한 부식품(副食品)과 소비재에 대한 가격 변동이 허용되었다. 중국은 두 번째 인플레 시기가 한창 진행 중이었고 물가가 두 자릿수로 상승한 뒤로 이미 통화 공급량을 크게 늘렸기 때문에 소매 물가 지수가 일정 수준 이상으로 상승하지 못하도록 전반적인 제한을 걸어 둔 터였다. 현지 지점들 간의 네트워크를 통해 물가를 관리하는 국가 물가국은 지수가 10퍼센트 넘게 상승하면 안 된다고 판단했다. 덩샤오핑은 단번에 목표를 9퍼센트로 낮추었다. 그리고 자오쯔양은 곳곳을 순회하면서 다음과 같은 메시지를 전달했다. 〈올해 소매 물가 지수가 9퍼센트 이상 움직이지 않도록 적절한 조치를 취하라.〉[46]

1984년에 톈진에서는 채소 보조금으로 4천만 위안이 지출되었는데 대략 7만 명에 달하는 노동자의 1년 치 연봉을 모두 합친 것과 비슷한 금액이었다. 해당 보조금은 이제 35퍼센트나 인상되었다. 옷장, 책상, 의자, 침대를 제외한 가구류에 대한 가격 통제도 사라졌다. 질 좋은 가죽 신발 한 켤레의 가격은 남성용이 6위안, 여성용이 5위안으로 고정된 채 유지되었다.[47]

시가(市價)와 고정가의 차이가 벌어질수록 암시장은 더욱 활성화되었다. 상하이 한 곳에서만 시 물가국은 1천4백 건의 가격 위반 사례를 보고했는데 그중에는 오로지 시스템을 악용할 목적으로 만들어진,

소위 서류 가방 회사라고 불리는 임시 기업들도 포함되어 있었다. 부시장이 지적했듯이 모든 상품 가격을 확인하고 통제하기란 불가능했는데 무엇보다 관련 규정이 끊임없이 바뀌었을 뿐 아니라 지역마다 달랐기 때문이었다. 몇몇 지구는 구내의 물가국을 아예 폐쇄하고 전면적인 가격 변동제를 허용하기도 했다. 그 결과 가격을 통제하는 지구와 통제하지 않는 지구 사이에서 암시장이 활기를 띠게 되었다.[48]

1987년에 이르러 국가 물가국은 모든 물가에 대한 통제를 완화했다. 외국인들은 열정적으로 자유 시장의 점유율이 증가할 거라는 전망을 쏟아 냈다. 하지만 더 이상 국가의 책임이 아니라고 해서 상품 배분이 시장 상황에 따라 이루어진다는 뜻은 아니었다. 그 대신에 이제는 성(省)과 현(縣), 그 밖의 도시들과 그 밑의 행정구까지 가격을 정할 수 있는 권한을 갖게 되었다. 요컨대 지방 정부가 끼어들어 중앙 정부로부터 권한을 넘겨받은 것이다.[49]

지방 정부는 지역 기업들을 통해 수입을 얻기 때문에 지역 물가를 통제함으로써 그들을 보호하고자 했다. 한때 모범적인 자립 마을이었던 다자이에서는 탄광 두 곳에서 생산되는 석탄을 주민들에게는 톤당 8위안에 판매했지만 외부인들에게는 톤당 21위안에 판매했다.[50] 원자재는 경기가 과열될 때마다 일종의 쟁탈전이 벌어졌고 그런 만큼 가격 방어에 특히 취약했다. 가격 통제 외에도, 투기꾼들이 지역의 자원을 가로채지 못하도록 무역 장벽들을 강화시켰다. 곳곳에서 이른바 무역 전쟁이 발발했다. 일례로 지방 당국들이 국가에 판매해야 할 누에고치를 외부인이 가로채서 보다 수익성 높은 지역으로 가져가지 못하도록 도시 경계 지역을 감시하고 차단하기 위해 무장 경찰과 민병대를 파견하면서 〈누에고치 전쟁〉이 일어나기도 한 터였다. 석탄과 양모, 담배, 심지어 말린 고구마를 둘러싸고도 비슷한 분쟁이 발생했다. 한 정부 고문은

〈여러 지역이 서로 전쟁을 벌이고 있으며 중앙 정부와도 전쟁을 벌이고 있다〉라고 말했다.[51]

하나의 통합된 경제 대신에 수많은 세력권을 쪽모이한 형태의 경제가 등장했다. 그 결과 트럭 한 대가 포도 5톤을 싣고 공자의 생가가 있는 산둥성 취푸를 출발해 푸젠성 광쩌까지 가려면 1백 개가 넘는 검문소를 통과해야 했으며, 수시로 세금과 관리비, 검역 비용, 심지어 현지의 농업 발전 기금까지 내야 했다. 8일 뒤 목적지에 도착할 즈음이 되면 트럭 기사는 이미 화물을 전부 빼앗긴 상태가 되었을 뿐 아니라 자신의 지갑과 심지어 비바람으로부터 화물을 보호하기 위해 덮어 둔 방수포까지 빼앗긴 상태가 되었다.[52]

그러나 역설적이게도 한 가지 상품만큼은 가격이 없는 것처럼 보였다. 바로 돈이었다. 전체적인 신용 거래가 1982년에 2660억 위안에서 1986년에 7880억 위안으로 세 배가 늘었음에도 대출 상환은 거의 이루어지지 않았다. 시장 규율이 부재하고 중앙의 설계자들도 더 이상 제재를 가하지 않은 까닭에 적자가 발생하더라도 구제받을 거라는 사실을 아는 국영 기업들이 대출을 받을 수 있는 혼합 경제가 존재할 뿐이었다.[53] 개방 경제에서 화폐 가치를 나타내는 이자율은 대체로 효과적이지 못한 금융 도구였다. 지방 정부는 기본적으로 이자율을 인상하는 것에 반대했다. 이자율이 오른다는 것은 그에 비례해서 기업들이 지방세를 덜 납부하리라는 사실을 의미했기 때문이다. 여기에 더해 기업들이 운영 자금을 주로 대출에 의존하는 상황에서 그들의 자금 흐름이 어떤 식으로든 방해를 받는다면 그야말로 재앙이 따로 없을 것이었다.[54]

요컨대 지도부는 1979년 이후로 지방 정부에 점점 더 많은 행정 권한을 위임한 결과, 이제는 통화 및 재정 정책을 수행하는 부분에서 지방 공무원들에게 의존하게 된 터였다. 하지만 지방 공무원들은 돈의 흐름을 제한하려는 중앙 정부의 지시를 이행하기보다 자신들이 속한 지역의 경제를 구축하고, 자신들이 속한 지역의 생활 수준을 개선하는 데 관심이 더 많았다.

1987년에 이르러서는 경제를 이끌어 나갈 계획도, 시장도 없었다. 오히려 중국은 우한의 한 중국은행 지점이 매우 잘 설명한 것처럼 악순환의 고리에 휘말려 있었다. 그 설명에 따르면 통화 공급량의 증가는 보다 많은 소비를 부추기지만 소비는 인플레이션을 낳고 인플레이션은 국영 기업들로 하여금 조만간 인플레이션이 발생할 것을 예상하여 희소 자원과 원자재를 확보하기 위해 현지에서 경쟁적으로 추가 대출을 받도록 부추기고, 그에 따른 결과는 또 다른 통화 팽창으로 이어진다.[55] 상황을 이렇게 만든 주된 설계자는 자오쯔양이었다.

현지에서 이루어진 이런 결정들의 부작용은 인플레이션이 대다수 사람들의 생활 수준을 떨어뜨린다는 것이었다. 이미 1987년 상반기에만 도시 가구의 40퍼센트가 실질 소득 감소를 경험한 터였다.[56] 그리고 그해 말에는 복잡하게 뒤얽힌 가격 체계가 이상 징후를 보이기 시작했다. 먼저 농민들이 부당하다고 생각되는 돼지 사료를 고정 가격에 판매하는 것을 거부하고 나섰다. 그러자 전국에서 소비되는 모든 육류 중 85퍼센트를 차지하는 돼지고기의 공급량이 급격히 감소했고 지도부는 베이징과 톈진, 상하이, 선양에서 다시 배급제를 실시해야 했다. 얼마 뒤에는 설탕도 배급제가 시작되었으며 가구당 매달 1킬로그램씩 허용되었다.[57]

1979년에 농민들은 생산자 입장에서 가격을 높여 달라고 요구한 반면에 도시민들은 소비자 입장에서 가격을 낮추어 달라고 요구했다. 양쪽의 요구는 각각 막대한 보조금을 지급함으로써 충족되었다. 1984년에 이중 가격 제도를 도입한 이래로 정부는 심지어 이전보다 더 많은 보조금을 지급하면서 양쪽의 이해가 더욱 첨예하게 대립하도록 만들었다. 1988년에 주택과 건강, 교육 및 식량과 관련되어 지급된 정부의 보조금은 1979년에 비해 여섯 배나 증가해 있었다.[58]

1988년 일사분기에 산업은 가격 인상과 맞물리며 계속해서 급격한 성장을 이어 갔다. 동일한 재화에 너무 많은 다른 가격이 존재한 까닭에 계산하기가 어려운 측면도 있었겠지만 전년 대비 물가 상승률은 6월에 19퍼센트, 7월에 24퍼센트, 8월에 30퍼센트를 기록했다. 공식적으로 발표된 수치들이야 그랬지만 그해 말에 한 정치국 회의에서 야오이린 부총리가 내놓은 보다 신빙성 있는 추정치는 1988년 상반기를 기준으로 48퍼센트에 달했다. 은행 감독관들과 재정 관리자들이 인플레이션을 억제하고, 고층 사무실용 빌딩부터 고급 호텔에 이르기까지 경제 외적인 투자로 유입되는 국가 자금의 흐름을 통제하는 데 실패하면서 같은 해 통화 공급량은 40퍼센트나 증가했다.[59] 1988년 4월에 샹화이청 재정부 부부장이 언급한 바에 따르면 모든 정부 조직이 호화로운 사무실과 호텔, 레스토랑, 휴양지를 건설하고 있었다.[60] 관공서와 국영 기업들은 하나같이 사재기에 나서서 누구나 탐내는 텔레비전과 비디오 녹화 장치를 닥치는 대로 사들이고 있었다. 일반인들은 자신들의 삶의 질이 하락해 가는 가운데 그 모든 것을 지켜볼 뿐이었다. 중국의 몇몇 빈곤 지역에서는 간부가 빈곤 완화를 주제로 열리는 회의들에 참석하기 위해 세단형 자동차를 타고 다녔다. 자오쯔양 본인이 보기에도 확실히 위기였다. 〈대중이 매우 불만족하고 있으며, 이런 추세를 무자비하게 끊어 내지 않으면 문제가 끝없이 반복될 것이다.〉[61]

대중은 점점 더 거리로 나와서 자신들의 불만을 표출했다. 학생들의 시위행진부터 노동자들의 탄원에 이르기까지 전국적으로 수십 건에 달했다. 1988년 6월에는 두 자릿수로 오른 물가에 불만을 토로하는 대

중 때문에 경찰이 톈안먼 광장을 봉쇄해야 할 정도였다.[62]

덩샤오핑이 충격 요법, 즉 모든 상품에 대해 가격 통제를 철폐할 것을 제안한 것도 바로 이즈음이었다. 자오쯔양은 그동안 물가가 일시적으로 올랐을 뿐이라고 지도부를 안심시키면서 물가 개혁을 매번 연기해 온 참이었다. 하지만 이제 이중 가격 제도로 촉발된 부패가 어느 정도인지 알게 되었을 뿐 아니라 개혁을 더욱 밀어붙이고자 하는 덩샤오핑의 압박을 받게 되었다. 〈우리는 큰 파도를 두려워하지 말아야 한다〉라고 덩샤오핑은 말했다. 〈앞으로 더 나아가기 위해서는 오히려 파도에 맞서 전진해야 한다.〉 1988년 7월에 외국 손님들을 만난 자리에서 그는 재차 〈물가 개혁을 가로막는 걸림돌을 박살 낼 것〉이라고 자신의 결심을 공표했다.[63]

몇 주 뒤 여름 무더위를 피해 지도부는 19세기 후반에 외국 선교사들과 상인들이 조성한 해변 휴양지 베이다이허에서 통상적인 수뇌급 회의를 열었다. 물가 개혁을 어떻게 진행할지에 관한 계획을 발표하던 자오쯔양은 수도 건설을 엄중히 단속하는 한편, 통화 공급을 억제하고, 소비를 줄임으로써 인플레이션을 낮출 것을 요구하는 당 지도자들의 반대에 직면했다. 긴축 재정을 제안한 주요 발의자는 소련에서 유학한 공학자 리펑이었다. 그는 1979년부터 전력 공업부 부장으로 복무하다가 1987년 10월에 정치국 상무 위원회 위원으로 승진한 인물이었다. 양아버지인 저우언라이와 달리 리펑은 무뚝뚝하고 엄격한 기술 관료이자 충성스러운 당원이었다.

1988년 3월에 당 원로들은 오랜 막후교섭을 벌인 끝에 리펑을 자오쯔양 총서기와 사실상 동등한 관계인 총리로 임명했다. 나중에는 심각한 계산 착오였음을 깨닫게 되겠지만 일단은 자오쯔양도 리펑이 다루기 쉬운 사람이라고 생각해서 동의했다.[64] 리펑은 강경파의 지지를 받았는데 1979년에 초기 긴축 재정을 설계한 경제학자 천윈도 그중 한 명이었다. 물가 개혁의 장단점을 둘러싼 열띤 논쟁이 벌어졌고, 완고한 덩샤오핑은 역시나 물러서지 않았다. 결국 그가 탁자를 내리치며 리펑에게 쏘아붙이듯이 말했다. 〈흔들릴 것 같으면 자리에서 물러나시오.〉[65]

회의 이틀 뒤인 8월 19일, 『인민일보』는 물가 통제의 철폐가 향후 경제 개혁의 핵심이라고 설명하는 사설을 발표했다.[66] 그러자 예금 가치가 더욱 떨어질 것을 우려한 사람들의 공황 매수가 뒤따랐다. 뱅크 런이 일어났고 돈을 인출해 양탄자나 텔레비전, 세탁기, 냉장고와 같은 유형 상품으로 바꾸려는 예금주들로 줄이 길게 늘어섰다. 상하이에서는 불과 2주 만에 2천7백만 달러에 상당하는 예금이 인출되었다. 중국 인민 은행 관리들은 개인이 인출할 수 있는 액수에 제한이 부과되었다는 소문을 불식시키기 위해 기자 회견까지 열어야 했다.[67]

일부 도시에서 동요가 발생했다. 저장성 해안에 위치한 핑양에서는 지역 주민들이 68개에 달하는 중국 농업 은행 지점 밖에서 며칠 동안 줄을 섰다. 하지만 은행에 현금이 바닥나자 그들은 수백 명씩 무리를 지어 지방 당국에 항의하기 시작했다. 원저우와 웨칭, 타이순을 비롯한 저장성의 여러 도시에서도 예금을 인출하려는 분노한 군중이 우체국 지점을 공격했다.[68]

소비자들은 재봉틀과 선풍기부터 압력솥에 이르기까지 이전에는 재고가 넘쳐 났던 상품들을 기록적인 가격으로 구매했다. 심지어 흔하디흔한 타구조차 사재기 대상이 되었다. 저장성 해안에 위치한 융자에서는 특정 생필품의 매출이 월평균 매출보다 50배나 치솟았다. 이웃한 뤼안의 경우에도 8월 한 달 매출이 1987년 전체 연 매출보다 세 배나 많았다. 침대보와 담요 등을 판매하는 상점들까지 상품이 남아나지 않을 정도였다. 지방 당국이 배급제를 도입해야 할 정도로 식용 소금의 수요도 급증했다. 전국의 백화점에는 가격 인상이 임박했다는 소문에 자극을 받은 쇼핑객들이 이른 아침부터 늦은 밤까지 가득했다. 어떤 마을에서는 하룻밤 사이에 모든 신발이 동나기도 했다.[69] 리루이는 자신의 일기에서 〈사람들은 물가 개혁에 대한 믿음을 잃었고, 당에 미래가 없다고 이야기한다〉라고 털어놓았다.[70]

파업과 대결이 뒤를 이었다. 저장성의 한 마을에서는 신발 공장에서 일하던 8백여 명의 여성들이 임금 인상을 요구하며 파업을 벌였다. 밀가루 공장과 섬유 공장, 조선소와 항구 등에서 일하던 노동자들이 분연히 일어난 가운데 뤼안현 전역에서 수십 건의 유사한 사건들이 발생했다.[71] 1982년에 파업권이 폐지되었음에도 모든 산업 현장에 불안이 만연했다. 1천5백 명에 달하는 노동자들의 몇 차례에 걸친 파업은 상하이를 뒤흔들며 사회적 불안에 대한 공포감을 키웠다.[72]

물가 개혁을 둘러싼 실험은 8월 30일에 공식적으로 폐기되었다. 뱅크 런은 비록 일주일밖에 지속되지 않았지만 대중의 소요에 직면한 덩샤오핑이 위축되기에 충분한 시간이었다. 역설적이게도 공황 매수는 창고에서 먼지만 뒤집어쓰고 있던 악성 재고를 줄여 주었다. 게다가 상당한 돈까지 벌어들이고 있었다. 하지만 덩샤오핑은 자국에 미칠 여파가 아무리 크더라도 갑작스럽게 행동 방침을 바꾸어 물가 개혁을 포기할 준비가 되어 있었다. 물가 개혁은 어설프게 준비된 기회였고 그렇게 또 다음으로 미루어졌다.

지난 10년 동안 덩샤오핑은 일관성 없는 경제 정책들을 오가고, 단편적으로 개혁을 수행하고, 계획 경제에서 시장 경제로 합심해서 나아가는 대신에 중앙에서 지방으로 권력을 분산시킴으로써 서로 다른 파벌 사이를 왔다 갔다 한 터였다. 물가 개혁을 철회한 그의 결정은 당내에서의 입지를 더욱 약화시켰다. 그의 추종자인 자오쯔양이 모든 비난을 받으면서 두 사람의 관계에도 긴장이 서렸다.

9월에 열린 제3차 전체 회의에서 천원을 위시한 보수적인 설계자들이 경제의 방향성을 둘러싼 통제권을 되찾았다. 그리고 긴축을 완곡하게 표현한 〈탸오정(調整)〉이 다시 핵심 용어가 되었다.[73]

일련의 지시들이 쏟아지듯 발령되었고 수도 건설을 억제하고 소비를 줄일 것을 요구했다. 〈국가 경제가 매우 심각하고 힘든 시기에 봉착했다〉라고 국무원은 엄숙하게 공포했다. 〈우리가 해내지 못하면 국민은 개혁과 당과 정부에 대한 믿음을 잃게 될 것이다.〉[74]

새로운 긴축 정책을 발표했음에도 불구하고 1985년 이후 평균 소득에 아무런 변동이 없었거나 심지어 감소한 농촌 지역에서 지도부는 마치 홀린 듯 또 다른 재정 위기를 향해 나아가고 있었다. 투자가 감소한 데다 곡물 생산량도 감소했기 때문이었다. 1979년에 농민들은 정부를 압박해 의무적으로 할당된 조달분뿐 아니라 할당량을 초과한 판매분에 대해서도 조달 가격을 인상하도록 만들었다. 그리고 1984년에 이르러 곡물 수확량이 3억 1천6백만 톤에서 4억 톤 이상으로 급증했다. 정부는 농민들에 더해서 식량 보조금을 지원받는 도시민들에게도 많은 돈을 써야 하는 상황에 망설였다. 지원금 규모가 1978년에 국가 예산의 6퍼센트에 해당하는 70억 위안에서 1984년에 국가 예산의 15퍼센트에 해당하는 230억 위안으로 불어났다. 결국 1985년에 지도부는 의무적인 조달 할당제를 폐기하고 계약 책임제로 대체함으로써 정부의 책임을 가볍게 만들었다. 새로운 제도의 핵심은 계약량을 초과한 곡물에 대해서는 더 이상 높은 가격을 지불할 필요가 없다는 점이었다. 정부는 곡물 및 면화 독점권을 가지고 있었고, 계약된 것보다 많은 잉여 생산물이 거래되는 공개 시장에서도 주된 구매자였기 때문에 비용을 절감할 수 있었다. 그렇게 절감된 비용이 1985년에만 80억 위안에 달했다. 자오쯔양은 새로운 계약 책임제를 도입하며 〈우리는 기적을 만들고 싶다〉라고 자신감에 찬 목소리로 공표했다.[75]

지도부는 비료와 살충제, 농업용 비닐과 경유, 전기 등 농사에 필요한 원자재 가격도 일제히 평균 25퍼센트씩 인상했다.[76] 농민들은 그렇지 않아도 소득이 감소한 마당에 생산 비용까지 증가하자 곡물 재배를 줄이는 방식으로 대응했다. 이듬해인 1985년부터 생산량이 3억 8천만 톤으로 급감했다. 그리고 3년이 지난 시점에도 생산량은 여전히 1984년에 달성했던 수준을 밑돌았다. 대마와 면화, 각종 지방종자(脂肪種子)와 설탕을 비롯한 다른 작물의 수확량도 줄어들거나 정체되는 양상을 보였다.[77]

농촌에서든 도시에서든, 핵심 단어는 〈계약〉이었다. 그리고 계약은 계획 경제에 내재하는 권력관계 대신 시장을 염두에 둔 상대 매매, 즉 협상을 통한 거래를 암시했다. 하지만 협상은 없었고, 정부가 〈공정한〉 수준이라고 생각해서 정해 놓은 조달 가격만 존재했다. 다른 선택권도 없었다. 농부들은 원하든 원하지 않든 계약을 수락할 수밖에 없었다. 심지어 잉여 생산물을 시장에 내다 팔 때도 여전히 정부에 판매해야 했다. 무엇보다 최악인 점은 강제할 법적 권한이 없어서 농민들 입장에서는 어쩔 수 없이 체결한 계약을 지방 관리들이 반드시 지킬 거라는 보장조차 없다는 것이었다. 실제로 1985년에 일부 농촌 지역에서는 농민들이 더 이상 현금을 받지 못하고 차용증, 즉 지불 약속을 수기로 적은 종이쪽을 받기도 했다.[78]

이후 몇 년 동안 정부는 농부들이 계약서에 명시된 수량을 초과해서 생산한 곡물을 그야말로 손쉽게 징발할 수 있었다. 시장을 통제하면서 최대한 낮은 가격에 구입한 곡물이 모두 인도될 때까지 시장을 폐쇄할 수도 있었다. 농민들이 다른 곳에서 보다 좋은 값을 받지 못하도록 모든 단계 ─ 향촌이나 현, 성 등 ─ 의 지방 관리들이 지역 시장을 봉쇄하고 검문소를 설치하기 시작했다.[79]

1979년에 농민들은 정부를 압박하여 의무적으로 조달되었든 아니든 모든 조달 식량에 대한 지불금을 인상하도록 강요한 터였다. 그리고 1985년에는 정부가 당시의 일을 보복하듯 보다 적은 돈을 지불할 수 있는 입장이 되었다. 하지만 이 게임에 승자는 없었다. 1988년이 되자 위기는 더욱 심화되었다. 몇몇 마을에서는 아이들이 망을 보다가 정부 관리가 마을로 오는 것을 발견하면 징을 두드렸다. 그래서 마을에 도착한 정부 관리가 발견할 수 있는 거라고는 문마다 빗장을 지르고 잠가 놓은 버려진 마을뿐이었다. 곡물 조사관이 창고를 살펴보기 위해 올라간 사다리를 누군가가 밀쳐 버리는 일도 심심치 않게 발생했다. 부패한 공무원들의 차가 불타고, 비료 창고가 약탈당하는 등 폭력 사태가 잇따랐다.[80]

중앙 정부의 우선순위에 따라 곡물을 구매하고, 저장하고, 판매하는 기관인 국가 식량국은 산하에 수백만 명의 직원과 전국적으로 광범위하게 포진한 곡물 조달 지부들을 두고 있었다. 다른 모든 국가 기관과 마찬가지로 이들 조달 지부도 재정 손실이 발생하는 것에 주의를 기울이지 않았다. 손실이 발생하더라도 중앙 정부에 전가할 수 있었기 때문에 매년 적자가 증가하고 있었다. 그리고 1988년에 계약에 따라 농부들이 납품하기로 약속한 농산물을 구입할 현금이 고갈되면서 상황은 극으로 치달았다. 마찬가지로 광범위한 기지망을 이용해 면화 조달 업무를 담당하던 국가 면화 및 대마국도 비슷한 문제에 직면했다.

조달 지부들은 더 이상 농업 은행에 의존할 수 없었고 문제는 더욱 심각해졌다. 지방 당국의 지속적인 압박에 추가 대출을 남발하면서 이번에는 농업 은행 지점들이 최악의 상황에 직면했다. 농업을 담당하는 국영 은행이 사실상 파산한 셈이었다. 한 은행 감독관의 말에 따르면 〈지금 당장은 자본이 마치 깔때기 같아서 위에서 아무리 부어 봤자 아래로 금방 새어 나간다〉. 그는 지방 관리가 얼마나 쉽게 대출을 받는지에 대해서도 설명했다. 〈몇몇 관리들은 단지 현금을 구하러 은행에 온다. 은행에서 대출을 받는 편이 집에 가서 지갑을 가져오는 것보다 편리하기 때문이다. 그리고 자신들이 원하는 만큼 대출을 받아 간다.〉 후베이성 징저우에서는 약 4만 명의 관리들이 일반 노동자의 2년 치 연봉과 맞먹는 평균 1천 위안의 빚을 지고 있었다. 〈그들은 그 돈으로 무엇을 할까? 사업도 하고, 집도 짓고, 사치품도 사고, 결혼도 하고, 심지어 도박하는 데 쓰기도 한다.〉 자금 부족 사태를 모면하기 위해 농민들에게 차용증이 발급되었다. 웨칭현 같은 경우에는 농업 은행 131개 지점의 전체 예치금 중 대략 절반이 약속 어음일 정도였다.[81]

    이 문제는 전국이 비슷했다. 결국 1988년 11월에 베이징에서 긴급회의가 소집되었다. 자오쯔양은 〈차용증을 발행하는 대신 더 많은 돈을 찍어 내겠다〉라고 선언했다. 농촌에서 대중의 분노가 격화될 것을 염려한 그는 농부들에게 지급하기 위해 필요한 현금을 은행들에 공급하라고 요구했다.[82]

    그렇게 통화 공급량은 계속 증가했고 중국 정부는 그해 사사분기에만 280억 위안이 넘는 돈을 발행했다. 지도부의 단호한 긴축 지시에도 불구하고 곧바로 인플레이션이 뒤따랐다.

    앞서 8월에 지도부는 가격 자율화를 실시하겠다고 발표했다. 하지만 도시와 농촌의 소요 사태를 우려해 12월이 되자 광범위한 가격 통제를 실시했다. 일례로 간쑤성에서는 쌀, 밀가루, 기름, 설탕, 돼지고기, 소고기, 양고기, 석탄, 간장, 채소, 분유, 성냥, 비누, 세제, 교과서, 휴지, 의료비를 비롯한 19가지 필수품 가격이 동결되었다. 텔레비전과 냉장고,

자전거 등 이전까지 가격 변동이 허용되었던 일부 공산품 가격도 마찬가지였다.[83] 상하이에서는 〈26가지 산업용 소비재〉에 더해서 생필품과 부식품의 가격 인상이 금지되었다. 베이징 또한 강철과 구리, 알루미늄을 포함한 기타 원재료들의 가격 통제를 확대했다. 농자재에 대한 투기를 억제하고자 비료와 살충제, 농사용 비닐 등의 유통도 다시 독점화되었다.[84] 불만을 품은 국민들을 달랠 목적으로 원자재가 건설 프로젝트에 투입되기보다 부족한 소비재 생산을 늘리는 쪽으로 집중되면서 철은 보다 많은 냉장고를 생산하기 위해 유용되었고, 목재는 성냥을 만드는 데 사용되었다.[85]

1989년 초부터 긴축으로 인한 부작용이 나타나기 시작했다. 경제 성장은 둔화되었고, 통화 공급은 감소했으며, 전체 산업 역량의 3분의 1이 유휴 상태에 놓여 있었다.[86] 정부 지원금은 오히려 늘어나 재정 적자가 늘었으며 실업률도 증가했다. 리펑의 주장에 의하면 수도의 건설 붐이 위축됨에 따라 1만 8천 개 이상의 프로젝트들이 취소되거나 연기되면서 약 5백만 명에 달하는 노동자들이 농촌으로 돌아가야 했다. 리펑 총리는 그들이 향진 기업에 취업하기를 바랐다. 하지만 향진 기업들도 작금의 극단적인 대출 삭감 현상을 겪는 것이 처음이었기 때문에 그들 역시 인력을 축소해야 하는 형편이었다. 1989년 3월이 되자 약 5천만 명에 달하는 농촌 사람들이 길거리에 나와 일거리를 찾았다.[87]

자오쯔양에게는 그래도 한 가지 위안거리가 있었다. 긴축 프로그램에 대한 책임이 리펑 총리에게 있는 데다 긴축의 핵심에 중앙 집권화에 대한 요구가 있었다는 점에서 광범위한 대중에게, 특히 성을 이끄는 지도자들에게 분노의 표적이 되었다는 사실이었다.[88]

긴축은 혹시라도 〈부르주아 자유화〉 기미를 보이는 모든 것을 억압하려는 새로운 노력과 병행되었다. 정권의 주된 표적은 중국 전매(傳媒) 대학교의 전신인 베이징 광파 학원(廣播學院)에서 강의하는 서른아홉 살의 강사 쑤샤오캉이었다. 대다수 북방족에 비해 키는 작지만 떡 벌어진 가슴과 핏불테리어처럼 단단한 체격을 가진 쑤샤오캉은 그의 안전과 관련된 많은 사람의 걱정을 무시한 채 고질적인 가난부터 권력자들의 부패에 이르기까지 정치적으로 민감한 주제들을 파헤친 겁 없는 기자이기도 했다. 1988년 2월에 중국 중앙 텔레비전(CCTV)이 그에게 중국의 격동적인 역사를 주제로 영화 제작을 의뢰했다. 6부작으로 제작된 다큐멘터리 「하상(河殤)」은 여름에 방송되었다. 공황 매수가 한창 전국을 휩쓸 때였다. 그런데 왕의 어리석음 때문에 몰락한 고대 왕국을 애도하는 한 고전 시를 언급하는 대목에서 전통문화를 배타적이고 정체된 어떤 것으로 묘사했다. 다큐멘터리의 제목에 언급된 강은 관례상 중국 문명의 발상지로 경외시되던 황허강이었다. 하지만 쑤샤오캉과 그의 동료들은 진흙과 침전물 때문에 흐름이 방해받는 황허강을 답답했던 과거의 상징처럼 취급했다. 아주 오래된 속담에 따르면 〈황하(黃河)의 물 한 방울은 진흙이 10분의 7〉이었다. 반면에 진흙을 잔뜩 머금은 강물이 흘러드는 푸른 바닷물은 미래를 상징했다. 시청자들이 보기에 너무나 명백한 다큐멘터리의 메시지는 중국이 서구 사상을 받아들여 현대화를 이루어야 한다는 것이었다. 한술 더 떠서 다큐멘터리는 만리장성과 황룡(皇龍)을 비롯하여 과거의 다른 소중한 상징들에 대해서도 비판을 가했다.[89]

첫 회가 방영되고 바로 이튿날 『인민일보』는 1면 논설을 통해 〈다큐멘터리 「하상」이 중국 역사를 왜곡하고, 중국 문화의 훌륭한 전통을 철저히 부정하며, 중국인을 중상한다〉라고 공표했다. 그리고 더 나아가 다큐멘터리가 사회주의의 업적을 부인하고 〈완전한 서구화〉를 옹호한

다고 주장했다.⁹⁰

반면에 대중의 반응은 압도적으로 긍정적이었다. 늦여름에 수정본이 공개되었을 때는 수도를 비롯한 여러 대도시의 거리가 한산해질 정도였다. 수억은 아니더라도 수천만 명의 시청자들이 일주일 동안 매일 밤 한 편씩 여섯 편을 모두 시청했다. 신문과 잡지에는 대본 요약본이 발표되었고 뒤이어 호평이나 비판을 담은 논평들이 홍수처럼 쏟아졌다. 인쇄본은 새로운 판이 나올 때마다 매진을 거듭하며 총 1백만 부 이상이 팔려 나갔다. 방송 원본이 담긴 비디오테이프도 전국의 서점과 가판대에서 진열되기 무섭게 팔려 나갔다.⁹¹

9월 27일, 경직된 사고를 가진 여든 살의 퇴역 군인이자, 지식인들을 공격하며 경력을 쌓아 온 부주석 왕전이 논쟁에 종지부를 찍었다. 멘토인 덩샤오핑에게 〈바주카포〉로 불리며 인정받았던 왕전은 문제의 다큐멘터리를 겨냥하여 〈위대한 중국 인민을 중상하고, 황허강과 만리장성을 모독한다〉며 공격했다. 그는 〈지식인은 위험하다〉고 비난하면서 학계와 문화계에 경종을 울렸다. 모든 신문이 일제히 그의 연설을 실어 날랐다.⁹²

일주일 뒤 「하상」은 금지되었다. 비디오테이프의 배포를 제지했고, 원문 복사본은 진열대에서 사라진 채 공개 비난 대회에서 불태워졌다. 당원들에게 해당 금지 조치를 알리는 내부 회람장에서 자오쯔양 총서기는 퉁명스레 말했다. 〈베테랑 간부들의 견해를 존중할 필요가 있다.〉⁹³ 그달 말에 열린 제13차 당 대회 제3차 전체 회의에서 그는 재차 중국은 〈절대로 서구의 권력 분립주의나 다당제를 따라 하지 않을 것이다〉라고 말했다.⁹⁴

11월 말이 되자 또 다른 문제가 생겼다. 대표적인 민주의 벽 운동가이자 1978년에 인권을 요구하며 정부를 압박했던 런완딩이 민주의 벽 운동 10주년 기념일을 기하여 침묵을 깬 것이다. 노동 수용소에서 4년을 복역한 이후에도 그는 여전히 흔들리지 않았고 공개적으로 자유 선거와 권력 분립을 요구했다. 그는 베이징을 돌아다니면서 학생들과 만났으며, 베이징 대학교에 다니던 마르고 상냥한 역사학과 학부생 왕 단이 조직한 동아리 민주 살롱에서 강연을 했다. 젊은 세대를 접하면서 고무된 런완딩은 유엔 인권 위원회와 국제 사면 위원회, 홍콩 인권 위원 회에 1979년부터 수감되어 있던 웨이징성을 비롯한 민주주의 운동가 들의 석방을 요구하는 탄원서를 제출하기에 이르렀는데, 이는 민주의 벽을 무너뜨리고 그 추종자들을 탄압하도록 지시했던 덩샤오핑에 대한 직접적인 도전이었다.[95]

런완딩 한 명만 문제가 아니었다. 같은 해 12월에 선전부는 제11차 당 대회 제3차 전체 회의를 기념하기 위해 대규모 행사를 주최했다. 그리고 레닌주의-마르크스주의-마오쩌둥 사상 연구소의 전임 소장 쑤사오즈는 전체 회의를 〈역사의 대변환점〉으로 칭송하는 대신, 대담하게도 부르주아 자유화에 반대하는 운동을 비난하면서 왕뤄수이를 비롯한 해당 운동의 희생자들을 복권시켜 줄 것을 요구했다. 쑤사오즈의 발언은 정부의 검열 노력에도 불구하고 12월 26일에 상하이의 『세계 경제 도보』에 게재되어 세간에 공개되었다. 설상가상으로 그는 외국 기자들과 만나 1984년에 이중 가격 제도가 도입된 이래로 만연해 온 부패에 대해 자유롭게 인터뷰를 하기도 했다. 〈당은 스스로 민주화될 필요가 있지만, 그와 관련된 노력을 거의 하지 않았다〉라고 그는 말했다. 〈부패를 척결하기 위해 우리는 자유로운 언론과 표현의 자유, 독립적인 조사 기관이 필요하다.〉[96]

「하상」이 전국의 수많은 사람으로부터 자유와 민주주의에 대한 지지를 이끌어 냈다면, 이 다큐멘터리를 둘러싼 일부 비판적인 반응은 점점 고조되는 사회적 긴장과 외부 세계에 중국을 개방하는 것에 대한 보다 포괄적인 불안감을 보여 주었다. 공산 정권은 평생직장과 수십 년 동안 거의 변함이 없는 물가로 노동자들을 불안과 불확실성으로부터 지켜 주겠노라 약속한 터였다. 하지만 인플레이션이 삶의 질을 점점 떨어뜨리고 자신들의 철밥통이 공격당하자 사람들은 위협을 느꼈다. 자신들의 통제를 받지 않는 세력에 의해 삶이 이리저리 휘둘리는 것처럼 보이기 시작했다. 일부는 외국인들을 맹렬히 비난하며 수면 바로 아래 숨어 있던 외국인 혐오증을 드러내기도 했다. 수 세기에 걸친 외국의 수탈을 종식시켰다는 주장을 통해 상당 부분 자신들의 정당성을 부각해 온 공산당 역시 주기적으로 외부인들에 대한 혐오감을 자극했다. 중국이 외국인들에게 굴욕을 당했다는 생각은 아이들과 어른들의 머릿속에 깊이 각인되어 있었다. 자칫 따분할 수 있는 공식적인 선전과 달리, 영화 「당산대형」에서 분노한 브루스 리가 오만한 백인 남자의 얼굴을 발로 차는 장면만큼 통쾌함을 선사하는 것은 없었다. 고된 일상에서 줄서기와 자리다툼이 심해지고 불만이 견딜 수 없을 정도로 커지면, 그 분노는 외국의 물건과 사람들을 향해 응집되었다. 서점에서는 『중국인이여, 왜 분노하지 않는가?』라는 제목의 책이 팔리고 있었다.[97]

사회 변동성이 커지면서 외국인을 향한 노골적인 적대감까지는 아니어도 공개적으로 반감을 표출하는 사건들이 늘었다. 이미 1985년에도 일본에 반대하는 시위가 발생했던 터였다. 이제는 학생들이 아프리카인들에게서 등을 돌렸다. 일찍이 1986년 5월 24일에 일어난 한 사건에서는 분노한 일단의 톈진 대학교 학생들이 곤봉으로 무장한 채로 아프리카 학생들이 아프리카 연합 기념일을 기리기 위해 파티를 열고 있던 구내식당을 포위했다. 새벽 4시까지 창문을 통해 벽돌과 돌, 병이 날아오자 안에 갇힌 학생들은 옆에 딸린 부엌으로 피신했다. 군중은 〈외국

인을 때려죽이자〉라고 일정한 간격으로 구호를 외쳤다.⁹⁸

1988년 12월에도 비슷한 사건들이 다른 몇몇 학교들을 뒤흔들었다. 전언에 따르면 난징에서는 일단의 아프리카계 학생들이 학교 규정에 따라 여자 손님들의 등록을 거부하면서 크리스마스이브에 폭동이 발생했다. 폭동에 휘말린 두 명의 아프리카인과 열한 명의 학교 직원이 다쳤고, 이후에는 5천 명이 넘는 학생들이 〈검은 악마들을 물리치자〉라고 외치면서 시내 중심가를 행진했다. 당국은 질서 유지를 위해 공안 부대를 호출해야 했다. 일주일 뒤 북쪽으로 수백 킬로미터 떨어진 베이징 어학원에서는 성난 시위 군중이 벽보를 게재하고 한 현지 여성을 모욕했다고 알려진 아프리카계 학생의 처벌을 요구했다. 나중에는 2천 명에 달하는 학생들이 수업을 거부하기에 이르렀다.⁹⁹

1989년 1월에 중국의 법질서를 검토하고자 비공개 모임을 가진 자리에서 지도부는 전반적인 상황이 매우 암울하다는 데 모두 동의했다. 심각한 인플레이션이 사회의 불안정성을 높였다면 긴축 정책은 고용 구조에 엄청난 난제를 불러온 터였다. 농민들과 체결한 계약이 지켜지지 않았다는 것은 도시민을 먹여 살리기 위해 필요한 수량보다 훨씬 적은 식량이 조달되었음을 의미했다. 학생들은 반항적이었고 〈자유〉와 〈민주주의〉를 외치는 학생들까지 등장했다. 티베트에서 신장까지 북서쪽 국경을 따라 이어지는 소수 민족 지역에도 불안이 팽배했다. 범죄에 맞선 강경한 운동에도 불구하고 중국의 법질서는 쇠퇴하고 있었다.¹⁰⁰

지역 신화에 의하면 황제의 옥좌 뒤에는 누군가가 접근해서 황제에게 해를 끼치지 못하도록 뱀이 지키고 있었다. 바야흐로 뱀의 해가 다가오는 중이었고, 경계를 강화할 필요가 있었다.

5
대학살(1989)

1989년의 베이징은 제국주의 시대의 잔재들이 곳곳에서 활기를 더해 주었지만 공동 주택 건물과 사무실이 혼재하는 여전히 칙칙한 도시였다. 그러나 마오 주석이 사망한 이후로 도시는 변했다. 밝은색 옷이 등장하면서 파란색과 카키색 일변도에서 벗어났고 현대식 정장을 입는 당원들도 갈수록 늘어났다. 거리에는 수입 자동차가 부쩍 많아졌으며 새 건물과 네온사인이 스카이라인에 생동감을 더해 주었다. 원래 톈안먼 광장 근처에 위치한 베이징 호텔이 타 지역에서 베이징을 방문한 고위 인사들의 주된 모임 장소였다면 이제는 수도를 내려다보며 우뚝 솟아 있는 매끈한 은색 건물이 특징인 만리장성 셰러턴 호텔과 젠궈 호텔을 비롯해 몇몇 새로운 시설들이 문을 연 상태였다.

사방에 노점상과 행상, 도붓장수가 있었는데 그들은 인도 한쪽 구석에 자리를 잡고 물건을 팔거나 때로는 자유 시장으로 모여들었다. 젠궈 호텔과 우의 상점(友誼商店) 사이에 위치한 비단 골목으로 불리는 좁은 골목은 가장 번창한 자유 시장 중 하나였다. 평생에 걸친 세뇌에서 벗어나지 못한 채 불친절하기로 유명한 상점 도우미들로 세 개 층을 채워 놓은 거대한 복합 건물인 우의 상점과 달리 비단 골목은 활기가 넘쳤다. 나무로 지어진 160개의 매점들은 전체가 파란색으로 칠해진 가운데 흰색으로 매점 번호가 적혀 있었고, 비단이나 면으로 된 원피스, 잠옷, 블라우스, 속옷, 바지, 신발, 가방, 작은 장식품을 비롯해 여러 지역의 공장에서 생산된 다양한 제품을 판매했으며, 개중에는 원저우처럼 먼 지역의 공장에서 생산된 제품도 있었다.[1]

생활 수준이 낮은 일반 대중은 상인들을 경멸하는 경향이 있었다. 심지어 소수의 특권 집단으로 여겨지는 대학생들조차 작은 방 하나에서 여섯 명이 모여 살았고 일주일에 한 번만 샤워를 했다. 에너지를 절약하기 위한 국가적인 노력의 일환으로 한겨울에도 이틀에 한 번씩 난방과 전기 공급이 중단되었다. 학생들은 혼잡한 구내식당에서 두부와 양배추가 섞인 음식에 거대한 철통에서 넘쳐흐르는 쌀죽을 그나마 넉넉하게 곁들여 제공받았다.[2] 그들을 가르치는 교수들은 거의 최저 생활 임금조차 받지 못했고 그래서 생계유지를 위해 두 개의 직업을 병행해야 했다. 1년 전인 1988년 4월에는 수도에서 가장 유명한 몇몇 대학에서 모인 18명의 학생이 인민 대회당 앞에서 지식인에 대한 처우 개선을 요구하며 성과 없는 시위를 벌이기도 했다.[3]

농촌에서 도시로 올라오는 이주자들의 존재도 비교적 새로운 현상이었다. 전국적으로 수천만 명에 달할 정도로 이주자 수가 급증하고 있었다. 보다 나은 취업 기회가 열려 있는 도시에 이끌렸지만 호구 제도 때문에 영구 거주권을 얻지 못하는 그들은 소위 무면허 상인이었고, 도시의 변두리 지역에서 근근이 살아갔다. 그럼에도 특히 투자가 감소하고 생활 수준이 하락한 거의 모든 농촌 지역에서는 이주자들이 송금해 주는 돈에 의존했다. 계획 경제에서 호구 제도는 농민들을 땅에 묶어 놓음으로써 현지 인민공사 간부들이 언제든 마음대로 부릴 수 있는 농노로 전락시킨 터였다. 작금에 이르러서는 바로 그 제도가 각종 사회 기반 시설 프로젝트와 해안선을 따라 위치한 수출 공장들에 값싼 노동력을 안정적으로 공급해 주고 있었다. 이주자들은 아무런 권리도 없었고, 아무런 혜택도 없었으며, 아무런 보호 장치도 없었다. 그들을 즉시 시골로 돌려보내거나 보다 힘든 다른 프로젝트 현장으로 보낼 수 있는 당국에 착취를 당할 뿐이었다. 때때로 외국 전문가들이 다소 박식하게 들리는 고급 용어인 〈사회 이동성〉에 대해 강의했는데 영원한 빈곤에 갇힌 이주자들은 대대로 세습되는 인도의 카스트 계급과 매우 닮아 있었다.

긴축에 따른 부작용이 나타나면서 농민들의 유입은 통제하기가 더욱 어려워졌다. 베이징 한 도시에서만 당국은 매달 수천 명을 구금했지만 직업을 구하는 젊은이들뿐 아니라 장애인과 불만을 품은 청원인, 거리 공연가, 아무 데서나 잠을 자는 부랑자, 심지어 젠궈 호텔 근처의 거지들에 이르기까지 도시로 유입되는 숫자는 계속해서 늘어났다.[4]

음력설이 다가오자 정권은 상점들에 소비재와 식량을 공급하기 위해 대대적인 노력을 벌였다. 그 덕분에 수도의 주민들은 국영 상점에서 육류를 평소보다 450그램 더 구매할 수 있었고 양배추 공급량도 4분의 1이 증가했다. 행사는 스모그가 자욱한 수도의 하늘 위에서 가까스로 과거의 불꽃놀이를 떠올릴 수 있을 정도로 명멸하는 몇 발의 폭죽이 전부일 만큼 최대한 억제되었다. 심지어 상하이에서는 전면적인 폭죽 금지령이 내려졌다. 긴축은 이 시대의 풍조였다.[5]

지도부는 경제난에 직면한 국민들의 사기를 진작하고자 전국을 순회하면서 새해 인사를 나누고 강연도 진행했다. 4천 명의 당 지도자들이 모인 자리에서 리펑은 10월에 있을 공산당 집권 40주년을 기념하기 위해 경제적, 정치적 안정이 무엇보다 중요하다고 역설했다.[6]

하지만 오래지 않아 문제가 생겼다. 1988년 4월에 미국의 전임 대통령 리처드 닉슨이 『1999년: 전쟁 없는 승리』를 발간했다. 이 책에서 그는 정권 내부의 반대자들을 지원함으로써 공산주의를 약화시켜야 한다고 설명했다. 덩샤오핑은 명백히 그런 반대자들에 해당되지 않았지만 자오쯔양은 가능성이 보였다. 닉슨은 〈덩샤오핑이 마침내 정계에서 은퇴했을 때 세력과 비전을 가진 다수의 인물 가운데 누가 그를 대체할 것인지는 아직 알 수 없다〉라고 썼다. 〈공산 국가에는 오직 한 명의 지도자만 있을 수 있다. 그 지도자가 자오쯔양일지 아닐지는 정치적 책략가로서 그의 능력이 경제적 책략가로서 이미 증명한 능력에 비견될 만큼 훌륭한지 여부에 달려 있다.〉[7]

전국적으로 몇 주에 걸쳐 지속된 공황 매수 사태가 진정되자 같은 해 9월 19일에 자오쯔양은 경제학자 밀턴 프리드먼을 만나 개혁에 관한 솔직한 대화를 나누었고, 그들의 만남은 자오쯔양이 중심이 된 베이징의 싱크 탱크와 긴밀한 관계를 유지하던 홍콩 기자들의 관심을 끌었다. 한 사설은 대담하게도 〈가부장이 은퇴해야 한다〉라고 선언했다. 또 다른 사설은 〈중국이 자본주의의 길로 나아가기를 원하는 사람들은 자오쯔양에게 베팅해야 한다〉라고 주장했다. 베이징의 보수주의자들이 보기에 이런 주장들은 적대적인 해외 열강의 도움을 받아 정부 내에서 은밀한 네트워크를 형성하면서 쿠데타를 획책하는 것으로 알려진 동시에 독재 정권에서 걸핏하면 소환되는 망령이기도 한 〈외부 세력과의 결탁〉이 의심되었다.[8]

몇 달 뒤 이른바 음모는 더욱 본격화되었다. 1987년에 당에서 쫓겨난 팡리즈는 런완딩의 탄원서에서 한발 더 나아가기로 결심하고 덩샤오핑에게 모든 정치범의 석방을 요구하는 공개서한을 발표했다. 그는 대사면에 적합한 날로 5월 4일을 추천했다. 1989년 2월 2일에는 『뉴욕 리뷰 오브 북스』에 기고한 글에서 사회주의를 단 한 줄로 일축했다. 〈40년에 걸친 사회주의는 사람들을 실의에 빠지게 만들었을 뿐이다.〉 열흘 뒤 중국에서 가장 유명한 30여 명의 작가들이 탄원서에 서명했으며 뉴욕 컬럼비아 대학교에서 이를 공개했다. 중앙 위원회의 비밀 회보에 따르면 해당 문서는 나라 안팎의 〈정치적 반동 세력〉에 실제로 〈외국의 지원〉이 이루어지고 있음을 보여 주었다.⁹

비슷한 시기에 베이징 주재 미국 대사관은 히로히토 일왕의 장례식에 참석한 뒤 남한을 거쳐 중국도 방문하기로 한 조지 H. W. 부시 대통령이 주최할 예정인 대연회에 참석할 손님 명단을 작성해 달라는 요청을 받았다. 그보다 10년 전인 1974년 12월부터 1975년 12월까지 부시 대통령은 외교적 승인을 받기 전에 사실상의 미국 대사관으로 불렸던 베이징 연락 사무소를 운영한 적이 있었다. 그는 스스로를 중국통이라고 생각했다. 그리고 백악관의 설명에 따르면 덩샤오핑은 〈오랜 친구〉였다. 윈스턴 로드 대사는 워싱턴에 보내는 전보에서 천체 물리학자의 반체제적인 신분에 대해 경고하면서도 팡리즈를 손님 명단에 포함시켰다. 정작 백악관에서는 아무도 주의를 기울이지 않았지만 이 같은 사실에 중난하이는 경기를 일으켰다. 미국인들에게 경고하기 위해 처음에는 의전 담당관이 파견되었지만 무시되었다. 그러자 부시 대통령이 도쿄에서 자신의 전용기에 오를 즈음에 중국 외무부가 강력한 단어들을 동원하여 최후통첩을 보냈다. 중국 지도부는 미국 정부가 부르주아 자유화를 옹호하는 국내 세력과 협력한다고 판단했음이 분명했다. 전언에 따르면 몹시 화가 난 부시는 보좌관들에게 〈도대체 팡리즈가 누구야?〉라고 외쳤다고 한다.¹⁰

2월 26일, 경찰은 대연회가 열리는 만리장성 셰러턴 호텔에 팡리즈가 가지 못하도록 막았다. 이 사건을 계기로 자오쯔양은 부시에게 내정 간섭의 위험성에 대해 훈계했다. 여기에 더해서 권력 분립을 옹호하는 반대자들과 그 지지자들을 공격하기도 했다.¹¹

강경한 발언을 쏟아 냈음에도 불구하고 자오쯔양의 이미지는 높아

지지 않았다. 그는 충성스러운 조언자들에게 둘러싸인 채 이미 고립되어 있었고 따라서 당 내부에서 잠재적 협력자를 만드는 일에도 무관심했다. 1988년 8월에 물가 개혁이 실패하면서 관계가 경색된 이후에도 자오쯔양은 여전히 덩샤오핑에게 많이 의존했다.[12] 그리고 자오쯔양의 권력 기반이 줄어드는 순간에도 리펑은 이제 공세적 입장이 된 천윈을 비롯한 당 원로들과 동맹을 맺으면서 부지런히 자신의 정치적 영향력을 확장해 나가고 있었다. 대운하에 접해 있으며 상하이에서 서쪽으로 1백 킬로미터 떨어진 정원 도시 쑤저우의 노련한 설계자 리셴녠은 공개적으로 자오쯔양을 비난했다. 그를 따라 다른 사람들도 일련의 비공개 회의에서 총서기를 깎아내렸다.[13]

3월 20일, 리펑이 전국 인민 대표 대회에서 기조연설을 진행했다. 그는 그동안 당이 내놓은 경제 정책의 〈단점과 오류〉에 대해 장황하게 사과하는 한편으로, 〈경제 및 사회 발전을 추구하는 과정에서 너무 조급하게 결과를 만들어 내려 하는 경향〉을 개탄했다. 그리고 계속해서 다음과 같이 말했다. 〈우리 모두는 개혁의 복잡성에 대해 충분히 알지 못했다.〉 대의원들은 총리의 자기 과실에 대한 명백한 인정이 사실은 개혁의 설계자이자 연단 뒤편에서 힘없이 앉아 있던 자오쯔양을 겨냥한 말임을 알고 있었다.[14]

4월 15일에 들려온 후야오방의 사망 소식은 청천벽력이나 다름없었다. 불과 몇 주 전 난닝에 위치한 겨울 별장에서 브리지 게임을 할 때까지만 하더라도 매우 건강해 보였기 때문이다. 하지만 정치국 회의에 참석 중이던 4월 8일에 심각한 심장 마비 증세를 일으킨 그는 급히 병원으로 이송되었지만 일주일 뒤 사망했다.[15]

사후에 후야오방은 변화를 갈망하는 사람들에게 진실성의 상징이자 전설로 거듭났다. 그의 사망 소식이 전해진 바로 당일에 학생들은 1986년 12월 시위를 이끌었던 베이징 대학교에 대자보를 게시했다. 한 학생은 절망에 빠져 〈후야오방이 죽었다, 민주주의 정신도 죽었다, 베이징 대학교도 죽었다〉라고 썼다. 또 다른 학생은 〈우리를 이렇게 놔두고 어떻게 떠날 수 있단 말인가?〉라며 절규했다. 다음과 같이 애도하는 시도 있었다. 〈정직한 사람은 죽고, 위선자들만 남았다.〉 보다 거친 논조의 글도 등장했으며 한 대자보는 학생들이 5·4 운동 70주년을 기념하지 못하도록 막으려는 당국의 시도를 비난했다. 칭화 대학교에서도 마찬가지로 대대적인 애도의 물결이 이어졌고 학생들이 학교 담장에 붙인 대자보를 수백 명이 읽거나 복사해 갔다. 그들 중 일부는 이런저런 소문을 퍼뜨렸다. 가장 끈질기게 회자된 소문 중 하나는 정치국 회의에서 동료들이 보여 준 편협함 때문에 후야오방이 화병이 나서 죽었다는 것이었다. 많은 사람에게 미움을 받던 리펑이 너무 심하게 반대해서 그가 심장 마비로 죽었다는 소문도 있었다. 사망 당일부터 학생들은 톈안먼 광장으로 모여들기 시작했고 인민 영웅 기념비 아래에 화환을 바쳤다.[16]

4월 17일 월요일에 수백 명의 학생들이 톈안먼 광장으로 나와 그들에게 영감을 준 지도자에게 경의를 표했다. 고위 당직자들과 주요 지식인들도 고인의 가족을 방문하여 애도를 표했다. 저녁이 되자 이 같은 움직임은 명백히 정치적인 성격을 띠기 시작했다. 수천 명이 베이징과 상하이에서 행진하며 1987년 1월에 후야오방의 사임으로 이어진 사건들의 재평가를 요구한 것이다.[17]

4월 18일이 되자 정보기관의 수장이자 다섯 명의 상무위원 중 하나인 차오스는 공안 조직에 비상경계령을 내리면서 학생들이 〈대규모 소요 사태를 부추기고, 추모 행위를 변질시켜 당과 정부를 향해 창끝을 겨누도록 만들기〉 위해 전국의 다른 학생들에게 전화로 연락하고 있다

고 설명했다.[18]

　구전에 따르면 죽은 자의 영혼이 산 자를 괴롭힌다는 말이 있다. 차오스의 지시가 전파되는 와중에도 자오쯔양은 다음 행보를 결정해야 했다. 그러나 전임 총서기를 물러나게 만든 인물이 바로 덩샤오핑이었다는 점에서 매우 위험한 결정이 될 터였다. 시위는 그에게 불리하게 작용할 가능성이 높았다. 결국 자오쯔양은 아무런 조치도 취하지 않기로 결정했다. 같은 날 베이징 대학교 학생들은 기념비에 현수막을 걸려는 시도가 차단당하자 광장에 앉아 연좌 농성을 벌였다. 해가 진 뒤에는 수천 명에 달하는 시위대가 중난하이로 몰려가 정권을 비난하면서 〈민주주의 만세〉와 〈공산당은 물러가라〉와 같은 구호를 외쳤다. 일부 시위자들은 중앙 위원회와 국무원으로 연결되는 정문을 지키던 경비병들과 몸싸움을 벌이기도 했다. 이튿날에는 〈중난하이를 불태우자〉라고 적힌 기다란 깃발까지 등장했다. 그리고 다시 저녁이 되자 시위대는 또 중난하이로 몰려갔고 재차 정문을 공격했다. 이번에는 당국도 대비가 되어 있었다. 경찰은 군중을 급습해서 체포할 수 있는 사람은 전부 체포하여 경찰 버스에 태웠다. 체포된 학생들은 버스에 실려 학교로 돌려보내졌으며 가벼운 처벌만 받고 풀려났다.[19]

　4월 20일에는 도시에 비가 퍼부었다. 그리고 저녁이 되자 텔레비전에서 후야오방의 죽음을 〈당과 정부를 공격하고 반동적인 구호를 연호〉하는 구실로 이용하고 있는 〈소수의 사람들〉에 대한 비난과 함께 공식 경고문이 낭독되었다. 다음 날 수만 명에 달하는 시위자들이 〈손에 손을 맞잡고, 노래하고, 커다란 붉은 깃발을 흔들면서〉 광장을 향해 다시 행진에 나섰다. 그들은 이튿날 추도식이 진행되는 동안 톈안먼 광장을 폐쇄한다는 당국의 발표에 따라 밤을 보내기에 충분한 음식과 물, 겨울 외투로 무장한 뒤 미리 광장을 점령할 계획이었다. 해 질 녘까지 그렇게 약 10만 명의 사람들이 모였고 여전히 많은 사람이 인민 영웅 기념비에 바칠 화환과 공물을 들고서 속속 도착하고 있었다. 분위기는 반항적이었다. 〈나는 감옥에 갈 각오가 되어 있다〉라고 한 참가자는 말했다. 13년 전에도 같은 광장에서 시위를 했던 운동가 런완딩이 군중 앞에서 연설을 하며 〈법 체제의 각성〉을 기원했다. 그는 〈민주의 벽이 다시 살아났다!〉라고 외쳤다.[20]

다른 20여 개의 도시에서도 화환과 고인의 초상화를 든 학생들의 주도로 시위가 열렸다. 간쑤성의 성도인 란저우에서는 수백 명의 시위자들이 〈우리는 민주주의를 원한다, 우리는 자유를 원한다〉, 〈독재를 타도하라〉, 〈관료주의를 타도하라〉, 〈공산당을 타도하라〉 등을 외치며 관공서를 공격했다.[21]

4월 22일 토요일 아침 10시 정각에 인민 대회당에서 공식 추도식이 열렸다. 직전까지 광장에서 밤을 지새운 5만여 명의 사람들은 경찰의 해산 명령에 불응하며 인민 대회당에 입장할 수 있도록 허가해 줄 것을 요구했다. 차마 진압 명령을 내릴 수 없었던 당국은 그들에게 광장에서 대형 스피커를 통해 추도식 연설 방송을 들을 수 있도록 허락하는 선에서 타협했다. 겹겹이 늘어선 군인들이 서로서로 팔짱을 낀 채 대회당 입구를 봉쇄했다. 군중 속에 있던 한 트럭 운전사가 대회당 안의 지도자들을 향해 거부감을 드러냈다. 〈그들은 공산주의자가 아니다〉라고 그가 말했다. 〈그들은 인민을 두려워하고 우리를 멸시하는 봉건적인 늙은이들일 뿐이다.〉[22]

약 4천 명에 달하는 당 지도자들이 정장과 넥타이 차림의 후야오방이 잠들어 있는, 윗면이 유리로 된 관 주위에 모였다. 한 외국인 기자에 따르면 덩샤오핑은 〈얼굴이 부어 있었으며 우울하고 충격을 받은 듯〉 보였다.[23] 하루 전 지도부는 유족과 숭배자들의 요청에도 불구하고 한

때 그들의 동지였던 고인에게 공산주의자들의 신전에서 가장 높은 직함인〈위대한 마르크스주의자〉라는 칭호를 수여하기를 거부한 터였다. 추도사를 읽은 자오쯔양은 사전에 합의된 대로〈위대한 프롤레타리아 혁명가이자 정치인〉이라는 용어를 사용함으로써 그를 화궈펑과 동일한 반열에 위치시켰다.〈그는 자신이 옳다고 생각하는 것을 끝까지 고집할 만큼 용감했다〉라는 말로 자오쯔양은 추도사를 마무리했다.[24]

당의 퇴역 군인들이 보기에는 그마저도 너무 과분한 칭송이었다. 그들은 자오쯔양의 추도사를 당에서 내린 결정에 대한 암묵적인 번복으로 간주했다. 한 장군은 장례식이 너무 거창하다며 불만을 토로했다. 또 다른 장군은 죽은 후야오방이 전혀 대단할 것 없는 사람이라고 주장했다. 한 퇴역 군인은〈오직 덩샤오핑만이 우리보다 더 높은 곳에 위치하고 더 멀리, 더 명료하게 볼 수 있다〉며 구시렁거렸다.[25]

인민 대회당을 떠나던 중에 자오쯔양은 리펑과 마주쳤다. 바로 다음 날 자오쯔양이 북한을 공식 방문하기 위해 떠날 예정이었으므로 리펑은 또 다른 상무 위원회 회의를 제안했다. 이제는 추도식도 끝났고 시위대도 곧 해산할 터이니 자오쯔양은 그럴 필요가 없다고 대답했다. 대화를 통해 대부분의 학생들을 진정시킬 수 있을 것이었다. 리펑은 일부 시위자들이 자유와 민주주의를 요구하며 혼란을 유발하고 있기 때문에 확고한 대응이 필요하다고 반박했다. 자오쯔양은 대답하지 않았다.[26]

오후에는 후야오방의 유해를 운반하는 장례 행렬이 창안 대로를 따라 서쪽으로 바바오산 혁명 공묘까지 이어졌으며 약 1백만 명에 달하는 시민들이 고인에게 마지막으로 존경을 표하기 위해 도로변에 길게 늘어서서 장례 행렬을 지켜보았다.[27]

주말 동안 다른 몇몇 도시에서 시위가 발생했다. 1974년에 병마용이 발견된 산시성(陝西省)의 고대 도시이자 성도인 시안에서는 약 6천 명의 사람들이 관공서를 습격하고, 기름 탱크를 불태우고, 두 대의 버스에 불을 지르고, 경찰을 향해 돌을 던지는 등 난동을 부렸다. 〈어떤 사람들은 평화롭게 서 있었고, 어떤 사람들은 굵은 나뭇가지를 꺾거나 경찰을 향해 닥치는 대로 무언가를 집어 던지며 난동을 피웠다〉라고 한 목격자는 회상했다. 산시성의 당 서기가 전보로 베이징에 도움을 요청하자 치안 유지를 위해 4천 명의 군인들이 파견되었다. 후난성의 성도인 창사에서는 수천 명에 달하는 시위자들이 덩샤오핑의 퇴진을 요구하며 상점과 호텔, 기차역을 습격했다. 가로등 기둥이 뽑혀 나갔고 창문들이 박살 났다. 쓰촨성 청두에서는 1만 명의 학생들이 거리로 쏟아져 나왔다.[28] 같은 날 베이징의 당 서기 리시밍은 자오쯔양에게 전화를 걸어 북한 방문을 연기해 줄 것을 요청했다. 하지만 자오쯔양은 북한 방문을 연기하는 대신에 리펑에게 모든 것을 일임했다. 두 사람은 오후에 기차역에서 잠깐 만났다. 그 자리에서도 자오쯔양은 대화를 통해 학생들을 진정시킬 수 있을 거라는 말을 반복했다.[29]

    4월 24일 월요일이 되자 수도 전역의 학생들이 동맹 파업에 들어갔다. 앞선 주말 동안에는 공식적인 학생회를 폐지하고 자신들이 만든 자치 조직으로 이를 대체한 터였다. 그들은 여러 학교에서 교내 방송 설비를 장악하고 자유와 민주주의에 대한 자신들의 요구를 방송했다. 수백 명의 자원봉사자들이 좁은 기숙사 방에 모여 그들의 불만 사항이 열거된 수천 장의 전단지를 만들었다. 몇 명씩 조를 이룬 학생들이 도시 전역으로 흩어져 전단지를 배포하고, 기금을 모으고, 사람들을 결집시켰다. 학생들이 공공장소에 붙인 벽보 주위로 지도부가 대응하기에는 너무나 빠른 속도로 노동자들이 모여들었다. 저녁에 상무 위원회가 다시 열렸고, 그들은 당을 위협하는 〈조직적인 반대 세력〉이 있다는 결론을 내렸다. 회의를 주재한 리펑은 타협 없는 단호한 접근법과 〈무자비한 진

압〉을 요구했다.30

이튿날 아침 지도부는 덩샤오핑의 관저에 다시 모였다. 〈작금의 사태는 평범한 학생 운동이 아니라 난동이다〉라고 최고 지도자가 말했다. 〈우리는 명확한 입장을 취해야 하며, 이 소요 사태를 조속히 진압하고 저지하기 위한 효과적인 조치를 단행해야 한다. 저들을 마냥 저렇게 놔 둘 순 없다.〉 덩샤오핑은 계속해서 학생들 뒤에 있는 자들이 유고슬라비아와 폴란드, 헝가리, 소련의 자유주의자들에게 매수되었을 거라고 주장했다. 〈그들의 목적은 중국 공산당과 사회주의 체제를 전복하는 것이다.〉 지도부는 학생들의 행동을 단호하게 비난하는 공식 성명을 발표하기로 합의했다. 평양에 있던 자오쯔양도 전보로 찬성 의사를 밝혔다.31

4월 25일 저녁에 텔레비전으로 방송되고 이튿날 『인민일보』에도 발표된 사설은 〈사람들의 정신을 오염시키고 혼란스럽게 만들기 위해〉 학생들을 이용하는 〈숨은 목적을 가진 극소수의 사람들〉을 강한 논조로 비난했다. 사설은 계속해서 〈이는 당 지도부와 사회주의 체제를 부정하려는 계획적인 음모다〉라고 주장했다. 작금의 혼란을 방치하면 지난 10년 동안 이룩한 〈중국의 부흥〉이라는 거대한 성과는 물거품이 될 터였다. 따라서 〈불법적인 가두 행진과 시위〉는 물론이고 〈공장이나 학교, 농촌〉 사람들과 연합하려는 시도는 모두 금지되어야 했다. 학생들이 만든 불법적인 조직도 모두 해체되어야 했다.32

사설은 별 효과가 없었다. 이튿날 발생한 전례 없는 저항 운동에서 15만 명에 달하는 군중이 도시의 주요 도로들을 행진하면서 부패에 반대하는 구호를 외쳤다. 이번에는 노동자 집단도 처음으로 대열에 합류했다. 지지를 표하기 위해 밖으로 몰려나온 시민들은 마치 해방군을 대하듯 시위대를 환영하며 혼잡한 인도와 육교에서 응원을 보냈다. 그들 중 몇몇은 직접 현수막까지 들고 나와 인플레이션부터 부정 이익에 이르기까지 정부의 아픈 곳을 찌르는 구호들을 외쳤다. 그들은 시위대에 비닐로 싼 빵과 병에 담긴 물, 빙과 등 제공했다. 창안 대로를 따라 군인들이 배치되었는데 일부는 자동 공격 소총까지 들고 있었지만 어마어마한 군중 앞에서 아무런 위협이 되지 못했다. 광장은 광장대로 일종의 전쟁터처럼 보였으며 모든 주요 건물 주위에 군인들이 포진해 있었다. 하지만 시위대는 톈안먼 광장 전체를 우회하여 바로 지나가 버렸고, 질서 정연하고 절제된 학생들의 모습은 즉흥적인 항의 행진이라기보다 잘 조직된 개선 행진처럼 보였다. 심지어 분위기도 달랐는데 그들은 당과 헌법을 지지하는 구호들을 연호했다.[33]

학생들이 수도를 가로지르며 행진하던 그 시점에 리펑은 그야말로 터무니없는 실수를 저질렀다. 덩샤오핑이 이틀 전 자신의 관저에서 지도자들과 만났을 때 했던 내밀한 발언을 학습회에 모인 당원들에게 곰곰이 생각해 보라며 공개한 것이다. 덩샤오핑의 발언이 유출되자 시위대는 왜 상무 위원회가 덩샤오핑에게 보고해야 하는지 의문을 제기했고 최고 지도자에게 초점을 맞추기 시작했다. 그리고 〈막후에서 국정을 운영한다〉는 말이 퍼지기 시작했다. 덩샤오핑은 자신의 총리에게 불쾌감을 느꼈다.[34]

학생들의 무력시위 이후에 정권은 마지못해 방향을 바꾸어 대화를 시작했다. 4월 29일, 학생과 정부 대표단 간의 토론회가 성사되었고 이례적으로 텔레비전을 통해 생중계되었다. 국무원 대변인 위안무는 모두 발언에서 앞서 4월 26일 발표된 사설의 주요 내용들을 거듭 언급하며 엄중한 훈계로 토론회를 시작했다. 곧바로 학생들의 질문이 쏟아졌다. 그중 한 명이 공식 언론의 편향성에 불만을 토로하자 위안무는 〈내가 아는 한, 우리 나라에는 언론 검열이 존재하지 않는다〉라고 반박했다. 그는 자주 능글맞은 미소를 지어 보였지만 청중의 호감을 얻는 데는 실패했다. 한 호리호리한 청년이 불쑥 자리에서 일어나 토론회에 학생들이 만든 자치 조직들이 배제된 사실을 비난하며 항의의 표시로 퇴장하자 그 미소마저 사라졌다. 위안무는 학생들의 자치 조직이 불법이라고 짧게 대답했다. 또 다른 참가자가 언론 및 결사의 자유를 규정한 헌법 제35조를 인용하자 그는 모든 시민에게는 국익을 침해하지 않을 법적인 의무가 있다고 지적했다.[35]

토론회는 학생들을 분열시켰다. 회의가 진행될수록 격렬해진 내분으로 일부 조직들이 갈등을 빚었다. 학생을 대표해서 나온 대의원들 중 일부는 대화를 이어 나가는 데 정부와 무관하게 독립적으로 설립된 조직들이 방해가 된다고 여겨 해체할 것을 제안했다. 다른 대의원들도 갈팡질팡하기 시작했다. 노동절인 5월 1일에는 당국이 사회적 안정을 호소하는 담화문을 발표했다. 그리고 붉은 깃발로 장식된 톈안먼 광장은 연단 앞에서 사진을 찍는 몇몇 관광객을 제외하면 내내 한산한 모습을 보였다. 아무 일 없이 노동절이 지나갔다.[36]

그럼에도 긴장감은 여전히 높았다. 학생들과 지식인들은 몇 주째 5·4 운동 70주년을 기념하기 위해 대대적인 시위를 독려하고 있었다.[37] 또 다른 획기적인 사건도 다가오고 있었는데 5월 15일부터 19일까지로 예정된 소련 지도자 미하일 고르바초프의 국빈 방문이 그것이었다. 중국 지도부는 이 정상 회담을 수년에 걸친 조용한 외교의 성공적인 마무리로 생각했다. 3년 전 고르바초프는 블라디보스토크에서 중국에 일련의 일방적인 양보안을 발표함으로써 관계 개선을 위한 물꼬를 튼 바 있었다. 회담 날짜를 확정 짓기 위해 소련의 외무부 장관 예두아르트 셰바르드나제가 이미 1989년 2월 첫 주에 베이징과 상하이를 방문한 터였다.

북한에서 돌아온 4월 30일을 기점으로 자오쯔양은 입장을 달리하기 시작했다. 그는 총리나 상무 위원회 위원들에게 조언을 듣기 전에 자신의 조언자들부터 만났다.[38] 그가 북한으로 떠나기 전부터도 그들은 〈학생 운동의 창끝〉이 최고 지도자뿐 아니라 자오쯔양 자신을 향할 수 있다고 우려를 표한 터였다. 그리고 자오쯔양이 전략적으로 덩샤오핑과 거리를 두어야 한다고 제안한 듯 보였다.[39]

　5월 1일에 열린 상무 위원회 회의에서 자오쯔양은 일주일 전 자신이 없을 때 내려진 결정을 승인하고 학생들의 시위를 비난하는 덩샤오핑을 지지했다. 4월 26일에 발표된 사설에 대해서도 아무런 의문을 제기하지 않았다. 하지만 바로 다음 날 그는 마음이 바뀌어 중재자를 통해 덩샤오핑과 접촉을 시도했고, 중재자는 국가 주석이자 상무 위원회의 일원이던 양상쿤에게 접근했다. 그러나 양상쿤은 덩샤오핑이 학생 시위에 대한 생각을 하룻밤 만에 바꿀 가능성이 매우 낮다고 지적하며 부탁을 거절했다.[40]

　5월 3일 수요일, 인민 대회당에 모인 당 지도자들 앞에서 자오쯔양은 5·4 운동 70주년 행사에서 기념 연설을 하며 국가적인 차원에서 사회적 불안에 맞설 것을 촉구하는 동시에 단합과 안정 없이는 〈약속의 나라가 절망과 동란의 나라가 될 것〉이라고 경고했다. 또한 유화적인 몸짓의 일환으로 학생들의 애국심과 그들이 주장하는 〈민주주의 고취, 부패 척결, 교육 증진〉 요구의 정당성을 칭찬하면서 그 모든 것이 당의 목표와 일치한다고 말했다. 그는 프롤레타리아의 독재에 더해서 마르크스·레닌주의-마오쩌둥 사상을 포함한 4대 기본 원칙의 중요성을 강조했다. 하지만 그가 사전에 연설 초안을 배포했을 때 다른 상무 위원회 위원들이 연설 내용에 포함시킬 것을 제안했음에도 〈부르주아 자유화〉에 맞선 투쟁과 관련하여 그는 끝내 아무런 언급도 하지 않았다.[41]

그날 늦게 자오쯔양과 긴밀한 관계에 있고, 농촌 개혁을 지지하는 대표적 인물인 두룬성이 과학관에서 회의를 소집했다. 총서기에게 자신들의 상황 판단을 제안하고 어떻게 대처할지 조언하기 위해 10여 명의 고위급 당원들이 모였다. 그들은 최고 지도자가 학생 운동의 성격을 잘못 판단하고 있으며 통제력을 잃었다는 자오쯔양의 의견에 동의했다. 〈덩샤오핑의 명성이 밑바닥까지 떨어졌다.〉 그들은 자오쯔양 총서기에게 신중할 것을 조언했다.[42]

다음 날 자오쯔양은 다시 한번 연설에 나섰다. 이번에는 외국 기자들도 참석한 상태였다. 아시아 개발은행 운영 위원회의 연례 회의에 참석한 총서기는 자신이 보기에 공산당이나 사회주의 제도에 반대하는 것과는 거리가 멀고 단순히 정부가 실시했던 정책상의 실수를 바로잡고자 할 뿐인 학생들을 칭찬했다. 하루 전에 했던 말과는 반대로 그는 어떠한 혼란의 위험도 느끼지 않았으며 〈시위가 서서히 잦아들 것〉이라고 장담했다. 사회 각계각층 인사들과의 광범위한 협의에 더해서 이성과 자제력이야말로 성공으로 가는 길이었다.[43]

한편 학생들은 5·4 운동을 기념하기 위해 전국의 모든 대도시에서 행진을 벌였다. 시위는 평화로웠고, 학생들은 수업에 복귀하고 정치 활동을 축소하기로 의견을 모았다. 그들은 사면초가에 몰린 정부의 인내심을 한계까지 밀어붙여서 얻어 낼 것이 없다는 사실을 깨달았다. 베이징에서는 수만 명의 학생들이 행진에 나섰는데 4월 27일의 대규모 행진에 비하면 훨씬 적은 인원이었지만 잘게 깨진 병 조각들이 광장을 뒤덮을 때까지 그들은 떠나지 않았다. 곳곳에서 안도의 한숨이 터져 나왔다. 홍콩의 주식 시장 역시 이 같은 소식에 환호했으며 주가도 큰 폭으로 올랐다.[44]

국가의 공인을 받은 수백 명의 기자들이 5월 4일에 학생들과 합류해 〈진실을 말할 권리〉를 요구했다. 상하이에서 『세계 경제 도보』가 폐간된 사건도 기자들의 동참을 촉발한 원인 중 하나였다. 1988년 12월에 문제의 진보적인 신문은 〈부르주아 자유화〉에 반대하는 운동이 불러온 희생자들 전원을 복권시켜 줄 것을 요구한 쑤사오즈의 연설을 게재한 터였다. 뒤이은 정부의 경고에도 불구하고 편집장 친번리는 흔들리지 않는 듯 보였다. 후야오방이 사망하고 일주일 뒤, 그는 전임 총서기에게 바치는 여섯 쪽 분량의 헌사를 준비했다. 결국 선전부가 개입했다. 덩샤오핑을 겨냥한 한 구절이 특히 눈에 거슬렸다. 인내심이 바닥난 상하이의 당 서기 장쩌민은 4월 27일에 편집장을 정직시켰다. 그렇게 친번리는 순식간에 유명 인사가 되었다. 그리고 시위자들은 새로운 요구를 꺼내 들었다. 바로 언론의 자유였다.[45]

국영 방송인 CCTV와 『인민일보』에 근무하는 기자들을 포함하여 수많은 공식 언론이 학생들의 요구를 지지하고 나섰다. 자오쯔양이 아시아 개발은행 운영 위원회의 연례 회의에서 발언을 마친 이후에 그의 조언자들은 발언 내용을 공개할 것을 제안했다. 그 결과 총서기의 연설은 같은 날 라디오와 텔레비전 전파를 탔고 사흘 동안 내내 재방송되었다. 『인민일보』도 자오쯔양의 유화적인 메시지를 전면에 다루었다. 〈우리는 이성과 자제력이 필요하고, 민주주의와 법을 통해 문제를 해결해야만 한다.〉[46]

5월 5일 자오쯔양의 대화 약속에 고무된 학생들은 학업에 복귀했다.[47] 총서기는 언론을 향해서도 보다 유화적인 논조를 취하도록 당부했다. 그는 자신과 마음이 통하는 선전부 부장 후치리에게 〈학생들의 시위를 보다 공개적으로 보도하라. 그렇게 해도 전혀 위험하지 않을 것이다〉라고 지시했다.[48] 덕분에 사람들은 아침에 눈을 뜨자마자 신문에 대서특필된 시위 관련 기사들과 사진들을 접할 수 있었다. 『중국 청년보』

는 거기에서 조금 더 나아가 〈투명성 부족〉이 부패의 원인 중 하나라는 자오쯔양의 말을 인용하며 학생들을 애국자로 묘사했다.[49]

논조의 변화는 보다 많은 지식인에게 학생들에 대한 지지 표명을 하도록 부추겼다. 5월 10일에는 약 1만 명의 청년 시위자들이 자전거를 타고 수도를 가로지르며 언론의 자유를 확대할 것을 요구했다. 유명 작가와 시인, 소설가 등 50명도 합류했는데 학생들을 〈홀로 서 있게 내버려두어서는 안 된다〉고 믿던 쑤샤오캉도 그중 한 명이었다.[50]

막후에서 지도부의 분열이 명백해지고 있었음에도 일주일 동안은 이상할 정도로 평온한 상태가 지속되었다. 시위자들에게 손을 내밀려는 자오쯔양의 시도가 폭넓은 환영을 받은 것과 별개로 그의 연설은 혼란을 야기하고 사회주의 체제를 전복시키려는 시도라며 학생들을 비난했던 최고 지도자의 발언에 정면으로 배치되는 것이었다. 마치 두 개의 사설이 서로 다른 목표점을 지향하고 있는 듯했다. 결국에는 덩샤오핑이 자신의 발언을 철회해야 하거나, 자오쯔양이 지키지 못할 약속을 한 것일 터였다.

자오쯔양의 연설을 당 노선에 대한 위험한 배신으로 간주한 지도자들이 리펑을 지지하기 위해 결집하기 시작했다. 베이징 시장 천시퉁도 그중 한 명이었는데, 그는 5월 7일에 당이 앞서 4월 24일 상무 위원회에서 도출된 결정을 따라야 한다고 주장했다.[51] 그의 요구로 이튿날 위원회가 소집되었다. 그리고 험악한 말싸움이 일어났다. 몇몇 위원들에 따르면 학생 운동을 단속했던 정부 관리들은 자오쯔양에게 배신감을 느끼고 있었다. 분노한 총서기는 〈누가 그들을 배신했다는 말인가?〉라고 반박했다. 〈사람들이 배신당한 것은 문화 대혁명 때뿐이다.〉[52]

수많은 약속에도 불구하고 정부와 시위자들 간에는 거의 아무런 대화도 이루어지지 않았다. 학생들은 지도부가 앞선 4월 26일 사설에서 불법 단체로 규정한 학생 자치 조직들을 통해 모든 논의가 이루어져야 한다고 주장했지만, 총서기는 그들의 요구를 들어줄 수 없었다. 학생들은 점점 인내심을 잃어 갔다. 그들은 고르바초프의 국빈 방문 기간이 끝나면 보복이 시작되고 당국이 단속을 재개할 거라며 걱정하기 시작했다.

5월 11일, 베이징 대학교에 톈안먼 광장에서 단식 농성을 촉구하는 벽보가 올라왔다.[53] 단식 농성이 새로운 것은 아니었다. 다른 많은 것과 마찬가지로 문화 대혁명 때부터 내려오는 오래된 정치적 저항 운동 중 하나였다. 일례로 1966년 여름에도 학생들은 교육계에 숨은 〈주자파(走資派)〉를 척결하라는 마오 주석의 요구에 부응해 수백 명이 시안의 당사 앞에 모여 앉아 음식과 음료를 거부한 채 침묵시위를 벌였다. 그리고 며칠 뒤부터 혼란스러운 장면들이 이어졌다. 한쪽에서는 간호사들이 한여름 무더위를 견디지 못하고 기절한 학생들에게 정맥 주사를 놓아 주고 있었고, 다른 한쪽에서는 상태가 심각한 학생들을 구급차가 병원으로 급하게 실어 나르고 있었다. 교착 상태를 타개하기 위해서는 저우언라이가 나서는 수밖에 없었다.[54]

학생들이 설립한 모든 자치 단체를 대표하는 우산 연맹이 반대 입장을 표명했음에도 단식 농성은 너무나 매력적인 패였다. 이에 몇몇 학생 지도자들이 자체적으로 단식 농성에 돌입하기로 결정했다. 베이징 대학교에서 역사를 전공하던 왕단도 그중 한 명이었다. 또한 베이징에서 나고 자랐지만 어린 학생 시절에 신장에서 몇 년 동안 산 적이 있는, 숱이 많고 굵으며 곱슬곱슬한 머리카락을 지닌 카리스마 넘치는 위구르족 청년 우얼카이시도 있었다. 그는 앞서 4월 19일 밤에 중난하이의 정문을 공격할 때도 학생들을 이끌었는데, 문화 대혁명 당시에 유행하던 누렇게 바랜 제복을 입고 시위대의 선두와 후미를 오가며 큰 소리로

학생들에게 다음과 같이 주문했다. 〈우리는 리펑이 나올 때까지 이 자리를 사수해야 한다!〉⁵⁵

단식 농성자들은 중소 정상 회담이 열리기로 예정된 날보다 이틀 앞선 5월 13일에 행동을 개시했다. 빨간색과 흰색이 섞인 머리띠를 매고 햇빛 가리개로 무장한 수백 명의 학생들은 정부가 자신들의 요구를 들어줄 때까지 광장에서 물러나지 않겠다고 다짐하며 결의를 다졌다. 두 개의 대나무 장대 사이에 펼쳐진 현수막에는 다음과 같이 적혀 있었다. 〈배고픈 것은 참을 수 있지만 독재는 참을 수 없다.〉 그들은 결연했지만 그 수가 많지는 않았다. 그날 저녁 베이징 대학교에서 심리학과 대학원생인 차이링이 마이크를 잡았고 간절한 호소문으로 청중을 눈물짓게 만들었다. 〈우리는 아직 어리지만 죽을 준비가 되어 있다. 우리는 죽을 결심으로 살기 위해서 싸우고자 한다.〉 밤사이에 그녀의 연설은 일종의 선언문이 되었다. 쑤샤오캉을 비롯한 12명의 저명한 지식인들이 단식 농성을 지지하기 위해 모였고, 그들의 호소문이 신문과 텔레비전을 통해 소개되었다. 수천 명이 단식 농성에 동참했다.⁵⁶

숫자는 계속 늘어났다. 정상 회담을 방해함으로써 〈인민의 비난을 받게 될 것〉이라고 자오쯔양이 시위대에 경고했지만 아무 소용이 없었다. 5월 15일 고르바초프가 공항에서 환영을 받을 즈음에 이르러서는 단식 농성자들뿐 아니라 〈노동자들과 농민들, 정부 공무원들, 중국 민주당파 직원들, 유치원과 초등학교 학생들, 사법부 소속의 직급을 불문한 직원들, 심지어 사관 학교 생도들까지〉 30만 명이 넘는 사람들이 광장을 가득 메웠다.⁵⁷ 수백 명의 작가들과 언론인들, 대학교수들도 동참했다. 분위기는 마치 축제 같았고 각계각층의 사람들이 대개는 처음으로 자유롭게 자신을 표현했다. 그들은 깃발을 흔들고, 노래를 부르고, 서로를 향해 승리의 브이 표시를 하며 인사를 나누었다. 중국에 로큰롤을 처음 소개한 27세의 기타리스트 추이젠이 예고 없이 등장하기도 했다. 그는 즉석에서 기타를 연주하며 「일무소유(一無所有)」를 열창해 시위대의 심금을 울렸다. 〈당신에게 말하건대, 나는 너무나 오랫동안 기다려 왔습니다. 당신에게 말하건대, 이것이 나의 마지막 요구입니다. 나는 당신의 손을 잡고 싶습니다. 그러니 지금 당장 나와 함께 갑시다.〉 그의 노랫소리에 더위와 영양실조로 쓰러진 70여 명의 시위자들을 병원으로 이송하던 구급차의 사이렌 소리가 묻혔다. 인공위성이 이 쇼를 전 세계의 거실로 중계하는 가운데 정상 회담을 취재하기 위해 베이징을 방문한 외국 기자들도 자유롭게 군중 속에 섞여 들었다. 한편 자오쯔양은 인민 대회당 옥상에서 쌍안경으로 학생들을 주시하고 있었다.[58]

5월 16일, 소련 지도자를 태운 질ZIL사(社)의 검은색 리무진이 경찰 수백 명에 의해 출입이 통제된 후문을 통해 은밀하게 인민 대회당에 들어섰다. 고르바초프가 덩샤오핑과 악수를 나누었고, 덩샤오핑은 근엄한 표정으로 중국과 모스크바 간의 오래된 분쟁이 이제는 과거사가 되었음을 선언했다. 그리고 저녁이 되자 소련 지도자는 댜오위타이 국빈관에서 자오쯔양을 만나 양국 공산당의 관계를 정상화하기 위한 방안을 논의했다. 자오쯔양은 최고 지도자가 여전히 중국의 모든 주요 결정을 내린다고 말하면서 집단 지도 체제를 둘러싼 오랜 허상에 대해 털어놓았다. 총서기는 〈그가 없이는, 그리고 그의 지혜와 경험이 없이는 우리는 아무것도 할 수 없다〉고 말하면서 1987년 10월에 열린 제13차 당 대회 제1차 전체 회의에서 〈가장 중요한 문제들에 대해서는 키잡이로서 여전히 그가 필요하다〉는 결론을 내렸다고 설명했다. 그는 전체 회의의 결의가 〈공식적으로 발표된 적은 없다〉고 덧붙였다. 자오쯔양은 덩샤오핑의 권한이 독재가 아닌 당헌에서 비롯된 것임을 지적함으로써 그를 보호하기 위한 설명이었다고 나중에 해명했다. 하지만 그것은 그의 오산이었고 대다수 목격자들은 그가 위기 대처에 대한 책임을 자신의 멘토에게 떠넘겼다고 생각했다. 한 외신 기자는 자오쯔양의 발언을 덩샤오핑에 대한 〈은근하지만 이례적인 도전〉으로 묘사했다.[59]

비밀 결의안에 대한 자오쯔양의 언급은 공식 언론을 통해 보도되었지만 그의 조언자들을 제외한 어느 누구에게도 충격을 주지 못했다. 자오쯔양의 조언자 중 한 명이던 정치학자 옌자치는 그의 폭로가 덩샤오핑과의 절연을 암시한다고 받아들여 그 즉시 〈늙고 쇠약해진 독재자〉를 비난하는 성명을 내놓았다. 그는 광장에 모인 군중을 상대로 연설하면서 〈독재자를 타도하라〉, 〈독재자는 물러가라〉고 외쳤다.[60]

고르바초프를 만난 이후에 자오쯔양은 서둘러 상무 위원회의 긴급 회의에 참석했다. 그리고 그 자리에서 중국이 곤경에서 벗어날 유일한 방법은 4월 26일 자 사설을 철회하는 것이라고 말했다. 그는 덩샤오핑의 명성을 보호하기 위해 자신이 평양에서 직접 초안을 작성한 것이며 해당 사설에 대해 모든 책임을 지겠다고 설명했다. 하지만 다른 위원들은 문제의 사설이 최고 지도자의 견해를 나타낸다고 주장하면서 제안을 받아들이지 않았다. 회의는 아무 소득 없이 끝났다.[61]

이튿날인 5월 17일 자오쯔양은 덩샤오핑과 독대를 하고자 했다. 하지만 오후에 관저로 오라는 답변을 듣고 덩샤오핑의 관저를 찾은 자오쯔양은 자신을 기다리고 있는 상무 위원회 위원들을 발견했다. 긴장된 분위기에서 회의가 진행되었고 상무 위원회 위원들은 자오쯔양이 아시아 개발은행에서의 연설로 소요 사태라는 불꽃에 부채질을 했다며 비난했다. 덩샤오핑의 생각도 다르지 않았다. 〈자오쯔양의 5월 4일 연설이 전환점이었다. 그 연설 때문에 대중은 지도부가 단합하지 못한다는 사실을 알게 되었고, 그 결과 시위가 더욱 격렬해졌을 뿐 아니라 많은 사람이 학생들 편에 서게 되었다.〉 그는 계엄령을 선포하고 군대를 투입해야 한다는 평결을 내렸다. 한 사람을 제외한 모두가 동의하면서 분위기는 순식간에 무겁게 가라앉았다. 그날 저녁에 계엄령 실행 계획을 논의하기 위해 상무 위원회가 다시 열렸고 내내 침울한 표정을 짓고 있던 자오쯔양은 직무를 계속 수행해 나갈 수 없다며 사퇴 의사를 밝혔다. 〈내 시간은 끝났다.〉[62]

상황을 진정시키려는 마지막 시도로 5월 18일 오전 11시에 수척하고 초조한 표정의 리펑이 높은 천장과 안락한 소파를 갖춘 대형 회의실인 인민 대회당 신장 홀에서 카메라를 앞에 두고 학생들과 만났다. 의자 사이사이에 비치된 작은 탁자에는 꽃과 찻잔이 놓여 있었다. 기절해서 병원에 실려 가는 바람에 여전히 환자복을 입고 있던 우얼카이시가 몇 분, 몇 시간이 아닌 몇 주가 늦었다며 총리를 질책했다. 리펑은 먼저 사과한 뒤 훈계조로 일장 연설을 시작했지만 모든 문제를 피하려만 한다고 비난하는 왕단에 의해 가로막혔다. 리펑의 얼굴에 짜증이 묻어나기 시작했다. 그는 화를 내며 〈베이징이 일종의 무정부 상태에 빠졌다〉라고 강조했다. 그리고 학생들과 설전을 벌이면서 〈우리는 손을 놓은 채 좌시하지 않을 것이다〉라고 경고했다. 〈우리는 공장을 지켜야 한다. 우리의 사회주의 체제를 수호해야 한다.〉 학생들과의 만남은 한 시간 정도 이어졌다.[63]

정부의 비타협적인 태도는 학생들에 대한 대중의 지지가 급증하는 결과로 이어져, 도심 곳곳에 모인 군중만 약 1백만 명에 달하는 것으로 추산되었다. 다른 지역의 학생들도 시위에 동참하기 위해 몰려들었다. 기차역마다 열성적인 학생들로 가득했으며 그들은 수도로 가는 기차에 꾸역꾸역 몸을 실었다. 그들 중 상당수는 20년 전 홍위병들이 무료로 교통수단을 이용했던 것처럼 승차권이 없어도 기차를 탈 수 있었다. 대부분의 공장과 사무실 업무도 중단되었다. 많은 노동자가 학생들에 가세해서 자신들이 속한 직장의 공식 깃발을 들고 광장 주변을 행진하고 있었기 때문이다. 그들은 각자 자신들이 일할 때 입었던 옷을 그대로 입고 있었다. 요리사들은 요리 모자를 쓰고, 상점 점원들은 손에 주판을 들었다. 공장 노동자들은 파란색 작업복 차림이었다. 직원들이 직장에서 가져온 다수의 승용차와 트럭, 버스가 창안 대로를 따라 이동하며 지지를 표했다. 그 모든 것이 마치 학생들이 시위하는 날이 아니라 노동자들이 시위하는 날 같았다. 시위 구호도 성격이 바뀌어 이제는 직접적으로 덩샤오핑과 리펑, 양상쿤의 사임을 요구하고 있었다.[64]

길모퉁이에서 시위대를 맞이하는 군중이 환호하면서 축제 분위기가 만연했다. 단식 농성자를 지지하는 현수막들이 사무실과 아파트 건물을 장식했다. 시위대가 중신 그룹의 초현대식 초고층 건물을 지날 때는 사무실 안에서 일하던 직원들이 창문으로 색종이 테이프를 던지며 그들을 맞았다. 사람들은 70년 전에 처음 언급된 중국의 민주주의가 오랜 기다림 끝에 마침내 실현될 참이라는 희망과 함께 자신들이 역사적 전환점에 도달해 있다고 믿었다. 그 순간이 흡사 새로운 시대의 여명처럼 보였다.[65]

당내 고위층에서도 지지자가 나왔다. 전날 저녁에 퇴역 장군 샤오커는 당 원로들이 장악한 중앙 고문 위원회에 전화를 걸어 당이 틀렸고 대중이 맞다고 설명했다. 지방에서는 모든 당 기관이 4월 26일 자 사설을 거부했다. 저장성에서는 정치 협상 회의의 과반수가 넘는 위원들이 〈혼란을 저지하고 억제하라〉는 표현을 비난하는 결의안을 통과시켰다. 그리고 5월 18일에 자신들의 결의안을 베이징 지도부에 전달했다. 다른 성들에서도 비슷한 상황이 펼쳐졌다.[66]

시위는 다른 도시들에서도 열렸다. 상하이에서는 약 10만 명에 달하는 시위대가 도심을 마비시키면서 나흘에 걸친 미하일 고르바초프의 중국 방문 기간 중 마지막 일정이던 상하이 방문에 차질을 초래했다. 당국은 저장성 전역에서 약 40만 명에 달하는 시위자들이 항저우와 진화, 닝보, 원저우를 비롯한 여러 도시에서 행진을 벌인 것으로 추산했다. 특히 성도인 항저우에서는 8백 명이 넘는 학생들이 단식 농성에 합류한 터였다. 당 기록 보관소에 꼭꼭 숨겨져 있던 다른 보고서들에 기록된 수치들도 비슷했다. 외신 기자의 시선에서 보다 멀리 떨어진 간쑤성에서는 학생 운동이 한창일 때 12개의 도시에서 25만 명에 가까운 사람들이 시위에 참가했다. 그리고 란저우 한 곳에서만 약 3백 명의 학생들이 단식 농성에 동참했다.[67]

다른 어느 곳보다 조짐이 나쁜 소요 사태가 신장의 성도인 우루무치에서 발생했다. 우루무치에서는 약 1만 명의 학생들이 거리로 나왔다. 그들이 생각하기에 중상적인 내용을 담은 책『성 풍습』에 항의하기 위함이었다. 하지만 그 책은 단지 핑계에 불과했는데 행진에 나선 학생들 손에 들린 현수막에는 〈민주주의 만세〉나 〈부패 척결〉과 같은 문구가 적혀 있었기 때문이다. 이튿날이 되자 시위대는 관공서 건물로 연결되는 출입구로 강제 진입하여 민병대와 공무원을 공격했다. 중앙 광장에서는 버스가 전복되었고, 전봇대가 파손되었으며, 확성기 전선이 절단되었다. 이 과정에서 150명의 부상자가 발생했다.[68]

5월 19일 금요일 오전 5시경에 자오쯔양은 광장을 방문하여 리펑이 지켜보는 가운데 단식 농성자들에 대한 걱정을 나타냈다. 〈우리가 너무 늦게 왔다〉고 말하면서 자오쯔양은 눈물을 흘렸고 마이크를 잡은 손까지 떨었다. 그는 자신도 젊을 때가 있었다고 말하며 농성을 중단하도록 학생들을 설득했다. 그곳은 그가 마지막으로 대중 앞에 모습을 드러낸 자리가 될 터였다.

그날 밤 11시에 리펑은 인민 해방군 총병참부에 모인 당과 정부 관계자들, 군 지도자들 앞에서 혼란을 억제하기 위한 조치를 발표했다. 그리고 자정이 지나자마자 총리는 텔레비전에 나와 준비된 원고를 낭독했다. 〈우리는 혼란을 신속하게 종식하기 위해 확고하고 단호한 조치를 취해야 한다〉라고 그는 선언했다. 〈우리가 이 사태를 조기에 종식시키지 못하고 방치한다면 우리 중 누구도 보고 싶어 하지 않을 심각한 결과가 초래될 가능성이 매우 높다.〉 마침내 계엄령이 선포되었다.[69]

새벽 3시에 발코니에 서서 리루이는 오토바이들이 창안 대로를 오가며 시위대에 군대가 올 거라고 경고하는 모습을 보았다. 그들은 단식 농성자들의 그것과 비슷한 머리띠를 매고 오토바이를 깃발로 장식한 채 스스로를 〈비호(飛虎)〉라고 불렀다.[70] 시위대를 지키기 위해 모인 것은 그들만이 아니었다. 리펑이 계엄령을 선포하자마자 수만 명의 사람들이 군대의 광장 진입을 막기 위해 밖으로 뛰쳐나갔다. 베이징은 거대한 순환로가 수많은 고가 도로와 교차로, 좁고 구불구불한 골목길과 만나는 구조로 된 도시였다. 트럭 기사들이 자신들의 트럭을 이용해 수도로 들어오는 여섯 개의 주 진입로를 차단했다면 군중은 군인을 태운 호송차로 달려들어 포위한 채 호송차의 타이어에서 바람을 뺐다. 그럼에도 군중은 군인들에게 음식과 물을 제공할 정도로 친절했다. 그들은 군인들이 부대로 돌아가도록 설득했다. 정오까지 그들은 서쪽으로 18킬로미터 정도 떨어진 곳에 위치한 제65군에 소속된 약 2백 대의 군용차를 광장으로 진입하지 못하도록 막았다. 톈안먼 광장에서 창안 대로를 따라 11킬로미터 떨어진 인민 해방군 종합 병원에서는 또 다른 군중이 제38군 소속 군인들을 막고 있었다. 시위대 또한 명십삼릉과 서우두 공항, 이화원에서 도시로 진격 중이던 베이징 수비대 소속 군인들을 돌려보낸 터였다. 사실상 베이징 시민들이 군대를 저지한 셈이었다. 리펑은 일기에 〈우리는 군대가 그토록 거대한 저항에 직면할 거라고는 미처 예

상하지 못했다〉라고 썼다.[71]

　수만 명의 학생들이 광장에 진을 치고 한편에서는 모든 주요 교차로에 임시 바리케이드를 만들어 도로를 차단한 가운데 비슷한 상황이 며칠 동안 반복되었다. 그리고 5월 22일을 기점으로 마침내 군대가 철수하기 시작했다. 환호성이 광장을 뒤덮었으며 대담해진 학생들이 군인들에게 반란을 종용하기도 했다. 온갖 소문이 난무했다. 계엄령을 선포한 뒤로 가장 많은 미움을 받는 당 지도자가 된 리펑이 자신의 정치적 생존을 위해 싸워야 할 만큼 곤란에 처했다는 말이 들렸다. 덩샤오핑이 사임했다는 소문도 들렸다. 최고위층의 사임으로 힘의 균형이 자오쯔양 쪽으로 기울어졌다는 말도 있었다. 조류가 바뀌고 있었고, 중국은 역사적으로 중대한 갈림길에 접어들고 있었다. 이런 소문들은 그 어느 것도 공식적으로 부인되지 않았다. 여섯 명의 퇴역 장성과 한 명의 제독이 군대를 수도에 투입하지 말라고 중앙 군사 위원회를 설득하는 서한까지 유출되자 소문은 더욱 폭주했다.[72]

　5월 23일, 번개가 하늘을 찢고 장대비가 현수막에 적힌 내용을 알아볼 수 없게 만드는 와중에도 광저우에서는 수만 명의 사람들이 거리로 나왔고 홍콩과 마카오에서 온 동조자들도 합류했다. 상하이에서는 대규모 군중이 부두와 인민 광장을 점령했다. 내륙 깊숙한 곳에 위치한 란저우에서는 수만 명의 사람들이 〈덩샤오핑은 하야하라〉와 〈리펑은 물러나라〉를 외쳤다. 비록 소수이지만 〈가짜 정부를 전복시키자〉라고 외치는 학생들도 있었다. 〈일반인들도 그들의 행동을 지지했다〉라고 광저우성의 부서기는 말했다. 난징과 창사, 우한을 비롯한 다른 도시들에서도 학생들의 시위가 이어졌다.[73]

　그러나 군대는 실제로 떠난 것이 아니라 도시 외곽의 집결지로 이동했을 뿐이었다. 5월 25일에 집결이 완료되었고 11개의 집단군에서 차출된 10만 명이 넘는 군인들이 수백 대의 탱크와 장갑차, 군용 버스 및 트럭과 함께 투입될 준비를 마쳤다. 야오이린은 몇몇 장관들과 비공개로 만난 자리에서 지도부가 외국 언론을 겁내지 않는다고 말했다. 그들은 국경을 완전히 봉쇄한 채 필요하다면 〈3년이나 5년까지도〉 계엄령을 유지할 계획을 세우고 있었다. 그날 저녁에 리펑이 세 명의 신임 대사를 접대하는 모습이 국영 텔레비전에서 방송되었다. 직전까지 무려 닷새 동안 어떤 고위 공직자도 공개 석상에 모습을 드러내지 않은 터였다. 리펑은 여유가 넘쳐 보였다. 그가 보란 듯이 말했다. 〈중국 정부는 안정적이며 유능하다.〉[74]

지도부는 전국을 순회하며 고위 관리들로부터 지지를 이끌어 냈다. 긴급회의에서 양상쿤의 이야기를 들은 군부가 결속을 강화했다.[75] 지방 정부와 공군, 해군에서도 계엄령을 지지하는 성명들이 속속 발표되었다.[76] 전국 방송에서는 천윈과 보이보, 리셴녠부터 고인이 된 저우언라이의 부인에 이르기까지 당의 원로 지도자들이 나와서 일부는 휠체어에 탄 채, 그리고 혼자서는 지지 선언문도 제대로 읽지 못하는 상태로 단합을 과시했다.[77] 한편 전국의 모든 당원은 정치 학습 모임을 통해 지도부의 연설 내용을 면밀히 파악한 뒤 확실한 정치적 입장을 취하도록 요구되었다.[78]

리펑이 텔레비전 방송에 출연한 직후에 힘의 균형은 강경파 쪽으로 옮겨 갔다. 교조적인 당원들이 모든 단계에서 전면에 나섰다. 시위대가 성의 당 위원회를 연거푸 공격했던 란저우에서는 일부 간부들이 지도부에 〈파괴자들을 대상으로 강력한 조치를 취하고, 단호한 공격을 실시하고, 가능한 한 빨리 폭동을 진압할 것〉을 요구했다.[79] 그들만 그런 것이 아니었다. 5월 27일에는 세 명의 성 지도자가 나서서 상무 위원회가 즉각적인 행동을 취해야 한다고 주장하며 차오스를 닦달했다. 심지어 중앙 고문 위원회에서는 리펑 본인조차 교착 상태에 화가 난 분노한 원로들로부터 비난을 들어야 했다.[80]

반면에 수도 전역에서 바리케이드로 도로를 막고 있던 지역 주민들은 경계심이 느슨해졌다. 학생들의 숫자도 줄어들었고 그들이 만든 조직들도 내분과 불화를 겪고 있었다. 외국인 기자들도 대부분 떠났으며 정보의 주된 출처였던 BBC와 〈미국의 소리〉가 송신하던 단파 라디오 방송도 막혔다. 5월 29일 월요일에는 광장에 겨우 2천 명의 시위자들만 남아 있었다. 그들을 이끌던 지도자들은 농성을 중단할 것을 제안했다. 지금이라도 광장을 떠난다면 승리자로 떠날 수 있었다. 그들은 대의(大義)를 주장했고, 외신 기자들 앞에서 정권에 맞섰으며, 지역 주민들에게서 지지를 이끌어 냈고, 그들의 지지를 등에 업고 군대를 철수시킨 터였다.[81]

상하이 시장은 유화적인 접근법을 택했다. 주룽지 시장은 시위대에 애정이 있었고, 호의적이었으며, 도시에 군인을 투입하지 않을 거라고 그들을 안심시켰다. 계엄령도 받아들이지 않았다. 다른 한쪽에서는 상하이시 당 서기 장쩌민이 시 인민 대표 회의 내에서 지지세를 확대해 나갔다. 그렇게 산업 둔화나 총파업 같은 위협 요소들이 제거되었다. 일반 시민들 사이에서도 학생 운동을 둘러싼 열정이 시들해지고 있었다. 벽보가 철거되었고 도시는 깨끗해졌다. 5월 27일에 이르러서는 상하이 해방 40주년을 기념하기 위해 도시 전역의 거리에 붉은 깃발과 오성홍기가 내걸렸다. 학생들은 학업에 복귀할 준비가 되어 있었다.[82]

역설적이게도 가장 큰 시위 중 하나는 홍콩에서 열렸다. 5월 27일 토요일, 톈안먼 학생들을 응원하는 자선 공연에 참석하기 위해 20만 명이 넘는 사람들이 해피 밸리 경마장에 모였다. 유명 인사들도 대의를 위해 자신들의 목소리를 보탰는데, 그들이 국경 너머에서 펼쳐지는 위기에 대해 어떻게 느끼는지 이야기하는 동안 많은 사람이 눈물을 흘렸다. 타이완의 인기 스타 덩리쥔도 붉은색과 흰색으로 된 머리띠를 매고 깜짝 출연했다. 그리고 다음 날, 홍콩 인구의 4분의 1에 해당하는 약 150만 명이 거리로 나왔고, 번화한 상업 지구인 노스포인트와 코즈웨이 베이를 천천히 행진한 뒤 빅토리아 파크 근처에서 해산했다. 시위 행렬에는 노인도 있었고, 노란색 머리띠를 한 채 부모의 어깨 위에 올라탄 어린아이도 있었으며, 정장 차림의 사무직원과 심지어 휠체어를 탄 사람도 있었다. 주최자들은 〈오늘은 중국, 내일은 홍콩〉이라고 적힌 스티커를 나누어 주었다.[83]

5월 30일 화요일에 톈안먼 광장에서 학생들이 석고상 〈민주주의의 여신〉을 공개했다. 10미터 높이에 두 손으로 자랑스럽게 횃불을 들고 있는 그녀의 냉담한 눈은 잉크와 달걀 세례를 맞아 일주일 전에 교체된 주석의 초상화를 도도하게 응시하고 있었다. 그녀는 40년에 걸친 혁명의 역사를 비웃는 듯 보였다. 무엇보다 그녀는 점점 힘을 잃어 가고 있던 민주주의 운동에 새로운 생명을 불어넣었다. 새롭게 등장한 여신상을 둘러싼 호기심이 수도의 모든 뒷골목까지 확산되면서 사람들의 숫자가 다시 불어나기 시작했다. 그렇게 무려 25만 명에 달하는 사람들이 정부의 경고를 무시한 채 광장을 찾았고 여신상을 감탄하며 바라보았다. 자전거와 삼륜 자전거 무리 사이를 비집고 들어가지 못한 택시 기사들은 택시를 포기하고 걸어서 군중과 합류했다. 그들은 어떠한 구호나 현수막도 없이 조용히 움직였다. 광장 건너편에서 요란하게 비난 성명을 쏟아 내는 정부의 확성기에 주의를 기울이는 사람은 아무도 없었다. 〈이 석고상은 불법이다.〉 저녁이 되자 당국은 여신상이 〈국가의 존엄성에 대한 모독〉이라며 철거할 것을 요구했다.[84]

전날 밤 석고상이 여러 조각으로 나뉜 채 삼륜 자전거에 실려 광장에 도착하고 있을 때 수천 명의 대학생들은 기존의 입장을 바꾸어 최소한 3주 더 광장을 지키기로 결의했다. 이제 중난하이와 인민 대회당, 중국 역사 박물관, 자금성 내부에는 수도 외곽에 위치한 시산까지 이어지는 지하 통로를 통해 투입된 대규모 병력이 주둔하고 있었다. 그들은 피를 흘리지 않고 혼란을 진압할 수 있는 기회를 몇 시간이 아닌 며칠 차이로 놓쳤음이 분명했다.[85]

새로운 저항의 분위기가 확고히 자리를 잡았다. 지역 주민들 사이에서는 기부금이 모였고 홍콩에서 들어오는 재정적, 물질적 지원도 늘어났다. 특히 홍콩에서는 자선 공연에서만 150만 달러가 모금된 터였다. 홍콩에서 기증된 물품 중에는 약 2백 개의 캠핑 텐트도 포함되어 있었는데, 선홍색과 파란색으로 된 텐트들은 그때까지 학생들에게 쉼터를 제공했던 비닐과 무명천, 마분지로 급조된 조악한 판잣집들 사이에서 단연 눈에 띄었다. 밤이 되면 베이징에 거주하는 현지 학생들은 대부분 학교로 돌아갔다. 광장에서 지내던 학생들 5천 명 중 대다수는 뒤늦게 다른 성에서 올라온 후발대였다.[86]

6월 2일 금요일이 되자 신뢰할 만한 복수의 소식통들로부터 제39군 부대가 수도로 진입할 예정이라는 소문이 퍼져 나갔다. 그리고 밤 11시 가까운 시간에 육군 번호판을 단 지프차 한 대가 서쪽에서 광장 쪽으로 빠르게 이동하는 모습이 보였다. 침입자들로부터 옛 도시를 보호해 온 제국 시대의 해자(垓子)와 창안 대로가 만나는 무시디 근처에서 문제의 지프차는 통제를 잃고 일단의 자전거를 탄 사람들과 충돌하여 세 명의 사망자와 한 명의 중상자가 발생했다. 리루이는 발코니에서 분노한 군중이 사고 현장으로 몰려드는 광경을 지켜보았다.[87]

그날 밤늦게, 즉 6월 3일 새벽 2시경에 종대로 길게 대형을 유지한 약 8천 명의 군인들이 가벼운 차림으로 반대 방향에서 창안 대로를 따라 행진해 오는 모습이 목격되었다. 도시를 순찰하던 몇몇 오토바이 운전자들이 군인들보다 앞서 달리며 경보를 울렸다. 〈나와 보시오, 밖으로 나와 보시오. 군인들이 오고 있습니다!〉 군인들이 광장에서 약 3백 미터 떨어진 베이징 호텔에 도착하자 골목에서 우르르 몰려나온 주민들이 심지어 몇몇은 잠옷 차림으로 그들을 막아서며 〈돌아가라! 당신들은 인민의 군대다!〉라고 외쳤다. 군인들은 비무장 상태였고 지휘관도 따로 없는 듯 보였다. 그들은 지치고 혼란스러워 보였으며 주민들이 그들을 조롱하고 질책하는 동안 길바닥에 몇 명씩 모여 앉아 고개를 숙이고 있었다. 질문을 받자 그들은 자신들이 제39군 소속이며 광장에서 소수의 불량배와 조우할 거라는 말을 들었다고 대답했다. 군인들은 토요일 아침 일찍 해산했다. 그들 중 일부는 셔츠가 찢어져 있었고 일부는 신발도 없이 절뚝거리며 걸었다. 군중은 버스를 비롯해 석탄과 모래가 실린 덤프트럭과 심지어 건설 크레인까지 징발하여 베이징 호텔 밖에 바리케이드를 세웠다.[88]

그사이 도시에 실안개와 함께 여명이 밝아 오자 여러 무리의 사람들이 창안 대로를 따라 모여들었다. 광장 서쪽 중난하이 근처에서는 대략 5백 명에 달하는 사람들이 정예군처럼 보이는 군인들을 태운 지프차 한 대와 군용 버스 네 대를 포위했다. 군중은 장교 중 한 명이 꺼내 든 자동 화기를 무시하고 지프차를 전복시키려 했다. 버스의 양쪽 창문을 깨뜨리고 겁에 질린 군인들에게서 무기를 빼앗는 이들도 있었다. 류부커우 근처에서는 예닐곱 명의 학생들이 한 차량의 지붕을 오르락내리락하면서 AK-47 소총 탄창이나 경찰봉, 칼, 총검 등을 카메라를 향해 자랑하듯 내보였다. 중난하이 밖에서는 사람들이 헬멧이나 신발이 걸린 장대를 흔들며 정부를 비난하는 구호를 외쳤다.[89]

한 인민 해방군 장교는 나중에 그들의 작전 목표가 광장을 봉쇄해서 학생들이 다치지 않게 하는 것이었다고 설명했다. 놀라울 정도로 어설펐던 이 계획은 심한 역효과를 낳았다. 오전 내내 학생들과 그들의 지지자들이 다시 광장으로 쏟아져 나왔고 주민들은 도시 안팎의 모든 주요 교차로에 이전보다 더 크고 튼튼한 바리케이드를 세웠다.[90]

정오 무렵, 중난하이에 주둔해 있던 군대와 무장 경찰이 톈안먼 광장에서 서쪽으로 시단까지 이어지는 창안 대로 구간에 모습을 드러냈다. 그들은 일부 바리케이드를 제거하고 류부커우에 고립되어 있던 버스에서 탄약을 회수하려고 했다. 한편 전날 밤 지프차에 치여 사망한 민간인들을 대신하여 재판을 요구하며 행진하던 주민들이 서쪽에서 다가오고 있었다. 수백 명의 무장 경찰 및 보안 요원이 막아서서 주민들에게 최루탄을 발사하고 경찰봉을 휘둘렀다. 주민들은 반격했고 군대와 무장 경찰은 중난하이 안으로 허겁지겁 대피했다. 주민들은 걷잡을 수 없을 정도로 분노했으며 담장 너머에 있는 정부 청사를 향해 돌을 던지고 군용차에 불을 질렀다. 몇 시간 사이에 다른 몇몇 교차로에서도 충돌이 일어나 양측에서 부상자가 발생했다. 군대와 무장 경찰은 결국 그날 오후에 철수했다.[91]

이제 정권은 보다 강력한 조치를 취하기에 충분한 당위성을 갖게 되었다. 오후 4시쯤 차오스가 소집한 긴급회의에서 지도부는 류부커우에서 시위대가 군인들로부터 무기를 탈취한 사건을 언급하며 이른 아침에 〈충격적인 반(反)혁명 폭동〉이 발생했다는 것에 동의했다. 그들은 〈평화적인 수단〉을 통해 새벽까지 광장을 정리하기로 결정했지만 군부를 향해서는 폭도들의 폭력적인 행위에 맞서 자위권을 행사하도록 허가해 주었다.[92]

오후 6시 30분이 되자 확성기와 라디오, 텔레비전에서 사람들에게

거리로 나가지 말라고 종용하는 경고 방송이 나왔다.[93]

지금까지 두 차례 연속으로 굴욕을 당한 군부는 재차 정확히 동일한 전략을 택했다. 즉 도시를 관통하는 주요 간선 도로인 창안 대로를 따라 동쪽과 서쪽에서 두 갈래로 공격을 진행하는 전략이었다. 다만 이번에는 무명천으로 된 신발을 신은 몇천 명에 불과한 비무장 군인들을 2주에 걸쳐 끈질기게 집결시킨 만리장성처럼 든든하고 총칼로 빈틈없이 무장한 군대로 바꿈으로써 화력을 크게 높인 것이 달랐다. 10여 년 전 인민 해방군은 베트남에 약 20만 명의 군인과 2백 대가 넘는 탱크를 배치했었다. 그리고 이제는 자국의 수도에 비무장 시민들을 상대로 비슷한 규모의 병력을 투입하고 있었다.

최초의 총격은 제3순환로가 무시디 서쪽의 창안 대로 연장선과 만나는 지점인 궁주펀에서 밤 11시 15분경에 발생했다. 탱크와 장갑차, 공격용 소총을 든 군인들로 이루어진 기다란 행렬이 군 야영지 중 한 곳이 위치한 남쪽에서부터 접근해 왔다. 그들은 제38군으로, 한국 전쟁 때 이름을 날린 공포의 부대였다. 2주 전에 이 부대의 사령관 쉬친셴은 부대원을 이끌고 비무장한 민간인들에 맞서라는 지시를 거부했다. 그는 체포되어 감옥에 갇혔다가 후에 군사 법원에 회부되었다. 몇 주째 교차로에 인원을 배치해 온 주민들이 폭동 진압용 방패 뒤에 있는 군인들을 향해 벽돌과 콘크리트 조각을 던졌다. 바리케이드를 뚫는 데 실패하자 AK-47 소총으로 무장한 수백 명의 군인들이 전진하기 시작했고 시민들을 향해 총을 발포했다. 붉은색과 녹색 예광탄이 하늘에 수많은 긴 줄을 만들었다. 탱크는 군중을 향해 가스탄을 발사했다. 덥고 습한 밤이었고 사람들은 대부분 티셔츠와 반바지를 입고 있었는데 그들 중 상당수가 피로 얼룩져 있었다.[94]

그다음 교차로는 무시디였고 그곳에서도 사람들은 바리케이드를 앞세워 군인들을 막으려 했다.⁹⁵ 일부는 고기 써는 칼이나 대나무 장대, 금속 체인, 심지어 건설 현장에서 가져온 철근 등으로 급조한 무기를 들고 있었다. 군인들은 계속해서 군중을 향해 자동 소총을 발사했을 뿐 아니라 도로 양쪽에 있는 주거용 건물을 향해서도 무작위로 총을 난사했다. 리루이가 사는 공동 주택 건물에서는 한 검찰 간부의 사위가 부엌에서 물을 끓이던 도중에 덤덤탄에 맞아 목숨을 잃었다. 이튿날 아침에는 이웃집 가정부가 죽은 채 발견되기도 했다. 며칠 뒤 리루이는 자신의 공동 주택 외벽에 나 있는 총알 자국을 세어 보았는데 그 수가 약 1백여 발에 달했다.⁹⁶

수천 명의 성난 군중이 침략군과 싸우기 위해 교차로로 모여들면서 톈안먼 광장에도 똑같은 비극이 반복되었다. 장갑차는 가드레일과 버려진 자전거 등으로 만든 바리케이드를 쉽게 뭉개고 지나갔다. 노란색과 붉은색 공공 버스들이 일렬로 배치된 채 불타고 있던 시단 교차로에서는 장갑차들이 불타는 자동차를 옆으로 밀어내면서 광장으로 나아가는 길을 열었다. 이제는 탱크가 두세 대씩 나란히 이동했고, 군인을 태운 장갑차와 군용 트럭이 그 뒤를 따랐으며, 매 교차로에서 수십 명의 사람들이 쓰러져 나갔다. 일부 군인들은 구경꾼들을 쫓아 골목 안쪽까지 들어가 경찰봉과 채찍, 총으로 그들을 폭행했다. 시단 인근에 위치한 한 주택가의 골목 깊숙한 곳에서는 네 명이 총에 맞아 죽었는데 그중 한 명은 세 살짜리 아이였고 한 명은 노인이었다.⁹⁷

자정 무렵에 여러 대의 장갑차가 남쪽에서 광장 측면을 따라 빠른 속도로 주행하며 광장 안으로 진입했다. 한 무리의 군중이 그중 세 대를 멈춰 세우고 불을 질렀다. 군인들이 불타는 장갑차에서 탈출하려 하자 분노한 군중이 그들을 공격했고 몇 명을 맨주먹으로 때려죽였다. 광장을 돌파하는 데 성공한 장갑차 한 대가 동쪽으로 방향을 틀어 창안 대로를 따라 설치된 바리케이드들을 파괴하는 과정에서 시위대에 수많은 사상자를 발생시켰다. 젠궈 호텔 쪽으로 다시 방향을 바꾼 장갑차는 맹렬한 속도로 광장을 향해 질주했지만 이내 통제를 잃고 버려진 채 시위대에 포위되어 있던 차량들과 충돌했다. 일단의 군중이 장갑차 안에서 버티는 군인들을 공격했다.[98]

한 시간 뒤인 새벽 1시 30분경에는 무시디 쪽에서 접근한 다수의 병력이 광장 북서쪽 모퉁이에 도착했고 흐릿한 노란색 가로등 불빛 아래에서 재정비를 마쳤다. 곧이어 수십 대의 탱크가 굉음을 내며 등장했고 연단 아래쪽에 포진했다. 한동안 기이한 소강상태가 이어지다가 한 시간 정도 지나자 군인들이 광장 북쪽에서 자금성 담장을 따라 횡대로 대형을 갖추기 시작했다.[99]

일부 군인이 여전히 주민에게 점령된 창안 대로 동쪽 편에 모여 있는 군중을 향해 산발적인 총격을 가했다. 광장에 모인 학생들은 분노한 군중이 〈파시스트〉라고 외치는 가운데 AK-47이 불규칙하게 발사되는 소리와 최루탄이 요란스레 터지는 소리를 들었다. 베이징 호텔 주변에서는 파란색 불빛을 번쩍이고 사이렌을 울리며 왕푸징에서 도착한 구급차들이 부상자를 돕거나 시신을 수거하고 있었다. 그날 밤늦게 구급차들이 더 이상 싸움이 벌어진 교차로까지 접근할 수 없게 되자 삼륜 자전거 운전자들이 구조에 나섰고 부상자를 태워 병원으로 옮겼다. 시신을 옮기는 의사들의 모습이 마치 운구하는 사람들처럼 보였고 그들 뒤를 간호사들이 바짝 뒤쫓고 있었다.[100]

확성기에서 광장을 떠나라고 호소하는 방송이 나왔지만 인민 영웅 기념비 주변으로 3천 명 가까운 학생들이 모여 있었다. 뒤이어 기이한 노래 경연이 펼쳐졌다. 군인들이 군가를 부르며 기세를 올리려 하자 시위대도 혁명가를 틀고 그들의 스피커에서 나오는 노래를 따라 부른 것

이다.[101]

　눈을 멀게 할 정도로 밝은 투광등이 광장을 비추다가 오전 4시쯤 당국에 의해 갑자기 소등되었다.[102] 학생들은 조명을 대신하여 그들의 텐트 일부를 태우기 시작했다. 그리고 수만 명의 군인들이 인민 대회당과 중국 역사 박물관, 지하 터널에서 광장으로 쏟아져 나왔다. 피비린내가 진동하는 길을 뚫고 첸먼 지구를 가로질러 온 제15군 산하의 낙하산 부대도 남쪽에서부터 도착했다. 광장의 군인들은 총을 쏘지 않았다. 각각 남쪽과 북쪽에 위치한 터라 서로에게 총을 쏠 수도 있는 데다 그 누구도 마오 주석이 잠들어 있는 영묘는 물론이고 인민 영웅 기념비를 훼손하고 싶지 않았기 때문이다. 최후통첩이 전해졌고 몇몇 학생들이 안전한 철수를 위해 협상을 시도했다. 3년 전 자국의 문학계 실태를 맹렬히 비난했던 류샤오보도 그중 한 명이었다. 이제는 베이징 사범 대학교의 교수가 된 그가 지휘관들과 협상하기 위해 학생과 군인 사이에 나 있는 무인 지대를 건넜고, 광장 남동쪽 모퉁이에 있는 출구를 통해 학생들을 철수시키기로 합의했다. 그럼에도 일부 시위자들 사이에서는 광장에 끝까지 남을지 말지에 관한 논쟁이 계속되었다. 그러자 〈타협안은 어떻습니까?〉라며 차이링이 제안했다. 〈떠나고 싶은 사람은 떠나고, 남고자 하는 사람은 남읍시다.〉[103]

　새벽 5시에 학생들은 손을 맞잡고 광장 한쪽의 지정된 출구를 향해 두 줄로 걸어갔다. 수많은 군중이 그들을 환영하며 음식과 음료를 나누어 주었다. 탱크 한 대가 민주주의의 여신을 향해 우르릉거리며 다가가더니 석고상을 넘어뜨린 뒤 뭉개 버렸다. 다른 탱크와 장갑차도 학생들이 머물렀던 텐트를 짓밟으며 석고상을 향해 계속 나아갔다. 석고상 부근에 설치된 확성기에선 여전히 혁명가가 흘러나오고 있었다. 군인들은 확성기를 향해 무차별 사격을 가했고, 확성기가 망가지면서 잠깐 치

직거리는 소리가 들리다 마침내 조용해지자 비로소 사격을 중단했다. 학생들이 안전을 위해 앞다투어 출구로 향하는 가운데 광장 한쪽에서는 떠나기를 거부했던 학생들이 소총 개머리판과 경찰봉으로 구타당하고 있었다.[104]

그제야 동쪽에서부터 우르릉거리는 소리가 들려왔고 창안 대로의 어스름한 잿빛 여명 속에 일렬로 기동하는 탱크들이 모습을 나타냈다. 제39군은 뒤늦게 도착했지만 빠르게 진격했다. 탱크들은 시단의 대척점이자 광장에서 동쪽으로 약 2킬로미터 떨어진 둥단의 교차로에 전략적으로 배치되어 있던 버스들을 단숨에 통과했다. 그들은 탱크를 향해 돌과 유리병, 부서진 보도블록, 삼륜 자전거로 실어 온 벽돌, 조잡하게 급조된 화염병을 던지는 군중에게 최루탄을 발사했다. 창안 대로 곳곳에서 목표물을 맞히는 데 실패한 화염병들이 여기저기 불타고 있었다. 호송대가 왕푸징 가까이 접근하자 스무 명 정도 되는 남자들이 보잘것없는 버스 한 대를 밀어 그들의 앞길을 막아 보려 했지만 소용이 없었다. 일체의 위험을 망각한 듯한 분노한 주민들이 탱크 옆에서 자전거를 타고 따라가며 돌아가라고 외치기도 했다. 탱크 뒤에 병력 수송용 장갑차가 따르고 그 뒤를 군인들을 태운 트럭들이 따라왔는데 군인들이 화물 칸에서 군중을 향해 무차별적으로 총을 난사했다. 〈총구에서 화염이 뿜어지는 것이 보였다〉라고 한 목격자는 회상했다. 유조차는 물론이고 각종 연료와 의복, 기타 보급품을 가득 실은 트럭들까지 일견 끝이 없어 보이는 호송차 행렬이 그 뒤를 잇고 있었다. 그들은 점령군이었고 자신들의 보급 창고를 통째로 옮기고 있었다.[105]

21대의 탱크를 비롯한 보다 많은 차량이 북쪽에서 남쪽으로 이어지는 옆길을 이용하여 행렬에 합류했다. 베이징 호텔을 지나 박물관 바로 위쪽인 광장 북동쪽 모퉁이로 진입하면서 탱크는 민간인뿐 아니라

몇몇 군인들까지 짓밟았다.[106]

제39군 소속 탱크가 광장으로 진입한 이후에도 톈안먼 광장과 왕푸징 사이의 창안 대로 구간에서는 싸움이 계속되었다. 베이징 호텔에 있던 외신 기자들은 군인들이 광장을 등진 채 동쪽으로 나아가며 군중을 향해 총 쏘는 모습을 공포에 질린 눈으로 지켜보았다. 표적이 된 군중은 대다수가 밤사이 사라진 누군가의 친인척들이었고, 그들은 자기 가족이 어디 있는지 알려 달라고 애원하며 군인들에게 계속해서 다가가고 있었다. 〈그들은 오전 내내 우리가 지켜보는 앞에서 학살당했다〉라고 한 목격자는 말했다. 학살 과정에서 일정한 패턴이 관찰되기도 했다. 즉 군인들이 AK-47을 발사하면 군중은 허둥지둥 몸을 피했다가도 결국에는 원래 있던 자리로 돌아왔다. 이미 날이 훤히 밝은 오전 9시까지 이 패턴이 계속되었다. 동쪽으로 1백 미터 떨어진 곳에서 오전 10시 20분경에 발생한 또 다른 사건에서는 베이징 호텔에서 기자들이 번연히 지켜보는 가운데 한 소대의 군인들이 왕푸징에서 그들에게 대화를 시도하던 약 40명의 사람들을 총으로 쏴 죽였다.[107]

이즈음 도시 대부분은 전쟁터를 방불케 했다. 이화원 인근에는 20여 대의 탱크가 지역 주민들에 의해 불탄 채 방치되어 있었다. 서쪽으로 후야오방이 화장된 바바오산 혁명 공묘 근처에는 검게 타버린 군용차들이 도로 양쪽에 줄지어 서 있었다. 궁주편에도 또 다른 학살 장면이 펼쳐져 있었는데 그곳에는 불에 타고 껍데기만 남은 80여 대의 트럭과 장갑차가 교차로를 막고, 몇 명의 인민 해방군 장교까지 포함된 린치를 당한 시신들이 가로등 기둥에 매달려 있었다.[108]

일요일에 어리둥절한 상태로 조심스럽게 집 밖으로 나온 주민들은 창안 대로와 그 주변 도로를 따라 펼쳐진 파멸적인 모습에 직면했다. 무시디 근처에서 자신의 집 밖에 버려진 탱크 위에 올라간 리루이는 한눈에 저 멀리까지 이어진 처참하게 부서진 차량 행렬을 볼 수 있었다. 모든 주요 교차로마다 파편이 흩어져 있었고, 버스 잔해들이 도로 가로 밀려나 있었으며, 도로 한가운데에는 뒤틀린 금속 울타리와 자전거, 망가진 도로 표지판이 한데 뒤섞인 채 탱크의 바퀴에 깔려 짓이겨져 있었다.

하루 종일 산발적으로 총소리가 들렸다. 비가 퍼붓기 시작했고 이따금 천둥소리가 중간에 끼어들었다. 젠궈 호텔 인근의 외교 복합 단지 건너편에서는 1백여 명의 무장 보병들이 그곳에 거주하는 외국인들을 겁주기 위해 행진 대열을 갖춘 채 무력시위를 벌이고 있었다.[109]

저녁이 되자 75대의 탱크와 45대의 장갑차로 이루어진 추가 호송대가 창안 대로를 따라 동쪽에서 광장 쪽으로 이동했다. 그들을 막으려는 무의미한 시도로 적의를 품은 몇몇 주민들이 또다시 화염병을 던졌다. 하지만 그들을 제외하고는 밤사이에 거의 아무도 나오지 않았다.[110]

병원은 사상자들로 넘쳐 났다. 무시디에서 1킬로미터 남짓 떨어진 푸싱 병원은 입구부터 총상을 입은 환자들로 가득했고 일부는 정맥 주사 수액 주머니를 매달고 있었다. 시신 안치소에도 자리가 없어 시신들이 피 묻은 흰색 시트로 덮인 채 방치되다시피 했다. 도심 지역에는 시신들이 지하 통로에 쌓여 있었다. 보다 북쪽에 위치한 베이징 대학교에서는 학생들이 진료소 밖에 얼음덩어리를 쌓아 놓고 그 위에 10여 구의 시신들을 보관하고 있었는데 그중에는 신체 일부가 유실된 시신들도 있었다.[111]

몇몇 사람들은 계속해서 사망자 수를 집계했다. ABC 기자 케이트 필립스는 촬영 기사가 가져온 비디오테이프를 보고 지역 병원과 중국 적십자에 전화를 걸었다. 그녀가 2천6백 명까지 확인했을 때 군인들이 모든 의료 시설에 들이닥쳐서는 그곳 관계자들에게 기자들과 더 이상 이야기하지 말라고 지시했다. 중국 적십자도 비슷한 추정치를 제시했

다. 앨런 도널드 영국 대사는 사망자 수가 2천7백 명에서 3천4백 명에 이를 것으로 보았다.[112]

외국인 관찰자들은 인민 해방군의 일 처리 방식을 맹비난했다. M. H. 파 사령관은 몇 주 동안 교외에서 군인들의 움직임을 추적한 영국 국방부와 나토(NATO) 특설 팀의 연합 정보에 근거해 〈인민 해방군에 주어진 무혈 승리의 기회를 전혀 활용하지 못한 총체적인 군사적 무능〉이 자신이 받은 즉각적인 인상 중 하나였다고 평가했다.[113]

일요일에도 시내로 진입하는 대규모 수송 행렬이 줄을 이었다. 50대의 트럭에 나누어 탄 군인들이 만리장성 셰러턴 호텔 앞을 지나가면서 무차별적으로 총을 난사했다. 도시 곳곳의 교차로와 고가 도로 근처에서는 숨어 있던 사람들이 시신을 수습하려고 모습을 드러냈다가 총격이 재개되면 다시 흩어지기를 반복했다.[114]

다음 날인 6월 5일 월요일 정오 무렵에 한 남성이 두 개의 쇼핑백을 들고 횡단보도에 서 있는 모습이 목격되었다. 그는 톈안먼 광장을 떠나는 중이던 일단의 탱크들이 철커덕하는 소리와 함께 급정거하도록 만들었다. 선두에 있던 탱크가 그를 피해 우회하려 했지만 그는 반복해서 위치를 바꾸어 가며 진로를 방해했다. 양측은 곧 교착 상태에 빠졌다. 그러자 남자가 탱크 위로 올라갔고 운전자와 이야기를 나누었다. 짧은 대화가 끝나자 그는 탱크 옆쪽으로 내려와 다시 앞을 막아섰다. 그 순간 행인 두 명이 그를 안전한 곳으로 끌고 갔다. 그렇게 그들은 근처에 있던 군중 속으로 사라졌다. 이 장면은 20세기의 가장 상징적인 그림 중 하나가 될 터였다.

6
분수령(1989~1991)

도시 곳곳에 대규모 정전이 발생한 가운데 사람들은 며칠간 어둠 속에서 초조하게 집을 지켰다. 상점도 문을 닫았다. 누가 책임자인지 아무도 몰랐다. 신문도 없었고, 방송 매체는 시민들에게 계엄령을 준수하라고 경고하는 엄중한 내용만 반복할 뿐이었다. 최고 지도자들은 침묵했다. 그러자 온갖 소문이 난무했다. 리펑이 유탄에 맞았다거나, 양상쿤이 수도를 탈출했다는 말이 돌았다. 베이징 외곽에서 서로 다른 군 파벌이 대립하고 있다는 소문도 들렸다.[1]

화요일 저녁에 앞서 학생들을 공개 방송 토론에서 제외시켰던 단호한 국무원 대변인 위안무가 텔레비전에 모습을 드러냈고, 수도에서 〈충격적인 반혁명적 폭동〉이 일어났지만 용감한 인민 해방군이 개입하여 진압되었다고 발표했다. 그는 진압 과정에서 약 3백 명이 사망한 것으로 추산했으며 사망자 대부분이 군인이었다고 주장했다.[2]

다음 날부터 군인들이 도시를 청소하기 시작했다. 창안 대로를 따라 곳곳에서 기중기들이 검게 타버린 버스와 장갑차 잔해를 짐칸이 평평한 트럭에 싣는 모습이 목격되었다. AK-47을 등에 둘러맨 군인들이 나머지 부스러기를 깨끗이 쓸어 모아 한 켠에 쌓아 놓았다.[3] 도시는 적막했고, 가끔씩 들리는 단발적인 총소리를 제외하면 조용했다. 진정한 광란의 현장은 손에 여권을 든 채 중국을 벗어나기 위해 필사적으로 비행기표를 예약하려는 사람들로 가득한 공항이었다. 모든 교통편이 마비된 까닭에 공항으로 향하는 길에는 여러 무리의 사람들이 삼륜 자전거에 여행 가방을 잔뜩 실은 채 도심에서 약 30킬로미터 떨어진 공항까지 걸어가고 있었다.[4]

6월 8일 목요일, 리펑이 인민 대회당에서 텔레비전에 출연했다. 현대식 정장 대신 인민복을 입은 그는 임무를 잘 수행했다며 흡족한 얼굴로 군을 치하했다. 그는 박수로 자신을 맞이한 군인들을 향해 〈동지 여러분, 수고했습니다〉라고 말했다. 방송 이후 도시는 적어도 외관상으로는 일상을 회복해 나갔다. 버스도 운행을 재개했다. 상점들이 토요일 이후로 처음 문을 열자 주민들도 조용히 집 밖으로 나오기 시작했다. 좁은 뒷골목에서는 노인들이 그들이 키우는 새를 산책시켰다. 창안 대로에서는 다수의 육군 소대가 순찰을 돌았고 그들 중 일부는 다음과 같이 외치기도 했다. 〈조국을 지키자. 인민 만세, 레이펑에게 배우자!〉 톈안먼 광장을 비롯하여 전략적으로 중요한 모든 곳에서는 탱크와 장갑차, 손에 소총을 든 군인들이 경계를 서고 있었다.[5]

학살 소식이 전해지면서 다른 도시 사람들도 시위에 나서기 시작했다. 6월 5일에는 덩샤오핑과 양상쿤의 고향인 청두에서 시위대가 폭동을 일으켜 당국이 계엄령을 선포하기에 이르렀다. 나흘 동안 지역 주민과 치안 부대 사이에서 격렬한 싸움이 벌어졌고, 한 대형 백화점이 불타 잿더미로 변했다. 경찰이 진압봉으로만 무장한 덕분에 총격은 일어나지 않았다. 시위 과정에서 수십 명의 사망자가 발생한 것으로 발표되었는데 실제로는 수백 명에 이른다는 소문도 있었다.[6]

대중에 의한 소요 사태는 다른 도시에도 영향을 미쳤다. 오랜 성도인 시안에서는 군사적 진압을 우려한 사람들이 도시로 진입하는 좁은 출입구를 봉쇄했다. 3천 명의 시위자들은 광저우로 이어지는 모든 다리도 폐쇄했다. 란저우에서는 수만 명의 시위대가 중앙 광장을 점거하고 확성기를 통해 〈미국의 소리〉를 방송했다. 또한 기차역과 모든 주요 도로를 봉쇄했으며, 5일이 지난 뒤에야 해산에 동의했다.[7]

대다수 다른 지역과 달리 상하이에서는 학살에 관련된 정보가 자유롭게 유통되었고 홍콩발 기사들의 사본도 공공건물과 버스 정류장 등 눈에 잘 띄는 곳에 전시되었다. 시위대는 버스를 징발해 임시 바리케이드 주변마다 배치했다. 학생들이 장악한 몇몇 동네에서는 〈미국의 소리〉 뉴스가 방송되기도 했다. 많은 지역 주민이 분노를 표했지만 그와는 별개로 심지어 시위자들 사이에서조차 시위를 계속 이어 가는 것에 대한 지지가 줄어들기 시작했다. 그리고 그와 같은 변화는 당국이 직접적인 마찰을 피하고 거리에서 경찰을 철수시키는 데 도움을 주었다.[8]

6월 8일에는 시장인 주룽지가 지역 라디오와 텔레비전에 나와 평정을 되찾을 것을 호소했다. 말쑥한 정장과 넥타이 차림으로 등장한 그는 과장된 목소리로 〈여러분은 상하이의 혼란을 원하는가?〉라고 물었다. 시장은 손을 흔들어 계엄령과 군사 개입 가능성을 배제하면서도 혼란을 야기하는 이들은 〈법적인 처벌을 받게 될 것〉이라고 경고했다. 계속해서 사람들이 상하이를 예의 주시 할 거라는 말도 했다. 그의 웅변은 23만 명에 달하는 노동자 민병대라는 결과물로 나타났고, 그들은 달랑 대나무 모자만 쓴 채 오후에 도시 전역의 주요 교차로로 흩어졌다. 그들은 내내 품위를 지키며 학생들과 적당한 거리를 유지했다.[9]

주룽지는 거의 노변담을 나누듯 자신의 메시지를 전달했는데, 그것은 탁월한 선택이었다. 그는 수도에서 발생한 사건들에 딱히 연연하지 않았다. 그의 설명에 따르면 해당 사건들은 〈이제 과거가 되었고 역사의 심판을 받게 될 것〉이었다. 다음 날 시위대는 시청까지 행진을 벌였고 그들의 요구를 전달한 뒤 조용히 해산했다. 첫판은 자신들이 졌음을 받아들이고 살아남아 다음을 도모하기로 의견을 모은 듯 보였다.[10]

베이징에 총소리가 잦아들기 전부터도 세계 각국 정부는 학살을 규탄했다. 6월 4일에 마거릿 대처는 〈소름이 끼쳤다〉고 말했고, 오스트레일리아 총리 밥 호크는 예정되어 있던 상하이 방문을 취소함으로써 〈분노의 메시지〉를 전달했다. 파리에서는 프랑수아 미테랑 대통령이 자유를 위해 들고일어난 청년들에게 총질하는 정부는 미래가 없다고 선언했다. 헬무트 콜 독일 총리는 〈극악무도한 폭력의 야만적 행사〉라며 노골적인 비난을 서슴지 않았다.[11]

이제 막 인민 공화국과 관계를 정상화한 참이던 미하일 고르바초프는 수줍은 쪽에 가까웠다. 소련 의회는 〈지혜와 건전한 이성, 균형 잡힌 접근 방식〉을 촉구하는 미지근한 결의안을 통과시켰다. 중국 정부의 가장 든든한 지원자는 탄압을 공개적으로 지지하고 군이 〈대중과 학생들의 동의를 받아〉 개입했다고 말한 동독이었다. 며칠 뒤 동베를린에서 두 번째로 높은 관리 에곤 크렌츠가 중국 지도부의 확고한 태도에 만족을 표하는 메시지를 보냈다.[12]

조지 H. W. 부시 대통령의 상대적으로 조용한 반응도 있었다. 학살이 발생한 지 하루 뒤에 그는 무력 사용을 개탄하며 중국 지도부에 〈억제 정책〉으로 돌아갈 것을 호소했다. 그는 복잡하게 얽힌 상업적 관계가 가지는 힘에 믿음을 표하면서 바로 그 힘이 작금의 〈불행한 사건들〉을 극복하고 중국을 부단히 민주제로 이끌 거라고 생각했다. 사흘 뒤인 6월 8일, 백악관의 이스트 룸에서 부시 대통령이 카메라 앞에 섰다. 다시 한번 그는 군인들을 동원한 폭력을 비난하면서도 〈끔찍한 사건으로 중국의 모든 인민 해방군을 판단하면 안 된다고 생각한다〉는 말로 단서를 달았다. 무엇보다 그는 중국 지도부에 면죄부를 주고자 했다. 그는 기자들에게 덩샤오핑이 문화 대혁명 당시에 두 번이나 숙청된 전력이 있으며 그런 점에서 〈전향적인〉 지도자임을 상기시켰다. 부시 대통령은 자신이 덩샤오핑에게 전화 연락을 시도했지만 〈통화 중〉이었다고 설명했다.[13]

몇 주 동안 모습을 보이지 않던 덩샤오핑은 6월 9일에 부쩍 늙고 지친 모습으로 군인들 앞에서 연설하기 위해 나타났다. 리펑과 양상쿤이 좌우에서 그를 부축하고 있었다. 손도 떨렸고 연설은 중간중간 끊기거나 발음이 뚜렷하지 않았다. 해외에 널리 유포된 공식 성명서는 〈극소수의 사람들이 반혁명적인 폭동〉을 일으켰다고 비난했으며, 그들이 〈공산당과 사회주의 체제를 전복〉하려 했다고 주장했다. 하지만 검열을 받지 않은 연설문에서 그는 〈제대로 교화되지 않은 몇몇 석방된 죄수들과 소수의 정치 깡패들, 사인방을 추종하는 잔존 세력들, 그 밖의 사회 쓰레기들〉을 원흉으로 꼽았다. 그는 〈미국의 소리〉로 대표되는 〈적대적인 외국 세력〉이 폭동을 선동하고 유언비어를 퍼뜨렸다고 주장했다.[14]

군대를 상대로 한 덩샤오핑의 연설 뒤에 일련의 선전 공세가 시작되었다. 6월 10일에 영국 대사관이 〈6월 3일과 4일에 일어났던 사건들이 마치 그들의 기억 속에서 사라진 듯 보였다〉라고 언급할 정도였다. 학살을 은폐하기 위해 군은 반혁명적인 음모에 빠진 무뢰한과 범죄자에게 공격당한 희생자처럼 그려졌다. 소박한 병실에서 회복 중인 부상병들이 텔레비전에 나왔고 당 지도자들 몇몇은 꽃다발까지 들고 잇따라 그들을 방문했다. 그들 옆에는 흰색 간호복을 입은 예쁘장한 간호사들이 웃고 있었다. 24시간 내내 방영된 그 프로그램은 중간중간에 불에 탄 차량의 운전석에 앉아 타 죽은 군인들 사진을 내보냈다. 미국인 기자 해리슨 솔즈베리는 그의 일기장에서 〈가장 잔인한 장면: 벌거벗은 채 내

장이 흘러나오고 성기가 우뚝 솟아 있는 한 소년 병사〉라고 썼다.[15]

그럼에도 가장 광란적인 언어는 그 예봉을 미국에 겨눈 채 외국인들을 향하고 있었다.[16] 학살 이전에도 중국 당국은 미국을 겨냥해 여러 대회를 조직했던 터였다. 6월 2일에는 베이징에서 약 60킬로미터 떨어진 미윈의 한 경기장에서 세 명의 남자가 엉클 샘 복장을 하고서 가짜 코를 붙이고 파란색 망토와 성조기 문양이 들어간 중절모를 쓴 채 1만 명에 달하는 주민과 학생 앞에서 공연을 펼쳤다. 이 과정에서 그들은 민주주의 운동과 특히 민주주의 운동을 뒤에서 부추겼다고 정권의 비난을 받은 팡리즈를 조롱했다.[17]

사흘 뒤 신변의 위협을 느낀 팡리즈와 그의 아내는 미국 대사관으로 피신했으며 바로 다음 날 피신처를 제공받았다. 이 때문에 6월 8일에 미국 대사 제임스 릴리가 중국 외무부의 호출을 받았고 반혁명을 선동하는 데 도움을 준 범죄자에게 피신처를 제공했다는 이유로 질책을 당했다. 장차 1년간 지속될 외교적 교착 상태의 시작이었다. 중국 정권이 보기에는 자본주의 진영에서 사회주의 체제를 전복시키기 위해 심은 인물로 팡리즈를 의심했던 자신들이 결국 옳았던 셈이었다.[18]

무대 뒤에서 미국은 그들의 입장을 누그러뜨리고자 노력했다. 제임스 A. 베이커 국무 장관이 모든 고위급 교류를 차단한 상황에서 6월 중순에 헨리 키신저가 중국의 오랜 친구인 자신은 믿어도 된다는 비공개 메시지를 중국 정부에 전달했다.[19]

몇 주 뒤 브렌트 스코크로프트 국가 안보 보좌관이 비밀 임무를 띠고 베이징으로 날아갔다. 그는 7월 2일에 덩샤오핑을 만나 〈부시 대통령은 덩샤오핑과 중국의 진정한 친구〉라고 강조했다. 그리고 이렇게 덧붙였다. 〈우리는 둘 다 오랫동안 헨리 키신저의 가까운 동료였다.〉 조지 부시는 중국을 제재하는 데 개인적으로 반대했으며 오히려 협력을 강화하고자 했다.

    덩샤오핑은 퉁명스럽게 미국이 혼란에 연루되었다고 주장하면서 사회주의 체제를 전복하려는 시도가 〈전쟁으로 이어질 수도 있다〉고 말했다. 또한 중국이 헨리 키신저 박사와 브렌트 스코크로프트 본인을 포함하여 많은 미국인 친구가 있는 것은 맞지만 〈미국의 소리〉는 〈대규모로 유언비어를 양산〉했고, 미국은 〈중국의 이익에 상당히 큰 규모로 해를 끼쳤다〉라고 항의했다. 〈매듭을 푸는 것〉은 미국 정부의 몫이었다.[20]

    비밀 임무가 불러온 결과는 하나였다. 즉 밀사가 방문하여 선물을 주고 간 뒤, 중국 정부는 워싱턴에서 공개적으로 흘러나오는 말 중 많은 것을 무시해도 된다는 사실을 알게 되었다.[21]

6월 8일에 라디오와 텔레비전을 통해 〈반동분자〉와 그 밖의 범죄자에 대한 체포 명령이 발표되었다. 수도 전역에 직통 전화가 설치되었고 당국은 〈모든 시민〉이 혼란에 관여한 사람을 신고할 〈권리와 의무〉가 있다고 선언했다. 이틀 만에 베이징에서만 4백여 명이 체포되었다. 며칠 동안 국영 텔레비전은 용의자들이 구금되는 모습을 내보냈다. 그들은 등 뒤에서 수갑이나 밧줄로 양손을 결박당한 채 엄격한 보안 요원들에 의해 강제로 고개를 숙이고 있었다. 이웃이나 심지어 친척을 신고한 제보자들도 텔레비전에 나왔고, 그들이 보여 준 불굴의 용기에 칭찬이 쏟아졌다. 6월 13일에는 21명의 학생 지도자에 대한 체포 영장이 발부되었으며 그들의 사진이 텔레비전과 신문에 공개되었다.[22]

    왕단은 처음에는 종적을 감추었지만 자신의 도피가 자신을 도와주고자 했던 사람들을 위험에 빠뜨릴 거라는 생각에 괴로워하다 몇 주 만에 결국 마음을 바꾸었다. 그는 베이징으로 돌아와 자수했고 징역 4년 형을 선고받았다. 1978년에 민주의 벽 운동 당시 독방에 수감된 적이 있던 런완딩도 징역 7년 형을 선고받고 다시 수감되었다. 6·4 항쟁 초기에 광장을 떠나라고 학생들을 설득했던 문학 이론가 류샤오보도 체포되어 악명 높은 친청 감옥에 19개월 동안 수감되었다.

〈노란 새 작전〉이라는 암호명으로 불린 대담한 작전을 통해 홍콩의 밀수업자들과 동조자들이 본토에서 탈출하려는 정치 활동가들을 도왔다. 우얼카이시와 차이링은 둘 다 21명의 학생 지도자 중 수배 대상 1순위인 7명에 포함되어 있었지만 무사히 탈출하는 데 성공했다. 자오쯔양의 측근이었던 옌자치는 홍콩에 도착한 최초의 지식인 중 한 명으로 홍콩에 도착하자마자 중국 정권과 그들의 〈지극히 파쇼적인 몰살 정책〉을 비난하는 논설을 발표했다.²³ 대담하게 모든 정치범에 대한 복권을 촉구했던 쑤사오즈도 곧 그의 뒤를 따랐다. 「하상」의 작가 쑤샤오캉은 홍콩으로 밀입국하기 전까지 3개월 동안 외딴 마을에 숨어 지냈다. 수년에 걸쳐 수백 명이 그들의 뒤를 따랐으며 중요한 반체제 인사들을 찾아 구출하기 위한 팀도 파견되었다. 홍콩에 도착한 사람들은 호텔이나 외진 곳에 위치한 은신처, 개인 주택 같은 임시 거처를 제공받았다. 영사관 직원들도 그들이 공항의 출입국 관리소를 통과하여 유럽이나 미국으로 건너가 새로운 삶을 시작할 수 있도록 도와주었다.²⁴

6월 중순이 되자 재판은 새로운 국면을 맞았다. 베이징과 상하이, 지난에서는 즉결 재판이 열렸고 사형이 집행되었다. 사형 집행 과정은 언제나 동일했는데, 대규모 군중 앞에서 죄수의 뒷머리에 총을 쏘는 방식이었다. 한편 중앙 고문 위원회의 몇몇 당 원로들은 보다 단호한 조치를 요구했다. 예컨대 1979년부터 1981년까지 농림부 부장으로 복무한 훠스렌은 대대적인 처형을 제안했다. 〈우리가 사람들을 쫘 죽이지 않으면 이 문제는 결코 해결되지 않을 것이다.〉 총살을 당한 희생자 수는 많지 않았지만, 그럼에도 불구하고 이들에 대한 처형은 전 세계적으로 엄청난 반발을 불러일으켰다. 마거릿 대처는 〈정말 소름이 끼쳤다〉라고 말했다. 특히 홍콩 사람들은 공산주의식 정의의 성마른 본성에 경악을 금치 못했다.[25]

선전 활동은 절제되었지만 체포는 계속되었다. 6월 30일에 중앙 위원회는 〈반혁명적 행위를 단호히 진압〉할 것을 요구하는 중앙 3호 문건을 배포했다. 〈우리는 단호한 태도를 취해야 하며, 마음이 약해지지 말아야 한다.〉 국제 사면 위원회는 비공식적인 소식통을 인용하여 중국 전역에서 〈사보타주〉나 약탈, 공공질서 파괴부터 〈반혁명적인 활동〉에 가담한 행위까지 온갖 혐의로 수만 명에 달하는 사람들이 구금되었을 것으로 추산했다.[26]

학생과 교사를 비롯하여 언론인과 예술가, 심지어 군인 장교에 이르기까지 사회 각계각층의 사람들이 구금되었지만 탄압의 가장 큰 피해자는 단연 일반인들이었다. 중앙 3호 문건에 따르면 학생들은 순진해서 〈일시적인 혼란〉을 겪었을 뿐이었고 따라서 단호하게 척결되어야 할 대상은 그들을 뒤에서 조종한 무뢰한들과 범죄자들이었다. 덩샤오핑은 연설에서 그들을 〈사회의 쓰레기〉라고 지칭했다. 그들은 버스 기사였고, 공장 노동자였으며, 상점 직원이었고, 민주주의 운동에 휩쓸린 그 밖의 수많은 무명인이었다. 이제 그들은 자신들의 이상을 추구했다는 이유로 값비싼 대가를 치르게 될 터였다. 학대와 고문, 중노동을 비롯한 온갖 형벌을 경험할 것이고, 출소 이후에도 사회적 고립과 실직 등의 고통을 받게 될 터였다.

군대가 도착했을 때 밖에서 놀다가 목숨을 잃은 여덟 살짜리 소녀의 훼손된 사체를 보고 천에 불을 붙여 트럭을 태운 정비공 장마오성도 그들 가운데 한 명이었다. 그는 비밀 재판에서 사형을 선고받았지만 17년의 노동을 통한 교화 형으로 감형받았다. 창사에서 올라와 주석의 초상화를 달걀과 먹물로 훼손한 노동자 세 명은 후난성 제2교도소에서 8년에서 16년의 복역 기간 중에 상습적으로 구타를 당했으며 때때로 전기 고문까지 당했다. 그들 중 한 명은 결국 정신 질환을 얻었다.[27]

또 다른 예로 버려진 군 보급품 트럭을 발견한 노동자도 있었다. 그와 그의 친구들은 트럭을 털어서 나온 음식을 학생들에게 나누어 주었다. 자신은 구운 닭고기 한 조각을 취했을 뿐이었다. 하지만 문제의 닭고기는 그에게 불리한 증거로 이용되어 결국 그는 징역 13년 형을 선고받았다. 인터뷰 진행자에게 자신의 사연을 이야기하면서 그는 〈정말 비싼 닭고기였다〉라며 한숨지었다. 기소장에 따르면 한 장애인은 〈자신의 목발로 탱크를 수차례 가격한 뒤 우쭐해져서 절뚝거리며 현장을 벗어난 혐의〉로 10년 동안 감옥살이를 해야 했다.[28]

정확한 숫자를 파악하기는 어렵지만 1년 뒤에 열린 한 비밀회의에서 공안부 부부장 구린팡은 1989년에 1백만 건이 넘는 형사 사건이 해결되었다고 발표했다.[29]

폴란드의 솔리다르노시치(연대)가 공산권에서 국가가 인정한 최초의 노동조합이 된 이후로 중국 정권은 내내 자국의 노동자들이 노동조합을 설립할까 봐 노심초사해 온 터였다. 따라서 6·4 항쟁으로 이어지는 치열한 시기에 설립된 베이징 노동자 자치 연합회는 설립과 동시에 탄압 대상이 되었고 연합회 지도자 한둥팡은 감옥에 보내졌다. 1989년 7월에 차오스는 〈솔리다르노시치가 노동자를 대변하는 데 그치지 않고 하나의 정당으로 발전했으며 공산당을 대체하는 어떤 것이 되었다. 우리가 교훈으로 삼아야 할 점이 바로 그것이다〉라고 설명했다. 야오이린도 1983년에 노벨 평화상을 수상한 폴란드의 자치 노조 위원장을 언급하며 〈혼란이 지속되었다면 아마도 또 다른 바웬사가 등장했을 것이다〉라고 조심스럽게 말을 보탰다.[30]

폴란드의 또 다른 망령 중 하나는 공산주의 정권에 대한 반대를 부추긴 가톨릭교회였다. 1978년에 요한 바오로 2세가 된 카롤 보이티와는 모국인 폴란드를 비롯해 세계 많은 지역의 민주주의 운동에 영감을 준 터였다. 중국 정부는 항상 로마를 가장 경계해야 할 전복 세력으로 여겼고, 신도들에게 바티칸과 모든 관계를 끊은 공식적인 교회에서만 예배를 볼 수 있도록 허용했다. 이른바 〈애국 교회〉로 불린 이들 교회는 1989년에 신도 수가 3백만 명을 넘었다고 주장했지만 한편에서는 무려 6백만 명에 달하는 신도들이 여전히 교황을 따르고 있었다. 교황의 사제들은 이념적 침투 행위의 선봉으로 간주되었다. 1990년 6월에 국무원 산하의 종교 사무국 수장 런우즈는 〈지난 몇 년간 종교를 이용하여 우리에 대한 침투와 사보타주를 수행하려는 국내외 적대 세력들의 활동이 강화되었다〉고 주장했다. 그리고 다음과 같이 덧붙였다. 〈몇몇 불법적인 세력들이 사립 학교뿐 아니라 비밀 신학 대학과 신학교를 운영하면서 성서를 공부하고 있다. 그들은 젊은 세대를 선점하기 위해 우리와 경쟁하고 있다.〉 지도부는 모든 종류의 종교를 사회주의 체제에 대한 위협으로 간주하며 〈지하의 적대적인 세력들〉을 공격하고, 분열시키고, 해체시킬 것을 요구했다.[31]

앞서 1989년 12월에는 중국 북부 지역에서 30명이 넘는 비밀 교회 지도자들이 체포되었다.[32] 이듬해에는 더 많은 사람이 체포되었다. 홍콩에서 기차로 몇 시간 거리에 위치한 중국 남부 도시 광저우에서는 60명의 공안 요원들이 새뮤얼 램 신부의 집에 들이닥쳐 수천 권의 성서를 몰수했다. 교회 오르간을 삼륜 자전거로 옮기는 모습이 목격되기도 했다. 1991년에 이르러서는 체포된 가톨릭교회 지도자 수가 140여 명으로 급증했다.[33]

그중에서도 탄압이 가장 심했던 곳은 반란의 위험이 상존하는 제국의 변두리 지역이었다. 1989년 5월에 신장의 성도 우루무치에서 수만 명의 사람들이 민주주의를 지지하며 행진을 벌였다. 1990년 4월에는 보다 심각한 봉기가 바렌 마을을 흔들어 놓았는데 약 2백 명의 시위자들이 지역 관청을 습격해 공안 부대에서 무기를 탈취하고 6명의 무장한 장교들을 죽인 것이다. 정권은 신속하게 대응했고 압도적인 힘을 동원해 봉기를 진압했다. 사제들이 숙청되었고, 모스크는 폐쇄되었으며, 수천 명에 달하는 사람들이 체포되었다.[34]

이 사건은 일종의 분수령이 되었다. 신장에서만 그와 같은 방식이 적용된 것도 아니었다. 1980년대에 적용되었던 회유적인 접근법은 중국 전역에서 전술적인 실수로 간주되었다. 중앙 위원회는 1990년 4월 2일에 새로운 지침을 통해 〈사회 혼란이 발생할 경우 지역 당직자는 그 즉시 단호하게 대처해야 한다〉라고 설명했다. 리펑은 전국의 소요 사태와 관련해 직접 진압 지시를 내리는 과정에서 〈맨 앞으로 나서는 새를 쏴라〉라고 전화기에 대고 반복적으로 명령했다. 그는 학교든, 모스크든, 또는 마을이든 아주 사소한 사건이라도 적대적인 외세의 은밀한 도움을 받으면 매우 빠른 속도로 확산되고 사회 안정을 해칠 수 있으므로 애초에 싹을 제거해야 한다고 주장했다. 『인민일보』는 군사적 진압 문제를 다룬 1면 보도에서 앞으로 수십 년 동안은 〈다른 무엇보다 사회 안정〉이라는 구호가 길잡이 역할을 할 거라고 선포했다.[35]

최고위층에서도 숙청이 진행되었다. 계엄령을 선포하기 하루 전, 덩샤오핑은 총서기인 자오쯔양을 끌어내리고 상하이의 당 서기이던 장쩌민을 그 자리에 세우기로 결심했다. 자오쯔양은 완전히 무시되었고 몇 주 동안 모든 통신이 차단되었다. 또 다른 상무 위원회 위원이자 선전부 부장이던 후치리도 격리되었다. 일주일 뒤 자오쯔양의 측근인 바오퉁이

〈국가 기밀을 유출〉한 혐의로 체포되었다. 그는 감옥에서 7년을 보낸 뒤 가택 연금에 처해질 터였다.[36]

6·4 항쟁 이후 주요 당직자들에게는 입장을 명확히 하고 전직 총서기와 거리를 두라는 지시가 내려졌다. 군대를 향한 덩샤오핑의 연설은 전국의 모든 당원에게 배포되었으며 의무적으로 진행된 학습회를 통해 연구되었다.[37]

6월 16일에 덩샤오핑은 다시 연설에 나섰다. 이번에는 중앙 위원회 위원들이 그 대상이었다. 〈오직 사회주의만이 중국을 구할 수 있고, 오직 사회주의만이 중국을 발전시킬 수 있다.〉 그는 경제 개혁과 개방 정책에는 아무런 변화가 없을 거라고 주장하면서 조속한 발전의 중요성을 강조했다. 그러면서 자신이 좋아하는 화제, 즉 경제 규모를 1980년부터 2000년까지 네 배로 성장시켜야 한다는 주장을 다시 꺼내 들었다. 덩샤오핑은 후회하는 기색이 전혀 없었고 오히려 군대의 개입으로 중국이 향후 10년에서 20년 동안 안정을 확보하게 되었다고 주장했다.[38] 당 지도자들은 그의 연설을 환영하며 널리 유포했다. 한 전직 『인민일보』 편집자는 〈오직 그만이 사람들을 설득할 수 있는 적절한 말을 찾을 수 있다〉는 의견을 내놓기도 했다.[39]

이제는 당이 우두머리를 중심으로 결집한 상태였고 따라서 공식적으로 자오쯔양에 대한 비난이 본격적으로 시작되었다. 6월 19일부터 21일까지 열린 일련의 격렬한 회의에서 당 원로들이 차례로 나서서 자오쯔양을 공격했다. 3년 전에는 비슷한 상황에서 후야오방이 6일 연속으로 모욕을 당한 적도 있었다. 그에 비하면 자오쯔양의 시련은 그 절반에 불과했다.[40]

6월 24일에 열린 제4차 전체 회의에서는 비밀 투표조차 진행되지 않았다. 참석자들은 만장일치로 손을 들어 자오쯔양을 퇴출시키고 장쩌민을 맞아들였다. 새로운 총서기의 첫 업무 지시는 최고 지도자를 찬양하고 반혁명 운동에 맞서 싸우기 위해 취해진 모든 조치가 적절했음을 추인하는 것이었다. 그는 군대와 무장 경찰들을 치하했다. 회의는 한 시간 만에 끝났다.[41]

둥근 얼굴에 머리가 희끗희끗한 62세의 장쩌민은 1947년에 상하이에서 전기 공학 학위를 취득한 뒤 1950년대에 모스크바의 스탈린 자동차 공장에서 연수했으며 그곳에서 리펑을 만났다. 그는 총리보다 아주 조금 더 교양이 있었는데 외국 손님들과 소소한 대화를 나누면서 자신이 가진 약간의 외국어 실력을 뽐내기 좋아했다. 또한 뜬금없이 노래를 부르기도 했다. 그는 자신이 시장으로 근무하다 나중에 당 서기가 된 상하이에선 인기가 없었다. 무엇보다 상하이의 경제가 침체되어 있었기 때문이고, 당 서기가 된 이후에는 민주주의 운동이 발발했을 당시에 지식인들을 거칠게 탄압했기 때문이었다.[42]

상냥한 태도에 가려져 있었지만 장쩌민은 단호한 마르크스·레닌주의자였다. 총서기가 된 뒤로 몇 달 동안 그는 적대적인 외국 세력이 부르주아 선전을 이용해서 중국에 침투하여 공산당을 무너뜨리고 있다는 당 노선을 강력하게 밀어붙였다. 1989년 7월 28일에 중앙 위원회에서 배포한 중앙 7호 문건은 자본주의자들의 음모에 대해 자세히 설명했다. 〈제국주의 진영 전체가 우리로 하여금 사회주의자의 길을 포기하도록 만들려 하고 있으며, 우리를 국제 독점 자본주의의 봉신(封臣)으로 만들려 한다. 그들은 정치적, 이념적으로 우리 나라에 침투하기 위해 다양한 수단을 동원하고 있으며,《민주주의》와《자유》,《인권》이라는 자본주의의 허상을 확산시킴으로써 중국 내에 부르주아 자유화라는 이념적 흐름을 선동하고 지원하고자 노력을 아끼지 않는다.〉6·4 항쟁으로 절정에 달했던 민주주의 운동은 〈계획적으로 조직되고, 사전 모의된 정치적 동란〉이었고 〈부르주아 자유화와 국제적 반공주의, 반사회주의 세력들이 정치적, 이념적으로 중국에 침투하기 위해 벌인 시도〉의 결과였다.[43]

이 음모는 〈화평연변(和平演變)〉이라는 이름으로 불렸다. 1957년에 미 국무 장관 존 포스터 덜레스가 최초로 공식화한 개념이었다. 그는 평화로운 수단을 이용하여 소비에트 진영에 속한 국가들의 민주화를 앞당김으로써 공산주의의 기대 수명을 단축하기를 바란 터였다. 덜레스는 〈전쟁을 제외한 모든 도덕적, 물질적 지원〉을 언급했는데, 여기에는 폴란드와 헝가리처럼 〈철의 장막 뒤에서 노예화된 나라들〉을 지원하기 위한 민간 투자자들의 대출과 국제 은행의 신용 대출도 포함되었다. 하지만 그는 중국에 대해서는 그러한 지원을 제공할 생각이 전혀 없었다. 1958년 12월 4일에 덜레스는 중국을 외교 상대로 인정하고 그들과 교역하는 것에 강하게 반대하면서 〈서태평양에서 우리를 몰아내고자 안달하는〉 정권에 왜 굳이 〈원조와 편의〉를 제공해야 하는지 의문을 표했다.[44]

화평연변에 주목한 공산주의 지도자 중 한 명이 마오쩌둥이었다. 1959년 11월, 대약진 운동에 의구심을 표한 360만 명의 당원들을 잔혹하게 숙청하던 와중에도 그는 덜레스가 공식화한 개념을 논의하기 위해 회의를 소집했다. 그리고 미국이 〈우리를 전복시키고 변화시키기를 원한다〉고 주장했다. 〈그들은 화평연변을 통해 우리를 타락시키고 싶어 한다.〉 몇 년 뒤에 마오쩌둥은 〈주자파〉나 〈부르주아 세력〉이 당에 침투하지 못하도록, 그리고 사회주의 체제를 약화시키지 못하도록 하기 위해 문화 대혁명을 일으켰다.[45]

중앙 7호 문건은 〈화평연변〉을 통해 공산당과 사회주의 체제를 〈전복〉하려는 〈독점 자본주의 세력〉의 시도에 맞서 당에 높은 수준의 경계령을 발령했다. 그리고 1986년 12월 학생 운동 당시에 수완을 발휘한 톈진의 당 서기 리루이환의 지휘를 받고 있던 선전부가 움직이기 시작했다. 그 결과 당원들은 각종 학습회와 세뇌 모임에 소집되었고, 6·4 항쟁으로 이어진 사건들과 관련해서 어떻게 바라보는 것이 바람직한 해석인지를 배웠다. 학생들에게는 몇몇 〈정치적 음모자들이 외국의 적대적인 세력과 공모했다〉는 조작된 정보가 제공되었다. 그리고 실상은 정반대였지만 〈외국의 제국주의 열강들〉이 〈우리를 전멸시키려는 욕망〉을 절대로 포기하지 않을 거라는 경고를 들었다. 〈그들은 기회가 생기는 순간, 힘들이지 않고 승리하기 위해 화평연변을 이용할 것이다.〉 당을 상대로 한 음모는 〈사전에 모의되었고, 조직적이었으며, 치밀하게 계획된〉 것이었다. 〈단식 농성부터 폭행과 파괴, 약탈, 방화, 살인에 이르기까지 일련의 사건들에서 나타난 모든 행동은 계획적이고 조직적이었다.〉 끊임없는 경계 태세도 중요하지만 화평연변에 맞서 싸울 수 있는 강력한 정부가 필요했다. 그리고 이 목표에 도달할 수 있는 유일한 방법은 지속적인 경제 개혁과 개방 정책뿐이었다.[46]

또한 일반 대중은 공식 매체에서 지속적으로 발표되는 기사들뿐 아니라 끊임없는 라디오와 텔레비전 방송을 통해 반혁명적 음모의 진정한 실체와 〈화평연변〉의 위험성에 대해 여름 내내 교육을 받았다. 중국 역사 박물관에서는 반혁명 운동이 어떻게 진압되었는지 보여 주는 전시회가 열렸다. 전시 품목 중에는 시위대에 의해 불탄 탱크 두 대와 장갑차 세 대, 몇몇 트럭들의 잔해도 있었다. 이탈리아 정부에서 기증한 구급차는 아무런 손상도 입지 않은 멀쩡한 상태였다. 윗면이 유리로 된 진열장 안에 반혁명적인 벽보와 전단지도 전시되어 있었고 열렬한 독자들이 그 주위를 둘러싸고 있었다. 한 텔레비전 화면에서는 학생들이 어떻게 조종되었는지 설명하는 단호한 목소리와 함께 시위 모습이 재생

되었다. 집에서 만든 조잡한 권총 한 자루와 반으로 깨진 벽돌 조각, 화염병 등 당시에 사용했던 무기도 일부 전시되어 있었다. 수도 전역에 있는 회사들은 직원들을 전시회로 파견해 직접 보고 느끼도록 했다.[47]

8월 말에 덩샤오핑의 『문선』 제2권이 출간되었다. 그 책은 대대적인 홍보와 함께 배포되었다. 언론은 최고 지도자 덩샤오핑을 경제 개혁의 설계자이자 마오쩌둥 사상의 대가라며 칭송했다.[48]

대학생들은 수업에 복귀했지만 정작 민주주의 운동에 참여했다는 서면 자백을 비롯하여 6주 동안 정치적 세뇌 교육을 받은 다음에야 수업을 들을 수 있었다. 그들에게 제시된 롤 모델은 레이펑이었다. 장쩌민은 몇몇 대학을 직접 방문해 참회 중인 학생들의 자백을 진지하게 경청하기도 했다. 하지만 그가 중간에 불쑥 끼어드는 일은 없었다.[49]

또한 대학교 1학년 학생들은 군대에 징집되어 6주 동안 훈련을 받아야 했다. 베이징 대학교의 신입생들은 예외였다. 그들은 민주주의 운동에 앞장섰다는 이유로 베이징에서 남쪽으로 약 250킬로미터 떨어진 스좌장 육군 사관 학교에서 1년간 지내야 했다. 그곳의 규칙은 엄격했다. 오전 6시에 변변찮은 아침 식사를 마치면 이후부터는 육체적인 훈련과 정치 강의가 이어졌다. 책은 전부 압수되었고, 밤 9시 30분 정각에 소등했다.[50]

부르주아 자유화에 맞선 십자군 전쟁이 시작되었다. 8월 25일에 선전부 부장 리루이환은 한 전화 회의에서 지난 몇 년간 자유주의적 가치를 부추기는 책과 테이프가 급증했으며 반드시 근절되어야 한다고 설명했다. 하지만 여기에는 한 가지 반전이 있었으니, 그는 적대적인 외국 세력이 사람들의 사고를 마비시킬 목적으로 음란물과 도박, 마약을 퍼뜨리고 있다고 덧붙였다. 적(敵)은 중국을 상대로 총성 없는 전쟁을 벌이는 중이었다. 『인민일보』는 〈외국의 적들이 대대적인 규모로 반동적이고 외설적인 물건들을 퍼뜨렸다. 그런 것들이야말로 저들이 화평 연변을 수행하는 주된 도구이다〉라며 규탄했다.[51]

　　음란물 근절 운동에는 몇 가지 장점이 존재했다. 일단 무자비한 진압 작전 이후로 정권은 공격할 대상이 점점 부족해지고 있었다. 정권에 반대 목소리를 내는 새로운 지식인들이 나타나지 않는 상황에서 음란물 제작자들은 편리한 대체 사냥감이었다. 음란물 근절 운동은 또 분위기를 부드럽게 만들어 중화 인민 공화국 건국 40주년 기념일인 10월 1일에 축하 행사를 개최할 수 있도록 길을 열어 주었다. 그리고 무엇보다 정부에 문화 활동을 더욱 강력하게 단속하고 동시에 조금이라도 부르주아적 가치의 기미를 보이는 모든 것을 사람들의 책장에서 제거할 수 있는 구실을 제공해 주었다. 그 결과 자오쯔양의 저서는 모두 사라진 반면에 오랫동안 잊혔던 위대한 조타수의 글이 다시 등장하여 당당하게 덩샤오핑의 『문선』 바로 옆자리를 차지했다. 「하상」도 사라졌다. 『타임』과 『뉴스위크』, 『인터내셔널 헤럴드 트리뷴』 같은 중국에 비판적인 외국 출판물도 서점에서 모두 사라졌다.[52]

　　많은 지역에서 당 서기들은 직접 음란물 근절 운동을 지휘했으며 모든 출판물의 성격을 판단하기 위한 특별 검열 위원회를 설립했다. 전국 곳곳에서 현지 관료들에게 이른바 〈음란물 할당량〉이 부과되었다. 그에 따라 관료들은 정해진 수의 음란물 유통업자를 체포하거나 일정한 양의 음란 서적을 압수하도록 요구되었다. 일부 지역에서는 이런 근절 운동이 형식적으로 진행되기도 했지만, 일부 지역에서는 제목에 〈사랑〉이나 〈여자〉라는 단어가 포함된 책은 내용에 상관없이 무조건 제거 대상이 되기도 했다. 그렇게 9월 말까지 열성적인 위원들은 3천만 권이 넘는 저속한 출판물을 제지 공장으로 보내고 40만 개에 달하는 영상물을 폐기하는 등 인상적인 결과를 만들어 냈다.[53]

10월 1일에는 국경절을 기념하여 덩샤오핑이 장쩌민과 리펑, 양상쿤을 대동하고 톈안먼 광장의 연단에서 단합을 과시했다. 1970년에 에드거 스노가 주석의 옆에 서는 영광을 누렸다면, 이번에는 동독의 지도자 에곤 크렌츠와 나란히 서게 된 전(前) 미 국무 장관 알렉산더 헤이그에게 그 영광이 돌아갔다.[54]

선전부는 〈반혁명적인 소요 사태에 맞선 진압 성공을 축하〉할 목적으로 여러 달에 걸쳐 해당 행사를 준비한 터였다.[55] 수만 명의 공연자들 — 상당수가 고등학교와 대학교에서 자신의 의지와 무관하게 선발된 학생들이었다 — 이 정성 들여 연습한 춤을 선보였다. 그들의 한가운데에는 농부와 노동자, 군인, 지식인을 형상화하여 만든 스티로폼 조각상이 있었는데 6개월 전 학생들이 민주주의의 여신을 세웠던 바로 그 자리였다. 확성기에서는 연신 〈폭동 진압〉을 칭송하는 목소리가 흘러나왔다. 같은 시각, 창안 대로의 요소요소에는 철모를 쓴 군인들과 진압 장비로 무장한 경찰들이 대기하고 있었다.[56]

1990년 1월이 되어서야 해제되는 계엄령이 여전히 발효 중인 가운데 탱크는 사라지고 군인들만 주요 교차로에 한 명씩 배치되어 빨간색과 흰색이 섞인 파라솔 아래 서 있었다. 엄중했던 진압 작전은 아주 오래된 과거의 일처럼 보였다. 외국인 관광객은 거의 보이지 않았지만 비단 골목의 거지들도 돌아왔다. 우의 상점은 마지못해 현지 주민들에게도 문을 개방했다.[57]

대부분의 병력이 부대로 복귀했지만 아시안 게임을 준비하기 위해 수도 주변의 건설 현장에서 호텔이나 식당, 쇼핑센터를 짓는 군인들의 모습도 목격되었다.[58]

학살이 일어난 지 불과 16개월 뒤인 1990년 10월에 중국에서 아시안 게임이 개최된다는 사실은 중국 정부에 다행스러운 일이었다. 국내외에서 정권의 정당성을 강화하는 데 있어 스포츠 축제를 통해 감정에 호소하는 것만큼 효과적인 방식도 없었기 때문이다. 실제로 1936년 베를린 올림픽은 선전 전문가의 천재적인 솜씨였고 다른 정권들이 따라야 할 매우 높은 기준을 제시한 터였다. 세심하게 연출된 1978년 아르헨티나 월드컵 또한 해당 국가의 악명 높은 고문 수용소였던 해군 기계 학교에서 불과 2킬로미터 떨어진 에스타디오 모누멘탈 경기장에서 자국 대표 팀이 네덜란드에 승리하면서 피로 얼룩진 아르헨티나 정권의 이미지를 쇄신해 주었다.

　수도에서만 2천 가구가 넘는 집들이 아시안 게임을 위해 철거되었다. 총알 자국은 회반죽으로 메워졌고, 손상된 건물 전면에는 페인트가 칠해졌으며, 아스팔트에 나 있던 탱크 바퀴 자국도 제거되었다. 수도의 몇몇 광고판에는 대형 시계가 설치되었고 애국적인 공개 행사를 앞두고 분열된 국민이 하나가 되기를 희망하며 남은 날짜를 표시했다. 텔레비전에서는 스포츠 명사들과 기타 고위 인사들의 발언 등을 다루는 뉴스들이 연일 쏟아졌다. 반항적인 곡으로 시위대를 격려했던 추이젠도 심경의 변화를 겪고 투어를 다니면서 아시안 게임을 위한 기금을 모으고 있었다.[59]

　아시안 게임의 마스코트는 사랑스럽고 복슬복슬한 팬더 판판이었다. 판판은 이내 세계인의 마음을 사로잡았고 대회를 보이콧하려 했던 사람들의 의구심을 불식시켰다. 9월쯤에 이르러서는 10만여 명의 관광객과 6천5백 명의 선수가 참가할 것으로 예상되었다. 단합을 위한 추가적인 노력의 일환으로 위생 당국은 지역 주민들에게 모기와 파리, 바퀴벌레, 쥐 등 〈4대 해충〉을 박멸하는 데 협조하도록 지시했다. 아이들은 거리로 나가 담배꽁초와 쓰레기를 주웠다. 사람들은 동네를 순찰하고 잠재적인 방해꾼을 찾으면서 자체적으로 치안을 유지하라는 지시도 받았다. 베이징 시장 천시퉁은 50만 명의 자원봉사자를 모집해 도시의 요소요소에 배치하여 잘못된 행동을 하는 사람들에게 벌금을 부과하거나 체포하도록 지시했다. 적절한 서류를 갖추지 못한 거지와 이주자, 행상이 도시에서 쫓겨났고 노점들도 폐쇄되었다. 대회가 임박해서는 수십 명의 범죄자들에 대한 처형이 집행되었다. 창안 대로를 비롯한 모든 주요 거리에는 빨간 현수막이 바람에 흥겹게 펄럭이고 있었다.[60]

중국은 308개 종목에 출전하여 183개의 금메달을 획득하며 아시안 게임에서 1위를 차지했다. 축제는 전통 의상을 입은 약 1만 명의 공연자가 엄선된 8만 명의 관중 앞에서 춤을 선보인 화려한 폐막식과 함께 마무리되었다. 공연 마지막 순서로 불꽃놀이가 하늘을 밝히는 가운데, 판판으로 가장한 살아 있는 판다 한 마리가 꽃가마를 타고 베이징 공인 체육장으로 들어오자 관중의 환호가 극에 달했다. 폐막식을 주재한 장쩌민과 리펑, 양상쿤도 승리감에 도취된 듯 보였다.[61]

몇 달 뒤 열린 중앙 위원회 제7차 전체 회의에서는 사회주의의 우월성이 확증되었고 1980년부터 2000년까지 경제 규모를 네 배로 키우려는 덩샤오핑의 목표가 재차 지지되었다. 회의 첫날에 향후 20년간 당의 좌우명이 될 최고 지도자의 지혜로운 말씀이 유포되었다. 〈지도자를 찾지 말고, 겸손하고 신중하라. 때를 기다려라. 먼저 나서는 자가 주도권을 잃을 것이다.〉[62]

1989년 7월에 발표된 중앙 7호 문건은 당원들에게 타락한 부르주아적 가치에 대해 경고하기도 했지만, 사회 전반에 〈애국심〉과 중국의 〈창조적인 힘〉에 대한 믿음을 전파할 것도 요구한 터였다. 8월에 선전부는 이 부분을 더욱 발전시켜 다음과 같이 언급했다. 〈우리는 사회주의 체제의 우월성에 대한 믿음을 전파해야 한다. 오직 사회주의만이 중국을 구할 수 있다고 설명해야 한다.) 아울러 〈국가적인 자신감과 자부심을 고취하는 것〉 또한 중요하다고 강조했다.63

아시안 게임은 모든 면에서 지도부에 대한 신뢰를 회복하는 데 큰 도움이 되었다. 천시퉁은 방송에서 〈아시안 게임은 중국인이 다시 일어섰음을 의미한다〉고 선언했다.64 다른 조치들도 뒤따랐는데 그중 하나는 애국주의 교육 운동이었다. 이는 경제 규모를 네 배로 성장시키겠다는 목표와 병행하여 새로운 천년이 시작되는 시점에 〈정신적인 문명화〉 역시 달성시키기 위해서 수년에 걸쳐 단계적으로 전개된 교육 운동이었다.65

그 첫 번째 단계로 레이펑을 소환했다. 레이펑의 자기희생과 당에 대한 명백한 헌신은 타락한 부르주아적 가치에 맞선 싸움에서 언제나 믿을 수 있는 대항력을 발휘해 온 터였다. 1989년 12월에 『인민일보』는 신문 1면을 인민 영웅에게 할애하며 독자들에게 〈레이펑 동지로부터 배울 것〉을 명했다. 소위 레이펑의 날로 지정된 1990년 3월 5일에는 그를 기리기 위해 텔레비전 시리즈가 방영되었을 뿐 아니라 각종 대회와 회의, 학습회가 개최되었다. 후난성에서만 총 6천 건이 넘을 정도였다. 늘 그래 왔듯이 군부는 모범적인 군인에 대한 지지를 아끼지 않았다. 1989년 봄에 군대를 동원하는 임무를 맡았던 양상쿤의 이복형제이자 중앙 군사 위원회 총서기인 양바이빙도 이곳저곳 돌면서 연설을 하거나 신문에 기고할 논설을 썼다.66

베이징에서 열린 한 전국 규모의 회의에서는 농장과 공장, 병영에서 무작위로 차출된 45명의 〈살아 있는 레이펑〉을 치하했다. 노인을 무뢰한들로부터 구하거나, 병원에서 타구를 비우는 등 숱한 선행을 베푼 장쯔샹 병장이 자신의 영웅을 칭찬했다. 또한 그는 세련된 바리톤 비브

라토로 공산주의 혁명가를 불렀으며 니콜라이 오스트롭스키의 『강철은 어떻게 단련되었는가』를 자신이 가장 좋아하는 책으로 꼽았다.[67]

레이펑의 날이 지나고 두 달 뒤에 장쩌민은 5·4 운동을 기리기 위해 인민 대회당에 모인 3천 명의 청년들을 상대로 연설을 했다. 그는 〈애국주의와 사회주의는 하나이며 똑같은 것이다〉라고 선언하면서 〈오직 사회주의만이 중국을 구할 수 있다〉고 덧붙였다. 그는 특히 초등학생과 중학생을 중심으로 애국주의 교육을 확대할 것을 촉구했다.[68]

6월 3일이 되자 중국 정권은 아편 전쟁 150주년을 기념했다. 초등학생부터 대학생까지 전국의 학생들은 〈부르주아 자유화〉라는 작금의 독(毒)에 비견되는 양귀비에 대해 공부하도록 요구되었다. 중국 역사 박물관에서는 수백 명의 경찰이 동원되어 톈안먼 광장을 봉쇄한 가운데 특별 회의가 열리기도 했다.

대표적인 선전 인물은 외국 상인들과 그들의 가족을 인질로 잡고서 2만 상자가 넘는 아편을 파괴함으로써 아편 무역을 종식시킨 강직한 관리 임칙서였다. 전 국민의 분노를 부추기는 듯한 각종 영화와 강연, 전시회가 잇따랐다. 〈중국의 근대사는 오욕의 역사다〉라고 『중국 교육 신문망』은 간단명료하게 정리했다. 당의 선도적인 역사학자이자 중국 사회 과학원 원장이던 후성은 〈만약 우리가 사회주의의 길을 버린다면 아편 전쟁 이후에 경험했던 1백 년에 걸친 국가적인 굴욕과 암흑기를 다시 겪게 될 것이 분명하다〉라고 말했다.[69]

1년 뒤 8월 29일은 1차 아편 전쟁에 종식을 고한 동시에 향후 1백 년 동안 지속된 외세에 의한 침략과 약탈의 시작점으로 알려진 1842년의 난징 조약 체결을 기억하기 위한 국치일로 지정되었다. 수많은 영화와 책, 신문과 전시물이 아편 판매부터 일제 강점기에 벌어진 전시 잔혹 행위에 이르기까지 모든 불행한 과거사를 되살렸다. 그것들이 전하고

자 하는 메시지는 명확했다. 〈국가적 굴욕을 잊지 말라. 중국을 강하게 만들어라.〉[70]

국민 통합과 공동 운명이라는 메시지를 홍보한 핵심적인 수단 중 하나는 통일 전선이었다. 중국 내에서 통일 전선 공작부는 공산당에 소속되지 않은 유명 인사들을 대상으로 매력 공세를 펼쳐 나갔다. 1989년 여름에 열린 비밀회의에서 이 기관은 대담하게도 〈우리는 그들을 신뢰하고, 의지하고, 그들과 협력해야 한다〉고 선언했다.[71] 그해 말에 익히 알려진 한 다과회에서 장쩌민은 8개에 이르는 민주 정당의 당원들로부터 모든 주요 사안에 대한 자문을 받아 〈사회 안정과 통합〉에 기여하겠다고 직접 발표했다. 얼마 뒤 〈민주 정당들은 중국 공산당의 통솔을 받아들이고 사회주의 사업들과 관련하여 긴밀히 협력한다〉는 공식 문서가 작성되었다.[72]

해외에서는 통일 전선 전략에 따라 관리되는 망상(網狀) 조직이 〈사람들의 마음을 얻고, 공동 합의를 증진하고, 해외의 유명 인사들로 하여금 우리를 이해하고 지지하도록〉 만드는 데 이용되었다.[73] 이 같은 노력은 1년 뒤에 해외 선전부가 설립되면서 더욱 강화되었고, 같은 맥락에서 다른 부서들은 정부 예산이 대폭 삭감되었음에도 불구하고 해외 선전부는 막대한 자금을 배정받았다. 1990년 6월에 장쩌민은 〈부르주아적 가치의 침투와 체제 전복, 화평연변과 같은 음모를 물리치기 위해 우리는 통일 전선에 의지해야 한다〉라고 위협조로 경고했다. 〈외국의 적대 세력들은 사회주의 체제를 전복시키려는 전략을 절대로 포기하지 않을 것〉이며, 따라서 두 진영 간의 〈적대와 투쟁〉은 〈장기간에 걸쳐〉 지속될 터였다. 이 장기간에 걸친 투쟁에서 통일 전선의 전략은 〈다수와 협력하여 소수를 고립시키는 것〉이었다.[74]

재화와 용역, 기술, 인재, 자본 측면에서 중국 정권에 가장 중요한 기여를 한 지역은 홍콩이었다. 민주주의 운동이 한창일 때 홍콩 사람들은 행복감에 도취되어 탄원서를 작성하고, 집회를 열고, 기부도 많이 했지만 학살 이후에는 암울한 절망감이 그들을 덮쳤다. 수만 명의 홍콩 시민들이 이주를 결심했으며 그들보다 많은 사람이 필사적으로 여권을 발급받고자 했다. 싱가포르 위원회가 2만 5천 장의 영주권 신청서를 배포하자 순식간에 엄청나게 많은 사람이 몰려들었다. 스티븐 솔러즈 미국 하원 의원은 보다 많은 홍콩 사람에게 미국 입국을 허용하는 계획을 가지고 홍콩을 방문했다. 한 지역 사업가는 아예 홍콩 식민지를 오스트레일리아 다윈 근처로 옮길 것을 제안하기도 했다. 또 다른 사업가는 유엔이 홍콩을 임대하여 아시아의 스위스로 만들어야 한다고 주장했다.[75]

중국 정부가 1976년 이후로 홍콩에서 지하당원을 양성하고 통일 전선을 구축하기 위해 쏟아부었던 모든 노력이 수포로 돌아갔다. 주권 회복을 꾀하는 동시에 지역 사회 지도자들을 포섭하기 위해 베이징에서 파견된 쉬자툰은 자신의 상관에게 〈모든 좌파 조직이 등을 돌렸다〉고 보고했다.[76] 심지어 좌파의 대표적인 인물들조차 민주주의를 지지하는 행렬에 동참하고 나선 터였다. 노동조합은 설 자리를 잃었다. 평소라면 본토에 충성했을 기관들도 하나같이 학살에 반감을 드러냈다. 공산당의 대변인이자 통상적으로 쉬자툰의 통제를 받던 신화 통신도 노골적으로 시위대 편을 들면서 리펑의 퇴진을 촉구했다. 쉬자툰은 몇 달 뒤 미국으로 도주했다.[77]

중국 정부는 홍콩이 반혁명적 활동의 온상이며, 체제 전복을 노리면서 이념적으로 중국에 침투하여 공산당 지도부를 약화시키려는 적대적인 외국 세력의 불순 기지라는 결론을 내렸다. 리펑의 주장에 따르면 홍콩은 중국의 안보에 위협이 되고 있었다. 마틴 리라는 입법국 의원을 비롯한 친(親)민주 진영의 몇몇 홍콩 지도자들이 〈체제 전복을 꾀하려는 행위들〉을 지지한다는 이유로 비난을 받았다.[78]

여기에 더해 영국 정부가 취한 조치는 기만의 또 다른 증거로 여겨졌다. 마거릿 대처가 홍콩의 이주 물결을 막고 또 홍콩에 대한 신뢰를 강화하기 위해 일정 자격을 갖춘 5만 가구에 거주권을 제공하려고 했을 때도 중국 정부는 자국민을 가로채려는 음모라며 격렬하게 비난했다. 단순히 말뿐이 아니었다. 지도부는 당시에 초안을 작성 중이던, 1997년 이후 사실상 홍콩의 헌법으로 기능하게 될 기본법에 새로운 조항을 삽입하여 홍콩 입법 위원회에 소속된 중국 시민들의 외국에 거주할 수 있는 권리를 박탈했다. 또한 향후에 발생할지 모를 사건에 대한 통제력을 강화하기 위해 중국 정부는 반역, 분리, 전복, 국가 기밀의 도용을 금지하는 조항을 신설하고 〈정치 조직이나 단체〉가 〈외국의 정치 조직이나 단체〉와 관계를 맺는 것을 금지했다.[79] 23조는 국가 보안법의 성격을 둘러싼 논란이 앞으로 수십 년 동안 홍콩을 분열시킬 것으로 예상되는 가운데 미래의 혼란에 대비하기 위한 조항이었다.

중국 정부가 임명하고 지배하는 위원회에서 초안을 작성한 기본법은 1990년 2월 16일에 비준되었다. 3년 전에 이 위원회의 위원들을 만났을 때 덩샤오핑은 홍콩에 맞지 않는 〈서구식 시스템〉이라는 이유로 권력 분립을 단호하게 거부한 터였다.[80] 따라서 그들이 제시한 청사진은 1997년 이후에 단지 〈높은 수준의 자치권〉을 약속했을 뿐이었다. 홍콩의 권리와 자유를 보호하려는 민주적인 틀에 대한 요구는 무시되었다. 대신에 간접 투표와 정부가 임명하는 선거인단을 포함하는 매우 복잡한 시스템을 도입했고 결정적으로 직접 선거는 배제되었다. 기본법의 가장 중심에는 〈선거〉라는 용어에 대한 중국 정권의 이해가 담겨 있었다. 즉 그들이 생각하는 선거란 제한된 투표를 통해 지명된 후보자를 착실하게 승인하는 과정에 불과했다. 그럼에도 6백만 명도 되지 않는 영토에서 이루어지는 선거가 10억 명이 넘는 나라에 적대적인 사람들로 다수 의석을 채울 수도 있다는 생각은 계속해서 정권을 괴롭혔다. 혹시라도 정말 그렇게 된다면 자신들에게 더 유리한 시스템을 만들기 위해 번번이 중국 정권의 발목을 잡으려 들 터였다.

6월 4일은 붉은 깃발을 게양한 나라에서 최초로 의회 선거가 치러진, 20세기 역사에서 획기적인 날이었다. 비록 조작되고 선거 결과에 상관없이 공산당 의석도 이미 확보되어 있었지만 폴란드에서 치러진 이 선거에서 솔리다르노시치, 즉 연대는 그들의 지도자 레흐 바웬사조차 놀랄 정도로 압도적인 승리를 거두었다. 전년도에 발생한 대대적인 파업과 가두시위가 폴란드 정권을 압박하여 그들로 하여금 솔리다르노시치와 타협하고, 새로 문을 연 양원제 의회에서 선거를 통해 의석을 배분하기로 합의하도록 만든 터였다. 합의 결과를 가지고 레흐 바웬사는 로마로 향했고, 1989년 4월에 교황 요한 바오로 2세가 그를 맞이했다. 솔리다르노시치가 1990년 12월에 평화로운 민주주의로의 전환을 이끄는 동안에도 고르바초프는 개입하지 않았다.

텐안먼 광장에서 머리띠를 두르고 시위하는 반항적인 청년들의 모습 역시 사회주의 전 진영에 중계되어 곳곳에서 민주주의 운동에 활력을 불어넣었다. 6월 27일에 오스트리아와 헝가리의 외무부 장관들이 카메라 앞에 서서 수십 년 동안 그들의 조국을 갈라놓았던 철조망의 일부 구간을 잘랐다. 그러자 수천 명의 동독 사람들이 서독에 있는 친구와 가족을 만나기 위해 철의 장막에 생긴 이 틈새를 통과하여 헝가리로 향했다. 동독 당국이 그들을 막으려고 10월 3일에 국경을 모두 폐쇄하자 동독에서 두 번째로 큰 도시인 라이프치히에서 대규모 시위가 발생했다. 그로부터 며칠 뒤 국빈 자격으로 동독을 방문한 고르바초프는 지도부에 개혁을 받아들이라고 충고했다. 여기에 더해 동독 전역의 2백 개가 넘는 막사에 주둔해 있는 소련군의 개입은 없을 거라고 못을 박았다. 10월 9일이 되자 톈안먼 광장의 학생 시위대와 똑같은 운명에 직면할지 모른다는 만연한 두려움에도 불구하고 약 7만 명에 달하는 시위자들이 다시 도심으로 모여들었다. 무장 경찰이 그들을 막아섰지만 엄청난 수적 열세에도 발포 명령은 내려지지 않았다. 한 달 뒤 군중은 베를린의 분계선까지 밀고 나아갔다. 경비대는 무력을 사용할 생각이 없었고, 일부는 자진해서 문을 열어 주기도 했다. 마침내 베를린 장벽이 무너지는 순간이었다.

독재 정권들이 자국민의 압박에 짓눌려 차례로 붕괴되면서 동유럽 전역에서 비슷한 상황이 펼쳐졌다. 텔레비전으로 인민 해방군 병사들이 시위대를 향해 총부리를 겨누는 모습을 본 공산당 관료들은 게임이 끝났음을 직감했다. 자신들의 군대는 이른바 〈중국식 해법〉을 수행하지 않을 터였다. 하지만 여기에도 유일한 예외가 있었는데, 바로 루마니아였다. 유독 고집이 센 루마니아의 독재자 니콜라에 차우셰스쿠는 시민들이 수도 부쿠레슈티에서 반란을 일으키자 군대에 진압 명령을 내렸다. 일반 군인들과 그들의 지휘관들은 즉각 편을 바꾸었고 역으로 정권을 무너뜨렸다.

중국은 이런 사건들을 다루는 뉴스를 철저히 검열했다. 정치국은 해당 사건들이 국민에게 미칠 영향을 우려하며 1989년 12월에 〈무엇을 보도하고 무엇을 보도하지 않을지, 언제 보도할지, 어떻게 보도할지는 모두 우리가 결정하며 우리에게 유리하도록 결정되어야 한다〉고 설명했다. 비공개적으로 지도자들은 자신들의 정당성이 입증되었다고 생각하고 있었다. 공안부 부장 왕팡은 참사를 고르바초프 탓으로 돌리는 한편 6개월 전에 혼란을 진압하기로 한 자신들의 결정이 옳았다고 주장하는 보고서를 배포했다. 보이보는 오직 사회주의만이 중국을 구할 수 있다는 오래된 좌우명을 완전히 뒤집어 〈오직 중국만이 사회주의를 구할 수 있다〉는 의견을 내놓았다. 중화 인민 공화국은 변화하는 바람과 구름에도 불구하고 〈격류의 한가운데서 굳건히 자리를 지키는 바위〉와 같은 존재였다.[81]

고르바초프는 이제 당 회의에서 〈배신자〉이자 〈어릿광대〉로 매도되었고 많은 사람에게 비난을 받았다. 그럼에도 1991년 8월 21일에 모스크바에서 총서기를 제거하려는 시도가 실패로 끝나자 지도자들은 침묵에 빠졌다. 고르바초프가 축출될 거라고 직접 예언했던 덩샤오핑의 예측은 시류를 제대로 읽지 못한 것처럼 보였다. 덩샤오핑의 지시에 따라 중국군이 지지했던 적군(赤軍)의 가장 보수적인 인물들은 이제 감옥에 갇히는 신세가 된 터였다. 무엇보다 모스크바 거리로 쏟아져 나와 군인들에 맞서 바리케이드를 세운 일반인들의 모습은 베이징에서 일어났던 달갑지 않은 최근 사건들을 떠올리게 했다. 러시아에서는 탱크에 올라가 군중을 향해 연설한 보리스 옐친이 대중의 영웅으로 부상하고 있었다.[82]

8월 23일, 지도부가 대응 방안 마련을 위한 고심에 나서면서 덩샤오핑의 관저 밖에서 다수의 검은색 아우디와 벤츠 차량이 목격되었다. 그들이 내놓은 답은 〈화평연변〉과의 싸움에 더 많은 자원을 투입하는 것이었다. 그리고 곧바로 〈부르주아 자유화〉가 불러올 위험에 대한 강도 높은 선전이 뒤따랐다.[83]

장쩌민은 그와 같은 믿음의 가장 열렬한 옹호자 중 한 명이었다. 한 달 전 창당 70주년 기념일에 행한 연설에서 그는 다시 한번 화평연변의 망령을 소환하면서 제국주의자들의 침투에 맞선 싸움이야말로 공산당의 생사가 걸린 문제라고 주장했다. 텔레비전으로 중계된 연설에서 그는 〈사람들의 생각을 타락시키거나, 사회를 오염시키거나, 사회주의에 역행할 수 있는 것은 그 어떤 것도 제멋대로 확산되어서는 안 된다〉고 단언하며 시청자들에게 4대 기본 원칙의 중요성을 상기시켰다.

새로운 〈공산당 선언문〉으로 칭송받은 그의 연설문 수정본이 9월에 대대적으로 유포되었다. 장쩌민은 경제 개혁을 환영하면서도 민간 부문이 공공 부문을 단순히 보완하는 수준에서 절대로 벗어나지 않을 거라고 언급했다. 중국의 경제 체제를 가리키는 명칭은 앞으로도 계속 자본주의가 아닌 사회주의일 터였다.[84]

강경파들은 이 연설을 근거로 경제 개혁, 특히 민간 부문의 개혁 범위에 의문을 제기했다. 기회 있을 때마다 자본주의를 깎아내려 온 교조적인 공론가 덩리췬은 문화 대혁명에 대한 보다 긍정적인 평가를 요구하고 나섰다. 4대 기본 원칙 중 하나가 마오쩌둥 사상이었고 당내 주자파를 공격했던 마오쩌둥이 옳았다는 이유였다. 덩리췬은 유력한 부르주아 관료들로 구성된 제5열*이 자국을 자본주의로 되돌리려 하고 있다고 주장했다.[85]

덩리췬 혼자만 그런 생각을 한 것은 아니었다. 마오쩌둥 사상을 찬양하는 다른 이들도 〈자본주의식 개혁〉에 맞서 〈단호한 투쟁〉을 촉구하고 나섰다. 이제 86세가 된 천윈도 계획 경제가 구식이라고 생각하는 사람들을 문제 삼으며 투쟁에 합류했다. 그의 주장에 따르면 계획 경제 80퍼센트, 시장 경제 20퍼센트가 적절한 비율이었다. 그는 해외 자본의 유입을 가속화하기 위해 〈경제특구〉와 그 밖의 〈보세 지역〉을 설립하는 것에 냉소했다.[86]

덩리췬의 후배이자 유력한 상무 위원회의 다섯 위원 중 한 명인 쑹

* 국내에서 이적 행위를 하는 사람들.

핑은 9억 명의 농민을 공동 경제의 충성스러운 추종자로 만들기 위한 농촌의 〈사회주의 교육〉 운동을 이끌었다. 수만 명의 고위 관료들이 궁벽한 농촌에 가서 〈농민들에게 사회주의의 우월성을 교육하고, 마을의 당세포 조직을 강화〉했다. 오랫동안 강경파는 〈가정연산승포책임제(家庭聯産承包責任制)〉, 즉 계약 책임제가 농촌에서 당권을 약화시켰다고 개탄해 온 터였다. 하지만 이제 그들에게도 그러한 흐름을 되돌릴 수 있는 기회가 찾아온 셈이었다. 리펑의 말을 빌리자면 〈우리는 농촌에서 공동 경제를 발전시키기 위해 부단히 노력해야 한다〉. 문화 대혁명 당시에 농촌을 누비고 다니며 무료로 의료 서비스를 제공했던 맨발의 의사들도 다시 등장했다.[87]

마오쩌둥의 유령이 소환되었고 서방 세계에 맞서 성전(聖戰)을 촉구하는 그의 목소리가 되살아났다. 소련 전역에서 레닌 동상이 쓰러지는 가운데 『마오쩌둥 선집』이 중국의 도시와 농촌에서 또다시 필독서가 되었다. 『중국 청년보』가 마오쩌둥 사상 연구에 몰두하는 청년들을 치하했다.[88]

12월 25일, 크렘린 궁전에서 마지막으로 소련 국기가 내려졌다. 몇 달에 걸쳐 공화국들이 연이어 모스크바로부터 독립을 선언하면서 소련은 그야말로 빈껍데기가 되었다. 중화 인민 공화국은 그 어느 때보다 고립되었다. 강경파들이 부상하면서 중국 정권은 과거의 마오쩌둥 시대로 후퇴하는 듯 보였다.

6·4 항쟁을 진압한 이후에 군인들이 군용 트럭 뒤에서 자동 화기를 마구잡이로 난사하면서 힘을 과시했을 때 그들이 쏜 총알에 아직 건설 중이던 세계 무역 센터의 몇몇 유리창이 파손되었다. 도시 전체를 내려다보는 38층의 세계 무역 센터 건물은 대규모 아파트 단지와 두 개의 호

텔, 하나의 컨벤션 센터 등 수도에서 진행하던 초대형 프로젝트들 중에서도 가장 규모가 컸으며 개혁의 상징이었다. 유리창이 파손되면서 개장일은 연기되었고 벨기에산(産) 특수 유리를 수입하기 위해 약 33만 달러가 추가로 투입되어야 했다.[89]

파리에서 열린 경제 정상 회담에서 세계 7대 선진 공업국이 만난 7월 15일에 더욱 큰 피해가 발생했다. 그들은 세계은행이 베이징에 배정한 23억 달러 규모의 대출을 연기한다고 발표했다. 일본도 향후 몇 년에 걸쳐 진행될 예정이던 56억 달러 규모의 일괄 거래를 중단한 채 마지못해 그들의 뒤를 따랐다.

이 같은 결정은 중국 정권에 큰 타격을 주었다. 그동안 중국 지도부는 특혜 대출과 무이자 보조금을 받기 위해 외국 정부에 적극적으로 구애했고 그 덕분에 덴마크와 이탈리아, 캐나다, 오스트레일리아, 일본, 쿠웨이트 등으로부터 막대한 재정 지원을 받은 터였다. 그중에서도 가장 큰 비중을 차지한 곳이 바로 세계은행이었다. 세계은행 총재 로버트 맥나마라가 처음 베이징을 방문했을 때 덩샤오핑은 소련이 초래한 세계 평화의 위기에 맞서 미국과 유럽, 일본, 중국이 협력해야 한다고 주장하여 그에게 깊은 인상을 준 터였다.[90] 그의 주장은 보상이 되어 돌아왔고 1989년에 이르러 중국은 세계은행의 최대 수혜국이 되었다. 그들은 세계은행으로부터 1백억 달러가 넘는 대출을 받았는데 그중 약 절반은 최소 35년 동안 상환하지 않아도 되는 무이자 대출 형식이었다.[91]

외채가 420억 달러까지 불어났다. 심지어 중국은 최대 상환 기간 진입을 눈앞에 둔 상태였다. 외환 보유고는 겨우 1백억 달러로 9주 치 수입 대금을 감당하기에도 빠듯했다.[92] 외채 동결에 관광 산업까지 붕괴된 상황에서 필요한 경화를 벌기 위해 중국 정권에 남은 대안은 하나뿐이었다. 외국환을 엄격히 관리하면서 비용이 들더라도 수입은 줄이고 수출은 늘려 필요한 달러를 확보하는 것이었다.

사치품 특히 자동차는 충분히 예측 가능한 품목이었지만 그 밖의 1백 가지가 넘는 일반 품목들에도 새로 도입된 엄격한 심사 요건이 적용되었다. 곡물, 설탕, 비료, 목재, 면화, 살충제와 같은 주요 품목을 구매하기 위해서는 중앙 정부의 승인이 필요했고, 양모나 목재 펄프, 합판, 화학 제품, 텔레비전 브라운관 등을 구입할 때도 규제를 받았다. 대략 20가지의 전자 제품과 기계류에 대한 수입이 완전히 금지되면서 특히 한국과 일본에 큰 타격을 주었다. 대중(對中) 수출이 급감하는 바람에 이들 두 나라의 무역 수지도 적자로 돌아섰다.[93]

반면에 수출 공장들은 원자재와 전력, 운송 서비스에 더해서 보다 많은 대출금과 보조금까지 우선적으로 이용할 수 있었다. 경쟁을 독려하기 위해 세금 환급도 늘어났다. 하지만 그에 따른 결과는 경제 개혁에 역행하는 쪽으로 나타났다. 거대 국영 기업들은 보다 많은 지원을 받게 된 반면에 소규모 기업들 특히 거대 국영 기업과 불공정한 방식으로 경쟁한다고 여겨지던 향진 기업들은 국가로부터 거의 아무런 지원도 받지 못하게 되었다. 1984년 9월 이후로 급증했던 해외 무역 기업들도 크게 줄어 대략 4분의 1에 해당하는 총 1천3백 곳이 문을 닫았다.[94]

무엇보다 큰 변화는 1989년 말에 위안화가 미국 달러 대비 21퍼센트 평가 절하 되어 환율이 1달러당 4.72위안이 된 일이었다. 대외 무역부 부장 정퉈빈은 평가 절하를 도입한 직후에 〈외국인들은 우리의 수출품이 필요하다〉고 설명하면서 〈우리는 단호하게 경제 개혁을 지원할 것이며, 외국 열강이 우리에게 부과한 제재를 돌파해 나갈 것이다〉라고 덧붙였다.[95]

1990년 8월에 정퉈빈은 수출이 전년 대비 60퍼센트 증가하고 대미(對美) 수출과 대유럽 수출이 기록적인 수준이었다며 자랑스럽게 발표했다. 톈안먼 광장 학살 사건을 둘러싼 국제적인 비난과 대출 동결에도 불구하고 중국은 그 어느 때보다 많은 수출을 달성한 터였다.[96]

외부의 수많은 나라가 중국에 적대감을 드러냈지만 한 곳은 예외였는데 바로 타이완이었다. 1988년 1월에 장징궈 총통이 사망한 직후에 그 뒤를 이어 총통이 된 리덩후이는 중국을 상대로 관광과 무역 및 그 밖의 접촉 금지 조치를 해제했다. 기회를 잡은 중국 정부는 배신자들의 섬을 이른바 통일 전선을 통한 공동의 노력으로 경제 관계를 증진하기 위한 〈전략적 우선순위〉로 삼았다. 국무원은 6·4 항쟁 이후에 경제적인 협력이 〈분리를 지향하는 움직임을 억제하고, 조국의 평화 통일을 가속화할 수 있다〉는 이유로 〈모든 자원이 통합된 명령하에 운용되어야 한다〉고 강조했다.[97]

회유 수단이 제공되었고, 서비스가 개선되었으며, 불필요한 요식이 생략되었다. 그리고 이러한 매력 공세는 중국에 확실한 결실을 가져다주었다. 1990년에 대(對)타이완 수출이 250퍼센트 이상 급증한 것이다. 서방 세계를 상대로 입은 손실을 만회할 정도로 엄청난 돈이 타이완으로부터 쏟아져 들어왔다. 1990년 한 해에만 투자액이 20억 달러에 달할 정도였다. 홍콩이 학살에 대한 공포로 몸을 사리는 동안 타이완은 그들의 빈자리를 대신하면서 1992년까지 중국의 최대 외국인 투자자가 되었다.[98]

1990년 7월에 또 다른 승리가 손짓했다. 미국 대사관에 피신 중이던 반체제 인사 팡리즈가 국제 대출을 재개시키는 것으로 조용히 자신의 몸값을 치른 것이다. 브렌트 스코크로프트의 비밀 임무가 외교적 교착 상태를 해결하는 데 실패하자 부시 대통령은 워싱턴 정가에서 중국의 신뢰를 받던 헨리 키신저를 파견했다. 덩샤오핑은 미 의회가 부과한 모든 경제 제재를 해제할 것을 요구했다. 또한 팡리즈와 그의 아내는 외국에 가더라도 절대로 반중 활동을 하지 않겠다는 서약을 해야 했다. 1990년 6월 23일에 당 지도자들은 팡리즈와 리수셴이 〈자신들의 잘못을 자백〉했으며, 그들을 풀어 주는 이유가 〈자국의 국제적인 투쟁을 둘러싼 요구에 부합하는 결정〉이기 때문이며 특히 국제 대출을 재개시키고 최혜국 지위를 다시 보장받기 위함이라고 설명하는 전보를 받았다. 이틀 뒤 미국 관리들이 팡리즈 부부를 베이징 공항까지 바래다주었고 그곳에서 팡리즈 부부는 미 공군 비행기에 올랐다.[99]

7월 10일, 세계은행이 중국에 대출을 재개할 수 있는 길이 열렸다. 이미 몇 주 전부터 세계은행 부총재 모엔 쿠레시는 중국을 옹호해 온 터였다. 베이징을 방문했을 때 그는 해당 기관의 특허장이 금융 지원과 인권 문제를 연계시키지 않을 거라고 거듭 강조했다. 장쩌민은 그에게 경의를 표하며 건배를 제안했다.[100] 1990~1991년에 세계은행은 중국에 16억 달러를 지원했고 이듬해에는 규모를 더욱 늘려 다른 어떤 나라보다 많은 25억 달러를 지원했다. 세계은행이 대출 정책을 변경하자마자 일본도 곧바로 57억 달러 규모의 일괄 거래 계획을 들고 가세했다. 이후 일본의 대중 수출은 40퍼센트나 급증했는데 당시의 관찰자들은 이 부분에 대해 〈정상적인 경제 관계〉로의 복귀를 지지해 준 일본 정부에 중국이 보상한 것이라고 설명했다.[101]

중국 정권은 인질 외교의 이점과 단 한 명의 반체제 인사가 어떠한 가치를 가지는지 알게 되었다. 또한 〈돈은 악마도 맷돌을 돌리게 한다〉는 오래된 격언에 대해 새삼스레 인정하는 마음을 갖게 되었다.

1990년 11월 17일에 추가적인 평가 절하가 이루어지면서 환율은 달러당 5.22위안을 기록했다. 평가 절하는 수출 시장에 기적을 가져다주었지만 자국에서 생산되는 제품 가격을 보다 저렴하게 만들어 준 대신에 외채로 인한 비용에 더해서 외국 상품의 가격을 높임으로써 인플레이션 위험을 불러왔다. 1990년 말에 달러화로 표시된 중국의 외채는 약 550억 달러로 그리 많지 않은 금액이었지만 평가 절하가 실시될 때마다 비율이 증가했다. 실제로 1984년에 국내 총생산의 5.9퍼센트에 불과했던 외채 비율은 1990년에 16퍼센트까지 늘어났다.[102]

보다 중요한 점은 평가 절하로 얻은 편익이 급격히 잠식되었다는 사실이었다. 과거에 그랬던 것처럼 조달 가격이 오르기 시작했고 1달러를 벌어들이는 데 드는 비용도 상승했다. 정퉈빈은 이 같은 문제를 잘 알고 있었다. 그래서 〈원자재 조달 가격을 엄격히 통제〉하고 〈임의로 가격을 올리지 못하도록〉 하는 것이 중요하다고 거듭 강조했다.[103]

가격을 제한하려는 정부는 경제의 일정 부분을 다시 중앙 집권화하며 플라스틱 시트나 면화와 같은 원자재를 통제하여 시장에서 독점하고자 했다. 하지만 가격 상한제는 그들이 원하던 것과 정반대되는 효과를 가져왔다. 국가가 가격을 고정하면서 생산 비용보다 낮은 가격으로 판매하도록 강요당한 기업들이 생산량을 줄인 것이다. 기업 경영자들은 그 어느 때보다 창의력을 발휘하여 보다 높은 가격에 제품을 판매해 줄 구매자와 제휴를 맺거나, 개선을 핑계로 제품의 이름 및 분류를 바꾸거나, 자회사에 제품을 판매한 뒤 시장 가격에 맞추어 재판매하게 하거나, 가격 통제를 받지 않는 제품만 생산하는 등 가격 제약을 우회하는 여러 가지 방법을 고안해 냈다. 그에 따른 결과는 경제 활동의 축소와 생산 품질의 저하, 가격 통제에 대한 만연한 회피 현상 등으로 나타났다.[104]

가격을 통제하고자 하는 의지와 별개로 정부는 이중 가격제 때문에 지방 정부에 의존할 수밖에 없었다. 가격 상한제가 지역별로 실행되다 보니 예상치 않은 결과들이 뒤따랐다. 해외 시장용 원단을 생산하는 수많은 방직 공장을 부양하기 위해 꼭 필요했던 원면 가격이 좋은 사례었다. 다롄에서는 현지의 가격 통제가 사실상 기꺼이 시장 가격을 지불하려는 다른 도시의 구매자들에게 원단을 판매하는 상황을 부추겼다. 대신에 다롄에서는 산둥에서 생산된 원단이 다롄 현지의 가격 상한선보다 50퍼센트 높은 가격에 판매되었다.[105]

면화를 둘러싼 실상은 또 다른 문제도 드러냈는데, 정부가 요컨대 조달 가격을 억제함으로써 국영 기업들에 저렴한 원자재를 안정적으로 공급할 수 있을 거라고 믿었다는 사실이었다. 지방 정부에서 운영한 면화 관리국은 〈노무비〉부터 〈조직비〉까지 온갖 잡다한 비용을 추가함으로써 가격을 올렸을 뿐 아니라 기일에 맞추어 제대로 납품도 하지 못했다. 심지어 돌이 섞인 저급한 면화를 상등품으로 속여 판매했을 정도로 아무 도움이 되지 못했다.[106]

결국 섬유 산업은 혼란에 빠졌다. 전체적인 비용이 늘어나면서 1달러를 벌어들이기 위해 필요한 금액도 증가했다. 1달러를 벌기에 충분한 면사를 생산하는 평균 비용은 1988년에 4.44위안에서 1989년 7월에 5.15위안, 1990년 5월에는 6.46위안까지 늘어났다. 1989년 9월에 실시된 평가 절하 이후의 공식 환율은 달러당 4.72위안이었다. 공식 통계 자료에 의하면 1,292개의 국영 섬유 공장이 거둔 순이익은 전체적으로 10퍼센트 이상 감소한 반면에 손실 규모는 284퍼센트나 증가했다. 즉 1천 미터의 원단을 생산할 때마다 섬유 공장들은 2백 위안의 손실을 입은 셈이었다.[107]

가격 통제로 인한 국영 기업들의 손실이 커지면서 보다 많은 보조금이 필요해졌다. 생산자들도 보조금을 받았지만 사회 불안이 발생할 것을 우려한 정부의 배려로 소비자들도 보조금을 받았다. 베이징에서는 소비자 물가 지수가 1퍼센트 오를 때마다 시 당국이 4억 위안의 추가 보조금을 지출해야 했다. 〈중국은 이제 완전히 보조금의 덫에 갇혀 있다〉라고 한 외국인 경제학자는 지적했다. 보조금은 그 종류도 많았지만 1988년 9월에 시작되어 2년간 지속된 경제적 긴축 기간에 매년 약 40퍼센트씩 증가했다.[108] 추산에 따르면 국가 예산의 약 40퍼센트가 보조금으로 배정될 정도였다. 그리고 이 같은 상황은 결과적으로 보다 많은 돈을 요구했다. 실제로 1990년 한 해에만 통화 공급량은 약 30퍼센트 증가했다.[109]

중국 정부는 외채를 갚지 못할 수도 있다는 두려움에 말 그대로 휘둘렸다. 지도부는 진정한 개혁에 착수하고 효율을 개선하는 대신에 환율만 만지작거리면서 일시적인 이득을 추구했다. 국제 제재에 대처하기 위해 겉만 번지르르한 시스템을 만들었다. 물가와 자본, 노동력에 대해서는 확고한 통제를 유지해야 한다고 주장하면서도 재정 정책과 늘어나는 적자, 통화 공급과 관련해서는 허술하게 대처함으로써 문제를 더욱 악화시켰다. 그 모든 행보의 결과는 경제 성장률의 급격한 하락으로 나타났다. 그 결과 1989년에는 3.9퍼센트로 떨어졌고 이듬해인 1990년 상반기에는 1.6퍼센트로 떨어졌다.[110]

내수 시장은 침체되었고, 실업률이 급증하면서 완전 고용 형태로 채용되지 못한 사람들의 수가 1억 5천만 명에 달하는 것으로 추산되었다. 1989년 한 해에만 총 1천8백만 개의 향진 기업 중에서 3백만 개가 사라졌다.[111]

익숙한 시나리오가 이중 가격 제도에 의해 지배되던 예전 경제 시스템을 소환했다. 비축량이 늘어났고, 대출이 동결되었으며, 부채가 확대되었다. 그럼에도 경제가 작금의 수준까지 마비된 것은 처음 있는 일이었다. 중국 경제는 국영 기업들이 서로에게 빚을 지고 있는 상태를 가리키는 용어인 이른바 〈삼각 부채〉에 갇혀 있었다. 겉으로 보기에 삼각 부채는 비교적 덜 심각한 문제처럼 보였다. 신용 거래를 피할 수 없는 국영 기업들이 자금을 다른 급한 곳에 사용하면서 대금을 지불하지 않거나, 일정 기간 동안 지불을 미루는 것은 으레 있는 일이었기 때문이다. 납품을 했지만 대금을 받지 못한 그들의 공급자들도 각자의 채권자들에게 지불을 연기하면서 연쇄적으로 부채가 발생했다. 부채는 비공식적인 신용 제도이자 금융 시스템 밖에서 자본을 축적하는 수단이었다. 몇몇 경우에 국영 기업들은 상호 간에 합의하여 대금 지불을 연기하거나, 가짜 담보물로 서로에게 지급 보증을 서기도 했다. 정부가 그들을 파산하게 내버려두지 않을 거라는 사실을 너무나 잘 알고 있었기 때문이다. 그런 측면에서 국영 기업들 간의 채무는 정부가 개입하기 전까지 무한정 연기할 수 있는 소위 늘 푸른 부채였다. 오히려 정부가 개입해 은행들에 누적된 부채를 정리하라고 지시하면 그 순간 기업 간의 연체 문제가 다시 급증했다.

    무엇보다 삼각 부채는 인플레이션과 관련이 있었다. 원자재와 완제품의 가격이 인상되면서 운전 자본의 상대적 가치는 감소했다. 국영 기업들은 재고품의 가치를 원가로 입력하고 가격 상승으로 인한 증가액을 직접 이익으로 신고해 단기 이익을 끌어올림으로써 재정부에 납입해야 하는 액수를 초과하여 자신들이 가질 수 있는 명목상의 잉여 이익을 늘리고자 했다. 당연하지만 이런 식의 자본 증가는 동일한 양의 재화로 뒷받침되지 않았다. 한 추산에 따르면 1988년과 1990년 사이에 재고의 가격 상승으로 인한 명목 이익은 수백억 위안에 달할 정도였다. 그럼에도 얼마 지나지 않아 국영 기업들은 각종 부족난에 시달리고 연체가 늘어나면서 더 이상 생산을 지속할 수 없게 되었다. 소비가 억제된 까닭에 구매자를 찾지 못한 완제품들이 비축되었고 일부는 창고 안에서 썩어 갔다. 1990년 말에 이르러 전국의 재고품 가격은 전년 대비 약 6백억 위안이 증가한 터였다.[112] 1992년에는 1천3백억 위안으로 늘어나면서 정점을 찍었다. 이들 재고 중 대략 4분의 1은 아무 쓸모가 없었는데 돈으로 환산하면 모든 중국 근로자의 한 달 치 월급에 해당하는 액수였다.[113]

이와 관련된 한 가지 문제는 사회주의의 전형인 수요와 공급이 불일치하는 와중에도 많은 국영 기업이 전혀 바람직하지 않은 제품을 대량으로 생산하는 데 뛰어났다는 점이다. 인플레이션은 일반적으로 통화량은 많고 상품은 부족한 데서 비롯된다고 알려져 있는데 특히 이례적으로 상품이 부족한 상황에서는 놀랄 만큼 적은 통화량만으로도 인플레이션의 문턱을 넘는 것이 가능했다. 경기가 침체되었을 때 시장에 경쟁력 있는 제품을 내놓지 못하는 기업들은 일반적으로 파산하고, 그들의 자산은 시장 가치에 따라 매각되며, 부채는 탕감된다. 하지만 사회주의 경제 체제에서는 대출이 줄어드는 경우에 기업들은 운영을 중단하고 동면에 들어가면 그만이었다. 일단 경제가 활기를 되찾으면 그들의 무가치한 자산에 대해 발생했던 휴면 부채는 다시 활성화되었고, 막대한 이자를 지불하고 시장에 맞지 않는 제품을 새로 생산하기 위해 더 많은 국가 자금을 끌어들였다.[114] 악순환이 재개되면서 이들 상품은 또다시 창고에 보관되는 것으로 끝났다. 이 모든 활동은 일단 제품이 생산되면 궁극적으로 모두 판매되는 시장 경제를 따르는 국가들에 의해 만들어진 개념인 국내 총생산에 유리하게 작용했다. 한 중국 인민 은행 지점의, 약간은 우아한 표현을 그대로 빌리자면 〈신용 대출과 생산, 과잉 재고, 연체 그리고 더 많은 신용 대출과 더 많은 생산, 더 많은 과잉 재고, 더 많은 연체로 이어지는 악순환이 존재한다〉.[115]

1990년에 중국 정부는 1천6백억 위안으로 추정되는 삼각 부채를 정리하기 위해 5백억 위안을 투입했다. 하지만 문제는 해결되지 않았고 1년 뒤 삼각 부채는 3천억 위안까지 늘어났다. 달러로 환산하면 (공식 환율이 아닌 시장 환율에 근접한 달러당 5.4위안으로 계산했을 때) 550억 달러에 상당하는 돈이었고, 중국에서 유통되는 총통화량과 비슷한 또는 전체 미불 대출금의 5분의 1에 해당하는 돈이었다. 게다가 위기는 지도자들 주변의 사회주의 진영이 해체되고 있던 아주 좋지 않은 시점에 찾아온 터였다. 리펑은 심각한 목소리로 〈이런 상황이 조금만 더 계속된다면 우리 경제는 붕괴될 것이다〉라고 말했다. 〈보다 직설적으로 말하면 사회주의의 생사가 달린 문제이다.〉 리루이는 그의 일기에서 〈부채가 모든 것을 집어삼킨다〉라고 약간은 덜 극적으로 표현했다.[116]

1991년 봄에 부총리로 승진한 주룽지에게 구조 요청이 떨어졌다. 해당 시점에 그는 경제가 종류에 상관없이 사실상 어떻게 작동하는지 알고 있는 몇 안 되는 지도자 중 한 명이었다. 계획 경제의 설계자인 천원을 제외하면 실질적인 결정을 내리는 대다수의 당 원로는 정치 이론가였다. 일례로 경제를 담당하는 리펑은 정부에 합류하기 전까지 20년 동안 기자로 일했던 위안무에게 의지하는 경향이 있었다. 심지어 국가의 주요 금융 기관을 담당하는 사람들조차 정치적인 이해관계에 따라 임명된 터였고 그중 일부는 실질적인 경제 지식이 전무했다. 지도자들을 잘 알았던 리루이는 그의 일기에서 수년째 예산을 담당하는 왕빈첸이 기본적인 회계도 몰라 아랫사람들에게만 의존한다고 주장했다. 중국 인민 은행 총재인 리구이셴은 화학을 전공한 공학자였고, 은행 거래가 실질적으로 어떻게 이루어지는지에 대해서 내내 제대로 이해하지 못한 듯 보였다.[117]

주룽지는 이후 몇 년 동안 부채에 5백억 위안을 투입하고 지방 정부에 현지 기업들의 부채를 정리할 자금을 모으도록 요구했다. 또한 창고에 쌓인 재고품을 모두 판매하도록 강제했으며, 생산된 제품을 판매하지 못하는 국영 기업들에는 생산을 중단하고 설비를 개량할 것을 주문했다. 그는 합병과 양도, 심지어 폐쇄까지 제안했다. 합병을 통해 그는 주요 산업 분야에서 세계 선진 기업들과 경쟁할 수 있는 강력한 국영 복합 기업이 만들어질 것으로 생각했다. 생산 축소와 재고 판매로 인한 기업들의 수입 손실에 어떻게 대처할 것인지 묻는 질문에 그는 그들의 수입이라는 것이 애초에 서류상으로만 존재하는 단순한 수치에 불과하다고 대답했다. 그는 누구도 원치 않는 물건을 생산하는 랴오닝성의 몇몇 기업들을 폐쇄했다. 그리고 1991년 9월에 자신의 실험적인 조치를 전국의 다른 지역들로 확대할 것을 국무원에 요청했지만 거절당했다. 원로들은 사회주의 체제의 정곡을 찌르는 개혁 때문에 초래될 수 있는 사회적 불안을 감수할 마음이 없었다.[118]

주룽지의 행보에는 한 가지 긍정적인 점도 있었다. 즉 그는 정권이 과거의 보다 엄격한 계획 경제로 후퇴하는 것처럼 보이는 순간에도 헌신적인 개혁가로 자리매김할 수 있었다. 1991년 11월에 그는 마오주의 가치관으로 회귀할 것을 제안한 공론가 덩리췬과 공공연히 대립했다. 덩리췬에 맞서 주룽지는 〈더 크고 대담한 개혁〉에 더해서 기업들에 대한 정부의 개입을 줄일 것을 요구했다.[119]

주룽지는 추가적인 개혁을 밀어붙일 권한이 없었다. 11월 말에 천원이 이끄는 보다 신중한 보수파가 제8차 전체 회의에서 승리하면서 주룽지는 정치국 상무위원으로 선출되는 데 실패했다. 이제 87세로 앞에서 이끌어 나가기에는 너무 나이가 든 덩샤오핑은 자신의 유산을 공고히 하고 경제에 영속적인 족적을 남기기로 결심했다. 베이징의 교착 상태를 타개하기 위해 그는 한때 자신의 스승이었던 마오쩌둥이 완성시킨 정치적 전통으로 눈을 돌렸다. 당을 우회하여 인민에게 직접 호소하라.

7
사회주의 손에 들린 자본주의 도구
(1992~1996)

마오쩌둥은 회랑 정치의 대가였지만 수도에서 승리하는 데 실패하면 고전적인 책략에 의지하여 전용 열차를 타고 전국을 여행하면서 지방 지도자들의 지지를 이끌어 냈다.

1992년 1월 19일에 덩샤오핑은 경제 개혁에 따른 이점을 찬양하기 위해 1984년에 찾았던 경제특구 선전을 깜짝 방문했다. 그해 처음 대중 앞에 모습을 드러낸 그는 골프 카트를 타고 놀이공원을 돌아다녔고, 세계 무역 센터 최상층에 위치한 회전식 레스토랑에서 도시를 감상했으며, 시장을 축복해 주었다. 또한 이례적으로 직설적인 모습도 보여 주었다. 그는 기자들에게 〈중국이 선택할 수 있는 유일한 대안은 개혁과 개방뿐이다〉라고 말하면서 자신의 발언이 홍콩에 널리 알려지도록 했다. 〈개혁을 반대하는 자는 누구든 공직을 떠나야 한다.〉 군중은 박수를 치며 환호했다.[1]

이것은 최고 지도자가 우한과 창사, 광저우, 상하이를 다니면서 수십 명의 지역 지도자들에게 지지부진한 개혁 속도에 불만을 표출한 남부 순방에서 가장 중요한 장면이었다. 원래라면 그가 은퇴 생활을 하고 있어야 했기 때문에 국영 언론은 최고 지도자의 여행에 대해 함구했지만 홍콩 기자들에게 조심스레 유출된 그의 발언은 홍콩에서 다시 국경을 넘어와 중국 본토에서 전파를 탔다.

〈족장〉의 메시지는 간단했다. 〈중국 경제의 주축은 공공 부문이기 때문에〉 외국인 투자가 증가하고 경제 개혁을 지속하더라도 두려워할 필요가 없다는 것이었다. 그는 〈무엇보다 정치권력이 우리 손에 있으므로〉 모든 외국인 소유 기업이 당의 정치적 통제 아래 중국의 이익에 부합하도록 관리될 거라고 덧붙였다. 이 점이 바로 사회주의와 자본주의의 진정한 차이였다. 요컨대 그는 중앙 계획과 시장의 힘 사이에서 균형을 추구할 생각이 없었다. 그는 계속해서 경제 발전과 삶의 질을 높임으로써 사회주의 체제의 우월성을 증명하는 것이야말로 화평연변에 맞선 최선의 방어책이라고 주장했다. 〈우리는 실험하고, 새로운 길을 개척하고, 대담하게 밀어붙여야 한다〉는 그의 주장에 반대할 사람은 아무도 없었다.[2]

장쩌민은 남쪽에서 불어오는 바람에 맞추어 서둘러 자신의 돛을 수정했다. 족장이 탄 전용 열차가 칙칙폭폭 소리를 내며 베이징역(驛)을 출발하여 장기간의 모험을 시작한 이틀 뒤부터 총서기는 보다 적극적인 개혁과 개방을 촉구했다. 음력설인 2월 2일에 그는 널리 알려진 대로 덩샤오핑에게 전화를 걸어 건강을 기원했다. 그리고 인민 대회당에서 4천 명의 당 간부들에게 신년 연설을 하면서 중국이 〈용기와 배짱을 요하는 탐험〉을 하는 동시에 개혁 속도를 높여야 한다고 말했다. 2월 23일에 『인민일보』는 중국에 〈외부 세계를 향해 문호를 개방하고 자본주의를 활용하라〉고 권고했다.[3]

장쩌민은 3월 초에 열린 정치국 회의에서 최고 지도자의 남부 순방 사실을 다루지 말도록 공식 언론을 압박한 자신의 행동을 스스로 비판할 만큼 정치적으로 기민했다. 그의 동료들도 대열에 합류하여 고도성장을 요구하는 덩샤오핑의 또랑또랑한 주장에 만장일치로 지지를 표했

다. 풀 죽은 패배자 리펑은 아무런 이의도 제기하지 않았다.[4]

몇 주 뒤에는 사람들도, 아니면 적어도 그들의 공식 대변자들도 전국 인민 대표 대회에서 목소리를 냈다. 그들은 족장이 남부 순방 중에 했던 발언들을 낭독한 뒤 역시나 개혁 속도를 높일 것을 요구했다. 아울러 보다 많은 지방 자금과 지방 자치권도 요구했다.[5]

덩샤오핑의 마지막 여정은 상하이였다. 정권의 긴축 운동이 한창 진행 중이었지만 이 도시는 예외였다. 6·4 항쟁의 여파로 지방의 권한이 축소되고 투자가 삭감된 와중에도 상하이는 황푸강 건너편에 위치한 습지대를 미래의 금융 중심지로 탈바꿈시키려는 원대한 계획에 착수한 터였다. 이 계획은 장쩌민이 상하이 출신이었기에 도움을 받은 측면도 있었지만 정부 입장에서 개방 정책이 단지 숨만 쉬는 수준이 아니라 진정으로 번창하고 있다고 홍보하는 데도 도움을 줄 터였다. 중국 정부는 적대적인 외국 세력의 조종을 받는 위험한 불순 기지로 여기던 홍콩을 경계하며 경쟁자를 육성하고자 했다. 그렇게 푸둥 공업 지대는 중국의 새로운 홍콩이자 수십억 달러 규모의 외국인 투자를 유치할 동양의 진주로 묘사되었다.

해당 프로젝트는 공식적으로 리펑이 1990년 4월 18일에 시작했지만 처음에는 진행이 더뎠다. 투자금의 가장 큰 몫은 푸둥 공업 지대에서 대규모 부지를 임대하거나 무역 회사를 설립할 수 있는 권리를 비롯하여 각종 혜택을 받게 될 외국인 투자자들로부터 나올 것으로 기대되었다. 처음 5년 동안은 수익에 대한 세금도 면제될 터였다. 이후로 몇 달 동안 수천 명의 외국인 대표단이 푸둥을 찾았다. 시장인 주룽지도 전 세계를 다니면서 자본가들에게 구애를 펼쳤다. 하지만 1년이 지난 시점까지도 푸둥 공업 지대는 여전히 맹숭맹숭한 상태였고, 부지 중간중간에 외국인 투자를 받은 단 40개의 공장만 깨진 도로와 금방이라도 무너질 것 같은 가스 공장들과 함께 서 있을 뿐이었다. 자세히 들여다보면 금융 혜택이라는 것도 정확히는 외국인들이 할 수 있는 일들에 끝없이 제한을 가하는 관료적 형식주의라는 거미줄로 들어가는 관문에 불과했다. 〈나는 푸둥 프로젝트가 단지 그 규모만 더 커졌을 뿐, 다른 새들을 가두기 위한 또 다른 새장에 불과하다는 의심이 든다〉라고 한 외국인 은행가는 말했다.[6]

덩샤오핑의 남부 순방 이후에 투자가 개선되었다. 상하이에 도착한 덩샤오핑은 80대의 고령에도 불구하고 푸둥에 있는 공장과 백화점, 증권 거래소, 심지어 새로 지어진 건물까지 직접 점검하고 다녔다. 그가 떠나자마자 주룽지의 뒤를 이어 새로 시장이 된 황쥐가 외신 기자들 앞에서 보다 많은 장려금과 자금 지원, 자율권을 약속했다. 기업들은 심지어 선전 경제의 주력 사업인 중계 무역도 할 수 있었고, 주식과 채권까지 발행할 수 있었다. 그는 모든 사회 기반 시설 프로젝트에 필요한 금액을 초과하여 이미 5백 억 위안이 넘는 돈이 투입되었다고 설명했다. 그러면서 최고 지도자가 남긴 지혜의 말을 인용했다. 〈대담하게 움직이고, 신속하게 조치하라.〉[7]

황쥐는 푸둥을 〈사회주의의 중심지〉라고 불렀다. 1992년에는 약 33억 달러에 달하는 자본주의 자금이 유입되었는데, 그중 절반이 홍콩과 마카오에서 들어온 것이었다. 이듬해인 1993년에는 상반기에만 45억 달러가 넘는 계약이 이루어졌다. 추산에 따르면 11분마다 한 개씩 새로운 회사가 설립되었다. 혹시라도 뒤처질 것을 우려한 포드나 벨, 마쓰시타, 샤프, 히타치, 지멘스 같은 대기업들도 지분을 요구하고 나섰다. 터널이 만들어지고, 이런저런 다리가 건설되고, 도로가 놓이는 가운데 기중기의 숲 한가운데서 현대식 초고층 건물들이 위용을 드러내기 시작했으며 때때로 먼지구름이 시야를 방해하기도 했다. 푸둥은 세계에서 가장 큰 건설 현장이었고, 외국 자본에 더해서 오로지 대나무 모자 하나로 무장한 농촌 이주자들에 의해 변모해 가고 있었다.[8]

상하이 중심부에서도 건설 현장의 소음이 울려 퍼졌고 프랑스 조계지의 전통적인 테라스 하우스* 위로 고급 호텔들과 사무실용 건물들이 모습을 드러냈다. 한때는 이름을 모르는 사람이 없던 윙온 백화점과 자딘 매시선 같은 유명 기업들도 상하이로 돌아왔다. 와이탄 거리와 그 일대에서는 크롬과 어두운색 유리가 내부부터 외부까지 고풍스러운 석조 외관을 자랑하던 식민지 시대의 건물들을 점령해 나갔다. 현대식 호텔에서는 짙은 색 목재와 호화로운 샹들리에, 벽면을 완전히 가리는 초대형 거울이 투박한 가구와 벨벳 커튼을 대체했다. 보다 멀리 교외로 나가면 논 바로 옆에 테니스 코트와 잘 정리된 잔디밭에 스프링클러까지 갖춘 고급 주거 단지가 속속 들어서고 있었다.[9]

푸둥은 베이징의 지도자들이 계획한 특별 프로젝트였다. 그럼에도 모든 마을과 도시, 성이 외국인 투자를 받기를 원했다. 리펑이 푸둥 공업지대 프로젝트를 승인하고 한 달도 되지 않아 주요 해안 도시의 당 서기들이 외국인 투자자들에게 온갖 종류의 혜택을 제안하며 공세에 나섰다. 주하이, 광저우, 샤먼, 푸저우, 산터우, 원저우 등은 홍콩으로 대표단을 파견했다. 그들은 타이완에도 주목하면서 투자자들에게 10년에 걸친 면세 혜택과 그 밖의 우대 정책을 제안했다. 상하이 남동쪽에 위치한 닝보는 외국인 투자자들에게 60제곱킬로미터에 달하는 공업 지대를 건설해서 50년 동안 부지를 임대해 주겠다는 다소 무모한 계획을 공표했다. 보다 북쪽에 위치한 톈진과 다롄의 관리들은 베이징에 자체적으로 개발 촉진 지역을 설정할 수 있는 재량권을 달라고 호소했다.[10]

* 각 세대마다 테라스를 가진 경사지 연립 주택.

국제 경제 제재는 정권의 내부적인 긴축 정책과 맞물려 이러한 추세에 제동을 걸었다. 하지만 덩샤오핑의 남부 순방 이후에 개발구의 숫자는 그야말로 폭발했다. 1991년에 전국적으로 약 117개에 불과하던 것이 1992년에 이르러서는 8천7백 개 이상으로 늘어났다. 심지어 그중 상당수는 중앙 정부의 승인도 받지 않은 상태에서 외국인 투자자들의 관심을 끌기 위해 서로 경쟁하고 있었다. 만약 정부가 실제로 그 모든 지역을 개발한다고 하면, 그리고 주룽지가 봉투 뒷면에 계산한 것이 맞는다면 최소 4조 5천억 위안의 비용이 들게 될 터였다.[11]

땅을 제공하는 것은 아무리 가난한 마을이라도 할 수 있는 일이었다. 방식은 매우 간단했다. 사회 기반 시설을 개발할 자금을 받는 대가로 땅을 임대해 주면 끝이었다. 보도에 따르면 그런 방식으로 대략 5백 개의 도시를 건설할 수 있는 면적에 해당하는 총 220만 제곱킬로미터의 땅이 약 5백억 위안에 임대되었고 그중 일부만 국고로 들어갔다.[12]

중국은 사회주의 국가로 생산 수단이 국가에 귀속되어 있었기 때문에 누가 땅의 소유주인 국가를 대표할 수 있는지, 누가 땅을 빌려줄 수 있는지, 누가 땅을 임차할 수 있는지, 자금이 누구에게 귀속될 것인지 등을 결정하는 규칙이 매우 모호했다. 일반적으로는 지방 정부가 국가를 대표했으며 국영 기업이나 국가 기관에 토지 이용 권한을 부여했다. 그러고 나면 이들 기관 이용자들이 시장에 진입해 토지를 판매하는 식이었다. 그런데 사회주의 국가에는 항상 수많은 국가 기관이 존재했고 그 결과 토지 지분을 주장하거나 부동산 개발과 관련해서 자신의 운을 시험해 보고자 하는 기관 이용자들이 급증했다. 대학과 병원, 기업뿐 아니라 광범위한 국가 관료 체계의 단계에서 상상 가능한 모든 정부 부처가 부동산 관련 부서를 설립하고자 했다.[13]

가장 정교하지 못했던 경우는 연회나 자동차, 고급스러운 건물을 짓는 데 개발 자금이 모두 소진되면서 징발된 농지가 그대로 유휴 상태로 남게 된 것이다. 그와 정반대의 극단적인 경우는 1992년 하이난섬에서 일본 기업 구마가이 구미는 30제곱킬로미터에 달하는 부지를 자유항으로 개발할 수 있는 권리를 얻은 것이다. 계획대로라면 선인장만 가득한 척박한 땅이던 양푸는 장차 도시로 변모할 터였다. 일본 기업은 현지인이나 외국인 투자자에게 토지권을 양도할 수 있는 권리도 갖게 되었다. 그러자 그 일본 기업은 항구를 개발하는 대신 주민 80명당 1개꼴로 섬에 우후죽순처럼 생겨난 약 2만 개에 달하는 부동산 기업에 땅을 매각했다. 땅값은 지붕을 뚫고 올라가서 폭락하기 전까지 제곱미터당 최고 3천5백 위안을 기록했으며, 수백 채의 미완성 건물과 3백억 위안의 빚을 남겼다.[14]

하이난섬은 전국 개발자들의 부러움을 샀다. 곧 비슷한 계획들이 전국 곳곳에서 등장했다. 가난에 시달리던 간쑤성 전위안현에서는 지역 텔레비전과 라디오, 이동식 트럭을 통한 대대적인 마케팅이 이루어지면서 사회주의 초기의 30년보다 2년 동안 훨씬 많은 것이 건설되었다. 간쑤성 당 위원회의 지적에 따르면 국가에 귀속되어 있던 부(富)가 〈몇몇 개인의 손으로 넘어가고 있었다〉.[15] 전국적으로 1천1백억 위안이 넘는 돈이 1993년에 부동산에 투자되었는데, 이는 전년의 두 배가 넘는 금액이었다. 심지어 이듬해인 1994년에는 더 많은 1천6백억 위안이 투자되었다. 국무원은 서민을 위한 주택이 철거되는 와중에도 골프장과 고급 호텔이 급증했다고 개탄했다.[16]

지방 정부의 통제를 받는 지방 은행은 그 지역의 기업들에 전략적 이점을 제공하는 경향이 있었다. 국영 은행이 추가 대출을 거부할 경우에도 지방 정부는 과감하게 독자적으로 방법을 모색하여 해외 자본 시장에서 자금을 조달할 수 있었다. 당 서기들은 호화로운 투자 사무실과 두꺼운 빨간색 양탄자, 열정적인 미소, 매력적인 팸플릿 등으로 무장하고 외국 자본가들을 유혹하기 위한 사교 능력을 연마했다. 그들은 고급 호텔을 잡아 주고, 리무진을 준비하고, 경찰차로 호위하면서 확성기로 교통을 통제하는 등 외국인 은행가들과 경영진을 마치 공산주의 세계의 왕족처럼 대접했다. 1992년 한 해 동안 해외 자본을 이용하는 약 4만 건의 프로젝트가 승인되었고 외국인 투자자들이 약속한 투자금은 570억 달러가 넘었다. 이는 1991년에 보고된 금액의 네 배에 달할뿐더러 1979년 이후로 약속받은 투자금 총액보다도 많은 금액이었다. 그에 따른 결과로 1993년에 고정 자산에 대한 국영 기업의 투자는 70퍼센트가 증가했고 지방 정부의 투자는 80퍼센트나 급증했다.[17]

이러한 수치는 비록 인상적이었지만 곧이곧대로 믿기는 어려웠다. 국내 자본이 해외 자본으로 둔갑하는 경우도 많았기 때문이다. 예컨대 수십억에 달하는 돈이 국경을 넘어 홍콩으로 밀반출되면 홍콩에 있는 유령 회사가 세금 혜택을 받기 위해 만든 가짜 합작 회사로 이 돈을 옮기는 방식이었다. 외국인이 투자하는 돈의 무려 3분의 2가 사실은 중국에서 나왔을 것으로 추정하는 사람들도 있었다. 일례로 밀턴 프리드먼은 개발 지역에서 외국인 투자자에게 부여되는 모든 특권에 대해 납세자가 그 비용을 부담해야 한다고 지적하면서 냉담한 반응을 보였다. 그는 푸둥을 〈군림하는 황제를 위해 지어진 포툠킨 마을〉*로 묘사했다.[18]

홍콩은 금융 분야에서 또 다른 중요한 역할을 수행했다. 홍콩의 주식 거래소가 국영 기업을 위한 자금을 조달하는 데 이용된 것이다. 1990년까지 중국은 제대로 작동하는 채권 및 주식 시장을 소유하고 있지 않았다. 1981년부터 중국 정부는 세수입만으로 감당할 수 없는 재정 적자를 메우기 위해 채권을 발행하기 시작한 터였다. 하지만 이들 채

* 바람직하지 못한 사실이나 상태를 감추기 위한 겉치레.

권은 유가 증권이라기보다 강제 대출에 가까웠다. 국영 기업들은 중앙 은행이 정한 이율로 중앙 정부가 정한 할당량에 따라 의무적으로 채권을 매입해야 했다. 증권 거래소는 존재하지 않았으므로 증권을 거래하는 것 자체가 불가능했다. 채권은 매년 판매되었고 1987년부터 추가로 건설 국채가 발행되었다. 국영 기업이 받는 것보다 약간 높은 이자율을 적용받았지만 일반 가정도 의무적으로 국채를 매입해야 했다. 일례로 1989년에 일반 노동자는 의무적으로 채권을 매입하는 과정에서 6주 치에 해당하는 수입을 징발당했다.[19]

중앙 정부는 자신들이 채권을 관리했기 때문에 채권에 명시된 의무를 이행할 수 없을 때마다 이를 재구성할 수 있었다. 1990년에 실제로 그런 일이 있었는데 1981년부터 발행된 240억 위안이 넘는 채권의 만기일이 도래하자 정부는 90억 위안이 넘는 신규 채권을 발행했고 1991년에도 다시 70억 위안에 달하는 채권을 발행함으로써 부채 상환을 연기했다.[20]

1982년부터 일부 국영 기업들도 주식을 발행할 수 있었지만 그 주식은 정상적인 경제 환경에서 정상적인 기업들이 발행하는 것과는 공통점이 거의 없었다. 그들이 발행하는 주식은 소유권이 없을 뿐 아니라 최소한의 연간 수익률만 제공하고 심지어 만기일이 존재한다는 점에서 사실상 채권과 비슷했다.

1988년에 물가가 치솟고 은행들이 대출을 축소하라는 지시를 받았을 때 국영 기업들은 증권 거래를 금지한 정부의 명령에도 불구하고 크게 할인된 가격으로 그들의 채권 포트폴리오를 시장의 투기꾼들에게 매각하려 했다. 1989년과 1990년에는 규제라는 것이 아예 없는 장외 채권 및 주식 시장이 생겨났다. 한 금융 역사가의 말을 빌리자면 해당 시장은 중국에서 최초이자 유일했던 진짜 주식 및 부채 자본 시장이었고

딱 2년 동안 유지되었다.[21]

비공식 시장을 견제할 목적으로 1990년 12월과 1991년 7월에 각각 선전과 상하이에서 증권 거래소가 문을 열었다. 이들 거래소에서는 국가 규제 기관이 거래 환경을 통제하고, 정부의 이익에 부합하는 방식으로 가격과 투자자를 관리했다. 그에 따라 제한된 범위 내의 국고채와 회사채, 기업 주식에 대한 거래가 허용되었지만 금융채와 전환 사채를 비롯한 다른 유형의 증권에 대해서는 제한이 유지되었다. 1년 뒤 상장 기업들은 처음으로 외국인 투자자만을 대상으로 하는 이른바 〈B〉 주식을 발행할 수 있었다. 여기서 더 나아가 1993년 6월에는 엄선된 국영 기업들에 한해 홍콩에서 〈H〉 주식을 발행하게 되었는데 이때 〈B〉 주식에서는 불가능한 투자자 보호 장치를 제공했다. 칭다오 맥주는 홍콩에서 상장한 최초의 본토 기업이 됨으로써 역사가 되었고 언제든 외화로 바꿀 수 있는 자금도 조성했다. 비록 칭다오 맥주만큼 국제적인 인지도를 얻지는 못했지만 뒤이은 몇 달 동안 다른 기업들도 잇따라 상장했다. 그해 말까지 80억 홍콩 달러가 넘는 자금을 조성하게 되는 중국의 기업 공개 열풍이 시작되는 순간이었다.[22]

외국인의 직접 투자에 의해서든 아니면 부동산 매매나 증권 거래소를 통해 조성된 자금에 의해서든 어쨌거나 경제는 호황을 맞이했다. 중국 전체가 하나의 거대한 건설 현장처럼 보일 정도로 주요 도시마다 불도저로 평탄화된 땅에 대나무 비계(飛階)가 솟아 있었다. 덮개 없이 노출된 개방 하수와 낡은 도로, 판자촌 바로 옆에 고급 호텔과 하늘 높이 치솟은 초고층 건물, 현대식 사무실용 건물이 들어서면서 구세계 한복판에서 완전히 새로운 세계가 모습을 갖추기 시작했다.

해안을 따라 위치한 도시들에 투자가 집중되면서 저렴한 장난감과 신발, 의류 등의 수출이 급증했다. 외국 기업들도 성가신 노동권이나 독립 노조와 같은 제약에서 벗어나 자유로운 값싼 노동력을 활용하는 데 적극적이었다. 포드와 폴크스바겐, 푸조와 같은 기업들은 1991년보다 50퍼센트 증가한 1백만 대 이상의 자동차를 생산했다. 다른 기업들도 중국이 아닌 제3국에 판매할 제품들을 생산하기 시작했는데 대표적으로 나이키는 1992년 한 해에만 2백만 켤레의 운동화를 수출했다.[23]

현금이 넘쳐 나면서 고급 초콜릿이나 전자 피아노, 샴푸, 탐폰부터 월풀 욕조에 이르기까지 수입이 폭발적으로 늘어났다. 외국 판매상들이 보기에는 중국이라는 거대한 시장이 마침내 잠에서 깨어나고 그야말로 꿈이 이루어지는 것처럼 보였을 터였다. 상하이 한가운데 위치한, 한때 조프르 대로(大路)라고 불렸던 화이하이중루에는 현란한 네온사인 아래 상상 가능한 모든 유명 디자이너 제품을 판매하는 쇼핑몰들이 새로 문을 열었다. 에이본은 1만 8천 명에 달하는, 이른바 현지 〈에이본 레이디〉를 모집하여 자사 화장품을 판매했다.[24]

알루미늄과 구리, 니켈, 코발트, 철강, 목재부터 시멘트에 이르기까지 원자재 수입도 급증했다. 당연히 가격도 올랐다. 쓰촨성 일부 지역에서는 시멘트 가격이 톤당 2백 위안에서 거의 9백 위안까지 올랐다. 한 시멘트 공장의 문밖에는 장장 5킬로미터에 걸친 트럭 행렬이 펼쳐지기도 했다. 선전의 일부 개발업자들은 북쪽으로 2천 킬로미터 넘게 떨어진 지역에서 철강과 시멘트를 조달했다. 한 추산에 따르면 전국적으로 시멘트 가격은 40퍼센트, 철강은 90퍼센트 가까이 오른 터였다.[25]

1992년 경제 성장률은 12퍼센트였지만 인플레이션도 두 자릿수를 기록했다. 본분에 충실한 베이징의 회계사들이 1993년 5월에 연간 물가 상승률을 19.5퍼센트로 기록했지만 소비자들은 30퍼센트나 40퍼센트에 가깝다고 주장했다.[26]

때마침 정권이 도입한 두 가지 변화는 이러한 추세를 더욱 부채질했다. 1993년 봄에 대부분의 식량 배급제가 폐지되고, 곡물과 육류, 달걀, 식용유 등에 대한 가격 통제가 차츰 해제되면서 도시민들은 보다 높은 시장 가격에 맞추어 값을 치러야 했다. 석탄을 비롯한 그 밖의 원자재에 시행되던 고정 가격제 또한 단계적으로 폐지되었다. 그럼에도 이들 원자재에 대한 생산과 유통 통제권은 계속 정부가 가지고 있었다. 결국 이중 가격제는 또는 적어도 그중 상당 부분은 과거의 어떤 것으로 남게 되었다.[27]

오랫동안 국영 기업들에 그들이 벌어들인 외화를 서로 교환할 수 있는 수단이 되어 준 스와프 센터에 대한 정부의 제한도 해제되었다. 그 결과 외화에 대한 수요가 증가하면서 위안화의 가치는 더욱 하락했다. 중국에는 세 개의 환율이 존재했다. 첫 번째는 중앙 정부가 달러당 5.7위안으로 고정한 공식 환율이었고, 두 번째는 국영 기업과 국영 은행을 위해 25퍼센트 낮게 관리되던 스와프 센터 환율이었으며, 세 번째는 유일하게 공급과 수요에 의해 결정되는 암시장 환율이었다. 사람들은 환전 시장이 확대되는 과정에서 이들 세 가지 환율이 하나로 합쳐지기를 희망했다.[28]

하지만 상황은 정반대로 진행되었다. 1993년 5월 말에 이르러 달러는 스와프 시장과 암시장 양쪽 모두에서 거의 10위안에 거래되고 있었다. 사람들은 위안화가 급락하면 국영 은행에 돈을 맡기고 비참한 수준의 이자를 받는 것보다 같은 돈으로 외화를 매입하는 편이 인플레이션에 맞선 보다 나은 대비책임을 알게 되었다. 1988년 여름을 떠올리게 하는 사재기 속에서 일부 소비자들은 보석으로 눈을 돌리거나, 가전제품을 사 모으거나, 해외 유명 브랜드 제품을 구입하기도 했다.[29]

인플레이션이 발생하기 전에는 으레 임금 인상이 선행된 까닭에 대다수 도시 소비자들은 볼멘소리를 하면서도 자신들의 생활 수준이 점점 나아지고 있음을 알기에 계속 나아갔다. 하지만 뒤에 남겨진 채 잊힌 사람들도 있었는데 바로 농촌에서 살아가는 9억 명의 농민들이었다. 그리고 데자뷔의 또 다른 예로, 농민들에게 농산물 대금을 지불하기 위해 배정된 돈이 건설 프로젝트에 전용되었다. 1992년 10월에 곡물 구매 대리인들은 농민과 체결한 가을 수매 계약을 이행하기 위해 총 6백억 위안이 필요했지만 이 금액의 17퍼센트에 해당하는 돈밖에 없었고 지방 당국은 또다시 약속 어음을 발행해야 했다. 설상가상으로 이주 노동자가 고향집에 보낸 우편환을 농민들이 현금화하려 하자 지방 우체국이 차용증을 발행했다. 결국 중앙은행이 개입해 농촌에 긴급 자금 대출을 실시했다. 불과 한 달 전에 중앙은행은 차용증을 엄격히 금지했지만 아무 소용이 없었고, 1년 뒤에도 다시 차용증 사용을 비난했지만 마찬가지로 아무 효과가 없었다.[30]

농민들은 다른 쪽으로도 궁지에 내몰렸다. 거래 조건이 그들에게 불리한 방향으로 매년 5퍼센트 이상씩 지속적으로 그 간극을 늘려 간 것이다. 그러면서 생산물의 가치는 계속 떨어졌고 투입 비용은 계속 상승했다. 인플레이션 때문에도 고소득을 올리는 것이 애초에 불가능했지만 부수입을 챙기려는 지방 관리들이 마음대로 부과하는 간접세도 문제였다. 그렇게 부과된 간접세는 공공사업을 위한 자금으로 쓰여야 했지만 대부분 공무원의 호주머니로 직행했다. 1980년대에 농촌 성장을 견인했던 향진 기업들은 1989년 이후로 수백만 개가 문을 닫았다. 자원이 도시의 큰 국영 기업들에 집중되었기 때문이다.[31]

농촌의 실업률이 계속 증가함에 따라 점점 더 많은 사람이 떠돌이 생활을 하는 이주 노동자 대열에 합류했다. 해안을 따라 위치한 주요 도시의 기차역 앞에는 짐 꾸러미나 보따리를 든 수만 명의 사람들이 넓은 콘크리트 광장에 앉아 있었다. 그들은 하나같이 초라한 행색이었고, 삼삼오오 무리를 이루고 있었으며, 그들의 이야기 소리가 주변 공기를 채우고 있었다. 개중에는 자신이 가진 기술을 팻말에 적어 광고하는 사람들도 보였다. 그들은 경제 성장이 제공하는 새로운 기회에 이끌려 내륙 지방에서 새로 도착한 사람들이었다. 기차표를 사기 위해 돈을 빌리고 봇짐에 달랑 옷만 챙겨 온 사람들도 많았다. 그들은 호황을 이끈 원동력이었고 건설 현장에서 하루에 2달러에서 4달러를 받고 일했다. 그들을 매력적으로 만든 요소는 낮은 임금만이 아니었다. 그들에게는 쟁의권은 고사하고 집회의 자유도 없었다. 심지어 도시에 거주할 권리도 없었다. 언제든 마음대로 고용했다가 해고할 수 있었고, 필요에 따라 수만 명을 다른 곳으로 이동시킬 수 있었으며, 임시로 만든 그들의 판잣집도 언제든 무너뜨릴 수 있었다. 다른 수많은 개발 도상국에서 도시 경관을 해치는 판자촌이 보이지 않는 것에 외국인들은 깊은 인상을 받았다.

국가 주석이자 경제 개혁을 열렬히 지지한 양상쿤은 앞서 덩샤오핑의 남부 순방에 동행한 터였다. 주하이에서 그는 수백 명의 행인들을 향해 손을 흔들었고 행인들은 열광적인 박수로 화답했다. 순방 마지막에 그는 상하이 지도자들에게 도시를 국제적인 무역 중심지로 만드는 일과 관련하여 보다 신속하고 과감한 조치를 취할 것을 주문했다. 그의 이복형제이자 강력한 중앙 군사 위원회의 비서장이었던 양바이빙도 그 자리에 함께했다.[32]

  군의 정치 지도원으로서 양바이빙은 3년 전 명령을 이행하는 데 실패했던 장교들을 숙청하고 그 자리를 자신의 협력자들로 채웠다. 남부 순방 이후 그는 최고 지도자가 제시한 비전에 대해 공개적으로 지지를 선언함과 동시에 군이 경제 개혁 프로그램을 받들어 나갈 거라고 공표했다. 그의 발언은 심각한 우려를 자아냈는데, 원칙적으로 군은 정치에 관여하지 말아야 했기 때문이다. 몇 달 뒤에 그는 우쭐대다가 결국 큰 사고를 치고 말았다. 덩샤오핑의 후계 방안을 논의할 목적으로 군 장교들과 일련의 비밀회의를 개최한 것이다. 장쩌민은 곧바로 족장 관저로 달려가 파벌 정치에 가담한 양바이빙의 직책을 모두 박탈할 것을 요구했다. 두 형제는 1992년 9월에 좌천되었다.[33]

장쩌민은 이 사건을 계기로 최고 권력자인 족장의 확실한 후계자로 부상했다. 몇 주 뒤 인민 대회당에서 열린 제14차 당 대회에서 약 2천 명의 대의원들이 커다란 붉은 투표용지를 투표함에 넣었고 그 결과 3백여 명의 중앙 위원회 위원 중 거의 절반이 교체되었다. 경제 개혁을 노골적으로 비판한 사람들이 투표 결과에 따라 자리에서 물러났다. 대체로 요식 행위에 가까웠던 모임이 끝날 즈음이 되어 노쇠한 덩샤오핑이 딸의 부축을 받으며 무대에 올랐다. 족장은 대의원들이 박수를 치는 동안 사진 기자들을 위해 잠시 포즈를 취했다. 그런 다음 옆에 서 있던 장쩌민을 향해 돌아서서 〈대회가 매우 성공적이었다〉라고 치하했다.[34]

많은 변화가 연달아 이어졌다. 경제 개혁에 비판적인 원로 지도자들이 모여 있던 중앙 고문 위원회도 해체되었다. 중앙 고문 위원회의 위원장이자 중도적인 설계자들을 지지했던 천윈은 두 번 다시 대중 앞에 모습을 나타내지 못할 터였다.[35]

통통한 얼굴에 동그란 안경을 쓴 공학자이면서 동료들에게 재미없는 기술 관료라는 평을 들어 온 장쩌민은 자신의 높아진 지위를 이용하여 1천 명 이상의 군 지도자를 제거하고 1949년 이래 가장 큰 규모의 군 개편을 단행함으로써 기개를 보여 주었다. 그는 이후에 다수의 새로운 인물을 임명하는 과정에서도 선전부와 보안 기관 전반에 자신의 협력자를 배치했다.[36]

새로 임명된 사람들 가운데 상당수는 총서기의 권력 기반인 상하이 출신이었다. 상무위원으로 승진한 주룽지도 그중 한 명이었다. 1993년 4월에 리펑이 심장 마비를 겪은 뒤로 주룽지는 경제 정책에 관한 전권을 쥐게 되었다. 그리고 그 즉시 예금 지급 불능 위기에 직면한 지방 은행들이 보낸 전보에 파묻혀 있는 자신을 발견했다.[37]

장쩌민과 주룽지는 족장의 남부 순방으로 촉발된 경제 호황에 천원을 위시한 보다 보수적인 설계자들이 취했던 과거의 긴축 조치와 섬뜩할 정도로 유사한 경제 긴축 프로그램으로 대응했다. 1993년 1월부터 사회 기반 시설 프로젝트가 중단되고, 통화 공급이 갑자기 제한되는 등 익숙한 시나리오가 전개되었다. 대출은 1992년 1월에 시작되었을 때만큼이나 갑작스럽게 중단되었다. 은행들에는 승인되지 않은 투자에 동원된 수백억 위안의 국가 대출을 회수하라는 지시가 내려졌다. 지시가 확실하게 이행되도록 주룽지는 중국 인민 은행의 리구이셴 총재를 해임하고 자신이 그 자리에 앉았다.[38]

그렇게 1천 개가 넘는 개발 구역이 유질(流質) 처분되었고 불량 대출의 3분의 1이 회수되었다. 안정적인 자금 흐름이 끊기자 북동부 공업 지대 전역과 제조 시설이 몰려 있는 해안가 일부 지역에서 사실상 생산이 중단되었다. 삼각 부채로 인한 재앙도 보다 극단적으로 재현되었다. 몇몇 국영 기업들은 직원들에게 임금을 지급하는 것조차 힘에 겨워했으며, 비교적 부유한 장쑤성에서도 20만 명에 달하는 근로자들이 일자리를 잃었다.[39]

장쩌민과 주룽지의 긴축 조치는 1988년 9월에 실시된 긴축 프로그램에 비해 지방 정부와 국영 기업의 저항이 훨씬 거셌다. 주룽지는 자신이 20여 개의 성과 도시에 파견한 〈시정단〉이 노골적인 〈사보타주〉를 당한다고 불만을 나타냈다. 드러난 바에 따르면 광둥성은 중앙은행에 진 빚 가운데 겨우 40퍼센트만 반환한 터였다.[40]

자신의 전임자들과 달리 주룽지는 긴축 재정을 완화하거나, 악성 부채의 회수 기한을 연장하거나, 통화 공급량을 늘리는 등 타협을 해야 했다. 그는 카메라 앞에서 단호한 목소리를 냈지만 막상 현장에서는 약한 모습을 보였다. 내심으로는 앞으로 20년간 중국 정권을 괴롭히게 될 딜레마에 직면해 있었다. 남부 순방 중에 덩샤오핑은 사회주의자의 손에 들린 자본주의 도구가 안전할 거라고 주장했다. 하지만 개혁에 대한 그의 비전에는 한 가지 모순이 존재했고, 그가 기본적인 경제 법칙조차 모르고 있음을 보여 주었다. 권력 분립에 기반한 정치 체제에서 중앙은행은 이른바 이자율과 예대율이라는 그들이 동원할 수 있는 주요한 금융 도구를 보유하고 있었다면 사회주의 체제하의 은행들은 국가에 예속되어 있었다. 1979년 이후에 진행된 잇단 분권화로 지방 은행들은 시장이든, 중앙 정부의 계획이든 그 어떤 것에도 반응하지 않았다. 오로지 그 지방의 당 서기가 내리는 지시만 따를 뿐이었다. 중앙 정부의 끊임없는 지시에도 불구하고 시장 규율이나 당 규율은 존재하지 않았다. 따라서 자본을 포함해 생산 수단에 대한 지배력을 포기할 생각이 없던 정권이 선택할 수 있는 방법은 하나밖에 없었다. 바로 지방 정부에 분산되었던 권력을 회수하여 위에서 아래로 규율을 부과하는 것이었다. 이를 위해서는 지방의 모든 지도자를 굴복시킬 만큼 대규모의 숙청을 단행하고, 도려내고, 불태우고, 응징할 준비가 된 독재자가 필요했다. 한 지방 은행가의 표현을 빌리자면 〈이 나라에 필요한 것은 개화된 마오쩌둥이다〉.[41] 하지만 그런 인물은 수십 년 뒤에나 등장할 터였다. 장쩌민은 그러한 임무를 완수할 의지도, 수단도 없었다.

지방 정부를 길들이는 한 가지 방법은 중앙 정부에 보다 많은 세수를 납부하도록 요구하는 것이었다. 그렇게 계약 책임제하에서 중앙 정부에 송금해야 할 정확한 세금 비율이 지방 정부와 중앙 정부 간에 합의

되었고 그 비율은 지속적으로 줄어들었다. 결국 긴축 프로그램이 실패한 뒤인 1994년 1월 1일에 주룽지는 세금 제도를 개편하며 국세와 지방세를 분리했다. 여기에 더해 표준화된 비율을 도입해서 지방 정부의 재량권을 축소하고 세금 징수를 더욱 중앙 집권화했다.

지방 정부 입장에서는 너무나 쓴 약이었다. 광범위한 저항을 누그러뜨리기 위해 주룽지는 몇 가지를 양보해야 했는데, 지방 정부의 수입이 1993년에 기록했던 수준 밑으로 떨어지지 않도록 3년 동안 한시적으로 중앙 정부가 세금을 환급해 주기로 한 것도 그중 하나였다. 이는 향후 몇 년간 중앙 정부의 몫이 지속적으로 감소할 것임을 의미했다. 하지만 전체적인 세수는 오히려 증가했다. 지방 정부는 가능한 한 많은 세금을 징수하고자 다시 열정을 드러냈다. 세금을 최대한 많이 걷어야만 자신들의 잉여 수익이 증가하고 중앙 정부가 그들에게 지불하기로 약속한 환급금 규모도 늘어날 터였기 때문이다.[42]

새로운 세금 제도가 도입된 바로 그날에 기업 간 통화 스와프 금리와 공식 환율이 공식적인 위안화의 가치보다 33퍼센트 낮은 달러당 8.70달러로 통합되었다.[43] 금융 개혁과 마찬가지로 통화의 교환 가능성을 높이려는 움직임은 세계 무역 기구(WTO)의 전신인 관세 및 무역에 관한 일반 협정(GATT) 가입 자격을 얻기 위한 노력의 일환이었다. GATT 규칙에 따라 회원국들은 그들의 무역 상대국을 차별할 수 없었고 이는 거대한 잠재 시장을 보유한 모든 나라에 영구적인 최혜국 지위를 부여하는 셈이었다. GATT에 가입하기 위한 전제 조건 중 하나는 다른 회원국들과 유사한 무역 체제를 갖추는 것이었으며 여기에는 통화 교환성과 시장 접근성, 투명한 법률 체계, 지적 재산권에 대한 보호, 비무역적 장벽의 제거 등이 포함되었다.

하지만 중화 인민 공화국은 생산 수단을 공유하고 권력을 독점하는 사회주의 체제 — 덩샤오핑이 사회주의자의 손에 들린 자본주의 도구라고 표현한 — 에 매진하고 있었기 때문에 그처럼 공평한 경쟁의 장은 애초에 협상 대상이 될 수 없었다. 그럼에도 주룽지의 재정 및 통화 개혁은 바람직한 효과를 불러왔고 중국 정권이 계획 경제를 체계적으로 해체함과 동시에 시장 경제를 향해 나아가고 있다는 인상을 주었다. 그와 함께 1993년 전까지 거의 한 번도 사용된 적이 없던 〈전환〉이라는 용어가 외국 전문가들 사이에서 자주 언급되었다. 빌 클린턴 행정부의 선임 고문이 제시한 설명에 따르면 중국은 계획 경제에서 시장 경제로 전환하는 과도기에 있었고, 따라서 그들의 GATT 가입은 〈지극히 바람직한〉 일이었다. GATT의 피터 서덜랜드 사무총장은 중국을 세계 무역 시스템 내부에 두는 편이 외부에 두는 것보다 낫다고 설명하면서 중국을 자신의 감시하에 두려 했다. 무엇보다 외국 기업들은 곧 개방될, 장차 막대한 이익이 예상되는 거대한 미개척 시장을 보고 있었다. 그들은 보다 많은 것을 원했다.[44]

수요에 맞추어서 위안화를 한 단계 더 끌어내린 효과 중 하나는 1993년에 122억 달러에 달했던 대외 무역 적자가 1994년에 54억 달러의 흑자로 돌아섰다는 점이었다. 하지만 외부에서 305억 달러에 이르는 자본이 유입되어 외화의 공급 과잉을 초래하자 암시장에서 위안화의 가치가 상승하기 시작했다. 결국 환율이 달러당 8.70위안에서 8.44위안으로 떨어졌다. 중국 인민 은행은 처음으로 외화 유통을 중단함으로써 위안화의 추가적인 가치 상승을 막기 위한 개입에 나섰다. 중국의 외환 보유고는 계속 증가하여 1996년 1월에는 770억 달러까지 늘었다. 이는 중국의 금융 역사에서 중요한 순간이었으며, 그 후로 20년간 중국의 외환 보유고는 더욱더 늘어나 2015년에는 수조 달러에 달할 터였다.[45]

금융 및 은행 개혁은 서류상으로만 보면 조짐이 좋아 보였지만 인플레이션 문제가 정권의 최우선 과제로 떠오르면서 곧바로 보류되었다. 시장에서 달러화를 흡수해 위안화의 가치가 오르는 것을 막기 위해서는 보다 많은 돈이 발행되어야 했다. 1995년 일사분기의 통화 유통량은 전년 동기 대비 24.4퍼센트 증가한 7270억 위안에 달했다.[46] 돈을 마구 찍어 냄에 따라 치솟은 물가 상승률은 1994년 7월에 공식 목표치의 두 배가 넘는 24퍼센트를 기록했는데, 통계국 관리들은 사실상 25~30퍼센트에 이를 것으로 보았다.[47]

수천 개에 달하는 국영 기업을 부양하기 위해서는 안정적인 위안화 공급이 필수였기 때문에 대출을 옥죄는 조치는 정치적으로 쉽지 않은 일이었다. 경제적 호황을 누리는 해안 지역과 양쯔강 주변의 내륙 지역에서 개발 속도를 늦추려고 할 때 주룽지도 저항에 직면했다. 그는 리펑과 함께 수많은 연설을 통해 이들 지역에 〈전체적인 상황이 요구하는 것〉을 주시하도록 촉구했지만 대체로 무시되었다. 곡물 가격을 낮추기 위해 산업화된 지역에 벼와 밀 농사에 보다 많은 토지를 할애하라는 지시를 내렸지만 미온적인 반응만 돌아왔다. 가격 상한제가 다시 도입되었으나 사려는 사람이 없는 상품들만 판매하는 국영 상점을 제외하고는 이 제도를 지키는 사람이 거의 없었다.[48]

중앙은행 총재로 2년간 재임한 주룽지는 1995년 6월에 사임했다. 다만 부총리직은 그대로 유지했다. 그는 24퍼센트에 달했던 물가 상승률을 20퍼센트 이하로 낮추는 데 성공했다. 칭찬할 만한 성과였지만 금융 및 은행 개혁을 대가로 이룬 성과였으며 그 여파로 삼각 부채가 만연하고 금융계는 부실 대출을 잔뜩 떠안게 되었다. 통화 공급량은 매년 20퍼센트 이상씩 계속 증가했다. 새로운 상업 금융 분야를 만들려던 계획도 폐기되었다. 중앙은행은 보다 독립적인 기관으로 발전하는 대신

부총리 개인의 관할권 아래 놓이게 되었다. 주룽지는 중국 인민 은행의 차기 총재직을 제자인 다이샹룽에게 넘겼다.[49]

국영 기업에 대한 개혁도 제동이 걸렸다. 1994년에는 공공 부문에서 매달 48억 위안에 달하는 손실이 발생했다. 전국적으로 약 70퍼센트의 공장들이 직원들에게 정기적으로 급여를 지급하지 못했다.[50] 기본적인 월급뿐 아니라 의료 보험과 초과 근무 수당을 지급할 때도 약속 어음이 사용되었다. 빈사 상태의 기업에서 일하는 직원들은 때때로 삭감된 월급을 받고 집으로 돌려보내지거나, 월급 대신 공장에서 생산했지만 팔리지 않은 제품을 받기도 했다. 그로 인한 결과는 두 자릿수의 인플레이션과 맞물려 그 규모가 10년 넘도록 알려지지 않은 도시 빈곤이라는 형태로 나타났다. 일례로 베이징에 있는 한 편직물 공장의 사무실에서 근무하는 상근직 직원은 한 달에 3백 위안을 벌었는데, 이는 절대 빈곤을 가르는 최저 기준치보다 두 배 많은 수준이었다. 그럼에도 그 직원은 겨우겨우 생계를 유지할 수 있었고 생필품이나 연료, 쌀, 식용유, 소금 등을 구입할 때마다 어려움을 겪었다.[51]

수도를 벗어나면 상황은 더더욱 열악했다. 산업계 전반에 불황이 만연했으며 1994년 한 해에만 연좌 농성부터 대중 시위에 이르기까지 1만 건이 넘는 사건들이 당국에 보고되었다. 헤이룽장성의 탄광촌인 지시에서는 수만 명의 노동자들이 파업을 반복했다. 중앙 정부는 갈수록 심해지는 혼란에 두려움을 느꼈다. 결국 1995년 초에 이르러 국영 기업의 구조 조정을 요구하던 정부의 목소리는 사라졌고 대신에 사회적 안정의 필요성이 강조되었다.[52]

부패와의 싸움은 중앙 정부의 의지를 강제하는 핵심 수단이었다. 일당 독재 국가에는 독립적인 사법 체계나, 아주 약간의 부정한 냄새만 나도 이를 추적하려는 기자들에 의해 운영되는 자유로운 언론이 없었기 때문에 부패가 만연했다. 마오 주석은 해방되자마자 곧바로 2년 뒤에 당 내부의 부패를 막기 위한 첫 번째 반(反)부패 운동에 착수하여 단순히 〈파리〉로 묘사된 잡범과 대비되는 이른바 〈범(虎)〉, 즉 거액을 횡령한 당 관료들을 사냥하는 특별 단속반을 운용했다. 이후로도 비슷한 반부패 운동은 특히 부패와 낭비, 관료주의를 반대하는 1951년의 〈삼반 운동〉과 1963년의 〈사회주의 교육 운동〉부터 1971년의 〈일타삼반 운동(一打三反運動)〉까지 주기적으로 실시되었다. 반부패 운동은 두 가지 장점이 있었다. 첫째는 모든 당원이 어떤 식으로든 부패와 관련되어 있는 상황에서 정치적인 숙청에 대해 편리한 명분을 제공한다는 점이었다. 둘째는 정권이 진짜로 부패를 근절하고 있다고 믿었든, 아니면 당원들이 서로 물고 뜯는 모습을 지켜보며 어떤 만족감을 얻었든 상관없이 국민들이 일반적으로 반부패 운동을 환영한다는 점이었다.

덩샤오핑 체제하에서 부패 단속은 3~4년마다 정치 지형에 구두점을 찍었다. 그럼에도 중앙 정부가 경제 활성화를 위해 지방 정부에 보다 많은 권한을 양도하면서 비리를 저지를 수 있는 기회는 더욱 늘어났다. 권한이 늘어나자 농촌과 마을, 도시, 현, 심지어 성 전체가 자기 고장의 경제를 지키기 위해 나섰고 경쟁을 막기 위한 장벽을 세웠다. 오래지 않아 그들은 독재자나 긴밀한 유대를 바탕으로 신뢰할 수 있는 일단의 동료들에 의해 운영되는 하나의 영지 또는 공산당식 표현을 빌리자면 〈독립 왕국〉이 되었다.

모든 고위 당 관료가 자신들의 지위를 이용해 자본이나 원자재, 에너지, 토지, 부동산 등에 대한 교역권을 배분했다. 비리 형태는 선물을 받은 대가로 보다 비옥한 땅을 특정 농부에게 배정하는 행태부터 쇼핑몰을 개발하거나 국가에 적은 돈을 주고 빌린 땅을 전매하는 과정에서 발생한 뜻밖의 횡재를 공유하는 행태에 이르기까지 매우 다양했다. 추가 자본이 투입될수록 비리는 더욱 늘어났고, 특히 마땅한 자본 시장이 없는 상황에서 자본에 대한 높은 수요는 정부를 대리하여 은행 대출을 통제하는 사람들에게 무한한 기회를 제공했다.

직급이 높을수록 파이의 일부를 떼어 갈 기회도 많았다. 민주주의 운동이 진행될 당시에 학생들은 가장 유력한 지도자들의 자녀를 표적으로 삼은 터였다. 그들을 단 하나의 정당에 모든 권력을 부여하는 시스템이 낳은 족벌주의의 상징으로 여겼기 때문이다. 1989년 1월에 덩샤오핑의 장남은 한 무역 회사에서 그 회사가 수입하는 재화에 대해 막대한 수수료를 받아 온 사실이 발각되어 사임해야 했다. 하지만 그의 다른 자녀들은 6·4 항쟁 이후에도 대다수 지도자들의 자녀와 마찬가지로 계속해서 사업상 거래와 수익성 좋은 동업 관계를 이어 갔다. 덩샤오핑의 막내아들은 유력한 수도 강철 총공사의 홍콩 자회사에서 최고 경영자로 근무했다. 막내딸은 선전에 기반을 둔 부동산 기업의 명목상 대표였다.[53] 결국 최고 지도자의 가족도 예외는 아니었던 셈이다. 추산에 따르면 1993년에는 1천7백 명에 달하는 당 지도자들의 친인척이 3천1백 개에 달하는 중국 최고의 일자리를 장악하고 있었다. 여기에 더해서 또 다른 9백 명의 가족들이 중국의 주요 무역 회사들을 경영하고 있었다. 리루이가 자신의 일기장에 털어놓았듯이 공공 재산은 곧 그들의 재산이었다.[54]

1995년 2월 25일에는 12명의 저명한 지식인이 지도부 내의 부패에 대한 독립적인 수사를 요구하는 탄원서를 전국 인민 대표 대회에 제출했다. 탄원서에 따르면 〈권력을 돈과 맞바꾸는 형태의〉 부패는 대중의 분노를 유발하는 주된 원인이었다. 독립된 입법부와 사법부를 갖춘 입헌 민주주의의 확립을 유일한 영구적 해법으로 보았다는 점에서 진정인들의 행보는 대담했다. 그중에는 인도주의를 다룬 논설을 발표했다는 이유로 1983년에 해고된 『인민일보』의 부편집장 왕뤄수이도 있었다. 또 다른 서명인으로는 작가이면서 시민권을 짓밟는 정부를 신랄하게 비판한 류샤오보가 있었다. 학살 사건 이후로 이러한 저명인사들이 공개적으로 목소리를 낸 경우는 그동안 거의 없었다. 그럼에도 그들이 저항에 나선 것은 이제 막 15년의 형기를 마친 다섯 번째 현대화의 주창자 웨이징성이 미 국무부 인권 담당관 존 셔턱을 만났다는 이유로 다시 구금되었기 때문이었다.[55]

다른 많은 탄원서가 그랬듯이 문제의 탄원서도 원래라면 쓰레기통에서 최후를 맞이했을 터였다. 하지만 시점이 절묘했다. 불과 5일 전 거대한 수도 강철 총공사의 유력한 회장 저우관우가 홍콩에서 자회사를 운영하던 아들과 함께 체포된 것이다. 심지어 그의 아들은 체포될 당시에 운전사가 딸린 메르세데스 벤츠 차량에서 질질 끌려 나왔다. 덩샤오핑 일가의 사업적인 이익과 오랫동안 밀접한 관계를 맺어 온 그들이 체포되었다는 사실은 외국인 투자자들과 당 관료들 모두에게 보내는 경고였다. 최고 지도자는 역사의 뒤안길로 사라져 가는 중이었고, 그 자리를 물려받으려는 전쟁에서 이제 막 첫 포격이 시작된 참이었다. 홍콩의 주가 지수는 4.8퍼센트나 급락했다.[56]

4월 4일 화창한 봄날에 베이징 부시장 왕바오썬은 운전기사가 딸린 차를 타고 수도 북서쪽의 숲 근처에 내린 뒤 산비탈을 걸어 올라가 마지막 담배를 피우고 나서 스스로 머리에 총을 쏘았다. 그의 자살은 수십 년 만에 전국을 강타한 가장 충격적인 사건 중 하나였다. 왕바오썬은 당의 규율 감시 기관인 중앙 기율 검사 위원회의 조사를 앞두고 있었다. 몇 달 뒤에 보고서를 완료한 중앙 기율 검사 위원회의 조사관들은 그가 별장과 고급 호텔에서 〈쾌락을 추구〉하는 등 〈타락한 삶〉을 살았다고 발표했다. 시 계획 위원회를 담당하는 관리로서 그는 수백억 위안을 빼돌리기에 충분한 기회를 누린 터였다. 고급 개발 단지에 별장도 보유하고 있었는데 옅은 노란색으로 칠해진 집 안에는 웅장한 계단이 양쪽에 하얀색 대리석 기둥을 세운 현관으로 이어지고 있었다. 그는 자신이 받은 뇌물 중 절반을 사업 실패로 날린 터였다. 남은 절반은 남동생과 정부(情婦), 동료들과 나누어 가졌다.[57]

뇌물을 나눈 동료 중 한 명은 베이징의 당 서기인 천시퉁으로 밝혀졌다. 몇 주 지나지 않아 그는 책임을 지고 사직서를 제출했다. 후속 조사에서 그는 자신의 부하가 홍콩 투자 계획을 진행시키기 위한 공적 자금에서 2억 2천만 위안을 빼돌리는 것을 도운 사실도 드러났다. 천시퉁 또한 호화로운 파티를 열고 다수의 정부와 즐기기 위해 여러 채의 고급 별장을 구입하는 등 〈방탕한 생활〉을 해온 터였다. 왕바오썬은 사후에 당에서 제명되었고, 천시퉁은 16년의 징역형을 선고받았다. 이 외에도 공작대는 수도에서 수십 명의 관리들을 체포했고 서로 살기 위해 상대를 비난하도록 그들을 부추겼다. 그들 중 몇몇은 처형되었고 나머지는 해임되거나 징계를 받았다.[58]

장쩌민은 자신의 지위를 공고히 하고 경쟁자들을 약화시키기 위해 반부패 운동을 이용해 과감하고 단호한 공격을 이어 갔다. 그 과정에서 큰 호랑이는 잡아 죽이고 그 밖의 다른 사람들에게는 경고를 보냈다. 일례로 중국 남동쪽에 있는 가난한 구이저우성에서는 최고위 당 관료가 파면되고 그의 아내가 처형되었다. 5월에 국빈 자격으로 모스크바를 방문한 리펑은 평소보다 훨씬 침울한 표정을 하고 있었다.[59]

몇 달 뒤에 열린 당 대회의 비밀회의에서 새로운 조타수 장쩌민은 기존에 경제를 중시했던 최고 지도자의 좌우명을 완전히 뒤집었다. 〈경제에 관한 이야기를 더 많이 하고, 정치에 관한 이야기는 보다 적게 하라〉는 말 대신에 〈정치를 강조〉할 필요가 있다고 단호하게 주장했다. 〈정치 활동은 모든 경제 활동의 생명줄이다〉라고 그는 강조했다. 장쩌민의 개회사는 마오 주석의 〈논십대 관계〉를 노골적으로 참고하여 〈열두 가지 주요 관계의 올바른 처리에 대하여〉라는 제목으로 발표되었다. 그는 새로운 철인왕이자 경제 개혁과 정통 마르크스주의를 통합하는 데 성공한 선지자처럼 굴었다. 장쩌민의 개회사가 전하는 메시지는 명백했다. 국가가 시장을 통제하는 가운데 국가 이외의 것은 사회주의 경제에 단지 도움만 줄 수 있을 터였다. 호황은 끝났고 개혁은 연기되었다. 중앙에서 모든 것을 계획하는 방식이 다시 유행했다.[60]

전체 회의는 총서기의 패권을 확실히 하기 위해 그의 몇몇 후계자들을 핵심 보직으로 승진시켰다. 그들은 대부분 상하이 출신이었기에 세간에서 상하이방(上海幇)이라는 이름으로 불렸다. 그중 한 명은 푸단 대학교 출신의 젊은 정치 이론가로, 1989년 민주주의 운동에 대해 가장 비판적인 목소리를 냈던 반대자 중 한 명이었다.[61] 무표정한 얼굴에 금테 안경을 쓰고 책을 좋아하는 과묵한 인물이던 그는 몇 년 뒤 「미국 대 미국」이라는 글을 발표해서 유명해졌다. 그는 이 글에서 자본주의의 붕괴가 임박했음을 알렸다. 불과 마흔 살의 나이에 중앙 정책 연구실 정치조 조장이 된 왕후닝은 장쩌민의 연설을 뒷받침할 슬로건을 만드는 일을 담당했다.[62] 궁극적으로는 당의 선구적인 이론가이자 향후 지도자들의 이념적 기치를 정립하는 주동자가 될 터였다. 그는 자본주의를 비방하는 데 평생을 바친 교조적인 공론가가 떠난 자리를 계승하여 새로운 덩리췬이 되었다.

푸젠성 해안에서 10킬로미터도 채 떨어지지 않은 바다 한가운데에는 바위와 철로 이루어진 섬 요새가 솟아 있다. 진먼섬은 북쪽의 마쭈섬과 함께 타이완에 속한 연안 섬이다. 두 섬은 수십 년째 타이완 해협의 최전선이었고 벙커와 요새, 우체통, 기관총 진지를 비롯해 수천 명의 병력으로 보강되어 있었다. 1954년에, 그리고 다시 1958년에 본토의 포병 부대는 동쪽으로 150킬로미터 이상 떨어진 타이완에서 배치한 부대를 제거하기 위해 이들 섬에 포격을 가했다. 제2차 타이완 해협 위기가 시작된 1958년 8월 23일에는 단 하루 동안 수만 발의 포탄이 발사되었고 아이젠하워 행정부로 하여금 남중국해에 있던 제7함대를 증강하도록 만들었다. 무차별 포격과 애국심을 자극하며 재통합을 호소하는 목소리가 번갈아 가며 반복되었다. 그럼에도 변절자들의 섬을 장악하는 데는 끝내 실패했다.

하지만 1971년에 타이베이가 중국의 유엔 의석을 베이징에 빼앗기고 미국이 중화 인민 공화국과 화해 무드로 나아가자 분위기가 바뀌었다. 1974년에 외국인 방문객들을 상대로 한 발언에서 덩샤오핑은 기꺼이 평화적인 재통합을 우선적으로 고려하겠다면서도 타이완을 수복하기 위한 무력 사용을 배제하지 않겠다고 단호하게 천명했다. 티베트를 점진적인 통합의 예로 들며 타이완 역시 완전히 해방되면 같은 길을 가게 될 거라고 주장했다. 그리고 타이완 정부를 향해서는 독립을 선언하지 말 것을 경고했다. 1982년에 타이완을 본토의 품 안으로 데려오기 위한 해결책으로 〈일국양제(一國兩制)〉 개념을 제시하는 순간에도 그는 위협을 반복했다. 1985년에 후야오방 총서기는 미국이 조국의 통일을 막는 주된 걸림돌이라고 지적하면서 4대 현대화를 통해 강력한 군대가 갖추어지면 군사력을 동원하겠다는 뜻을 노골적으로 내비쳤다.[63]

대치 상황이 계속되는 와중에도 타이완은 민주주의를 향해 꾸준히 나아갔다. 1986년에는 야당인 민주 진보당이 창당했다. 계엄령이 종료되었고, 여행 제한이 해제되었으며, 언론의 자유가 허용되었다. 국가가 명목상 몇 년 더 텔레비전을 통제했지만 당국은 〈민주주의 채널〉을 포함한 불법 유선 방송 시스템을 묵인했다.64 타이완 해협을 경유하는 무역도 급증했다. 진먼섬에도 본토에서 뜨거운 포탄 대신 생선과 고기가 들어왔다. 1993년에는 침공에 대한 두려움이 잦아들면서 타이완 관광객들이 본토를 찾았다. 진먼섬에 설치된 확성기에서는 바다 건너편을 향한 선전 방송 대신에 덩리쥔의 러브 발라드가 흘러나왔다.65

타이완 사람들은 그 어느 때보다 더 자유를 누렸을 뿐 아니라 부유해졌다. 1992년을 기준으로 그들의 평균 소득은 폴란드와 체코는 물론이고 스페인과 그리스보다 높았다. 외국인의 투자가 쏟아져 들어오면서 타이완은 중국보다 약간 앞선, 세계에서 13번째로 큰 무역국이 되었다. 고속 도로와 철도, 지하철, 하수 처리 시설 등 국민당이 그토록 철저히 외면했던 사회 기반 시설에 방대한 자금이 투자되기 시작했다. 또한 일부 자금은 프랑스와 미국에서 제트 전투기와 호위함, 대공 미사일 등을 사들여 군대를 현대화하는 데에도 사용되었다.66

반면에 장쩌민은 새롭게 내놓을 것이 없었다. 저항하는 섬에 대해 전임자와 마찬가지로 〈하나의 국가, 하나의 정권, 하나의 중앙 정부〉를 외치며 단호한 태도로 완전한 주권을 주장했다. 군사력 동원 가능성을 배제하지 않은 채 때로는 구두 위협과 무력을 내세운 위협을 가하고, 때로는 호의를 가장한 달콤한 말과 애국심에 호소하는 모습도 전임자와 똑같았다.67 의도는 명확했다. 다른 많은 헌신적인 당원처럼 장쩌민은 서두르고 있었다. 사회주의는 통일을 의미했고, 그들은 살아생전에 통일을 이루고자 했다.

1994년 5월에 중앙아메리카를 방문하고 귀국하던 리덩후이 타이완 총통이 전용기 급유를 이유로 하와이에서 하룻밤 묵을 수 있도록 허가해 달라고 요청했다. 1979년에 미국이 타이완과 외교 관계를 단절하고 중화 인민 공화국을 인정한 이후로 중화 민국 총통이 미국을 방문한 것은 처음 있는 일이었다. 활기 넘치는 새로운 민주주의 국가에서 선출된 수장이 미국 땅을 밟았을 때 발생할 후폭풍을 우려한 클린턴 행정부는 리덩후이의 비행기가 활주로에서 두 시간 동안 머무는 것을 허용했다. 심지어 그 두 시간 동안 총통은 비행기 안에 있어야 했다. 의회가 항의하고 나섰다. 압박을 받아 마음이 약해진 빌 클린턴 대통령은 비공식 방문을 전제로 1년 뒤 리덩후이에게 자신의 모교인 코넬 대학교에서 연설할 수 있도록 허락해 주었다. 장쩌민은 분노했고 미국에 〈대가를 치를 것〉이라고 위협했다.[68]

1995년 6월 9일, 코넬 대학교 연설에서 리덩후이는 타이완을 외교적 고립에서 해방시켜 줄 것을 미국에 촉구했다. 〈우리는 이렇게 버젓이 존재한다〉라고 그는 감연히 선언했다. 나흘에 걸친 그의 미국 방문은 매우 성공적이었다. 그는 1억 9천2백만 달러 상당의 전투기 부품을 요청함으로써 장쩌민을 거의 졸도할 지경으로 만들었고 장쩌민은 미국이 중국을 분열시키려는 음모를 꾸미고 있다고 비난했다.[69]

7월에 여섯 발의 유도 미사일이 타이완 해안을 향해 발사되었다. 8월에도 한 차례 더 발사되었다. 11월에는 제트 전투기와 구축함, 잠수함, 상륙정의 지원 아래 수천 명의 군인들이 해변을 급습하면서 다시 한 번 중국의 경고가 나왔다. 문제의 군사 행동이 이루어진 장소는 진먼섬과 마쭈섬에서 멀지 않은 푸젠성 안에 위치한 곳이었지만 그와 같은 행동이 의미하는 바는 명확했다. 장쩌민은 지휘함에 탑승해 넋을 잃고 군사 훈련을 지켜보았다. 훈련이 끝날 무렵 그가 군인들을 치하했다. 그가 활짝 웃으며 말했다. 〈동지들! 정말 열심히 잘해 주고 있소!〉[70]

1996년 3월에는 보다 많은 미사일이 발사되었다. 6년 전에 수천 명의 학생들이 타이베이 한가운데 위치한 기념 광장 — 나중에 자유 광장으로 이름이 바뀌었다 — 을 점거한 채 직접 선거를 요구하며 시위를 벌였다. 저항의 의미로 머리띠를 맨 연사들이 나와서 민주주의를 지지하는 연설을 했다. 몇몇 시위자들은 스프레이 페인트로 슬로건을 휘갈기며 장제스 기념관을 훼손했다. 단식 농성을 벌이는 이들도 있었다. 641명의 원로 국회 의원들에 의해 국민당 단일 후보로 선출된 리덩후이는 총통부에서 학생 대표단을 맞이한 뒤 전체 선거를 약속했다. 그는 약속을 지켰고 1996년 3월 23일에 유권자들은 처음으로 직접 자신들의 총통을 뽑기 위해 투표장으로 향했다. 민주주의가 섬을 독립으로 이끌 것을 우려한 장쩌민은 포탄이 타이완 영해 안에, 즉 타이완 해안에서부터 50킬로미터 안쪽에 떨어져야 한다고 분명하게 지시했다. 하지만 그의 공포 조장은 끔찍한 역효과를 불러왔다. 투표 당일에 불만을 품은 유권자들이 아주 넉넉한 표차로 리덩후이에게 과반수 의석을 선물한 것이다.[71]

제3차 타이완 해협 위기가 발생하자 클린턴 대통령은 타이완 인근 공해상으로 두 척의 항공 모함을 보냈다. 미국은 1979년에 중화 인민 공화국을 인정한 뒤로 타이완과 맺었던 상호 방위 조약을 폐기했는데 그 대신에 비외교적이지만 실질적인 양국 관계를 유지하는 데 필요한 조건들을 규정하는 타이완 관계법을 통과시킨 터였다. 타이완 관계법은 타이완 정부의 독립 선언을 만류하는 동시에 중국 정부의 타이완에 대한 일방적인 합병 노력을 단념시키기 위해 고안된 것이었다. 외교관들은 이를 〈전략적 모호성〉 정책이라고 불렀다. 이 정책의 목표는 시간을 버는 것이었다. 미국 정부는 중국이 자신들의 태도를 차츰 누그러뜨리고 재합병 문제를 타이완 사람들 입장에서 보다 수용할 만한 어떤 것으로 만들어 가기를 바랐다. 하지만 그것은 잘못된 희망이었다. 베이징 지도자들이 반복해서 지적했듯이 변절자들의 섬을 해방시키는 것은 다른 무엇도 아닌 포탄의 양과 시간문제일 뿐이었다.

　남중국해에 있는 수백 개의 작은 산호섬과 모래톱, 암초로 이루어진 두 개의 분쟁 군도이자 중국과 베트남, 필리핀, 말레이시아 연안에 인접한 전략적으로 중요한 바닷길의 한가운데 자리 잡은, 그리고 2차 세계 대전 당시 일본에 점령되었던 파라셀 군도와 스프래틀리 군도에 대해서도 중국 정부는 마찬가지로 일관된 태도를 견지했다. 전쟁이 끝난 뒤에 이어진 복잡한 소유권 논쟁 속에서 특히 중국과 타이완은 그 모든 섬에 대한 영유권을 강력히 주장하면서 한 치도 물러서지 않았다. 1972년에 닉슨과 키신저가 중국을 방문한 이후에 중국 정부는 미국 선박들이 파라셀 군도를 침범했다고 항의하며 미국 정부를 시험했다. 그리고 헨리 키신저는 그들의 주장에 이의를 제기하는 대신에 미국 해운사와 항공사에 파라셀 군도로부터 최소 12해리 이상 거리를 유지하도록 지시했다. 심지어 사건을 무마하기 위해 윈스턴 로드 대사를 보내고 그에게 〈자신은 중화 인민 공화국과 관계를 개선하는 것보다 중요한 정책은 없다고 생각한다〉는 점을 중국 정부에 이해시키도록 요구했다.[72]

　1년 뒤에 파리 평화 협정으로 미국이 베트남 전쟁에서 사실상 철수하자 사이공은 파라셀 군도의 여러 섬에 유지하던 병력을 축소했다. 미국도 남중국해에 주둔한 제7함대의 규모를 축소했다. 그러자 거의 즉각적으로 베트남에서 남북 전쟁이 재개되었다. 중국 정부는 이 기회를 틈타 하이난에서 전함 네 척과 구잠정 두 척, 항공기와 상륙 부대를 출동시켜 파라셀 군도를 점령했다. 베트남 정부가 제7함대에 지원을 요청했지만 묵살되었다.[73] 중국은 적절한 시기에 적절한 규모의 무기를 사용한 셈이었다.

　스프래틀리 군도는 파라셀 군도보다 더 멀리 떨어져 있었지만 그곳에서도 중국의 외교 및 군사 활동은 끊이지 않았다. 1992년 2월에는 여기에서 한발 더 나아가 사라와크 해안까지 남중국해에 대해 완전한 통치권을 주장하는 법안을 통과시켰다. 이번에도 시기가 절묘했다. 동남아시아와 그 밖의 대다수 관찰자들은 이 주장을 진지하게 받아들이기도 어려웠지만 덩샤오핑의 남부 순방 이후에 급부상한 중국이라는 거대한 시장을 파고들 방법을 모색하느라 바쁜 상황이었다. 하지만 3년 뒤 필리핀 어부들은 중국 해군이 필리핀에서 서쪽으로 2백 킬로미터도 떨어지지 않은, 하지만 중국에서는 1천 킬로미터 넘게 떨어진 팡가니방 산호초 위에 요새화된 벙커를 건설한 것을 알았다. 필리핀 정부가 점령 사실을 확인하기 위해 기자들을 태운 배를 보내자 중국 정부는 〈중국 주권에 대한 심각한 침해〉로 규정했다. 심지어 타이완 해협 너머로 미사일이 발사된 순간에도 중국의 상냥한 외교부 부장 첸치천은 동남아시아를 돌아다니며 평화로운 국제 환경을 도모하고자 하는 중국의 바람을 천명한 터였다. 안보 분석가 로버트 A. 매닝의 주장에 따르면 그것은 〈계산된 모호성〉 정책이었다.[74] 계산된 모호성이란 어떤 하나를 주장하면서 뻔뻔하게도 행동은 정반대로 하는 것을 의미하며, 조지 오웰이 발전시킨 이중 화법 개념과도 비슷했다.

상하이에서 몇 시간 거리에 있는 양쯔강 남쪽 강변에 위치한 장자강은 도로를 가로지르는 커다란 현수막으로 여행자를 맞이했다. 〈중국에서 가장 위생적인 도시 장자강에 오신 것을 환영합니다.〉 이 번화한 항구 도시는 모든 것이 기하학적으로 매우 정밀하게 배치된 하나의 미래상을 제시하고 있었다. 깔끔하게 관리된 건물들은 가로수로 심은 향기로운 녹나무와 함께 망처럼 연결된 대로에서 멀찍이 떨어져 조경된 관목과 붉은 진달래에 둘러싸여 있었다. 주요 교차로마다 하늘을 찌를 듯한 육중한 청동 노동자 동상이 설치되었고, 차량 운행이 전면 금지된 티 하나 없이 깨끗한 상점가에는 색색의 조명이 비추고 있었다. 미화원들은 도시를 새것처럼 깨끗하게 유지했다. 담배를 피우거나 침을 뱉거나 어지럽히는 행위는 엄격히 금지되었고 혹시라도 이를 위반하면 길모퉁이에 숨어 있던 도시 노동자들이 공평하게 벌금을 부과했다. 수백 개에 달하는 현수막은 주민들에게 〈모범적인 시민이 되어라〉라고 하거나 〈규정을 엄격히 준수하라〉라고 촉구했다. 이 오웰적인 천국에서 관리들은 불시에 민가를 방문해 청결 상태를 점검하기를 주저하지 않았다. 교실에서는 광각 카메라가 뒤에서 학생들을 감시했다. 장자강은 시끄럽고, 무질서하고, 혼잡한 다른 도시들과 극명하게 대조되었다. 선전 같은 신흥 도시와 달리 도박이나 매춘, 욕설은 물론이고 범죄도 거의 없었다. 심지어 신호등이 빨간색으로 바뀌면 차들이 멈추었다.[75]

장자강은 사회주의식 유토피아였고, 〈영적인 문명〉과 〈물질적인 문명〉의 결합을 목표로 하는 전국적인 운동을 통해 본받아야 할 귀감이었다. 〈부자가 되는 것은 영광스러운 일이다〉가 덩샤오핑 시대의 슬로건이었다면, 장쩌민의 목표는 정통적인 사회주의의 핵심 가치로 돌아갈 수 있도록 적극 지원함으로써 물질적인 추구만을 강조하는 관행을 바로잡는 것이었다. 사람들은 부자가 되어야 할 뿐 아니라 덕성도 갖추어야 했다.

무엇보다 마오쩌둥에게 다자이 마을이 있었고, 덩샤오핑이 선전을 활성화했다면, 장자강은 장쩌민의 작품이었다. 전국 각지에서 날마다 수천 명의 사람들이 〈영적인 문명〉의 메카로 몰려들었다. 공식 언론들도 수십 건의 사설을 통해 장자강의 미덕뿐 아니라 후원자의 지혜와 통찰력을 찬양했다. 북쪽의 항구 도시 다롄에서는 보이보의 아들인 보시라이 시장이 앞장서서 빈민가를 정리하고, 녹지를 두 배로 늘리고, 쓰레기를 버리거나 침을 뱉거나 욕설을 하는 사람들에게 벌금을 부과했다.

학생들은 마르크스주의를 공부하는 모임에 보내졌다.[76]

〈영적인 문명〉을 추구하는 움직임과 함께 외국 문화 냄새를 풍기는 모든 것에 대한 공격도 다시 시작되어 1983년과 1985년의 정신 오염에 맞선 운동을 떠올리게 했다. 1996년 1월 24일, 장쩌민은 국방색 인민복 차림으로 국영 방송국 카메라 앞에서 전 국민을 상대로 강연하면서 〈우리는 사람들을 오염시키는 쓰레기 문화를 엄격히 금지해야 한다〉라고 강조했다. 몇 주 뒤 『해방군보』는 〈외국 문물을 맹목적으로 배우고 무차별적으로 모방하는 행위〉의 위험성을 경고한 마오 주석의 발언을 직접 인용했다.[77]

타이완 해협 너머로 미사일을 발사한 순간에도 중국 국민은 〈적대적인 외국 세력〉의 국가 전복 시도에 대비하여 고도의 경계 태세를 유지했다. 외국 사상과 이름은 〈영적인 문명〉이 요구하는 것과 결코 양립할 수 없는 신제국주의의 상징처럼 여겨졌다. 샤먼부터 충칭까지 전국의 호텔과 식당, 극장에서 외국 이름이 들어간 표지판이 철거되었다. 지방 당국에 따르면 수도 베이징에서만 263개의 도로와 34개의 상업 센터, 27개의 관광 명소, 최소 2만 3,873개의 회사에서 식민지풍이거나 봉건적인 이름이 제거되었다.[78]

청년들은 맥도널드나 KFC, 코카콜라를 피하도록 요구되었다. 타락한 자본주의적 가치에서 영감을 받은 것으로 보이는 하이힐과 치맛단의 높이도 다시 내려왔다. 총서기가 어린아이들과 어른들의 마음에서 몰아내기로 결심한 가운데 미키 마우스는 그들 모두가 합심한 공격의 대상이 되었다. 미키 마우스를 대신해 축구 소년이라는 새로운 만화 캐릭터가 등장했다. 주인공인 어린 축구 선수가 복종과 각고의 노력, 헌신으로 결국 국가대표가 된다는 내용이었다. 익숙한 인물인 레이펑도 다시 소환되었다. 중앙 정부는 각각의 도시와 성에 레이펑에게 영감을 받은 프롤레타리아 롤 모델을 선발하라는 지시를 내렸다. 상하이에서는 여가 시간에 아무런 대가도 받지 않고 배관 뚫는 일에 헌신하여 칭찬을 받은 배관공 쉬후가 당대의 영웅이 되었다.[79]

외국 문물에 대한 공격은 외국 브랜드에 부과된 새로운 제약들과 병행되었다. 1995년 12월에 국무원은 자본주의자들이 내수 시장을 장악하려 한다고 비난하는 보고서를 배포했다. 보고서에 따르면 그들은 텔레비전과 라디오, 신문 등 모든 곳에 그들의 제품을 광고했다. 심지어 시장을 독점하기 위해 손해를 감수하면서 제품을 판매했다. 마치 골목대장처럼 행동했으며 현지 브랜드를 몰아내거나 합병하려고 했다. 기술도 넘겨주기를 거부했다. 코카콜라는 그들의 제조법에 대해 끝내 공개하기를 거부했다. 〈우리의 사회주의 시장 경제는 식민지화될 것〉이라고 보고서는 주장했다. 〈우리의 사회주의 시장 경제는 조만간 시장을 잃게 될 것이다.〉 지도부는 사회주의자의 손에 들린 자본주의 도구를 가지고도 그들의 경제가 진정한 시장 경쟁에 노출되는 순간, 곧바로 붕괴할 거라는 사실을 깨달았다.[80]

여전히 외국 자본은 열렬히 환영받았지만 자국 산업을 보호하기 위한 제약은 그 어느 때보다 늘어났다. 무역부 부부장의 표현을 빌리자면 〈내수 판매와 관련하여 우리가 아무런 제약도 부과하지 않는다면 외국인들은 중국에서 온갖 종류의 산업 프로젝트를 시작하고 시장 전체를 장악할 것이다〉.[81]

외국 기관에서 제공하는 금융 뉴스가 제한되었다. 선전부도 새로 신설되는 잡지나 라디오 프로그램, 텔레비전 방송국에 대해 유예 조치를 단행했다. 외국 영화뿐 아니라 외국인이 출연하는 영화 제작에도 제약이 부과되었다. 영화 「패왕별희」의 감독 천카이거와 「홍등」의 감독 장이머우를 비롯해 널리 존경받던 감독들이 〈역사를 배신했다〉는 이유로 비난을 받았고 그들의 해외 인맥도 끊어졌다. 당 노선에서 벗어나 성장을 향해 돌진하는 자국의 치부를 묘사한 왕쉬와 모옌 같은 인기 작가들도 공식 언론의 비난을 받았으며 그들의 표현 수단을 차단당했다. 왕쉬의 설명에 따르면〈그들의 공격 목표는 단계별로 처음에는 영화였다가 그다음에는 텔레비전, 그다음은 소설로 바뀌었다.〉[82]

반체제 인사들의 입에 또다시 재갈이 채워졌다. 부패 척결을 요구하는 대담한 탄원서에 서명하고 이를 전국 인민 대표 대회에 제출했던 류샤오보는 초기에 체포되었다가 다롄에 있는 부모님 댁으로 돌려보내졌고 기소 과정도 없이 7개월이 넘는 가택 연금에 처해졌다. 하지만 그가 정부를 상대로 성명을 발표하고 1945년에 종교와 언론, 표현의 자유를 보장하기로 한 약속을 지키라고 요구하자 당국은 마음을 바꾸어 재판도 없이 그에게 3년의 강제 노동 수용소 형을 선고했다. 1993년에 가석방된 학생 지도자 왕단은〈당을 전복하기 위해 공모한〉혐의로 징역 11년 형을 선고받았다.[83]

강력 범죄 방지 캠페인도 부활했다. 베이징에서는 불법 무장 단체가 매춘업소와 인근의 카지노를 습격했다. 사람들은 또다시 서로를 밀고하도록 요구되었다. 다롄부터 선전까지 전국에서 군중이 지켜보는 가운데 마약 밀매업자와 그 밖의 범죄자들이 포승줄에 묶인 채 족쇄를 차고 거리 여기저기를 끌려다니다가 뒤통수에 총을 맞고 처형되었다.[84] 대체로 정부의 통제를 받는 서점에서는 논란이 된 작가들의 소설이 사라지고 장쩌민 사상을 다룬 책들이 등장했다. 그런 책들은 으레 표지에 머리를 깔끔하게 뒤로 넘긴 약간 뚱뚱한 총서기의 모습이 인쇄되어 있었다. 국영 신문은 농민과 어울리든 공장을 점검하든 외국의 고위 인사를 만나든 간에 장쩌민의 활동을 보도하는 기사들로 넘쳐 났다.[85]

국영 텔레비전은 1997년 1월 1일부터 12일 연속으로 저녁에 덩샤오핑의 생애를 다룬 다큐멘터리를 방영했다. 「나는 중국 인민의 아들이다」는 거의 3년째 대중 앞에 모습을 드러내지 않고 있는 최고 지도자를 찬양했다. 대략 2억 2천4백만 명이 시청한 이 다큐멘터리는 하늘에 넓게 펼쳐진 황금색 구름을 배경으로 활기찬 지도자의 모습을 보여 주었다. 하지만 5년 전 일종의 쟁탈전을 촉발했던 그의 남부 순방에 관한 언급은 거의 없었다. 대신에 〈영적인 문명〉을 구축하는 데 기여한 그의 공로만 찬양되었다. 이제 전임자의 이미지를 좌우할 수 있게 된 장쩌민은 다큐멘터리 중간중간에 자신의 목소리로 직접 설명을 덧붙였다. 그리고 시리즈가 끝날 무렵에는 화면에 직접 등장해 최고 지도자를 〈탁월한 마르크스주의자이자 확고한 공산주의자〉라고 칭송했다.[86]

2월 19일 저녁, 파킨슨병과 폐 감염에 의한 합병증이 원인이 되어 향년 92세의 나이로 세상을 떠나면서 덩샤오핑은 장쩌민에게 마지막 선물을 주었다. 춘절을 기념한 지 거의 2주가 지난 시점으로, 그 시기가 매우 좋았다. 이튿날 강풍이 휘몰아치는 톈안먼 광장에 조기가 게양되었다. 오버코트를 입은 경찰이 헌화하려는 사람들을 막기 위해 광장을 순찰했지만 결과적으로 불필요한 조치였다. 한 젊은 남자가 꽃 장식을 들고 광장에 접근했으나 그는 자신의 꽃 가게를 홍보하려던 사업가일 뿐이었다. 선전의 몇몇 회사원들이 눈물을 흘리기도 했지만 최고 지도자의 죽음은 대대적인 무관심에 직면했다.[87] 그와 같은 무관심은 그의 성과를 보여 주는 척도였으며, 특히 평화로운 권력 이양이 그중 하나였다.

8
큰 것이 아름답다(1997~2001)

1997년 6월 30일 홍콩 총독부에 게양되어 있던 영국 국기, 유니언 잭의 마지막 하양식이 영국 국가 연주에 맞추어 거행되었다. 크리스 패튼은 보슬비 속에서 눈물을 삼켰다. 그날 저녁에는 완차이에 새로 지어진 홍콩 컨벤션 센터에서 열린 공식 이양식에서 만면에 웃음을 띤 장쩌민이 무대로 성큼성큼 걸어 나와 새로운 시작을 맞이했다. 그는 홍콩이 마침내 조국의 품으로 돌아왔다고 선언했다.

홍콩의 마지막 총독은 그날 밤 바로 왕실 요트 브리타니아호에 올랐고, 1842년에 첫 식민지 장교를 맞이했던 항구를 뒤로한 채 떠났다. 동이 틀 무렵 육군 버스와 보급 트럭으로 구성된 긴 호송대가 4천 명이 넘는 인민 해방군을 태우고 경계선을 넘었다. 얼룩무늬 군복을 입은 병사를 포탑에 배치한 장갑차 12대도 이들과 합류했다. 앞서 인민 해방군의 활동이 목격된 것은 1989년 6월이 마지막이었다. 주민 수백 명이 그들을 환영하기 위해 빗속에서 기다렸으며 몇몇은 장교들의 목에 화환을 걸어 주기도 했다.[1]

8년 전 장쩌민은 홍콩이 본토의 정치에 간섭하는 것을 경고하며 〈우물물은 강물과 섞이지 않는다〉라고 말했다. 그는 홍콩을 공산당을 약화시키려는 적대적인 외국 세력의 체제 전복 기지로 여긴 터였다.

1989년 10월에 영국 정부가 홍콩의 미래에 대한 신뢰를 심어 주기 위해 신공항을 건설해야 한다고 제안했을 때 장쩌민은 이를 영국에 유리한 계약서를 제시함으로써 자국 식민지 중 하나에서 자산을 탈취하고자 하는 또 다른 제국주의 음모로 간주했다. 존 메이저 영국 총리는 어쩔 수 없이 직접 베이징으로 날아가 해당 프로젝트에 대한 양해 각서에 서명해야 했다.[2] 이 논란 덕분에 지도부는 모든 측면에서 홍콩의 내정에 간섭하고자 했던 그들의 목적을 달성할 수 있었다. 그렇게 그들은 예산을 비판했다. 홍콩 입법국을 약화시키고 정부의 역할을 침해하는 일단의 개인 고문을 임명했다. 정부 고위직에 신뢰할 수 있는 후보자가 엄선되어야 한다고 주장했다. 그들은 앞에서는 안정과 번영을 설교하면서 뒤에서는 매우 경직된 태도를 보였다. 1991년 9월에 친민주주의 연합 후보들이 홍콩의 의회 선거에서 압승을 거두자 그들은 선거 결과를 놓고 영국 정부에 격한 분노를 표출했다.[3]

새로 총독에 임명된 크리스 패튼은 1992년 10월에 중국 정부의 지도자들을 진정시키는 대신에 의회 선거의 기반을 확대할 것을 제안함으로써 보다 많은 사람이 참여하는 대의제에 대한 대중의 열망에 응답했다. 패튼의 개혁안을 홍콩의 정치 체제를 전복하려는 음모로 여긴 중국 정부는 분노했다. 처음에는 경제 전쟁을 암시하는 직접적인 경고를 비롯하여 총독에게 자신의 제안을 철회하도록 만들기 위한 온갖 노력이 동원되었다. 그리고 1993년 3월에 개혁안이 관보를 통해 발표된 뒤에는 세심하게 조직된 운동이 개시되었고 총독에게 온갖 독설이 쏟아졌다. 포문을 연 리펑은 전국 인민 대표 대회에 참석한 대표단을 향해 패튼이 〈불성실하고 일방적으로〉 이전의 모든 합의를 위반했다고 주장했다. 며칠 후에는 홍콩에서 중국의 견해를 대변하는 루핑이 그의 뒤를 이었고, 총독을 〈천년의 죄인〉으로 지칭했다. 『인민일보』는 패튼을 〈시장의 좀도둑〉으로 묘사했으며 다른 언론들도 〈뱀〉이나 〈탱고 무용수〉, 〈동양의 매춘부〉 등으로 묘사했다.[4]

중국 정권이 두려워한 것은 중국 본토 내에서 홍콩이 모범적인 개혁 사례로 보일 수 있다는 점이었다. 베이징에서 보다 나은 대의제를 요구하는 정치 활동가들이야말로 진정한 두려움의 대상이었다. 리펑이 전국 인민 대표 대회에서 지적한 대로 공산당에 의한 독재는 여전히 〈필수〉였다.[5] 몇 주 전 중국 정권은 자신의 고향에서 정치 협상 회의 위원 후보로 추대된 중국 작가 협회 소속의 자유주의 사상가에게 거부권을 행사한 터였다.[6] 그런 사람이 그녀만 있었던 것도 아니었다. 상하이에서 〈민주 살롱〉을 조직했던 양저우는 전국 인민 대표 대회에 편지를 보내 4대 기본 원칙을 헌법에서 삭제할 것을 요구했다. 베이징에서 발표된 학생 1,660명을 대상으로 한 여론 조사에서는 대다수가 공산당에 비판적인 동시에 정치에 참여할 수 있는 경로를 보다 많이 개방하라고 요구한 것으로 드러났다.[7] 실제로 크리스 패튼조차 홍콩 국경을 넘어 중국 본토에도 일정 수준의 지지자를 보유하고 있었다. 전임 당 서기였던 런중이가 지적한 바에 따르면 광둥성에서는 많은 당 간부가 위성 텔레비전으로 관련 보도를 접하면서 패튼 총독의 선거 개혁 계획을 암암리에 지지하고 있었다.[8]

입법국 의원들을 설득하여 기권하거나 반대표를 행사하게 만들려던 루핑의 필사적인 노력에도 불구하고 총독의 제안은 통과되었다.[9] 그리고 1994년 9월에 친민주주의 진영은 압도적인 승리를 거두었다. 1995년 3월에 치러진 지방 선거에서는 민주당이 총 59석 중 23석을 획득했다. 패튼의 개혁에 대응해 중국 정부는 1993년 7월에 자체 실무 위원회를 창설했고, 해당 위원회는 초대 행정 장관과 임시 입법회 의원들에 대한 신원 확인 업무를 담당할 선정 위원회를 설립했다. 1997년 7월

1일, 기둥이 일렬로 늘어선 입법국 건물 밖에 수천 명의 시위자들이 모여 입법국 장악에 항의하는 동안 임시 입법회는 투표를 통해 선출된 입법국을 대체하고, 선거 개혁의 대부분을 뒤집고, 직능 대표제를 재도입하고, 나아가 선거권을 제한했다. 시위를 비롯한 그 밖의 시민권에 대해서도 새로운 제한을 도입했다. 경찰은 아량을 베풀어 시위대가 자진 해산하도록 허락해 주었다.[10]

홍콩 반환 이틀 뒤인 7월 2일, 사면초가에 몰린 타이 정부는 미국 달러에 연동한 고정 환율제를 유지하지 못한 채 변동 환율제로 전환해야 했다. 바트화 가치가 폭락했고 외화 부채를 가진 많은 현지 기업의 상환 비용이 증가했다. 바트화의 폭락은 인기 있는 타이 요리인 맵고 신맛이 나는 새우 수프 이름을 따 현지에서 똠양꿍 위기로 불렸다. 하지만 자본 이탈은 연쇄 반응을 일으켜 다른 인접 국가들의 통화 가치도 급락했다. 몇 주도 지나지 않아 말레이시아의 링깃화와 필리핀의 페소화가 평가 절하 되었다. 이어 인도네시아 통화와 대한민국의 원화도 압박을 받아 달러 대비 가치가 사상 최저치로 떨어졌다.

통화 가치의 급락은 〈아시아의 경제 기적〉으로 알려졌던 것의 종말을 의미했다. 몇 년 동안 동남아시아 국가들은 높은 경제 성장률을 기록하며 금리도 높은 수준으로 유지했는데, 이는 투기적인 외국 자본의 유입을 불러와 국내 총생산 대비 외채 비율이 크게 높아지는 결과로 이어졌다. 앨런 그린스펀이 이끄는 연방 준비은행이 인플레이션을 막기 위해 달러 금리를 인상하자 이제는 오히려 미국이 보다 매력적인 투자처가 되었다. 자금 흐름이 반전되었을 뿐 아니라 달러 가치가 상승하면서 달러에 연동한 고정 환율제를 적용하는 동남아시아 국가들의 수출 비용도 늘어났다. 1998년 상반기에 위기가 닥치면서 세계 통화 시장은 점점 더 위험을 기피하고 신흥 시장을 피하게 되었다. 러시아에서는 경제가 붕괴하면서 루블화의 가치가 대대적으로 평가 절하 되었다. 폭락 정도가 너무 심각해 국제 통화 기금(IMF)이 4백억 달러 규모에 달하는 각종 구제책을 들고 개입해야 할 정도였다.

중국은 위기로 인한 영향을 거의 받지 않는 것처럼 보였다. 위안화가 공개 시장에서 거래되지 않았기 때문에 자본 이탈에서도 상대적으로 안전한 위치에 있었다. 위안화는 1989년과 1994년 사이에 이미 몇 번의 가파른 평가 절하를 겪으며 달러당 3.71위안에서 8.70위안으로 약세를 보였다. 하지만 투자가 유입되어 외화 과잉 사태가 벌어지자 중앙은행은 암시장에서 위안화가 절상하는 것을 막기 위해 1994년부터 지속적으로 개입에 나섰고, 덕분에 위안화는 달러당 8.70위안에서 8.44위안으로 강세를 유지했다. 1997년에 중앙은행은 하루 평균 1억 달러를 지출하여 위안화를 달러당 8.30위안 수준으로 유지했다.[11]

중국에서 막 문을 연 주식 시장도 외국인은 쉽게 접근할 수 없었다. 무엇보다 투기성 단기 자금이 채권과 증권으로 유입된 동남아시아와 달리, 중국에서는 외국인 투자의 대부분이 공장과 부동산에 유입되었기 때문에 그 자금을 다른 곳으로 쉽게 옮기기가 훨씬 어려웠다.

하지만 경제의 상당 부분을 의존하고 있던 수출이 심각한 타격을 입었다. 위기 이전에도 수요가 없는 상품을 대량으로 무한정 쏟아 내던 소비 산업의 무절제한 성장은 재고 과잉의 원인이 되었다. 1996년 말에 이르러 정부 소유의 창고에는 텔레비전 1천6백만 대, 자전거 2천만 대, 셔츠 13억 벌, 시계 1천만 개, 자동차 25만 대에 더해 전국적으로 약 3천 개에 달하는 화장품 공장에서 생산된 물건의 70퍼센트를 포함하여 믿기 어려운 양의 상품들이 쌓여 있었다. 재고 상품의 가치는 총 640억 위안으로 총생산의 약 5분의 1 또는 2퍼센트가량의 성장률에 해당되었다. 그러나 외신 기자들에게 제공된 공식적인 수치가 그랬을 뿐이고, 리루이의 주장에 따르면 실제 양은 그보다 두 배 정도 더 많아서 1천2백억 위안에 상당하는 물품들이 약 6천8백만 제곱미터에 달하는 공간을 차지하고 있었다. 대규모 외국인 투자와 저렴한 대출 금리로 인해 중국은 거의 모든 주요 산업에서 과잉 생산 능력을 갖추게 되었다. 한 추산에 따르면 전국의 공장들은 평균적으로 그들이 가진 생산 능력의 60퍼센트도 발휘하지 못했다.[12]

과잉 생산은 국내 가격을 억눌렀을 뿐 아니라 해외 수출품의 가격도 점점 떨어뜨렸다. 1996년에 중국은 할인된 가격으로 동남아시아에 수출품을 말 그대로 쏟아부음으로써 수출 위주 경제를 심각하게 위축시켰다. 타이, 말레이시아, 필리핀, 인도네시아로 수출이 급증하면서 이들 국가는 수출 가격 하락과 무역 적자를 겪어야 했다. 일례로 타이는 중국과의 치열한 경쟁으로 1996년에 경제 성장률이 2퍼센트 하락하면서 이전 2년 동안 각각 20퍼센트 이상씩 성장했던 것과 대조를 이루었다. 이는 바트화가 공격을 받게 된 원인 중 하나이기도 했다.[13]

금융 위기가 시작되고 1997년에 수출이 급격히 둔화되면서 팔리지 않은 보다 많은 상품이 창고에 쌓여 갔다. 물가가 4개월 연속으로 하락했으며 팔리지 않은 재고는 연간 11.7퍼센트의 비율로 경제 성장률보다 빠르게 증가했다. 과도한 생산으로 인한 유리 과잉, 과도한 수입으로 일어난 비료 과잉, 과도한 조달 가격으로 초래된 면화 과잉, 과도한 대출로 인한 철강 과잉, 과도한 건축으로 인한 사무실 과잉 등 그 종류도 다양했다. 미래 도시 푸둥은 부동산 과잉을 겪었다. 가장 초현실적인 광경 중 하나는 아마도 새로운 백화점의 과잉일 터였다. 1992년에 대형 백화점이 15개에 불과했던 베이징은 1998년 여름에 70개가 넘는 백화점을 자랑했고, 향후 2년 이내에 같은 수의 백화점이 추가로 개장을 앞두고 있었다. 하지만 대부분이 적자였다. 이들 백화점은 하나같이 가격을 인하하고 바우처와 할인 및 상품권을 제공했다.[14] 그리고 향후 몇십 년에 걸쳐 중국 전체가 익숙해질 어떤 것을 보여 주었다. 바로 손님보다 직원이 더 많은, 유리와 대리석으로 이루어진 거대한 쇼핑몰이었다. 1998년 상반기에 중앙 정부는 국내 생산을 촉진하기 위해 국영 기업에 보다 많은 대출을 해주도록 은행들에 지시하며 경제에 돈을 쏟아부었다. 7월 말까지 전년 대비 15퍼센트 증가한 통화가 시장 전반에 두루 공급되고 국영 기업을 상대로 한 대규모 대출이 이루어지면서 판매 가능한 양을 훨씬 상회하는 생산이 이어졌다.[15]

1986년 이후 처음으로 1997년 4분기에 공식적으로 디플레이션이 보고되었다. 물가 하락의 소용돌이 속에서 1998년 상반기에는 재화와 용역부터 임대 및 주택 시장에 이르기까지 전반적으로 가격이 하락하면서 디플레이션이 더욱 확산되었다. 여름이 되자 상하이와 칭다오 같은 대도시의 물가가 전년 대비 6.5~8.4퍼센트 하락했다. 공식 자료에 따르면 1998년 상반기의 성장률은 7퍼센트로 떨어졌다. 수년에 걸쳐 진행된 디플레이션은 2000년 3월까지 총 29개월 동안 지속되었는데, 이는 중국 현대 역사에 기록된 가장 긴 디플레이션 기간이었다.[16]

석유부터 비료와 금속에 이르기까지 원자재 가격이 특히 취약했다. 중공업과 수많은 소규모 제철소가 큰 비용이 드는 재정비 및 보수 프로그램을 수행하면서 대규모 부채를 안게 된 시점에 모든 철강 제품의 기본 재료인 선철 가격이 폭락했다. 1998년 여름에는 시멘트부터 자동차까지 모든 생산품의 내수가 둔화된 가운데 동아시아에서 저렴한 제품들이 중국으로 밀려 들어왔다. 위안화 대비 원화의 가치가 급락한 이후로 그 선두에는 한국 제품이 있었지만 일본 역시 경쟁력을 높였다. 수입되는 철강 가격이 자국의 생산 원가보다 낮은 까닭에 주요 철강 기업의 수출이 절반으로 감소했다. 제철소부터 시멘트 제조업체까지 전국의 수만 개에 달하는 공장들이 생존 위기에 봉착했다.[17]

위안화의 가치 조정에 단호하게 반대한 주룽지가 공식 환율을 달러당 약 8.30위안으로 유지한다는 중국의 약속을 공개적으로 여러 차례 확인했음에도 디플레이션은 위안화의 평가 절하를 보다 매력적으로 보이도록 만들었다. 주룽지가 중국의 기존 입장을 재확인하는 순간에도 다른 한쪽에서는 수년간 보이지 않던 암시장이 다시 살아나고 있었다. 암거래상들은 은행 밖을 어슬렁거리거나 고급 호텔 주변을 돌아다니면서 공식 환율보다 3퍼센트 높은 가격을 제시했다. 그들의 등장은 디플레이션에 대한 공포로 촉발된 자본 이탈의 가시적인 징후에 불과했다. 위안화가 내내 불태환 화폐*였기 때문에 수년 동안 국영 은행들과 국영 기업들은 자본 통제를 우회하는 전문 기술을 갈고닦은 터였다. 많은 기업이 해외로 경화를 송금하기 위해 신용장이나 수입 서류를 위조했다. 중국 인민 은행 총재 다이샹룽에 따르면, 아시아 금융 위기가 시작되고 이듬해에 2천 개가 넘는 기업들이 약 60억 달러에 달하는 돈을 정식 승인된 경로가 아닌 다른 경로로 송금하기 위해 〈외부 세력과 결탁〉한 것으로 드러났다. 1980년대 초 후야오방에게 발탁되어 베이징에서 중앙 위원회 위원이 된 온건한 성향의 유화적인 지질학자 원자바오가 이번에는 다시 주룽지에 의해 부총리로 승진하여 중앙 금융 노동 위원회를 이끌었다. 그리고 1998년 7월에 새로운 부총리는 자본 유출에 맞선 해법으로 외화 거래를 막는 규정과 규제를 무더기로 발표했다.[18]

보다 많은 통고와 조치, 지침, 규정, 규제가 뒤따르면서 오랜 기간 시행되어 온 기존 법령들과 충돌했다. 그로 인해 현장에서는 혼란이 발생했고 향후의 평가 절하에 대한 두려움이 더욱더 커졌다. 국영 기업들

* 정부가 자국의 총경제력을 담보로 발행하는 법정 화폐.

은 자금을 국경 밖으로 옮기기 위해 더욱 필사적이 되었다. 유럽과 미국을 상대로 한 무역 흑자가 점점 증가했음에도 외환 보유고는 1450억 달러에서 정체되었고 막대한 금액이 해외로 옮겨졌다. 경화로 지급되는 대규모 선불 및 허위 거래, 가짜 계약을 비롯한 오래된 사기 수법이 미세하게 조정되었고 새로운 수법이 고안되었다. 그중에서 흔한 한 가지 수법은 국가 외환 거래국에 기계적으로 외환 할당을 신청하는 것이었다. 허가가 떨어지고 외화가 국가의 손에서 떠난 뒤에는 사실상 어떤 거래도 이행되지 않았다. 주체는 지역 산업과 공모한 지방 은행들이었다. 결국 외환 할당 제도의 가장 큰 허점은 홍콩이었다. 그리고 홍콩 입법회 건물 꼭대기에 오성홍기가 펄럭이고 있었음에도 정치적인 항의를 유발하지 않으면서 홍콩의 은행이나 금융 회사, 기업의 행위에 영향을 끼치기 위해 중국 정부가 할 수 있는 일은 거의 없었다.[19]

    1998년 7월에는 밀수에 맞선 운동도 시작되었다. 장쩌민 본인의 주장에 따르면 특히 최악의 범죄자가 당 지도자들과 군대 간부들이었기 때문에 뿌리 깊게 만연한 밀수가 수년 동안 용인되어 온 터였다. 밀수는 금융 위기 동안 급증하여 수입 물량의 대략 5퍼센트를 차지하면서 자본 유출의 원인이 되었다. 밀수품에는 수십억 위안 상당의 소비재를 포함하여 외국산 제품과 현지 제품이 모두 포함되었다. 일례로 많은 담배 생산업체가 생산량의 절반 이상을 수출한 뒤에 국내 세금과 수입 관세를 피하기 위해 밀수를 통해 이들 담배를 다시 중국에 들여왔다.[20]

    경제 침체에도 불구하고 중국은 아시아 금융 위기의 한가운데에서 안정의 보루처럼 보였다. 대다수 외국인 방문객이 보기에 유일한 고통의 징후는 사라진 러시아 거래상이었다. 소련이 붕괴된 이래로 러시아 상인들은 비단 골목을 비롯한 비공식 시장 어디에나 나타났고 옷과 가정용품을 대량으로 사들인 다음 이르쿠츠크나 하바롭스크, 블라디보스토크 또는 모스크바로 가져가 되팔았다. 특히 구(舊)외교 지구 바로 북쪽에 있는 리탄 공원 부근에는 곳곳에 러시아 상점과 레스토랑이 있었다. 하지만 루블화의 가치가 평가 절하 되자 러시아 거래상은 하룻밤 사이에 모두 사라졌고 그들이 영위하던 사업도 엉망이 되었다.[21]

지도부는 안정적인 겉모습을 유지하기 위해 최선을 다했으며 위기가 나라를 뒤흔들고 있다는 어떠한 암시에도 매우 민감하게 반응했다. 캐나다 왕립 은행이 상하이 지점을 폐쇄하기로 결정했을 때도 주룽지는 외부 세계가 지점 폐쇄를 지역 경제에 대한 불신임 투표로 해석할 수 있다는 점을 우려하여 캐나다 대사에게 직접 전화를 걸어 폐쇄 결정에 항의했다.[22]

그야말로 이미지가 전부였다. 하지만 불사신이라는 이미지 아래에서 위기는 두 가지 문제를 악화시켰다. 파산에 직면한 산업과 부실한 금융 제도였다.

금융 위기가 시작되기 한참 전부터 국영 기업들은 개혁이 연거푸 연기되면서 심각한 곤경에 처해 있었다. 경제학자 왕지콴에 따르면 1996년에 국영 기업들은 4조 위안의 자산을 보유하고 있었지만 부채가 무려 3조 2천억 위안에 달했다. 부채 비율이 최소 80퍼센트였다. 이들 기업이 대출한 돈을 활용할 효율적인 방법을 발견해서 부채를 발판 삼아 성장할 수 있었다면 그 같은 부채 비율은 문제가 아니었을지 모르지만 국영 기업들의 수익성은 해가 지날수록 낮아지는 추세였다. 금융 위기는 이런 상황을 더욱 악화시켰다. 주룽지에 따르면 1997년 1분기에 총 4만 2천 개에 달하는 국영 기업들이 쥐어 짜낸 수익은 참담하게도 33억 7천만 위안에 불과했고(부채 대비 0.1퍼센트의 수익률을 의미했다), 그나마도 1년 뒤에는 110억 위안 이상의 총체적인 손실로 변모했다. 수익을 내지 못하는 기업들이 전체의 56퍼센트가 넘을 정도로 많았다. 팔리지 않은 상품으로 가득 찬 창고들은 말할 것도 없고 20년이 넘는 세월 동안 지지부진하게 진행된 개혁과 엄청난 양의 대출이 만들어 낸 대차 대조표였다.[23]

중국의 금융 제도는 취약했다. 대출이 해마다 증가했다. 대출은 두 가지 주요한 목적을 가졌는데 하나는 국영 기업의 생존을 유지하기 위함이었고, 다른 하나는 덩샤오핑이 여러 해 전에 제시한 기적에 가까운 성장 목표를 달성하기 위함이었다. 해외 전문가들의 추정에 따르면 1997년 이전까지 전체 대출 잔액의 약 24퍼센트가 부실 대출이었고 금융 위기 이후에는 그 수치가 29퍼센트로 증가하여 다른 동남아시아 국가들에 대한 추정치를 상회했다. 결정적으로 다른 동남아시아 국가들에는 태환 가능한 통화 외에도 중국엔 없는 다른 것이 있었다. 바로 투명성이었다. 중국의 불량 채권율은 기실 40퍼센트에 가까웠는데, 더 심각한 문제는 심지어 중국 인민 은행 총재인 다이샹룽을 비롯하여 그 누구도 실제로 얼마나 많은 다른 부채가 숨어 있는지 정확히 알지 못한다는 사실이었다.[24]

지역 은행들이 줄줄이 중앙 정부에 도움을 요청하면서 이 같은 사실은 더욱 명백해졌다. 저장성에서는 단 두 곳의 신용 협동조합이 기록한 적자만 무려 1천2백만 위안에 달했다. 닝보시에서는 세 개의 신탁 회사가 34억 위안의 적자를 기록했고 같은 시의 농촌 신용 협동조합들은 8억 3천6백만 위안의 부채를 상환하지 못했다. 20개의 대출 기관을 조사한 원저우에서는 총 2억 위안의 전체 대출금 중 3분의 1이 탕감되어야 하는 것으로 드러났다. 다이샹룽의 표현에 따르면 중소 금융 기관의 부채 위기를 완화하는 것은 〈홍수와 싸우면서 모든 사람이 끈질기게 자기 자리를 지키는 것〉과 같았다.[25]

이러한 부채는 위안화로 표시되었기 때문에 돈을 더 많이 찍어 내면 쉽게 해결되는 문제였다. 그런데 외국 정부로부터 빌린 부채의 연체 금액까지 상당한 수준에 이르자 1997년 11월에 국무원은 이자를 지불하지 않으면 〈나쁜 인상〉을 초래할뿐더러 중국의 국제적인 명성에도 영향을 미친다며 경종을 울렸다. 예컨대 저장성은 외국 정부의 대출 비중이 1.2퍼센트에 불과했음에도 이 중 40퍼센트인 5천만 달러가 연체된 상태였다.[26]

위기의 실제 규모가 마침내 명백해진 것은 1998년 말에 한 지방 신탁 및 투자 회사가 문을 닫으면서였다. 1949년에 중국에 남아서 공산당과 운명을 함께하기로 결심했던 기업가 룽이런의 도움을 받아 1979년에 중국 국제 신탁 투자 공사China International Trust and Investment Corporation, 즉 CITIC가 설립되었다. 설립 목적은 외국 자본과 첨단 기술을 끌어들여 4대 현대화를 촉진하기 위함이었다. 그리고 몇 년도 채 지나지 않아 외국 자본 유치를 열망하는 지방 정부에 의해 수백 개의 유사한 금융 기관들이 중국 전역에 우후죽순처럼 생겨났다. 1982년에 국무원이 개입하기로 결정했을 때는 약 620개의 금융 기관들이 투자자의 관심을 끌기 위해 서로 경쟁하고 있었다. 푸젠성에는 FITIC, 광둥성에는 GITIC, 하이난성에는 HITIC, 저장성에는 ZITIC, 상하이에는 SITIC, 다롄에는 DITIC 등이 있었는데 편리한 영문 약자가 빠르게 소진된 뒤부터는 Shenzhen SITIC 또는 SZ SITIC처럼 지명을 포함하는 명칭을 사용했다. 10년 뒤에 대부분의 이들 금융 기관이 비승인 거래를 시행하고 국영 은행이 제공하는 것보다 높은 이자율로 예금을 모금하기 위해 전국에 자회사를 설립한 사실이 명백해지면서 추가적인 제한 조치가 도입되었다. 가까스로 살아남은 몇백 곳은 1992년에 덩샤오핑의 남부 순방을 계기로 촉발된 부동산 투기 열풍을 타고 번창했다. 하지만 다시 3년 뒤 전체적인 붕괴 위험을 줄이기 위해 이번에는 주요 자금

원이던 상업 은행과 모든 연결이 끊어졌고 여러 건의 청산과 합병이 이루어졌다.[27]

살아남은 금융 기관 중 상당수는 쇼핑 아케이드와 고급 호텔을 포함하여 번쩍이는 사무용 고층 건물을 보유하고 자신들이 제공하는 서비스를 홍보했다. 광저우의 광둥 국제 신탁 투자 공사(GITIC)는 도널드 트럼프가 시카고에 고층 건물을 짓기 전까지 세계에서 가장 큰 콘크리트 건물이자 동쪽으로 몇 킬로미터 떨어진 시틱 플라자와 혼동하지 않도록 GITIC 플라자를 대대적으로 홍보했다. GITIC는 광둥성의 투자 전문 기업으로서 1997년까지 2백 개가 넘는 자회사를 보유한 대기업으로 성장했다.

여느 나라와 달리 중국의 신탁 투자 공사와 국제 신탁 투자 공사는 기본적으로 지방 정부의 상업 은행 역할을 수행했지만 엄밀한 규제를 받지 않아서 부실 경영에 취약했다. 금융 위기가 발생하기 전에도 중국에서 세 번째로 큰 투자 신탁 회사인 중국 농업 개발 신탁 및 투자 공사(CADTIC)는 고금리를 비롯한 설탕 밀수와 부동산 투기, 탈세를 제공하는 피라미드 사기단에 불과하다는 사실이 명백해졌다. CADTIC는 1997년 1월에 폐쇄되었고 고위 간부들은 횡령 혐의로 체포되었는데 그들이 남긴 부채는 1백억 위안이 넘는 것으로 추정되었다.[28]

이 사건은 중국의 수백 개 금융 기관들을 상대로 한 새로운 조사를 촉발했다. 이듬해에 금융 위기가 투자 신탁계를 강타하자 중앙은행은 〈상당한 수〉의 다른 사건에도 개입했다.[29] 그럼에도 가장 충격적인 사건은 중국에서 두 번째로 큰 투자 신탁 회사이자, 가장 부유하고 유력한 투자 전문 기업이었던 까닭에 그동안 난공불락으로 여겨졌던 GITIC에 사업체 정리와 부채 청산 작업을 위한 청산인들이 들이닥친 일이었다. 부채 규모가 총 25억 달러를 넘었다. 중국 상업 은행들이 엄밀한 의미에서 파산했다는 소문이 돌기 시작했다.

 GITIC의 내부 붕괴 여파로 수백 개의 다른 신탁 회사들과 중국 전역의 수천 개에 달하는 도시 및 농촌 신용 협동조합이 문을 닫았다. 주룽지는 이 기회에 금융 시스템을 재건하는 동시에 네 개의 국영 은행에 대한 통제권을 중앙 정부로 다시 가져왔다. 그는 2천7백억 위안을 투입하여 이들 은행의 자본 구성을 재편했는데 해당 금액은 그해 발행된 총국채의 대략 100퍼센트이자 외환 보유고의 25퍼센트, 국내 총생산의 4퍼센트에 상당하는 엄청난 규모였다. 그는 지급 준비율을 13퍼센트에서 8퍼센트로 낮춤으로써 필요한 자금의 대부분을 사실상 서민에게 귀속된 예금에서 조달했다. 재정부는 채권 매입을 위해 조달한 2천7백억 위안에 대해 7.2퍼센트의 이자를 은행에 지불했고 은행은 그들의 자본을 확충하는 데 사용된 2천7백억 위안의 대출금에 대한 7.2퍼센트의 이자를 재정부에 지불했다. 자금이 한 주머니에서 다른 주머니로 이동함에 따라 부실 대출을 탕감하는 데 들어간 930억 위안은 명목상 재정부의 빚으로 남았다. 1999년에 취해진 그다음 조치는 각각의 국영 은행에 종속된 채 부실 채권을 떠안는 임무를 맡게 될 네 개의 자산 관리 회사, 즉 〈부실 채권 전담 은행〉을 설립하는 것이었다. 이들 자산 관리 회사에 자본을 공급하기 위해 보다 많은 채권이 발행되었고 재정부는 해당 회사들에 대한 과반 이상의 소유권을 보유했다. 그들의 바람은 한 무더기의 부실 자산을 다른 무더기로 대체함으로써 문제들을 먼 미래로 미루는 것이었다. 같은 맥락에서 2009년에 자산 관리 회사들이 발행한 10년 만기 채권의 만기일이 도래하자 그들은 해당 채권의 만기일을 10년 더 연장했다.[30]

 지도부는 금융 위기로 인한 국영 기업들의 문제에 대해서도 대처해야 했다. 지난 수년 동안은 잠재적인 승자를 육성하여 세계 무대에서 경쟁할 수 있는 거대 복합 기업으로 변모시키는 한편, 적자를 내는 기업은 침몰하도록 내버려둔다는 계획이 제시되었다. 일례로 1989년 말에 야오이린은 1백 개의 거대 기업을 육성하고 나머지 기업들에는 국가 자산을 투입하지 말 것을 제안했다.[31] 1993년 12월에는 국가 경제 구조 조정 위원회가 또다시 1백 개의 국가 챔피언*을 선발하는 방안을 내놓았지만 지도부는 실업의 파도가 촉발할 수 있는 사회 불안을 우려하여 개혁 계획을 재차 보류했다.[32] 아시아의 금융 위기로 지도부는 개혁과 파멸 사이에서 냉혹한 선택 상황에 직면하게 되었다.

1997년 9월에 장쩌민은 공공 부문의 발목을 잡는 구조적인 문제를 해결하겠다고 천명했다. 중국 공산당 제15차 전국 대표 대회의 연설에서 그는 당의 새로운 정책을 다음과 같이 요약했다. 〈큰 것은 잡고 작은 것은 놓아주어라.〉 〈큰 것이 아름답다〉라고 주장하는 듯한 이 정책은 수천 개의 작고 비효율적인 공장들을 없애고, 대신에 한국이 재벌을 육성한 것과 같은 방식으로 산업 자체를 이끌어 갈 거대 기업들을 육성할 것을 요구했다. 당은 기업가적인 열정이 중요한 역할을 수행하도록 하기보다 베이징의 관료들이 미래의 승자들을 선정하고 국가가 막대한 자본을 투입함으로써 그들을 보다 높은 수준으로 끌어올릴 수 있다고 믿었다. 간단히 말해 그들은 국가의 개입을 최소화하기보다 오히려 늘릴 계획이었다.[33]

국영 기업에 보내는 메시지는 단순했다. 확장하든가 아니면 소멸하라. 베이징의 관료들은 최고이자 최대라고 생각되는 기업들을 직접 선정해서 특혜 대출과 개발 자금, 기타 다른 형태의 국가 지원을 퍼부었다. 그렇게 함으로써 승자들은 일부 부실한 국영 공장들을 인수해 국제

---

* national champion. 기술적으로는 사기업이지만, 정부 정책에 따라 국가 경제에서 지배적인 지휘를 넘겨받은 기업.

적으로 경쟁력 있는 거대 복합 기업이 될 것으로 기대되었다. 〈파산을 유도하고 합병을 장려하라〉는 제15차 전국 대표 대회의 슬로건이었고, 국가는 일련의 기업 인수 및 합병을 통해 선진 회사들에 비대해진 기업들을 떠안겼다.[34]

1998년 1월까지 중앙 정부는 거대 복합 기업으로 육성할 512개 국영 기업을 1차로 선정했다. 이들 기업은 공공 부문에서 추린 소수의 후보들에 불과했지만 해당 부문의 전체 자산 중 거의 절반을 차지하고 있었다. 거대 기업들은 거의 하룻밤 만에 합병을 진행했고 수천 개의 제약 회사, 텔레비전 제조 회사, 면직 공장, 시멘트 공장, 석유 화학 공장, 심지어 지역 항공사까지 인수 합병을 통해 거대 기업에 편입되었다. 베이징의 수도 강철 총공사도 그중 하나였고, 산타나 차량을 제조했던 상하이 자동차도 있었다. 석탄, 기계 제조, 야금, 경공업, 섬유, 석유 화학과 같은 국영 기업들을 통제하던 정부 부처의 중요도가 낮아졌으며 재정부와 인민 은행이 거대 복합 기업들을 직접 통제하게 되었다. 통제력을 강화할 목적으로 신설된 일명 대규모 기업 중앙 실무 위원회가 돈줄을 틀어쥔 채 어떤 기업을 합병하고 어떤 기업을 청산할지 결정했다.[35]

인수 합병 물결의 중심에는 국가 소유에서 주식 보유로의 전환이 있었다. 새로운 거대 복합 기업들과 오래된 국영 기업들은 법인화를 거쳐 주식을 발행할 수 있게 되면서 국내 시장에서 자금을 조달할 수 있었다. 하지만 여기에서도 국가의 손길이 목격되었다. 거대 복합 기업 자체나 정부가 주식의 지배 지분을 보유한 것이었다. 장쩌민이 제15차 전국 대표 대회에서 설명했듯이 주식 보유가 민영화를 의미하는 것은 아니었다.[36]

대표적인 거대 복합 기업들이 해외에 상장되었다. 1993년에 제한적인 수의 국영 기업들이 기업 공개를 통해 해외에서 자본을 조달하기 시작했다. 국제 자본을 유치하는 데 요구되는 규모와 수익성은 말할 것도 없고 국제적인 인지도를 가진 기업이 거의 없었기 때문에 중국은 곧 적절한 후보가 동났다. 그런데 1997년 10월에 일련의 지방 기업들을 합병하고 통합하여 꿰어 맞춘 거대 기업 중 하나인 차이나 텔레콤이 홍콩과 뉴욕 두 곳에 상장되면서 추세가 바뀌었다. 차이나 텔레콤은 기업 공개를 통해 45억 달러를 조달함으로써 해당 국영 기업을 세계에서 다섯 번째 큰 통신 회사로 만들어 주었다. 투자자들을 놀라게 한 것은 조달 규모만이 아니었다. 대표 주간사가 골드만 삭스이며 수수료가 2억 달러를 넘는다는 소문이 돌았다.[37]

차이나 텔레콤은 성공으로 나아가는 길을 보여 주었다. 그 길이란 소기업을 대기업에 합병시켜 군소 업체들이 난립하는 산업 문제에 대처하고, 대기업에 중앙은행이 감독하는 은행 계좌를 부여하고, 서민들이 저축한 돈을 해당 계좌로 옮기고, 해외 금융 서비스를 이용함으로써 국제 금융법과 기업법을 준수하게 만들고, 미래 가치에 기반하여 고평가된 주식을 소량만 해외 주식 시장에 판매하는 것이었다. 여기에 더해서 차이나 텔레콤은 여전히 우편 전신부의 자회사였으므로 사회주의자의 손에 들린 자본주의 도구를 보여 주는 완벽한 실례였다. 투자 설명서에 작은 글씨로 설명된 바에 따르면 우편 전신부는 〈소액 주주들의 동의 없이〉, 〈이사회 전체를 선출하고〉 자산을 매입할 수 있었다.[38]

국제 은행가들이 일련의 블록버스터급 거래를 창출하고자 중앙 정부와 손잡으면서 보다 많은 해외 상장이 뒤따랐다. 모든 경우에 주가는 기존 자산이 아닌 미래의 수익성에 대한 추정치를 근거로 했다. 차이나 텔레콤이 상장되었을 때 차이나 텔레콤이 통합한 6개의 독립 기업은 아직 완전히 합병되지 않은 상태였다. 비록 골드만 삭스의 스프레드시트에만 존재할 뿐이었지만 이들 회사의 은행 계좌는 매우 실제적이었다.

2001년까지 페트로 차이나, 차이나 유니콤, 시노펙, 중국 석유 총공사, 중국 알루미늄 공사 등이 하나같이 국제 은행에 소속된 소수의 투자 은행가나 주식 분석가, 기업 변호사, 글로벌 영업 팀, 자금 관리자, 경제학자의 도움을 받아 뉴욕에 상장되었다. 홍콩에서도 50개 이상의 기업이 상장되었다.[39]

새천년이 시작될 무렵, 수년 간의 광적인 합병과 청산 끝에 중앙은행은 새로운 국가 챔피언들을 비롯한 국영 기업들이 받은 대출과 관련해서 어떤 일이 일어났는지 알아보기 위해 조사를 실시했다. 조사 결과에 따르면 은행이 대출한 3위안당 기업의 생산량은 2위안이 증가한 터였다. 기업들은 25년에 걸친 개혁 과정에서 자신들이 받은 자본의 3분의 1을 소멸시킨 셈이었다. 국영 기업들은 2000년에도 국내 총생산의 거의 절반을 차지했지만 세수에 관련된 그들의 기여 비중은 12퍼센트에서 8퍼센트로 오히려 크게 감소했다.[40]

수천 개에 달했던 국영 기업은 합병을 통해 약 5백 개의 국가 챔피언으로 통합되었다. 해고를 초래하지 않는다는 점에서 기업 인수는 사회 불안을 우려하던 정권이 선호하는 방식이었다. 그럼에도 일부 신생 거대 기업들은 이름뿐인 회사를 만들어 잉여 직원에게 명목상의 임금만 지급한 채 출근하지 못하게 함으로써 제약을 우회했다. 하지만 진짜 문제는 중국에 있는 25만 개가 넘는 국영 기업들 가운데 심지어 최고 수준의 재정 고문에게 도움을 받아도 합병하거나 지주 회사로 전환할 수 있을 만큼 수익을 창출하는 곳이 거의 없었다는 점이다. 그리고 이런 기업들 중 상당수가 퇴직 수당과 복지 혜택에 돈을 들이지 않으려고 마찬가지로 삭감된 임금만 쥐어 준 채 직원들을 집으로 돌려보냈다.

제철소와 제약 공장, 섬유 제조 회사, 탄광, 철강 주조 공장 등 합병에 실패한 다른 수만 개의 기업들이 문을 닫았다. 중국 중공업의 탄생지였던 북동부의 사양화한 중공업 지대에서 폐업률이 가장 높았다. 전체 대기업과 중소 기업의 10퍼센트가 위치한 랴오닝성 한 곳에서만 1997년에 5천 개 이상의 회사가 파산하거나 생산을 중단했다. 선양에는 정문이 빗장으로 잠기고 창문이 깨진 텅 빈 공장들이 한때 활기 넘쳤던 공업 지대를 가로질러 끝없이 펼쳐져 있었고 잡초가 우거진 철로 위로 선양 철강 단지의 녹슨 크레인들이 황량하게 서 있었다.[41] 산업을 총괄하는 부총리 우방궈에 따르면 선양의 근로자 열 명 중 한 명은 실업자이거나 놀고 있는 상태였다. 전국적으로는 요람에서 무덤까지 책임지는 공장의 복지 제도에 익숙한 전체 국영 기업 근로자 중 17퍼센트에 해당하는 약 1천3백만 명이 해고되었다. 그들 가운데 다른 곳에서 일자리를 찾은 사람은 절반이 채 되지 않았다.[42]

　　해가 거듭될수록 보다 많은 근로자가 해고되거나 임금이 삭감되었다. 그 수가 총 2천만에서 3천만 명에 달할 것으로 추산되었지만, 공장의 파산 선언이 항상 허용된 것이 아니었고 생산만 중지한 경우도 많았기에 정확한 숫자를 파악하기란 사실상 불가능했다. 경우에 따라서는 명목상의 소유주가 공식적으로 기업을 해산하지 않은 채 국가 자산을 매각하고 돈을 빼돌려 근로자들을 곤경에 빠뜨리기도 했다. 여기에 더해 정부는 실업자라고 자발적으로 등록한 사람들만 집계에 포함시켰는데 등록하지 않은 사람들도 많았다. 무엇보다 경영자가 기업을 매각하거나 외국인 투자를 유치하기 위해 해당 기업의 수익성이 높은 것처럼 보이게 하는 다양한 방법이 존재했다. 가장 유서 깊고 전통적인 방법은 가짜 자회사를 통해 매출 수치를 부풀리고, 대규모 손실을 자본 지출로 위장하고, 서류상 근로자 수를 조정하는 것이었다. 우방궈는 해고된 근로자의 약 90퍼센트가 정부에서 설립한 고용 센터를 한 번도 방문하지

않았을 것으로 추정했다.[43]

두 명 중 한 명은 저축한 돈도 없었다. 일부 창문이 벽돌로 막힌 칙칙한 주택 단지에 간혹 새 일자리를 구하지 못한 사람들이 계속 머물 수는 있었지만 한때 중공업을 그토록 매력적으로 만들었던 넉넉한 연금이나 각종 혜택, 무료 의료 서비스는 없었다. 몇몇은 덜 양심적인 공장장들 사이에서 흔히 자행된 약탈을 엉성하게 모방하여 공장에서 팔리지 않은 상품이나 녹슨 고철을 빼돌려 물물 교환을 하기도 했다. 다른 이들은 포장도로 위에 판지로 좌판을 깔고 양말이나 머리핀, 체리, 양변기 변좌, 화장용 크림 등 온갖 종류의 상품을 팔면서 근근이 생계를 유지했다. 일부는 세차를 하거나, 신발을 수선하거나, 자전거 택시를 운전했다. 선양에서는 지나가는 운전자에게 싸구려 운전대 커버를 판매하려는 보다 용감한 사람들도 눈에 띄었다.[44]

도시의 실업 문제는 1978년 이후 국영 기업이 확장되면서 초래된 여러 문제 중 보다 가시적인 한 가지 측면에 불과했다. 중국 성장의 주요 동력 중 하나는 농촌에 우후죽순처럼 생겨난 향진 기업들이었다. 수백만 개의 향진 기업들이 존재했으며 전국 생산량의 최대 40퍼센트를 차지하기도 했다. 이들 기업은 소도시와 마을 지자체의 후원을 받았지만 대부분 민영 기업처럼 운영되었기 때문에 소유권 측면에서 회색 지대에 존재했다. 그럼에도 금융 위기가 닥치자 도시 기업들이 드러낸 모든 문제를 그대로 재현했다. 엄청난 부채와 조잡한 상품, 뒤떨어진 기술, 엄청난 양의 재고만 남긴 팔리지 않는 상품들, 부실 경영, 붕괴된 생산 등이 그것이었다. 간쑤성 경제 위원회 위원장인 야오위건의 주장에 따르면 향진 기업과 국영 기업 사이에는 엄연한 동형(同形)이 존재했으며 이는 그들의 애매한 소유 구조가 서로를 비추는 거울처럼 닮아 있음을 의미했다. 향진 기업은 중앙 정부의 계획과 시장 사이의 격차를 이용하여 국영 기업을 보완했다. 〈역사적 관점에서 볼 때 국영 기업이 없었다면 향진 기업은 존재하지 않았을 것이다.〉 향진 기업은 시장 경제를 도왔지만 중앙 정부의 계획에 의해 방해를 받기도 했다.[45] 무엇보다 국영 기업과 마찬가지로 이들 향진 기업은 지역 은행의 대출에 크게 의존했다. 그 결과 국영 기업들이 전국에 시멘트 공장이나 제철소, 자전거 공장 등을 중복해서 건설했듯이 시골에는 세라믹 타일 공장이나 개구리 농장, 매트리스 공장과 같은 향진 기업들이 셀 수 없이 많았다.[46]

많은 향진 기업이 비효율적이고 엄청난 부채를 안고 있을 뿐 아니라 심지어 위험했다. 향진 기업들이 그토록 빠르게 성장한 이유 중 하나는 오염은 둘째치고 건강과 안전에 관련된 모든 규칙을 기꺼이 무시했기 때문이었다. 마을에서 공동으로 운영하는 소규모 탄광들의 경우도 마찬가지였다. 인력 자원 사회 보장부가 집계한 한 보고서에 따르면 1992년에는 처음 9개월 동안 3천8백 명 이상의 근로자가 소규모 탄광에서 사망했는데 이는 광산업계 전체 사망자의 65퍼센트에 해당하는 수치였다.[47] 전년에 비해 늘어난 수치였고 이후로도 계속해서 늘어났다. 1998년에 노동 운동가들이 사망 사고 건수를 1만 건 이상, 즉 시간당 1건으로 추산한 뒤에 중앙 정부는 단속에 나섰다. 결국 2만 5천8백 개가 넘는 갱도를 폐쇄했다. 엄청난 공급 과잉에 직면해 있던 석탄 생산량도 대략 2억 5천만 톤이 감소했다. 이런 조치는 일종의 시골판 합병이었고 막대한 정부 보조금으로 명맥을 유지하던 도시의 대규모 국영 탄광 수백 개를 합병한 것과 맞먹는 효과를 가져왔다.[48]

정부는 농촌에서 거대 복합 기업에 자원을 집중시켰다. 〈큰 것은 잡고 작은 것은 놓아주어라〉라는 장쩌민의 요구대로였다. 전체 산업 영역에서 2백만 개의 향진 기업이 추가로 사라지면서 장부상의 향진 기업 숫자는 2천만 개로 줄어들었다. 20년 만에 처음으로 향진 기업이 지역 은행의 대출뿐 아니라 농촌의 막대한 잉여 노동력을 흡수하는 현상이 중단되었다. 실업 인구는 1억 3천만 명으로 치솟아 전체 농촌 노동력의 거의 3분의 1에 달했다. 설상가상으로 고향으로 돈을 보내던 이주 노동자들의 숫자도 감소하기 시작했다. 최고 9천만 명까지 기록했던 이주 노동자 수는 1998년에 이르러 약 7천5백만 명으로 감소했다. 한편 도시민에게 일자리를 제공하는 데 어려움을 겪던 시 당국은 많은 이주 노동자를 시골로 돌려보냈다. 연안 지역을 따라 흩어져 있는 공장과 건설 현장에서 여전히 일자리를 붙잡고 있던 사람들은 기존에 비해 낮은 임금을 받았다. 심지어 일부는 전혀 임금을 받지 못했다.[49]

실업률은 계속 증가했다. 향진 기업이 지방 정부의 세수에 기여하고, 같은 이유로 지방 정부가 경제적 효율성과 상관없이 보다 많은 대출을 투입하여 향진 기업을 부양하고자 애쓰면서 농촌에서 거둘 수 있는 국가의 과세 소득이 폭락했다. 1999년 5월에 국무원이 언급했듯이 일부 농촌 마을은 정치와 경제를 구분하지 못한 채 상환 능력과 무관하게 끊임없이 빚을 졌고 그렇게 빚낸 돈을 〈무절제하게 낭비〉했다.[50] 실패한 농촌 벤처 기업에 많은 투자를 하면서 적지 않은 농촌 마을이 빚더미에 올랐다. 1999년에 이르러서는 광범위한 농촌 지역, 특히 중국의 중부와 서부 지역에서 근로자들에게 더 이상 급여를 지급하지 못했다. 정부 관리들도 몇 달씩 임금을 받지 못했다. 일례로 간쑤성에서는 농촌 지역의 세수가 약 14퍼센트 감소한 반면 비용은 5퍼센트 증가한 터였다. 정부의 급여 부족액은 2억 5천만 위안이 넘었다.[51]

이 문제는 이후 2년 동안 더욱 심각해졌다. 이미지를 중시하지만 실체적 진실은 부족한 일당 독재 국가가 으레 그렇듯이 정확한 수치를 추적하기는 어려웠다. 그럼에도 주룽지에 따르면 2001년을 기준으로 간쑤성의 총 86개 현(縣) 중 68퍼센트에 해당하는 59개 현이 산하의 정부 관리들에게 정해진 급여를 온전히 지급하지 못하거나 제때 지급하지 못했다. 프랑스와 비슷한 면적에 비교적 부유한 쓰촨성의 경우에 그 비율이 24퍼센트였다. 네이멍구의 경우에는 80퍼센트였는데 이는 산하의 향급 및 촌급 행정 구역 중 70퍼센트를 포함시키지 않은 수치였다. 중국 북동부의 사양화한 중공업 지대에 위치한 지린성은 46퍼센트였다. 물론 이런 수치는 이론적으로 1위안의 미지급 사례까지 포함된 것일 수 있었지만 한 가지 사실을 덧붙이자면 간쑤성의 24개 현에서 공무원 한 명당 임금 부족액은 평균 6천 위안에 달했다. 2001년 7월에는 같은 성의 59개 현에서 3억 위안의 임금 체불이 발생했다. 관료들이 자동차 운행이나 전화 통화, 회의 개최 등을 중단하면서 일부 농촌 지역에 대한 통치가 마비되었다. 몇몇 지방에서는 늘어난 부채를 감당하기 위해 추가로 대출을 받았고 그렇게 늘어난 은행 빚이 수억 위안까지는 아니어도 수천만 위안에 달했다.[52]

농촌 지역에서 대출은 농촌 신용 협동조합이라고도 불리는 농촌 신용 조합의 손에 달려 있었다. 국가의 돈을 인민공사로 집중시키기 위해 1950년대에 설립된 이들 기관은 1976년부터 농민들에게 신용 계좌와 저축 계좌를 제공하기 시작했다. 이 기관들은 당초 중국 농업 은행이 관할했지만 1996년에 이르러 부채가 너무 늘어나자 중국 인민 은행으로 이관되었다.

1980년대 초에 농업부는 두 번째이자 보다 비공식적인 경로인 농촌 협동 기금을 도입했다. 이 기금은 다른 곳에서는 대출을 받을 수 없는 일반 농부와 개인 기업가를 위주로 지원했다. 기금이 운영하는 자금도 많지 않았고 농촌 신용 조합과 경쟁하며 조합으로 갈 농촌 예금을 유치하는 듯 보였다. 또한 농촌 신용 조합과 마찬가지로 부실한 관리와 느슨한 규제 감독을 받았다. 중국에서 가장 부유한 지역 중 하나인 원저우

외곽에 위치한 농촌 지역에서는 1997년에 약 175개에 달하는 농촌 협동 기금이 고객을 확보하기 위해 서로 경쟁하고 있었다. 한 조사단에 따르면 이들 기금의 한 가지 공통점은 〈무질서한 관리 상태〉와 〈정치적 간섭〉이었는데 현지 관료들이 외부 기관의 조사에 저항하고 자신들 입맛대로 대출을 제공했기 때문이다. 〈지방 정부 관리가 기금의 수석 관리자로 임명되는 경우도 비교적 흔했다.〉 금융 위기가 시작되기 이전에도 예치금의 120퍼센트 이상을 대출해 준 기금이 적지 않았으며, 이런 상황이 전국적으로 되풀이되고 매우 심각해지자 1999년에 중국 인민 은행은 기금을 전부 폐쇄하는 조치를 단행했다.[53]

농촌 신용 조합은 농촌 지역의 유일한 금융 기관이 되었다. 수십 년에 걸친 부실한 관리로 인해 1999년 말에 조합의 순자산은 마이너스를 기록했고 2000년에는 총손실액이 862억 위안에 달했다. 그럼에도 중앙 정부가 언제든 자신들을 구제해 줄 것을 알았기 때문에 그들은 아랑곳하지 않았다. 금융 전문가 리넷 옹이 지적한 대로 그들이 사업을 접도록 내버려두었다면 수천만 명의 농촌 예금자들이 저축한 돈을 잃게 될 터였다. 결국 중앙은행이 엄밀히 말해 파산한 신용 조합들에 불량 자산의 장부상 가치를 지불함으로써 신용 조합들은 1656억 위안 규모의 부채에 대해 이른바 조건부 어음 교환을 받게 되었다. 충분한 심사숙고 없이 이루어진 결정이었을뿐더러 개혁에 반하는 결정이었다.[54]

한 세부적인 연구에 따르면 2004년에 이르러서는 촌급 행정구의 부채만 3천7백억 위안으로 추산되었고, 향급 및 현급 행정구의 부채는 각각 2150억 위안과 4천1백억 위안으로 추산되었다. 거의 모든 곳에서 지역 경제에 대한 향진 기업의 기여도가 마이너스로 나타났다. 20년 넘게 진행된 경제 개혁의 여파로 농촌 지역은 사실상 파산 상태였다.[55]

농촌 신용 조합이 구제를 받았듯이 그들 나름의 이익을 추구하며 대출을 감독했던 지방 정부도 구제를 받았다. 지방 정부는 급여를 더 이상 지불할 수 없게 되자 중앙 정부를 모방하여 부채를 채권으로 전환하고 만기일을 연장했다.56

　농촌 지역에서 세수가 감소했을 때 지방 정부가 자금을 조달한 또 다른 방법은 그 지역의 개인과 기업 모두에게 바가지를 씌우는 것이었다. 전국에서 지방 정부들은 각종 수수료를 비롯한 추가 부담금과 회비, 통행료, 소비세, 자발적인 또는 다른 형태의 기부금을 점점 더 많이 부과했다. 1998년 여름에 한 조사단이 간쑤성의 성도인 란저우 주변의 농촌 지역에서 지방 정부가 향진 기업으로부터 수수료를 징수하는 57가지 방법을 집계했는데 그중 42가지가 불법이었다. 옛 실크 로드를 따라 란저우 북서쪽으로 약 3백 킬로미터 떨어진 지우취안 지역에서는 불법 수수료가 지방 정부 수입의 30퍼센트를 차지했다.57

　간쑤성에만 국한된 문제도 아니었다. 문제의 심각성을 우려한 국무원은 2001년에 6개의 조사단을 여러 성에 파견했고 소를 도살하거나, 말을 키우거나, 집을 짓는 데 따른 납부금부터 보다 터무니없는 요구에 이르기까지 무수한 불법을 발견했다. 예컨대 초등학교에서 마을 주민들에게 전기와 수도 요금을 지불하도록 강요하는 것은 흔한 일이었다. 허난성 치셴현에서는 학생들이 자전거 보관대를 사용할 경우 3위안, 수업에 빠지면 1위안, 건강 검진을 받을 때 3위안 등의 요금을 요구하기도 했다. 윈난성에서는 거의 모든 사람이 보험료를 냈는데 그 금액이 1년에 44위안에 달했다. 산시성(山西省)의 칭쉬현에서는 결혼식 요금이 9위안이었는데 일부 마을에서는 이 요금이 50위안까지 올라갔다. 헤이룽장성의 무란현에서는 결혼 증명서를 발급받기 전에 건강 검진을 받아야 했으며 해당 비용이 무려 5백 위안에 달했다. 중국 전역에 걸쳐 의심스러운 투자 계획이나 공공 서비스에 대한 강제 기부금이 존재했다. 모든 행정구가 산하의 하위 단계 행정구를 쥐어짜면서 현급 행정구는 향급 행정구에, 향급 행정구는 촌급 행정구에 압박을 가했다. 저장성 상위시에서는 산하의 모든 촌급 행정구가 지역 신문을 강제로 구독하면서 구독료로 연간 4천 위안을 납부해야 했다. 옛 속담에 이르듯 〈수도승은 많았지만 죽(粥)은 많지 않았다〉.[58]

서민은 이 같은 봉건적 위계질서의 맨 밑에 위치했고 궁극적으로 가장 큰 타격을 입었다. 한 대략적인 추산에 따르면 이처럼 임의로 부과되는 수수료가 중국 전역에서 일반인의 소득에 미치는 재정적 부담은 25퍼센트에서 30퍼센트에 달했다. 선구적인 사회학자 카오진칭은 이보다 더 높은 수치를 제시하면서 일부 지역 농민들이 불법 수수료에 소득의 40퍼센트를 지불하고 있으며 이 때문에 사람들이 농촌 협동조합에서 보다 많은 대출을 받을 수밖에 없다고 주장했다.[59]

금융 위기가 시작되면서 정부는 기업 집단을 개혁할 수밖에 없었고 그 결과 전체 경제의 한 축을 구성하는 민간 부문이 실질적으로 일자리를 창출하는 데 성공했다. 확실히 달라진 분위기 속에서 1978년 이래 처음으로 민간 기업가들이 마지못해 용인되거나 끝없는 규율과 규제에 구속당하는 대신에 진정으로 환영을 받았다. 상하이와 칭다오 같은 도시에서는 국영 기업에서 해고된 근로자 세 명 중 두 명이 민간 부문에 취업한 것으로 추산되었다. 심지어 『인민일보』는 1998년 4월에 만약 레이펑이 살아 있다면 민간 기업가가 되었을 것이라고 주장하기도 했다. 그로부터 1년 뒤에는 헌법이 개정되었고 개인 사업이나 민간 기업을 비롯한 〈비공공 부문〉의 지위가 단순히 〈보완적인〉 역할에서 국가 경제의 〈중요한 구성 요소〉 중 하나로 승격되었다.[60]

이 같은 변화는 대체로 상징적인 의미를 띨 뿐이었다. 같은 맥락에서 동일한 헌법은 사유 재산의 보호와 관련해서는 거의 아무런 언급도 하지 않았고 〈사회주의 공공 재산〉에 대해서는 〈신성하고 불가침적〉이라고 선언했다. 전례 없는 환영을 받았음에도 민간 기업가는 여전히 그 수가 많지 않았다. 공식 자료에 따르면 20여 년에 걸친 개혁이 이루어진 뒤인 1999년까지 등록된 민간 기업이 채용한 인력은 도시의 전체 가용 인력 2억 3천9백만 명 가운데 3천2백만 명에 불과했다.[61]

이처럼 낮은 수치는 민간 기업이 국영 기업과 아예 경쟁이 되지 않았기 때문이다. 일단 국가에서 파견된 세금 징수원들은 민간 기업가들을 동등하게 대우하지 않았다. 국가에서 운영하는 은행이나, 공산당의 열혈 당원 및 퇴역 군인 등으로 채워진 법원도 마찬가지였다. 위부터 아래까지 모든 국가 기관은 비록 소속이 달라도 같은 국가 기관을 선호하는 당 서기들이 운영했고 이런 현실은 미래에도 달라질 것 같지 않았다. 당 관료들이 애써 설명했듯이 어떤 상황에서도 민간 부문이 공공 부문을 추월할 정도로 성장하는 것은 용납되지 않았다. 〈현재 우리는 국가 경제에 유익하기에 한시적으로 민간 부문의 발전을 허용하고 있다. 그렇다고 우리가 자본주의 사회로 나아가고 있다는 의미는 아니다〉라고 한 인민 해방군 대리인은 설명했다. 〈공산당이 이끄는 중국은 공산주의 국가이며, 이 사실은 절대로 변하지 않을 것이다.〉[62]

모든 주요 지도자가 반복해서 비슷한 발언을 했지만 많은 외국인이 당사자들보다 자신들이 더 잘 안다고 생각했다. 1993년에 외국인들은 〈전환〉이라는 단어에 사로잡혔고, 계획 경제에서 시장 경제로 전환 중인 국가에 대해 자신들의 비전을 실어 날랐다. 장쩌민이 국영 기업의 소유 구조를 바꾸겠다고 발표한 뒤 1997년 9월에 외국인들은 〈민영화〉라는 용어를 사용하기 시작했다. 하지만 장쩌민은 자신의 임기 중에 조금이라도 공공 부문에서 민간 부문으로의 전환이라 여겨질 만한 일은 절대 일어나지 않을 거라고 최소한 두 번 이상 구체적으로 단언한 터였다. 그중 한 번은 1997년 9월에 있었고, 1999년에 헌법 개정안이 통과된 이후에도 또 한 차례 명확하게 경고했다.〈일부 외국인들은 중국이 민영화를 추진하려 한다고 잘못 알고 있으며 우리 동지들 중에도 비슷한 오해를 하는 사람들이 존재한다.〉 1998년에 전임 미국 대통령 조지 H. W. 부시를 만난 자리에서 주룽지가 대규모 국가 자산의 기업화는 〈민영화〉와 아무 관련 없다고 설명했을 때도 부시는 이미 다 안다는 듯한 태도로〈일이 어떻게 돌아가는지 우리도 알고 있다〉라고 말했다.[63]

중국어로 된 용어도 민영화가 아닌〈소유권 변경〉또는〈지분 다각화〉였다.[64] 실제로 당 관리들은〈민영〉이라는 단어 대신에 개별 가정과 민간 기업 모두를 의미하는〈비공공 부문〉이라는 표현을 보편적으로 사용했다. 시골에 분산된 소규모 기업이든 또는 도시에 있는 대규모 공장이든 대다수의 소유권 이전 사례에서, 주식회사 형태로의 전환은 국가의 통제력이나 국가 대리인의 통제력을 전혀 약화시키지 않았다. 차이나 텔레콤처럼 뉴욕 증권 거래소에 상장된 거대 기업들은 소수 지분만을 외부인에게 매각함으로써 전체 이사진을 임명할 권리는 그대로 유지했다. 촌(村), 향(鄕), 현(縣), 지(地), 성(省)을 비롯한 국가 부처나 공산당을 대표하는 그 밖의 기관이 대부분의 지분을 인수했다는 점에서 다른 기업들의 사정도 마찬가지였다.

직원들에게도 일부 주식이 매각되었다. 집단 소유라는 이상을 고수하기 위해서였다. 하지만 드러난 바에 따르면 종업원에 의한 주식 매수는 대체로 지방 정부가 직원들에게 보다 많은 돈을 빌리게 하거나 퇴사를 강제하는 수단으로 이용된 터였다. 많은 경우에 인수 합병은 단순한 이름 변경과 회계 장부상의 수치 변경으로 이어졌다. 주식회사 형태로의 전환은 공공 부문의 전반적인 효율성을 개선했다기보다 자산을 재분배했다. 재분배의 목적은 회사에 평생을 헌신한 근로자 수천만 명을 쫓아냄으로써 국가를 강화하고 기업을 살리기 위함이었다.[65]

공식 수치에 따르면 1999년에는 노사 분쟁 건수가 급증해 12만 건에 달했다. 전국적으로 급여를 받지 못한 근로자와 은퇴자가 자신들의 요구를 전달하기 위해 공장을 포위하고, 도로를 막고, 지방 정부 앞에서 피켓을 들고 시위를 벌였다. 몇몇 경우에는 부패 때문에 격노한 시위대 수만 명이 폭동을 일으켜 자동차를 불태우고, 창문을 부수고, 경찰과 격전을 벌여 군대가 나서기도 했다. 랴오닝성의 광산 마을인 양자장쯔에서도 비슷한 사건이 발생했다.[66]

대부분의 시위자들은 실직한 국영 기업 직원들이었지만 경찰은 지린성 교사 1만여 명이 중앙 정부에 탄원하기 위해 베이징으로 몰려오는 것도 막아야 했다. 가뭄에 시달리던 산둥 지방에서는 식수를 얻기 위해 수천 명이 폭동을 일으키는 등 때때로 농촌 지역 사람들도 시위를 벌였다. 어느 한쪽 할 것 없이 전국적으로 불안감이 가득했다.[67]

폭동으로 변할 수 있는 불안정한 상황에서도 시위대는 대부분의 경우에 자신들의 주장을 밝힌 뒤에 조용히 해산했다. 그들은 놀라운 회복력을 보였지만 동시에 체념한 상태였고 무자비한 정부 조직을 상대로 어떠한 기회도 없다는 것을 충분히 알고 있었다. 그들의 파업권은 1982년에 헌법에서 삭제되었고 공산당에 최적화된 노조는 국가의 통제를 받았다. 가장 눈에 띄는 점은 이들 시위가 산발적이었고 전국적인 공동 전선을 꾀하지 않았다는 사실이었다.

지방 당국은 언제든 깰 수 있는 약속을 제시하며 때때로 대립을 피하기도 했지만 정치적인 의도를 가진 사람들에 대해서만큼은 신속하게 정의를 실현했다. 장쩌민은 전국의 공안 부서에 정치적인 반대자들이 벌이는 어떠한 시도도 미리 〈싹을 자르라〉고 반복해서 요구했다. 그는 중국의 정치 체제가 〈언제든 흔들리거나, 약화되거나, 폐지되어선 절대로 안 된다. 서양의 정치 모델이 복제되어선 안 된다〉라고 1998년 12월에 인민 대회당에서 당 관리들에게 말했다. 그리고 〈우리는 국내외 적대 세력들의 침투 및 전복 활동, 분리주의 활동을 경계해야 한다〉라고 주장함으로써 1989년 여름에 당을 상대로 냈던 자신의 메시지를 거의 그대로 반복했다.[68]

빌 클린턴 미국 대통령이 중국을 방문해서 초청인에 대한 찬사를 쏟아 낸 것이 불과 6개월 전이었다. 빌 클린턴은 1998년 6월에 국제 언론과 가진 인터뷰에서 장쩌민이 중국을 이끌고 보다 큰 자유를 향해 조금씩 나아가고 있는 선견지명을 갖춘 인물이라고 평가했다. 여기에 더해 장쩌민의 생전에 중국에 민주주의가 도래할 것이라고 말했다. 외국인 관찰자들 역시 정치적 개방이라는 새로운 시대가 열렸음을 선포했다. 문제의 역사적인 방문이 있기 몇 주 전, 장쩌민은 선의의 표시로 일부 반체제 인사들을 내보내는 데 응했고 사실상 웨이징성과 왕단의 미국 망명을 허가했다.[69]

미국 대통령이 중국에 도착한 1998년 6월 25일에 일단의 정치 활동가들이 항저우에서 중국 민주당을 등록하려는 시도를 벌였다. 불과 몇 달 만에 23개의 성과 주요 도시에 준비 위원회가 설립되고, 긴밀히 조율된 운동에 수백 명이 자발적으로 참여하자 중국 정부는 깜짝 놀랐다. 주동자 중 한 명은 민주의 벽 운동을 이끈 베테랑 반체제 인사로, 1979년에 처음 구금된 쉬원리였다. 그를 비롯한 모든 주동자가 즉시 체포되었다. 1998년 10월 5일에 중국 정부는 시민의 정치적 권리에 관한 국제 규약에 서명함으로써 ― 절대로 비준하지는 않겠지만 ― 국제적 찬사를 받았다. 중국 대사가 뉴욕에서 시민들에게 기본권과 자유를 부여할 것을 약속하며 서류에 서명하는 바로 그 순간에, 중국에서는 중국 민주당을 창당하려던 주동자들에 대한 재판이 진행되었고 쉬원리는 또다시 13년간 사회로부터 추방당했다.[70]

다른 인사들에 대한 체포도 뒤따랐다. 주류 자유주의의 변방에 속한 『중국 경제 시보』의 칼럼니스트 스빈하이가 구금되었다. 정치 개혁 문제를 다루었을 뿐 공산주의에 의한 통치를 종식시켜야 한다는 말은 한마디도 언급하지 않은 관리 출신의 기업가 팡줴도 징역 4년 형을 선고받았다. 장산광은 자유 아시아 라디오에서 농촌 지역의 시위에 관한 이야기를 한 혐의로 징역 10년 형을 선고받았다. 1999년 6월에는 간쑤성에서 독립적인 노동 감시 기관을 설립하려던 세 명의 남성이 체제 전복 혐의로 재판을 받았다.[71]

솔리다르노시치, 즉 연대가 폴란드의 정치 현장을 장악한 지 10년이 지난 시점에도 중국 지도부는 여전히 민주주의 활동가들과 해고 노동자들의 잠재적 동맹 가능성을 경계하고 있었다. 하지만 그 모든 경계에도 불구하고 훨씬 난해한 한 건의 시위에 의표를 찔렸다. 1999년 4월 25일에 자칭 〈파룬궁(法輪功)〉이라는 단체의 회원 약 1만 명이 슬그머니 수도로 들어와 최고 지도자들이 거주하는, 주홍색 담장에 둘러싸인 중난하이를 포위했다. 시위자 다수는 고령의 신도들이었다. 그들은 창안 대로에서 네다섯 명씩 무리를 이룬 채 몇 시간에 걸쳐 조용히 저항하며 앉거나 서 있었다. 경찰은 수적인 열세 때문에라도 개입이 억제되었다. 시위는 평화적이었지만 지도부는 충격을 받았다. 6·4 항쟁 10주기를 불과 몇 주 앞두고 자신들의 집이나 마찬가지인 곳에서 당시의 학생들도 감히 시도하지 못한 매복 공격을 당했기 때문이었다.[72]

파룬궁 창시자인 리훙즈는 추종자들이 영적인 깨달음이나 사후 세계까지는 아니어도 마음의 평화를 얻을 수 있는 일련의 신체 운동과 호흡법을 가르쳤다. 공안만큼이나 외국인 관찰자들도 할 말을 잊은 듯했다. 파룬궁이 하나의 파벌인지, 숭배자 집단인지, 종교인지조차 판단할 수 없었다.

리훙즈는 1992년에 파룬궁을 창시한 그는 불교와 도교 사상에 느릿느릿한 무술 수련을 혼합하여 많은 추종자를 끌어들였다. 1999년에 이르러서는 중국 안팎에서 수천만 명에 달하는 추종자를 자랑하고 있었다. 공산당 조직을 거울처럼 반영한 그의 조직에는 삶에 환멸을 느끼는 사람들이나 박탈감을 느끼는 사람들뿐 아니라 공산당의 최고 엘리트층을 비롯한 고학력자들도 있었다. 그들 중 한 명인 공안부 출신의 은퇴 관료 리창도 다른 사람들과 마찬가지로 매우 엄격한 규율을 바탕으로 수천 명의 추종자들을 감독하는 하부 조직망을 담당하고 있었다. 추종자들은 앞서 4월에 톈진의 한 인기 잡지가 파룬궁을 사이비 종교로 묘사하며 경고하자 위협을 느낀 참이었다. 베이징에서 무력시위를 벌이면서 그들은 법적인 인정을 요구했다.[73]

주룽지를 만난 시위대는 공산주의가 아니라 파룬궁이 중국을 구할 수 있다고 주장했다. 장쩌민은 분노했고 공안 기관이 반대자들에 대한 단속을 게을리했다며 맹비난했다. 〈우리는 다른 무엇보다 안정을 요구했지만 우리의 안정은 실현되지 못했다.〉[74]

1989년 3월에 티베트에서 계엄령을 발동하고 군대를 동원해 대규모 시위를 진압하며 경험을 쌓은 음울하고 무표정한 당의 수완가 후진타오 부주석이 이끄는 대책 위원회가 설립되었다. 그리고 7월 20일 파룬궁에 대한 단속이 개시되었다. 해당 운동이 불법으로 선언되었고, 집회가 해산되었으며, 수만 명의 추종자들이 한시적으로 구금되었고, 1백 명이 넘는 핵심 조직원이 체포되었다. 나이 든 여성들이 경찰 승합차에 실려 끌려갔다. 그들이 살던 집은 샅샅이 수색당했고, 자료는 압수되었으며, 책은 불태워졌고, 교주의 사진이나 그림은 말 그대로 박살 났다. 이후 몇 달 동안 추가로 수천 명이 노동 수용소로 보내질 터였다.[75]

10월 말이 다가오자 전국 인민 대표 대회는 〈창시자를 신격화하거나 미신과 이단을 퍼뜨려 타인을 오도하거나 구성원이 사회를 위험하게 만들도록 이끄는 불법 조직〉으로 규정된 〈사악한 사이비 종교〉에 맞선 새로운 법을 서둘러 도입했다. 수만 명의 신도들이 다시 거리로 나왔고 30여 개의 도시에서 관공서를 봉쇄한 채 조용한 시위를 펼쳤다. 경찰이 그들을 연행했고 주동자들에 대한 전격적인 검거가 뒤따랐다. 체포된 인원도 급증해 연말에는 약 3만 5천 명에 달했다. 선전부의 비방 운동이 끊임없이 이어졌다.[76]

추종자가 끝이 없어 보이는 가운데 더 많은 신도가 등장했고, 그들은 흔들림 없는 믿음을 보였다. 중난하이 포위 사건이 발생한 지 1년 뒤인 2000년 4월 25일에는 1백 명의 추종자가 톈안먼 광장에서 짧은 시위를 벌이다 사복 경찰에게 끌려갔다. 6개월 뒤인 10월 1일에는 국경절 기념행사에서 수백 명의 추종자들이 삼엄한 보안에도 불구하고, 원래라면 꼼꼼하게 준비된 축제 무대에 돌아갔을 관심을 가로챘다. 한 무리의 시위대가 경찰에게 발로 차이고 주먹질을 당하며 끌려가자마자 군중 속에서 또 다른 무리가 등장했다. 기념식에 참석한 수만 명의 당원들과 외국에서 온 고위 인사들이 지켜보는 가운데 몇 명이 마오 주석의 초상화 아래 〈파룬궁은 좋다〉라고 적힌 붉은 현수막을 펼쳤다.[77]

하지만 2001년 설날 전날에 다섯 명의 신도가 톈안먼 광장에서 분신했을 때 일반인들은 그들이 정말 위험한 숭배자 집단이라는 결론에 이르렀다.[78]

분신의 여파로 소모전이 격렬해지고, 한 번에 한 곳씩 추종자들을 찾아 제거하기 위한 노력이 수반된 가운데 경찰은 모든 동네를 이 잡듯 뒤져서 잠재적 범죄자들을 재교육 시설로 보냈다. 국가에 의한 조직적인 폭력 사용이 보편화됨에 따라 추종자들은 구타를 당하거나, 전기봉에 감전을 당하거나, 몇 시간씩 바닥에 쪼그리고 앉아 있어야 했다. 9일 동안 강제로 벽을 마주 보고 서 있어야 했던 한 전기 기사는 〈나는 정상이 아니다〉라고 털어놓았다. 〈이제는 경찰과 경찰봉을 볼 때마다 구역질이 나고 토할 것 같다.〉[79]

각각의 시와 현, 성에 일종의 할당량이 부과되었고 할당된 숫자를 채우지 못한 지역의 당 서기들은 징계를 받았다. 언제나 실용적인 지도부는 사이비 종교 신도들을 전향시키는 일과 관련하여 가장 두드러진 실적을 올린 지방 정부가 다른 지방 정부에 돈을 받고 용역을 제공할 수 있도록 허용했다. 직장에서 쫓겨난 노동자들이 신도를 추적하는 일을 지원하기 위해 고용되었고 베이징에서만 수천 명이 채용되었다. 무자비한 폭력이 기적을 일으키면서 신도 수가 급격히 감소했다. 탄압 2주년이 된 2001년 7월 20일에는 소수의 쓸쓸한 시위자들만 톈안먼 광장에 모습을 나타냈다.[80]

정부는 차제에 다른 종교 단체에 대해서도 견제에 나섰다. 종교를 사회주의의 위협 요소로 간주한 장쩌민은 1989년에 집권한 직후부터 맹렬한 종교 탄압 운동을 주도했다. 범죄와의 전쟁이나 반(反)부패 운동을 비롯한 다른 대부분의 정치적 운동과 마찬가지로 종교에 대한 박해는 사라지지 않았고, 단지 필요와 기회에 따라 성쇠가 결정되었다.

약 4천만 명에 달하는 기독교인들이 비밀 가정 교회에서 예배를 드렸고 당 지도부는 이들 모임을 자신들의 권위에 대한 잠재적인 도전으로 여겼다. 파룬궁을 진압하기 위한 새로운 법이 통과되고 몇 달 뒤, 열 개의 지하 교회가 〈사악한 숭배자 집단〉이라는 비난을 받았고 1백 명이

넘는 지도자들이 체포되어 노동 수용소로 보내졌다.[81]

신령과의 전쟁은 이듬해에 더욱 확산되었다. 저장성에서만 약 1천 2백 개의 사원과 교회, 사당이 철거되거나 폭파되었다. 이제는 7백만 명의 주민 수를 자랑하던 원저우가 가장 큰 타격을 입었는데 폭약을 이용해 폭파시킨 4백 제곱미터 규모의 교회를 비롯해 약 2백 곳이 폐쇄되었다. 온갖 역경에도 불구하고 지역 주민들은 때때로 반격했다. 1986년에 세워진 사원을 파괴하기로 당국이 결정했을 때는 수많은 군중이 교대로 건물을 점거하고 경계를 서기도 했다. 물론 그들은 현지 공안 세력의 상대가 되지 못했다.[82]

당원들도 종교적 신념에 대한 조사를 받았다. 1999년 7월 1일에 장쩌민은 마르크스주의야말로 당원들이 봉건적 미신이나 금권 숭배 등의 이유로 표류하는 것을 막아 줄 〈정신적 안정 장치〉라고 설명했다. 그는 당원들이 공산주의에 대한 믿음을 잃으면 중국은 파멸할 거라고 말했다. 몇 주 뒤, 공산당 내부까지 침투한 파룬궁의 치명적이고 광범위한 영향력과 싸우기 위해 중앙 위원회와 선전부는 모든 당원에게 변증법적 유물론과 무신론을 공부하도록 지시했다.[83]

이른바 삼강(三講) 교육으로 불린 이 운동은 마르크스주의 규범을 강조하고, 정치를 강조하고, 개인의 도리를 강조했다. 이제는 확실한 후계자가 된 후진타오가 직접 이 운동을 이끌었다. 하지만 당의 이념을 강조하는 것만으로는 충분하지 않았다. 이념에 더해서 당 조직을 강화할 필요가 있었다. 마르크스주의 전문 용어로 〈당 건설〉이라 불리는 것이었고, 장쩌민의 주장에 따르면 경제 성장을 서두르는 과정에서 이를 소홀히 한 탓에 당원들에 대한 감독이 느슨해진 터였다. 삼강 교육과 유사한 것으로는 2000년 5월에 발표된 〈3개 대표론〉이 있었다. 3개 대표론의 유령 작가는 교리 사상가 왕후닝으로 몇 년 전 장쩌민을 위해 「열두

가지 주요 관계의 올바른 처리에 대하여」를 집필한 인물이었다.[84]

3개 대표론이 무엇을 의미하는지 정확히 아는 사람은 거의 없었지만 전반적인 개념은 당이 스스로 정치권력을 약화시키지 말아야 하고, 모든 생활 영역의 최전선에 있어야 한다는 것이었다. 그 영역에는 중국의 〈선진 문화〉와 〈인민 다수의 기본적 이익〉도 포함되었다. 세 번째 원칙은 당이 〈가장 중요한 생산 세력을 대표〉해야 한다고 상정했다. 3개 대표론에 민간 기업가의 당원 가입을 금지해 온 규정을 없앤다는 결정이 포함되자 외국 전문가들은 안도의 한숨을 내쉬었다. 하지만 전형적인 전체주의식 이중 화법에 의하면 3개 대표론은 특히 민간 부문에서 국가의 손을 철회하는 것이 아니라 오히려 확장하기 위해 고안된 터였다. 당은 수만 개의 국영 기업들이 주식회사로 전환되는 과정에서 수백만 개에 달하는 일자리를 없애고 있었기 때문에 자신들이 통제권을 유지해야 한다고 주장했다. 결국 3개 대표론은 민간 기업 내에도 당세포(黨細胞)가 개설되고 보다 면밀한 당의 감독을 받아야 한다는 의미였다. 장쩌민은 이러한 당세포, 즉 기층 조직들이 〈민간 기업가들의 모든 것을 통합하고, 교육하고, 지도〉하는 동시에 그들에게 〈법을 준수하고, 당의 정책을 지지하고, 국가와 사회에 공헌〉하게 할 거라고 주장했다.[85]

3개 대표론의 시작을 기념하기 위해 장쩌민은 2000년 5월에 원저우를 방문했다. 자본주의의 성지인 원저우는 산업 생산량의 약 80퍼센트를 민간 부문이 차지했다. 하지만 민간이 운영하는 공장의 전체 근로자 중에서 당원은 겨우 2퍼센트에 불과했다. 총서기는 모든 민간 기업에 당세포를 건설하라는 명확한 지시를 내리고 원저우를 떠났다. 〈이들 기업 내부에 당 조직을 제대로 구축하지 않는 것은 지도자로서 우리 당의 지위를 포기하는 것과 같다.〉[86]

후진타오와 조직부 관리들을 비롯한 보다 많은 사람의 방문이 뒤따랐다. 그리고 1년 뒤에 원저우는 민간 기업가를 공식적으로 공산당에 가입시킨 중국 최초의 도시 중 하나가 되었다. 개중에는 신중하게 진행된 심사 과정에서 공산주의자로서 자신의 자격을 열정적으로 입증한 원저우 타이거 라이터 공장의 소유주 저우다후도 있었다. 조직부 관리들이 그에게 보유한 재산으로 무엇을 할 계획인지 물었을 때 그는 정답을 맞혔다. 〈나는 그들에게 결국에는 이 모든 것이 당의 것이라고 말했다.〉 저우다후는 중국 최초의 홍색 자본가 중 한 명이 되었다.[87]

3개 대표론은 규제 문제에서 당의 우위를 더욱 공고히 했다. 고전적인 레닌주의 원칙에 따르면 당을 감독할 수 있는 것은 외부 기관 특히 독립적인 사법 기관이 아닌 당 자체밖에 없었다. 원자바오가 설명했듯이 〈당이 당을 감독한다〉는 요건은 헌법 전문에도 명시되어 있었다. 당의 이념과 조직을 강화함으로써 당은 공공 부문이든 아니든 상관없이 모든 사업을 보다 엄격하게 감독하고 규제할 수 있을 터였다.[88]

그럼에도 이제 86세가 된 덩리췬을 비롯하여 몇몇 열성적인 마오쩌둥 사상 신봉자들은 당이 기업가를 환영한다는 사실에 격분했다. 심지어 10여 년 전에 정부를 대표하여 학생들을 훈계했던 위안무는 〈자본주의를 회복〉하려는 시도로 여겼다. 당 기관지 중 두 곳이 이 같은 비판적인 견해를 보도하자 분노한 장쩌민은 폐간을 명령했다. 그들이 세 가지 원칙 중 하나인 〈선진 문화〉를 증진하는 데 당이 선봉 역할을 해야 한다는 원칙에 순응하지 않았다는 이유였다. 장쩌민은 모든 당원에게 3개 대표론을 의무적으로 학습하도록 했다.[89] 2002년 11월에 열린 제16차 당 대회에서 3개 대표론은 당헌에 정식 등록되었고 마오쩌둥 사상 및 덩샤오핑 이론과 더불어 당의 지도 이념으로 자리 잡았다.

지도부가 파룬궁 수련자 1만 명에 에워싸인 지 2주가 채 지나지 않은

1999년 5월 7일 금요일에 스텔스 폭격기 여러 대가 베오그라드 상공에서 미사일 유도탄 다섯 발을 투하했고 중국 대사관 남단이 강타당했다. 한밤중의 폭격으로 무관 사무실이 파괴되었지만 대사의 벤츠 승용차와 화분 네 개를 포함하여 대사관 북단은 아무런 피해가 없었다. 코소보 내 알바니아 민족에 대한 박해를 막기 위해 열렸던 평화 회담이 결렬된 뒤 대서양 동맹에 의해 시작된 유고슬라비아에 대한 나토의 폭격 작전으로 수백 개의 방공 시설과 육군 본부, 기타 군사 목표물이 타격을 입었다. 미 국방부 장관 윌리엄 코언은 이 작전을 〈역사상 가장 정확한 공군력의 적용〉이라고 설명했다. 하지만 중국 대사관에 가해진 타격은 옛날 지도에서 발췌된 잘못된 정보를 바탕으로 한 비극적인 실수로 밝혀졌다. 이 사고로 중국인 기자 세 명이 사망하고 20여 명이 부상을 입었다. 같은 날 나토는 세르비아 니시의 병원 단지와 시장은 물론이고 중국 대사관도 타격할 의도가 없었다는 성명을 발표하면서 인명 피해와 손실에 유감을 표명했다.[90]

중국 정부는 즉시 나토의 〈야만적인〉 공격과 〈범죄 행위〉를 비난했다. 뒤이어 가세한 여러 신문과 매체도 해당 폭격에 대해 군사비 지출을 늘리도록 유도함으로써 중국이 경제 개발에 집중하지 못하게 하려는 세심하게 계획된 전쟁 행위라고 묘사했다. 중국이 유고슬라비아를 지지했기 때문에 처벌을 받은 것이라는 주장도 나왔다. 미국은 중국을 견제하려 했지만 그들의 시도는 〈호랑이를 겁주기 위해 산을 흔들려는〉 것과 다를 게 없었다.[91]

분노한 군중은 즉각적으로 폭발했다. 베이징에서는 수만 명의 격분한 학생들이 미국 대사관으로 몰려가 대사관 건물을 향해 돌이나 빈 병, 쓰레기 등을 던졌다. 구경꾼들도 성조기를 불태우는 학생들을 응원했다. 청두에서는 많은 군중이 급조한 화염병을 영사관에 투척해 관내에 불을 질렀다. 상하이와 항저우, 광저우에서도 유사한 광경이 펼쳐졌다. 미국 기업들도 공격을 받았다. 후난성의 성도인 창사에서는 분노한 폭도들이 맥도널드 매장을 부수고 KFC 레스토랑 두 곳을 파괴했다. 후진타오 부주석은 드물게 텔레비전 연설을 통해 시위대를 지지하며 정부가 〈법에 따라 모든 합법적인 항의 활동을 지지하고 보장한다〉라고 특유의 목석같은 태도로 선언했다. 이따금씩 떠밀고 밀치는 것 말고 이번에는 시위대와 경찰이 행복하게 어울리는 것처럼 보였다.[92]

빌 클린턴 미국 대통령은 5월 10일에 공개적으로 사과하며 희생자와 가족에게 〈깊은 애도〉를 표했다. 『인민일보』는 사과에 대해서는 언급하지 않으면서 폭격이 고의적인 공격이었다고 비난했다. 그들은 1면 사설에 〈중국은 괴롭힘에 굴복하지 않을 것이다!〉라고 발표했다.[93]

이와 같은 정서는 지도부를 포함하여 전국적으로 널리 공유되었다. 폭격이 발생한 다음 날, 장쩌민은 정치국 상무 위원회를 소집하고 문제의 공격이 〈우연이 아닌 것이 거의 확실하다〉라고 위원들에게 말했다. 이어서 미국이 중국에 가하고 있는 위협을 지적하며 〈그들은 비록 드러내지 않지만 속으로는 우리를 죽도록 미워하고 있다〉라고 말했다. 베오그라드는 일종의 교훈이었다. 〈우리는 우리 나라의 경제력과 군사력, 국민 통합을 더욱 발전시켜야 한다. 우리는 군사적 충돌에 대비하여 준비를 강화해야 한다.〉 그는 〈중국은 괴롭힘에 굴복하지 않을 것이다!〉라는 말로 결론을 갈음했다.[94]

이튿날인 5월 9일에 상무 위원회가 다시 모였다. 이번에는 장쩌민이 〈겸손하고 신중하라. 때를 기다려라〉라고 했던 덩샤오핑의 가르침을 언급했다. 중국과 미국의 격차가 좁혀지기는 했지만 아직은 시간이 더 필요하다는 설명이었다. 그는 〈미국과 싸워야 하지만 아직 그들과 관계를 끊어야 할 정도는 아니다〉라는 의견을 피력했다. 그리고 〈우리가

WTO에 가입해야 하는 것은 맞지만 그들의 요구에 굴복해서는 안 된다〉라고 주장했다. 외국의 적대 세력들이 혼란을 틈타 〈서구화〉와 〈국가 분열〉을 꾀하려는 〈그들의 정치적 음모를 수행〉하고자 너무도 열심이었기 때문에 사회 안정을 유지하는 것이 무엇보다 중요했다.[95]

대사관 폭격 사건은 변곡점이 되었고, 떠오르는 사회주의 권력을 파괴하려는 적대적인 자본주의 진영에 대한 장쩌민의 경고 메시지가 반복되었다. 2001년 4월에 열린 전국 공안 회의에서 장쩌민과 주룽지는 〈외국의 적대 세력에 의한 체제 전복과 침투〉, 특히 〈중국을 분열시키려는〉 그들의 시도에 대해 경고했다. 장쩌민에 따르면 진정한 독재는 소위 자본주의 계급이 모든 기관에 대해 철권통치를 유지하며 수 세기 동안 지배해 온 서구 사회에서만 발견될 수 있는 것이었다. 〈서구의 정부나 법원, 경찰, 군대 등은 그들의 독재를 유지하기 위해 입법부와 행정부는 물론이고 첨단 기술까지 동원한다.〉[96]

정부의 모든 차원에서 확고한 적대감이라는 공동의 비전이 추진되었다. 중국에서 가장 자유로운 도시인 원저우의 당 서기 장주펑은 2001년 여름에 열린 공산당 창당 80주년 기념식에서 〈서구의 적대 세력은 사회주의 중국이 발전하고 부강해지기를 바라지 않으며〉, 〈중국을 분열시키고 서구화하려는〉 그들의 전략은 〈절대로 변하지 않을 것이다〉라고 지적했다.[97]

5월 14일에 빌 클린턴은 마침내 장쩌민과 연락이 닿았고 전화로 다시 한번 사과했다. 선전부는 그들의 대화를 〈미국의 거만한 패권에 가해진 심각한 타격〉으로 표현했다. 또 다른 긍정적인 측면도 있었는데 바로 국민 통합과 애국심이었다. 중앙 위원회는 후에 비밀 지령서에서 제국주의 진영이 퍼뜨리는 공허한 가치관인 〈인권〉이나 〈인본주의〉, 〈자유〉, 〈민주주의〉의 위선적인 성격에 대해 〈대다수 국민〉이 명확히 알게

되었고 그 결과 〈애국 교육으로 더욱 통합되었다〉라고 지적했다.[98]

중앙 위원회의 주장도 일리가 있었다. 베이징에 있는 미국 대사관을 습격한 학생들은 이전의 학생들과 전혀 달랐다. 10년 전에 처음 시작된 애국 교육이 교과서와 라디오 프로그램부터 텔레비전 예능에 이르기까지 당의 선전 매체를 통해 널리 확산되어 있었다. 하나같이 정부의 지시로 제작된 1백 편의 애국 영화와 1백 곡의 애국 노래, 1백 권의 애국 도서까지 존재했다. 캐롤라인 칸이 학교를 다녔던 1990년대에는 모든 교실의 칠판에 애국심을 자극하는 명언이 적혀 있었고 벽에는 표어가 붙어 있었다. 다른 어린 학생들과 마찬가지로 그녀는 〈국가를 사랑하라, 인민을 사랑하라, 그리고 중국 공산당을 사랑하라〉라는 동일한 주문을 끝없이 반복해서 낭송해야 했다. 〈나는 오직 당만이 중국 인민의 삶을 나아지게 할 수 있으며, 일본이나 미국 같은 적대국의 위협으로부터 중국을 보호할 수 있다는 말을 들었고, 끊임없이 충성하라는 말을 들었다.〉 폭격 사건 이후에 그녀가 다니던 학교에는 조기가 게양되었고 교장이 학생들을 모아 놓고 미국 제국주의의 폐해에 대해 강의했다. 나중에는 몇몇 자원봉사자들이 학교나 쇼핑센터, 우체국, 병원 외부 등에 반미 포스터를 붙이기도 했다.[99]

정부가 선동한 주말 시위에 이어 미국산 제품에 대한 불매 운동도 일어났다. 베이징에서는 미국 영화 두 편이 내려지고 한국 전쟁을 소재로 제작된 애국적인 영화로 대체되었다. 그러나 불매 운동은 며칠 만에 활기를 잃기 시작했다. 외세에 반대하는 구호를 외치는 것과 나이키 운동화부터 맥도널드 햄버거에 이르기까지 좋아하는 소비재를 포기하는 것은 별개의 문제였기 때문이다. 지도부 역시 시위와 거리를 두기 시작했다. 베오그라드에서 사망한 기자 세 명의 유해가 고국으로 돌아왔을 때는 빌 클린턴이 백악관에서 사과하는 모습이 중앙 텔레비전으로 방송되었다. 5월 11일에 중국 외교부는 자국의 WTO 가입을 서둘러 달라고 미국에 촉구했다. 영향력 있는 『차이나 비즈니스 뉴스』의 사설은 여기서 한발 더 나아가 〈미국 정부는 중국 정부의 WTO 가입 신청에 관련된 대화를 가속화함으로써 앞선 대사관 공격을 만회할 수 있을 것이다〉라고 발표했다.[100]

9
세계화(2001~2008)

성난 군중이 미국 대사관을 포위하는 사건이 발생하고 6개월이 지난 1999년 11월 15일에 또다시 해당 외교 공관이 포위되는 상황이 벌어졌다. 이번에는 중국과 미국이 무역 협정에 조인하는 순간을 카메라에 담기 위해 몰려든 기자들이 주인공이었다. 2000년 미중 관계법은 사실상 중화 인민 공화국에 이전의 최혜국 지위로 알려졌던 항구적 정상 무역 관계(PNTR)*를 부여했다. 이로써 2001년 12월 11일에 중국은 WTO에 가입할 수 있는 길을 열게 되었다.

시기도 더할 나위 없이 좋았다. 일단 주룽지 총리가 취임 이래로 해결하고자 노력해 온 경제 문제들 중 상당수가 예상보다 훨씬 더 고질적인 것으로 드러난 상황이었다. 막대한 보조금과 추가 대출, 거기에 더해서 광범위한 인수 합병 프로그램을 추진했음에도 불구하고 국영 기업들은 여전히 적자 운영 중이었다. 농촌에서는 수백만 개의 향진 기업들이 도저히 이윤을 남기고 팔 수 없는 상품들을 계속해서 생산하고 있었다. 생산 과잉 현상이 도를 지나쳐 2001년에 재차 디플레이션이 발생했고, 신중하게 추산된 디플레이션율은 3퍼센트였지만 몇몇 전문가들은

* 미국과 특정 국가 간의 무역 관계를 의회가 매년 심사하지 않고 한 번 결정되면 이후에는 자동적으로 정상적인 무역 관계 지위를 부여하는 것.

실제 수치는 훨씬 높을 것으로 보았다. 다만 금융 비용 같은 서비스 비용이 늘어나 정확한 산출이 불가능했다.¹

　대출을 통해 지방 기업을 지원하던 지방 은행들도 엄밀한 의미에서 파산 상태였으므로 중앙은행의 대대적인 개입이 필요했다. 또한 부실 채권 때문에 심각한 손실을 입은 국영 은행 네 곳이 2천 7백억 위안 수준으로 자본을 확충해야 했다. 전국 곳곳에서 정부가 공무원들에게 제때 급여를 지급하지 못하고 있었다. 지방 경제의 도산을 막기 위해 정부는 원래 계획했던 1천5백억 위안에 더해 추가로 국채까지 발행하면서 도로와 교량, 댐 등을 건설하는 사회 기반 시설 프로젝트에 엄청난 돈을 쏟아부었다. 하지만 2000년에 이르러 국가 재원은 거의 고갈되었고 은행들은 적자투성이에 사실상 파산 상태였다. 세계적인 회계 법인 언스트 앤드 영이 조사한 바에 따르면 금융권의 무수익 여신 비율은 총대출금의 44퍼센트에 달할 것으로 추산되었다. 이는 4천8백억 달러 또는 연간 생산량인 1조 달러의 48퍼센트에 해당하는 금액이었다.²

　세계은행에서 발표한 자료에 의하면 1976년에 중국의 1인당 국내 총생산은 세계 123위였다. 2001년에는 25년 동안 끈질기게 경제 성장을 강조했음에도 오히려 130위로 더 떨어졌다. IMF는 약간 다른 수치를 사용했지만, 1인당 총생산 역시 중국이 전 세계 다른 나라들과 거의 보조를 맞추지 못하는 수준이라는 점을 마찬가지로 강조했다. 투명성이 부족한 데다 정부의 영향을 받지 않고 독립적으로 활동하는 제대로 훈련된 회계사들이 없었다는 점을 감안하면 한편으로 의심스러울 수 있었지만 이 수치들은 일부 외국인들이 경제 기적이라고 칭송한 경제 성장의 속도가 마냥 빠른 것은 아님을 보여 주었다.

　게다가 이런 숫자들은 구조적인 문제를 감추었다. 실제로 중국은 국내 총생산에서 가계 비중이 현대사에 등장하는 다른 어떤 나라보다 낮은 편에 속했다. 특히 농촌 지역의 일반 국민들은 매우 열심히 일했음에도 불균형적으로 작은 성장 지분을 차지했다. 그들은 생계를 유지하기 위해 가능한 한 많은 돈을 저축해야 했으며, 학교와 병원 같은 기본 서비스에 대해 부풀려진 요금을 지불해야 했다. 아무리 물가가 떨어져도 기본적으로 소비를 하지 않거나 할 수 없었다. 그들은 국영 은행에 돈을 저축하거나, 국영 기업의 주식을 구매하거나, 국가에서 발행한 채권을 구매했다. 민간 기업의 주식도 구입할 수 있었지만 사기와 부패가 만연하여 농촌 주민들은 굳이 위험을 무릅쓰려 하지 않았다.

그럼에도 중국은 세기가 바뀌기 전에 경제 규모를 네 배로 늘리겠다는 덩샤오핑의 목표를 달성했고, 세계 무역에서 더 이상 무시할 수 없는 주요국이 되어 있었다. 장쩌민과 주룽지 치하에서 등장한 주식과 상품 및 채권 시장은 비록 시장의 힘보다 국가의 손에 의해 뒷받침되었지만, 중국이 중앙 계획 경제에서 시장 경제로 확실하게 전환되고 있다는 인상을 주기에 충분했다. 1997년 이후로 심지어 국영 기업들의 인수 합병이 장려되고 뉴욕 증권 거래소에서 기업 공개를 하면서 민영 부문의 미래는 그 어느 때보다 밝아 보였다. 무엇보다 WTO 회원국들은 중국이 그토록 갈망하는 회원 가입을 통해 공공 부문을 보다 많은 경쟁에 노출시켜 경제 개혁을 앞당기겠다는 주룽지의 약속에 깊은 인상을 받았다. 중국 재정부 부부장 진리췬은 〈WTO 가입은 건물 해체용 철구(鐵球)처럼 작동해서 계획 경제라는 낡은 건물에 남아 있는 것을 무엇이든 부수어 나갈 것이다〉라고 말했다. 법치를 개선하고 지적 재산권을 강화하며 보다 투명한 지배 구조를 달성하겠다는 서약이 연이어 뒤따랐다.[3]

WTO는 수입 관세를 인하하고, 공적 보조금을 줄이고, 그 밖의 무역 장벽을 철폐함으로써 금융 서비스부터 통신 산업에 이르기까지 중국 시장에 대한 보다 큰 접근권을 부여하겠다는 중국의 약속을 환영했다. WTO 가입이 개혁을 보장할 거라는 확신이 커지면서 마침내 중국은 변동 환율로 전환하거나, 자본 계정을 태환 가능하게 만들거나, 국영 기업을 개혁하라는 요구도 받지 않고 가입을 허가받았다.

이 거래에는 반대자도 꽤 많았다. 특히 잠재적인 일자리 상실을 우려한 노동조합과 중국의 형편없는 인권 실상에 놀란 인권 단체가 대표적이었다. 〈자유 노조 없이 어떻게 자유 무역이 가능한가?〉라고 한 노동 운동가는 의문을 표했다. 만연한 위조와 기술 이전 강요, 부패가 횡행하는 나라에서 사업을 꾸려 나가는 데 따른 위험과 비용을 우려하는 사람들도 있었다. 상하이에서 주로 활동하는 위기관리 전문가이자 나중에 스파이 혐의로 체포되는 피터 험프리는 이 거래를 〈실행 불가능해 보이는 약속들로 가득 찬 꿀단지〉라고 부르며 혼란한 규제 체제를 꼬집었다. 어떤 사람들은 판사가 그 지역의 당 서기에 의해 임명되는 당원인 상황에서 중국 법원이 어떻게 독립적으로 운영될 수 있을지 의아해했다. 또한 중앙 정부에서 내려보내는 지시를 방해하거나 왜곡해 온 토호 세력은 물론이고 정부의 손길이 거의 미치지 않을 정도로 멀리 떨어진 도시나 성에 과연 정부가 자신들의 의지를 밀어붙일 수 있을지 의문을 제기하는 사람들도 있었다.[4]

하지만 거대 시장이 가진 매력은 이 모든 의문을 압도했다. 농업에서 공업에 이르기까지 모든 부문의 기업들이 중국에 보다 많이 팔기를 원했다. 지난 수년 동안 다국적 기업들은 중국 시장을 선점하기 위해 로비를 벌여 온 터였다. 통신 회사와 보험 회사부터 반도체 공장에 이르기까지 모두가 지구상에 마지막 남은 미개발 시장을 차지하려는 기대에 들떴다. 심지어 몇몇 민간 은행가들은 그동안 지역 은행에 돈을 맡길 수밖에 없던 중국 고객들이 일시에 예금을 인출해 경쟁 관계에 있는 외국 은행에 맡기면 국영 은행이 파산할 수도 있을 것으로 예측했다.

경제학자들도 이번 거래로 미국의 대중 무역 적자가 줄어들 거라고 주장하며 싸움에 동참했다. 브루킹스 연구소의 중국 전문가 니컬러스 라디의 설명에 따르면 중국 기업들은 미국 시장을 이미 무제한으로 이용하고 있었다. 문호를 개방하고 관세를 낮출 의무가 있는 쪽은 바로 중국이었고 이번 거래로 미국 기업들은 큰 수익을 올리게 될 터였다. 헨리 키신저의 국제 경제 담당 보좌관으로 일했던 경제학자 프레드 버그스텐은 미국의 대중 수출이 정확히 31억 달러 증가할 것으로 예측했다. 한 해설자는 〈그들은 준다. 우리는 받는다. 싫어할 이유가 뭐가 있나?〉라고 지적했다. 미국 평론가들은 작금의 합의를 〈쉬운 결정〉으로 치부했다.[5]

경제학자들은 무역 적자의 미래를 과학적으로 정확히 예측할 수 있는 정교한 도구도 있었지만 보다 광범위한 역사적인 힘이 작용하고 있다는 확신도 있었다. 카를 마르크스가 자본주의의 붕괴를 예측했다면, 일부 경제학자들은 자유 무역의 여파로 자유 사회가 필연적으로 확산될 것이라고 예측했다. 소가 수레를 이끄는 것만큼이나 확실하게 경제 개혁은 정치 개혁을 견인할 터였다. 한 학자는 중국이 〈2015년 무렵〉에 민주주의 국가가 될 거라고 예상했다. 보다 신중한 태도를 유지하기는 했지만 민주당과 공화당을 가리지 않고 다수의 미국 정치인들은 중국이 사회주의 계획 경제에서 장차 중국 정부에 명확한 규칙들을 부과하게 될 자유 시장 경제로 전환되는 중요한 순간을 자신들이 목격하고 있다고 확신했다.[6]

그렇게 생각한 것은 그들만이 아니었다. 아무리 WTO가 인권 침해 국가들에 대한 일방적인 무역 제재를 금지했다고 하더라도 심지어 일부 민주주의 활동가들조차 신중한 낙관론을 표명했다. 뉴욕의 휴먼 라이츠 워치(HRW)는 중국의 WTO 가입이 〈개방 확대와 언론 자유 확대, 노동자 권리 향상, 사법부 독립 압박 등을 증진시킬〉 것으로 전망했다. 홍콩에서는 친민주주의 성향의 국회 의원 마틴 리가 〈중국 법치주의가 조기 발전할 수 있는 길을 열어 줄 것〉이라며 목소리를 보탰다.[7]

1년도 지나지 않아 중국의 대미 무역 흑자는 월 110억 달러에 육박할 정도로 급증했다. 2008년에는 3380억 달러 상당의 상품을 수출하고 수입에는 715억 달러만 지출했기 때문에 흑자가 2665억 달러를 넘었다. 미국만 그런 것이 아니었다. 의류, 신발, 전자 제품 등을 생산하는 멕시코는 2000년에서 2007년 사이에 무역 적자가 열 배로 늘어났고 결국 WTO에 제소하기에 이르렀다. 중국과 다른 WTO 회원국들 간의 전체 무역 수지는 2002년에 280억 달러에서 2008년에 3480억 달러로 증가했다.[8]

1976년 이래로 중국은 외국 투자를 유치하고, 생산 능력을 향상시키고, 생산품을 해외에 수출하여 고용을 창출하고, 국내 저축을 늘린다는 한결같은 전략을 끈질기게 추구해 온 터였다. 1999년 11월에 미중 무역 협정에 조인하고 몇 달도 지나지 않아 외국 투자가 급증하면서 1997년 금융 위기 이래로 경제에 걸림돌이 되었던 기존의 꾸준한 감소세를 반전시켰다. 중국이 WTO에 가입함으로써 얻은 첫 번째 실체적 혜택이었다. 2001년 9월 11일에 미국에 가해진 조직적인 테러 공격으로 세계 경제가 둔화된 와중에도 전례 없는 규모의 투자금이 계속해서 유입되었다. 중국은 그해에만 15퍼센트가 증가한 470억 달러의 투자금을 유치했다. 중국은 세계 자본을 끌어들이는 자석이었고 앞으로 더 많은 자금이 유입될 예정이었다.[9]

막대한 과잉 생산 능력에 외국 자본이 더해졌다. 2001년에 중국은 1년에 3천6백만 대의 텔레비전 수상기를 생산했지만 1천5백만 대만 겨우 판매할 수 있었다. 자국의 냉장고 수요가 1천2백만 대로 감소했음에도 그들은 2천만 대를 찍어 냈다. 수십 년 동안 중앙 정부와 지방 관리들은 어떤 대가를 치르든 경제 성장을 독려했고, 수익이 나지 않아도 기업들이 계속 생산할 수 있도록 필요한 모든 인센티브를 제공했다. 강제로 폐쇄된 공장은 거의 없었고 결과적으로 대출과 부채가 증가하고 철강과 시멘트부터 선풍기, 자전거, 매트리스에 이르기까지 팔리지 않는 물건이 늘어났다. 손쉬운 대출과 응석받이 기업, 재고 상품으로 미어터지는 창고가 모두 함께 맞물렸다. 계획 경제에서 불균형한 생산량은 피할 수 없는 것이었다. 국가는 목표를 제시했고, 당 관리들은 계획을 달성하거나 초과 달성하기 위해 서로 경쟁하면서 때로는 낭비를, 때로는 막대한 적자를 초래했다. 외국 투자의 급증은 보다 많은 공장과 보다 많은 설비, 보다 많은 생산 능력으로 이어졌다. 2005년에 이르러서는 전체 제조품의 약 90퍼센트가 만성적인 공급 과잉 상태에 놓여 있었다.[10]

수요가 공급을 맞추지 못한 문제는 가격 폭락을 불러옴으로써 무려 29개월 동안 지속되다가 2000년 3월에 이르러서야 다소 완화된 기록적인 디플레이션에 일조했다. 그리고 과잉 생산 능력을 극복하지 못한 채 물가는 2001년에 또다시 하향 곡선을 그리기 시작했다. 수천만 명을 일자리에서 밀어낸 수년간의 인수 합병으로 발생한 값싼 노동력 과잉도 이 같은 추세에 기여했다. 중국 현지에서 생산된 오토바이는 가격이 3분의 1이 하락했고 디지털 비디오 플레이어 가격은 20~30퍼센트가 떨어졌다. 모든 산업 영역에서 제조업체들은 무자비하게 가격을 낮추면서 서로 경쟁했다. 사실상 많은 제조업체가 생산 원가보다 낮은 가격에 물건을 판매했다. 살아남기 위해 그들이 선택할 수 있는 유일한 방법은 바로 해외 수출이었다.[11]

중국의 저렴한 수출품은 하락세였던 세계 경제와 맞물려 세계 다른 지역에도 디플레이션을 불러왔다. 아시아가 가장 먼저 영향을 받았지만 미국에서도 소비자 물가 지수가 전년 대비 하락했다. 1955년에 단기간 하락했던 때를 제외하고는 1930년대의 대공황 이후로 전대미문 수준의 하락이었다. 2002년 6월을 기준으로 드레스의 평균 가격이 1984년의 수준과 비슷했다. 골프채부터 텔레비전 수상기에 이르기까지 다양한 부문에서 가격이 급락했으며 개인용 컴퓨터는 최대 30퍼센트까지 가격이 하락했다.[12]

소비자들은 좋아했겠지만 중국의 거대 수출 기업이 촉발한 디플레이션은 기업 수익에 타격을 주었고 임금 하락과 일자리 감소를 불러왔다. 전 세계 제조 회사들은 선택의 기로에 직면했다. 1억 명이 넘는 농촌 출신 이주자들을 마음대로 고용하거나 해고할 수 있는 중국의 값싼 노동력을 상대로 경쟁 자체가 불가능했기 때문에 그들은 파산하거나, 아니면 중국에 공장을 설립할 수밖에 없었다.

외국 기업들은 약속의 땅으로 모여들었고 하청업체를 통해 노동력을 조달하거나 공장을 지었다. 1999년 말에 중국과 빌 클린턴이 체결한 무역 협정 결과로 불과 2년 만에 5백 개가 넘는 외국인 소유의 공장들이 멕시코에서 짐을 싸 중국으로 향했다. 그중 하나가 티후아나의 골프채 제조업체였는데 멕시코에서는 초보 근로자가 시간당 1.5달러에서 2달러를 받은 데 비해 중국에서는 25센트를 받았다. 비용이 훨씬 높았던 미국의 경우에는 오하이오와 일리노이, 콜로라도, 매사추세츠 같은 일부 지역에서 공장들이 대규모로 폐쇄되면서 2004년에 이르러서는 벽돌로 지어진 매력적인 공장과 지은 지 1백 년 된 석조 건물 등을 보유한 공업 중심지가 통째로 비기도 했다. 인도나 멕시코, 캐나다로 간 기업들도 있지만 대다수는 중국으로 향했다. 미국과 멕시코가 가장 먼저 이전했고 다른 나라들도 곧 그 뒤를 따랐다. 2004년에는 거의 매주 일본의 새로운 공장이 중국에서 문을 열었고, 이는 자국인 일본뿐 아니라 동남아시아 곳곳에 있던 공장과 근로자의 희생을 수반했다.[13]

2003년에 이르러서는 월마트에서 판매되는 제품의 대략 70퍼센트가 중국에서 조달되었다. 사면초가에 몰린 다양한 부문의 제조업체들이 부당함을 외치며 WTO에 정식으로 제소해야 한다고 주장했지만 중국에 투자해서 상당한 수익을 거두고 있던 미국 내 기업들과 다국적 기업들은 중국 정부의 신경을 조금도 건드리고 싶어 하지 않았다. 다른 여러 나라에서도 유사한 분열이 나타났는데 이는 중국 수출품 중 거의 절반이 미국이나 유럽, 일본 등 외국의 투자를 상당히 많이 받은 공장에서 생산되었기 때문이었다.[14]

외국 제조업체들은 값싼 노동력과 상대적으로 덜 엄격한 환경 및 안전 기준 같은 혜택을 누렸지만 동시에 특권에 따른 대가도 치러야 했다. 내부자들이 이른바 〈중국 비용〉이라고 부른 익숙한 양상을 보면 외국 기업이 새로운 상품을 선보이는 경우에 몇 달도 안 되어 지역 제조업체들이 복제품을 출시하기 시작했고 자기들끼리 경쟁하면서 생산 비용을 더욱 떨어뜨렸다. 당연히 가격이 점차 하락했고 종국에는 상품이 생산 비용 이하로 판매되는 지경에 이르렀다. 치열한 기업가적 열정이 첨단 외국 기술과 결합하면서 모든 외국 제품에 대해 동일한 중국산 제품을 발견할 수 있는 광범위한 복제 문화가 탄생한 것이다. 비용 절감을 위한 줄기찬 노력은 위조 및 역공학에 요구되는 지식을 제외한 그 밖의 연구와 혁신을 경제적인 측면에서 아예 실행 불가능한 어떤 것으로 만들었다. 불법 복제는 단순히 생산에 급급해서 생겨난 부수적인 현상이 아니었다. 오히려 호황의 중심에 불법 복제가 있었다.[15]

중국의 지적 재산권 도용은 역사가 길었고 최고 수준에서 장려되었다. 중국은 1980년에 세계 지적 재산권 기구에 가입했지만 조약 의무에 대해서는 입에 발린 말만 늘어놓았다. 1989년에는 미국 상무부가 저작권 침해 행위와 관련하여 〈만연하다〉는 표현까지 사용했는데, 당시 중국 국영 기업들은 소프트웨어를 보호하는 정교한 암호를 해독하기 위한 전담 기술자들까지 운용하고 있었다. 중국은 1992년에 세계 저작권 조약에도 가입했다. 그리고 이번에도 마찬가지로 가입 이후에 음악이나 영화, 도서, 컴퓨터 소프트웨어 등에 대한 저작권 침해 행위가 급증했다.[16]

곧 익숙한 이야기가 재연되기 시작했다. 또다시 외국의 무역 관계자는 저작권 침해 행위가 만연하다고 불만을 제기하며, 무역 제재를 가하겠다고 위협했다. 외국 기자들이 동행한 가운데 몇몇 공장이 급습을 당했고 불법 복제된 비디오테이프가 무더기로 폐기되었다. 베이징의 유명한 비단 골목에서 가짜 카르티에 시계와 가짜 루이뷔통 핸드백이 모습을 감추었다. 외교부 부장은 지적 재산권과 법치주의의 중요성을 엄숙하게 재확인했다. 새로운 협정이 체결되었고, 서류상 저작권 법이 세부적으로 조정되었다. 하지만 외국 정치인들이 새로 마련된 돌파구를 환영하는 바로 그 순간에 한쪽에서는 불법 복제와 기업 비밀에 대한 절도가 재개되고 있었다. 미국의 예상 손실액은 수입억 달러 규모로 추산되었고 해마다 증가했다. 저작권 침해 행위가 중국에서만 유일하게 일어나는 것은 아니었지만 확실히 다른 어떤 나라보다 노골적이었고 규모도 훨씬 컸다. 2001년에 WTO에 가입하기 직전까지 중국은 〈세계 제일의 위조국〉으로 불렸다.[17]

역설적이게도 WTO 회원국들이 중국을 환영한 이유 중 하나는 회원 자격을 얻음으로써 요구되는 상표권과 저작권, 특허법 등에 관련된 대폭적인 개정 사항을 중국이 준수해 주기를 바랐기 때문이었다. 하지만 서류상의 서약과 현장에서 실제로 자행되는 저작권 침해 행위 사이의 격차는 더욱 벌어졌다. 2002년 11월에 전문가들은 중국을 가리켜 〈예술가, 작가, 컴퓨터 소프트웨어 개발자, 디자이너, 제약 회사, 샴푸 제조업체 등 판매할 수 있는 상품을 가진 거의 누구든 연간 수십억 달러를〉 잃게 만드는 〈저작권 침해와 상표권 위반에서 세계 최악의 나라〉라고 칭했다.[18]

중국에서 판매되는 일부 의약품의 절반 이상이 가짜였다. 외국에서 아직 출시되지 않은 처방 약도 불법 복제된 형태로 유통되었다. 거의 모든 할리우드 블록버스터 영화들이 미국에서 DVD로 발매되기도 전에 중국에서 이미 출시되어 있었다.

유사한 상황들이 농약과 석유 화학, 화학 산업에도 타격을 입혔는데 이런 문제들은 하나같이 외국 제품의 모방 및 역공학에 크게 의존하고 있었다. 심지어 가짜를 복제한 가짜까지 등장했다. 일례로 〈해리 포터〉 시리즈는 영어로 4권까지만 출간된 상황에서 몇몇 중국 작가들이 팀을 꾸려 5, 6, 7권을 발표한 터였다. 안경 쓴 어린 마법사가 털북숭이 트롤로 변하는 버전의 책도 나왔는데 가짜 책을 각색한 또 다른 복제품이었다. 이른바 가짜 책은 2005년 초에만 1백여 권이 출간되었을 정도로 규모가 큰 사업이었다.[19]

복제는 비교적 단순한 물건에만 국한되지 않았다. 2002년에 이미 중국은 유력한 국영 기업에서 일하는 고도로 훈련된 기술자들을 보유하고 있었다. 2003년에 제너럴 모터스 경영진이 상하이 자동차 전시회에서 새로운 가족용 밴을 공개했을 때 같은 줄에 조금 떨어진 다른 부스에서는 국영 자동차 회사 체리가 비슷한 자동차를 3분의 2 가격에 제시하고 있었다.[20]

2004년에는 다양한 추산을 바탕으로 외국 기업의 손실액이 직접적인 외국인 투자금을 훨씬 상회하는 6백억 달러에 달하는 것으로 평가

되었다. 하지만 불법 복제에 따른 대가는 원래 생산자의 손실 비용이 전부가 아니었다. 보다 가난한 나라로 쏟아져 들어간 값싼 모조품들은 그 지역 경제를 황폐화시켰다. 일례로 케냐 국세청에 따르면 케냐에 유통되는 가짜 상품의 약 80퍼센트가 중국산이었다. 빅 볼펜의 생산 허가를 받은 현지 회사는 보다 싼 위조품과 경쟁하는 것 자체가 불가능했다. 대부분의 가짜 상품이 국경을 넘어 밀수로 들어왔기 때문에 가뜩이나 현금 부족에 시달리던 현지 기업과 정부에 연간 수백만 달러의 손실을 입혔다.[21]

다른 간접 비용은 소비자들이 떠안았다. 전기 주전자가 폭발했고, 골프채가 부러졌으며, 자동차 브레이크 패드가 고장 났다. 가짜 엔진 오일을 넣은 자동차가 멈추었고, 모조 샴푸는 두피에 상처와 물집을 남겼다. 국경을 넘어 밀수되는 중국산 위조품이 늘어날수록 모든 곳의 소비자들이 값싼 건전지와 면도기부터 처방 약에 이르기까지 다양한 제품으로 인한 위험에 노출되었다. 복제 문화가 초래하는 건강 위험에 가장 많이 노출된 사람은 일반 중국인이었다. 향신료에는 파라핀 왁스가 들어 있었고, 국수에는 암을 유발하는 붉은 염료가 사용되었으며, 곡주는 값싼 산업용 알코올로 만들어졌다. 가짜 돼지고기와 가짜 쌀, 심지어 가짜 달걀도 시중에 등장했다. 2004년에는 값싼 유아용 우유에 단백질이 부족하다는 사실이 발각되었는데 아기에게 나타난 징후를 부모가 과식 때문인 것으로 착각한 탓에 약 50명의 아기가 영양실조로 사망했다. 중앙 정부가 지역 기업들을 보호하는 지역 당 서기들에게 복종을 강요할 만큼 영향력을 갖지 못했기 때문에 몇 년 뒤에는 유아용 조제분유에 멜라닌이 섞이는 훨씬 큰 재앙이 닥쳤다. 심지어 중앙 정부는 해당 스캔들을 수개월 동안 숨기고 있었다. 이로 인해 약 30만 명에 달하는 아기들이 병에 걸린 것으로 보도되었지만 실제 피해자 수는 아마 더 많았을 터였다. 대체로 정부는 그들이 2007년에 점검을 완료한 식품 및 소비자 상품 중 5분의 1 정도가 기준에 미달하거나 오염된 것으로 추산했다.[22]

절차를 무시하고 서두른 탓에 사람들은 물건이 공장을 떠나기 전부터 해를 입었다. 임금 삭감이 금지되자 안전 기준은 하향 조정되거나 완전히 우회되었다. 지방의 당 간부들이 민영 공장과 국영 공장을 불문하고 공장주들과 공모했기 때문에 여기서도 규제 권한의 부재가 문제를 악화시켰다. 가장 큰 걸림돌은 연안의 공장들을 채운 수천만 명의 이주 노동자들에게 기본적인 인권이 없다는 점이었다. 법적으로 내륙 지방에 속한 그들은 도시 거주권을 얻을 수 없었기 때문에 그들의 노동력이 요구되는 경우에만 존재가 용인되었다. 다른 사람들처럼 집회의 자유를 누릴 수 없었고 파업권은 말할 필요도 없었다. 때로는 신분증이나 급여를 받지 못한 채 보험도 없이 무허가 공장에서 장시간 일하기도 했다. 조명조차 희미한 열악한 작업장에서든, 기술적으로 발전한 기업에서든 작업은 종종 기계 망치 아래로 금속 조각을 밀어 넣거나 금형 부품을 조립하는 등 동일한 동작을 끊임없이 반복하도록 요구했다. 〈잠깐이라도 딴생각을 하면 그걸로 끝이다〉라고 중지와 약지가 종잇장처럼 눌려 있는 왕청화가 말했다. 일반적으로 손가락이 가장 먼저 잘려 나갔지만 기계는 손과 팔, 심지어 다리까지 절단함으로써 접합 수술을 전도유망한 사업으로 만들었다. 상하이 남쪽에 위치한 중국 철물의 수도인 융캉에서는 약 7천 개에 달하는 민영 공장들이 경첩과 자동차 휠 캡, 냄비, 팬, 플러그를 비롯해 금속이 들어간 물건들을 생산했다. 비공식 자료에 따르면 이들 공장에서는 매년 약 2천5백 건의 사고가 발생했다. 2003년에는 중국 전역에서 14만 명이 업무와 관련된 사고로 사망했으며 그보다 훨씬 더 많은 사람이 다쳤다. 법적으로 보상 규정이 존재했지만 사실상 몇 년이 걸릴 수 있을뿐더러 막대한 비용이 드는 중재 재판을

거치지 않고 의미 있는 보상을 받은 사람은 거의 없었다.[23]

손가락이 잘린 이주 노동자는 쓸모가 없었지만 대신에 매력적인 할인가로 언제든 이용할 수 있는 어린아이들은 민첩한 손을 가지고 있었다. 2003년 1월에 작성된 내부 보고서에 따르면 원저우에서는 신발이나 우산, 장난감, 전등을 생산하는 작업장에서 아이들을 〈비교적 흔하게〉 볼 수 있었다.[24] 관련 통계를 찾기는 어려웠지만 낮은 임금과 열악한 환경 때문에 점점 더 많은 이주자가 공장에서 목숨을 걸거나 팔다리가 잘리는 위험을 감수하는 대신 고향에 남아 땅을 경작하는 쪽을 택하면서 2005년에 연안 지역에서 어린아이들에 대한 수요가 증가했다. 열 살 정도의 미성년자들을 납치해 강제 노동을 시키는 사건을 다룬 보도들이 터져 나왔다. 벽돌 가마에서 노예처럼 일하던 수백 명의 어린 노동자들이 구출되거나, 농촌의 빈곤 지역에서 어린아이들을 유괴해 광둥성의 공장 도시에 보내 한 달에 3백 시간씩 일을 시킨 노동 범죄 조직이 검거되는 등 매년 새로운 사건이 세상에 알려졌다.[25]

일부 마을에서는 모든 집의 아이들이 공장에서 일했다. 농촌 교육 시스템이 사실상 붕괴된 상태에서 일부 학교는 공과금을 해결하기 위해 모든 학급에 하청을 주고 도시 공장에서 일하게 하기도 했다. 농촌에서는 온 가족이 집에서 일하며 작업한 만큼 돈을 버는 가내 공업이 흔했다. 당연한 일이었지만 아이들도 손을 보태 종이를 접거나 대나무를 구부렸다.[26]

수출업체는 좋아했지만 경쟁 자체가 성립될 수 없는 수입업체는 딱히 좋아할 일이 없었다. 공장 현장에서는 두 개의 이념이 충돌했다. 한쪽은 자유 무역을 지지하는 사람들이 주축이 되어 제한 없는 수입과 수출이 공공의 이익에 도움이 될 거라고 주장했는데 자유 무역과 자유롭지 않은 나라의 조합 자체가 논리적으로 모순이었기 때문에 설득력이 떨어졌다. 다른 한쪽은 사회주의 신봉자들이 주축이 되어 국가가 공공의 이익을 위해서라도 계속해서 생산 수단을 독점해야 한다고 주장하여 많은 사람에게 호응을 얻었다. 국가가 직접적으로 혹은 간접적으로 원료와 토지, 노동력, 에너지부터 자본에 이르기까지 모든 생산 수단을 통제하면 암묵적으로든 아니면 다른 방식으로든 보조금이 제공되었다. 실제로도 개발에 열정적인 지방 정부들은 토지를 무상으로 임대할 수 있었다. 일부 원자재 비용은 인위적으로 낮게 유지되었다. 정부는 값싼 에너지를 기업들에 공급했다. 막대한 보조금 덕분에 두 개의 주요 거대 국영 기업, 이른바 남쪽의 시노펙과 북쪽의 페트로 차이나는 보잘것없는 수익에도 불구하고 살아남을 수 있었다. 2005년에 그들은 소매 가격이 너무 낮아서 정제 비용조차 감당하지 못하는 처지였다. 2008년에 연료비 급등으로 전 세계 소비자들이 혼란에 빠졌을 때 중국의 정제유 가격은 국제 수준의 거의 절반에 불과했다. 국가의 통제를 받은 자본도 지방이든 중앙이든 할 것 없이 정치적인 목적을 위해 관대하게 지출되었다. 그 유명한 국가의 손을 한 번 까딱하는 것만으로도 민간 기업과 국영 기업은 WTO의 규정을 전혀 위반하지 않으면서 생존하거나 심지어 성장할 수 있었다.[27]

1985년에 처음 도입된 세금 환급 제도는 수출 동력을 유지하고 급속한 경제 성장을 유지하기 위해 사용된 주요 도구였다. 세금 환급은 아시아 금융 위기 이후로 5퍼센트에서 17퍼센트까지 다양한 비율로 증가했다. 중앙 정부는 세금 환급으로 총지출의 5분의 1에서 3분의 1에 달하는 예산을 사용함으로써 막대한 재정 부담에 시달렸다. 그리고 그 부담은 고스란히 다른 예산 항목들, 특히 교육과 사회 보장 예산에 전가되었다.[28]

보조금에 대한 항의는 처음부터 있었고 때로는 중국의 최대 옹호자들로부터 흘러나왔다. 2003년에 베이징 주재 미국 상공 회의소는 〈밀월 기간이 끝났다〉고 선언했다. WTO에 불만을 제기하는 방식은 비용과 시간을 많이 잡아먹었을 뿐 아니라 결과적으로 어떠한 변화도 이끌어 내지 못했다. 예를 들어 재정부는 국영 기업에 자금을 직접 이체하는 대신 다양한 조직을 통해 현금을 이동시킬 수 있었다. 〈WTO가 이런 식으로 하면 안 된다고 말하면 우리는 그냥 방식을 바꾸면 된다〉라고 재정부 관리는 설명했다. 금융 거래의 불투명성과 일당 독재 국가가 가지는 지배 구조의 거의 모든 측면을 고려하면 외부인이 쉽게 이길 수 있는 게임이 아니었다.[29]

자유 무역의 철칙은 중국이 벌어들인 외화를 모두의 이익을 위해 해외에서 지출하도록 규정했다. 하지만 중국의 모든 것을 좌우하는 철의 손은 불행하게도 자유 무역을 정당화했던 상호 교환 원칙을 뒤집어 엎었다. 특히 수입은 비싸게, 수출은 저렴하게 유지할 목적에서 운용된 고정 환율제 때문에 중국은 해외 지출이 늘어나는 대신 저축이 증가할 수밖에 없었고 막대한 잉여금이 축적되었다. 고정 환율제는 국가의 대대적인 개입을 요구했는데 인위적으로 환율을 유지하는 데 필요한 통화 공급량이 끊임없이 늘어났기 때문이다. 그럼에도 경제학은 매우 단순했으며 들어온 달러는 결국 나가야 했다. 수출과 외국인 투자를 통해 들어오는 달러가 너무 많았고 따라서 위안화 대비 달러화의 가치가 하락해서 위안화가 보다 비싸질 수밖에 없었다. 외환 중개인들이 위안화 가치를 올리는 것을 막기 위해 중앙은행은 동량의 통화를 공급해야 했고 8.28위안의 고정 환율로 원치 않는 달러를 모두 사들여 미국 국채에 투자했다. 위안화의 유통량은 꾸준히 증가했다. 특히 2003년 8월에는 전년 대비 21.6퍼센트나 급증하면서 은행에 현금이 쌓여 갔다. 위안화가 15~25퍼센트 정도 저평가되어 있었으므로 중국보다 급여 수준이

20~30퍼센트 낮은 방글라데시조차 경쟁이 될 수 없었다.[30]

2005년 7월이 되어서야 위안화는 2퍼센트 범위 내에서 가격 변동이 허용되었다. 대신에 통화량을 관리하고, 위안화가 달러화보다 더 빠르게 오르는 것을 막기 위해 엄격한 자본 통제가 이루어졌다. 중앙은행이 막대한 규모로 달러를 계속 사들이면서 2007년에는 외환 보유고가 1조 2천억 달러를 기록했다.[31]

거의 모든 사람에게 자사 제품을 판매할 수 있을 거라 기대했던 외국 기업가들은 실망했다. 시장을 찾아내면 지역 당 서기와 보다 나은 연줄로 무장한 수많은 국내 경쟁자가 몰려들어 그들을 몰아냈다. 골드러시를 위해 줄을 섰던 다국적 기업들조차 시장의 작은 일부라도 확보하고자 기를 썼다. 일례로 2002년에 중국에는 기술적으로 파산한 국영 은행에 발목이 잡힌 수억 명의 고객에게 서비스를 제공할 준비가 된 1백 개 이상의 국제 은행들이 있었다. 그들의 첫 번째 표적은 중국의 신흥 부자들이었다. 2002년 3월 21일, 하버드에서 수학한 인터넷 포털 회사 중역인 탕하이송이 상하이 와이탄의 상징적인 건물인 평화 호텔에 새로 문을 연 시티 은행 지점에서 계좌를 개설하면서 첫 번째 현지 고객이 되었다. 시티 은행의 중국 진출은 1902년에 식민지 상태였던 상하이에서 미국 은행 최초로 지점을 설립했다가 1949년에 공산당이 집권하면서 탈출했던 과거의 노력을 떠올리게 했다.[32] 하지만 외국 은행들은 새로운 엄격한 제한과 복잡하고 끊임없이 변화하는 규제에 직면했다. 지방 관리들은 현지 경쟁자들을 선호하며 외국 은행들의 발목을 잡았다. 무엇보다 외국 은행들은 중국 내 고객을 끌어들일 수 있는 대규모 지점망을 확보할 수 없었다. 그리고 드러난 바에 따르면 돈을 예금하러 와이탄까지 갈 의향이 있는 사람은 거의 없었다. WTO에 가입한 뒤로 2011년까지도 외국 은행들은 전체 국내 금융 자산의 2퍼센트 미만을 차지하고

있었다. 중국의 금융계는 정권이 외부 경쟁으로부터 보호해 주는, 그야말로 난공불락의 요새였다.[33]

통신 산업 분야에서도 관세 인하는 큰 기대를 불러 모았다. 10억 명에 달하는 잠재 고객이 3G 통신망에 가입하려고 기다리는 상황이었다. 하지만 외국 통신사는 중국에서 전면적으로 금지되었고, 해당 조치는 그들이 그나마 희망할 수 있는 최선이 장비 판매라는 사실을 의미했다. 그러나 이번에도 중국은 세계 다른 나라들과 충돌을 일으킬 표준을 재빨리 개발했다. 2003년 12월에 모든 수입 통신 장비에 무선 네트워킹 환경에서 정권의 자체 암호화 표준을 준수하도록 요구하는 새로운 정책이 발표되었다. 인텔과 노키아부터 소니에 이르기까지 거대 기업들은 새로운 정책이 그들의 사업에 끼칠 영향을 파악하고자 분주히 움직였다. 미국까지 나서서 WTO에 제소한다고 위협하면서 해당 정책은 결국 연기되었다.[34]

중국은 국유 은행을 보호했듯이 국유 통신 기업들도 외국 기업과의 경쟁으로부터 적극적으로 보호했다. 노키아와 알카텔을 비롯한 그 밖의 회사들은 합작 회사를 설립할 수밖에 없었는데, 이는 중국 정권이 외국 기술을 현지 기업에 이전하고 공유받기 위해서 사용하는 전통적인 수단이었다. 중국 정부는 자국의 최대 제조사 중 두 곳인 화웨이와 ZTE의 수출 역량을 강화하는 일련의 정책도 도입했다. 2000년부터 2008년 사이에 전 세계 통신 장비 수출 시장에서 미국과 유럽 연합(EU), 일본의 국제 점유율은 60퍼센트에서 43퍼센트로 감소한 반면에 중국의 점유율은 매년 30퍼센트씩 증가하여 6.8퍼센트에서 27퍼센트 이상으로 급증했다.[35]

거대한 제조업체를 유지하기 위해 원료와 에너지의 지속적인 흐름은 필수였다. 중국은 석유와 석탄, 목재, 철광석부터 면화에 이르기까지 천연자원을 열렬히 탐했고 결코 만족할 줄 모르는 듯 보였다. 제조업 국가들이 막대한 무역 적자로 시름에 빠져 있는 동안에도 원자재 수출국은 번창했다. 오스트레일리아와 브라질에서 출발한 수많은 화물선이 태평양을 가로질러 자동차와 건설 산업에 사용될 철강을 만드는 데 없어서는 안 될 1억 6천만 톤이 넘는 철광석을 중국에 공급하고 있었다. 중국은 이미 세계 최대의 철강 생산국이었음에도 고철강을 대량으로 구매하여 전 세계 금속 재고를 사상 최저 수준으로 떨어뜨렸다. 에어컨에 사용되는 구리를 보다 많이 확보하기 위한 필사적인 탐색의 결과로 심지어 프랑스 동전까지 수입되어 용광로에 들어갔다. 면화 수입은 2003년 첫 9개월 동안 일곱 배 증가했다. 원자재 가격이 급등하면서 수출 붐으로 초래되었던 디플레이션도 완화되었다. 보크사이트에서 추출되고 알루미늄을 만드는 데 사용되는 화합물 알루미나는 중국이 WTO에 가입하고 2년도 지나지 않아 가격이 두 배로 올랐다. 니켈 가격도 마찬가지로 1백 퍼센트 상승했다. 전 세계 원자재 공급망 전체에 부담이 가해졌다. 한 원자재 연구소 소장의 표현을 빌리면 〈중국은 원자재를 전부 빨아들여 찬장을 텅 비게 만들었다〉.[36]

가장 큰 수입품은 석유와 석탄이었다. 축구장 세 개를 합친 크기의 대형 선박들이 중국 항구로 화물을 실어 날랐다. 전기 공급량 자체가 수요를 따라잡지 못했기 때문에 아무리 많은 양도 중국의 엄청난 식욕을 만족시킬 수 없었다. 전력망에 가해진 부담이 고질적인 전력난을 초래하면서 일부 공장들은 단축 운영을 실시해야 했다. 당연히 많은 공장이 발전기를 구입하려 했고 그러자 이번에는 경유 수요가 폭증했다. 합법적인 경유 또한 공급이 부족한 상태였기 때문에 일부 공장 운영자들은 정부의 후한 연료 보조금을 포기하면서까지 암시장으로 눈을 돌렸다.[37]

중국은 제15차 중국 공산당 전국 대표 대회에서 〈두 종류의 시장과 두 종류의 자원〉이 존재한다고 선언하면서 1997년에 높아진 해외 의존도에 대응하기 위해 〈세계화〉라고도 해석되는 〈밖으로 나가라〉 전략을 꺼내 들었다. 요약하자면 중국이 국내 사회주의 시장과 해외 자본주의 시장의 비교 우위를 최대한 이용하여 세계 무대에서 주도권을 잡아야 하고, 각각의 자원을 보다 잘 활용하기 위해 노력해야 한다는 내용이었다. 이 전략은 국내 시장에 넘쳐 나는 상품을 외국으로 수출하고, 외국으로 나가서 국내에 공급이 부족한 천연자원을 확보하도록 국영 기업들을 부추겼다. 몇 달 뒤 장쩌민이 마침내 〈세계화〉를 언급했다. 그는 외국인들에게 중국에 투자하고 공장을 지으라고 격려하는 것으로는 충분하지 않다는 의견을 피력했다. 거기에 더해서 국가는 〈강력한 국내 기업들이 세계로 나가 투자하고, 공장을 짓고, 글로벌 시장과 자원을 활용하도록 적극적으로 이끌고 정비해야 한다〉고 주장했다. 〈세계화〉 전략은 모든 수준에서 지지를 받았고 마침내 2001년에 중국의 5개년 계획의 일부가 되었다.[38]

2002년 11월에 장쩌민으로부터 당 총서기직을 승계한 후진타오는 〈세계로 나간〉 최초의 인물 중 한 명이었다. 그는 라틴 아메리카와 동남아시아, 아프리카를 돌며 중국이 자국 경제를 과열 상태로 유지하기 위해 필요한 연료를 확보하는 데 열을 올렸다. 2005년 6월에 이르러서는 러시아를 세 차례나 방문하여 시베리아 원유를 만주의 정유 시설로 직접 보내는 파이프라인에 대해 논의했다.[39]

국영 은행으로부터 특혜 대출을 받는 국영 기업에 근무하는 수많은 측량 기사와 탐사 기술자, 공학자가 그의 뒤를 따랐다. 2001년 이전까지 총 2백 개 남짓한 기업들이 해외 투자를 허가받았다면 3년도 지나지 않아 그 수가 네 배로 늘어났다. 무역 흑자가 증가한 덕분에 충분한 외화가 확보되면서 투자 금액도 2000년에 5억 달러에서 2005년에는 70억 달러로 껑충 뛰었다.[40] 이러한 추이는 1980년대의 일본을 떠올리게 했지만 전략은 훨씬 대담했다. 자원 안보를 추구하는 과정에서 중국 정권은 흔히 서구로 정의되는 자본주의 진영으로부터 독립하고자 했으며 이 목표를 달성하기 위해 자신들이 보유한 달러를 가지고 신흥 국가들을 대체 공급망으로 엮고자 했다.

북아프리카 사막의 모래 언덕부터 카스피해 연안까지 곳곳에서 진행된 주요 거래에 막대한 돈이 지출되었다. 2년도 안 되는 기간에 전 세계 인수 합병 시장의 주요 참가자로 부상한 중국은 어려움에 처한 기업을 인수하여 특정 브랜드나 기술, 시장을 확보했고, 현지 원자재 생산업체와 합작 회사를 설립했으며, 원자재 독점 거래를 체결했고, 정유 및 항만 시설을 사들였다. 2000년에 중국이 아프리카에 가지고 있던 에너지 발자국은 페트로 차이나가 수단에 건설한 파이프라인이 전부였다. 하지만 몇 년도 지나지 않아 아프리카 대륙 전역의 거의 20개국에서 중국의 석유 회사들이 운영되고 있었다. 석유 조달은 국가 안보 문제로 간주되었고, 이는 국가에서 필요로 하는 양을 확보하기 위해 중국의 모든 가용 자원이 총동원되었음을 의미했다. 다른 원자재에 대한 투자도 계속되어 수십 개의 국영 기업들이 구리와 망간을 비롯한 코발트와 아연, 크롬, 금 및 다른 비금속들을 추출했다. 국영 기업의 경영자들은 아프리카 대륙을 샅샅이 뒤져서 원면을 전부 사들인 뒤 자국의 직조 공장으로 보냈다. 원자재를 실어 보내는 와중에도 그들은 값싼 상품을 대량으로 현지에 들여와 가난한 국가에 꼭 필요한 제조업 일자리를 없앴다. 현지 급여가 아무리 낮아도 위안화와는 경쟁이 불가능했다. 중국 기업과 그들을 지원하는 은행은 무시하기 어려운 장점을 가지고 있었는데, 대출과 원조에 조건이 거의 붙지 않는다는 점이었다. 수단과 짐바브웨, 에리트

레아 등의 부패한 정권들은 이러한 불간섭 원칙을 특히 환영했다.[41]

중국은 금속, 광물, 에너지를 찾아 전 세계를 뒤졌지만 경제가 확장되면서 돼지고기와 가금류 고기, 소고기에 대한 수요도 증가했다. 가축 사료로 사용할 대두도 필요했다. 물이 부족한 나라였기 때문에 곡물처럼 물을 수입하는 방안도 고려되었다. 2004년에 라틴 아메리카를 방문한 후진타오는 10년 동안 1천억 달러를 투자하겠다고 약속했다(계획 경제는 일반적으로 목표와 할당량을 어림수로 표시했다). 에콰도르와 베네수엘라가 석유를, 페루와 칠레가 구리를 공급했다면 아르헨티나와 브라질은 중국에 단백질이 풍부한 콩을 공급했고 2000년에서 2005년 사이에 수출량이 네 배 늘었다. 이미 주요 철광석 공급원이었던 브라질은 2006년에 1천1백만 톤의 대두를 중국에 수출하여 미국을 제치고 최대 대두 수출국이 되었다.[42]

〈두 종류의 시장과 두 종류의 자원〉 정책은 해외 원자재에 대한 전략적 활용에 더해서 국내 자산을 보다 적극적으로 이용할 것을 요구했다. 장쩌민은 〈세계화〉 전략과 균형을 이룰 또 다른 계획인 〈서부 대개발〉 운동을 제안했다. 중국 북서부 특히 신장성에는 방대한 자원이 개발을 기다리고 있었다. 신장에서 생산되는 가스를 상하이 공장까지 끌어오지도 못하면서 수단의 산맥과 사막을 가로지르는 총연장 1천6백 킬로미터짜리 파이프라인은 왜 건설하는가?

베이징에서 바라보는 중국 서부 지역은 윈난성의 아열대 숲부터 간쑤성의 사막과 초원에 이르기까지 쭉 뻗어 있었고, 면적도 국토의 절반 이상을 차지했지만 인구는 4분의 1도 되지 않았다. 연안 지역에 위치한 다른 성보다 훨씬 가난하면서 외국인 투자도 거의 유치하지 못했다. 특히 프랑스 면적의 세 배에 달하는 신장성에서는 국가가 경제의 상당 부분을 지배하고 있었다. 가장 큰 토지 소유주는 1949년 이후 군대가

야생의 땅과 지역 주민을 길들이기 위해 설립한 개발 공사인 신장 생산 건설 병단(XPCC)이었다. 거대한 집단 농장에서는 관개 수로를 건설하고, 밀을 심고, 면화를 재배하도록 서쪽으로 보내진 수만 명의 제대 군인과 정치범, 농촌 이주민이 그 구성원 수를 늘리고 있었다. 병단은 사실상 국가 안의 또 다른 국가가 되어 자체적인 학교와 병원, 연구소, 경찰력과 법원에 더해 방대한 감옥 및 노동 수용소 시스템을 갖추고 광범위한 영향력을 행사하고 있었다. 병단은 현대 역사에서 가장 성공적인 식민 프로그램 중 하나를 감독했다. 1949년에 동부에서 이주해 온 정착민들은 당시에 현지 인구의 3퍼센트에 불과했지만 약 40년이 지난 시점에는 총 1천7백만 명의 성(省) 인구 중 40퍼센트를 차지하고 있었다. 많은 식민자가 석방된 죄수이거나 입은 옷 말고는 거의 아무것도 가진 것이 없는 이주자들이었지만 대부분 중국 정부의 통치 아래 분노하는 위구르족보다 더 나은 생활을 영위했다.[43]

정부가 면화 생산량 증대를 부추기면서 긴장이 증가했다. 1982년에 서부 지역을 방문한 자오쯔양은 제곱킬로미터당 면화 수확량이 미국보다 많은 중앙아시아에 감탄을 쏟아 냈다.[44] 앞서 수입 의존도를 낮추고자 했던 소련은 면화 생산 지역을 선정하고 현지에서 일할 강제 노역자를 투입한 터였다. 어느 정도 예상했겠지만 자오쯔양이 매우 감명 깊게 본 통계 자료는 일당 독재 국가들이 이룬 기적들이 으레 그랬듯이 가짜였다. 현지 관리들은 수치를 위조하면서 모스크바에서 받은 자금으로 자신들의 주머니를 불렸다. 1983년 가을에 위성 사진을 통해 텅 빈 들판이 드러났고 사기도 들통났다.[45]

자오쯔양과 후야오방은 1983년에 신장성을 순회하며 중국 경제를 21세기로 이끌어 줄 방대한 천연자원을 보유한 〈길들여야 할 새로운 개척지〉라는 평가를 내놓았다.[46] 하지만 그 뒤에도 몇 년 동안은 연안 지역들이 우선시되었다. 1989년의 격변 이후에 마침내 신장성을 개발하려는 노력이 재개되었다. 1990년에 지역 반군을 진압하기 위해 보다 강력한 조치를 취한 순간에도 장쩌민은 신장성에 자금 지원을 약속했다. 총서기는 신장에 석유와 천연가스에 더해서 면화와 곡물, 설탕, 축산업을 위한 〈생산 기지〉를 건설하도록 지시했다. 이후 몇 년간 약 50만 명의 방적업자들이 이 지역으로 이주하면서 지역민과의 갈등이 더욱 악화되었다. 1995년에 방대한 신장 지역을 중국의 나머지 지역과 보다 밀접하게 묶으려는 노력의 일환으로 제9차 5개년 계획은 이 지역을 20세기 말까지 중국의 가장 중요한 면화 생산 기지로 개발하기로 결정했다. 목표를 달성하기 위해서는 모래 언덕을 평평한 들판으로 만들어야 했기 때문에 원조와 보조금으로 거의 1백억 위안이 소요될 터였다.[47]

지도자들은 경제가 발전하면 사회 안정과 국민 통합도 이루어질 것으로 믿었다. 하지만 지역 주민들 사이에서는 분노가 들끓고 있었고 이따금씩 공개적인 항의 형태로 표출되다가 1997년에 이르러 마침내 몇몇 소도시에서 폭동이 일어나면서 성도인 우루무치를 뒤흔들었다. 옛 실크 로드를 따라 이웃한 아프가니스탄과 파키스탄으로부터 무기와 폭발물, 종교 서적 등이 들어왔다. 무자비한 단속이 뒤따랐고 이후 2년 동안 수천 명이 체포되고 약 190명에 달하는 분리주의자들이 처형되었다. 독립이라는 단어를 입에 올리는 것조차 범죄로 간주되었다.[48]

1999년에 발생한 코소보 분쟁은 민족 분열의 위험을 다시 한번 상기시켰다. 대사관에 폭탄이 떨어진 사건은 분리주의 반란 세력에 대한 불안을 더욱 고조시켰고, 장쩌민은 적대적인 외국 세력이 나라를 분열시키려 한다고 경고했다. 〈따라서 중국에 존재하는 56개 민족의 위대한 단결을 지켜 내는 것은 우리의 신성한 과제이고 임무이다〉라고 그는 공산당 통치 50주년 기념일 전날에 말했다. 몇 달 뒤에 그는 〈서부 대개발〉이라는 깃발을 들어 올리며 제10차 5개년 계획을 위해 연간 1천억 위안을 투입하겠다고 약속했다. 서부 지역 개발을 둘러싼 전략은 총 50년이 걸릴 예정이었다.⁴⁹

석유와 면화는 중앙 정부의 설계자들이 작성한 목록에서 가장 높은 자리에 위치했다. 2002년에 신장에서 상하이로 천연가스를 운반할 총연장 4천 킬로미터의 파이프라인 공사가 시작되었고 2004년 말부터 페트로 차이나가 가동을 시작했다. 후진타오가 2003년 6월에 카자흐스탄을 방문한 이후에는 카스피해의 유전까지 파이프라인을 연장하는 협정이 체결되었다. 2007년에는 투르크메니스탄과 우즈베키스탄까지 합류하면서 상하이와 중앙아시아 대부분이 연결되었다. 곧 방대한 액체 상태의 부(富)를 운반하는 파이프라인망이 모래 위를 누볐다.⁵⁰

사막을 가로지르는 고속 도로가 건설되었고, 새로운 철도 노선이 개통되었으며, 약 10개에 달하는 공항이 새로 문을 열었다. 이주민도 떼 지어 도착했다. 경작 면적은 50퍼센트가 증가했으며 수많은 값싼 노동자가 면화를 수확했다. 산출량도 두 배 이상 늘어나 1천8백만 베일도 되지 않았던 수확량이 2007년에는 3천7백만 베일로 폭증했다. 2008년에 이르러 중국은 전 세계에서 생산되는 면화의 43퍼센트를 소비하는 최대 면화 사용국이자 전 세계 면화 생산량 중 33퍼센트를 생산하는 최대 면화 생산국이 되었다.⁵¹

외국인 투자가 몰려들기도 전부터 건설의 새 물결이 시작되었는데, 이는 1992년에 덩샤오핑의 남부 순방이 불러온 호황을 떠올리게 했다. 1997년 6월 이후로 아시아 금융 위기의 영향을 우려하던 중국 정권이 마침내 돈을 쓰기 시작한 것이었다. 2000년 3월 이후에는 닷컴 버블의 붕괴로 비롯된 세계적인 경기 둔화에 대처하기 위해 프로젝트를 단계적으로 줄여 가는 대신에 오히려 훨씬 더 야심 찬 사회 기반 시설 프로젝트에 착수했다. 도처에서 당 지도자들은 대규모 프로젝트에 자금을 대기 위해 국고 깊숙한 곳까지 손을 뻗었고, 대량 실업과 도시 불안을 피하는 결정적인 마법의 숫자로 여겨지던 7퍼센트 이상의 성장률을 유지하기 위해 노력했다. 이 수치는 덩샤오핑이 2000년까지 경제 규모를 네 배로 늘릴 것을 요구했던 1982년 이래로 중국 정권이 한결같이 추구해 온 성장률이었다. 하지만 새천년이 된 이후에도 지도부는 마치 만트라처럼 단호하게 같은 성장률을 계속 언급했고 심지어 몇 년 뒤에는 8퍼센트로 상향하기까지 했다. 상하이는 저조한 수출 실적에도 불구하고 2001년에 10퍼센트가 넘는 연간 성장률을 달성할 수 있었다. 이는 시에서 고속 도로를 넓히고, 과학 전시관을 건설하고, 공항 서비스 건물을 개방하고, 전력망을 개선하고, 지하철을 확장하고, 시의 두 번째 공항과 푸둥의 금융 지구를 연결하는 자기 부상 열차 공사를 시작한 덕분이었다. 곧 다른 지역들도 유사한 프로젝트에 착수했고, 광저우와 톈진 및 그 밖의 도시들에서도 지하철을 건설하기 위해 주거 지역 밑으로 터널을 뚫었다.[52]

추세는 계속되었다. 2002년에 정부와 국영 은행, 기업, 외국인 투자자들은 공식적으로 발의된 사회 기반 시설 프로젝트에 단 11개월 만에 공동으로 총 2천억 달러를 쏟아부었다. 2005년까지 베이징과 상하이를 연결하는 고속 철도를 포함해 약 1만 4천 킬로미터의 철로를 추가하는 계획이었다. 중국 중부 지방에서는 6백억 달러 규모의 거대한 수로와 펌프장 시스템이 양쯔강의 물을 황허강으로 돌렸고, 서부 지역에서 생산된 천연가스가 연안 지역으로 보내졌다.[53]

당 관리들은 장쩌민과 주룽지가 최고 지도자가 되고 나서 상하이가 받았던 막대한 재정 지원을 가리키는 이른바 〈상하이 모델〉을 따랐다. 가장 대표적인 예가 충칭이었다. 장창강에 면해 있고, 쓰촨성 내륙으로 약 1천 5백 킬로미터 들어가 있으며, 산으로 둘러싸인 이 도시는 지도부가 〈서부 대개발〉 운동의 수도로 점찍은 곳이었다. 전면적인 개변이 요구되는 상황에서 재정부로부터 분기당 수십억 달러가 충칭으로 흘러 들어왔다. 1990년대에 상하이 부시장을 지낸 황치판은 중앙 정부의 인물로 가능한 한 빨리 예산을 집행할 임무를 맡았다. 숫자 〈8〉이 상서롭다는 이유로 얼마 지나지 않아 8개의 고속 도로와 8개의 새 철도가 계획되었고 일부는 산을 관통했다. 8개의 교량도 설계되었는데 이들 교량은 10년 안에 완공되어 충칭의 강들을 가로지를 터였다. 시민 센터와 초고층 건물, 공항에 더해서 공원과 각종 대로, 강변 산책로가 등장했다. 황치판은 자신이 한 달에 10억 달러가 넘는 돈을 쓴다고 자랑했다. 그야말로 바닥이 없었다. 〈우리는 10년 동안 이렇게 쓸 것이다〉라고 그는 한 외국 기자에게 말했다.[54]

건설 붐은 사회 기반 시설에만 국한되지 않았다. 무역 협정 이후 경기가 좋아질 거라는 기대감에 부동산 투자가 급증하여 다롄에서 선전까지 수억 제곱미터에 달하는 토지가 아파트나 고급 호텔, 사무용 구역으로 배정되었다. 베이징에서는 먼지가 피어오르는 건축 부지 위로 사방에 크레인이 떠다녔다. 한 관찰자가 지평선에 점점이 흩어져 있는 크레인을 직접 셌는데 그 수가 수천 개에 달했다. 곳곳에서 동네가 통째로 철거되었고 거주자들이 쫓겨났다. 2002년 상반기에는 5713만 제곱미터의 면적이 텅 빈 상태였고 그로 인해 주택 시장이 어려움을 겪고 있었음에도 주택 부문에 대한 투자는 약 42퍼센트나 치솟아 무려 26억 달러에 달할 정도였다. 이미 충분한 쇼핑몰 또한 크게 증가했다. 상하이에서는 10층짜리 쇼핑몰 정다 광장(正大廣場)이 푸둥 해안가에 모습을 드러내며 아시아 최대 규모를 자처했다. 쇼핑몰 복도는 대리석으로 빛났지만 건물 대부분이 텅 비어 있었다. 그 와중에도 상하이에는 최소 10개의 쇼핑몰이 추가로 건설되는 중이었고 대부분 은행 대출로 자금을 조달하고 있었다.[55]

미래를 향한 이 광란의 질주에는 막대한 양의 철강과 시멘트를 비롯한 여러 건축 자재가 필요했다. 공급 과잉 시절은 사라진 지 오래였다. 금속부의 한 전직 관리자는 〈도처에 철강 공장이 들어서고 있었다〉라고 투덜거렸다. 2003년 한 해에만 중국은 세계 시멘트 생산량의 약 절반을 비롯하여 철강 생산량의 3분의 1과 구리 생산량의 4분의 1, 알루미늄 생산량의 5분의 1을 독식했다.[56]

돈은 국가가 소유한 은행에서 나왔다. 은행에는 현금이 흘러넘쳤다. 외국인의 투자도 있었지만 지역민의 저축도 늘어났다. 무엇보다 달러화에 대한 고정 환율제를 유지하기 위해 금융권에 막대한 자금이 유입되었다. 정권은 은행들에 돈을 사용하라고 압박했다. 그리고 은행들은 신나게 돈을 빌려주었다. 대출은 국영 기업과 사회 기반 시설 프로젝트뿐 아니라 부유한 소비자들에게도 제공되었으며 보통은 최소한의 신용 조회와 연체에 대한 있으나 마나 한 위약금이 적용되었다. 특히 부동산 부문이 쉽게 자금을 유치했는데 갈수록 늘어난 부유한 도시 소비자들은 그들이 저축한 돈으로 아파트 계약금을 지불하고 단기간에 보다 높은 시세로 그 아파트를 되팔았다. 저장 대학교의 한 연구원은 〈모두가 부동산 가격이 계속해서 오를 거라고 믿기 때문에 아무도 위험을 느끼지 않는다〉라고 말했다.[57]

경제학자들은 경제가 통제 불능 상태에 놓인 것인지, 아니면 미래에 투자하는 것이 정말로 현명한 일인지 의아해했다. 심지어 정부도 우려하기 시작했다. 통계국의 한 보고서는 한 성에서 동시에 8백 개의 공업 단지를 건설 중이며 그중 대다수가 불필요한 것이라고 한탄했다. 공항 건설이 급격히 늘면서 설비 과잉 상태가 되었고 143개 공항 중에서 127개 공항이 적자를 기록하고 있었다.[58]

막대한 투자가 이루어졌지만 금융계에는 어떤 중요한 변화도 일어나지 않았다. 덩샤오핑의 1992년 남부 순방이 불러온 부동산 거품은 두 자릿수 인플레이션을 부채질했고, 투기적인 부동산 투자가 잘못되면서 결국 부실 채권이 대규모로 증가한 터였다. 국영 기업이 입은 손실에 더해 부실 채권 규모까지 너무 커서 주룽지는 부실 채권을 인수할 네 개의 회사를 설립하여 금융계를 정비해야 했다. 그런데 이제 또다시 부실 채권이 분할 발행되고 있었고 거의 2조 달러에 육박하는 중국의 미상환 대출 가운데 5천억 달러에서 7천5백억 달러에 이르는 금액이 상환 불가능한 상태였다. 국영 은행의 부실 채권과 국가 공무원에게 미지급된 연금을 합친 공식 부채가 경제 생산의 140퍼센트에 달하는 상태였다. 이는 한때 일본을 마비시켰던 부담과 맞먹는 수준이었다.[59]

부채 문제는 이제 막 시작되었지만 시스템을 변화시키려는 의지는 이미 오래전에 사라진 터였다. 다이샹룽의 뒤를 이어 중앙은행 총재가 된 저우샤오촨은 중앙 후이진 투자 공사로 알려진 국가 소유의 법인을 설립했다. 그리고 후이진은 차이나 젠인이라고 불리는 자회사를 소유했다. 두 회사 모두 1999년에 4개 국영 은행의 불량 자산을 처리하기 위해 설립된 4개 자산 관리 회사로부터 독립된 별개의 회사였다. 후이진과 그 자회사는 2004년에 외환 보유고에서 끌어온 450억 달러로 중국 건설 은행과 중국은행의 자본 구성을 재편했다. 하지만 저우샤오촨이 외국인 투자자들에게 자본이 재편된 은행들과 제휴할 수 있게 허가하여 은행들의 기업 지배 구조와 위기관리 능력을 개선하는 데 일조하도록 하자고 제안하자 외국인들이 중국의 금융 안보를 위협하고 있다는 비난이 쏟아졌다. 결국 은행들은 계속해서 지역 당 관리들에게 예속

된 채 그들의 요청에 따라 대출을 제공했다.[60]

후이진과 자회사 젠인이 파산한 증권사들을 모두 인수했을 때 중국 인민 은행은 인수된 회사들을 건전한 상태로 회복시켜 외국 은행을 비롯한 새로운 투자자들에게 매각해 자금을 회수하기를 바랐다. 그러나 이번에도 2005년 10월에 국무원은 제안을 거부했다.[61]

중국이 WTO에 가입하고 4년 뒤에 개혁은 사실상 끝났다. 재정적인 취약함 때문에 시스템 전체가 와해될 위기에 놓였던 1998년의 어쩔 수 없는 상황에 의해 정권이 강요당했던 금융 구조 개혁 프로그램은 중단되었다. 이제는 경제가 호황을 누리고 있었다. 막대한 외환 보유고에 더해 무역 흑자까지 엄청난 상황에서 과연 무엇이 잘못될 수 있을까?

국영 기업을 둘러싼 개혁도 중단되었다. 장쩌민이 1997년에 〈큰 것은 잡고 작은 것은 놓아주어라〉라고 당에 요구한 이후, 경제는 성공적으로 데뷔한 국가 챔피언들에 의해 지배되었다. 2004년에 이르러 국가 소유의 기업들은 5백 대 기업의 전체 자산 중 96퍼센트를 차지하고 있었다. 통신과 석유, 가스, 석탄, 전력, 담배, 해운부터 항공에 이르기까지 경제의 모든 부문에서 소수의 주요 거대 기업들이 우위를 차지했고 그중 상당수가 홍콩과 뉴욕의 증권 거래소에 상장되어 있었다.[62]

2005년에 외국인의 직접 투자를 가로막는 장벽이 높아지면서 국영 기업들은 더욱 보호를 받았다. 그해 10월에 외국의 한 자산 회사가 최초로 국유 기업인 쉬궁 건설 기계 그룹이라는 공구 생산 회사에 대한 인수를 시도했다. 지역 경쟁사가 그들의 시도를 막기는 했지만 이 사건을 계기로 중국 정부는 자국의 〈국가 경제 안보〉에 위협이 될 것으로 판단되는 외국인 투자를 제한하는 일련의 법률과 규제를 공표했다. 제한되는 부문은 석유와 통신, 장비 제조, 자동차 산업을 비롯한 그 밖의 〈주요 산업〉과 〈유명 브랜드〉까지 확대되었는데 이른바 주요 산업과 유명

브랜드가 무엇인지는 확실치 않았다.[63]

2000년에 장쩌민이 3개 대표론을 꺼내 든 뒤로 민간 기업에 당세포를 구축하는 작업은 빠른 속도로 진행되었다. 2002년 11월에 총서기로 선출되고 며칠이 지난 뒤에 후진타오는 혁명의 성지이자 마오쩌둥이 1949년 베이징에 입성하기 전에 본부를 설립했던 시바이푸를 시찰했다. 지극히 상징적인 이 방문에서 그는 승리에 안주하는 것을 경고하는 동시에 당 노선의 중요성을 강조하며 마오 주석의 이전 연설을 되풀이했다. 2003년 1월 3일 자 『인민일보』에는 후진타오의 훈계가 게재되었다.[64]

한 달 뒤 후진타오는 반부패 운동을 시작했다. 당 관리들이 주요 표적이었지만 처음으로 다수의 재벌들까지 포함되었다. 민간 부문에 대한 일종의 경고 사격이었다. 한창때 9억 달러에 이르는 자산을 보유했던 수완가 양빈도 사기와 뇌물 수수 혐의로 기소되어 18년 형을 받고 수감되었다. 부동산 중개인들과 자동차 업계의 중역들을 포함해 다른 중요한 사업가들도 몰락했다. 2003년 10월에는 거침없는 언변으로 가난한 농민들의 권리를 위해 싸웠던 억만장자 쑨다우가 뇌물 수수 혐의로 기소되어 징역 3년 형을 선고받았다. 이들에 대한 체포는 바람직한 효과를 불러왔고 기업을 소유한 개인의 수가 줄어들기 시작했다. 정부가 소유주들이 토지 사용 규범을 위반했다고 주장함에 따라 2004년에는 전국적으로 다양한 민간 프로젝트가 중단되거나 강제로 속도가 늦추어졌다. 2006년에 이르러 민간 기업가는 15퍼센트가 감소하여 13억 명의 인구 중 2천6백만 명에 불과한 것으로 집계되었다.[65]

후진타오 체제에서는 〈개혁〉과 〈개방〉이라는 두 단어가 거의 짝을 이루지 못한 가운데 〈개방〉은 당 관리들이 자신들의 특별한 이익을 위해 필요로 했던 사회 안정을 의미하는 이른바 〈조화로운 사회〉에 대한 끊임없는 요구로 대체되어 완전히 사라지기 시작했다.

성장의 이면에는 오염이 있었다. 물론 자연에 대한 공격은 개혁 시기보다 훨씬 이전부터 시작된 터였다. 마오쩌둥이 댐을 발전의 기둥으로 여긴 까닭에 대약진 운동이 한창일 때는 수억 명의 농촌 주민들이 거대한 물 저장 프로젝트를 수행했다. 그럼에도 수많은 댐이 제대로 설계되지 않고 부실하게 건설된 탓에 산사태를 비롯한 강어귀의 토사 침적과 토양 염류화, 파괴적인 범람 등의 문제가 발생했다. 길들여야 할 힘으로 간주된 자연에 행해진 지속적이고 강도 높은 공격으로 몇몇 성에서는 최대한 절반가량의 나무들이 희생되었다. 농업 중심의 사회를 자본주의 진영을 무색하게 만들 유력한 산업 강국으로 변모시키기 위해 변화를 서두르면서 하천에 버려지는 오수와 산업 폐기물의 양도 급증했다. 북부 공업 지대에 있는 강 전체가 악취를 풍기는 유독한 물로 변해서 물고기를 죽이고, 지역 주민을 중독시키고, 수많은 수로와 지하 배수로를 통해 심층의 토양을 오염시켰다. 연기를 펑펑 내뿜는 굴뚝은 공업 도시 전체를 옅은 갈색 안개로 뒤덮었다.[66]

 1976년 이후로 오염원은 더욱 다양해졌다. 저장성에서는 1979년에 문을 연 19개의 제지 공장이 성 전역에서 매일 강에 버려지던 미처리된 산업 폐기물 150만 톤 가운데 10만 톤의 지분을 차지했다. 식수는 전체의 3분의 1 이상이 마시기에 안전하지 않은 상태였다. 여기에 더해서 수백만 톤의 산업 폐기물이 대기 중으로 방출되고 있었다. 성도인 항저우의 대기 중 먼지 농도는 국제 기준을 열 배나 초과했다. 그럼에도 이 정도는 비교적 낮은 수준에 해당되었다. 황을 생산하는 화학 공장들이 모여 있는 핑양에서는 산(酸)에 의한 부식이 너무 강해서 옷과 벽돌, 타일까지 먹어 치울 정도였다. 한 지역 주민은 〈돛이 2년도 지나지 않아 부식된다〉고 설명했다. 성의 일부 지역에서는 방사성 폐기물조차 제대로 처리되지 않아 수만 명이 병에 걸렸다.[67]

저장성만 그런 것이 아니었다. 내륙에 위치한 충칭부터 연안과 가까운 난징에 이르기까지 많은 도시에서 산성비가 문제가 되었다. 수백 개의 공장들이 황허강을 따라 좁은 회랑 지대를 가득 메우고 있는 란저우에서는 스모그가 겨울 내내 수개월 동안 태양을 가렸다. 지극히 보수적으로 계산했을 것이 분명한 한 추산에 따르면 1981년에는 전국적으로 약 240억 톤에 달하는 산업 쓰레기가 방류되었는데 이는 경제 규모가 네 배 큰 일본보다 대략 세 배나 많은 수치였다.[68]

이런저런 약속이 이루어졌고, 법이 제정되었으며, 폐기물 처리 시설이 설치되었다. 하지만 환경 보호 운동의 선구자이자 전국 인민 대표 대회에서 오염을 퇴치하는 업무를 담당하는 위원회의 위원장이던 취거핑이 1991년에 지적했듯이 중국에는 환경을 보호해야 할 유인이 딱히 없었다. 그 결과 폐기물을 관리하기 위해 설치된 전체 시설 중에서 오직 3분의 1만 원래 의도대로 기능했다. 또 다른 3분의 1은 잦은 고장 때문에 간헐적으로 작동했고, 나머지는 아예 작동이 멈춘 상태였다. 국무원은 매년 대기 오염과 수질 오염으로 인한 경제적 손실액이 각각 5백억 위안과 4백억 위안에 달하는 것으로 추산했다.[69]

이후로도 10년 동안 이런 추세는 지속되었고 심지어 심화되었다. 20세기 말에 중국에서 하천으로 방류된 미처리 폐수는 4백억 톤이 넘었고, 대기 중으로 배출된 이산화황 역시 2천3백만 톤에 달했다. 대도시 세 곳 가운데 두 곳의 대기 중 미세 먼지 농도가 최저 기준에도 미치지 못했으며 산성비로 인한 피해 금액만 연간 1천1백억 위안에 달하는 것으로 추산되었다. 토양 침식, 특히 산림 파괴를 비롯한 사막화와 알칼리화는 중국 전체 표면적의 38퍼센트에 달하는 약 360만 제곱킬로미터

가 넘는 면적에 영향을 미쳤다.[70]

　WTO에 가입한 뒤로 중국의 환경 문제는 더욱 심각해졌다. 느슨한 환경 규제가 전 세계에 무려 1조 달러 규모의 상품을 판매하는 중국 산업계에 매우 중요한 요소였기 때문이다. 다시 말해 철강이나 알루미늄, 시멘트부터 화학 제품이나 플라스틱, 가죽, 종이에 이르기까지 무엇을 생산하든 중국에서 소위 시장을 지배하는 기업들은 동시에 가장 많은 오염을 유발하는 기업이기도 했다. 신장의 천연가스 정제소와 석탄 공장에서 대기 중으로 내뿜는 갈색 연기 구름부터, 해마다 여름 하늘을 노랗게 물들이며 베이징을 공격하는 유해한 황사까지 중국의 지평선은 맑은 날이 없었다. 정부 보고서에 따르면 농촌 지역에 거주하는 3억 명의 사람들은 화학 물질과 기타 오염 물질로 인해 오염된 물을 마시는 것 외에 다른 대안이 없었다. 강물은 하나같이 피부에 닿기만 해도 위험할 정도였다. 일부는 바다에 닿기도 전에 말라 버렸다. 전체 대도시의 지하수 중 대략 90퍼센트가 오염된 상태였다. 상하이의 오염된 운하들은 추운 날씨에도 거품이 잦아들지 않았고, 수돗물에서는 썩은 냄새가 났다. 전국의 약 3분의 1에 달하는 지역에서 산성비가 내렸다.[71]

　다른 모든 것과 마찬가지로 오염도 세계로 퍼져 나갔다. 중국의 석탄 공장에서 뿜어낸 이산화황은 서울과 도쿄에서 산성비를 내렸다. 미국 환경 보호국에 따르면 심지어 로스앤젤레스의 하늘을 가린 미세 먼지 중 4분의 1이 중국에서 발원한 것으로 확인되었다. 당연한 말이지만 지역적인 이익은 있을지언정 세계적인 이득은 없었다. 기존에 오염을 유발하던 공장이 문을 닫거나 일부는 말 그대로 해체되어 중국으로 옮겨지고 재조립되면서 독일은 환경 운동의 선두 주자로 부상했다. 앙겔라 메르켈 총리는 〈기후 총리〉라는 별명을 얻으며 탄소 배출을 줄이기 위한 국제 협약들을 추진했다. 한때 탄광과 제철소가 지배했던 루르 계곡에서는 강이 건강을 되찾았고, 오염된 토양이 정화되면서 초원 지대로 변모했다. 철강 산업이 중국으로 넘어가면서 다른 나라들도 탄소 배출 감소에 따른 혜택을 얻는 듯 보였다. 하지만 유럽 의회에 따르면 효율이 떨어지는 중국 제철소는 독일 제철소가 철강 1톤을 생산할 때마다 배출한 이산화탄소 양의 거의 세 배를 배출했다. 게다가 중국은 사회주의 경제인 터라 제철소가 일단 가동을 시작하면 시장이나 수요와 관계없이 폐쇄될 일이 거의 없었다. 2007년에 이르러 중국은 77개의 대형 제철소와 수백 개의 소규모 제철소를 보유하고 있었고, 또다시 너무 과도하게 생산된 탓에 일부 기본적인 철강 제품이 국내외에서 수익을 내지 못하고 있었다.[72]

2004년에 중국 국가 환경 보호 총국은 미국 환경 보호국의 1퍼센트에 불과한 인원을 보유하고 있었다. 다른 국가 기관들과 마찬가지로 환경 보호 총국도 서류상으로 명확한 의견을 제시했지만 의견서는 현지에 있는 그들의 지역 관리자에게나 유효할 뿐이었다. 행정부가 공장을 폐쇄해도 때로는 몇 주도 지나지 않아 공장이 다시 문을 열기 일쑤였다. 지방 관리들은 종종 환경 명령을 보고도 못 본 체하며 그들에게 지방세를 납부하는 오염 유발 공장들과 타협했다.[73]

환경 파괴에 항의하는 시위가 전국에서 일어났고 때로는 폭동 진압 경찰과 충돌하여 싸움이 벌어지기도 했다. 항저우에서 남쪽으로 약 80킬로미터 떨어진 공장 도시 신창에서는 1만 5천 명에 달하는 사람들이 상수도에 위험한 화학 물질을 누출한 혐의로 고발된 의약품 공장의 이전을 요구하며 최루탄에 용감하게 맞서 정부 당국에 돌을 던지고 경찰차를 전복시켰다. 중국 공안부장인 저우융캉은 2004년에 전년도의 5만 8천 건보다 증가한 7만 4천 건의 유사한 사건을 보고했다. 2005년에는 시위가 총 8만 7천 건으로 늘어났는데 발전소 건설에 반대하는 마을 주민들과 충돌한 경찰이 총을 발사해 최소 세 명이 사망하는 사건까지 발생했다. 대부분의 시위는 대중에게 큰 주목을 받지 못했다. 또한 강제 퇴거나 임금 미지급, 토지 수탈, 공무원 비리 등도 사람들의 분노를 유발했기 때문에 모든 시위가 환경과 관련된 것도 아니었다. 그럼에도 오염은 주요 원인 중 하나였고, 잠재적으로 유해할 수 있는 공장이 건설될 때 공청회가 열리지 않았기 때문에 더욱 그랬다.[74]

저항에 관련된 부분에서도 모든 사람이 평등하지 않았다. 중국 경제는 한쪽으로 치우쳐 있었다. 다롄에서 남쪽으로 선전까지 연안을 따라 쭉 이어진 길고 좁은 지역은 먼저 발전하도록 허용된 터였다. 반면에 대부분의 농촌 지역은 빈곤의 수렁에 빠져 있었고 많은 경우에 이주 노동자들이 고향에 송금해 주는 돈으로 마을 전체가 겨우 먹고살았다. 지방 정부는 대체로 환경 기준을 무시했지만 주민들로부터 압력을 받거나 특히 자금이 풍부한 경우에는 환경 기준을 엄격하게 적용하기도 했다. 광저우나 상하이 같은 시범 도시에는 사회 기반 시설을 현대화하기 위해 중앙 정부의 금고에서 막대한 돈이 유입된 터였다. 그리고 이들 도시는 자신들의 재정적인 영향력을 이용해 대기와 토양, 수질을 오염시키는 폐기물을 상대적으로 덜 발전된 지역에 떠넘겼다.

2004년 12월 30일에 신장에서 상하이로 가는 천연가스 파이프라인이 개통되면서 상하이의 대기 오염 문제 중 일부가 그 즉시 서쪽으로 대략 4천 킬로미터 이동했다. 2007년에는 상하이의 상수원이던 타이후 호수가 너무 오염되어 장창강의 주류를 확보하기 위한 네 개의 주요 저수지 건설이 시작되었다. 첫 번째 저수지인 칭카오샤 저수지가 2010년부터 물을 공급하기까지 지방 정부는 170억 위안의 비용을 지출했다.[75]

다른 도시들도 오염원을 도시 밖으로 옮기기 시작했다. 중국 수출품의 약 3분의 1이 생산되는 주장강 삼각주에서는 하수 처리장을 설치하고 모든 주요 산업을 성의 외딴 지역으로 옮기는 데 수십억 위안을 쏟아부었다. 선전과 광저우는 2006년에 새로운 환경 기준을 도입하고 환경 피해를 유발하는 소규모 기업들을 내륙으로 이주하도록 강제했다. 일부 공장들은 농촌 지역의 성장을 촉진하려는 지방 관리들이 제공하는 저렴한 토지와 낮은 세금에 끌려 자발적으로 옮겨 가기도 했다.[76]

하지만 자신의 과거를 지우기 위해 베이징만큼 노력한 도시도 없었다. 이유는 간단했다. 베이징이 2008년 하계 올림픽 개최지로 선정되었고 많은 사람이 이 행사를 중국이 세계 무대에 〈정식으로 데뷔〉하는 파티로 여겼기 때문이다.

2001년 7월 13일에 국제 올림픽 위원회(IOC)가 베이징을 2008년 올림픽 개최지로 선정했다고 발표하자 중국 전역이 환호했다. 투표는 엄중한 경계 속에 모스크바의 세계 무역 센터에서 진행되었으며 그 건물 밖에서 몇몇 티베트 활동가들이 시위를 벌였다. 베이징에서는 눈부신 불꽃놀이 축제가 열렸고 사람들은 그 아래서 춤을 추고 환호하며 기쁨을 만끽했다. 텔레비전으로 방영된 연설에서 장쩌민은 만면에 미소를 띤 채 베이징 시민들에게 축하를 건넸고 〈전 세계의 친구들〉에게도 감사를 전했다.[77]

앞서 선전부는 수개월에 걸쳐 텔레비전과 라디오를 통해 광고 세례를 퍼부으며 중국의 올림픽 개최를 둘러싼 대중의 지지를 종용한 터였다. 〈새로운 베이징, 위대한 올림픽〉으로 알려진 이 운동은 올림픽 개최국이 되는 것을 모든 중국 국민이 지분을 갖는 국가적인 자부심의 문제로 묘사했다. 하지만 중국의 인권 실태를 비판하는 사람들은 올림픽을 주최하는 특권이 그동안 내내 자국민을 억압해 온 중국 정부의 정당성을 강화할 거라고 주장했다. 반면에 지지자들은 WTO 가입이 중국에 법치를 촉진하는 것만큼이나 보다 많은 국제적인 노출이 민주주의로의 전환을 가속화할 거라고 믿었다. 베이징 당국이 사람들을 안심시키기 위해 나섰다. 베이징 부시장 류징민은 다소 투박한 어조로〈민주주의 건설과 법치는 상당 부분 진척되었고 앞으로 더 진척될 것이다〉라고 선언했다.[78]

2년 뒤 조기 검증 기회가 찾아왔다. 2002년 11월 중순부터 광둥성에서 후에 사향고양이가 원인으로 밝혀진 코로나바이러스에 사람들이 감염되기 시작했다. 수백 명이 초기에〈비정형 폐렴〉으로 불린 것에 감염되었다. 중국 정부는 전염병 발발 소식을 숨기면서 의료진이 인접한 홍콩 당국을 포함해 국제기관에 경고하는 것을 막았다. 2003년 1월 31일에 한 생선 장수가 광저우의 쑨이센 기념 병원*에 입원했고 이후에 병원 직원 수십 명이 감염되었다. 2월 16일에는 정체 모를 유행병에 대한 소문이 확산되면서 수백만 명의 사람들이 식초를 비축하기 시작했다. 식초를 끓이면 공기가 소독된다고 생각했기 때문이었다. 밤새도록 석탄 난로 위에서 양조 식초를 끓이다가 치명적인 연기 때문에 사망하는 사람들까지 생겨났다. 광저우의 상점에는 마스크가 동났고 지역 주민들은 쌀과 식용유, 소금 등을 사재기했다. 공포를 진정시키기 위해 관리들이 라디오와 텔레비전에 출연했다. 부시장 천촨위는 다음과 같은 성명을 발표했다.〈소문을 무시하고 정부를 믿어라.〉[79]

2월 21일, 쑨이센 기념 병원에서 감염된 의사 류젠룬이 결혼식에 참석하기 위해 국경을 넘어 홍콩으로 들어갔다. 메트로폴 호텔에 투숙한 그는 20명 이상의 투숙객들에게 병을 옮겼고, 감염된 투숙객들은 코로나바이러스를 전 세계로 가지고 나가 다른 여행객들을 감염시켰으

* 쑨원이 쑨이센이라는 이름으로 이곳에서 의학 공부를 해 쑨이센 기념 병원이라 불린다.

며, 그렇게 감염된 여행자들이 하노이와 토론토, 싱가포르에 도착했다.

3월 1일에 세계 보건 기구(WHO)는 전 세계에 경보를 발령했다. 중국 정부는 협력을 거부했다. 위생부 부부장은 〈바이러스가 광둥성에서 발원했다고 암시하는 어떤 단서도 없다〉라고 주장했다. 전 세계 연구소들이 환자에게서 채취한 시료를 경쟁적으로 검사하는 가운데 세계가 주목하기 시작했음에도 중국 언론은 이와 관련해서 어떠한 경고도 발표하지 말라는 지시를 받았다. 3월 21일, 홍콩의 도시 보건 조사관들은 류젠룬이 사람들에게 병을 옮겼다는 사실을 확인했다. 5일 뒤 중국 보건부는 마침내 바이러스가 이전에 언급한 것보다 훨씬 위험하다는 사실을 인정했다. 그럼에도 WHO 산하의 조사단이 광둥성에 접근하는 것은 여전히 거부되었다.[80]

은폐의 전모가 드러난 것은 감염된 환자 수를 명확히 파악하기 위해 몇몇 병원에 전화를 걸었던 은퇴한 인민 해방군 의사 장옌융이 4월 4일 홍콩 피닉스 텔레비전에 장문의 이메일을 보낸 뒤였다. 며칠 뒤에 그의 편지가 해외에서 공개되자 위생부 부장과 베이징 시장이 사임했다. 하지만 『월 스트리트 저널』이 사설에서 중국을 오가는 여행을 일시적으로 중단할 것을 촉구하자 4월 17일에 『인민일보』는 〈악의적이고 도움이 안 되는 간섭〉이라고 비난하며 중국이 바이러스의 발원지라고 지목하는 어떠한 증거도 없다는 공식 주장을 되풀이했다.[81]

결국 홍콩 보건 당국이 단호한 조치를 취함으로써 사스가 통제 불능 상태로 확산되는 것을 막을 수 있었다. 감염자 수는 총 8천 명이 넘었고 그중 7백 건이 치명적인 사례였다. 대다수가 홍콩에서 발생한 것이며 그로 인한 트라우마로 홍콩의 본토에 대한 불신이 더욱 굳어졌다. 한 전직 WHO 관리의 표현을 빌리자면 〈사스는 발생하지 않은 팬데믹〉이었다.[82]

홍콩을 제외하고 세계는 사스 사태에서 배운 것이 별로 없었다. 그리고 중국 정권은 불안을 야기할 수 있는 정보를 억누르는 데 보다 능숙해졌다. 2년 뒤 한 바이러스 학자가 정부의 공식 해명과 사뭇 동떨어진 조류 독감 연구 결과를 발표했다가 〈국가 기밀〉을 누설했다는 이유로 구금 위협을 받았다. 장옌융은 2004년에 정권이 6월 4일을 앞두고 관례적으로 실시한 소탕 작전 중에 체포되었다. 16년 뒤인 2020년 2월에 또 다른 코로나바이러스가 세계적으로 창궐하자 그는 재차 가택 연금에 처해졌다.[83]

사스 발발이 불러온 결과 중 하나는 중국 정부가 2008년 올림픽을 위한 마케팅 시점을 연기해야 했다는 것이었다. 베이징 올림픽 공식 노래를 작곡하기 위한 경연 대회의 마감 기한을 포함하여 다른 많은 것이 지연되었다.[84] 그런 와중에도 올림픽 경기장 건설은 빠르게 진행되어 반짝반짝 빛나는 아방가르드 건물들이 수도 전역에 등장했다. 건물들은 상당수가 국제적인 건축가들에 의해 설계된 것이었다. 그중에는 아돌프 히틀러의 총애를 받았고 1936년 베를린 올림픽을 기획한 건축가 알베르트 슈피어의 아들 알베르트 슈피어 주니어의 건물도 있었다. 베를린 심장부를 관통하는 웅장한 비아 트리움팔리스를 건설한 아버지처럼 슈피어 주니어도 새로운 기차역에서 시작해 톈안먼 광장을 지나 올림픽 공원으로 이어지는 8킬로미터 길이의 대로를 계획했다.

이전 개최 도시들과 비교도 되지 않는 무려 4백억 달러에 달하는 지출은 수도를 대대적으로 변화시켰다. 도로가 확장되었고, 새로운 지하철 노선이 개통되었으며, 지평선을 뒤덮은 자욱한 흙먼지 속에서 철골과 콘크리트로 이루어진 수많은 거대한 구조물이 속속 모습을 드러냈다. 공사 면적 또한 매우 방대해 2002년 이후에만 1억 5793만 제곱미터가 넘는 부지에 새로운 공사가 착수되었다. 오래된 동네와 골목길,

담장으로 둘러싸인 중정형 주택이 철거되었고, 그곳에 살던 주민들이 도심에서 멀리 떨어진 곳으로 이주했으며, 때로는 수십 명의 경찰과 이삿짐 트럭이 동원되어 강제 퇴거를 집행했다. 제네바에 본부를 둔 비정부 기구인 주거 및 퇴거권 센터(COHRE)는 대략 열 명 중 한 명에 해당하는 150만 명의 거주민이 강제로 수도를 떠난 것으로 추산했지만 중국 외교부는 이를 일축하고 6,037명이라는 보다 인간적인 수치를 제시했다.[85]

조직 위원회가 녹색 올림픽을 약속한 까닭에 오염 문제도 중요했다. 차량의 배기가스 배출을 억제하고, 디젤 버스를 천연가스를 사용하는 새로운 모델로 교체하고, 오염 유발이 심한 수백 개의 사업장을 베이징 밖으로 옮기는 운동이 시작되었다. 석탄을 때는 난로와 용광로는 전기를 이용하는 새로운 기기들로 대체되었다. 그러나 올림픽 개회식을 불과 몇 주 앞둔 시점까지도 산으로 둘러싸인 분지에 갇힌 갈색 연무가 여전히 도시를 뒤덮고 있었다. 결국 응급조치가 시행되었고, 북쪽의 만주부터 네이멍구의 고비 사막 맨 가장자리까지 베이징에서 수백 킬로미터 떨어진 곳에 위치한 공장들조차 가동을 중단하라는 지시가 내려졌다. 광산까지 폐쇄되면서 중국 전력의 약 80퍼센트를 생산하는 석탄이 부족해지는 사태가 발생했다. 발전용 석탄 가격이 거의 두 배로 상승하는 바람에 중앙 정부는 새로운 가격 통제를 도입해야 했다.[86]

개회식 당일까지 하늘은 여전히 회색빛이었다. 하지만 마스크를 착용한 채 주 경기장에 행진해 들어가는 선수는 아무도 없었다. 어떻게 보아도 개회식 공연은 현란했다. 불꽃놀이에 더해서 북 치는 사람과 어린아이, 댄서 가수와 피아니스트 들 총 1만 5천 명에 달하는 참가자들이 흔히 새 둥지라고 알려진 격자로 된 껍데기 모양의 국립 경기장에서 공연을 펼쳤다. 무려 10만 명이나 배치된 공안 요원들은 단 하나의 사소한 문제도 없이 행사가 진행될 수 있도록 안전을 지켰다. 전 세계 사람들이 넋을 잃었고 올림픽 역사상 〈역대 최고〉라고 불린 공연에 극찬을 쏟아 냈다.[87]

일부 공연은 논란에 휩싸이기도 했다. 예컨대 붉은 드레스를 입고 조국을 찬양하는 대중적인 노래를 불러 수많은 시청자의 마음을 사로잡은 천사 같은 소녀는 단지 립싱크를 한 것으로 밝혀졌다. 실제로 노래를 부른 소녀의 고르지 않은 치열이 중국의 국제적인 위상에 잠재적 피해를 줄 수 있다고 여긴 한 정치국 위원이 공연 직전에 그 소녀를 교체하라고 지시한 것이었다. 거대한 화면과 텔레비전을 통해 톈안먼 광장에서부터 올림픽 주 경기장인 새 둥지까지 인상적인 연쇄 폭발을 보여 준 불꽃놀이도 컴퓨터 그래픽이었던 것으로 드러났다. 중국의 소수 민족을 대표하는 민속 의상을 입고 등장한 56명의 어린아이들 또한 실제로는 중국 인구의 약 92퍼센트를 차지하는 한족 아이들이었다. 전 세계 수십억 명의 시청자들 대부분이 이러한 세부 사항을 아무렇지 않게 넘겼지만 중국 내부의 온라인에서는 비판적인 견해들이 쏟아졌다. 올림픽이 개막하고 며칠이 지나자 날씨가 개선되었고 마침내 풍향이 바뀌면서 일부 스포츠 경기에서 수정처럼 맑은 하늘을 볼 수 있었다.[88]

또한 명백한 성공에도 불구하고 올림픽은 서방과의 폭발할 것 같은 긴장 상태를 표면으로 끌어올리기도 했다. 중국이 얼마나 많은 것을 이루었는지 세계에 보여 준 행사에 대한 자부심도 있었지만 이른바 중국의 역사적인 순간을 훼손하려는 외국인들의 부당한 시도에 대한 분노도 있었다. 점점 증폭된 분노의 대상 중 하나는 티베트를 지지하는 외국인들의 시위였다. 중국 정부에 맞서 1959년에 일어난 봉기를 기념하는 2008년 3월 10일에 수백 명의 불교 승려들이 라싸에서 평화 시위를 벌였다. 경찰이 무력을 사용하면서 상황은 통제 불능 상태로 번졌고 시위대가 상점에 불을 지르고 경찰차를 파손하기에 이르렀다. 그리고 전기봉과 최루탄, 총격 등이 동원된 폭력적인 진압이 뒤따랐다. 무장 군인들은 달라이 라마를 비롯한 〈적대 세력〉과 〈반동적 분리주의 세력〉에 맞서 중국 정권이 〈인민 전쟁〉이라 부르는 것을 실행하기로 결심하고 거리를 순찰했다. 수십 명의 사상자가 발생했지만 어떤 외국 기자도 이 무력 충돌을 취재할 수 없었기 때문에 정확한 수치는 추측의 영역으로 남았다. 이 사건으로 수천 명이 투옥되었다.[89]

어떤 형태의 시위든 단호하게 진압하는 것은 자국의 소수 민족들을 상대로 늘 있는 일이었지만 이번에는 세계 여러 도시에서 티베트를 지지하는 시위가 벌어진 터였다. 런던과 파리, 델리, 시드니에 등장한 시위대는 올림픽을 보이콧할 것을 요구하며 중국 대사관을 습격하려는 시도까지 벌였다. 3월 24일에 아테네에서 열린 올림픽 성화 채화식도 방해를 받았다. 심지어 성화는 베이징으로 향하는 여정 내내 중국 정권에 항의하는 사람들과 지지하는 사람들이 실랑이를 벌이는 과정에서 반복적으로 표적이 되었다. 패럴림픽에 출전하는 운동선수 진징은 휠체어를 타고 성화를 봉송하던 도중에 파리에서 시위자들을 막아 냄으로써 국민적 우상이 되기도 했다. 캔버라에서는 수백 대의 자동차가 오성홍기를 달고 도시를 누비는 가운데 1만여 명의 중국계 오스트레일리아인들이 6열로 총 16킬로미터에 이르는 도로를 점령한 채 친중 집회를 열었다. 서울에서는 중국 학생들이 한국의 나이 든 시위자를 발로 차고, 중국 정부를 비판하는 현수막을 든 사람들에게 돌을 던지는 것을 막기 위해 8천 명이 넘는 경찰들이 동원되었지만 역부족이었다. 중국 웹사이트에는 〈중국이 굴욕을 당하면 안 된다〉고 주장하며 분노하는 글들이 올라왔다. 애국 교육에 경도된 수많은 사람이 볼 때 티베트를 지지하는 행위는 중국의 단일성을 부정하는 참을 수 없는 모욕인 동시에 중국이 역사적인 성공을 통해 위대한 국가로 나아가는 것을 막으려는 노골적인 책략이었다. 그들의 눈에는 마치 세상이 패거리를 지어 중국을 괴롭히는 것처럼 보였다.[90]

중국 정권은 이처럼 뿌리 깊은 국수주의적인 요소를 적극 활용했고, 선전부를 이용해 조국의 수호자를 자처했다. 하지만 열정은 언제든 위험 요소가 될 수 있고 쉽게 내부로 향할 수도 있었다. 4월 중순에 이르자 검열관들은 서구를 향해 분노를 표출하는 수많은 포스팅과 블로그, 인터넷 채팅, 그 밖의 의사 표명을 억제하기 시작했다.[91]

정권은 또한 어떤 형태의 시위도 올림픽을 망칠 수 없다는 점을 분명히 했다. 수만 대의 감시 카메라가 가로등 기둥과 인터넷 카페와 주점들에 설치되면서 베이징은 거대한 요새로 변모했다. 이주민과 행상, 거지부터 점술가에 이르기까지 소위 바람직하지 않은 구성원들은 도시에서 쫓겨났다. 붉은 완장을 찬 민간 경비대가 소집되어 거리를 순찰했다. 전국 각지에서 모든 조직과 공장, 학교에 긴급 비상경보가 발령되었고 혹시라도 수도 진입을 시도할지 모르는 트러블 메이커들에 주의를 기울이라는 명령이 하달되었다. 올림픽에 앞서 인권을 개선하지 않았다고 정부를 비난한 민주주의 활동가 후자는 몇 년 동안이나 감옥 신세를 겨야 했다.[92]

IOC에 약속한 대로 세 개의 공원에 사람들이 자유롭게 의사 표현을 할 수 있는 〈특별 구역〉이 마련되었다. 하지만 77명의 지원자 중 어느 누구도 목적한 바를 이루지 못했고, 77세와 79세의 두 할머니는 구금되었다. 소수의 외국인 활동가들이 가까스로 공안을 피해 〈티베트에 자유를〉이라는 현수막을 펼쳤지만 곧바로 사복 경찰에게 끌려갔다. 미국 대사관은 올림픽이 끝나기 직전에 직설적인 담화를 통해 중국 정부가 〈보다 큰 관용과 개방〉을 보여 주지 못했다고 비난했다.[93] 그럼에도 폐막식을 지켜보면서 중국 지도부가 자신들의 성취에 자부심을 느낄 이유는 차고 넘쳤다. 그들은 급속한 경제 발전을 이루었고, 막대한 무역 흑자를 이용해 수도를 변모시켰으며, 보이콧 요구를 물리쳤고, 반대 의견을 짓눌렀고, 오염을 다스렸으며, 올림픽을 계기로 국민들을 결집시켰고, 순조로운 올림픽 진행으로 외국인들을 경탄하게 만든 터였다. 보다 많은 개방이 아닌, 보다 적은 개방이 명백한 성공의 열쇠였다.

10
오만(2008~2012)

2008년 9월 15일, 1847년에 설립된 세계적인 금융 서비스 회사 리먼 브러더스가 부도 업체에 일정 기간 채무를 유보해 주는 부도 유예 협약을 신청했다. 회사의 부채가 6천억 달러가 넘는 상태였다. 또 다른 투자 회사 메릴린치는 금융 위기를 모면하기 위해 시도했던 뱅크 오브 아메리카와의 막판 거래를 타결하는 데 실패했다. 월 스트리트에서 가장 유력했던 두 회사가 몰락하는 사태가 발생한 것은 서브프라임 투자로 막대한 손실을 입은 정부 지원 주택 담보 대출 회사인 페니 메이, 즉 미국 연방 저당권 협회와 프레디 맥으로 불리는 미국 연방 주택 금융 저당 회사에 대한 관리를 미국 정부가 떠안은 지 불과 일주일 만이었다.

 7년 전 디플레이션을 우려한 연방 준비 제도 이사회(FRB)는 금리를 1961년 이후 한 번도 볼 수 없었던 수준인 1.75퍼센트로 인하했다. 그리고 2002년 11월에는 두 번째 인하를 통해 금리를 다시 1.25퍼센트로 낮추었다. 동시에 최소 보증이 있는 이자 전용 모기지를 출시해 보다 일반적인 대출 상품을 감당할 수 없는 주택 소유자들을 끌어모았다. 대출 금리가 낮고 신용 대출이 쉬워 모기지에 대한 수요가 증가하면서 주택 가격이 상승했다. 서브프라임 모기지* 비율도 두 배로 늘어났다. 하

---

* 신용도가 일정 기준 이하인 저소득층을 대상으로 주택을 담보로 빌려주는 대출.

지만 2006년 6월에 금리가 최고 5.25퍼센트까지 상승하자 많은 주택 소유자가 더 이상 월 상환금을 감당할 수 없게 되었다. 2007년에 시작된 모기지 위기는 주택 가격 하락과 대출 시장 경색에 더해서 금융 산업, 특히 예금 은행과 동일한 규제를 받지 않으면서 서브프라임 대출을 위해 담보를 재포장하여 새로운 투자 상품을 만든 헤지 펀드와 투자 은행에 대대적인 손실을 끼쳤다.

극적인 전개는 한때 절대로 흔들리지 않을 것처럼 여겨지던 미국 금융 제도의 취약성을 적나라하게 드러냈다. 다른 은행들도 붕괴될지 모른다는 두려움이 팽배해지면서 전 세계 시장이 급락했다. 은행들이 서로에 대한 대출을 중단하자 FRB가 개입에 나섰고 곧 일본과 유럽의 중앙은행들도 그 뒤를 따랐다. 미국에서만 전체적인 구제 금융 비용이 1조 5천억 달러에 육박했지만 금융 위기 기간에 구매했던 자산이 이익을 남긴 채 되팔리면서 해당 금액의 3분의 1은 나중에 회수되었다. 수년간 손쉽게 대출을 받다가 불쑥 찾아온 경기 침체로 인해 실업률은 10퍼센트까지 치솟았고, 수백만 명이 집을 잃으면서 막대한 경제적 손실과 광범위한 인간적 고통이 초래되었다.

미국과 유럽, 일본이 경기 침체에 빠지면서 이들 국가의 시장은 수출에 크게 의존하던 중국에 타격을 주었다. 수만 개의 중소형 공장이 문을 닫아야 했고 근로자들은 앞다투어 다른 일자리를 찾거나 농촌으로 돌아가야 했다. 중국 인민 은행의 내부 조사에 따르면 원저우의 2008년 마지막 분기 수익은 50퍼센트나 감소했다. 2009년 3월에는 이 수치가 60퍼센트에 달했고 지역 기업들은 인력을 10퍼센트 감축해야 했다. 중국의 연안 지역 전체에서 보통은 새로 도착하는 사람들로 붐비던 기차역에 대대적인 반전이 일어났고 귀향하는 승객의 수가 급증했다. 일부 기업주가 갑자기 잠적하는가 하면 일부 기업주는 임금 지불을 거부하면서 시위와 노동 쟁의가 급격히 늘어났다. 사회 안정을 유지해야 한다는 압박에 시달리던 지역 관리들은 현금을 쏟아붓는 방법과 폭동 진압 경찰을 투입하는 방법을 번갈아 사용했다.[1]

세계 금융 위기 이전에도 많은 공장 소유주가 치솟는 인건비와 원자재 비용 때문에 휘청거리고 있었다. 위안화가 달러당 8.28위안 수준으로 유지되던 2005년 7월에 2퍼센트 범위 안에서 상승과 하락이 허용된 이후 위안화의 가치가 지속적으로 상승했기 때문이다. 위안화의 가치는 꾸준히 상승해서 2008년 7월에 달러당 6.83위안을 기록했고 이후 2년 동안은 다시 가치가 고정되었다. 북쪽 지방에서는 올림픽 개최에 따른 엄격한 환경 기준과 간헐적인 공장 폐쇄가 경기 침체의 원인이 되었다.

금융 위기의 도래로 인해 인플레이션은 사라졌지만 전 세계적으로 원자재 가격이 폭락하면서 중국의 철강 및 시멘트, 건설 회사의 수익이 말 그대로 증발했다. 건설 프로젝트가 중단되었고 용광로가 가동을 멈추었다.[2]

올림픽이 불러올 경제 호황을 기대했던 지도부는 금융 위기에 당황했다. 경제가 위축되고 불만을 품은 노동자들이 거리로 나서면서 공황이 시작되었다. 수출품에 대한 세금 환급이 도입되고 위안화의 추가 절상을 막기 위한 통화 시장 개입이 이루어지면서 중국의 수출품은 해외에서 보다 큰 경쟁력을 갖추게 되었다. 은행들은 소규모 기업들에 보다 낮은 금리로 보다 많은 대출을 제공하라는 지시를 받았다. 고용과 안정의 근간이 되는 경제 성장을 유지할 목적으로 원자바오는 중국의 수출 의존도를 낮추기 위한 내수 진작 프로그램을 제안했다. 일반인들은 너무 가난해서 소비를 늘릴 수 없었기 때문에 그는 새로운 사회 기반 시설 프로젝트에 주로 지출될 5860억 달러(4조 위안) 규모의 종합 경기 부양책을 제안했다. 총액을 기준으로 중국 경제 생산량의 14퍼센트에 해당하는 규모였고, 이는 미국 정부가 강행하여 통과시킨 미국 경제 생산량의 6퍼센트 규모에 해당하는 경기 부양책과 비교되었다. 〈그들은 마치 내일이 없는 것처럼 소비할 것이다〉라고 홍콩 상하이 은행의 수석 경제학자는 말했다.[3]

2009년 2분기에 이르자 전례 없는 수준의 대출이 효과를 발휘하기 시작했다. 수출이 전년 동기 대비 22퍼센트 감소했음에도 불구하고 성장률은 다시 상승하기 시작했다. 철도에만 1천억 달러가 지출되었다. 〈서부 대개발〉 운동의 정신에 따라 176억 달러 규모의 철도가 신장성 사막까지 이어졌다. 베이징과 광저우를 잇는 초고속 열차를 포함하여 시외 철도 노선에 8백억 달러 이상이 배정되었다. 경제가 과열되기 시작한 2004년 봄 이후로 정권은 지방 및 성 정부에 더 이상 사회 기반 시설에 자금을 투입하지 못하도록 금지해 온 참이었다. 대출의 물꼬가 터지자 전국의 모든 중소 도시와 대도시에서 대규모 건설 프로젝트가 등장했다.[4]

미국과 달리 중국은 흥청망청 돈을 써도 현금이 부족하지 않았다. 오랫동안 중국 인민 은행은 달러를 사들임으로써 시장에서 위안화 가치가 절상되는 것을 막아 온 터였다. 그 과정에서 자연스럽게 달러 보유고가 늘어났고, 중국 정권은 급속한 성장을 촉진한 자금 불균형을 유지할 수 있었다. 게다가 그들은 달러를 구매하는 데 사용된 위안화 때문에 통화 공급량이 늘어나지 않도록 은행들에 지급 준비금을 늘리고 사실상 통화 안정 증권인 중앙은행 채권을 매입하도록 지시했다. 그동안 금융 제도 안에 갇혀 있던 이 거대한 유동성의 저장고가 이제 해방되었다.[5]

2010년에 이르러 중국은 전 세계 시멘트와 철강의 40퍼센트를 소비하고 있었다. 경기 부양책을 도입한 이후로 불과 3년 동안 중국은 미국이 20세기 전반에 걸쳐 사용한 것보다 많은 양의 시멘트를 사용했다. 인구 1백만이 넘는 도시만 221개에 달했으며 이들 도시는 건물 외부에 설치된 유리 엘리베이터에 반짝이는 금속 재질로 뒤덮인 쇼핑몰과 영화관, 고급 호텔 등 온갖 현대적인 시설물을 탐했다. 2011년 한 해에만 전국적으로 390개에 달하는 새로운 박물관이 대형이나 소형, 사립이나 공립의 형태로 문을 열었다. 곳곳에 초고층 건물이 우후죽순으로 생겨났으며 대개는 10여 개씩 또는 20여 개씩 모여 있었다. 여러 도시가 가장 높은 건물을 짓기 위해 서로 경쟁을 펼친 가운데 푸둥이 127층 상하이 타워로 기록을 세웠다. 그사이 시카고와 모스크바, 두바이를 비롯한 전 세계 다른 도시에서 진행 중이던 새로운 고층 건물 건설 계획은 재정 문제로 무산되었다.[6]

돈은 은행에서도 나왔지만 땅에서도 나왔다. 1992년 덩샤오핑의 남부 순방 이후에 일어났던 쟁탈전이 또다시 반복되면서 지방 정부는 개발업자에게 비싼 값으로 토지를 매각하고 그렇게 마련한 자금으로 사회 기반 시설을 지었다. 2009년에 그들은 토지 사용권을 매각해 전년 대비 40퍼센트 이상 늘어난 2190억 달러를 벌었다. 2010년에는 이 금액이 4170억 달러로 급증했다. 성장을 구실로 그들은 농부들의 토지를 몰수했다. 저명한 경제학자 우징롄의 계산에 의하면 1978년 이후에 토지를 몰수당한 농부들은 토지 가치로 20조에서 35조 위안 또는 3조 1천억에서 5조 4천억 달러를 잃은 터였다. 1949년부터 시작된 이른바 농촌에서 도시로 부(富)가 이동하는 익숙한 패턴의 연속이었다.[7]

건설에 앞서 파괴가 먼저 문을 두드렸다. 지방 정부는 미래에 대한 그들의 비전을 방해하는 것은 무엇이든 기꺼이 철거했다. 익숙한 이야기였다. 지역 주민들은 아침에 일어나 자신의 집에 붙은 철거 통지서를 발견하고, 국가의 빈약한 보상 제안을 거부하면서 괴롭힘을 견디지만 결국 한밤중에 들이닥친 불도저에 밀려 강제로 쫓겨나거나 보통은 재산을 몰수당했다. 때로는 집 일부만 철거되어 전면이 부서졌지만 거실 한 귀퉁이와 부엌 주변의 들쭉날쭉한 벽이 아직 남아 있는 집에서 온 가족이 모여 밥을 먹는 모습이 목격되기도 했다. 하지만 이런 이야기에도 반전이 있었는데 의사나 금융가 또는 은퇴한 당 간부 등 특권층이 피해자에 포함되었다는 사실이다.[8]

가끔은 건물을 지은 지 5년밖에 안 된 경우에도 철거 대상이 되었다. 베이징의 한 동네에서는 예닐곱 가구가 바로 그해에 완공된 집에서 쫓겨났다. 한 조사 기관의 추산에 따르면 중국은 2005년부터 2010년 사이에 기존 주택의 16퍼센트를 철거했다. 경기 부양책이 한창일 때는 매년 모리셔스 공화국과 거의 비슷한 면적인 2천여 제곱킬로미터의 토지가 수용되었다. 전국의 반짝반짝 빛나는 새 사무용 고층 건물과 거주용 고층 건물 옆에는 으레 담장에 가려진 채 콘크리트 슬래브에서 돌출되어 뒤엉킨 철근과 햇빛을 받아 반짝이는 깨진 세라믹 타일 등이 쌓여 있는 건축물 폐기장이 펼쳐져 있었다.[9]

전쟁과 혁명에서 살아남은 문화재와 그 밖의 문화적인 의의를 가진 건물들도 철거되었다. 토지 수용권은 문화 대혁명이 절정이던 시기에 마오 주석조차 이루지 못한 것을 달성했다. 바로 옛 사회의 마지막 흔적을 지우는 일이었다. 고대 사원을 비롯하여 황실 궁정과 아르데코 빌라에 이르기까지 무엇을 공격하든 착암기(鑿巖機)는 지칠 줄 모르고 오래된 건축물을 부수어 나갔다. 국가 환경 보호부보다 근무 인력이 훨씬 적은 국가 문물국 국장 리샤오제에 따르면 전국에 산재하는 76만 6천 개의 등록된 유적지 중 대략 4만 4천 개가 사라졌다. 개발업자들은 최대 50만 위안에 달하는 벌금을 기꺼이 지불했다.[10]

개발업자들은 원칙도 무시했다. 성급한 공사와 부실한 자재, 충분한 계획의 부재는 상업용 건물의 평균 수명을 일본이나 유럽 혹은 미국에서 기대되는 수준의 3분의 1에 불과한 25년 정도로 단축시켰다. 8차선으로 이루어진 현수교의 붕괴나, 마치 카드로 만든 집처럼 맥없이 쓰러진 건물, 유리창이 창틀에서 분리되어 떨어져 나간 오페라 하우스 등 충격적인 뉴스가 심심치 않게 흘러나왔다. 부실 시공된 건물들은 압력을 받으면 두부처럼 힘없이 무너져 두부 건물이라고 불렸다. 2008년에 지진이 쓰촨성을 강타해 8만 7천 명이 사망했을 때도 7천 개 이상의 학교 건물 중 상당수가 부실 공사 때문에 무너진 것으로 밝혀졌다.[11]

현금을 불릴 수 있는 다른 대안이 거의 없었기 때문에 투자자들이 인위적으로 가격을 올리면서 투기가 만연했다. 그리고 바로 그 지점에서 은밀하게 인플레이션이 진행되고 있었다. 한 전문가의 분석에 따르면 항저우에서는 동일한 부동산을 서로에게 판매해 가치를 끌어올리는 소수의 투기꾼 집단이 주택 시장의 절반가량을 장악하고 있었고 각각의 거래가 진행될 때마다 투기꾼들은 보다 많은 담보 대출을 받을 수 있었다. 주택이 외부인에게 넘어가면 수익이 분배되었고 그전까지는 집주인이 입주를 하지 않아서 많은 주택이 공실 상태였다. 중국 전역에서 비어 있는 아파트 건물이나 텅 빈 쇼핑몰 등이 아주 흔하게 발견된 이유였다.[12]

후한 세금 환급 덕분에 수출은 호황을 누렸다. 5860억 달러 규모의 경기 부양책에 더해 2009년 한 해에만 총 1조 2천7백만 달러 규모의 신규 은행 대출이 이루어지면서 산업은 그럭저럭 현상을 유지했다. 위안화의 가치 하락도 수출업체에 유리하게 작용했다. 앞서 금융 위기의 여파로 달러화의 가치가 유로화나 엔화를 비롯한 대부분의 통화에 비해 급격히 하락한 순간에도 중앙은행은 계속 적극적으로 개입하여 위안화의 가치를 달러화에 단단히 고정시킨 터였다. 그 결과 2009년 3월에서

10월 사이에만 위안화의 가치는 유로화 대비 16퍼센트 하락했고, 오스트레일리아 달러에 대비해서는 31퍼센트 하락했다.[13]

대출의 수혜자는 대부분 대규모 국영 기업들이었다. 장쩌민의 〈큰 것은 잡고 작은 것은 놓아주어라〉 정책을 답습한 후진타오는 대중에게 〈국가가 먼저이고, 민간 부문은 그다음이다〉로 알려진 정책을 강조했다. 항공사와 철강, 석탄, 알루미늄, 심지어 풍력 터빈에 이르기까지 주요 산업으로 많은 돈이 투입되었다. 1998년 이후에도 거대 국영 기업을 탄생시킨 인수 합병이 계속되면서 국영 기업들은 정치적 압박과 경제적 영향력을 이용해 작은 규모의 민간 경쟁사를 흡수했다. 철강부터 부동산에 이르기까지 모든 부문에서 민간 기업들이 무너졌다. 그동안 적자를 내던 국영 항공사들이 탈취나 다름없는 일련의 적대적 합병을 통해 불과 2~3년 전에 설립된 대부분의 민영 항공사를 흡수했다.[14]

중국의 WTO 가입으로 지난 10년 동안 가장 큰 혜택을 입은 수혜자는 국영 기업들이었다. 서류상으로만 보면 그들은 1990년대의 병든 전임자들과 사뭇 달랐다. 2000년에서 2010년 사이에만 수익이 일곱 배나 증가해 2조 위안 달성을 목전에 두고 있었다. 그 자체로 정부에 두 배의 주주 가치를 창출해 준 셈이었다. 하지만 홍콩 통화 금융 연구소에 근무하던 경제학자 두 명이 25만 개에 달하는 국영 기업들의 공식 수치를 실제로 조사한 결과, 수익이 과장되었다는 사실을 발견했다. 만약 이들 국영 기업이 경쟁 관계에 있던 민간 기업들과 동일한 비율로 이자를 지불해야 했다면 수익은 완전히 사라졌을 터였다. 다시 말하면 경제 구조 자체는 거의 바뀌지 않았고, 정부는 일반 국민의 예금과 중국 연안 지역의 수출 기업들이 벌어들인 외화를 이용해 국영 기업들을 먹여 살린 터였다.[15]

값싼 신용은 늘 그렇듯 효율성 저하라는 대가를 치렀다. 국영 기업의 고정 투자는 민간 기업의 그것보다 으레 20~30퍼센트 더 많은 비용이 들었고 완료되기까지 약 50퍼센트 더 오랜 시간이 걸렸다. 경제 전체를 확고히 장악하고 있었기 때문에 그들은 결국 모든 소비자에게 세금으로 작용할 추가 수수료와 보다 높은 가격을 청구할 수 있었다.[16] 철강과 알루미늄 그리고 풍력 터빈을 포함한 주요 산업에서 과잉 생산이 다시 등장했다. 제조업체들은 잉여 생산물을 외국에 팔아 치우고자 하면서 무역 긴장을 부추겼다. 미국의 버락 오바마 대통령은 수입 타이어에 징벌적 관세를 부과했다. 미국 정부는 중국에서 수입된 강관들의 덤핑 증거도 조사하기 시작했다.[17]

중국 정부는 WTO에 보호 무역주의에 대한 불만을 제기함으로써 보복했다. 그들은 EU도 분쟁에 끌어들였다. 2009년에 EU가 중국산 강철 파스너 수입품에 반덤핑 관세를 부과한 이후 처음 있는 일이었다. 중국 정부의 주장은 익숙했다. 요컨대 그들은 미국과 유럽 관리들이 중국에 제기했던 주장을 그대로 반복하고 있었다.[18]

오만이 시작되었다. 미국이 자랑하던 금융 시스템은 실패했고, 유로존의 16개 회원국은 자국의 부채에 대해 디폴트를 선언하겠다고 위협하는 그리스를 구제할 능력이 없어 보였다. 서구에서 실업률이 치솟고 성장률이 떨어지면서 자본주의 붕괴를 예고한 카를 마르크스의 예언이 마침내 실현되는 듯 보였다. 당 지도부는 미국 정부가 시장을 제대로 규제하지 못했을뿐더러 재정 적자를 제대로 통제하지도 못했다며 미국을 맹렬히 비난했다. 2009년 1월에 다보스에서 열린 세계 경제 포럼에서 원자바오는 자본주의를 〈맹목적인 이윤 추구〉에 기반한 지속 불가능한 발전 모델이라고 비난하며 〈금융 감독 실패〉에 대해 은행들을 호되게 꾸짖었다. 2009년 4월에 중국 인민 은행 총재 저우샤오촨은 금융 위기에 맞선 중국의 빠른 대처가 중국 정치 체제의 우월성을 증명했다고 선언하며 미국이 주도하는 세계 질서에 도전장을 내밀었다. 중국 지도부는 자신들의 정당성을 충분히 입증했다고 생각했다. 그리고 미국 정부를 거울 삼아 국제 사회에서 조언자 역할을 자처하고 경제를 운영하는 방법에 대해 훈수를 두기 시작했다. 그들은 자본주의 모델이 지속 가능하지 않으며, 궁극적으로 그 우월성을 증명하게 될 새로운 접근 방식, 즉 〈중국식 사회주의〉를 추진해야 할 때라고 설명했다. 후진타오는 이를 〈중국의 길〉이라고 불렀다.[19]

2008년 12월 18일, 개혁 개방 정책 30주년을 기념하기 위해 지도부가 인민 대회당에 모였다. 후진타오는 기조연설에서 국민에게 〈절대적으로 옳은〉 당 지도부와 〈프롤레타리아 독재〉를 비롯한 4대 기본 원칙을 지지해 줄 것을 요구했다. 그는 중국 정부가 〈서구의 정치 체제와 모델을 절대 모방하지 않을 것이며, 사회주의의 위대한 깃발을 계속해서 높이 게양할 것〉이라고 밝혔다. 그리고 〈사회적 안정 없이는 아무것도 성취할 수 없기 때문에〉 안정이 당의 최우선 과제라고 지적했다. 일련의 지도자들에 의해 끊임없이 반복되어 온 메시지를 그가 다시 언급한 이유는 세계 경제 위기가 사회 불안을 증폭시킬 수 있다는 두려움 때문이었다.[20]

안정은 한편으로는 억압을, 다른 한편으로는 애국 교육을 의미했다. 후진타오가 연설을 하기 전부터도 억압은 이미 시작된 참이었다. 불과 몇 주 전에도 류샤오보가 〈국가 권력에 대한 전복을 선동〉한 혐의로 체포된 터였다. 30여 년 전 체코슬로바키아의 바츨라프 하벨과 그 밖의 반체제 인사들이 작성한 〈77 헌장〉에서 영감을 받은 〈08 헌장〉 선언서 제작에 가담한 혐의였다. 처음에 3백 명 남짓한 사람들이 서명했던 08 헌장은 2008년 12월 10일 세계 인권 선언 기념일에 맞추어 세상에 발표되자마자 수천 명이 서명에 동참했다. 08 헌장은 권력 분립과 독립적인 사법부, 호적 제도의 폐지, 결사와 표현과 종교의 자유, 시민 교육 등을 요구했다. 1년 뒤에 류샤오보는 징역 11년 형을 선고받았다.

그다음은 인터넷 단속이었다. 중국은 이미 정교한 통제 메커니즘을 구축하여 중국과 외부 세계를 연결하는 모든 케이블이 세 개의 대형 컴퓨터 센터 중 하나를 통과해야 했고 그곳에서 정부 단말기가 모든 인바운드 데이터를 가로채 점점 늘어 가는 금지된 주소와 금지된 키워드 목록을 대조했다. 이른바 만리 방화벽이었다. 그럼에도 여전히 수백만 명의 국내 블로거들이 활동했다. 그중 일부는 부패한 당 관리들에 맞서 온라인 운동을 벌였고 그들과 관련된 낯 뜨거운 자료나 유죄를 입증하는 증거 등을 게시했다. 2009년 1월에는 수천 개의 웹사이트가 폐쇄되면서 수많은 블로거가 강제로 침묵해야 했다.[21]

한편 중국 안팎의 사회 평론가들은 인터넷이 보다 개방적이고 믿을 수 있는 사회로 나아가는 길을 열어 줄 것으로 확신했다. 베이징 올림픽에서 주 경기장으로 사용된 일명 새 둥지를 설계하는 데 도움을 준 현대 예술가 아이웨이웨이도 그렇게 믿은 사람 중 한 명이었다. 인권에 관한 정부 기록을 공개적으로 비판한 활동가 아이웨이웨이는 인터넷에 대한 혹독한 탄압이 민주주의의 매력을 증가시킬 뿐이라고 생각했다. 아이웨이웨이 본인도 블로그를 운영했으며 많은 독자를 보유하고 있었다. 하지만 2009년 12월에 두 번째 인터넷 단속이 시작되었고 개인이 웹사이트를 개설할 수 있는 권한을 제한하는 새로운 조치가 도입되었다. 공안부 부장 멍젠주는 심각한 어조로 〈인터넷은 반중국 세력이 침투하고, 방해 공작을 펼치고, 그들의 파괴 능력을 확대하는 중요한 수단이 되었다〉라고 말했다. 1년 뒤 구글이 검색 결과에 대한 검열을 거부하다가 퇴출되었고, 페이스북과 유튜브, 트위터는 접속이 차단된 채 국가가 통제하는 다른 복제품으로 교체되었다. 일단의 검열관은 인터넷을 감시했을 뿐 아니라 정부를 지지하는 온라인 댓글로 채팅방을 도배했다. 그들은 인터넷이 연결된 곳이면 어디든 존재했다. 일례로 허난성에 있는 인구 약 3백만 명의 탄광 도시 자오줴는 온라인 메시지를 검열하기 위해 35명의 인터넷 검열관과 120명의 경찰관을 배치하고 있었다. 베이징 당국은 2009년에 인터넷 검열관 1만 명을 모집하는 광고를 내기도 했다.[22]

모든 유형의 활동가들이 강화된 감시나 전면적인 체포에 직면했다. 2008년 5월 쓰촨성에 지진이 발생했을 때 중국 정권은 톈안먼 사태 이후 가장 많은 인원인 13만 명이 넘는 군인과 구조대원을 파견했다. 지질 역학에 배경지식을 가지고 있던 원자바오가 구조 작업을 감독하기 위해 사고 발생 후 몇 시간 만에 현장에 도착했다. 그런데 현장 병력은 타이완과의 잠재적인 전쟁에 대비하여 훈련을 받았을 뿐 재난 구조에 대해서는 아는 것이 하나도 없었다. 훈련이 부족하고 장비도 열악했던 그들은 산악 지대를 헤치고 다니면서 맨손으로 잔해를 옮겼다. 며칠 뒤 정부는 이례적으로 솔직하게 국제 사회에 도움을 요청했다. 가장 먼저 타이완에서, 그리고 뒤이어 일본과 한국, 미국, 그 밖의 다른 나라들에서 구호 단체와 구호 물품이 도착했다. 기부금도 쏟아져 들어왔다. 가장 후한 사람들은 홍콩 입법회가 할당한 90억 홍콩 달러와 별개로 일주일도 안 되어 10억 홍콩 달러가 넘는 돈을 모금한 홍콩 시민들이었다.[23]

재난 지역 지방 정부는 어린 학생 수천 명의 목숨을 앗아 간 붕괴된 학교들의 부실 공사 여부를 조사하겠다고 약속했다. 하지만 막상 기자들이 떠나자 아무 일도 일어나지 않았다. 오히려 당국에 의문을 제기한 사람들은 구금되었고, 괴롭힘을 당했으며, 몇몇은 〈체제 전복을 선동했다〉는 혐의로 수사까지 받았다. 학교가 붕괴되어 자녀를 잃은 부모들이 조직한 항의 시위를 해산시키려고 폭동 진압 경찰이 투입되었다. 피해자들에게 발언권을 주기 위해 노력한 두 명의 인권 운동가 황치와 탄쮀런은 2009년 8월에 〈국가 안보를 위태롭게 했다〉는 이유로 재판에 회부되었다.[24]

정부의 구조 작업에 의문을 제기한 가장 유명한 활동가 중 한 명이 아이웨이웨이였다. 그는 모든 희생자에게 이름을 주기로 결심하고 지진으로 사망한 아이들의 명단을 직접 제작해 자신의 블로그에 올렸다. 2009년 3월에 한 외신 기자는 〈정부의 통제를 받는 웹사이트에서 아이웨이웨이가 그토록 솔직한 목소리를 낼 수 있는 이유를 아무도 설명하지 못한다〉라며 궁금해했다. 두 달 뒤에 아이웨이웨이의 블로그는 폐쇄되었다. 그가 탄쮀런의 재판에서 증언하려고 하자 경찰은 그를 구타했다. 2011년 1월에는 그의 스튜디오도 불법 구조물로 간주되어 철거되었다.[25]

법률 활동가에 대한 탄압도 보다 만연해졌다. 2006년에 자신의 고향 린이에서 한 자녀 정책이 강압적으로 시행되는 것에 이의를 제기한 시각 장애인 변호사가 4년간 투옥되었다. 감옥에서 풀려난 뒤에도 천광청은 사실상 가택 연금 상태였고, 그를 외부 세계와 단절시키는 단 하나의 임무를 위해 신원 미상의 요원 수백 명이 배정되었다. 그들이 취한 작전 행동에는 정기적인 구타와 전기 공급 차단, 집 창문을 금속판으로 가리는 일 등이 포함되었다. 다른 법률 활동가들에 대한 압박도 늘어났다. 민간 기업에 당세포를 심으려는 노력이 빠르게 진행됨에 따라 로펌 내에 설치된 공산당 위원회에는 골칫거리 구성원을 저지하는 임무가 부여되었다. 그들은 해당 구성원의 면허 갱신을 방해함으로써 임무를 수행했다. 개업 변호사들이 공산당 위원회의 요구를 거부하면 당국은 그들의 사무소를 폐쇄했다.[26]

억압은 새로운 보안 대책, 특히 이른바〈사회 안전 유지 및 법질서 교정 사무소〉의 도움을 많이 받았다. 일당제 국가의 다른 많은 국가 기관과 마찬가지로 비록 명칭은 투박했지만 이 새로운 기관의 근본적인 임무는 단순했다.〈반당 분자〉를 찾아내〈불안정을 초래하는 모든 세력의 싹을 잘라 버리는 것〉이었다. 이 기관은 2009년에 급속도로 확산되어 대다수 연안 도시의 모든 구역에 하나씩 사무실이 설치되었고 경우에 따라서는 주요 거리마다 사무실이 설치되기도 했다. 대도시와 중소 도시에서도 시의 당 서기가 지휘하는 국가 안전 선도 집단이 설립되었다. 국가 안전부 부장 겅후이창은 이들 집단을〈국가 안보를 지키는 인민 방어 전선〉으로 묘사했다.[27]

계속해서 늘어나는 국가 안보 기구의 목표는 외세의 침투와 전복 시도에 맞서 싸울 수 있는 확실한 그물 조직을 개발하는 것이었다. 암흑 세력의 배후는 서구 세력, 보다 정확히는 신중하게 조직된 음모를 통해 중국에서〈화평연변〉을 일으키려는〈적대적인 외국 세력〉이었다. 류샤오보나 아이웨이웨이, 천광청 등은 모두 미국이나 영국, EU에 강력한 후원자가 있을 것으로 의심되었다. 2008년 12월에 EU가 반체제 인사인 천광청에게 사하로프 인권상을 수여했을 때는 사회주의 체제를 약화시키려는 일종의 공동 작전이 진행 중이라는 의심이 거의 확신으로 변했다. 보다 꼼짝달싹할 수 없는 증거도 있었는데 EU의 의장을 맡고 있던 니콜라 사르코지 프랑스 대통령이 노벨 평화상 수상자 모임에서 달라이 라마를 공개적으로 지지한 일이었다. 1년 뒤인 2010년 11월에는 류샤오보가 노벨 평화상을 받았다. 외무부 부부장 추이톈카이는 류샤오보의 노벨 평화상 수상을 새롭게 떠오르는 중국에 대한 정치적 공격이라고 비난하면서 중국의 사법 체제에 이의를 제기하는 나라들은〈그에 상응하는 결과를 감수〉해야 할 것이라고 단언했다.『인민일보』

는 추이톈카이의 주장을 그대로 반복하면서 노벨 평화상을 〈서구 국가들이 그들의 기준을 만족시키지 않는 강대국들에 화평연변을 강요하기 위한 도구〉라고 설명했다.[28]

공공 안보에 소요되는 비용이 큰 폭으로 늘어나 2010년에는 무려 770억 달러에 달한 것으로 추산되었다. 일부 매체의 보도에 따르면 북동부의 사양화된 중공업 지대에 위치한 랴오닝성은 성 예산의 15퍼센트를 내부 안보에 지출했다. 광둥성의 한 도시는 이른바 〈안정 유지〉를 위해 이전 5년 동안 지출했던 비용을 2010년 한 해 동안 지출하면서 주요 교차로에 감시 카메라를 설치했고, 사회 혼란을 진압하는 경찰을 보조할 목적으로 수천 명의 마을 정보원을 고용했다. 2009년 7월에 위구르족과 중국 이주자 사이에서 벌어진 심각한 충돌로 공안국장 저우융캉이 대대적인 단속을 벌인 우루무치에서는 1만 7천 대의 감시 카메라가 설치되었다. 서부 대개발 운동의 상징적인 수도인 충칭은 20만 대를 추가해서 감시 카메라가 총 51만 대에 달했다. 베이징과 상하이 두 곳을 합치면 무려 3백만 대가 넘었다. 유럽에서 카메라를 이용한 감시에 앞장섰던 런던에서조차 경찰이 접속할 수 있는 폐쇄 회로 텔레비전 카메라 숫자는 고작 7천 대에 불과했다.[29]

보안 기구가 시험대에 오른 것은 2011년에 튀니지의 광범위한 시민 저항 운동으로 장기 집권하던 대통령 지네 알 아비딘 벤 알리가 몰락했을 때였다. 재스민 혁명으로 알려진 이 혁명은 아랍 세계 대부분에 시위의 물결을 일으켰고, 이집트와 리비아, 예멘에서 독재자가 축출되는 결과를 낳았다. 중국에서는 〈재스민 혁명〉을 요구하는 익명의 온라인 요구가 있은 뒤 2011년 2월 20일에 베이징과 상하이를 비롯한 10여 개의 도시에서 민주화를 요구하는 시위대가 거리에 수백 명씩 모습을 드러냈고, 언제든 집회를 해산시킬 준비가 된 수만 명의 경찰과 맞닥뜨렸다. 몇몇 성의 대학들에는 학생들이 나가지 못하도록 학교 정문을 닫으라는 지시가 하달되었다. 일주일 뒤 대규모 경찰 병력이 지켜보는 가운데 학생들이 이번에는 침묵시위를 벌이며 다시 거리로 나왔다. 침묵시위를 벌이며 행진하는 시위자와 일반 쇼핑객을 구분하기가 불가능하자 공안은 외국 기자들을 비난하면서 그들의 카메라를 몰수했고, BBC 방송사 취재진을 두들겨 팼으며, 국제 언론사 소속 기자 15명을 체포했다. 혹시라도 소요 사태가 발생할 것을 우려한 중국 정권은 이후 몇 주 동안 수십 명의 인권 운동가를 체포했고, 그들보다 훨씬 많은 수의 인권 운동가들을 소환해 경찰의 밀접한 감시 아래 두거나 가택 연금에 처했다. 재스민 꽃 또한 금지되어 은은한 향을 풍기는 재스민 찻잎의 도매가격이 폭락했다.[30]

가장 유명한 피해자는 아이웨이웨이였다. 그는 4월 3일에 공항에서 체포된 뒤 자루를 뒤집어쓴 채 죄수 호송차의 뒷자리에 던져졌고 3개월 동안 감금된 상태에서 50차례나 심문을 받았다. 국제적인 비난이 일면서 풀려나기는 했지만 그는 탈세 혐의로 거액의 벌금을 지불했으며 철저한 감시를 받았다.[31]

북아프리카와 중동의 봉기에 기겁한 중국 정부는 또다시 대중문화의 고삐를 죄었다. 정치적 표현에 대해서는 검열관의 손을 통해 항상 철저히 통제했지만 텔레비전에서 방송되는 시끌벅적한 장기자랑이나 댄스 프로그램부터 수백만 명의 폴로어를 보유한 마이크로 블로그에 이르기까지 부쩍 자유분방해진 연예 영역에 대해서는 그동안 어느 정도 용인해 준 참이었다. 저우융캉은 〈사회적 정직성〉과 〈사회적 도덕성〉에 우려를 표하면서 2011년 10월에 단속을 지시했다. 텔레비전 방송국은 매일 저녁에 방송되는 연예 프로그램을 90분짜리 두 개로 제한하고, 두 시간짜리 의무적인 국영 뉴스 방송 전과 후에 편성하라는 지시를 받았다. 전체주의적인 국가 라디오 영화 텔레비전 총부의 주장에 따르면 그 같은 조치는 〈과도한 오락과 저속한 경향〉을 뿌리 뽑기 위함이었다. 그러나 제한을 당한 몇몇 장기자랑 프로그램은 정작 다른 이유로 정권을 불쾌하게 만든 터였다. 해당 프로그램들은 가정에서 휴대폰 문자 메시지를 통해 가장 마음에 드는 참가자에게 투표하도록 시청자들을 유도했는데 정부 입장에서 볼 때 어떤 형태로든 그들의 통제를 벗어난 투표는 못마땅한 일이었던 것이다. 저우융캉은 특히 당 간부가 연루된 추문을 실어 나른 블로그를 포함하여 인터넷에 올라오는 연예 관련 게시물에 대해서도 엄격하고 신속한 검열을 촉구했다. 그러자 일부 인터넷 기업들은 인터넷을 감시하며 불법 게시물을 찾아내는 일을 하고 있던 기존의 감시자들과 별개로 〈가짜〉로 추정되는 정보를 조사하고 반박하는 임무를 맡을 전문 기자들을 채용함으로써 이른바 〈소문 반박〉 부서를 강화했다. 불과 몇 달 전에 중국은 WTO가 외국 영화와 음악, 도서에 대한 국가의 통제를 완화하라며 정해 준 마감 기한을 그냥 흘려보낸 터였다.[32]

 2012년 3월 5일, 사람들이 재차 모범적인 군인으로부터 배우도록 권고되면서 레이펑이 또다시 등장했다. 인터넷에서 조롱이 쏟아지면서 해당 운동은 사람들의 마음을 움직이는 데 실패했다. 하지만 관찰자들은 익명을 이용한 비판도 이번이 마지막이라고 주장했는데 앞으로 2주 안에 도입될 새로운 규제는 국익에 〈해롭다〉고 여겨지는 식별 가능한 계정과 게시물을 5분 이내에 삭제하도록 요구했기 때문이다.[33]

 후진타오와 원자바오가 지도부를 이룬 10년이 끝나 갈 무렵인 2012년에 중국은 방대한 공안 기구와 전임 지도자들이 꿈같은 일로 생각했을, 세계에서 가장 정교한 감시 체제를 갖춘 지극히 견고한 독재 국가가 되어 있었다. 그럼에도 대학교수부터 존경받는 정치가에 이르기까지 다양한 분야의 외국 전문가들은 내내 정치 개혁이 임박했다고 발표했다. 그 배경은 상당히 단순했다. 중국 지도자가 어쩌다 한 번씩 미소를 지으며 〈개혁〉이라는 용어를 언급하기만 해도 외국 전문가들은 당 조직 내에 조심스럽게 숨어 있던 세력이 마침내 오랫동안 지연된 우위를 차지하면서 민주주의로의 진정한 전환이 곧 시작될 거라고 추측한 것이었다. 2010년 10월 3일에 CNN 기자 파리드 자카리아와 가진 인터뷰에서 원자바오가 언론의 자유를 〈필수 불가결한〉 요소로 규정한 이후에도 온갖 추측이 난무했다. 그의 발언은 검열되어 자국에 공개되지 않았고, 그가 진심이었다고 믿는 반체제 인사도 거의 없었다. 가택 연금 상태에 있던 작가 위제는 불과 몇 달 전 『중국 최고의 배우: 원자바오』를 발간하여 총리를 조롱하기도 했다. 2011년 3월에 전국 인민 대표 대회 상무 위원장인 우방궈는 재차 단호하게 〈권력 분립〉이나 〈여러 당이 돌아가며 집권하는 다당제〉, 〈양원제나 연방제〉 도입을 거부하면서 개혁에 대한 희망을 내동댕이쳤다. 우방궈는 〈민영화를 추진〉하려는 시도에 대해서도 경고했다. 그는 연례 연설에서 3천 명의 대의원들을 향해 〈올바른 정치적 방향을 유지해야 하며, 국가의 기초 체제와 같은 주요 원칙 문제들에 대해서는 절대로 흔들리지 말아야 한다〉라고 말했다.[34]

베이징 올림픽 이후 억압이 강화되면서 또 한 차례 세뇌 작업이 단행되었다. 절묘한 시기 선택으로 중앙 위원회는 리먼 브러더스가 무너지기 딱 하루 전인 2008년 9월 14일에 세뇌 운동을 시작했다. 지도부는 변화하는 세계 속에서 마르크스·레닌주의와 마오쩌둥 사상, 덩샤오핑 이론 그리고 장쩌민의 3개 대표론에 대한 정확한 이해가 그 어느 때보다 중요하다고 피력했다. 당원들은 18개월 동안 고전 연구에 완전히 몰두하도록 요구되었다. 마르크스와 엥겔스, 레닌의 저작도 새로 인쇄되어 고

등학교에 배포되었다.[35]

1년 뒤 중국 정권은 화려한 의식과 군사 퍼레이드로 건국 60주년을 기념했다. 인민복 차림으로 연단에 오른 후진타오 주석은 〈지난 60년간 이룩한 중국의 새로운 발전과 진보는 사회주의만이 중국을 구할 수 있으며, 개혁과 개방만이 중국과 사회주의, 마르크스주의의 발전을 보장할 수 있음을 입증했다〉라고 강조했다. 그리고 〈사회주의 중국이 이제 미래를 마주한 채 동아시아에서 굳건한 모습으로 우뚝 서게 되었다〉라고 자랑스럽게 선언했다. 곧이어 퍼레이드가 펼쳐졌고 중국 지도자들의 거대한 초상화가 광장을 가로지르며 지나갔다. 무릎을 굽히지 않은 채 다리를 높이 들어 올리며 행진하는 수천 명의 군인들 뒤로 신형 탄도 미사일까지 포함된 군사력 과시가 이어졌다. 머리 위에서는 전투기들이 밀집 대형을 이룬 채 포효했다.[36]

기념행사가 끝나고 몇 개월 뒤 당의 최고 기관이자 이념 주입 운동을 내내 주도해 온 중앙당교의 교장 시진핑은 중국 마르크스 포럼으로 불리는 학습 단체에 축하 서한을 보내면서 전국의 학자들에게 마르크스주의에 관한 연구를 추진할 것을 촉구했다. 축하 서한에서 그는 마르크스주의야말로 당과 국가의 이념적 기초라고 설명했다. 중앙 위원회의 대표 잡지로 〈진실 추구〉라는 의미를 가진 『추스』도 〈마르크스주의는 우리 당과 우리 국가를 수립하는 데 토대가 된 지도 이념이다〉라며 같은 주장을 되풀이했다. 〈우리는 마르크스주의를 진심으로 연구하고, 이해하고, 신뢰하고, 적용해야 한다. 특히 마르크스주의의 중국화와 현대화, 대중화를 추진하기 위해서는 반드시 마르크스 주의를 정확히 이해하고 과학적으로 접근할 필요가 있다.〉[37]

큰 키에 다부진 체격으로 머리에 항상 포마드를 바르고 다닌 시진핑은 상하이 당 서기로 잠시 근무하는 동안 그다지 두드러지지 않았고 일련의 발언들도 단조로운 수준에 그쳤다. 산시성(陝西省) 출신인 그는 칭화 대학교에서 화학 공학 학위를 취득했고 기술 분야에 대한 배경지식을 갖추고 있었다. 다른 기술 관료들과 마찬가지로, 농촌 지역인 후난성에서 말단 관리로 시작한 그는 차츰 승진하여 민간 기업가들이 연안 지역을 장악한 저장성의 당 서기 자리에 올랐다.

시진핑에게는 몇 가지 장점이 있었는데 특히 잘난 체하는 언행을 하지 않았기 때문에 잠재적인 경쟁자들의 보다 밀접한 감시를 피할 수 있었다. 거의 누구의 편도 들지 않았으며 어떠한 속내도 드러내지 않는 중립적인 모습과 인자한 미소까지 갖추고 있었다. 무해해 보이는 인상 덕분에 당내의 여러 파벌에도 쉽게 녹아들 수 있었다. 심지어 또 다른 비장의 카드도 있었다. 30년 전에 선전을 개발하는 데 기여했던 혁명 원로 시중쉰의 아들인 그는 이른바 태자당이었다. 여기에 더해서 인민 해방군과 맺은 긴밀한 유대도 그가 가진 이점 중 하나였는데 군은 시진핑을 자기 사람으로 여기고 있었다. 사람들은 57세의 시진핑이 차기 총서기가 될 것으로 예상했다.[38]

자국에서 진행한 세뇌 작업이 기본이었다면 중국 정권은 해외에서도 공격적으로 그들의 이미지를 홍보하기 시작했다. 2008년 1월에 지도부는 이념 작업도 〈세계로 나아가야〉 한다고 판단했다. 그들이 세계인의 마음을 사로잡고자 한 목적은 〈타이완을 비롯한 티베트와 신장, 인권 문제, 사악한 조직인 파룬궁 같은 사안들을 둘러싼 국제 여론을 주도하거나 해당 여론에 맞서 투쟁하기〉 위해서였다. 〈중국 문화의 해〉, 〈중국 문화 주간〉, 〈문화 중국〉을 포함하여 〈문화〉는 이러한 연성 권력을 행사하는 데 있어 핵심 단어였다. 연성 권력의 주요 구성 요소 중 하나인 공자 학당은 2004년에 처음 우즈베키스탄에 등장했고 얼마 뒤 미국 워싱턴 인근에 위치한 메릴랜드 대학교에 또 하나가 생겼다. 공자 학당은

장차 정권의 이념 작업을 〈조직화하고 발전시키기〉 위해 대대적으로 확장될 계획이었다.[39]

해외 선전 활동에 막대한 자금이 투입되었다. 2009년에 유럽과 미국 매체들이 경기 침체로 휘청거리고 있을 때에도 무려 1백억 달러가 투입되었다. 자금의 상당 부분은 국영 방송국 CCTV로 들어갔는데 높이가 230미터에 육박하는 방송국 본사는 단독 건물로는 중국에서 가장 비싼 값을 자랑했다. 산하의 방송국들은 여섯 개 위성에 접속하여 다양한 언어로 전 세계에 방송을 송출했다(이들 방송국은 2010년에 중국 국제 텔레비전, 즉 CGTN으로 이름이 바뀌었다). 신화 통신사 같은 경우는 해외 사무소를 100개에서 186개로 늘렸다. 『인민일보』는 『환구시보』라는 영문으로 발행되는 새로운 자회사를 운용했다. 한 현지 선전원의 표현에 따르면 그들은 〈중국 시민들이 자신들의 민주주의와 자유, 인권, 법치에 대해 말해야 하는 것들을 전 세계에 전달해야 했다〉.[40]

2010년 말에 이르러서는 전 세계 80개 국가에서 280개가 넘는 공자 학당이 운영되었는데 하나같이 베이징에 있는 중국어 진흥 사무소의 통제를 받았다.[41] 해외 영사관과 대사관은 문화부의 도움을 받아 〈중국 문화 주간〉을 조직했다. 2011년에는 오스트레일리아에서, 2012년에는 이탈리아와 독일, 튀르키예에서 〈중국 문화의 해〉가 시작되었다. 아이웨이웨이와 류샤오보를 걱정하는 사람들이 우려를 표출하면서 비록 산발적이기는 했지만 소수의 회의적인 시선도 생겨났다. 그럼에도 무용이나 연극, 사회주의 국가 예술에 대한 공식 후원 프로그램들은 대체로 좋은 평가를 받았고, 신화 통신사와 『환구시보』는 이구동성으로 이러한 행사들이 다른 나라와 〈중국 시민들 간에 이해와 우정을 증진하는 데〉 대단히 성공적인 역할을 수행했다고 주장했다.

중국 정부가 말한 〈문화〉는 기실 〈사회주의 문화〉의 줄임말로, 〈중국식 사회주의〉를 의미했다. 후진타오는 통칭해서 〈중국 방식〉이라고 불렀다. 자국 내에서 중국 방식은 4대 기본 원칙을 엄격하게 고수하는 것을 의미했다. 반면에 해외에서는 제한적인 정부 역할과 시장 개방을 맹신하는 서구의 실패한 모델과 대조되는 보다 균형 잡힌 접근법 중 하나로 제시되었다. 이 접근법은 곧 〈중국식 모델〉 또는 〈베이징 합의〉로 명명되었고 〈워싱턴 합의〉에 대한 대안 이념이자 자연스러운 균형추가 되었다. 20세기가 〈미국의 세기〉였다면, 21세기는 이제 중국의 것이 될 터였다.

관련 주제로 각종 기사와 팸플릿, 서적이 쏟아져 나왔고 회의와 세미나도 열렸다. 베이징 대학교 국제 정치학과 교수 판웨이가 쓴 『중국식 모델』은 가장 영향력 있는 책 중 하나였다. 상하이 푸단 대학교 국제 관계학과 교수 장웨이웨이가 출간한 『중국 물결: 문명국가의 부상』도 많은 사람이 읽었다. 〈중국은 서구 사회로부터 배울 능력이 있었지만 서구 사회는 그러한 학습 능력이 없다〉라고 장웨이웨이 교수는 거들먹거리며 말했다. 〈우리는 새로운 사고가 필요하며 중국은 변변치 않지만 지혜를 제공할 수 있다.〉 중국 학자들은 세계를 돌며 자신들의 충고를 쏟아냈고 새로운 모델과 중국의 경제 기적을 추켜세웠다. 『인민일보』는 〈중국식 모델이 기적을 만들었고, 우월한 미국식 모델에 대한 믿음을 대체했으며, 미국식 모델의 종말을 알렸다〉라고 자랑했다.[42]

연성 권력은 경성 권력의 강화를 불러왔다. WTO에 가입한 뒤 외환 보유고가 급증하자 중국은 군사력을 키우기 위해 전 세계를 돌며 한바탕 쇼핑에 나섰다. 군 예산은 2001년에 2백억 달러에서 2007년에 420억 달러로 두 배 이상 늘어났다. 2011년에는 9백억 달러로 다시 두 배 넘게 치솟았다. 하지만 비밀스러운 정권에서 발표한 이러한 공식 수치들은 많은 국제기구가 비공식적으로 산출한 추정 금액의 3분의 1이

나 2분의 1에 불과했다.⁴³

군대가 육지에서 바다로 이동하면서 인민 해방군 해군은 중국 정권의 우선 과제 중 하나가 되었다. 중국은 외국에서 수입되는 석유에 크게 의존했는데 수입량의 상당 부분이 수마트라섬과 말레이반도 사이에 있는 좁은 말라카 해협을 통과했다. 구리와 석탄, 철광석 등 방대한 양의 다른 원자재들도 바닷길을 통해 운반되었고 중국 수출품을 운반하는 일단의 상선들도 바닷길을 이용했다. 민간 컨테이너선이든 유조선이든 보호가 필요한 상황이었다. 특히 1996년에 장쩌민이 타이완 근처에서 미사일을 실험 발사한 뒤로 미국은 이 지역에 항공 모함 전투단을 배치해 놓은 터였다. 지도부는 남중국해와 서태평양에서 미국이 장기적으로 동맹을 맺고 있는 타이완과 일본, 한국에 군사적 지원을 하지 못하도록 막음으로써 해당 지역의 군사적 균형에 변화를 주기로 결심했다.⁴⁴

중국의 청해(青海) 해군은 프리깃함과 전함, 유도 미사일 구축함을 비롯한 260척의 함정과 60척이 넘는 잠수함 함대로 확대되었는데 일부 잠수함은 항공 모함을 공격해 침몰시킬 목적으로 설계된 러시아제 순항 미사일까지 탑재하고 있었다. 2012년에는 대륙 간 탄도 미사일에 관한 연구가 빠르게 진행되면서 미국에 핵탄두를 보낼 수 있는 능력이 향상되었다. 그해가 끝나 갈 무렵에는 중국 북동부에 위치한 성 이름을 따서 랴오닝함이라고 명명된, 소련 시절의 함정을 개조한 중국 최초의 항공 모함이 해상 시험 운항을 시작했다.⁴⁵

타이완 맞은편 해안선을 따라 배치된 중국의 미사일은 그 수가 2002년 이후로 두 배 이상 증가하여 2007년에 약 9백 기에 도달했고 2011년에는 다시 1천2백 기까지 늘어났다. 미국 정부는 이따금 우려를 표명하면서도 타이완을 둘러싼 갈등에 개입할지 여부에 대해 의도적으로 모호한 상태를 유지하며 자신들의 〈전략적 모호성〉 정책을 영구화했다. 미중 국교 정상화 이후에 고안된 이 정책의 목표는 갈등이 저절로 평화롭게 해결되기를 기대하며 시간을 버는 것이었다. 중국 정부는 이 점을 최대한 이용해 자신들의 군사적 영향력을 꾸준히 증강했다.

중국 정부는 레이더에 잡히지 않는 스텔스 전투기를 포함하여 수백 대의 전투기를 공군에 추가함으로써 공중과 우주에서도 영향력을 확대했다. 잠재적인 적국의 위성과 우주 기반 자산을 파괴할 수 있는 운동 에너지 무기 및 지향성 에너지 무기의 개발도 그들의 전략 중 일부였다. 사이버 전쟁에서도 큰 진전이 있었는데 전 세계 전문가들은 컴퓨터 해킹 사례가 급증하고, 많은 경우에 명백히 중국이 그 근원지라는 사실에 주목했다.[46]

자신감과 역량이 증대되면서 대립도 잦아졌다. 중국군은 특히 해군이 영유권을 주장한 남중국해에서 힘을 과시하며 무인도인 센카쿠 열도를 둘러싸고 일본과 승강이를 벌였고, 인도네시아 해역에서 민간 어선들과 충돌을 빚었으며, 타이완을 침공하겠다는 은근한 협박을 일삼았고, 스프래틀리 군도와 파라셀 군도를 둘러싸고 베트남과 분쟁을 일으켰다. 2010년 7월에 힐러리 클린턴 미 국무 장관이 남중국해 전체에 대한 중국의 영유권 주장에 이의를 제기하며 다른 동남아시아 국가들 편에 서자 양제츠 외교부장은 〈중국에 대한 공격〉이라며 분노를 감추지 못했다. 그는 해당 지역의 다른 나라들은 단지 단역 배우에 불과하다고 잘라 말했다. 〈중국은 대국이고 다른 나라들은 소국이다. 사실은 사실일 뿐이다.〉 수년 전 덩샤오핑은 동료들에게 〈겸손하고 신중하라〉고 조언했다. 때를 기다리는 그의 전략은 이제 중국이 세계를 좌지우지하는 강국이 될 거라는 확고한 믿음에 기반한 새로운 자기주장으로 대체된 터였다.[47]

중국 정부는 공해상에서 미국 해군을 괴롭히는 만행도 주저하지 않았다. 2009년 3월에는 중국 함정 다섯 척이 하이난섬에서 남쪽으로 120킬로미터 떨어진 지점에서 미국의 잠수함 감시선인 〈임페커블호〉를 에워싼 채 진행 경로에 쓰레기를 투하했다. 해당 사건은 충돌 직전까지 간 위험 상황부터 전투기 근접 비행에 이르기까지 공해에서 발생한 일련의 소규모 접전 중 하나에 불과했다.[48]

중국이 인도를 비롯한 베트남과 필리핀, 일본과 분쟁에 휘말리면서 2012년 말에 남중국해의 긴장이 급격히 표면화되었다. 해양권 사무소에서 활동하는 정책 입안 소조의 조장으로서 시진핑은 남중국해에 각별한 관심을 지닌 듯 보였는데 결국 이 지역은 그가 이끄는 외교 선도 소조의 소관이 되었다. 2012년 12월에 하이난섬은 남중국해 전역의 분쟁 지역에서 선박을 가로막고 승선하여 수색할 수 있는 새로운 법을 통과시켰다고 발표했다. 시진핑이 국가 지도자로 취임한 지 한 달도 지나지 않은 시점에서 고조된 긴장감은 보다 엄격한 조치가 뒤따를 것을 예고했다.[49]

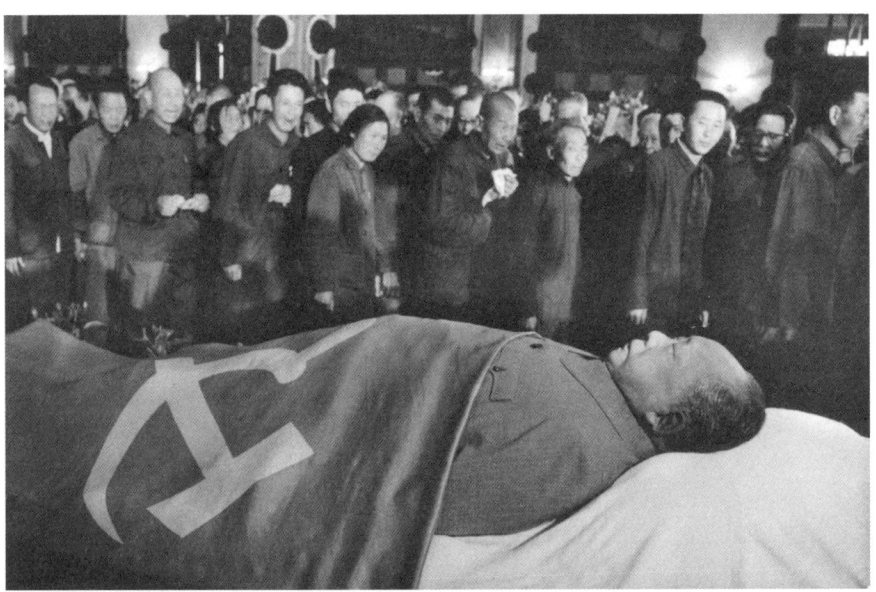

신화 통신이 1976년 12월 12일에 다음과 같은 설명과 함께 공식적으로 배포한 사진. 〈한없이 깊은 충심을 가지고 베이징 교외에서 찾아온 프롤레타리아 농부들이 가장 존경받고 사랑받은 지도자 마오쩌둥 주석에게 존경을 표하다.〉

예젠잉과 리셴녠의 뒤를 이어 중국 공산당 주석으로 선출된 뒤 기념행사에서 톈안먼 광장의 연단에 선 화궈펑, 1976년 10월.

1970년대 말의 덩샤오핑.

베이징 민주장(民主墻), 즉 민주의 벽 앞에서 손으로 쓴 벽보를 읽고 있는 군중, 1979년 2월.

후야오방과 덩샤오핑, 1981년 9월 1일 베이징.

도쿄의 일본 내셔널 프레스 클럽에서 기자 회견 중인 자오쯔양 총리, 1982년 6월 2일.

사인방에 대한 재판 중 피고석에서
판결을 기다리는 장칭(마담 마오),
1981년 1월 25일.

광시성 구이린의 행상인들, 1982년.

쓰촨성 다주의 신발 수선공, 1986년.

덩샤오핑이 베이징에서 마거릿 대처를 만나고 있다, 1982년 9월 24일.

불법 시위 중인 학생들이 톈안먼 광장 인민 영웅 기념비 아래에 마련된 전임 중국 공산당 지도자 후야오방의 초상화 앞에 꽃과 화환을 놓고 있다. 1989년 4월.

군인들이 인민 대회당에서 열린 후야오방의 공식 추도식에서 시위대를 막고 있다. 1989년 4월 22일.

톈안먼 광장에 설치된 민주주의 여신상이 수많은 시위 군중 사이에 우뚝 선 채 마오쩌둥 초상화를 정면으로 마주하고 있는 모습, 1989년 6월 1일.

톈안먼 광장 앞 창안 대로에서 시민과 맞선 군인, 1989년 6월 4일.

창안 대로에서 엄폐물을 찾아 기어가는 사람들, 1989년 6월 4일.

시위 다음 날의 창안 대로, 1989년 6월 5일.

베이징의 주요 교차로를 지키고 있는 탱크들, 1989년 6월.

덩샤오핑이 베이징에서 열린 제14차 당 대회가 끝나고 장쩌민을 축하하고 있다, 1992년 10월.

농촌에서 올라온 이주 건설 노동자들이 머물던 비좁은 숙소, 1995년.

가난한 사람들의 낙후된 판잣집과 대비되는
상하이의 새로운 아파트 건물들, 1994년.

JOHN STILLWELL/AFP via Getty Images

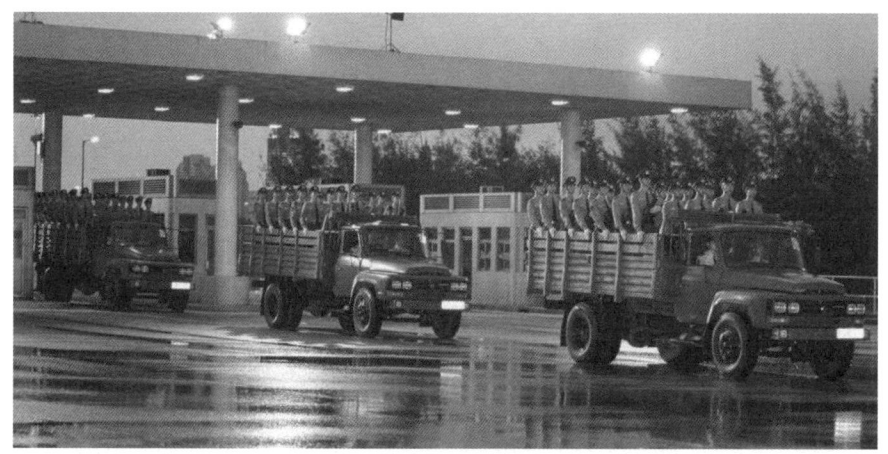

영국에서 중국으로 통치권이 반환된 첫날, 인민 해방군 병사들이 국경을 넘어 홍콩으로 진입하고 있다, 1997년 7월 1일.

Mark Ralston/South China Morning Post via Getty Images

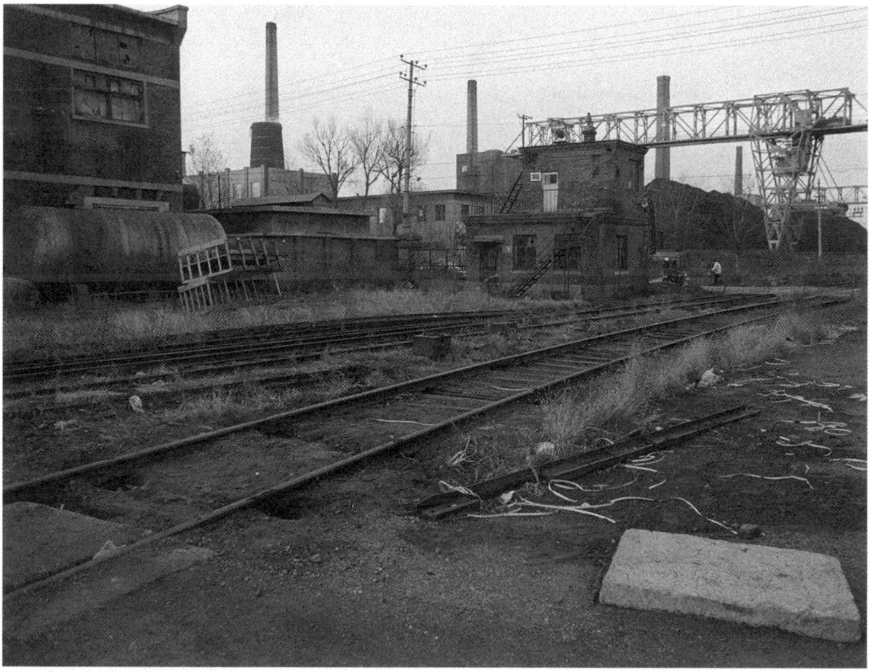

선양의 버려진 국영 공장, 2001년 11월.

장쑤성 쉬저우의 전기 기술자와 목수부터 페인트공에 이르는 각종 구직자들, 2002년 6월.

베이징에서 열린 건국 50주년 기념행사에 참석한 장쩌민과 후진타오, 주룽지, 리펑, 1999년 10월.

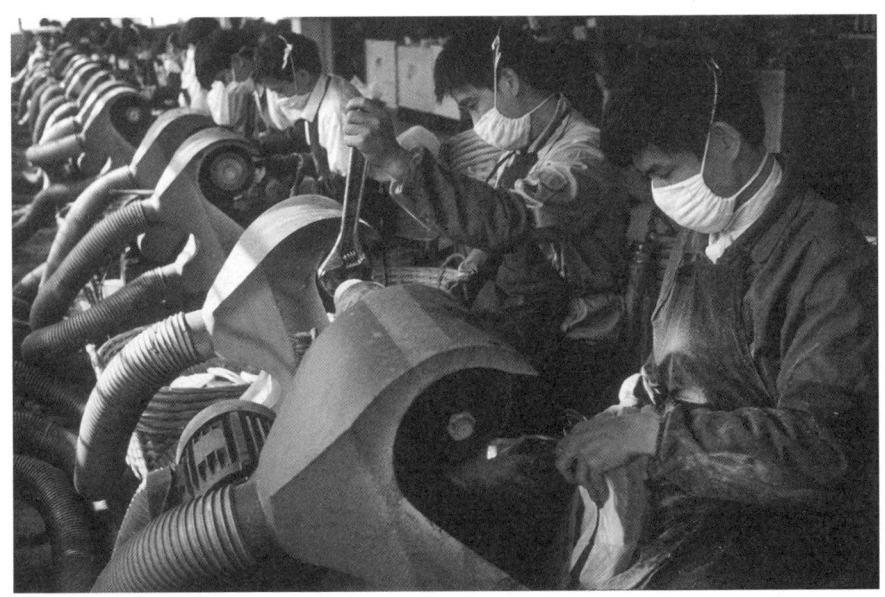

나이키 공장에서 운동화를 만드는 노동자들, 2004년 2월.

신장 스허쯔의 면직 공장, 2005년 10월.

랴오닝성 선양에서 레이펑의 날을 맞이하여 열린 한 기념행사에 참석한 장교가 레이펑 동상을 감탄하며 바라보고 있다. 2005년 3월 3일.

상하이의 한 부유한 커플이 사진사를 향해 포즈를 취하고 있다. 2004년.

베이징의 작업자들이 국경절에 앞서 톈안먼 광장에 새로 설치한 감시 카메라의 각도를 조정하고 있다, 2005년.

베이징에서 한 소년이 쓰레기로 둘러싸여 심하게 오염된 개울을 조심스럽게 건너고 있다, 2000년 2월.

상하이의 한 백화점 앞에서 가짜 시계와 가짜 명품 지갑을 판매하는 노점상들, 2007년 5월.

노르웨이 오슬로에서 노벨 위원회 위원장 토르비에른 야글란이 원래라면 노벨 평화상 수상자인 류샤오보가 앉아 있어야 할 빈 의자를 바라보고 있다, 2010년 12월.

맺음말

2010년대 초 중국이 세계 금융 위기에 대비해 이미 착수했던 대규모 경기 부양 프로그램을 축소하기 시작한 순간에도 중국의 지방 정부들은 경제 성장률을 유지하기 위해 계속해서 막대한 부채를 쌓아 가고 있었다. 수십 개의 도시들이 중국의 유명한 경제 기적을 보여 주는 도시로 거듭나고자 대규모 사회 기반 시설 프로젝트에 착수했다. 일례로 우한은 새로운 고속 도로와 터널, 다리, 야심 찬 지하철에 더해서 두 개의 새로운 공항, 다수의 사치스러운 관공서를 갖춘 완전히 새로운 금융 지구가 포함된 총 1천2백억 달러 규모의 종합 계획을 추진했다. 당연히 지방 정부가 빌릴 수 있는 자금 한도를 정해 놓은 규정도 존재했다. 하지만 이런 규정을 우회하기 위해 지방 정부는 특별 투자 법인 또는 지방 정부 금융 투자 기관이라 불리는 것을 설립했다. 이렇게 만들어진 법인들이 국가로부터 새로 대출을 받고 채권도 발행했지만 그들의 부채가 지방 정부의 공식 대차 대조표에 오르는 일은 없었다. 중국 전역에는 이런 지방 정부 금융 투자 기관이 1만 개 넘게 존재했다. 한 추산에 따르면 시진핑이 2012년 11월 15일에 후진타오로부터 공식적으로 인계받기 이전부터도 지방 정부의 총부채는 3조 달러에 육박했는데, 이는 중국의 군자금인 외환 보유고와 맞먹는 금액이었다.[1]

담보는 지방 정부가 보유한 토지였다. 방법은 매우 간단했다. 지방 정부는 대출이 필요할 때 그 지역의 개발업자에게 토지를 판매했다. 그러면 지방 은행이 개발업자에게 지난 10년 중 대부분 기간 동안 물가가 급등했음을 감안하더라도 후한 값으로 토지 가치를 쳐주었다. 채무가 늘어날수록 더 많은 토지가 매각되었고, 기존 부채를 갚기 위해 빌리는 돈의 액수도 더욱 늘어났다. 그럼에도 이 같은 방식은 2010년에 지방 정부의 수입 가운데 약 절반이 토지 양도 수수료와 토지 임대료에서 나왔을 정도로 너무나 유혹적이었다. 하지만 한 가지 문제가 있었다. 자칫하여 부동산 시장이 폭락하면 지방 정부가 막대한 부채에 노출될 수밖에 없다는 점이었다. 그리고 이런 사실은 중앙 정부를 곤경에 빠뜨렸다. 중앙 정부가 주택 시장의 인플레이션도 억제해야 한다는 점을 감안할 때 어쩌면 지방 정부로부터 보다 많은 악성 부채를 떠안을 수도 있었기 때문이다. 지방 정부는 자신들이 부채를 상환하지 못하더라도 그들 위에 있는 권력 기관이 당연히 구제해 줄 거라고 여겼기 때문에 대출을 받는 데 아무런 거리낌이 없었다.[2]

그림자 금융은 말할 것도 없고 정부의 모든 단계에서 시도된 끊임없는 난독화와 창의적인 회계를 고려할 때 정확히 얼마나 많은 돈이 대출되었는지 파악하기란 거의 불가능에 가까웠다. 당황한 지도부는 2013년에 조사단을 파견해 미지불된 부채의 총계를 산출하도록 국가 회계국에 지시했다. 그리고 2013년 9월에 중국 사회 과학원의 경제학자 류위후이는 지방 부채가 불과 2년 만에 두 배로 늘어나 약 20조 위안(3조 3천억 달러)을 넘는 것으로 추산했다. 세부 내역을 보면 은행에 직접 진 빚이 9조 7천억 위안, 그림자 대출을 통해 빌린 돈이 4조에서 5조 위안, 다양한 형태의 차용 증서를 통해 진 빚이 6조 위안에서 7조 위안이었다. 중앙 정부가 암묵적으로 채무를 부추겼다는 점에서 일부 경제학자들은 관련 부채를 국가의 빚으로 간주했고 그렇게 계산하자 2008년 말에 국가 생산량의 129퍼센트를 기록했던 부채 총액은 2백 퍼센트까지 늘어났다.[3]

자금이 지방 정부와 거대 국영 기업으로 흘러가면서 국영 은행은 실물 경제 특히 보다 작은 기업들의 수요를 충족하기에 현금이 너무 부족했다. 신용도 부족해서 신규 투자에 필요한 자금을 조달할 수 없었다. 결국 삼각 부채와 같은 익숙한 문제들이 2012년에 재등장했고 약속 어음이 다시 보편화되었다. 하지만 규모 면에서 약속 어음은 차라리 사소한 문제에 가까웠다. 진짜 문제는 이런 어음들이 소비를 진작하고 민간 부문을 지원해야 할 중앙 정부의 무력함이나 무의지를 시사한다는 점이었다.[4]

국가의 하향식 접근법이 불러온 또 다른 고질적인 부작용은 응석받이로 자란 국영 기업들이 비용 절감을 꺼리면서 초래된 만성적인 설비 과잉 문제였다. 2014년에 정부는 제철소와 늘 텅 비어 있는 경기장을 포함하여 〈비효율적인 투자〉 때문에 2009년부터 총 6조 8천억 달러가 낭비된 것으로 추산했다. 설비 과잉 문제는 다시 가격 하락으로 이어져 금융계에 보다 많은 압박을 초래하며 소비자 주도 성장으로의 전환을 또다시 지연시켰다.[5]

경제가 둔화되고 기업 수익이 감소했음에도 주식 시장은 급등했다. 오랫동안 주식 거래소는 중국 경제에서 아주 작은 부분을 차지했으며 주식의 대부분은 외국인 투자자들이 구매할 수 없도록 신중하게 차단되었다. 하지만 절실히 필요한 투자를 유치하기 위해 2014년에 경제를 담당하는 국가 서열 2위 리커창 총리는 외국인 투자자들이 국내 주식 거래소에 등록된 기업들의 주식을 직접 거래할 수 있도록 허용했다. 지도부는 일반인들에게도 투자를 독려했다. 수천만 명의 투자자들이 뛰어들었고 일부는 주식을 사기 위해 돈을 빌리기도 했다. 1년도 지나지 않아 주식 가격은 거의 세 배로 올랐다. 절정기에는 선전과 상하이 거래소에 등록된 기업 중 절반의 주가 수익 비율이 85배를 넘어섰다. 지도부는 위험 신호를 무시하라고 투자자들을 부추겼다. 하지만 2015년 7월이 되자 주식 시장은 폭락했다. 중앙은행은 시장을 살리기 위해 보다 많은 돈이 유통되도록 이자율과 지급 준비율을 낮추었지만 소용이 없었다. 그러자 정부가 나섰고 여러 주요 증권 거래소에 190억 달러 규모의 주식을 매입하도록 지시했다. 그러나 이 방법도 실패하자 정권은 자신들이 제일 잘하는 일을 했다. 주식을 판매하는 행위를 금지하고 주가를 부양하려는 정부의 노력을 방해하는 자는 누구든 체포하겠다고 위협한 것이다. 당 관료들도 의도적으로 시장을 조작하는 〈외국 세력〉을 비난하며 그들에 대한 단속을 약속했다. 한 경제학자의 표현에 따르면 중국 정부는 〈주식 시장을 살리겠다면서 오히려 파괴하고 있었다〉. 중국이 필연적으로 시장 경제를 향해 나아갈 수밖에 없다고 그토록 자신 있게 주장해 왔던 일부 외국인 전문가들은 침묵했다.[6]

8월과 9월에, 외환 시장이 여전히 휘청거리고 있었음에도 중앙 정부는 수출업체들을 돕기 위해 위안화의 가치를 단계적으로 약 4.5퍼센트 평가 절하 했다. 주가는 다시 떨어졌다. 저축한 돈의 가치가 떨어지는 것에 놀란 개인들이 1조 달러에 가까운 돈을 해외로 옮기면서 자본 유출이 뒤따랐다. 자본 도피로 위안화가 압력을 받자 정부는 시장에 개입할 수밖에 없었고 외환 보유고에서 달러를 팔아 대량의 위안화를 매입해야 했다. 이후 보다 강력한 자본 통제가 이루어졌지만 이미 다수의 기업가적 기질을 가진 사람들은 수십 년에 걸쳐 송장을 허위로 기재하거나 친구와 가족을 이용하여 현금을 운반하는 등 정부의 손을 피하는 나름의 기량을 연마하고 기술을 갈고닦은 터였다.[7]

2015년은 중국 경제사에서 중요한 한 해였던 동시에 정치적인 측면에서도 변화를 가져온 한 해였다. 모든 신임 지도자는 잠재적인 경쟁자들을 제거하기 위해 으레 부패 단속에 매달렸다. 시진핑은 그의 취임 연설에서 부패에 맞서 싸울 것을 다짐하며 고위 관료와 일반 당원 모두에게 엄격히 자제할 것을 요구했다. 기관원으로 국영 은행에서 경력을 쌓고 주룽지와 긴밀히 협력했던 왕치산은 중앙 기율 검사 위원회를 이끌어 달라는 요청을 받았다. 그는 전국에 공작대를 파견하여 온갖 다양한 기관에서 1백 명이 훨씬 넘는 주요 인사들을 끌어내렸다. 그중에서 특히 눈에 띈 인물은 보시라이 전 다롄 시장이었다. 2007년에 충칭으로 재배치된 그는 그곳에서 마오쩌둥 사상의 부활을 도모하는 〈붉은 문화〉와 조직범죄와 공직자의 부패를 척결하기 위한 운동을 포함하는 일명 〈충칭 모델〉이라 불리는 통치 방식을 개발한 터였다. 하지만 2012년 2월에 휘하의 경찰서장이 미국 영사관에 망명을 신청하면서 보시라이와 그의 아내 구카이라이가 영국인 사업가 살해 사건과 깊이 연루되었다고 폭로하는 바람에 권력에서 밀려났다. 그의 절친한 협력자이자 공안계의 거물 저우융캉은 1년 뒤에 군 출신의 다른 몇몇 주요한 〈범[虎]〉과 함께 체포되었다. 2015년 10월까지 10만 명이 넘는 사람들이 반부패단에 단속되었다.[8]

몇몇 고위급 범법자들이 체포되고 당원들이 경고를 받고 나면 반부패 운동은 일반적으로 종료되었다. 하지만 시진핑은 자신의 전임자들보다 더 나아가서 반부패 운동을 당대 정치 지형의 영속적인 특징으로 만들었다. 2015년이 되자 반부패 운동의 칼끝은 재계를 향했고 부정한 해외 투자 혐의로 일련의 기업가들이 체포되었다. 몇몇 억만장자들이 사라졌고 남은 억만장자들은 당에 대한 자신의 충성심을 증명하기 위해 분주히 움직였다.

중앙 기율 검사 위원회를 비롯해 다른 당 기관들도 강화되었다. 1950년대에는 당에 자문을 제공하고, 여러 부처와 정부 조직에 영향을 미치는 당의 정책 실행을 조율하는 일련의 특별한 영도 조직이 도입되었다. 말 그대로 번역하자면 〈영도 소조〉였다. 그들은 권력 구조의 맨 위에 위치했으며, 다른 모든 기관을 대신할 수 있는 당의 신경 중추와 같았다. 지도자들은 그들을 이용해 반대 의견을 우회하고 자신의 의지를 집행했다. 가장 악명 높았던 영도 소조는 문화 대혁명 당시에 마오쩌둥의 비서 천보다와 주석의 아내 장칭이 이끌었던 중앙 영도 소조였다.

이런 비공식 기구들 중 가장 중요한 것 중 하나가 시진핑이 2012년 이전부터 이끌어 온 외사 영도 소조였다. 2014년에는 그의 핵심 측근들에게 권력을 집중시킬 목적으로 두 개의 영도 소조가 추가로 설립되었다. 하나는 국가 안보를 담당하며 국내외 안보를 책임지는 기관들의 협력을 이끌어 냈다. 또 다른 하나는 전면 심화 개혁 영도 소조로, 굵직한 정책 변화를 감독하기 위해 설립되었다. 2018년에 이르러서는 외교 정책을 점검하는 외사 영도 소조를 비롯해 네 개의 영도 소조가 위원회로 격상되어 보다 강력한 권한을 휘두르기 시작했다.[9]

영도 소조와 위원회는 중앙 권력을 회복하고자 시진핑이 쏟은 노력의 산물이었다. 시진핑은 이들 기관 중에서 마오쩌둥 이후로 어떤 지도자보다 많은 11개를 직접 지휘함으로써 국가 안보, 외교, 금융 컴플라이언스, 국방, 군 개혁, 특히 이념 통제에 대한 지배력을 강화했다. 지배력이 강화될수록 그의 칭호도 늘어났다. 2017년까지 그는 창조적인 지도자와 당의 핵심, 인민의 행복을 추구하는 머슴부터 위대한 대국의 지도자, 신시대의 현대화 설계자라는 별명까지 일곱 개의 칭호를 얻었다. 한 관찰자의 표현에 따르면 시진핑은 그야말로 모든 것의 주석이 되었다.[10] 2018년에 전국 인민 대표 대회가 열정적인 투표를 통해 주석의 임기 제한을 폐지함으로써 그는 종신 주석이 되었다.

개인숭배가 난무하기 시작했다. 물론 당 관료들은 기를 쓰고 일반인들이 그들의 지도자에게 애정을 느끼는 것은 지극히 자연스럽고 진심에서 우러난 행동이라고 우겼다. 2017년에 베이징에서는 「당신을 따르는 것이 태양을 따르는 것이다」라는 신곡이 발표되기도 했다. 시진핑 주석의 사상은 같은 해에 학생들의 필독서가 되었다. 싸구려 장신구와 배지, 포스터는 물론이고 모든 신문의 1면까지 곳곳이 그의 얼굴로 도배되었다.[11]

처음에는 사람들도 만연한 뇌물 수수와 리베이트, 절도, 공금 낭비를 단속하는 것에 박수를 보냈지만 곧 그 대상이 단지 부패한 공무원이나 재계의 거물을 넘어 훨씬 광범위하다는 사실을 알게 되었다. 그리고 2015년에는 한 관찰자가 수십 년 만에 최악의 단속이라고 말한 과정을 통해 수천 명의 변호사와 인권 운동가, 기자, 종교 지도자가 감금되거나, 추방되거나, 투옥되었다.[12]

탄압을 부추긴 것은 정권이 가지고 있던 단 하나의 압도적인 확신이었다. 요컨대 미국이 이끄는 〈외국의 적대 세력〉이 공산당을 약화시키기 위해 음모를 꾸미고 있다는 믿음 때문이었다. 2014년 한 해에만 『인민일보』는 온갖 사회적 병폐를 〈서방〉과 〈외국〉, 〈해외〉 세력의 탓으로 돌리는 기사를 42건이나 게재했다. 비록 겉으로는 즉흥적으로 보일지라도 중국에서 발생하는 모든 문제의 뒤에는 공안 기관의 신속하고 종합적인 대응을 요구하는 외국의 음모가 존재하는 것처럼 보였다.[13]

마치 마오쩌둥 시대로 회귀한 것처럼 또다시 외신 기자들은 정권을 전복시키려는 비밀 정보 요원으로 간주되었다. 실제로 2014년 3월에 한 전국 인민 대표 대회 대변인은 외신 기자들에게 자신은 그들이 중국에서 기자로 활동하는 목적이 〈우리 정부를 전복시키고자 함〉이라는 것을 안다고 말했다. 그로부터 1년 뒤 외신 기자들에 대한 강제 출국 조치가 시작되었고 그 숫자는 해마다 늘어나 2020년에 이르러서는 기록적인 17명의 추방자가 발생했다. 결국에는 『뉴욕 타임스』에 단 한 명의 기자만 남게 되었고 혼자서 인구가 무려 14억 명에 달하는 나라를 취재해야 했다.[14]

마오쩌둥은 한때 펜이 총만큼이나 위험한 도구라고 단언한 적이 있었다. 외신 기자들이 점점 더 많은 협박과 추방을 당하는 상황에서도 현지 기자들은 〈절대적인 충성〉을 요구받았다. 시진핑은 중국 언론 매체가 〈당을 사랑하고, 당을 보호하고, 당 지도부와 긴밀히 협력해야 한다〉고 말했다. 한편 대학교수들은 학생들이 보는 외국 교과서를 제한하고, 〈그들의 머릿속〉에 마르크스주의 가치관을 직접 주입하라는 지시를 받았다.[15]

새로운 이념적 냉전 속에 검열은 더욱 늘어났다. 조지 오웰이 쓴 『동물 농장』과 『1984』는 모두 금지되었고 〈곰돌이 푸〉도 푸가 시진핑을 닮았다는 소문이 돌면서 지하로 들어갔다. 어린이 만화 「페파 피그」도 위험한 외국 이념의 체제 전복적인 상징으로 간주되어 텔레비전과 책에서 사라졌다. 2020년 7월에는 전국의 초등학교와 중학교에서 정화 운동이 실시되면서 정치적으로 올바르지 못한 책들이 전부 폐기되었다. 그 자리는 공산당 선언문과 마오 주석이 쓴 시를 비롯해 교육부가 만든 목록에 있는 새 책들로 채워졌다.[16]

인터넷 검열도 한층 강화되어 2019년에 이르러서는 보다 많은 외국 앱 — 구글, 페이스북, 드롭박스, 트위터, 유튜브, 레딧, 스포티파이 등 — 과 외국 뉴스 — BBC, 『파이낸셜 타임스』, 『월 스트리트 저널』, 로이터, CNN 등 — 가 차단되었다. 그리고 두 개의 별도 인터넷이 등장했다. 하나는 외국에서 사용할 수 있는 인터넷이었고, 다른 하나는 외국에서 접속할 수 없는 인터넷이었다. 사람들은 외국에 나갈 때 자신의 기기를 가져갔고 그런 측면에서 그들은 외국에 있을 때조차 디지털 방식으로 24시간 내내 감시를 당한 셈이었다.[17]

적대적인 외국 세력이 가장 심각한 위협을 가한 곳은 끊임없이 진압해야 했던 국경 지대였다. 위구르족 과격분자들이 2014년 4월에 한 기차역에서 수십 명을 칼로 찌른 사건 이후에 시진핑은 〈테러와 침투, 분리주의에 대한 전면전〉을 촉구하면서 〈독재 정권의 여러 기관〉을 〈무자비하게〉 활용할 것을 주문했다. 결국 1백만 명 이상의 위구르족과 여러 무슬림 소수 민족이 공식적으로는 〈직업 교육 및 훈련 센터〉라고 불리는 재교육 수용소에 수감되었다.[18]

2014년 9월에 홍콩에서는 보통 선거로 행정 장관을 선출할 것을 요구하는 시위대가 거리로 나와 평화적인 시민 불복종 운동을 벌이며 도심을 점령했다. 『인민일보』는 이 〈센트럴을 점령하라〉 또는 우산 혁명을 미국이 조종하는 반중 세력에 의한 시위로 규정했다. 한 장군은 중국에 대한 〈서방의 전례 없는 직간접적인 포위 공격〉이라고 생각했다.[19]

2019년 6월에는 중국 본토로의 범죄인 인도를 허용하는 계획에 반대하여 홍콩에서 다시 시위가 벌어졌다. 무려 1백만 명이 넘는 시민들이 거리로 나섰고 이번에는 경찰과 시위대가 무력 충돌을 빚으며 거리와 쇼핑몰, 대학교 등에서 치열한 싸움이 이어졌다. 그해 말에는 3백만에 달하는 시민들이 구 의회 선거에서 자신들의 투표권을 행사하여 민주주의를 옹호하는 진영에 압승을 안겨 주었다. 중국 정부는 이 같은 선거 결과를 적대적인 외국 세력이 홍콩에서 행사하는 영향력을 보여 주는 또 다른 증거로 받아들였다. 그리고 코로나바이러스가 유행하면서 시위가 차츰 잦아드는 상황임에도 2020년 6월 30일에 광범위한 권한이 부여된 국가 보안법을 도입했다. 새로운 국가 보안법은 거의 모든 형태의 민주적 반대 세력을 탄압했으며, 홍콩 입법국을 중국 정부가 23년 전 홍콩 반환 당일에 만들려고 했던, 말 잘 듣는 유순한 기구로 전락시켰다. 세계 지도자들은 새로운 법령이 기본법 위반이라고 비난하며 신속한 대응에 나섰다. 많은 나라가 각종 제재와 비자 제한 조치를 취했다. 미국은 수출 허가 면제와 상대적으로 낮은 관세 등 홍콩에 적용해오던 규제 특례를 폐지했다.

적이 자국을 포위하고 있다고 확신한 정권은 해외에서도 보다 적극적인 전술을 택하여 타이완은 물론이고 인도와 필리핀, 인도네시아, 베트남, 일본, 남한, 북한, 싱가포르, 브루나이, 네팔, 부탄, 라오스, 몽골, 미얀마 등과 잇단 국경 분쟁을 일으켰다.

미국과의 오랜 긴장은 2018년에 6210억 달러의 적자를 기록한 미국이 관세와 기타 무역 장벽을 부과하면서 절정으로 치달았다. 미국은 불공정 무역 관행과 지적 재산권 도용, 강제 기술 이전, 시장 접근성 부족 등을 이유로 중국을 비난했다. 물론 무역 전쟁이 발발하기 이전부터 이미 많은 외국 기업이 중국에서 발을 빼고 있었다. 비용 상승도 한 가지 이유였지만 끝없는 규제도 문제였다. 게다가 외국 기업들까지 반부패 운동의 표적이 되면서 중국에서 사업을 하는 데 따른 위기감도 커졌다. 상하이에서 활동하던 위기관리 전문가 피터 험프리는 2013년에 아내와 함께 체포되었고, 텔레비전에서 자백을 강요받은 뒤 투옥되었다가, 전립샘암으로 겨우 조기 석방되었다. 다른 외국인들도 때로는 몇 년씩 아무 혐의도 없이 구금되었다.

2020년 초에 우한에서 발생한 코로나바이러스가 전 세계로 빠르게 확산되면서 중국에 대한 불신이 미국에 깊이 뿌리를 내렸다. 2020년 7월에 마이크 폼페이오 미 국무 장관은 중국과의 협력 기간이 끝났다고 발표했다. 마치 자기실현적인 예언처럼 미국이 자국을 저지하려는 적대 세력이라는 중국의 믿음이 현실화되는 순간이었다. 온갖 역경에도 불구하고 결국 중국 정권은 가장 중요한 지지자 중 하나이자 그들이 생존을 위해 그토록 의지했던 환경을 만들어 준 유일한 정권을 멀리하는 데 성공한 셈이었다. 글로벌 달러부터 글로벌 오일, 글로벌 상품, 중국 제품을 판매하기 위한 글로벌 시장까지 중국 정권은 미국이 이룩한 세계 질서 속에서 극심한 곤경에 처했다. 덩샤오핑은 일찍이 그의 동료들에게 자세를 낮추고 때를 기다리라고 경고한 바 있었다. 그럼에도 그들은 오히려 거인을 적으로 만든 터였다.

코로나바이러스는 〈늑대 전사 외교〉라고 불릴 정도로 공격적인 중국의 태도와 맞물려 특히 인도와 일본, 오스트레일리아, 영국, EU 등 다른 국가와의 관계도 소원하게 만들었다. 그들은 뜬금없이 파푸아 뉴기니와 브라질을 적으로 만들기도 했다. 그리고 그렇게 함으로써 옌스 스톨텐베르그 사무총장이 〈우리의 가치를 공유하지 않을뿐더러 안보에 영향을 미치는〉 국가에 맞서 동맹을 더욱 강화할 필요가 있다고 거듭 경고할 정도로 소멸 직전이던 나토에 새로운 생명을 불어넣었다.[20]

2021년에는 외국 기업들의 중국 탈출이 이어졌다. 심지어 일본은 자국 기업들에 생산 시설을 이전하는 비용을 지불하기도 했다.[21] 국제적인 반발도 뒤따랐다. 더욱이 이 시점의 중국 경제는 교착 상태로 접어들고 있었다. 수십 년 동안 부채에 의존해 온 중국의 성장률은 1980년부터 2010년 사이에 매우 낮은 수준에서 서서히 늘어났다. 하지만 2010년에서 2020년 사이에는 두 배의 성장률을 기록했는데 그동안 부채는 세 배로 늘어나 총생산의 280퍼센트에 달했다. 중국의 부채 의존도는 사회 기반 시설 프로젝트에 대한 투자에서 보다 많은 내수로 수요를 이동시킴으로써 개선되어야 했다. 그럼에도 내수는 더 이상 늘어나지 못했는데 매우 단순한 한 가지 이유 때문이었다. 즉 대부분의 부(富)

가 국민이 아닌 국가로 유입되었기 때문이었다. 2020년 5월에 리커창이 지적했듯이 중국에서는 6억 명이 넘는 사람들이 140달러로 한 달을 살았는데, 이는 도시에서 방 하나를 임대하기에도 부족한 돈이었다. 보다 많은 소비를 촉진하기 위해서는 당원들이 아닌 일반인들에게 대대적인 수입의 재분재가 이루어져야 했지만 그럴 일은 좀처럼 일어나지 않을 듯 보였다.[22]

인구 통계는 이 문제를 더욱 복잡하게 만들었다. 인구 증가와 더불어 수십 년 동안 값싼 노동력을 이용해 왔지만 이 추세는 2010년쯤에 한 자녀 정책으로 노동 인구가 감소하면서 반전되었다. 노동력이 줄면 생산성이라도 향상되어야 했지만 그 역시 꾸준히 감소하고 있었다.[23] 수십 년 동안 농촌 지역은 마냥 방치된 채 값싼 비숙련 노동력의 보고로 이용되었다. 지방 정부는 도시의 사회 기반 시설에 막대한 돈을 투자하면서도 정작 자기 지역 사람들, 특히 농촌 지역 주민들에게는 거의 아무런 투자도 하지 않았다. 전국적으로는 세 명의 아이 중 한 명만 고등학교를 다녔고, 근시가 있는 농촌 사람들 중 극히 일부만 안경을 살 수 있었다. 수십 년에 걸친 의도적인 방치로 중국의 노동력은 비슷한 다른 나라들에 비해 가장 낮은 교육 수준을 보였다.[24]

외국 자본 수용, 아무런 보호도 받지 못하는 노동력의 착취, 자금 조달을 위한 토지 매각, 보조금에 의존한 수출 상품 생산, 국영 기업의 해외 상장, 빌려서 짓고 나중에 갚기 등 쉬운 옵션은 더 이상 이용할 수 없었다. 공산당이 직면한 과제는 권력 독점과 생산 수단 장악을 포기하지 않으면서 자생적인 오랜 구조적 문제를 어떻게 해결할 것인가 하는 것이었다. 그들은 막다른 길에 봉착한 듯 보였다.

감사의 말

홍콩 대학교 예술학부에서 제공한 쉬룽싱 연구 보조금에 감사의 마음을 전한다. 초고를 읽고 귀한 의견을 준 사람들, 이름을 밝힌 게일 버로즈, 프레이저 하위, 크리스토퍼 허턴, 윌리 람, 프리실라 로버츠에게, 그리고 익명을 선택한 다른 독자들에게도 감사한다. 피터 베어, 장피에르 카베스탕, 로완 칼릭, 사이먼 카틀리지, 론 글럭, 폴 그레고리, 찰스 힐, 카스텐 홀츠, 장 헝, 리난양, 마이클 성은 친절하게 의견과 제안, 문의에 대한 답변을 제공해 주었다. 위그람 캐피털 어드바이저 리미티드의 로드니 존스는 전체 원고를 읽어 주었을 뿐 아니라 귀중한 데이터를 이용할 수 있게 해주었다. 나는 중국 본토의 친구와 동료들에게도 많은 도움을 받았지만 충분히 이해할 만한 명백한 이유로 그들의 이름을 거명하지 않기로 했다.

후버 연구소의 도서관과 기록 보관소 직원들은 특히 리루이의 일기를 접할 수 있도록 아낌없는 도움을 주었다. 쿠르뇌브에 있는 프랑스 외무부 문서 보관소의 아리안 모레아브뢰는 1992년까지 작성된 문서 전체를 기밀 해제하는 데 특히 많은 도움을 주었다. 편집자인 런던의 마이클 피시윅과 뉴욕의 벤 하이먼, 교열 담당자 리처드 콜린스 그리고 프란시스코 빌헤나와 블룸즈버리의 팀원 모두에게도 신세를 졌다. 저작권 대리인인 뉴욕의 앤드루 와일리와 런던의 제임스 풀런에게 고마움을 전한다. 아내 게일 버로에게 늘 그렇듯 사랑을 담아 감사의 마음을 전한다.

주

머리말

1 James Palmer, "Nobody Knows Anything About China: Including the Chinese Government", *Foreign Policy*, 21 March 2018.
2 Zhao Ziyang, "Yanzhe you Zhongguo tese de shehuizhuyi daolu qianjin" (Advance along the road of socialism with Chinese characteristics), *Renmin ribao*, 4 Nov. 1987; BArch, Berlin, DY 30/2437, Meeting Between Erich Honecker and Zhao Ziyang in Berlin, 8 June 1987, pp. 10~20; Charlotte Gao, "Xi: China Must Never Adopt Constitutionalism, Separation of Powers, or Judicial Independence", *The Diplomat*, 19 Feb. 2019.
3 Wenzhou, J1-28-51, Conference on Guangdong and Fujian, 24 Dec. 1980, transcript dated 21 Jan. 1981, pp. 43~47.
4 Barry Rubin, *Modern Dictators: Third World Coup Makers, Strongmen, and Populist Tyrants*, McGraw-Hill, New York, 1987.
5 "China Has Over 600 Million Poor with $140 Monthly Income", *PTI News*, 28 May 2020.
6 Xiang Songzuo, "The Pitiful State of the Chinese Economy", *AsiaNews*, 21 Jan. 2019.

1 또 다른 독재자(1976~1979)

1 톈안먼 광장의 건축 역사에 관해 필독할 자료는 Adrian Hornsby, "Tiananmen Square: The History of the World's Largest Paved Open Square", *Architectural Review*, 12 Oct. 2009; Wu Hung, *Remaking Beijing: Tiananmen Square and the Creation of a Political Space*, Reaktion Books, London, 2005도 보라.

2   1911년 이후 늘어난 언론, 집회, 종교, 이동, 결사의 자유에 대해서는 Frank Dikötter, *The Age of Openness: China Before Mao*, University of California Press, Berkeley, CA, 2008을 보라.
3   Lu Xun, *Diary of a Madman and Other Stories*, translated by William A. Lyell, University of Hawai'i Press, Honolulu, 1990, p. xxvii.
4   Frank Dikötter, *The Tragedy of Liberation: A History of the Chinese Revolution 1945–1957*, Bloomsbury, London, 2013. (『해방의 비극』, 고기탁 옮김, 열린책들, 2016.)
5   Jin Chongji (ed.), *Zhou Enlai zhuan, 1898-1949* (A biography of Zhou Enlai, 1898 – 1949), Zhongyang wenxian chubanshe, Beijing, 1989, vol. 2, p. 1908.
6   Roderick MacFarquhar and Michael Schoenhals, *Mao's Last Revolution*, Harvard University Press, Cambridge, MA, 2006, pp. 393~397.
7   Li Zhisui, *The Private Life of Chairman Mao: The Memoirs of Mao's Personal Physician*, Random House, New York, 1994. (『모택동의 사생활』, 손풍삼 옮김, 고려원, 1995.)
8   Yan Jiaqi and Gao Gao, *Turbulent Decade: A History of the Cultural Revolution*, University of Hawai'i Press, Honolulu, 1996, pp. 489~492.
9   Roger Garside, *Coming Alive: China after Mao*, Deutsch, London, 1981, pp. 115~128.
10 Hoover Institution, "Zhongguo Gong Chan Dang Issuances", Box 1, Minutes of Politburo Meeting, 1 April 1976, transcript dated 2 April 1976.
11 Hoover Institution, "Zhongguo Gong Chan Dang Issuances", Box 1, Minutes of Politburo Meeting, 4 April 1976.
12 Hoover Institution, "Zhongguo Gong Chan Dang Issuances", Box 1, Mao Yuanxin to Mao Zedong, 5 April 1976.
13 Hoover Institution, "Zhongguo Gong Chan Dang Issuances", Box 1, Minutes of Politburo Meeting, 6 April 1976; Ezra F. Vogel, *Deng Xiaoping and the Transformation of China*, Harvard University Press, Cambridge, MA, 2011, p. 168도 보라.
14 Hoover Institution, "Zhongguo Gong Chan Dang Issuances", Box 1, Minutes of Politburo Meeting, 5 April 1976; Hoover Institution, Li Rui Papers, diary entry dated 18 May 1995.
15 Hoover Institution, "Zhongguo Gong Chan Dang Issuances", Box 1, Mao Yuanxin to Mao Zedong, 6 April 1976. 화궈펑의 역할은 몇 년이 지난 뒤에야 알려졌다. Shanghai, B250-5-128, Chen Guoding, Report on the Sixth Plenum, 13 to 15

July 1981, pp. 39~71을 보라. 마오쩌둥의 의사 리즈수이는 장칭이 쌍안경으로 군중을 바라보는 모습을 보았다. Li, *The Private Life of Chairman Mao*, p. 612. 톈안먼 사태에서 화궈펑이 수행한 역할에 대한 방송 내용과 사라지지 않는 의문들에 관해서는 PRO, FCO 21/1609, "Your Telno 953: Hua's Watergate", 21 Dec. 1978을 보라.

16 Hoover Institution, "Zhongguo Gong Chan Dang Issuances", Box 1, Mao Yuanxin to Mao Zedong, 7 April 1976. 화궈펑의 역할은 몇 년이 지난 뒤에야 알려졌다. Shanghai, B250-5-128, Chen Guoding, Report on the Sixth Plenum, 13 to 15 July 1981, pp. 39~71을 보라.

17 Pamela Tan, *The Chinese Factor: An Australian Chinese Woman's Life in China from 1950 to 1979*, Roseberg, Dural, New South Wales, 2008, p. 228; PRO, FCO 21/1552, 25 Feb. 1977, "Internal Situation"; MacFarquhar and Schoenhals, *Mao's Last Revolution*, pp. 431~432도 보라.

18 마오쩌둥 공식 전기에 등장하는 이 종이쪽에 대한 유일한 참고 문헌은 중앙 기록 보관소 지하에 조심스럽게 숨겨져 있던 장위펑의 미출간 일기이다. Pang Xianzhi and Jin Chongji (eds), *Mao Zedong zhuan, 1949–1976* (A biography of Mao Zedong, 1949 – 1976), Zhongyang wenxian chubanshe, Beijing, 2003, vol. 2, pp. 1778~1779를 보라. 하지만 이 일기를 읽었던 『인민일보』 편집장 친촨은 다르게 주장했다. Hoover Institution, Li Rui Papers, conversation between Li Rui and Qin Chuan, diary entry dated 27 April 2000을 보라.

19 MacFarquhar and Schoenhals, *Mao's Last Revolution*, pp. 443~447.

20 PRO, FCO 21/1493, "Confidential Wire", 25 Oct. 1976; Hoover Institution, Hongda Harry Wu Collection, Box 2, Document issued by the Central Committee, zhongfa (1976) no. 16, 18 Oct. 1976 as well as Document issued by the Central Committee, zhongfa (1977) no. 10, 6 March 1977. 〈사인방〉에 관한 모든 언급이 제거된 것에 대해서는 Hubei, SZ120-4-380, 23 Oct. 1976을 보라.

21 Hoover Institution, "Zhongguo Gong Chan Dang Issuances", Box 1, Deng Liqun, Talk at the Capital Garrison, 7 and 8 July 1981, pp. 37~42. 베이징의 벽보에 관해서는 PRO, FCO 21/1550, Roger Garside, "The Force of Public Opinion", 17 Jan. 1977을 보라.

22 Hoover Institution, "Zhongguo Gong Chan Dang Issuances", Box 1, Deng Liqun, Talk at the Capital Garrison, 7 and 8 July 1981, pp. 37~38.

23 Hoover Institution, "Zhongguo Gong Chan Dang Issuances", Box 1, Deng Liqun, Talk at the Capital Garrison, 7 and 8 July 1981, pp. 37~38. 리셴녠이 덩샤오핑을 공격한 사건에 관한 자료는 Ruan Ming, *Deng Xiaoping: Chronicle of an Empire*, Routledge, London, 2018, p. 40.

24 PRO, FCO 21/1551, Roger Garside, "Where Are Hua's Men?", 7 March 1977.
25 해당 연설에 관한 여러 버전과 세 개의 번역이 존재하지만 어느 것도 완전하지 않다. 1956년 5월 16일에 배포된 원본을 찾을 수 있는 자료는 Shandong, A1-2-387, pp. 2~17. 해당 연설과 백 송이의 꽃에 대한 보다 정교한 역사적 맥락을 보려면 Dikötter, The Tragedy of Liberation, chapter 14를 보라. (『해방의 비극』, 고기탁 옮김, 열린책들, 2016.)
26 Dikötter, The Tragedy of Liberation, chapter 14. (『해방의 비극』, 고기탁 옮김, 열린책들, 2016.)
27 Mao Zedong, Jianguo yilai Mao Zedong wengao (Mao Zedong's manuscripts since the founding of the People's Republic), Zhongyang wenxian chubanshe, Beijing, 1998, vol. 13, p. 444.
28 PRO, FCO 21/1550, R. F. Wye, "Mao Tse-tung's Speech on the 10 Major Relationships", 14 Jan. 1977.
29 MAE, 752INVA/2118, "La Chine se tourne de nouveau vers les pays occidentaux", 8 Nov. 1976.
30 John P. McKay, "Foreign Enterprise in Russian and Soviet Industry: A Long Term Perspective", Business History Review (Autumn 1974), 48, no. 3, p. 353. 뛰어난 주요 출처인 흥미로운 설명은 Eugene Lyons, Assignment in Utopia, George G. Harrap, London, 1938.
31 Frank Dikötter, Mao's Great Famine: The History of China's Most Devastating Catastrophe, 1958 – 62, Bloomsbury, London, 2010, 특히 10장(〈홍청망청 쇼핑〉)과 37장(〈최종 결산〉). 수도가 어떻게 거대한 건축 부지가 되었는지에 대해서는 20장(〈주거〉)도 보라. (『마오의 대기근』, 최파일 옮김, 열린책들, 2017.)
32 Dikötter, Mao's Great Famine, p. 79. (『마오의 대기근』, 최파일 옮김, 열린책들, 2017.)
33 Frank Dikötter, The Cultural Revolution: A People's History, 1962 – 1976, Bloomsbury, London and New York, 2016, pp. 260~261. (『문화 대혁명』, 고기탁 옮김, 열린책들, 2017.) 생활 수준에 관해서 참조해야 할 도출된 결론은 Lein-Lein Chen and John Devereux, "The Iron Rice Bowl: Chinese Living Standards 1952 – 1978", Comparative Economic Studies, 2017, no. 59, pp. 261~310.
34 Frederick C. Teiwes and Warren Sun, "China's New Economic Policy Under Hua Guofeng: Party Consensus and Party Myths", China Journal, no. 66 (July 2011), p. 7.
35 PRO, FCO 21/1553, John Gerson, "The Chinese Leadership Observed", 11 Oct. 1977. 거슨은 1977년 10월에 이후 다른 날짜에 열린 연회에 참석했다.
36 PRO, FCO 21/1554, "PRC Internal Situation", 17 Oct. 1977. 4대 근대화에

관해서는 Lawrence C. Reardon, *The Reluctant Dragon: Crisis Cycles in Chinese Foreign Economic Policy*, Hong Kong University Press, Hong Kong, 2002, chapter 3을 보라.

37 Hoover, "Zhongguo Gong Chan Dang Issuances", Box 1, Minutes of Politburo Meeting, 9 Feb. 1978.
38 Teiwes, "China's New Economic Policy", p. 11. Shanghai, B250-5-128, Chen Guoding, Report on the Sixth Plenum, 13 to 15 July 1981, pp. 39~71.
39 Dikötter, *The Cultural Revolution*, p. 157. (『문화 대혁명』, 고기탁 옮김, 열린책들, 2017.)
40 Shanghai, B1-8-11, Report from the State Council, 6 Nov. 1978, pp. 14~16. 후베이성은 그러한 지역 중 하나였다. Hebei, 919-1-148, 11 Dec. 1968을 보라.
41 O. Arne Westad, "The Great Transformation", in Niall Ferguson, Charles S. Maier, Erez Manela and Daniel J. Sargent (eds), *The Shock of the Global: The 1970s in Perspective*, Harvard University Press, Cambridge, MA, 2010, p. 79.
42 Dikötter, *Tragedy of Liberation*, pp. 137~138. (『해방의 비극』, 고기탁 옮김, 열린책들, 2016.)
43 Hebei, 979-10-512, Speech by Gu Mu, 13 April 1980, pp. 51~60.
44 "Interest in Technology", *South China Morning Post*, 24 Sept. 1977.
45 Guangdong, 235-2-242, Report on Trade Mission, 20 Oct. 1977, pp. 157~180.
46 Wenzhou, J1-27-60, Nationwide Conference on Foreign Trade, 18 Dec. 1979, p. 189; Hoover Institution, Milton Friedman Papers, Box 188, "Report of Trip to the People's Republic of China", pp. 6~7 and 20.
47 Ruan, *Deng Xiaoping*, p. 28.
48 Ruan, *Deng Xiaoping*, p. 36.
49 PRO, FCO 21/1609, Roger Garside, "The April the Fifth Movement", 12 Dec. 1978; Percy Cradock, "The Politburo and 'Democracy Wall'", 18 Dec. 1978.
50 Robert D. Novak, "China's Saviour", *Washington Post*, 24 Feb. 1997.
51 Hubei, SZ1-4-808, zhongfa 1978 (77), 28 Dec. 1978, including Hua Guofeng's speech at the Central Work Conference on 25 Nov. 1978 and Hua Guofeng and Ye Jianying's talks at the Third Plenum on 13 and 18 Dec. 1978. 공식적으로 발표된 기록에 근거한 공작 회의와 뒤이은 전체 회의 둘 다에 관한 상세한 논문이 등장하는 자료는 Vogel, *Deng Xiaoping*, pp. 229~247; Ruan, *Deng Xiaoping*, pp. 44~48도 보라.
52 Westad, "The Great Transformation", p. 76.
53 무엇보다도 Katherine G. Burns, "China and Japan: Economic Partnership

to Political Ends", unpublished paper, Stimson Center, accessed on 25 Sept. 2020을 보라. Tomozo Morino, "China-Japan Trade and Investment Relations", *Proceedings of the Academy of Political Science*, 38, no. 2 (1991), pp. 87~94; Wang Hong, *China's Exports since 1979*, St Martin's Press, London, 1993, p. 143.

54 Richard L. Walker, "What We Should Know About China", *National Review*, 2 May 1980; Walker also quotes Laszlo Ladany, *China News Analysis*, 14 June 1974, pp. 1~2.

55 Hoover Institution, Henry S. Rowen Papers, Box 62, Minutes of Meeting with Committee on the Present Danger, 27 Nov. 1977; Box 62, "Hao Te-ching's Discussion with Governor Edmund G. Brown", 16 July 1977도 보라.

56 Fox Butterfield, "Brzezinski in China", *New York Times*, 24 May 1978.

57 Document 191, "Telegram from the Liaison Office in China to the Department of State", 11 Jan. 1979, and document 208, "Memorandum of Conversation", 30 Jan. 1979, *Foreign Relations of the United States, 1977–1980*, vol. XIII, United States Government Printing Office, Washington: 2013, pp. 709~710 and 778.

58 관계 정상화와 최혜국 대우에 관해 도움이 될 자료는 Jean A. Garrison, "Explaining Change in the Carter Administration's China Policy: Foreign Policy Adviser Manipulation of the Policy Agenda", *Asian Affairs*, 29, no. 2 (Summer 2002), pp. 83~98.

59 Don Oberdorfer, "Teng and Khrushchev", *Washington Post*, 5 Feb. 1979.

60 PRO, FCO 21/1686, J. S. Wall, "Secretary of State's Talks with Mr Vance: China", 23 May 1979.

61 MAE, 752INVA/2090, Claude Arnaud, "Manifestation paysanne à Pékin", 15 Jan. 1979; PRO, FCO 21/1685, "Peking's Democracy Wall", January 1979; Roger Garside, "April 5th Movement: Organisation and Attitudes", 6 Jan. 1979.

62 해당 논평이 나오는 자료는 Gregor Benton (ed.), *Wild Lilies, Poisonous Weeds: Voices from People's China*, Pluto Press, London, 1982. 독자들이 의지해야 할 또 다른 주요 출처인 귀중한 개요서는 Geremie Barmé and John Minford (eds), *Seeds of Fire: Voices of Conscience*, Hill and Wang, New York, 1988.

63 MAE, 752INVA/2093, Claude Arnaud, "Politique intérieure de la Chine du 9 mars au 5 avril 1979", 4 April 1979; "Strains of Gershwin in Peking", *South China Morning Post*, 17 March 1979도 보라.

64 PRO, FCO 21/1685, Percy Cradock, "My Telno 354: The Internal Situation", 9 April 1979; FCO 21/1686, "Tightening Political Control", April 1979.

65 Deng Xiaoping, "Uphold the Four Cardinal Principles", 30 March 1979, *Selected*

Works of Deng Xiaoping, vol. 2, various editions.

66   Liu Yan and Wang Tao, "Jianchi sixiang jiben yuanze' de xingcheng yu lishi diwei" (The emergence and historical position of the 'Four Basic Principles'), *Dangdai Zhongguo shi yanjiu*, 22, no. 2 (March 2015), p. 21.

67   PRO, FCO 21/1686, Christopher O. Hum, "May Day and After", 7 May 1979.

68   Nigel Wade, "Brave Editor Who Def ed Hua", *Sunday Telegraph*, 21 Oct. 1989. 전체 폴더를 보아야 할 자료는 PRO, FCO 21/1689, "Political Prisoners in China", 1979. 최혜국 지위를 논의하기 위한 회담에 대해서는 "Trial, Conviction and Imprisonment of Wei Jingsheng", *Hearing before the Subcommittee on International Operations and Human Rights 18 December 1995*, US Government Printing Office, Washington, 1996, p. 5를 보라.

69   Tianjin, X211-1-503, Central Work Conference on Public Security, 25 April 1981.

70   Pitman Potter, *From Leninist Discipline to Socialist Legalism: Peng Zhen on Law and Political Authority in the PRC*, Stanford University Press, Stanford, CA, 2003, p. 113; Tan, *The Chinese Factor*, p. 257.

71   James H. Mann, *About Face: A History of America's Curious Relationship with China, from Nixon to Clinton*, Alfred A. Knopf, New York, 1998, p. 103.

72   Rough pollution measurements can be found in MAE, 752INVA/2117, Claude Martin, "Pékin: Les embarras d'une capitale", 20 Aug. 1979.

73   Bryan Johnson, "First Week in Peking is Mental Overload", *Globe and Mail*, 5 Oct. 1979.

74   Wenzhou, J1-27-60, Report by the Ministry of Culture, 4 Jan. 1980, pp. 150~156.

75   PRO, FCO 21/1552, Mark Fenn, "Culture in China", 13 June 1977; FCO 21/1800, Percy Cradock, "Youth in China", 27 June 1980; Earl Vinecour, "The Teresa Teng Craze", *South China Morning Post*, 23 May 1982.

76   Timothy McNulty, "China Has TV Thirst", *Boston Globe*, 1 Jan. 1980.

77   Bryan Johnson, "Status in China Now Requires TV and Fan to Cool It", *Globe and Mail*, 1 Jan. 1980.

78   Bryan Johnson, "Masses Hypnotized by a Doctored Medium", *Globe and Mail*, 2 Dec. 1980.

79   Paul Theroux, *Riding the Iron Rooster: By Train through China*, Houghton Mifflin, New York, 1988, p. 127.

80   결의문 작성에 관해서 읽어야 할 자료는 Robert L. Suettinger, "Negotiating History:

The Chinese Communist Party's 1981", Project 2049 Institute, Washington, 2017.
81　Hoover Institution, "Zhongguo Gong Chan Dang Issuances", Box 1, Outline the Sixth Plenum, pp. 19~22를 보라. 1980년 10월 25일에 결의문 초안에 관해 논의하기 위한 4천 명 간부 회의에서 덩샤오핑이 한 담화를 인용했다.
82　"Resolution on Certain Questions in the History of Our Party since the Founding of the People's Republic of China", 27 June 1981, History and Public Policy Program Digital Archive, Wilson Center, translated from the *Beijing Review*, 24, no. 27, 6 July 1981, pp. 10~39.
83　이 회의들 중 하나의 삭제된 버전이 후에 공개되었지만 모든 구체적인 세부 사항은 여전히 기밀로 남아 있다. 하지만 1981년 7월에 덩리췬이 수도 수비대에서 한 긴 연설을 통해 요약된 내용이 제공되었다. 특히 Hoover Institution, "Zhongguo Gong Chan Dang Issuances", Box 1, Deng Liqun, Talk at the Capital Garrison, 7 and 8 July 1981, pp. 37~42를 보라. 후야오방이 1980년 11월 19일에 한 담화의 삭제된 버전을 볼 수 있는 자료는 Zhonggong zhongyang wenxian yanjiushi (Central Chinese Communist Party Literature Research Office), ed., *Sanzhong quanhui yilai zhongyao wenjian huibian* (Compilation of Major Documents since the Third Plenum), Renmin chubanshe, Beijing, 1982, vol. 2, pp. 735~747; Shanghai, B250-5-128, Chen Guoding, Report on the Sixth Plenum, 13 to 15 July 1981, pp. 39~71도 보라.
84　"Resolution on Certain Questions".

2 긴축(1979~1982)

1　Dikötter, *The Tragedy of Liberation*, pp. 215~217. (『해방의 비극』, 고기탁 옮김, 열린책들, 2016.)
2　Li, *The Private Life of Chairman Mao*, p. 392.
3　Patrick Tyler, "Chen Yun, Who Slowed China's Shift to Market, Dies at 89", *New York Times*, 12 April 1995.
4　후야오방의 지휘 아래 진행된 복귀의 의도치 않은 결과에 대한 최고의 분석은 Ruan, *Deng Xiaoping*, chapter 2.
5　Wenzhou, J1-26-84, Report from the Ministry of Finance, 5 May 1979, pp. 7~25.
6　Nai-Ruenn Chen, *China's Economy and Foreign Trade, 1979 – 81*, Department of Commerce, Washington, 1982, pp. 1~2.
7　Robert Service, *Comrades: A History of World Communism*, Harvard University Press, Cambridge, MA, 2007, p. 6.
8　Dikötter, *Mao's Great Famine*, chapter 23, 'Wheeling and Dealing'. (『마오의

9   Dikötter, *Mao's Great Famine*, p. 211. (『마오의 대기근』, 최파일 옮김, 열린책들, 2017.)
10 Hebei, 979-10-512, Han Guang, Report on Capital Construction, 23 March 1980, pp. 22~46.
11 Hubei, SZ43-6-183, Speech by Zhao Ziyang at National Conference of Heads of Province, 15 Nov. 1980, pp. 1~5.
12 Wenzhou, J1-26-81, 26 Sept. 1979, pp. 31~46; Report from the Zhejiang Provincial Planning Committee, 31 May 1979, pp. 120~152.
13 Hebei, 979-10-512, Gu Mu, Speech on Capital Construction, 13 April 1980, pp. 51~60.
14 국가 예산 삭감에 관한 자료는 Wenzhou, J1-26-81, 27 March 1979, pp. 6~30. 지역 투자 수치가 공개되고 보도된 자료는 Chen, *China's Economy and Foreign Trade, 1979-81*, Department of Commerce, Washington, 1982, pp. 1~2.
15 Wenzhou, J51-29-40, 7 Nov. 1979, pp. 90~93.
16 Nanjing, 5093-4-69, 10 Dec. 1979, pp. 1~4; Wenzhou, J1-28-51, 7 March 1981, pp. 49~54; Tianjin, X199-2-1958, 6 July 1979, pp. 37~40.
17 Hubei, SZ48-2-310, Report on Investigation of Prices, 16 Jan. 1979, pp. 20~29. HSBC 추정치가 나온 자료는 MAE, 2882TOPO/2936, "L'économie chinoise en 1981", May 1982, p. 6.
18 Nanjing, 5054-5-216, 4 Aug. 1982, pp. 29~33; Hubei, SZ43-6-183, Speech by Gu Mu at Work Conference on Imports and Exports, 23 Dec. 1980, pp. 134~139; MfAA, Berlin, ZR481/86, "Sozialökonomische Widersprüche in China", April 1982, p. 4.
19 Hubei, SZ43-6-183, Speech by Gu Mu at Work Conference on Imports and Exports, 23 Dec. 1980, pp. 134~139. 외채가 상세히 설명된 자료는 Yao Yilin, Report to the Politburo, 28 Nov. 1980, pp. 31~37.
20 Hubei, SZ34-11-91, 22 May 1980, Report by State Council on Speculation and Smuggling, pp. 46~51.
21 Wenzhou, J87-31-25, 22 Jan. 1981, pp. 249~251.
22 예산에 관해서는 Hubei, SZ43-6-183, Speech by Zhao Ziyang at National Conference of Provincial Leaders, 15 Nov. 1980, pp. 1~15; Speech by Wang Bingqian, 21 Dec. 1980, pp. 76~81을 보라.
23 Ruan, *Deng Xiaoping*, p. 98.
24 Hubei, SZ43-6-183, Speech by Zhao Ziyang at National Conference of Heads of

Province, 15 Nov. 1980, pp. 1~15.
25　Dikötter, *The Tragedy of Liberation*, p. 81. (『해방의 비극』, 고기탁 옮김, 열린책들, 2016.)
26　Dikötter, *Mao's Great Famine*, p. 81. (『마오의 대기근』, 최파일 옮김, 열린책들, 2017.)
27　PRO, FCO 21/1687, Christopher O. Hum, "Back to Basics", 13 Nov. 1979.
28　Hubei, SZ43-6-183, Speech by Zhao Ziyang at National Conference of Heads of Province, 15 Nov. 1980, pp. 1~15; Ruan, *Deng Xiaoping*, p. 98.
29　Michael Parks, "Dream for a Steel Complex Turns into a Nightmare", *Los Angeles Times*, 29 Nov. 1981; Jonathan Sharp, "Baoshan: Model of a Planning Disaster", *South China Morning Post*, 24 July 1981; Takashi Oka, "Peking Shelves Grandiose Plans", *Christian Science Monitor*, 8 Dec. 1980.
30　MAE, 2882TOPO/2935, "Statistiques monétaires chinoises pour 1981", 19 April 1982, p. 5; Wenzhou, J34-32-57, National Conference on Banking, 30 April 1982, pp. 126~136.
31　Wenzhou, J20-17-23, Report by the State Bureau for Statistics, 31 Oct. 1979, pp. 76~78; the numbers appear in MAE, 2882TOPO/2936, François Lemoine, "Réformes économiques et finances publiques en Chine", Dec. 1983, p. 5.
32　Wenzhou, J34-32-36, Report by State Council, 9 Dec. 1982, pp. 20~26; Report on Problems with Daily Goods, 24 July 1982, pp. 66~69; Nanjing, 5020-5-208, 6 Sept. 1982, pp. 94~98.
33　Wenzhou, J1-27-60, Nationwide Conference on Foreign Trade, 18 Dec. 1979, p. 197.
34　Wenzhou, J1-27-60, Nationwide Conference on Foreign Trade, 18 Dec. 1979, p. 201.
35　Shanghai, B76-5-112, Comments on Foreign Trade by Zhao Ziyang, Gu Mu and Yao Yilin, 11 Dec. 1980; Shanghai, B1-9-1340, Document by State Council and State Economic Planning Commission, 18 Oct. 1984, pp. 28~30.
36　Lin Guijun and Ronald M. Schramm, "China's Foreign Exchange Policies since 1979: A Review of Developments and an Assessment", *China Economic Review*, 14, no. 3 (Dec. 2003), pp. 250~258을 보라. Nicholas R. Lardy, *Foreign Trade and Economic Reform in China, 1978–1990*, Cambridge University Press, Cambridge, 1992도 보라.
37　Lin and Schramm, "China's Foreign Exchange Policies since 1979", p. 251.
38　Dikötter, *The Cultural Revolution*, chapter 2, 'The Silent Revolution'. (『문화

대혁명』, 고기탁 옮김, 열린책들, 2017.)
39 Dikötter, *The Cultural Revolution*, pp. 262~263 and 270. (『문화 대혁명』, 고기탁 옮김, 열린책들, 2017.)
40 Dikötter, *The Cultural Revolution*, pp. 275~276. (『문화 대혁명』, 고기탁 옮김, 열린책들, 2017.)
41 MAE, 2882TOPO/2951, "Production et consommation des produits agricoles en Chine", 1 Sept. 1986, p. 4; Guangdong, 235-2-284, Report by State Council, 12 March 1978, pp. 144~148; Hubei, SZ107-6-52, Report by Central Agricultural Committee, 15 Aug. 1979, pp. 3~8.
42 해외 구매가 상세히 설명된 자료는 Fox Butterfield, "China's New Dialectic: Growth", *New York Times*, 5 Feb. 1978; MAE, 2882TOPO/2951, "Production et consommation des produits agricoles en Chine", 1 Sept. 1986, pp. 3~5; Dong Fureng, *Industrialization and China's Rural Modernization*, World Bank, Washington, 1992, p. 91.
43 Wenzhou, J1-26-81, National Conference on Pricing, 4 Oct. 1979, pp. 188~218. 80억 추정치의 출처는 Shanghai, National Conference on Planning, B1-8-113, 17 Jan. 1980, pp. 40~54. 3백억 추정치의 출처는 MAE, 2882TOPO/2951, "La fin des communes populaires", 23 Feb. 1983, p. 6.
44 Wenzhou, J1-26-83, Draft by the Centre on Decisions to Speed up Development in the Countryside, 22 Dec. 1978, p. 13.
45 Hebei, 979-10-508, Talk by Deng Xiaoping, Based on Notes by Deng Liqun, 2 April 1980, pp. 10~23.
46 Wenzhou, J1-27-32, Document No. 75 on the Countryside, 14 Nov. 1980, pp. 113~126.
47 Wenzhou, J87-31-25, National Conference on Agriculture, Jan. 1981, pp. 153~158.
48 Wenzhou, J87-31-25, Investigation into the Countryside, Jan. 1981, pp. 159~164; Hebei, 925-2-188, Report on Lulong County, 27 Oct. 1982, pp. 1~7.
49 생활 수준에 관해서는 Dong, *Industrialization*, p. 36; MfAA, ZR 2629/90, Report from Bernd Jordan, 7 Dec. 1983을 보라. Kate Zhou, *How the Farmers Changed China: Power of the People*, Westview Press, Boulder, CO, 1996; Daniel Kelliher, *Peasant Power in China: The Era of Rural Reform, 1979 – 1989*, Yale University Press, New Haven, CT, 1992도 보라.
50 Dikötter, *The Tragedy of Liberation*, pp. 224~225. (『해방의 비극』, 고기탁 옮김, 열린책들, 2016.)

51 MAE, 2882TOPO/2951, "La fin des communes populaires", 23 Feb. 1983, p. 20. 1억의 수치가 또 언급된 자료는 Dong, *Industrialization*, p. 8.

52 Gansu, 216-4-164, 17 Oct. 1983, pp. 136~137; Hebei, 925-2-166, Wan Li, Speech to the State Agriculture Committee, 11 March 1981, pp. 349~354.

53 Hubei, SZ118-5-324, Secretariat of the Communist Party of China, Work Conference on Education, 8 to 12 May 1981, pp. 1~20.

54 Dong, *Industrialization*, p. 53.

55 Dikötter, *The Cultural Revolution*, pp. 230~231. (『문화 대혁명』, 고기탁 옮김, 열린책들, 2017.)

56 Dikötter, *The Cultural Revolution*, pp. 278~280. (『문화 대혁명』, 고기탁 옮김, 열린책들, 2017.) 찬사의 예의 출처는 Lynn T. White, *Unstately Power: Local Causes of China's Economic Reforms*, M. E. Sharpe, Armonk, NY, 1998, p. 94, 101. 읽어야 할 또 다른 자료는 Zhang Qi and Liu Mingxing, *Revolutionary Legacy, Power Structure, and Grassroots Capitalism under the Red Flag in China*, Cambridge University Press, Cambridge, 2019, pp. 189~196.

57 Hubei, SZ43-6-183, Xu Jing'an, Research Paper Circulated by Zhao Ziyang, 8 Nov. 1980, pp. 82~86.

58 Shanghai, B250-5-542, Report on Wuxi, Jiangyin and Shazhou, 9 July 1984, pp. 1~10.

59 Shanghai, B250-5-542, Report on Guangdong, Dec. 1984, pp. 48~65.

60 Shanghai, B250-5-542, Report on Guangdong, Dec. 1984, pp. 48~65.

61 Li Rui, Diary, 19 Sept. 1994.

62 Hubei, SZ43-6-183, Xu Jing'an, Research Paper Circulated by Zhao Ziyang, 8 Nov. 1980, pp. 82~86. 수입 통계표의 출처는 Chen, *China's Economy and Foreign Trade, 1979-81*, p. 31.

63 Ruan, *Deng Xiaoping*, p. 101.

64 Martin King Whyte, Feng Wang and Yong Cai, "Challenging Myths About China's One-Child Policy", *China Journal*, no. 74 (July 2015), pp. 144~159. 산동성의 수치의 출처는 Shandong, A188-1-2, 12 and 30 Dec. 1972, p. 50, 155.

65 MAE, 2882TOPO/2917, "Le contrôle des naissances en Chine", 27 Aug. 1982.

66 Wenzhou, J11-7-20, Comments by Chen Yun at Politburo Meeting, 2 Sept. 1980, pp. 215~216.

67 Chen Yun, "Pay Attention to Grain Work", translated by Mao Tong and Du Anxia in Chen Yun, *Chen Yun's Strategy for China's Development*, M. E. Sharpe, Armonk, NY, 1983, pp. 67~72.

68 Thomas Sharping, *Birth Control in China 1949-2000: Population Policy and Demographic Development*, Routledge, London, 2003, p. 42.
69 〈유사 과학〉이라는 용어가 사용되고 합리화된 자료는 Whyte, "Challenging Myths About China's One-Child Policy".
70 MAE, 2882TOPO/2917, "Le contrôle des naissances en Chine", 27 Aug. 1982.
71 MAE, 2882TOPO/2917, "Renforcement du contrôle des naissances", 14 Jan. 1982.
72 Gansu, 141-1-30, Zhao Ziyang's Comments on Birth Control, 18 Aug. and 8 Sept. 1982, pp. 70~79.
73 Whyte, "Challenging Myths About China's One-Child Policy".

3 개혁(1982~1984)

1 Deng Xiaoping, "Opening Speech at the Twelfth National Congress of the Communist Party of China", 1 Sept. 1982, *Selected Works of Deng Xiaoping*, vol. 3, various editions.
2 Deng Xiaoping, "Speech At a Forum of the Military Commission of the Central Committee of the CPC", 4 July 1982, *Selected Works of Deng Xiaoping*, vol. 2, various editions.
3 Dikötter, *The Cultural Revolution*. (『문화 대혁명』, 고기탁 옮김, 열린책들, 2017.)
4 Yang Zhongmei, *Hu Yao-Bang: A Chinese Biography*, Routledge, London, 1989, pp. 111~112.
5 MAE, 752INVA/2117, "Quelques aspects du problème des jeunes en Chine", 9 April 1980; Linda Matthews, "Young Soldier Is New China Hero", *Los Angeles Times*, 1 May 1980.
6 Stanley Oziewicz, "China Youth Have a New Model Hero", *Washington Post*, 2 Nov. 1982; Christopher Wren, "Peking's New Line Calls for New Heroes", *New York Times*, 16 Jan. 1983.
7 Christopher Wren, "Peking's New Line Calls for New Heroes", *New York Times*, 16 Jan. 1983.
8 탁월한 분석이 나오는 자료는 Wang Jing, *High Culture Fever: Politics, Aesthetics, and Ideology in Deng's China*, University of California Press, Berkeley, CA, 1996.
9 Song Yuehong, "Sixiang jiben yuanze cong tichu dao xieru xianfa", *Guangming ribao*, 25 April 2015.
10 Li Rui, Diary, 18 and 21 March 1983.
11 "30,000 Jailed in Clamp on Economic Crime", *South China Morning Post*, 26

July 1983. 인용문이 등장하는 자료는 Amanda Bennett, "China Starts New Drive Against Crime", *Wall Street Journal*, 24 Aug. 1983.

12 MAE, 2882TOPO/2913, Claude Martin, "Crime et châtiment", 14 Oct. 1983; Amanda Bennett, "China Starts New Drive Against Crime", *Wall Street Journal*, 24 Aug. 1983.

13 MAE, 2882TOPO/2913, Claude Martin, "Crime et châtiment", 14 Oct. 1983. 8만 명이라는 수치가 경제 범죄로 형을 선고받은 3만 명을 포함했는지 불분명하다. Murray Scot Tanner, "State Coercion and the Balance of Awe: The 1983 – 1986 'Stern Blows' Anti-Crime Campaign", *China Journal*, no. 44 (July 2000), pp. 93~125도 보라.

14 Deng Xiaoping, "The Party's Urgent Tasks on the Organisational and Ideological Fronts", 12 Oct. 1983, *Selected Works*, vol. 3, various editions.

15 Michael Weisskopf, "China Moves to Rescue Itself from Outside 'Spiritual Pollution'", *Washington Post*, 2 Dec. 1983.

16 Shanghai, B243-3-149, Report from Shanghai Bureau for Higher Education, 31 Oct. 1983, pp. 51~54; Gansu, 107-5-152, 9 Nov. 1983, pp. 93~96; Shanghai, A76-4-271, 31 Oct. 1983, pp. 1~6.

17 Christopher Wren, "China's Prey, 'Spiritual Pollution', Proves Elusive", *New York Times*, 20 Dec. 1983.

18 MAE, 2882TOPO/2914, "La réforme agricole et l'évolution du monde rural en Chine", 28 Feb. 1984.

19 Jonathan Mirsky, "Get Rich Quick Is All the Rage in China", *Observer*, 10 July 1983.

20 Keun Lee, "The Chinese Model of the Socialist Enterprise: An Assessment of Its Organization and Performance", *Journal of Comparative Economics*, 14, no. 3 (Sept. 1990), p. 385.

21 Lee, "The Chinese Model of the Socialist Enterprise", p. 386.

22 Wenzhou, J34-32-71, Report by Wenzhou Branch of People's Bank of China, 19 Nov. 1983, pp. 181~184; Tianjin, X110-1-823, 27 Feb. 1985, pp. 109~111; Tianjin, X95-2-2099, Report by Ministry of Commerce, 5 Jan. 1985, pp. 8~13. 타이저우의 예가 나오는 자료는 MAE, 2882TOPO/2936, United States Mission, "Tax Reform in China's Provinces", 5 Dec. 1983.

23 MAE, 2882TOPO/2936, United States Mission, "Attacking China's Deficit Enterprises", 8 Dec. 1983.

24 Hubei, SZ69-7-469, National Conference on the Second Stage of the Tax System

(22 June to 7 July 1984), 13 July 1984, pp. 9~22.
25 Vogel, *Deng Xiaoping*, p. 450; Li Rui Diary, 21 Jan. 1984도 보라.
26 Chen Yulu, Guo Qingwang, Zhang Jie, *Major Issues and Policies in China's Financial Reform*, Enrich Professional Publishing, Honolulu, 2016, vol. 3, p. 24.
27 Lee Zinser, "The Performance of China's Economy", in Joint Economic Committee (eds), *China's Economic Dilemmas in the 1990s*, US Government Printing Office, Washington, 1991, vol. 1, figures 3 and 4, pp. 112~113.
28 Chen, Guo et al., *Major Issues and Policies in China's Financial Reform*, vol. 3, p. 24; International Monetary Fund, International Financial Statistics and Wigram Capital Advisors Limited.
29 이것은 왕런중이 에리히 호네커를 만났을 때 인용한 수치였다. 그는 1985년의 첫 5개월 동안 인플레이션이 6퍼센트에 머물렀다고 덧붙였다. BArch, Berlin, DY 30/2436, Minutes of Talk between Erich Honecker and Wang Renzhong, 27 June 1985, pp. 28~34를 보라.
30 Hubei, SZ73-6-393, Report on Henan Province Circulated by the People's Bank of China, 3 Sept. 1985, pp. 78~81; Document on Jilin Province Circulated by the People's Bank of China, 29 May 1985, pp. 23~27.
31 Hubei, SZ73-6-599, 1987, pp. 1~15.
32 Hubei, SZ73-6-599, 1987, pp. 1~15.
33 Hubei, SZ73-6-599, 1987, pp. 47~57 and 21 Feb. 1987, p. 82; Hubei, SZ73-6-623, 24 Dec. 1987, pp. 1~11.
34 Donald Hay, Derek Morris, Guy Liu and Shujie Yao, *Economic Reform and State-Owned Enterprises in China 1979 – 87*, Clarendon Press, Oxford, 1994, p. 178도 보라.
35 BArch, Berlin, DY 30/2436, Minutes of Talk between Erich Honecker and Wang Renzhong, 27 June 1985, pp. 28~34.
36 Hubei, SZ73-6-599, 1987, pp. 47~57.
37 Tianjin, X87-2-1673, 26 Dec. 1984, pp. 3~9.
38 MAE, 2883TOPO/3791, "L'économie chinoise, vers un réformisme de gauche", 14 March 1987.
39 Gansu, 116-4-362, 1985, pp. 58~65.
40 Gansu, 128-7-215, Zhao Ziyang to Heads of Provinces and Municipalities, 11 April 1985, pp. 67~76.
41 Tianjin, X110-1-818, 25 Nov. 1985, pp. 55~56.
42 Tianjin, X110-1-820, Report from the Municipal Economic Committee, 23 Aug.

1985, pp. 107~116; X110-1-804, Tianjin, Report from the No. 1 Light Industry Bureau, July 1985, pp. 259~269.
43 Hubei, SZ1-9-285, 27 Nov. 1984, pp. 114~132.
44 Shanghai, B182-3-199, Feb. 1975, pp. 23~24; quotation from Shanghai, B248-2-1056, 4 Feb. 1977, pp. 3~7.
45 Shanghai, B248-2-810, 11 April 1975, pp. 6~9.
46 Shanghai, B248-2-1056, 4 Feb. 1977, pp. 3~7.
47 Shanghai, B248-4-219, 19 Aug. 1977, pp. 18~27.
48 Shanghai, B248-4-219, 19 Aug. 1977, pp. 18~27.
49 Shanghai, B102-3-57, 13 Dec. 1979, p. 49.
50 Shanghai, B1-9-210, Report on Shenyang, 29 July 1980, pp. 25~34.
51 Nanjing, 5003-4-459, 3 March 1984, pp. 92~103.
52 Shanghai, B123-11-1329, 14 Sept. 1985, pp. 166~170. 무허가 행상인의 추정치는 과일 판매상의 전체 수치 조사에서 추론되었다. Shanghai, C47-4-136, 14 March 1986, p. 22를 보라.
53 Wenzhou, J51-30-22, 1 Sept. 1980, pp. 252~258.
54 Wenzhou, J34-32-71, 1 June 1983, pp. 127~131.
55 Wenzhou, J80-16-12, Report on Zhao Ziyang's Visit to Wenzhou, 1 Dec. 1985, pp. 2~10; Report on Hu Qiaomu's Visit to Wenzhou, 12 Nov. 1986, pp. 39~45.
56 Kate Xiao Zhou and Lynn T. White III, "Quiet Politics and Rural Enterprise in Reform China", *Journal of Developing Areas*, 29, no. 4 (July 1995), p. 477.
57 Hubei, SZ80-2-221, 23 Sept. 1985, pp. 124~125.
58 예를 들어 이 일은 상하이의 서비스 부문에서 일어났다. Shanghai, B1-10-317, 4 May 1985, pp. 46~49를 보라.
59 Jan Prybyla, "A Systemic Analysis of Prospects for China's Economy" in Joint Economic Committee (eds), *China's Economic Dilemmas in the 1990s*, US Government Printing Office, Washington: 1991, vol. 1, p. 221.
60 Liu Guoguang, "A Sweet and Sour Decade", *Beijing Review*, 2~6 Jan. 1989, pp. 22~29, quoted in Prybyla, "A Systemic Analysis", p. 221.
61 Nanjing, 5020-4-76, 24 Sept. 1985, pp. 46~53.
62 Shanghai, B1-10-317, 27 Sept. 1985, pp. 56~62.
63 Michael Weisskopf, "Private Squalor and Public Lives", *Guardian*, 23 Feb. 1985.
64 Susan Young, "Policy, Practice and the Private Sector in China", *Australian Journal of Chinese Affairs*, no. 21 (Jan. 1989), pp. 61~62. 향진 기업에 고용된 사람의 수가

언급된 자료는 MAE, 2883TOPO/3800, 21 Dec. 1988.
65 Wenzhou, J34-32-180, Talk by Deputy Mayor of Wenzhou, 4 March 1987, p. 82, 85.
66 Terry Cheng, "A Tale of One City's Rise to Fame", *South China Morning Post*, 5 June 1984.
67 Wenzhou, J1-28-51, Conference on Guangdong and Fujian, 24 Dec. 1980, pp. 43~47; Wenzhou, J87-31-25, Talk by Chen Yun, 18 Jan. 1981, pp. 189~192.
68 Terry Cheng, "A Tale of One City's Rise to Fame", *South China Morning Post*, 5 June 1984.
69 Guangdong, 235-2-242, Sept. 1977, pp. 181~188.
70 Guangdong, 229-6-323, 14 March 1978, pp. 1~31; Shanghai, B1-8-3, 24 Nov. 1977, p. 34.
71 Dikötter, *Mao's Great Famine*, p. 110. (『마오의 대기근』, 최파일 옮김, 열린책들, 2017.)
72 Shanghai, A33-7-141, Report on National Conference on United Front Held from 15 August to 3 September 1979, 6 Nov. 1979, p. 1~12; Shanghai, B1-8-130, Conference on Overseas Chinese, 15 Oct. 1981, pp. 114~119.
73 Shanghai, A33-7-141, Report on National Conference on United Front Held from 15 August to 3 September 1979, 6 Nov. 1979, p. 147; MAE, 752INVA/2117, Yves Rodrigues, "Visite à la municipalité de Shum Chun", 19 June 1979.
74 Frank Ching, "China Seen Ready to Join Foreign Firms in Ventures in Hong Kong, Macao, China", *Wall Street Journal*, 31 Aug. 1979.
75 Guangdong, 235-2-286, State Council Resolution, 1 Sept. 1978, p. 46.
76 Frank Ching, "Problems Hobble China Joint Venture", *Wall Street Journal*, 31 Aug. 1979.
77 Barry Kramer, "Harpers International, China to Establish Vehicle-Assembly Plant near Hong Kong", *Wall Street Journal*, 13 Feb. 1979; MAE, 752INVA/2117, Yves Rodrigues, "Visite à la municipalité de Shum Chun", 19 June 1979.
78 Guangdong, 253-2-332, Report by the Special Bureau for Zhuhai and Bao'an, 20 Oct. 1978, pp. 102~109.
79 "Where a Different Kind of War Is Being Fought", *South China Morning Post*, 19 Aug. 1979.
80 Reardon, *The Reluctant Dragon*, pp. 207~208.
81 MAE, 2882TOPO/2938, "Performances économiques et commerciales de la Chine en 1985", 5 May 1986, pp. 30~32; Shanghai, B1-9-1481, 28 April 1984,

pp. 1~6.
82 PRO, FCO 21/3738, "China's Trade and Economic Relations", 1987. 연간 10억 달러의 출처는 MAE, 2882TOPO/2938, "Nuages sur les zones économiques spéciales?", 11 July 1985; MAE, 2882TOPO/2938, "Performances économiques et commerciales de la Chine en 1985", 5 May 1986, pp. 30~32.
83 Wenzhou, J153-1-27, Speech by Zhao Ziyang at the State Council Conference on the Fourth Industrial Revolution, 9 Oct. 1983, pp. 14~23.
84 Wenzhou, J153-1-27, Ma Hong, "On a Development Strategy for Our Country", no date, pp. 29~39; MAE, 2882TOPO/2914, Hervé Ladsous, "La Chine et le choc du futur", 22 March 1984.
85 Shanghai, A33-6-247, Conference on Coastal Cities, 16 April 1984, pp. 17~18; MAE, 2882TOPO/2938, "Nuages sur les zones économiques spéciales?", 11 July 1985. 베이징으로부터 투입되는 돈이 연간 10억 위안이라고 추정했다.
86 Reardon, *The Reluctant Dragon*, p. 199.
87 Shanghai, A33-6-247, Conference on Coastal Cities, 16 April 1984, p. 19.
88 Shanghai, B76-5-824, 25 Feb. 1983, pp. 28~31.
89 Shanghai, Notice on Special Material, B76-5-433, 18 March 1982, pp. 4~8.
90 David S. Bennahum, "Heart of Darkness", *Wired*, 11 Jan. 1997.
91 Shanghai, B103-4-1238, 4 Oct. 1980, pp. 19~22; Shanghai, B1-8-94, 15 Nov. 1980, p. 65.
92 Shanghai, B43-1-70, October 1982, pp. 55~57.
93 Tianjin, X172-2-2292, July 1985, pp. 32~42.
94 Shanghai, B76-5-433, Directive from the State Administration on Guarding State Secrets, 25 May 1982, pp. 12~19. 이 기관의 정확한 구조에 대해서는 Chen Yongxi, "Circumventing Transparency: Extra-Legal Exemptions from Freedom of Information and Judicial Review in China", *Journal of International Media & Entertainment Law*, 2018, 7 no. 2, p. 213을 보라.
95 Shanghai, B1-10-62, Instructions from the Shanghai Committee on Guarding State Secrets, 20 Oct. 1985, pp. 55~56.
96 MAE, 2882TOPO/2927, École Nationale des Ponts et Chaussées, "Un voyage en Chine", 1 Dec. 1986.
97 MAE, 2882TOPO/2937, Charles Malo, "Réforme des structures du commerce extérieur chinois", 20 Sept. 1984; MAE, 2882TOPO/2938, François Gipouloux, "Les réserves en devises de la Chine", 25 Oct. 1985.
98 Gansu, 128-7-215, Zhao Ziyang to Leaders of Provinces and Municipalities, 11

April 1985, pp. 67~76.
99 MAE, 2882TOPO/2938, François Gipouloux, "Les réserves en devises de la Chine", 25 Oct. 1985; International Monetary Fund, International Financial Statistics and Wigram Capital Advisors Limited도 보라.
100 John Burns, "Scandal Blights Hainan Hope", *New York Times*, 12 Nov. 1985.
101 달러 대비 3.20의 수치가 제공된 자료는 Yao Yilin; Shanghai, A76-4-351, Documents on the Second Plenum, Reactions to Yao Yilin's Talk at the National Economic Work Conference, 6 Oct. 1983, pp. 56~59를 보라.
102 Shanghai, B1-9-1505, 17 March 1984, pp. 59~65.
103 Lin and Schramm, "China's Foreign Exchange Policies since 1979", pp. 254~256.
104 Tianjin, X78-3-2551, 18 Jan. 1985, p. 38.
105 Shanghai, B1-10-282, 24 June 1985, pp. 2~5; Shanghai, B1-10-62, Report on Foreign Trade, 9 Aug. 1985, pp. 75~81.
106 Cui, "China's Export Tax Rebate Policy", p. 340. 1959년에 대해서는 table XXIV, United Nations Statistical Division, *International Trade Statistics, 1900–1960*, 1962를 보라.
107 Wang, *China's Exports since 1979*, p. 145.
108 Louis Kraar, "A Little Touch of Capitalism", *Fortune*, 107, no. 8, 18 April 1983, p. 125.
109 Margaret Thatcher Foundation, PREM 19/789, "Mr Heath's Call on Deng Xiaoping", Telno 202, 6 April 1982.
110 Margaret Thatcher Foundation, PREM 19/789, "Call on the Prime Minister by Lord Maclehose", 23 July 1982.
111 Margaret Thatcher Foundation, PREM 19/790, "Record of a Meeting Between the Prime Minister and Premier Zhao Ziyang", 23 Sept. 1982.
112 Margaret Thatcher Foundation, PREM 19/790, "Record of a Meeting Between the Prime Minister and Vice Chairman Deng Xiaoping", 24 Sept. 1982.
113 Margaret Thatcher Foundation, PREM 19/790, "Record of a Meeting Between the Prime Minister and Officials of the Executive Council of Hong Kong", 26 Sept. 1982.
114 Margaret Thatcher Foundation, PREM 19/788, "Hong Kong: Sir Y.K. Pao", 28 Sept. 1982.
115 Margaret Thatcher Foundation, PREM 19/1059, "Chinese Remarks", 7 Nov. 1982.
116 Margaret Thatcher Foundation, PREM 19/1057, "Future of Hong Kong: Second Phase, Round Four", 22 Sept. 1983.

117 Margaret Thatcher Foundation, PREM 19/1058, "Future of Hong Kong", 21 Oct. 1983.
118 Deng Xiaoping, "China Will Always Keep Its Promises", 19 Dec. 1984, *Selected Works of Deng Xiaoping*, vol. 3, various editions.
119 MAE, 2882TOPO/2914, Charles Malo, "Le triomphe de Deng Xiaoping", 2 Oct. 1984; Deng Xiaoping, "Speech at the Ceremony Celebrating the 35th Anniversary of the Founding of the People's Republic of China", 1 Oct. 1984, *Selected Works of Deng Xiaoping wenxuan*, vol. 3, various editions.

4 인민과 가격에 의한(1984~1988)

1 Mao Zedong, "Combat Liberalism", 7 Sept. 1937, *Selected Works of Mao Tse-tung*, vol. 2, p. 32.
2 Hoover Institution, Hongda Harry Wu Collection, Box 1, Deng Xiaoping, Talk on the Party's Urgent Tasks on the Organisational and Ideological Fronts, 12 Oct. 1983.
3 Ronald Reagan Library, Executive Secretariat: Country File China, Box 6~7, Chas Freeman, "Situation Message", 31 Aug. 1981.
4 Mao Min, *The Revival of China*, Kindle Direct Publishing, 2017, vol. 3, p. 421.
5 Mao Min, *The Revival of China*, Kindle Direct Publishing, 2017, vol. 3, p. 421; MAE, 2882TOPO/2915, "Discours de Hu Yaobang sur la propagande", 16 April 1985; Vogel, *Deng Xiaoping*, p. 566도 보라.
6 Mao Min, *The Revival of China*, Kindle Direct Publishing, 2017, vol. 3, p. 422; Li Rui, Diary, 15 and 20 Dec. 1995.
7 Li Rui, Diary, 20 and 24 Dec. 1995.
8 Zhao Ziyang, *Prisoner of the State*, Simon & Schuster, New York, 2009, pp. 192~193; David Bachman, "Institutions, Factions, Conservatism, and Leadership Change in China: The Case of Hu Yaobang", in Ray Taras (ed.), *Leadership Change in Communist States*, Unwin Hyman, Boston, 1989, p. 95도 보라.
9 Li Rui, Diary, 29 Nov. 1998.
10 John F. Burns, "1,000 Peking Students March in Resentment Against Japan", *New York Times*, 19 Sept. 1985.
11 Hubei, SZ118-9-195, Report on Student Unrest, with talks from Li Peng and Hu Qili, Feb. 1986, pp. 25~33; John F. Burns, "Students in Peking Renew Protests against Japan", *New York Times*, 21 Nov. 1985.
12 Hubei, SZ1-9-488, Talk on Student Protests by Hu Qili, 4 Oct. 1985.

13 PRO 21/3305, "Student Unrest in China", 19 March 1986.
14 Tianjin, X41-1-721, Party Document about the Goals of the Five Year Plan, followed by Talk by Zhao Ziyang, 18 and 23 Sept. 1985, pp. 133 and 196~197.
15 Instructions from Deng Xiaoping to the Standing Committee, Li Rui, Diary, 24 Jan. 1986.
16 Liang Heng and Judith Shapiro, "China, the Year – and Claws – of the Tiger", *New York Times*, 8 March 1986; "2 Sentenced to Death in China Crackdown", *Boston Globe*, 22 Jan. 1986.
17 Hoover Institution, Hongda Harry Wu Collection, Box 3, Report by Gu Qiliang at the National Working Conference on Laogai and Laojiao, 17 June 1986.
18 "More Flak at Western 'Pollution'", *South China Morning Post*, 20 March 1986; Daniel Southerland, "Popular Singer Is Banned in China", *Washington Post*, 23 Nov. 1985.
19 PRO, FCO 21/1800, Christopher O. Hum, "Election Fever", 22 Oct. 1980.
20 "China Tries to Muzzle Students Demanding More Democratic Government", *Ottawa Citizen*, 15 December 1986; Julia Kwong, "The 1986 Student Demonstrations in China: A Democratic Movement?", *Asian Survey*, 28, no. 9 (Sept. 1988), p. 973.
21 Scott Savitt, *Crashing the Party: An American Reporter in China*, Soft Skull Press, Berkeley, CA, 2016, p. 106; PRO, FCO 21/3308, Confidential Reports by Richard Evans, 23, 24, 29 and 31 December 1986.
22 "Zhenxi he fazhan anding tuanjie de zhengzhi jumian" (Cherish and develop political stability and unity), *Renmin ribao*, 23 Dec. 1986.
23 Wenzhou, J201-5-70, Directive to All Provinces from Central Committee, 24 Dec. 1986, pp. 151~153.
24 "Zhengzhi tizhi gaige zhi neng zai dang de lingdao xia jinxing" (Reform of the political system can only be carried out under the guidance of the party), *Renmin ribao*, 25 Dec. 1986.
25 Kwong, "The 1986 Student Demonstrations in China", p. 972.
26 Li Rui, Diary, 26 Dec. 1986.
27 Li Rui, Diary, 30 Dec. 1986.
28 "Main Points of Deng Xiaoping's Speech on the Current Problem of Student Disturbance", 30 Dec. 1986, translated in *Chinese Law and Government*, 21, no. 1 (spring 1988), pp. 18~21; Li Rui, Diary, 3 Jan. 1987도 보라.
29 Zheng Zhongbing, *Hu Yaobang nianpu ziliao changbian* (A chronology of the life

of Hu Yaobang), Shidai guoji chubanshe youxian gongsi, Hong Kong, 2005, vol. 2, pp. 1183~1185.
30 리루이에 따르면 비난이 제기된 문건은 Central Committee Document No. 8이다. Li Rui, Diary, 19 April 1989를 보라. 또한 "New Offensive from the Left", *Asiaweek*, 19 April 1987, pp. 28~29, and Lu Keng, *Lu Keng huiyi yu chanhuilu* (Memoirs and confessions of Lu Keng), Shibao wenhua chuban qiye youxian gongsi, Taipei, 1997, p. 205.
31 Li Rui, Diary, 19 July 1987.
32 Li Rui, Diary, 29 March 1987.
33 후야오방의 사임으로 이끄는 과정에서 당헌을 위반한 많은 방법이 언급된 자료는 Yang, *Hu Yao-Bang*, pp. 155~158; Lowell Dittmer, "China in 1989: The Crisis of Incomplete Reform", *Asian Survey*, 30, no. 1 (Jan. 1990), pp. 25~41도 보라.
34 Andrew Nathan, Perry Link and Liang Zhang (eds), *The Tiananmen Papers: The Chinese Leadership's Decision to Use Force against Their Own People*, Little, Brown, London, 2002, p. xxxv. 도입부를 제외하면 『톈안먼 보고서』에 그다지 의존하지 않았는데 일부 자료들의 신빙성이 의심스럽기 때문이다.
35 László Ladány, "China's Communist Old Guard Are Still in Command", *Far Eastern Economic Review*, 17 Dec. 1987.
36 Savitt, *Crashing the Party*, p. 117.
37 Julian Baum, "Peking Propagandists Bring Back Their '60s Hero", *Christian Science Monitor*, 6 March 1987; Marlowe Hood, "Tarnished Myth of Socialism's 'Rustless Screw'", *South China Morning Post*, 8 March 1987.
38 Hoover Institution, "Zhongguo Gong Chan Dang Issuances", Box 1, Directive from the Ministry of Propaganda, 9 Jan. 1987; on Liu Xiaobo in 1986, Geremie Barmé, "Confession, Redemption, and Death: Liu Xiaobo and the Protest Movement of 1989", in George Hicks (ed.), *The Broken Mirror: China After Tiananmen*, Longman, London, 1990, pp. 52~99를 보라.
39 PRO, FCO 21/3738, "China's External Economic Relations", Oct. 1987.
40 BArch, Berlin, DY 30/2437, Minutes of Meeting between Erich Honecker and Zhao Ziyang, 8 June 1987, pp. 10~20.
41 PRO, FCO 21/3738, "China's External Economic Relations", Oct. 1987.
42 Chen, Guo et al., *Major Issues and Policies in China's Financial Reform*, vol. 3, p. 26.
43 PRO, FCO 21/3738, Peter Wood, "Economic Policy After the Congress", 24 Nov. 1987.

44 PRO, FCO 21/3738, Peter Wood, "Deja Vu: Overheating in the Chinese Economy", 5 Nov. 1987.

45 Thomas M. H. Chan, "China's Price Reform in the Period of Economic Reform", *Australian Journal of Chinese Affairs*, 18 (July 1987), pp. 85~108.

46 Shanghai, B1-10-409, Report by Ye Gongqi, 14 Sept. 1985, pp. 117~121; Report on National Conference on Price Control, 13 Aug. 1985, pp. 122~125; Shanghai, B1-10-40, Directives by State Price Bureau, 23 July 1985, pp. 2~7도 보라.

47 Tianjin, X81-1-700, June 1985, pp. 121~130; X81-1-663, 21 May 1984, pp. 25~27.

48 Shanghai, B1-10-409, Report by Ye Gongqi, 14 Sept. 1985, pp. 117~121.

49 PRO, FCO 21/3738, Peter Wood, "Bread and Circuses", 3 Sept. 1987.

50 PRO, FCO 21/3738, Peter Wood, "Bread and Circuses", 3 Sept. 1987.

51 Marlowe Hood, "Deng's Burden", *South China Morning Post*, 15 Oct. 1988.

52 MAE, 2883/TOPO3772, Gérard Chesnel, "Le protectionnisme provincial en Chine", 29 Nov. 1990.

53 PRO, FCO 21/3736, Charles Parton, "Investment", 26 March 1987.

54 PRO, FCO 21/3739, Peter Wood, "China: Economy", 7 Dec. 1987; International Monetary Fund, International Financial Statistics and Wigram Capital Advisors Limited도 보라.

55 Hubei, SZ273-6-618, Report from the Hubei Branch of the Bank of China, 9 April 1987, pp. 30~38.

56 PRO, FCO 21/4002, Peter Wood, "The Right Price", 27 Jan. 1988.

57 "Rationing of Pork and Sugar in Beijing", *South China Morning Post*, 2 Dec. 1987.

58 MAE, 2883TOPO/3791, "Les difficultés de la réforme économique en Chine", 1 Dec. 1988.

59 MAE, 2883TOPO/3791, "Les difficultés de la réforme économique en Chine", 1 Dec. 1988.

60 Hubei, SZ69-8-339, Talk by Xiang Huaicheng at National Conference on Controlling Social Spending, 6 April 1988, pp. 28~44.

61 Hubei, SZ69-8-339, Talk by Zhao Ziyang as Reported at National Conference on Controlling Social Spending, 6 April 1988, pp. 28~44.

62 "Protest Action on the Increase by Students", *South China Morning Post*, 30 Aug. 1988.

63 Ruan, *Deng Xiaoping*, p. 197.

64 Ruan, *Deng Xiaoping*, p. 192.

65 Li Rui, Diary, 24 April 1989.
66 "Women de xiwang jiu zai zheili" (This is where our hope lies), *Renmin ribao*, 19 August 1988.
67 "Panic Buying Prompts Run on Banks in China", *Chicago Tribune*, 2 Sept. 1988; Wenzhou, J202-8-117, 8 Sept. 1988, pp. 66~67.
68 Wenzhou, J202-8-117, 30 Sept. and 11 Oct. 1988, pp. 114~115 and 118~119.
69 "Panic Buying Prompts Run on Banks in China", *Chicago Tribune*, 2 Sept. 1988; Wenzhou, J202-8-117, 8 Sept. 1988, pp. 66~67; Robin Pauley, "Inflation Wounds China's Reformers", *South China Morning Post*, 21 Sept. 1988.
70 Li Rui, Diary, 23 Aug. 1988.
71 Wenzhou, J202-8-117, 30 Sept. and 11 Oct. 1988, pp. 114~115 and 118~119.
72 Larry Jagan, "Industrial Unrest Plagues China", *Guardian*, 26 August 1988.
73 Chen, Guo et al., *Major Issues and Policies in China's Financial Reform*, vol. 3, p. 26.
74 Hubei, SZ43-7-433, State Council Directive on Economic Discipline, 4 Oct. 1988, pp. 59~63.
75 MAE, 2883TOPI/3800, OECD, Directorate for Food, Agriculture and Fisheries, "Some Comments on the Grain Crisis in China", 30 Oct. 1989. 자오쯔양의 인용문 출처는 Hubei, SZ1-9-332, National Conference on Agriculture, 21 Dec. 1984, pp. 25~29.
76 MfAA, ZR 2629/90, Bernd Jordan, Report on Economic and Social Problems in Agriculture, 27 Feb. 1986.
77 MAE, 2883TOPI/3800, OECD, Directorate for Food, Agriculture and Fisheries, "Some Comments on the Grain Crisis in China", 30 Oct. 1989.
78 MfAA, ZR 2629/90, Bernd Jordan, Report on Economic and Social Problems in Agriculture, 27 Feb. 1986; Gansu, 216-4-256, Minutes of the Conference on Rural Work, 18 Dec. 1985, pp. 49~68. 1986년에 국가는 새로운 시스템의 강제적인 측면을 확실히 했다. PRO, FCO 21/3387, Charles Parton, "Agriculture: Contracts Are a National Duty", 18 June 1986을 보라.
79 PRO, FCO 21/3736, Charles Parton, "The Rural Sector in 1986", 18 June 1986.
80 MAE, 2883TOPI/3800, OECD, Directorate for Food, Agriculture and Fisheries, "Some Comments on the Grain Crisis in China", 30 Oct. 1989.
81 Hubei, SZ68-4-362, 26 Oct. 1988, pp. 48~78; 27 Oct. 1988, pp. 165~209. 웨칭현에 대해서는 Wenzhou, J34-32-224, 5 Jan. 1989, pp. 95~101을 보라. 차용증

사건이 전문적으로 논의된 자료는 D. Gale Johnson, "The People's Republic of China 1978-90", *Country Studies*, no. 8, International Centre for Economic Growth, San Francisco: ICS Press, 1990, pp. 1~14.
82   Hubei, SZ108-6-271, National Conference on Agriculture, 14 Nov. 1988, pp. 43~51.
83   Gansu, 128-8-236, 28 Dec. 1988, pp. 56~61, followed by 128-8-389, 3 April 1989, pp. 1~10.
84   Zhu Rongji, *On the Record: The Shanghai Years, 1987–1991*, Brookings Institution Press, Washington, 2018, pp. 240~246; Zinser, "The Performance of China's Economy", pp. 102~118.
85   한 가지 예는 Hubei, SZ43-7-462, Document on the Spirit of the Third Plenum of the Thirteenth Congress, 11 Nov. 1988, pp. 56~62.
86   PRO, FCO 21/4251, Peter Wood, "China: Pre NPC Economic Situation", 9 March 1989.
87   Hubei, SZ108-6-271, National Conference on Agriculture, 14 Nov. 1988, pp. 43~51. 축소된 프로젝트의 추정 수치가 나온 자료는 Lee Zinser, "The Performance of China's Economy", p. 109. 5천만이라는 수치가 나온 자료는 MAE, 2883TOPO/3800, "Evolution de l'emploi en China", 9 March 1989.
88   FCO 21/4192, "NPC Meeting: Comment", 5 April 1989.
89   Savitt, *Crashing the Party*, p. 157.
90   Savitt, *Crashing the Party*, p. 157.
91   Savitt, *Crashing the Party*, p. 155.
92   "China Slaps Ban on Video Tapes of Controversial TV Series", *South China Morning Post*, 9 Oct. 1988. 〈바주카포〉라는 용어가 언급된 곳은 Ruan, *Deng Xiaoping*, p. 27.
93   Savitt, *Crashing the Party*, p. 157.
94   Zhao Ziyang, "Yanzhe you Zhongguo tese de shehuizhuyi daolu qianjin" (Advance along the road of socialism with Chinese characteristics), *Renmin ribao*, 4 Nov. 1987.
95   Ren Wanding, "Beijing Must Bring Out the Ballot Boxes", *South China Morning Post*, 29 Nov. 1988; Savitt, *Crashing the Party*, p. 167도 보라.
96   Roderick MacFarquhar (ed.), *The Politics of China*, Cambridge University Press, Cambridge, p. 433; "Graft 'at Worst level in Forty Years'", *South China Morning Post*, 24 Jan. 1989.
97   Marlowe Hood, "Growing Internal Disquiet Again Focuses on Outsiders", *South

China Morning Post, 11 Dec. 1988.
98   Frank Dikötter and Olivier Richard, Joint Witness Account, 26 May 1986, author's collection.
99   Tim Luard, "China Wrestles with Student Racial Unrest", Christian Science Monitor, 28 Dec. 1988; "China Racial Unrest Moves to Beijing", Los Angeles Times, 3 Jan. 1989.
100 Wenzhou, J201-8-47, National Conference on Legal and Political Work, 19 Jan. 1989, pp. 2~20.

5 대학살(1989)

1   FCO 21/3951, Peter Clark, "Street Level China", Dec. 1988.
2   Kate Phillips, "Springtime in Tiananmen Square, 1989", Atlantic, May 2014.
3   FCO 21/3951, Peter Clark, "Street Level China", Dec. 1988; Ann Scott Tyson, "China Sit-In Spotlights Education", Christian Science Monitor, 11 April 1988.
4   FCO 21/3951, Peter Clark, "Street Level China", Dec. 1988.
5   FCO 21/4251, Peter Clark, "China Economy", 2 Feb. 1989; Uli Schmetzer, "Chinese Greet New Year with Old Traditions", Chicago Tribune, 6 Feb. 1989.
6   "Subdued Welcome for the Year of the Snake", South China Morning Post, 8 Feb. 1989.
7   Richard M. Nixon, 1999: Victory Without War, Simon & Schuster, New York, 1988, p. 251.
8   베이징 시장이 당을 대표해서 전국 인민 대표 대회를 위해 편집한 6월 4일에 이르는 사건의 연대기와 공식 설명을 보라. Chen Xitong, "Guanyu zhizhi dongluan he pingxi fan geming baoluan de jueyi", 6 July 1989, Guowuyuan gongbao, 1989, no. 11 (18 July 1989), pp. 454~455.
9   Fang Lizhi, "China's Despair and China's Hope", New York Review of Books, 2 Feb. 1989; Wenzhou, J201-8-46, Circular from Bureau of the Central Committee, 23 Feb. 1989, pp. 174~176.
10 전체 에피소드가 전문적으로 재구성된 자료는 Mann, About Face, pp. 176~179.
11 Seth Faison and Marlowe Hood, "Keep Out of Our Affairs, Zhao Warns", South China Morning Post, 27 Feb. 1989.
12 Ruan, Deng Xiaoping, p. 203.
13 Li Rui, Diary, 15 March 1989; Ruan, Deng Xiaoping, p. 209.
14 Nicholas Kristof, "Power War, Chinese Way", New York Times, 23 March 1989.
15 Li Rui, Diary, 18 March and 15 April 1989.

16 MAE, 2883/TOPO3772, Charles Malo, "Disparition de Hu Yaobang", 17 April 1989.
17 MAE, 2883/TOPO3772, Charles Malo, "Après la mort de Hu Yaobang", 18 April 1989; "Agitation étudiante", 19 April 1989. 유리병이 언급된 자료는 Savitt, Crashing the Party, p. 183.
18 Wenzhou, J201-8-47, Directives by Bureau for Public Security, 18 April 1989, pp. 58~61.
19 MAE, 2883/TOPO3772, Charles Malo, "Agitation étudiante", 19 April 1989; Wenzhou, J201-8-47, Li Ximing, "Guanyu Beijing xuechao qingkuang de tongbao" (Report on the circumstances of the student movement in Beijing), 19 May 1989, pp. 66~81. 신뢰할 만한 번역은 "Internal Speech of Li Ximing, Secretary of the Beijing Municipal Party Committee (May 20, 1989)", Chinese Law and Government, 23, no. 1 (Spring 1990), p. 58; Eddie Cheng, Standoff at Tiananmen, Highlands Ranch, CO: Sensys Corp., 2009, pp. 74~75.
20 MAE, 2883/TOPO3772, Charles Malo, "Poursuite de l'agitation étudiante", 21 April 1989; Kate Phillips, "Springtime in Tiananmen Square, 1989", Atlantic, 29 May 2014; Cheng, Standoff at Tiananmen, pp. 76~77; David Holley, "Thousands Join Beijing March for Democracy", Los Angeles Times, 22 April 1989.
21 MAE, 2883/TOPO3772, Charles Malo, "Funérailles de Hu Yaobang et agitation sociale", 24 April 1989; Gansu, 128-8-344, Report by Mu Yongji, Deputy Provincial Governor, 14 July 1989, pp. 37~50.
22 Li Peng, Diary, 21~22 April 1989; Jonathan Mirsky, "People Power", Observer, 23 April 1989.
23 Jonathan Mirsky, "People Power", Observer, 23 April 1989.
24 "Zhao Ziyang zong shuji zai Hu Yaobang tongzhi zhuidaohui shang zhi daoci", Guowuyuan gongbao, 13 May 1989, pp. 293~296; "Can China Find Its Gorbachev?", Guardian, 24 April 1989. 〈위대한 마르크스주의자〉라는 칭호를 수여하지 않기로 결정한 것은 하루 전날이었다. Li Peng, Diary, 21 April 1989; Li Rui, Diary, 21 April 1989를 보라. 장례식에서 수여된 다양한 칭호와 계급에 대해서는 Wen-hsuan Tsai, "Framing the Funeral: Death Rituals of Chinese Communist Party Leaders", China Journal, no. 77 (Jan. 2017), pp. 51~71을 보라. 또한 추도사가 출판된 자료는 People's Daily on 22 April.
25 Li Rui, Diary, 27 April 1989.
26 Li Peng, Diary, 22 April 1989.
27 "Chinese Bid Adieu to Hu Yaobang", Times of India, 23 April 1989.

28 MAE, 2883/TOPO3772, Charles Malo, "Funérailles de Hu Yaobang et agitation sociale", 24 April 1989; Uli Schmetzer, "Chinese Riots Leave Trail of Looting, Damage", *Chicago Tribune*, 24 April 1989; Seth Faison, "Students Fear Backlash after Riots in Two Cities", *South China Morning Post*, 24 April 1989. 당 서기로부터의 전보가 언급된 자료는 Li Peng, Diary, 22 April 1989.
29 Li Peng, Diary, 23 April 1989.
30 Chen Xitong, "Guanyu zhizhi dongluan he pingxi fangeming baoluan de qingkuang baogao" (Report on quelling the counter-revolutionary turmoil), *Zhonghua renmin gongheguo guowuyuan gongbao*, 11, no. 592 (18 July 1989) pp. 453~476; Li Peng, Diary, 24 April 1989; Li Rui, Diary, 24 April 1989. 학생 조직에 관해서는 MAE, 2883TOPO/3772, Charles Malo, "Mouvement étudiant", 26 April 1989도 보라. 자원봉사자가 언급된 자료는 Cheng, *Standoff at Tiananmen*, p. 119.
31 덩샤오핑의 말은 널리 배포되었다. 번역문이 실린 자료는 *South China Morning Post*, reproduced in Michael Oksenberg, Lawrence R. Sullivan and Marc Lambert (eds), *Beijing Spring, 1989: Confrontation and Conflict. The Basic Documents*, Routledge, London, 1990, pp. 203~204. 내가 인용한 부분이 나오는 자료는 Chen, "Guanyu zhizhi dongluan", p. 460.
32 MAE, 2883TOPO/3772, Charles Malo, "Mouvement étudiant", 26 April 1989. 성명이 번역되어 있는 곳은 Oksenberg, *Beijing Spring*, doc. 25. 나의 표현은 약간 다르다.
33 MAE, 2883TOPO/3773, "Mouvement étudiant", 28 April 1989; Li Rui, Diary, 28 April 1989; Cheng, *Standoff at Tiananmen Square*, pp. 111~113.
34 MAE, 2883TOPO/3773, "Mouvement étudiant", 28 April 1989. 자오쯔양은 자신의 회고록에 덩샤오핑이 불쾌했다고 기록했다. Zhao, *Prisoner of the State*, p. 46을 보라.
35 Oksenberg, *Beijing Spring*, p. 217; Cheng, *Standoff at Tiananmen*, pp. 117~118도 보라.
36 Cheng, *Standoff at Tiananmen Square*, pp. 117~~118; "Workers Urged to Support Stability", *South China Morning Post*, 2 May 1989.
37 Daniel Southerland, "Students Planning New Protest", *Washington Post*, 30 April 1989.
38 Chen, "Guanyu zhizhi dongluan", p. 461.
39 Li Rui, Diary, 22 April 1989. 4월 22일 저녁에 과학관에서 열린 개혁 성향 지식인들의 회의를 기록했다. Li Peng, Diary, 30 April 1989.
40 Li Peng, Diary, 1 May 1989; Li Rui, Conversation with Qin Chuan, Diary, 6 May

1989; Zhao, *Prisoner of the State*, pp. 18~19.
41 Li Peng, Diary, 3 May 1989.
42 Li Rui, Diary, 3 May 1989. 1989년 5월 3일에 과학관에서 열린 회의를 기록했다.
43 Li Peng, Diary, 4 May 1989; Oksenberg, *Beijing Spring*, pp. 251~252도 보라.
44 MAE, 2883TOPO/3773, Charles Malo, "70ème Anniversaire du Mouvement du 4 Mai", 5 May 1989; "Conciliatory Words after the Marches", *South China Morning Post*, 5 May 1989.
45 최고의 분석인 Kate Wright, "The Political Fortunes of Shanghai's *World Economic Herald*", *Australian Journal of Chinese Affairs*, no. 23 (Jan. 1990), pp. 121~132를 보라.
46 Chen, "Guanyu zhizhi dongluan", p. 462; Li Peng, Diary, 5 May 1989; "Zhao Ziyang fenxi dangqian guonei xingshi" (Zhao Ziyang analyses the domestic situation), *Renmin ribao*, 4 May 1989.
47 "China Students Show Restraint", *Guardian*, 8 May 1989.
48 Chen, "Guanyu zhizhi dongluan", p. 465.
49 Cheng, *Standoff at Tiananmen*, p. 126.
50 Seth Faison, "10,000 Cyclists in Beijing Demand More Press Freedom", *South China Morning Post*, 11 May 1989.
51 Li Rui, Diary, 7 May 1989.
52 Chen, "Guanyu zhizhi dongluan", p. 462.
53 Cheng, *Standoff at Tiananmen*, pp. 130~131.
54 Dikötter, *The Cultural Revolution*, p. 65. (『문화 대혁명』, 고기탁 옮김, 열린책들, 2017.)
55 Cheng, *Standoff at Tiananmen*, p. 74.
56 Cheng, *Standoff at Tiananmen*, pp. 132~135; "3,500 Students Go on Hunger Strike in China", *Chicago Tribune*, 14 May 1989; "Huyushu" (Appeal) in *Huo yu xue zhi zhenxiang: Zhongguo dalu minzhu yundong jishi* (The truth about fire and blood: A true record of the democracy movement in mainland China), Taipei: Zhonggong yanjiu zazhi she, 1989, section 4, p. 22; Chen, "Guanyu zhizhi dongluan", p. 465.
57 Li, "Internal Speech of Li Ximing", p. 64.
58 Peter Gumbel and Adi Ignatius, "Widening Demonstrations Disrupt Historic Chinese-Soviet Meeting", *Wall Street Journal*, 16 May 1989; Cheng, *Standoff at Tiananmen*, pp. 181~183.
59 예를 들어 Seth Faison, "China and USSR Normalize Ties", 17 May 1989를 보라.

인용문 출처는 PRO, FCO 21/4193, "Activities of Chinese Leadership", June 1989; Li Peng, Diary, 16 May 1989; Zhao, *Prisoner of the State*, p. 47도 보라.

60 Cheng, *Standoff at Tiananmen*, p. 179. 지문의 출처는 "5.17 xuanyan" (Declaration of 17 May), *Huo yu xue zhi zhenxiang*, part 4, pp. 14~15.
61 Li Peng, Diary, 16 May 1989.
62 Li Peng, Diary, 17 May 1989; Zhao, *Prisoner of the State*, pp. 27~29.
63 Nicholas Kristof, "Chinese Premier Issues a Warning to the Protesters", *New York Times*, 19 May 1989; Oksenberg, *Beijing Spring*, p. 268도 보라.
64 PRO, FCO 21/4193, "Beijing Troubles", 23 May 1989; "China's Premier Takes Hard Line", *San Francisco Chronicle*, 18 May 1989; Nicholas Kristof, "Chinese Premier Issues a Warning to the Protesters", *New York Times*, 19 May 1989.
65 PRO, FCO 21/4197, A. N. R. Millington, "China: Student Demonstrations", 30 May 1989; Li Rui, Diary, 22 May 1989.
66 Li Rui, Diary, 18 May 1989; Wenzhou, J201-8-47, Li Zemin, Provincial Party Secretary, Talk at Provincial Party Committee, 9 Sept. 1989, pp. 100~103; *Tiananmen Papers*, p. 284.
67 Wenzhou, J201-8-47, Report by Li Zemin, Provincial Party Secretary, 9 Sept. 1989, pp. 88~121, Gansu, 128-8-344, Report by Mu Yongji, Deputy Provincial Governor, 14 July 1989, pp. 37~50.
68 PRO, FCO 21/4199, "Disturbances in Xinjiang Autonomous Region", 21 May 1989.
69 Oksenberg, *Beijing Spring*, p. 313.
70 Li Rui, Diary, 20 May 1989.
71 정확한 수치의 출처는 PRO, FCO 21/4194, "PLA Operations in Beijing", 3 July 1989; Li Peng, Diary, 20 May 1989.
72 "People Search for Truth", *South China Morning Post*, 24 May 1989; Cheng, *Standoff at Tiananmen*, p. 201; PRO, FCO 21/4199, "China: Student Demonstrations", 25 May 1989.
73 "Demonstrations Growing in South China Cities", *Los Angeles Times*, 24 May 1989; MAE, 2883TOPO/3773, "Situation à Shanghai", 23 and 24 May 1989; "Clampdown on Protests in Wuhan", *South China Morning Post*, 23 May 1989. 란저우에 대해서는 Gansu, 128-8-344, Report by Mu Yongji, 14 July 1989, pp. 37~50을 보라.
74 선전에 관해 자세히 기록된 곳은 PRO, FCO 21/4194, "PLA Operations in Beijing", 3 July 1989. 야오이린의 논평이 언급된 곳은 Li Rui, Diary, 25 May 1989. 리펑의

텔레비전 출연이 서술된 곳은 David Holley, "Premier Li Peng", *Los Angeles Times*, 27 May 1989.
75 중앙 군사 위원회에서 양상쿤이 한 연설은 널리 배포되었다. 리루이는 전신주에 붙은 종이를 우연히 보았다(Li Rui, Diary, 30 May 1989). 영국 대사관 역시 이를 언급했다(PRO, FCO 21/4197, Alan Donald, "Telno 981"). 부분적인 번역이 나오는 문헌은 Oksenberg, *Beijing Spring*, pp. 320~327.
76 Li Peng, Diary, 21 and 22 May 1989; PRO, FCO 21/4194, "PLA Operations in Beijing", 3 July 1989.
77 MAE, 2883TOPO/3773, Charles Malo, "Situation intérieure", 29 May 1989.
78 Gansu, 259-2-368, "Chuanda Li Peng, Yang Shangkun, Yao Yilin de jianghua" (Transmitting talks by Li Peng, Yang Shangkun and Yao Yilin), 26 May 1989, p. 106; Gansu, 264-1-61, Wu Jian, "Chuanda Li Peng, Yang Shangkun de jianghua" (Transmitting talks by Li Peng and Yang Shangkun), 1 June 1989, p. 91.
79 Gansu, 238-1-211, Report by the Provincial Bureau for Environmental Protection, 3 June 1989, pp. 1~4.
80 Li Rui, Diary, 27 May 1989.
81 PRO, FCO 21/4194, "PLA Operations in Beijing", 3 July 1989.
82 MAE, 2883TOPO/3773, "Situation à Shanghai", 22, 23 and 24 May 1989; Jay Matthews, "In Shanghai and Other Cities, Fervor for Democracy Seems to Wane", *Washington Post*, 28 May 1989.
83 Eamonn Fitzpatrick and Dean Nelson, "Cash and Tears Flow at Concert", *South China Morning Post*, 28 May 1989; Chris Yeung, "Another Vast Crowd Joins World-Wide Show of Solidarity", *South China Morning Post*, 29 May 1989.
84 Jay Mathews, "Goddess of Democracy Rises", *Washington Post*, 31 May 1989; Uli Schmetzer, "Torch of China's Lady Liberty Rekindles Fervor", *Chicago Tribune*, 31 May 1989.
85 Nicholas Kristof, "Chinese Students in About-Face", *New York Times*, 30 May 1989; PRO, FCO 21/4194, "PLA Operations in Beijing", 3 July 1989.
86 David Holley, "Beijing Students' Bravery Sparked Epic Drama", *Los Angeles Times*, 2 June 1989.
87 Amnesty International, "People's Republic of China: Preliminary Findings on Killings of Unarmed Civilians, Arbitrary Arrests and Summary Executions since 3 June 1989", London: Amnesty International, document dated 14 August 1989; Li Rui, Diary, 2 June 1989; PRO, FCO 21/4194, "PLA Operations in Beijing", 3 July 1989도 보라.

88 Amnesty International, "People's Republic of China", p. 275; PRO, FCO 21/4194, "PLA Operations in Beijing", 3 July 1989; Jonathan Mirsky, "China's Old Men Use Force to Stay in Power", *Guardian*, 4 June 1989; Uli Schmetzer and Ronald Yates, "Beijing Residents Repel Troops", *Chicago Tribune*, 3 June 1989.

89 PRO, FCO 21/4194, "PLA Operations in Beijing", 3 July 1989. 시각을 2시 30분으로 본다. PRO, FCO 21/4197, Alan Donald, "Telno 1002", 3 June 1989; Amnesty International, "People's Republic of China". 시각을 4시 56분으로 본다. Jay Mathews, "Chinese Students Waited Quietly in Tiananmen for Army Action", *Washington Post*, 3 June 1989. 류부커우에서 버스 한 대를 목격했다. 국제 사면 위원회는 버스 두 대를 보고했다. Alan Donald, "Telno 1002", 3 June 1989. 군용 버스가 포착된 지점이 최소 세 곳이라고 언급한다. 광장 서쪽에서 군용 버스 네 대를 셌던 대니얼 서덜랜드의 보고가 가장 신뢰할 만하다. "Chinese Citizens Block Troops from Reaching Central Square", *Washington Post*, 3 June 1989. 광장 근처의 군용 트럭들이 언급된 곳은 Colin Nickerson, "Chinese Civilians Repulse Army Advance on the Square", *Boston Globe*, 3 June 1989.

90 PRO, FCO 21/4194, "PLA Operations in Beijing", 3 July 1989.

91 PRO, FCO 21/4197, Alan Donald, 3 June 1989, "Telno 1002"; PRO, FCO 21/4194, "PLA Operations in Beijing", 3 July 1989; Amnesty International, "People's Republic of China".

92 Li Peng, Diary, 3 June 1989. 리펑이 자신의 기록에 〈반혁명 폭동〉이라는 용어를 사용하지는 않지만 이틀 뒤 중앙 위원회와 국무원에서 발표한 공지에 인용되었다. PRO, FCO 21/4197, Alan Donald, "Chinese Internal Situation", 5 June 1989를 보라.

93 PRO, FCO 21/4197, Alan Donald, 3 June 1989, "Telno 1002"; PRO, FCO 21/4194, "PLA Operations in Beijing", 3 July 1989; Amnesty International, "People's Republic of China".

94 PRO, FCO 21/4194, "PLA Operations in Beijing", 3 July 1989; Savitt, *Crashing the Party*, pp. 192~194.

95 Southerland, "Remembering Tiananmen".

96 Li Rui, Diary, 3 and 7 June; "Voices from Tiananmen", *South China Morning Post*, p. 1.

97 Liang Jingdong, "Witness to History", *Salt Lake Tribune*, 3 June 1999; Amnesty International, "People's Republic of China".

98 PRO, FCO 21/4194, "PLA Operations in Beijing", 3 July 1989; Amnesty International, "People's Republic of China".

99 PRO, FCO 21/4194, "PLA Operations in Beijing", 3 July 1989.
100 Liang, "Witness to History"; PRO, FCO 21/4194, Letter with Witness Account to Alan Donald, 11 July 1989.
101 Liang, "Witness to History".
102 조명이 꺼진 시간을 포함해서 목격자 진술은 거의 일치하지 않는다. 4시 40분으로 언급된 곳은 PRO, FCO 21/4197, Telnos 1010 and 1012, "China Internal", 4 June 1989; Cheng, *Standoff at Tiananmen*, p. 263. 이 사건들에 대한 최고의 역사가인 우얼카이시는 〈정확히 4시〉라고 말한다. Wu Renhua, *Liusi shijian quancheng shilu* (A full record of the June Fourth incident), Taipei: Yunchen wenhua shiye gufen youxian gongsi, 2019, n.p.
103 Savitt, *Crashing the Party*, p. 197.
104 Savitt, *Crashing the Party*, p. 197; Liang, "Witness to History".
105 PRO, FCO 21/4194, eyewitness account dated 14 Sept. 1989.
106 PRO, FCO 21/4194, "PLA Operations in Beijing", 3 July 1989.
107 PRO, FCO 21/4194, "PLA Operations in Beijing", 3 July 1989; PRO, FCO 21/4194, Letter with Witness Account to Alan Donald, 11 July 1989; PRO, FCO 21/4197, Telno 1012, 4 June 1989.
108 PRO, FCO 21/4194, "PLA Operations in Beijing", 3 July 1989.
109 PRO, FCO 21/4194, "PLA Operations in Beijing", 3 July 1989.
110 PRO, FCO 21/4194, "PLA Operations in Beijing", 3 July 1989.
111 Savitt, *Crashing the Party*, p. 194.
112 Phillips, "Springtime in Tiananmen Square, 1989"; PRO, FCO 21/4197, "Telno 1011", 4 June 1989; PRO, FCO 21/4199, Alan Donald, "Telno 1196", 22 June 1989; Amnesty, p. 282. 리우이 역시 1990년 1월 25일 자 일기에서 사망자 수를 2천7백 명에서 3천4백 명 사이로 추정했다.
113 PRO, FCO 21/4194, M. H. Farr, Commander Royal Navy, "PLA Operations in Beijing", 3 July 1989.
114 Phillips, "Springtime in Tiananmen Square, 1989".

6 분수령(1989~1991)

1 Claudia Rosett, "Anything Could Happen Next in Tiananmen", *Wall Street Journal*, 7 June 1989.
2 Yuan Mu, "State Council Spokesman Yuan Mu Holds News Conference", Oksenberg, *Beijing Spring*, pp. 348~349.
3 Claudia Rosett, "Anything Could Happen Next in Tiananmen", *Wall Street*

Journal, 7 June 1989.
4 James Sterba, "Chasing for Evidence of China's 'Civil War'", *Washington Post*, 7 June 1989.
5 Daniel Williams, "China Hard-Liners Appear in Control", *Los Angeles Times*, 9 June 1989.
6 David Chen and Geoffrey Crothall, "Unrest Growing in the Provinces", *South China Morning Post*, 7 June 1989. 이 기사 및 다른 기사들은 최소 3백 명이 사망했다고 보도했다. Louisa Lim, *The People's Republic of Amnesia: Tiananmen Revisited*, Oxford University Press, Oxford, 2015도 보라.
7 David Chen and Geoffrey Crothall, "Unrest Growing in the Provinces", *South China Morning Post*, 7 June 1989; Gansu, 128-8-344, Report by Mu Yongji, 14 July 1989, pp. 37~50.
8 MAE, 2883TOPO/3773, Barroux, "Situation à Shanghai", 6 June 1989.
9 MAE, 2883TOPO/3773, Barroux, "Le maire de Shanghai", 9 June 1989; Charles Goddard, "Shanghai Protest as Calm Returns", *Guardian*, 10 June 1989.
10 Colin Smith, "Would-Be Martyrs in Retreat – For Now", *Observer*, 11 June 1989.
11 Hoover Institution, Jim Mann Papers, Box 2, "Secretary's Morning Summary"; PRO, FCO 21/4197, "Telno 723" and "Telno 596", 5 June 1989.
12 Daniel Schorr, "Washington Notebook", *New Leader*, 12 June 1989.
13 "Excerpts of President Bush's News Conference", *Washington Post*, 6 June 1989; James Gerstenzang, "Bush Rejects China Curbs, Urges Respect for Rights", *Los Angeles Times*, 9 June 1989.
14 Gansu, 259-2-381, Deng Xiaoping's June 9 Talk to the Troops, 22 June 1989, pp. 1~8.
15 PRO, FCO 21/4194, "PLA Operations in Beijing", 3 July 1989; Harrison E. Salisbury, *Tiananmen Diary: Thirteen Days in June*, Little, Brown, London, 1989, p. 88.
16 PRO, FCO 21/4194, "PLA Operations in Beijing", 3 July 1989; Salisbury, *Diary*, p. 88.
17 Daniel Southerland, "Chinese Citizens Block Army Troops in Beijing", *Washington Post*, 3 June 1989.
18 Mann, *About Face*, pp. 201~203.
19 키신저는 닉슨을 베이징에 초청하는 데 중요한 역할을 했던 전 외교부장이자 대사인 황화를 통해 메시지를 전달했다. Li Rui, Diary, 16 June 1989를 보라.
20 The National Security Archive, George Washington University, "Memorandum of

Conversation: LTG Brent Scowcroft, Deng Xiaoping et al., July 2, 1989".
21 Mann, *About Face*, p. 209.
22 PRO, FCO 21/4193, "Political Situation", 9 June 1989; Amnesty, p. 284; MAE, 2883TOPO/3773, Charles Malo, "Après la révolte des étudiants", 19 June 1989.
23 "Intellectual Accuses Deng of 'Extermination Plan'", *South China Morning Post*, 26 June 1989.
24 Jeffie Lam, "'Operation Yellow Bird': How Tiananmen Activists Fled to Freedom through Hong Kong", *South China Morning Post*, 26 May 2014.
25 Comments by Huo Shilian noted in Li Rui, Diary, 19 June 1989; "Western Leaders Condemn Executions in Shanghai", *South China Morning Post*, 22 June 1989.
26 Wenzhou, J201-8-47, Directive from the Central Committee, zhongfa (1989) no. 3, 30 June 1989, pp. 122~127; Amnesty International, "People's Republic of China".
27 Liao Yiwu, *Bullets and Opium: Real-Life Stories of China After the Tiananmen Massacre*, Atria, New York, 2019, pp. 33~40, 57~58, 73~88.
28 Liao, *Bullets and Opium*, pp. 33~40, 57~58, 73~88.
29 Wenzhou, J201-9-70, Report from Vice Minister of Public Security Gu Linfang, 5 May 1990, pp. 209~224.
30 Shanghai, B76-7-872, Jiang Zemin, Yao Yilin, Qiao Shi and others on Labour Unions, 28 July 1989, pp. 2~10.
31 Shanghai, A33-6-466, Jiang Zemin, Yao Yilin, Qiao Shi and others at Conference on United Front, 11 to 15 June 1990, pp. 1~28.
32 James Tyson, "China Arrests Leaders of Catholic Church", *Christian Science Monitor*, 2 Feb. 1990.
33 Susan Man Ka-po, "Iron Fist Tightens Around the Church", *South China Morning Post*, 23 Sept. 1990; Beverley Howells, "How Catholic Cells Will Fight Repression", *South China Morning Post*, 29 Dec. 1991.
34 Justin Hastings, "Charting the Course of Uyghur Unrest", *China Quarterly*, no. 208 (Dec. 2011), p. 900; Pablo Adriano Rodriguez, "Violent Resistance in Xinjiang (China): Tracking Militancy, Ethnic Riots and 'Knife-Wielding' Terrorists (1978 – 2012)", HAO, no. 30 (Winter 2013), p. 137.
35 Wenzhou, J201-9-70, Central Committee, Document on Strengthening Legal Work to Protect Social Stability, 2 April 1990, pp. 1~12. 리펑의 인용문 출처는 Wenzhou, J201-9-70, Talk on Law and Politics by Li Zemin, Party Secretary of Zhejiang Province, 31 March 1990, pp. 31~44; "Wending yadao yique" (Social

stability above all else), *Renmin ribao*, 3 June 1990.
36   Zhao, *Prisoner of the State*.
37   Li Rui, Diary, 15 and 16 June 1989 and following months.
38   Vogel, *Deng Xiaoping*, p. 642.
39   Li Rui, Diary, 27 June 1989.
40   Li Peng, Diary, 19 to 21 June 1989; Zhao, *Prisoner of the State*, pp. 49~50.
41   Li Peng, Diary, 24 June 1989; Li Rui, Diary, 24 June 1989.
42   1989년 6월 장쩌민의 승진에 상하이가 보인 반응에 대해서는 Sheryl WuDunn, "An Urbane Technocrat", *New York Times*, 25 June 1989를 보라.
43   Wenzhou, J201-8-46, zhongfa (1989) no. 7, 28 July 1989, pp. 1~17.
44   "Economic Aid for Backward Countries", *South China Morning Post*, 12 May 1957; "Spending Fails to Curb Reds", *Chicago Daily Tribune*, 7 Jan. 1957; "Secretary Bars Recognition as Defense Peril", *Washington Post*, 5 Dec. 1989.
45   Pang Xianzhi and Jin Chongji (eds), *Mao Zedong zhuan, 1949 – 1976* (A biography of Mao Zedong, 1949 – 1976), Zhongyang wenxian chubanshe, Beijing, 2003, vol. 2, p. 1027.
46   Shanghai, A76-3-645, 28 Aug. 1989, pp. 20~30.
47   PRO, FCO 21/4194, S. C. Riordan, "How to Quell a Counter-Revolution: The True Story", 1 Aug. 1989; MAE, 2883TOPO/3772, "Expositions sur la répression de Pékin", 14 Aug. 1989; a smaller exhibit was organised by the Museum of Fine Arts.
48   MAE, 2883TOPO/3772, "Culte de la personnalité de Deng Xiaoping", 14 Aug. 1989.
49   MAE, 2883TOPO/3772, "Les étudiants chinois entre la faucille et le marteau", 11 Sept. 1989.
50   MAE, 2883TOPO/3772, "Les étudiants de l'université de Pekin à l'ombre des fusils", 7 Nov. 1989; "Les étudiants chinois entre la faucille et le marteau", 11 Sept. 1989.
51   Wenzhou, J201-8-46, Li Ruihuan, Telephone Conference on Campaign against Pornography, 29 August 1989, pp. 196~200; State Council and Bureau of the Central Committee, 16 Sept. 1989, pp. 178~187; "Anti Porn Drive Is Only the Start of Campaign", *South China Morning Post*, 1 Nov. 1989.
52   "Anti Porn Drive Is Only the Start of Campaign", *South China Morning Post*, 1 Nov. 1989; Frederic Moritz, "China Shackles Its Freer Press", *Christian Science Monitor*, 4 Aug. 1989; Richard Curt Kraus, *The Party and the Arty in China: The*

New Politics of Culture, Rowman & Littlefield, Lanham, MD, 2004, p. 93도 보라.

53   Wenzhou, J201-8-46, Li Zemin, Provincial Party Secretary in Telephone Conference, 5 Sept. 1989, pp. 215~222; Willy Lam, "Smut Is Only Start of Campaign", *South China Morning Post*, 1 Nov. 1989.

54   MAE, 2883TOPO/3772, Charles Malo, "Célébrations du 40ème anniversaire", 2 Oct. 1989.

55   Wenzhou, J201-8-46, Telegram by Propaganda Department on Preparations for the Fortieth Anniversary, 29 Aug. 1989, pp. 42~55.

56   MAE, 2883TOPO/3772, Charles Malo, "Célébrations du 40ème anniversaire", 2 Oct. 1989; David Holley, "Under Tight Wraps, China Marks 40th Anniversary of Communist Rule", *Los Angeles Times*, 2 Oct. 1989.

57   PRO, FCO 21/4194, Susan Morton, "Life Returns to Normal in Peking?", 7 Aug. 1989.

58   "Asian Games", *South China Morning Post*, 8 July 1989.

59   Rajdeep Sardesai, "Emotional Roller-Coaster", *Times of India*, 14 Oct. 1990; Mark Fineman, "Beijing Changes Tune", *Los Angeles Times*, 25 Jan. 1990.

60   Ann Scott Tyson, "Beijing Marshals City Residents to Spruce Up for Asian Games", *Christian Science Monitor*, 21 Sept. 1990.

61   John Kohut, "Jubilant Beijing Leaders Preside over Asiad Closing", *South China Morning Post*, 8 Oct. 1990.

62   "Buyao dangtou, jia weiba zuoren, taoguang yangmei, zuotou bishi zhudong"; Li Rui, entry dated 28 Dec. 1991, notes on document summarising a 24 December meeting between Deng Xiaoping, Jiang Zemin, Yang Shangkun and Li Peng.

63   Wenzhou, J201-8-46, zhongfa (1989) no. 7, 28 July 1989, pp. 1~17; Telegram by Propaganda Department on Preparations for the Fortieth Anniversary, 29 Aug. 1989, pp. 42~55.

64   Ann Scott Tyson, "Beijing Marshals City Residents to Spruce Up for Asian Games", *Christian Science Monitor*, 21 Sept. 1990; quotation from Chen Xitong in Simon Long, "Beijing Washes Whiter for Asian Games Showcase", *Guardian*, 7 Aug. 1990.

65   Willy Lam, "Role for 'United Front' Parties", *South China Morning Post*, 2 Jan. 1990.

66   "'Hero' Lei Resurrected to Win People's Support", *South China Morning Post*, 11 Dec. 1989; Seth Faison, "A Nation Going Backwards with Tale of Simple Hero", *South China Morning Post*, 4 March 1990.

67 "Model Soldier's Inspiration", *South China Morning Post*, 12 March 1990.
68 "Party Leader Calls on Chinese Youth to Keep Patriotism Alive", *Xinhua News Agency*, 4 May 1990; "Party Leader Praises Students", *South China Morning Post*, 4 May 1990.
69 MAE, 2883TOPO/3775, "150ème anniversaire de la Guerre de l'Opium", 8 June 1990; "Beijing Revives 'Opium War' to Combat Liberalism", *Christian Science Monitor*, 31 May 1990.
70 "When a Five-Year-Old Becomes a Victim of History", *South China Morning Post*, 14 Dec. 1991.
71 Shanghai, A33-6-440, Work on the United Front at the Fourth Plenum, 8~9 Aug. 1989, pp. 50~58.
72 Willy Lam, "Role for 'United Front' Parties", *South China Morning Post*, 2 Jan. 1990.
73 Shanghai, A33-6-440, Work on the United Front at the Fourth Plenum, 8~9 Aug. 1989, pp. 50~58.
74 Shanghai, A33-6-466, Jiang Zemin, Yao Yilin, Qiao Shi and others at Conference on United Front, 11 to 15 June 1990, pp. 1~28, 127~130.
75 Margaret Scott, "Hong Kong on Borrowed Time", *New York Times*, 22 Oct. 1989.
76 Shanghai, A33-6-466, Jiang Zemin, Yao Yilin, Qiao Shi and others at Conference on United Front, 11 to 15 June 1990, pp. 1~28, 127~130.
77 Christine Loh, *Underground Front: The Chinese Communist Party in Hong Kong*, University Press, Hong Kong, 2019.
78 "Lee, Szeto Subversive, Says China", *South China Morning Post*, 22 July 1989.
79 Loh, *Underground Front*, p. 176.
80 Deng Xiaoping, "Speech at a Meeting with Members of the Committee for Drafting the Basic Law of the Hong Kong Special Administrative Region", 16 April 1987, *Selected Works of Deng Xiaoping*, vol. 3, various editions.
81 Wenzhou, J201-8-46, Report on How to Report the Political Situation in Eastern Europe, 21 Dec. 1989, pp. 56~61; the report by Wang Fang is mentioned in Li Rui, Diary, 8 Dec. 1989.
82 MAE, 2883TOPO/3773, Claude Martin, "La montée des inquiétudes", 27 August 1991.
83 MAE, 2883TOPO/3773, Claude Martin, "La montée des inquiétudes", 27 August 1991; Li Rui, Diary, 8 Oct. 1991; Willy Lam, "Beijing Set to Fight 'Capitalist Trends'", *South China Morning Post*, 26 August 1991.

84 Nicolas Kristof, "Beijing's Top Priority: Maintain Communism", *New York Times*, 15 Sept. 1991; Li Rui, Diary, 7 Oct. 1991; Henry He, *Dictionary of the Political Thought of the People's Republic of China*, Routledge, London, 2000, p. 24도 보라.
85 Willy Lam, "Cultural Revolution Re-Run Waiting in the Left Wing", *South China Morning Post*, 18 July 1991.
86 Willy Lam, "Cultural Revolution Re-Run Waiting in the Left Wing", *South China Morning Post*, 18 July 1991.
87 "Chen Yun Urges Restraint in Economic Construction", 5 Dec. 1991, in FBIS (FBIS-CHI-91-239), 12 Dec. 1991; Willy Lam, "Ideology 'Boosted' in 390,000 Villages", *South China Morning Post*, 16 Nov. 1991; Daniel Kwan, "Socialism Ideology Stepped Up", *South China Morning Post*, 28 Aug. 1991. 리펑을 인용한 부분의 출처는 Wenzhou, J201-9-68, Report on Rural Economy by Provincial Party Committee, 22 Jan. 1990, pp. 69~108.
88 Willy Lam, "Revival for Mao Crusade Against West", *South China Morning Post*, 27 Dec. 1991.
89 PRO, FCO 21/4194, Alan Donald, untitled letter dated 11 July 1989.
90 Library of Congress, "Meeting With Vice Premier Deng Xiaoping, Beijing, April 15, 1980", Robert S. McNamara Papers, Box 199. 내 동료 프리실라 로버츠가 친절하게 의회 도서관에 있는 맥나마라 보고서에 대해 알려 주었다.
91 Mann, *About Face*, p. 239.
92 PRO, FCO 21/4253, "Fall in Reserves at End June", 29 Sept. 1989.
93 Seth Faison, "New Rules on Imports", *South China Morning Post*, 7 Aug. 1989; "China Tightens Curbs to Narrow Trade Gap", *South China Morning Post*, 18 July 1989; Joint Committee, *China's Economic Dilemmas*, p. 749.
94 Gansu, 151-3-74, Zheng Tuobin, Ministry of Foreign Trade, Conference on Foreign Trade, 1 Aug. 1990, pp. 44~89.
95 Gansu, 151-3-43, Zheng Tuobin, Ministry of Foreign Trade, National Conference on Foreign Trade, 23 Dec. 1989, pp. 85~112; Joint Committee, *China's Economic Dilemmas*, p. 749도 보라.
96 Gansu, 151-3-74, 1 Aug. 1990, Zheng Tuobin, Ministry of Foreign Trade, Conference on Foreign Trade, 1 Aug. 1990, pp. 44~89.
97 Wenzhou, J34-32-327, Document by State Council, 4 Feb. 1990, guofa (1990) no. 11, pp. 8~15.
98 PRO, FCO 21/4550, "Economic Development and Reform Policy in mid-1990", Oct. 1990; "CIA Report on China's Economy", 20 Aug. 1990; John F. Cooper,

"Tiananmen June 4, 1989: Taiwan's Reaction", *Taiwan Insight*, article posted on 10 June 2019.

99 Wenzhou, J201-9-70, Urgent Telegram Concerning Fang Lizhi, 23 June 1990, pp. 305~308; Fang Lizhi, "The Chinese Amnesia", *New York Review of Books*, 37, no. 14 (27 Sept. 1990), p. 30도 보라.

100 MAE, 2883TOPO/3798, Charles Malo, "Visite à Pékin du vice-président de la Banque Mondiale", 6 April 1990.

101 Mann, *About Face*, pp. 240~241.

102 MAE, 2883TOPO/3793, Cluade Martin, "Rumeurs de dévaluation du yuan", 20 Dec. 1991.

103 Gansu, 151-3-43, Zheng Tuobin, Ministry of Foreign Trade, National Conference on Foreign Trade, 23 Dec. 1989, pp. 85~112.

104 PRO, FCO 21/4253, Peter Wood, "Not at Any Price: Markets, Monopolies and Price Controls", 4 Sept. 1989.

105 PRO, FCO 21/4253, Peter Wood, "Not at Any Price: Markets, Monopolies and Price Controls", 4 Sept. 1989.

106 PRO, FCO 21/4253, Peter Wood, "Spinning a Yarn: Cotton and the Textile Industry", 28 Sept. 1989.

107 Gansu, 151-3-81, Document by Gansu China Textile Products Import and Export Corporation, 15 May 1990, pp. 4~5; PRO, FCO 21/4253, Peter Wood, "Spinning a Yarn: Cotton and the Textile Industry", 28 Sept. 1989.

108 PRO, FCO 21/4253, Peter Wood, "Not at Any Price: Markets, Monopolies and Price Controls", 4 Sept. 1989.

109 40퍼센트라는 추정치가 나온 자료는 PRO, FCO 21/4550, Andrew Seaton, "China: Economic Reporting", 7 Dec. 1990. 돈의 공급에 관해서는 MAE, 2883 TOPO/3793, "Situation économique et financière de la Chine", 19 April 1991을 보라. 이 자료는 보조금 액수를 예산의 30~40퍼센트로 본다.

110 PRO, FCO 21/4550, "Economic Development and Reform Policy in mid-1990", Oct. 1990. 공식적인 국내 총생산은 1989년에 4.2퍼센트였고 1990년에 3.9퍼센트였다.

111 PRO, FCO 21/4550, "Economic Development and Reform Policy in mid-1990", Oct. 1990.

112 Qu Qiang, "Triangular Debts" in Chen and Guo (eds), *Major Issues and Policies in China's Financial Reform*, vol. 3, pp. 19~36.

113 Wenzhou, J202-12-96, 28 Dec. 1992, pp. 46~57.

114 PRO, FCO 21/4550, M. Wright, "China Economy", 12 July 1990을 보라.
115 Wenzhou, J202-12-96, 28 Dec. 1992, pp. 46~57.
116 Gansu, 128-9-60, Talks by Li Peng and Zhu Rongji on Triangular Debt, 4 Sept. 1991, pp. 1~11; Li Rui, Diary, 2 Nov. 1991.
117 Li Rui, Diary, 2 Aug. 1991. 〈왕빈첸은 회계(신용, 부채)에 관한 기초적인 이해도 없고 사직해야 한다. 리구이셴은 은행에 관한 이해가 더더욱 없다.〉
118 Willy Lam, "Zhu 'Finds Solution to State-Run Firms'", South China Morning Post, 1 Oct. 1991.
119 Willy Lam, "Faction Fighting Out in the Open", South China Morning Post, 27 Nov. 1991.

7 사회주의 손에 들린 자본주의 도구(1992~1996)

1 Paul Marriage, "Roadshow Points to New Era of Reform", South China Morning Post, 2 Feb. 1992.
2 Deng Xiaoping, "Excerpts from Talks Given in Wuchang, Shenzhen, Zhuhai and Shanghai", 18 January to 21 February 1992, Selected Works of Deng Xiaoping, vol. 3, various editions.
3 Bruce Gilley, Tiger on the Brink: Jiang Zemin and China's New Elite, 1998, University of California Press, Berkeley, CA, 1998, pp. 185~186; "China to Speed Economic Reform", Chicago Tribune, 6 Feb. 1992; Willy Lam, "Beijing Breaks Taboo by Calling for Capitalism", South China Morning Post, 24 Feb. 1992.
4 Gilley, Tiger on the Brink, p. 186.
5 Willy Lam, "Deng Takes Fight to Headquarters", South China Morning Post, 18 March 1992.
6 Shanghai, B109-6-288, Plans for Pudong, 30 June 1991, pp. 28~32; "Pudong, Symbol of the Future", South China Morning Post, 29 April 1991; Geoffrey Crothall, "Skeptical Greeting for Latest Shanghai Plan", South China Morning Post, 10 Aug. 1990; MAE, 2883TOPO/3793, "Pudong", April 1991.
7 John Kohut, "Mayor Expects Shanghai Will Pass Shenzhen", South China Morning Post, 11 March 1992; Kenneth Ko, "Foreign Investment Pours into Pudong", South China Morning Post, 3 April 1992.
8 Manoj Joshi, "Shanghai, City of Contrasts", Times of India, 10 Sept. 1993; Martin Wollacott, "Beware of China's Latest Harbinger", Guardian, 19 May 1993.
9 Martin Wollacott, "Shanghai Aims to Reclaim Its Greatness", Ottawa Citizen, 9 Aug. 1993.

10 Geoffrey Crothall, "Pudong Status Starts Internal Economic War", *South China Morning Post*, 28 May 1990.
11 Kent Chen, "Development Zones 'Wasteful'", *South China Morning Post*, 30 March 1993.
12 Kent Chen, "Development Zones 'Wasteful'", *South China Morning Post*, 30 March 1993.
13 Meg E. Rithmire, *Land Bargains and Chinese Capitalism: The Politics of Property Rights under Reform*, Cambridge University Press, Cambridge, 2015; Minxin Pei, *China's Crony Capitalism: The Dynamics of Regime Decay*, Harvard University Press, Cambridge, MA, 2016도 보라.
14 "Kumagai Granted Further Rights on Hainan Island", *South China Morning Post*, 18 May 1992; Carl E. Walter and Fraser J. T. Howie, *Red Capitalism: The Fragile Financial Foundation of China's Extraordinary Rise*, John Wiley, New York, 2012, p. 38; Matthew Miller, "Real Estate Sector Clean-Up in Hainan", *South China Morning Post*, 21 July 1999.
15 Gansu, 136-1-127, 13 Jan. 1995, pp. 112~130; 136-1-99, 8 Feb. 1993, pp. 111~120.
16 Gansu, 128-9-374, State Council Document on Real Estate, 26 May 1995, pp. 99~104.
17 "China: Will the Bubble Burst?", *South China Morning Post*, 25 May 1993; John Gittings, "The Patient Has China Syndrome", *Guardian*, 10 July 1993. 외국인 투자에 관한 수치들의 출처는 Sheryl WuDunn, "Booming China Is Dream Market for West", *New York Times*, 15 Feb. 1993.
18 Sheryl WuDunn, "Booming China Is Dream Market for West", *New York Times*, 15 Feb. 1993; Hoover Institution, Milton Friedman Papers, Box 188, "1993 Hong Kong-China Trip". 1993년 10월에 구술된 녹음을 타자기로 옮겨 친 미출간 원고.
19 MAE, 2883TOPO/3772, Charles Malo, "Où va la Chine?", 29 Nov. 1989.
20 Wenzhou, J34-32-332, Urgent Telegram from the Ministry of Finance, 14 June 1990, pp. 32~33; State Council, 13 Oct. 1990, pp. 64~65. 총액이 계산된 자료는 Marc G. Quintyn and Bernard J. Laurens et al. (eds), *Monetary and Exchange System Reforms in China: An Experiment in Gradualism*, International Monetary Fund, Washington, 1996, pp. 24~36.
21 Walter and Howie, *Red Capitalism*, p. 100.
22 Walter and Howie, *Red Capitalism*, pp. 11~14.
23 Sheryl WuDunn, "Booming China Is Dream Market for West", *New York Times*, 15

Feb. 1993.

24　Sheryl WuDunn, "Booming China Is Dream Market for West", *New York Times*, 15 Feb. 1993.

25　"Building Boom Sends Cement Price Soaring", *South China Morning Post*, 26 Jan. 1993; Marissa Lague, "China Aims to Control Cost of Construction", *South China Morning Post*, 10 March 1993.

26　John Gittings, "The Patient Has China Syndrome", *Guardian*, 10 July 1993.

27　Richard Holman, "China Lifts Coal Controls", *Wall Street Journal*, 4 Aug. 1992; Sheryl WuDunn, "China Removes Some Price Controls on Food", *New York Times*, 29 Nov. 1992.

28　Lin and Schramm, "China's Foreign Exchange Policies since 1979", pp. 257~258; Joon San Wong, "Yuan's Rate Further Inflates the Bubble", *South China Morning Post*, 7 Jan. 1993.

29　"China: Will the Bubble Burst?", *South China Morning Post*, 25 May 1993.

30　"China Crisis Looms Over IOUs", *South China Morning Post*, 9 Dec. 1992.

31　PRO, FCO 21/4550, "Teleletter on Record Harvest", 23 Nov. 1990; John Gittings, "The Patient Has China Syndrome", *Guardian*, 10 July 1993.

32　Geoffrey Crothall, "Yang Supports Liberal Calls for Faster Reform", *South China Morning Post*, 6 Feb. 1992.

33　Gilley, *Tiger on the Brink*, pp. 195~196; Li Rui, Diary, 30 Jan., 27 Feb. and 18 April 1993.

34　Sheryl WuDunn, "Chinese Party Congress Replaces Nearly Half of Central Committee", *New York Times*, 19 Oct. 1992; David Holley, "China's New Leaders Get a Blessing From Deng", *Los Angeles Times*, 20 Oct. 1992.

35　Geoffrey Crothall and Willy Lam, "Advisory Body to Be Disbanded", *South China Morning Post*, 12 Oct. 1992.

36　David Holley, "China Completes Its Biggest Shake-Up of Military Chiefs", *Los Angeles Times*, 16 Dec. 1992; Gilley, *Tiger on the Brink*, pp. 196~199.

37　Gilley, *Tiger on the Brink*, pp. 203~204.

38　"China in Austerity Moves", *New York Times*, 5 July 1993; "China Names Vice-Premier Bank Governor", *Daily News* (Halifax), 3 July 1993.

39　Patrick Tyler, "China Austerity Drive is Hurting US Ventures", *New York Times*, 11 Nov. 1993; Willy Lam, "Zhu Hits Some Bumps on China's Road to Recovery", *South China Morning Post*, 15 Sept. 1993.

40　Willy Lam, "Zhu Hits Some Bumps on China's Road to Recovery", *South China*

Morning Post, 15 Sept. 1993.

41 Steven Mufson, "As China Booms, Fear of Chaos Fuels New Force", *Washington Post*, 11 Nov. 1995.

42 Wang Shaoguang, "China's 1994 Fiscal Reform: An Initial Assessment", *Asian Survey*, 37, no. 9 (Sept. 1997), pp. 801~817; Pei, *Crony Capitalism*, pp. 53~56도 보라.

43 Lin and Schramm, "China's Foreign Exchange Policies since 1979", p. 258.

44 "Clinton Advisor Says GATT Entry Is Highly Desirable", *South China Morning Post*, 2 June 1994; Sheila Tefft, "GATT Chief Calls for Chinese Membership", *Christian Science Monitor*, 11 May 1994.

45 Lin and Schramm, "China's Foreign Exchange Policies since 1979", pp. 258~259.

46 Rowena Tsang, "Rumours Fail to Dislodge Forex Chief", *South China Morning Post*, 9 May 1995.

47 Willy Lam, "Zhu Toils to Counter Inflation", *South China Morning Post*, 1 Dec. 1994; "Inflation and Spiralling Wages Giving Zhu Sleepless Nights", *South China Morning Post*, 9 May 1995. 인플레이션 수치의 출처는 Li Rui, Diary, 26 Sept. 1994.

48 "Inflation and Spiralling Wages Giving Zhu Sleepless Nights", *South China Morning Post*, 9 May 1995.

49 "Inflation and Spiralling Wages Giving Zhu Sleepless Nights", *South China Morning Post*, 9 May 1995; "Bank Head Urges Lower Inflation", *South China Morning Post*, 27 July 1995.

50 Wenzhou, J202-13-120, Wang Zhongshu in Telephone Conference on Losses in Industry, 10 March 1994, pp. 94~96.

51 Teresa Poole, *Independent*, 23 Dec. 1994.

52 Willy Lam, "Unrest on the Cards", *South China Morning Post*, 6 Dec. 1995.

53 Patrick Tyler, "China's First Family Comes Under Growing Scrutiny", *New York Times*, 2 June 1995; Seth Faison, "Deng's Son Sidesteps Row", *South China Morning Post*, 19 Jan. 1989.

54 Peter Goodspeed, "China's 'Princelings'", *Toronto Star*, 12 June 1994; Li Rui, Diary, 12 Dec. 1993.

55 Patrick Tyler, "12 Intellectuals Petition China on Corruption", *New York Times*, 26 Feb. 1995.

56 Uli Schmetzer, "Chinese Executives Find That Deng Connection Is No Longer Protection", *Chicago Tribune*, 23 March 1995.

57 Steven Mufson, "China's Corruption 'Virus'", *Washington Post*, 22 July 1995.

58 Harry Wu papers, Box 1, Central Committee's Report on Chen Xitong, 28 Sept. 1995.
59 Patrick Tyler, "Jiang Leads Purge of Beijing Party", *Guardian*, 9 May 1995.
60 Jiang Zemin, "Lingdao ganbu yiding yaojiang zhengzhi" (Leading cadres must emphasise politics), 27 Sept. 1995, *Jiang Zemin wenxuan* (Selected Works of Jiang Zemin), Renmin chubanshe, Beijing, 2006, vol. 1, pp. 455~459; Jiang Zemin, "Zhengque chuli shehuizhuyi xiandaihua jianshe zhong de ruogan zhongda guanxi" (On the correct handling on a number of major relations in the modernisation of socialism), *Jiang Zemin wenxuan*, vol. 1, pp. 460~475; Willy Lam, "Jiang's Act Runs into Problems", *South China Morning Post*, 11 Oct. 1995; Kathy Chen, "China Applies the Brakes to Reforms", *Wall Street Journal*, 7 April 1995.
61 Li Rui, Diary, 3 Aug. 1995.
62 Li Rui, Diary, 28 Jan. 1996.
63 PRO, FCO 21/1371, W. G. Ehrman, "Mr Teng Hsiao-P'ing on the Situation in China", 5 Feb. 1975 and "Teng Hsiao-P'ing Discusses Economy, Cultural Revolution, Taiwan", 10 Dec. 1974; Selig S. Harrison, "Taiwan After Chiang Ching-Kuo", *Foreign Affairs*, 66, no. 4 (Spring 1988), pp. 790~808; "Hu: Force Last Resort Against Taiwan", *South China Morning Post*, 1 June 1985.
64 Nicholas Kristof, "A Dictatorship That Grew Up", *New York Times*, 16 Feb. 1992.
65 Patrick Tyler, "For Taiwan's Frontier Island, the War Is Over", *New York Times*, 4 Oct. 1995.
66 Nicholas Kristof, "A Dictatorship That Grew Up", *New York Times*, 16 Feb. 1992.
67 Gilley, *Tiger on the Brink*, p. 248.
68 Rone Tempest, "China Threatens U.S. Over Taiwan Leader's Visit", *Los Angeles Times*, 26 May 1995.
69 "Taiwan Leader to Leave U.S.", *Los Angeles Times*, 11 June 1995.
70 Simon Beck, "Strengths Across the Strait", *South China Morning Post*, 4 Nov. 1995; Gilley, *Tiger on the Brink*, p. 254.
71 "Taiwan's Democratic Election", *New York Times*, 24 March 1996.
72 Document 219, "Message from the Government of the United States to the Government of the People's Republic of China", undated, message delivered on the evening of 3 April 1972, 30 Jan. 1979, *Foreign Relations of the United States, 1969 – 1972*, vol. XVII, US Government Printing Office, Washington, 2006, pp. 873~874.

73 Nayan Chanda, *Brother Enemy: The War After the War*, Harcourt, San Diego, 1987, pp. 19~21.
74 Harvey Stockwin, "Mischief Reef a Scene of Power Politics", *Times of India News Service*, 9 April 1995; Robert Manning, "China's Syndrome: Ambiguity", *Washington Post*, 19 March 1995.
75 다른 목격자 증언들 중에서 보고서를 보아야 할 자료는 Liz Sly, "Something New in China", *Chicago Tribune*, 28 Oct. 1996; Jasper Becker, "A Journey Through Jiang's Utopia", *South China Morning Post*, 28 Jan. 1996; Joseph Kahn, "Envying Singapore, China's Leaders Turn One City Into a Model", *Wall Street Journal*, 19 Dec. 1995; the cameras are mentioned in Maggie Farley, "The Polite Patriots of China", *Los Angeles Times*, 14 Sept. 1996.
76 Rone Tempest, "Insults, Spitting, Pigeon Poaching Not Allowed", *Los Angeles Times*, 25 Jan. 1997.
77 "Jiang Calls for Return to Socialist Orthodoxy", *Korea Times*, 26 Jan. 1996; Willy Lam, "The Party Returns to Mao's Heroes", *South China Morning Post*, 24 April 1996.
78 Willy Lam, "Liberal Fears Over 'Strike Hard' Policy", *South China Morning Post*, 18 July 1996.
79 "Mickey Mouse and Donald Duck Are on the Run in China", *Times of India*, 25 Oct. 1996; Steven Mufson, "China's 'Soccer Boy' Takes on Foreign Evils", *Washington Post*, 9 Oct. 1996; Joseph Kahn, "He's the Very Model of a Modem Plumber and a Hero in China", *Wall Street Journal*, 1 July 1996.
80 Wenzhou, J202-15-168, State Council Report on Foreign Brands, 10 Dec. 1995, pp. 1~6.
81 Josephine Ma, "Beijing to Protect Domestic Brands", *South China Morning Post*, 8 Aug. 1996; Cheung Lai-Kuen, "Foreign Limits to Go in Stages", *South China Sunday Morning Post*, 28 April 1996.
82 Seth Faison, "Citing Security, China Will Curb Foreign Financial News Agencies", *New York Times*, 17 Jan. 1996; Sandra Sugawara, "China Restricts Filmmakers", *Washington Post*, 29 June 1996; Teresa Poole, "China's Hooligan Author", *South China Morning Post*, 21 Dec. 1996.
83 "Dissident Liu Xiaobo Released and Banished to Dalian", *South China Morning Post*, 20 Jan. 1996; Steven Mufson, "China Detains Dissident During Party Meeting", *Washington Post*, 9 Oct. 1996.
84 Uli Schmetzer, "New China Dream", *Chicago Tribune*, 19 June 1996.

85 Willy Lam, "The Power Players of Beijing", *South China Morning Post*, 12 March 1997.
86 "TV Tribute to Deng's Role Sets the Tone for Next Congress", *South China Morning Post*, 2 Jan. 1997; "Series on Patriarch Offers No New Glimpse", *South China Morning Post*, 13 Jan. 1997; Willy Lam, "Shenzhen Plays Up Deng's Reform Views", *South China Morning Post*, 22 Jan. 1997.
87 Seth Faison, "Beijing after Deng", *New York Times*, 21 Feb. 1997; Kathy Chen, "After Deng's Death, It's Business as Usual", *Wall Street Journal*, 21 Feb. 1997.

8 큰 것이 아름답다(1997~2001)

1 Rod Mickleburgh, "The Handover of Hong Kong", *Globe and Mail*, 1 July 1997.
2 PRO, CAB128/99/13, Meeting of the Cabinet, 11 April 1991; Loh, *Underground Front*, pp. 179~180도 보라.
3 PRO, PREM 19/3626, 6 March 1992.
4 Fan Cheuk-Wan, "Hurd Responds to Li Peng Attack with Offer of Talks", *South China Morning Post*, 16 March 1993; Jonathan Mirsky, "Buddha-Serpent Patten Feels His Colony Tremble", *South China Morning Post*, 28 March 1993.
5 David Holley, "China's Agenda: Reforms and Dictatorship", *Los Angeles Times*, 6 March 1993.
6 John Kohut, "One Step Forward, One Step Back", *South China Morning Post*, 13 March 1993; Willy Lam, "Patriotism Has Now Become the Last Refuge of Li Peng", *South China Morning Post*, 24 March 1993.
7 Willy Lam, "Activists Bid to Speed Up Democracy", *South China Morning Post*, 13 March 1993.
8 Li Rui, Notes on visit to Guangzhou, Diary, 19 Sept. 1994.
9 Jonathan Dimbleby, *The Last Governor*, Little, Brown, London, 1997, p. 310.
10 Steven Mufson, "Hong Kong: The Return to China", *Washington Post*, 1 July 1997.
11 "Too Much at Stake to Accept Cheaper Yuan's Temptations", *South China Morning Post*, 2 Jan. 1998.
12 Liz Sly, "Bloom Is Off China's Boom", *Chicago Tribune*, 4 Feb. 1997. 생산 능력의 60퍼센트를 인용한 자료는 Joseph Kahn, "China's Overcapacity Crimps Neighbors: Glut Swamps Southeast Asia's Exports", *Wall Street Journal*, 14 July 1997; Li Rui, Diary, 9 Jan. 1998.
13 Joseph Kahn, "China's Overcapacity Crimps Neighbors: Glut Swamps Southeast Asia's Exports", *Wall Street Journal*, 14 July 1997; Somchai Jitsuchon and

Chalongphob Sussangkarn, "Thailand's Growth Rebalancing", Tokyo: Asian Development Bank Institute, 2009.

14   Liz Sly, "China's Growth May Slip Further", *Chicago Tribune*, 7 March 1998; Kathy Chen, "China's Retailers Multiply in Spite of Weak Sales", *Wall Street Journal*, 7 Jan. 1998.

15   Wenzhou, J34-33-480, Report by Dai Xianglong, 26 Sept. 1998, pp. 19~31.

16   Wang Xiangwei, "Fears Grow as China Slides Into Deflation", *South China Morning Post*, 12 Nov. 1997; "Deflation Worsens as Prices Dip 3.3PC", *South China Morning Post*, 14 Sept. 1998; Karby Leggett, "The Outlook", *Wall Street Journal*, 13 March 2000.

17   Henny Sender, "China Faces Flood of Cheap East Asian Imports", *Wall Street Journal*, 24 July 1998; Peter Seidlitz and David Murphy, "Asian Flu Reaches Mainland", *South China Morning Post*, 19 July 1998.

18   Wenzhou, J34-33-480, Report by Dai Xianglong, 26 Sept. 1998, pp. 19~31.

19   Peter Seidlitz and David Murphy, "Frustration Rises Over Flood of Forex Edicts", *South China Sunday Morning Post*, 6 Dec. 1998.

20   Mark O'Neill, "Flat Forex Growth Blamed on Smuggling, Reporting Errors", *South China Morning Post*, 7 Oct. 1998; Seth Faison, "China Attacks 'Hidden' Crime: Smuggling", *New York Times*, 17 July 1998.

21   Howard Balloch, *Semi-Nomadic Anecdotes*, Lulu Publishing Services, Morrisville, NC, 2013, pp. 548~549.

22   Balloch, *Semi-Nomadic Anecdotes*, pp. 547~548.

23   Wang Jikuan quoted in Li Rui, Diary, 4 March 1996; Gansu, 145-12-303, Talk by Zhu Rongji at Conference on Reforming State Owned Enterprises, 16 May 1998, pp. 38~59.

24   John Bartel and Huang Yiping, "Dealing with the Bad Loans of the Chinese Banks", Columbia University, APEC Study Center: Discussion Paper Series, July 2000; Walter and Howie, *Red Capitalism*, p. vxii. 악성 대출에 관해서는 Carsten A. Holz, "China's Bad Loan Problem", manuscript, Hong Kong University of Science and Technology, April 1999를 보라.

25   Wenzhou, J34-33-480, Report on Banks, 27 Oct. 1998, pp. 225~244; Talk by Dai Xianglong, 26 Sept. 1998, pp. 19~31. 원저우의 조사에 대해서는 Wenzhou, J34-33-456, 12 Oct. 1998, pp. 13~23을 보라.

26   Wenzhou, J202-16-163, State Council Statement on Outstanding Foreign Loans, 6 Nov. 1997, pp. 1~6; Zhejiang Province Statement on Outstanding Foreign

Loans, 4 Sept. 1997, pp. 35~37.

27 Hong Zhaohui and Ellen Y. Yan, "Trust and Investment Corporations in China", in Chen Beizhu, J. Kimball Dietrich and Yi Fang (eds), *Financial Market Reform in China: Progress, Problems and Prospects*, Westview Press, Boulder, CO, 2000, p. 290, as well as Zhu Jun, "Closure of Financial Institutions in China", in Bank for International Settlements (eds), *Strengthening the Banking System in China: Issues and Experience*, Bank for International Settlements, Basel, 1999, pp. 311~313.

28 "BoC Digs Deep for CADTIC Debts", *South China Morning Post*, 10 Jan. 1997; Tony Walker, "China Shuts Debt-Ridden Investment Group", *Financial Times*, 15 Jan. 1997.

29 Wenzhou, J202-17-139, People's Bank of China Report on Investment Trust Companies, 26 Aug. 1998, pp. 76~78.

30 Walter and Howie, *Red Capitalism*, pp. 57~58.

31 MAE, 2883TOPO/3772, "Réflections de M. Guy Sorman sur la situation en Chine", 28 Nov. 1989.

32 Gansu, 136-1-114, Report by State Commission for Restructuring the Economy, 1 Dec. 1993, pp. 122~138.

33 Foo Ghoy Peng, "Ambitious Economic Reformists Decree 'Big is Beautiful'", *South China Morning Post*, 19 Sept. 1997.

34 Leslie Chang, "Big Is Beautiful", *Wall Street Journal*, 30 April 1998.

35 Steven Mufson, "China to Cut Number of State Firms", *Washington Post*, 15 Sept. 1997; "China: Merger, Acquisition Timely", *China Daily*, 13 Jan. 1998; "China: Administrative Reform", *Oxford Analytica Daily Brief Service*, 8 May 1998; Russell Smyth, "Should China Be Promoting Large-Scale Enterprises and Enterprise Groups?", Department of Economics, Monash University, Jan. 1991, p. 24.

36 Daniel Kwan, "Jiang Backs Shareholding System", *South China Morning Post*, 1 April 1997.

37 Walter and Howie, *Red Capitalism*, pp. 178~179.

38 Erik Guyot and Shanthi Kalanthil, "China Telecom's IPO Lures Investors", *Wall Street Journal*, 6 Oct. 1997.

39 Walter and Howie, *Red Capitalism*, pp. 182~184.

40 Karby Leggett, "The Outlook", *Wall Street Journal*, 13 March 2000; Peter Wonacott, "China's Privatization Efforts Breed New Set of Problems", *Wall Street Journal*, 1 Nov. 2001.

41 "Rust-Belt Unemployment Hits 10pc", *South China Morning Post*, 18 Nov. 1997;

Jasper Becker, "Old Industry Dies Hard", *South China Morning Post,* 9 Aug. 1997.

42 Gansu, 145-12-303, Report by Wu Bangguo on Reform of State Enterprises, 14 May 1998, pp. 60~87.

43 Gansu, 145-12-303, Report by Wu Bangguo on Reform of State Enterprises, 14 May 1998, pp. 60~87.

44 Mark O'Neill, "No Work, No Future", *South China Morning Post,* 20 June 2000; Mark O'Neill, "The Growing Pains of Change", *South China Morning Post,* 13 Aug. 1998; Jasper Becker, "The Dark Side of the Dream", *South China Morning Post,* 12 Oct. 1997.

45 Gansu, 136-1-189, Report by Yao Yugen, Head of Provincial Economic Committee, 25 July 1998, pp. 74~81.

46 Craig Smith, "Municipal-Run Firms Helped Build China", *Wall Street Journal,* 8 Oct. 1997.

47 Gansu, 128-9-235, Report by Ministry of Labour, 29 Dec. 1992, pp. 1~9.

48 Figures in Gansu, 128-10-175, 5 Dec. 1998, pp. 17~21; "Coal Mines to Face Safety Measures Blitz", *South China Morning Post,* 12 Feb. 1997도 보라. 국영 광산의 합병에 관한 자료는 Mark O'Neill, "Coal Mines Dosed as Beijing Cleans Up Inefficient Sector", *South China Morning Post,* 14 Sept. 2000.

49 Jasper Becker, "A Collapse of the Working Class", *South China Morning Post,* 8 Aug. 1998; Qin Hui, "Looking at China from South Africa", on www.readingthechinadream.com, retrieved on 28 Sept. 2019도 보라.

50 Gansu, 128-10-289, State Council Document on Debt in the Countryside, 6 May 1999, pp. 70~77.

51 Jasper Becker, "Slump in Countryside Deepens as Bubble Bursts for Rural Enterprises", *South China Morning Post,* 27 Aug. 1999; Gansu, 128-10-232, Report by Provincial Deputy Governor Wu Bilian, 9 May 1998, pp. 10~32.

52 Gansu, 128-10-551, Talk by Zhu Rongji at the People's Consultative Conference's Economic Committee, 28 Aug. 2001, pp. 120~128; Gerard Greenfield and Tim Pringle, "The Challenge of Wage Arrears in China", in Manuel Simón Velasco (ed.), *Paying Attention to Wages,* International Labour Organisation, Geneva, 2002, pp. 30~38도 보라.

53 Wenzhou, J34-33-318, Document on Rural Cooperative Funds, 10 March 1997, pp. 40~59; Wenzhou, J34-33-417, Feb. 1997, pp. 156~175. 기금의 종료에 관해서는 Carsten A. Holz, "China's Monetary Reform: The Counterrevolution from the Countryside", *Journal of Contemporary China,* 10, no. 27 (2001), pp.

189~217을 보라. 또한 Wen Tiejun, "Nongcun hezuo jijinhui de xingshuai, 1984 – 1999" (The rise and fall of rural cooperative funds, 1984 – 1999), University Services Centre, Chinese University of Hong Kong, Dec. 2000도 보라.

54 Zuo Xuejin, "The Development of Credit Unions in China: Past Experiences and Lessons for the Future", Conference on Financial Sector Reform in China, Harvard University, Cambridge, MA, 11~13 Sept. 2001; Lynette H. Ong, *Prosper or Perish: Credit and Fiscal Systems in Rural China*, Cornell University Press, Ithaca, NY, 2012, p. 156.

55 Ong, *Prosper or Perish*, p. 159.

56 Gansu, 128-10-475, Document on Government Debt and Convertible Loans, 14 May 2001, pp. 90~98; Feng Xingyuan, "Local Government Debt and Municipal Bonds in China: Problems and a Framework of Rules", *Copenhagen Journal of Asian Studies*, 31, no. 2 (2013), pp. 23~53도 보라.

57 Gansu, 136-1-189, Report by Zhong Zhaolong, Chairman of the Gansu People's Consultative Conference, 25 July 1998, p. 41.

58 Gansu, 128-10-464, State Council, document 62, 28 Aug. 2001, pp. 72~73, followed by Report by Disciplinary Committee, 27 July 2001, pp. 74~87.

59 Ong, *Prosper or Perish*, p. 138. 시골 지역의 궁핍에 관해서는 다음의 두 주요한 출처가 필수적이다. Cao Jinqing, *China along the Yellow River: Reflections on Rural Society*, RoutledgeCurzon, London, 2005, p. 4; Chen Guidi and Wu Chuntao, *Will the Boat Sink the Water?: The Life of China's Peasants*, PublicAffairs, New York, 2006.

60 Steven Mufson, "China's Beefed-Up Private Sector", *Washington Post*, 12 April 1998; Liz Sly, "China Granting 'Important' Private Sector Room to Grow", *Chicago Tribune*, 10 March 1999.

61 Liz Sly, "China Granting 'Important' Private Sector Room to Grow", *Chicago Tribune*, 10 March 1999.

62 Liz Sly, "China Granting 'Important' Private Sector Room to Grow", *Chicago Tribune*, 10 March 1999.

63 Jasper Becker, *The Chinese*, The Free Press, New York, 2000, pp. 148~160; Richard McGregor, *The Party: The Secret World of China's Communist Rulers*, HarperCollins, New York, 2010, p. 43.

64 The terms were *suoyouzhi gaozao*, or simply *zhuanzhi*, or *gufenhua*.

65 Carsten Holz and Tian Zhu, "Reforms Simply Shifting Burden", *South China Morning Post*, 1 Oct. 1999.

66 Erik Eckholm, "Unrest Grows at China's Old State Plants", *New York Times*, 17 May 2000; John Pomfret, "Chinese Workers Are Showing Disenchantment", *Washington Post*, 23 April 2000.
67 Ted Plafker, "Incidence of Unrest Rising in China", *Washington Post*, 18 July 2000.
68 Willy Lam, "Nip Protest in the Bud, Jiang Tells Top Cadres", *South China Morning Post*, 17 Nov. 1998; Jasper Becker, "Jiang Rejects Political Reform", *South China Morning Post*, 19 Dec. 1998.
69 John Harris, "Jiang Earns Clinton's High Praise", *Washington Post*, 4 July 1998.
70 Liz Sly, "On Human Rights, China Takes a 2-Tack Strategy", *Chicago Tribune*, 6 Oct. 1998; John Pomfret, "Politics Stirs Crackdown in China", *Washington Post*, 3 Jan. 1999. 중국 민주당의 설립자 중 한 명의 감동적인 이야기를 읽을 수 있는 문헌은 Zha Jianying, "Enemy of the State", *Tide Players: The Movers and Shakers of a Rising China*, The Free Press, New York, 2011.
71 Liz Sly, "On Human Rights, China Takes a 2-Tack Strategy", *Chicago Tribune*, 6 Oct. 1998; Henry Chu, "Chinese Rulers Fear Angry Workers May Finally Unite", *Los Angeles Times*, 4 June 1999.
72 John Gittings, "Cult Descends on Heart of Beijing", *Guardian*, 26 April 1999.
73 Craig Smith, "Influential Devotees at Core of Chinese Movement", *Wall Street Journal*, 30 April 1999.
74 Charles Hutzler, "Beijing Seeks to Rein in Falun Gong", *South China Morning Post*, 9 May 1999. 보다 개괄적으로 James Tong, "Anatomy of Regime Repression in China: Timing, Enforcement Institutions, and Target Selection in Banning the Falungong, July 1999", *Asian Survey*, 42, no. 6 (Dec. 2002), pp. 795~820도 보라.
75 Kevin Platt, "Another Tiananmen Ahead", *Christian Science Monitor*, 23 July 1999.
76 John Pomfret, "Cracks in China's Crackdown", *Washington Post*, 12 Nov. 1999; Cindy Sui, "Falun Gong Holds Jail Hunger Strike", *Washington Post*, 15 Feb. 2000.
77 Ted Plafker, "Falun Gong Stays Locked in Struggle with Beijing", *Washington Post*, 26 April 2000; "Cult Protests Upstage Festivities", *South China Morning Post*, 2 Oct. 2000.
78 Philip Pan, "Five People Set Themselves Afire in China", *Washington Post*, 24 Jan. 2001.
79 John Pomfret and Philip Pan, "Torture Is Tearing at Falun Gong", *Washington Post*, 5 Aug. 2001.
80 Mark O'Neill, "Thousands of Unemployed Recruited to Round Up Falun Gong", *South China Morning Post*, 31 Jan. 2001; Robert Marquand, "In Two Years, Falun

Gong Nearly Gone", *Christian Science Monitor*, 6 Aug. 2001.

81 Michael Sheridan, "China Crushes the Church", *Sunday Times*, 1 July 1999; Kevin Platt, "The Wrong Churches in China", *Christian Science Monitor*, 21 Dec. 1999.

82 Vivien Pik-Kwan Chan, "Officials 'Mask Extent of Church Closures'", *South China Morning Post*, 14 Dec. 2000; Wenzhou, J202-20-126, 4 Jan. 2001, pp. 16~17.

83 Daniel Kwan, "Nation Doomed if Cadres Lose Faith in Communism", *South China Morning Post*, 1 July 1999; Wenzhou, J34-34-93, Urgent Telegram Transmitting Orders on the Study of Important Documents, 15 July 1999, pp. 60~62.

84 Li Rui, Diary, 27 April 2000.

85 "Party Chief Makes 'Important Speech' on Party Building in Shanghai", *BBC Monitoring Asia Pacific*, 5 May 2000.

86 Wenzhou, J201-25-9, Document on Party Building, 5 July 2000, pp. 124~163.

87 Clara Li, "City's Rich Line Up to Be 'Red Capitalists'", *South China Morning Post*, 13 Aug. 2001.

88 Wenzhou, J34-34-84, Talk by Wen Jiabao on Party Building Inside the Financial System, 5 April 1999, pp. 5~15, also in the same file his talk dated 14 Sept. 1999, pp. 67~82.

89 Li Rui, Diary, 2 Aug. and 11 Sept. 2001; Mark O'Neill, "Party Closes Leftist Journal That Opposed Jiang", *South China Morning Post*, 14 Aug. 2001.

90 Steven Lee Myers, "Deaths Reported", *New York Times*, 8 May 1999.

91 Mark O'Neill, "Politics, Patriotism and Laying the Blame", *South China Morning Post*, 11 May 1999.

92 Elisabeth Rosenthal, "China Protesters Rage at America", *New York Times*, 9 May 1999; Erik Eckholm, "Tightrope for China", *New York Times*, 10 May 1999.

93 John Pomfret and Michael Laris, "China Suspends Some U.S. Ties", *Washington Post*, 10 May 1999.

94 Wenzhou, J201-24-74, Jiang Zemin, Talk at the Politburo's Standing Committee, 8 May 1999, pp. 33~39.

95 Wenzhou, J201-24-74, Jiang Zemin, Talk at the Politburo's Standing Committee, 9 May 1999, pp. 39~47.

96 Wenzhou, J201-26-51, National Conference on Public Security, 5 April 2001, pp. 89~116.

97 Wenzhou, J232-18-17, Talk by Party Secretary Jiang Jufeng, 29 June 2001, pp. 181~197.

98 Wenzhou, J201-24-74, Series of Telegrams by the Bureau of the Central

Committee, 17 June 1999, pp. 25~28.
99 Karoline Kan, *Under Red Skies: Three Generations of Life, Loss, and Hope in China*, Hachette Books, New York, 2019, pp. 83~87.
100 John Pomfret, "Ashes Returned to China", *Washington Post*, 12 May 1999.

9 세계화(2001~2008)

1 Jasper Becker, "First Money, Then Enlightenment", *South China Morning Post*, 8 Nov. 2001.
2 Clay Chandler, "Trying to Make Good on Bad-Debt Reform", *Washington Post*, 15 Jan. 2002.
3 Gene Epstein, "The Tariff Trap", *Barron's*, 82, no. 28 (15 July 2002), pp. 21~22.
4 Alexander Delroy, "Industries Foresee World Trade Welcome for China", *Chicago Tribune*, 11 Oct. 2001; Peter Humphrey, "Honey Pot Full of Sticky Promise", *South China Morning Post*, 17 July 2000; Jerome Cohen, "China's Troubled Path to WTO", *International Financial Law Review*, 20, no. 9 (Sept. 2001), pp. 71~74.
5 Paul Blustein, "China's Trade Moves Encourage U.S. Firms", *Washington Post*, 6 April 1999; Ian Perkin, "A New Long March in the Offing", *Hong Kong Business*, Dec. 1999; Steve Chapman, "The Empty Case Against the China Trade Deal", *Chicago Tribune*, 18 May 2000.
6 이러한 견해 중 일부가 요약된 자료는 Chalmers Johnson, "Breaching the Great Wall", *American Prospect*, no. 30 (Feb. 1997), pp. 24~29. Paul Blustein, "China's Trade Moves Encourage U.S. Firms", *Washington Post*, 6 April 1999; Ian Perkin, "A New Long March in the Offing", *Hong Kong Business*, Dec. 1999; Steve Chapman, "The Empty Case Against the China Trade Deal", *Chicago Tribune*, 18 May 2000.
7 Kevin Platt, "A Deal That May Transform China", *Christian Science Monitor*, 16 Nov. 1999; Will Hutton, "At Last, the Fall of the Great Wall of China", *Observer*, 21 Nov. 1999.
8 United States Census Bureau, Foreign Trade: Trade in Goods with China, at www.census.gov; Marla Dickerson, "Mexico Files Trade Grievance", *Los Angeles Times*, 27 Feb. 2007.
9 Karby Leggett, "Economy Stirs as China Gears for WTO", *Wall Street Journal*, 12 April 2000; Karby Leggett, "Foreign Investment Not a Panacea in China", *Wall Street Journal*, 14 Jan. 2002.
10 Jasper Becker, "Best-Laid Plans Go Astray", *South China Morning Post*, 16 March 2001; James Kynge, *China Shakes the World: The Rise of a Hungry Nation*,

Weidenfeld & Nicolson, London, 2006, p. 61.
11　Jason Booth and Matt Pottinger, "China's Deflation Puts Pressure on WTO Nations", *Wall Street Journal*, 23 Nov. 2001.
12　Jon Hilsenrath and Lucinda Harper, "Deflation Fears Make a Comeback", *Wall Street Journal*, 13 Aug. 2002.
13　Mary Jordan, "Mexican Workers Pay for Success", *Washington Post*, 20 June 2002; Ken Belson, "Japanese Capital and Jobs Flowing to China", *New York Times*, 17 Feb. 2004.
14　Peter Wonacott and Leslie Chang, "As Fight Heats Up Over China Trade, Business Is Split", *Wall Street Journal*, 4 Sept. 2003.
15　탁월한 설명을 볼 수 있는 자료는 Kynge, *China Shakes the World*.
16　"U.S. Businesses Urge Trade Sanctions to Stop Piracy of Software in China", *Washington Post*, 11 April 1989; Daniel Southerland, "Piracy of U.S. Software in China Is Big Problem, Commerce Officials Warn", *Washington Post*, 14 Jan. 1989.
17　"U.S. Sidesteps Piracy Trade Issue with China Until After Rights Deadline", *Washington Post*, 1 May 1994; Teresa Poole, "Peking Backs off US Trade War", *Independent*, 27 Feb. 1995; Miriam Donohoe, "China Faces Up to Its Counterfeiters", *Irish Times*, 29 June 2001.
18　John Pomfret, "Chinese Pirates Rob 'Harry' of Magic, and Fees", *Washington Post*, 1 Nov. 2002. 보다 개괄적으로 William C. Hannas, James Mulvenon and Anna B. Puglisi, *Chinese Industrial Espionage: Technology Acquisition and Military Modernization*, Routledge, London, 2013; William C. Hannas and Didi Kirsten Tatlow (eds), *China's Quest for Foreign Technology: Beyond Espionage*, Routledge, London, 2021도 보라.
19　Li Yahong, "The Wolf Has Come: Are China's Intellectual Property Industries Prepared for the WTO?", *Pacific Basin Law Journal*, 20, no. 1, 2002, p. 93; John Pomfret, "Chinese Pirates Rob 'Harry' of Magic, and Fees", *Washington Post*, 1 Nov. 2002; Kynge, *China Shakes the World*, p. 57.
20　Karby Leggett, "U.S. Auto Makers Find Promise and Peril in China", *Wall Street Journal*, 19 June 2003.
21　Janet Moore, "Intellectual Property", *Star Tribune*, 28 Nov. 2005; Andrew England, "Counterfeit Goods Flooding Poorer Countries", *Washington Post*, 30 Dec. 2001.
22　Mike Hughlett, "Counterfeits Pose Real Risks", *Chicago Tribune*, 29 Sept. 2006; Joseph Kahn, "Can China Reform Itself?", *New York Times*, 8 July 2007; Tania Branigan, "Chinese Figures Show Fivefold Rise in Babies Sick from Contaminated

Milk", *Guardian*, 2 Dec. 2008; David Barboza, "China Finds Poor Quality in Its Stores", *New York Times*, 5 July 2007.

23 Joseph Kahn, "China's Workers Risk Limbs in Export Drive", *New York Times*, 7 April 2003.

24 Wenzhou, J202-20-59, Report on Child Labour in Zhejiang Province, 24 Jan. 2003, pp. 7~12.

25 David Barboza, "China Says Abusive Child Labor Ring Is Exposed", *New York Times*, 1 May 2008.

26 Ching-Ching Ni, "China's Use of Child Labor Emerges from the Shadows", *Los Angeles Times*, 13 May 2005.

27 Keith Bradsher, "Fuel Shortages Put Pressure on Price Controls in China", *New York Times*, 18 Aug. 2005; Don Lee, "China Braces for Leap in Gas Prices", *Los Angeles Times*, 9 June 2008.

28 Cui Zhiyuan, "China's Export Tax Rebate Policy", *China: An International Journal*, 1, no. 2 (Sept. 2003), pp. 339~349; Usha C. V. Haley and George T. Haley, *Subsidies to Chinese Industry: State Capitalism, Business Strategy, and Trade Policy*, Oxford University Press, New York, 2013도 보라.

29 Peter Wonacott and Phelim Kyne, "Shifty, U.S. Investors Intensify Criticism of China Trade Policies", *Wall Street Journal*, 6 Oct. 2003.

30 "China's Money Supply Soars", *Asian Wall Street Journal*, 12 Sept. 2003; David Francis, "Will China Clothe the World?", *Christian Science Monitor*, 5 Aug. 2004.

31 Keith Bradsher, "China Finds a Fit with Car Parts", *New York Times*, 7 June 2007.

32 Ching-Ching Ni, "Citibank Enters China's Consumer Banking Market", *Los Angeles Times*, 22 March 2002.

33 Walter and Howie, *Red Capitalism*, p. 27.

34 Kathy Chen, "China Sets Own Wireless Encryption Standard", *Wall Street Journal*, 3 Dec. 2003; Evelyn Iritani, "U.S. Accuses China of Hampering Trade", *Los Angeles Times*, 19 March 2004.

35 World Trade Organization, *International Trade Statistics 2009*, Geneva: WTO, 2009, table II. 50, p. 88.

36 Peter Wonacott, "China Saps Commodity Supplies", *Wall Street Journal*, 24 Oct. 2003.

37 Mark Magnier, "China Courts the World to Slake a Thirst", *Los Angeles Times*, 17 July 2005.

38 Wenzhou, J156-19-11, Report by the Office for Overseas Affairs, 20 July 2002;

Li Zhongjie, *Gaige kaifang guanjian ci* (Key words of Reform and Opening Up), Renmin chubanshe, Beijing, 2018, pp. 350~351도 보라.

39 Joseph Kahn, "Behind China's Bid for Unocal: A Costly Quest for Energy Control", *New York Times*, 27 June 2005.

40 Zhongguo guoji maoyi cujin weiyuanhui jingji xinxibu (ed.), "Woguo 'zou chuqu' zhanlüe de xingcheng ji tuidong zhengce tixi fenxi" (An analysis of our country's strategy of 'Going Global'), Jan. 2007, pp. 1~3.

41 Mark Magnier, "China Courts the World to Slake a Thirst", *Los Angeles Times*, 17 July 2005; James Traub, "China's African Adventure", *New York Times*, 19 Nov. 2006.

42 "China's Global Reach", *Christian Science Monitor*, 30 Jan. 2007; Alexei Barrionuevo, "China's Appetites Lead to Changes in Its Trade Diet", *New York Times*, 6 April 2007.

43 Christian Tyler, *Wild West China: The Taming of Xinjiang*, John Murray, London, 2003.

44 Gansu, 128-6-320, Zhao Ziyang's Meeting with Feng Jixin, Head of Gansu Province, 28 July 1982, pp. 113~120.

45 Derek Edward Peterson, "When a Pound Weighed a Ton: The Cotton Scandal and Uzbek National Consciousness", doctoral dissertation, Ohio State University, 2013; Riccardo Mario Cucciolla, "The Crisis of Soviet Power in Central Asia: The 'Uzbek Cotton Affair' (1975-1991)", doctoral dissertation, IMT School for Advanced Studies, Lucca, Italy, 2017.

46 MAE, 2882TOPO/2936, "Controverse sur l'exploitation du Nord-Ouest chinois", 30 Sept. 1983.

47 Willy Lam, "Jiang Woos Uighurs With Aid Promise", *South China Morning Post*, 4 Sept. 1990; Ivan Tang, "Boom in Cotton Sows Seeds of Discontent", *South China Morning Post*, 10 June 1997.

48 Liz Sly, "Ethnic Crisis Brews in China", *Chicago Tribune*, 19 Oct. 1999.

49 Liz Sly, "Ethnic Crisis Brews in China", *Chicago Tribune*, 19 Oct. 1999; Josephine Ma, "Go West", *South China Morning Post*, 18 May 2001.

50 Elizabeth Van Wie Davis, "Uyghur Muslim Ethnic Separatism in Xinjiang", *Asian Affairs*, 35, no. 1 (spring 2008), pp. 15~29.

51 "Half Harvest Remains Unsold in China Major Cotton Producing Region", *Xinhua News Agency*, 6 Nov. 2008; Cotton Economics Research Institute Policy Modeling Group, *Global Cotton Baseline*, Cotton Economics Research Institute, Lubbock,

TX, 2009, p. 11.
52. William Kazer, "Ambitious Building Boom Fuels Growth", *South China Morning Post*, 28 Dec. 2001.
53. Joseph Kahn, "China Gambles on Big Projects for Its Stability", *New York Times*, 13 Jan. 2003.
54. Ron Glucksman, "Business: The Chinese Chicago", *Newsweek*, 24 May 2004; Joseph Kahn, "China Gambles on Big Projects for Its Stability", *New York Times*, 13 Jan. 2003.
55. Phelim Kyne and Peter Wonacott, "As Investment in China Booms, Some Fear a Real-Estate Bust", *Wall Street Journal*, 10 Oct. 2002; Kathy Chen and Karby Leggett, "Surge in Lending in China Stokes Economic Worries", *Wall Street Journal*, 3 Oct. 2003.
56. Peter Goodman, "Booming China Devouring Raw Materials", *Washington Post*, 21 May 2004.
57. Kathy Chen and Karby Leggett, "Surge in Lending in China Stokes Economic Worries", *Wall Street Journal*, 3 Oct. 2003.
58. Joseph Kahn, "China Gambles on Big Projects for Its Stability", *New York Times*, 13 Jan. 2003.
59. Kathy Chen and Karby Leggett, "Surge in Lending in China Stokes Economic Worries", *Wall Street Journal*, 3 Oct. 2003; Joseph Kahn, "China Gambles on Big Projects for Its Stability", *New York Times*, 13 Jan. 2003.
60. Walter and Howie, *Red Capitalism*, pp. 17~19.
61. Walter and Howie, *Red Capitalism*, pp. 19~20.
62. Peter Goodman, "Manufacturing Competition", *Washington Post*, 11 Aug. 2004.
63. Jian Dong, "Foreign Capital M&A to Be Further Regulated", *Jingji daobao*, 2 April 2007; Mure Dickie, "China Moves to Combat Threat of Foreign-Owned Monopolies", *Financial Times*, 11 Nov. 2006도 보라. "China Regulations: Problems with China's New M&A Law", *EIU Views Wire*, 6 Nov. 2006.
64. Hu Jintao, "Jianchi fayang jianku fendou de youliang zuofeng" (Persevere and develop the first-rate style of work of arduous struggle), *Renmin ribao*, 3 Jan. 2003.
65. John Gittings, "China Launches Drive Against Party Corruption", *Guardian*, 21 Feb. 2003; Jia Hepeng, "The Three Represents Campaign: Reform the Party or Indoctrinate the Capitalists?", *Cato Journal*, 24, no. 3 (Fall 2004), p. 270; Peter Goodman, "Manufacturing Competition", *Washington Post*, 11 Aug. 2004; Derek Scissors, "Deng Undone", *Foreign Affairs*, 88, no. 3 (June 2009), pp. 24~39.

66 대약진 운동 중의 오염과 자연에 대한 공격에 대해서는 Dikötter, *Mao's Great Famine*, chapter 21을 보라. (『마오의 대기근』, 최파일 옮김, 열린책들, 2017.) Judith Shapiro, *Mao's War against Nature: Politics and the Environment in Revolutionary China*, Cambridge University Press, New York, 2001도 보라.

67 Wenzhou, J1-27-61, Report on Pollution in Zhejiang Province, 2 Feb. 1980, pp. 167~170.

68 Shanghai, B184-2-732, National Conference on Industrial Pollution, 21 Jan. 1983, pp. 211~220; Gansu, 238-1-117, Report on Pollution, March 1985, p. 101.

69 Gansu, 238-1-268, Qu Geping, Report on Pollution, 19 April 1992, pp. 87~101; Song Jian, Report on Pollution, 19 April 1992, pp. 72~87.

70 Wenzhou, J173-5-109, 15 Dec. 1998, pp. 140~149; Gansu, 128-10-177, Report by State Council, 7 Nov. 1998, pp. 4~28.

71 Jim Yardley, "Pollution Darkens China's Prospects", *International Herald Tribune*, 31 Oct. 2005; "Millions in China Drink Foul Water, Beijing Discloses", *Wall Street Journal*, 30 Dec. 2005; Elizabeth Economy, *The River Runs Black: The Environmental Challenge to China's Future*, Cornell University Press, Ithaca, NY, 2004도 보라. 보다 최근에 관해서는 Huang Yanzhong, *Toxic Politics: China's Environmental Health Crisis and Its Challenge to the Chinese State*, Cambridge University Press, Cambridge, 2020을 보라.

72 Joseph Kahn and Mark Landler, "China Grabs West's Smoke-Spewing Factories", *New York Times*, 21 Dec. 2007.

73 Joshua Kurlantzick, "China's Blurred Horizon", *Washington Post*, 19 Sept. 2004.

74 Howard French, "Riots in a Village in China as Pollution Protest Heats Up", *New York Times*, 19 July 2005; Howard French, "Land of 74,000 Protests", *New York Times*, 24 Aug. 2005; Ching-Ching Ni, "China Finds Chemical Plants Pose Widespread Risk to Rivers", *Los Angeles Times*, 25 Jan. 2006.

75 Zhao Xu, Liu Junguo, Hong Yang, Rosa Duarte, Martin Tillotson and Klaus Hubacek, "Burden Shifting of Water Quantity and Quality Stress from Megacity Shanghai", *Water Resources Research*, 52, no. 9 (Sept. 2016), pp. 6916~6927.

76 Simon Montlake, "China's Pearl River Smells, but Mayor Vows to Swim", *Christian Science Monitor*, 5 May 2006.

77 Mark O'Neill, "Beijing Wins Olympics in Moscow", *South China Morning Post*, 14 July 2001.

78 Alan Abrahamson, "Bidding Its Time", *Los Angeles Times*, 1 July 2001.

79 John Gittings, "Mystery Bug Causes Panic Across China", *Observer*, 16 Feb. 2003.

80 John Pomfret and Peter Goodman, "Outbreak Originated in China", *Washington Post*, 17 March 2003; Matt Pottinger, "Hong Kong Hotel Was a Virus Hub", *Wall Street Journal*, 21 March 2003; Michael Lev, "China Not Sharing Data on Outbreaks, Health Group Says", *Chicago Tribune*, 22 March 2003; Lawrence Altman and Keith Bradsher, "China Bars W.H.O. Experts from Origin Site of Illness", *New York Times*, 26 March 2003.

81 Matt Pottinger, "Outraged Surgeon Forces China to Take a Dose of the Truth", *Wall Street Journal*, 22 April 2003; "China's Other Disease", *Wall Street Journal*, 22 April 2003; "Eyi chaozuo, yushi wubu" (Malicious interference is unhelpful), *Renmin ribao*, 17 April 2003.

82 "A Shot of Transparency", *The Economist*, 12 Aug. 2006.

83 Cheryl Miller, "The Red Plague", *New Atlantis* (Winter 2007); Verna Yu, "Doctor Who Exposed Sars Cover-Up Is Under House Arrest in China, Family Confirm", *South China Morning Post*, 9 February 2020.

84 Peter Wonacott, "Beijing Postpones Marketing Launch for '08 Olympics", *Wall Street Journal*, 15 May 2003.

85 Jim Yardley, "Beijing's Olympic Quest", *New York Times*, 29 Dec. 2007; John Boudreau, "A Marathon of Building for Beijing Olympics", *McClatchy-Tribune News*, 16 Aug. 2007; "Chinese Spokesman: Has No Forced Evictions for Beijing Olympics", *BBC Monitoring Asia Pacific*, 5 June 2007.

86 Don Lee, "Chinese Hope Pre-Games Cleanup Will Be Fresh Start", *Los Angeles Times*, 6 Aug. 2008.

87 "Press Hails 'Greatest Ever' Olympic Opening Show", *Agence France Presse*, 9 Aug. 2008.

88 Tania Branigan, "Olympics: Child Singer Revealed as Fake", *Guardian*, 12 Aug. 2008; Jonathan Watts, "China Faked Footprints of Fire Coverage in Olympics Opening Ceremony", *Guardian*, 11 Aug. 2008; Belinda Goldsmith, "Ethnic Children Faked at Games Opening", *Reuters*, 15 August 2008.

89 "China Declares 'People's War' as Tibet Riots Spread", *Times of India*, 17 March 2008; Robert Barnett, "The Tibet Protests of Spring 2008: Conflict Between the Nation and the State", *China Perspectives*, no. 3 (Sept. 2009), pp. 6~23.

90 "Olympic Torch Protests Around the World", *Reuters*, 28 April 2008; Howard French, "Unrest in Tibet Exposes a Clash of Two Worlds", *New York Times*, 20 March 2008; Jim Yardley, "Nationalism at Core of China's Angry Reaction to Tibetan Protests", *New York Times*, 30 March 2008.

91　Mark Magnier, "Dialing Back Chinese Anger", *Los Angeles Times*, 19 April 2008.
92　Edward Wong and Keith Bradsher, "As China Girds for Olympics, New Violence", *New York Times*, 4 Aug. 2008; Howard French, "China to Curb Dissidents in Shanghai During Games", *New York Times*, 26 June 2008; "Olympic Hangover: The Games Are Over, But Hu Jia Is Still in Prison", *Washington Post*, 24 Oct. 2008.
93　"U.S. Seeks Release of Olympic Protesters", *Korea Times*, 25 August 2008.

10 오만(2008~2012)

1　Wenzhou, J202-22-817, 14 May 2009, pp. 1~14; Don Lee, "China's Bosses Are Abandoning Ship", *Los Angeles Times*, 3 Nov. 2008; Edward Wong, "Factories Shut, China Workers Are Suffering", *New York Times*, 14 Nov. 2008.
2　David Barboza, "Great Engine of China Slows", *New York Times*, 26 Nov. 2008.
3　Edward Wong, "Factories Shut, China Workers Are Suffering", *New York Times*, 14 Nov. 2008; Keith Bradsher, "China's Route Forward", *New York Times*, 23 Jan. 2009.
4　Keith Bradsher, "China's Route Forward", *New York Times*, 23 Jan. 2009.
5　Patrick Chovanec, "China's Hidden Inflation", *Bloomberg*, 22 Oct. 2010.
6　Michael Wines and David Barboza, "Fire Trips Alarms About China's Building Boom", *New York Times*, 17 Nov. 2010; Ana Swanson, "How China Used More Cement in 3 Years Than the U.S. Did in the Entire 20th Century", *Washington Post*, 24 March 2015; Holland Cotter, "A Building Boom in China", *New York Times*, 21 March 2013.
7　Didi Kirsten Tatlow, "A Challenge to China's Self-Looting", *International Herald Tribune*, 23 June 2011.
8　Andrew Jacobs, "Harassment and Evictions Bedevil Even China's Well-Off", *New York Times*, 28 Oct. 2011.
9　Andrew Jacobs, "Harassment and Evictions Bedevil Even China's Well-Off", *New York Times*, 28 Oct. 2011; Wade Shepard, "During Its Long Boom, Chinese Cities Demolished an Area the Size of Mauritius Every Year", *CityMonitor*, 22 Sept. 2015, quoting the research firm GK Dragonomics.
10　Adrian Wan, "Hong Kong's Architectural Heritage Conservation Is Praised", *South China Morning Post*, 24 July 2013.
11　Christina Larson, "The Cracks in China's Shiny Buildings", *Bloomberg Businessweek*, 27 Sept. 2012; Choi Chi-yuk, "The Shame of Sichuan's Tofu Schools", *South China Morning Post*, 6 May 2013.

12 David Pierson, "A Boom Muffled in China", *Los Angeles Times*, 7 Sept. 2010.
13 Keith Bradsher, "It's All About the Dollar", *New York Times*, 16 Oct 2009; David Pierson, "China Bounces Back, But Is It for Real?", *Los Angeles Times*, 21 Oct. 2009.
14 Jamil Anderlini and Geoff Dyer, "Beijing Accused of Launching Attack on Private Enterprise", *Financial Times*, 26 Nov. 2009; Michael Wines, "China Fortifies State Businesses to Fuel Growth", *New York Times*, 30 Aug. 2010.
15 Neil Gough, "What Trade Overhaul?", *South China Morning Post*, 10 Dec. 2011.
16 "Awash in Cash", *China Economic Review*, Aug. 2012.
17 David Pierson, "China Bounces Back, But Is It for Real?", *Los Angeles Times*, 21 Oct. 2009.
18 Stephen Castle and David Jolly, "China Escalates Trade Fight Over European Shoe Tariff", *New York Times*, 5 Feb. 2010.
19 Edward Wong, "Confidence and Disdain Toward U.S. from China", *International Herald Tribune*, 17 June 2008; Carter Dougherty and Katrin Bennhold, "Russia and China Blame Capitalists for Crisis", *New York Times*, 29 Jan. 2009; Barry Naughton, "In China's Economy, The State's Hand Grows Heavier", *Current History*, 108, no. 719 (Sept. 2009), pp. 277~283. 〈중국의 길〉에 대해서는 예를 들어 "Zhongguo dalu" (The China way), *Renmin ribao*, 26 June 2012를 보라. Wang Xiangping, "'Zhongguo moshi' yu Zhongguo tese shehuizhuyi daolu", *Dangdai Zhongguo shi yanjiu*, 2013, no. 5, pp. 89~97도 보라.
20 Willy Lam, "Hu Jintao's Great Leap Backward", *Far Eastern Economic Review*, 172, no. 1 (Jan. 2009), pp. 19~22.
21 Andrew Jacobs, "Chinese Learn Limits of Online Freedom as the Filter Tightens", *New York Times*, 5 Feb. 2009.
22 Sharon LaFraniere, "In Second Internet Crackdown, China Squelches Multimedia", *International Herald Tribune*, 18 Dec. 2009; Michael Wines and Sharon LaFraniere, "Web Censors in Mainland Everywhere But Nowhere", *International Herald Tribune*, 8 April 2010.
23 Jake Hooker, "Quake Revealed Deficiencies of China's Military", *New York Times*, 2 July 2008; Jennifer Ngo, "Hong Kong Responds Generously After Latest Sichuan Earthquake", *South China Morning Post*, 21 April 2013.
24 "U.S. House Overwhelmingly Passes Rep. Wu Resolution in Support of Jailed Sichuan Earthquake Activists", *US Fed News Service*, 20 Nov. 2009.
25 David Barboza, "Prominent Artist Pushes for Candor on Sichuan Earthquake",

International Herald Tribune, 20 March 2009; "The Artist's Blog Banned by the Chinese Government", *The Times*, 23 April 2011.

26 Tania Branigan, "Chen Guangcheng", *Guardian*, 27 April 2012; Peter Ford, "China's Blind Activist Lawyer, Chen Guangcheng, Released From Prison", *Christian Science Monitor*, 9 Sept. 2010.

27 Willy Lam, "The Politics of Liu Xiaobo's Trial", in Jean-Philippe Béja, Fu Hualing and Eva Pils (eds), *Liu Xiaobo, Charter 08 and the Challenges of Political Reform in China*, Hong Kong University Press, Hong Kong, 2012, pp. 262~263; Hu Ben, "Weiwenban rujie jincun" (Offices to Maintain Social Security enter streets and villages), *Nanfang zhoumo*, 18 Aug. 2010.

28 "Beijing Denounces Nobel Prize", *Capital*, 6 Nov. 2010.

29 Andrew Jacobs and Jonathan Ansfield, "Well-Oiled Security Apparatus in China Stifles Calls for Change", *New York Times*, 1 March 2011; "China's Urumqi to Install 17,000 Surveillance Cameras", *BBC Monitoring Asia Pacific*, 25 Jan. 2011; "China: Chongqing Will Add 200,000 Surveillance Cameras", *New York Times*, 10 March 2011; "The Good and Bad of TV Surveillance", *Kamloops Daily News*, 3 Oct. 2011.

30 "Hundreds Join 'Jasmine Revolution'", *South China Morning Post*, 21 Feb. 2011; Andrew Jacobs, "Catching Scent of Revolution, China Moves to Snip Jasmine", *New York Times*, 10 May 2011.

31 Tania Branigan, "Ai Weiwei Interrogated by Chinese Police 'More Than 50 Times'", *Guardian*, 10 Aug. 2011.

32 Sharon LaFraniere, Michael Wines and Edward Wong, "China Reins In Entertainment and Blogging", *New York Times*, 27 Oct. 2011; "China Cracks Down on 'Fake Journalists and News'", *Dow Jones Institutional News*, 14 Nov. 2011; David Pierson, "China Fails to Ease Controls", *Los Angeles Times*, 23 March 2011.

33 Andrew Jacobs, "Chinese Heroism Effort Is Met with Cynicism", *New York Times*, 6 March 2012.

34 Barbara Demick, "Chinese Perk Up at Wen's Words: The Premier Has Spoken Out on Political Reform. Some Doubt His Sincerity", *Los Angeles Times*, 16 Oct. 2010; Shi Jiangtao, "Beijing Slams Door on Political Reform", *South China Morning Post*, 11 March 2011.

35 Wenzhou, J202-22-450, zhongfa (2008) 14, Central Committee Directive on the Study of Marxism, 14 Sept. 2008, pp. 1~16.

36 "China Marks 60 Years of Communist Rule", *Korea Times*, 2~4 Oct. 2009.

37 "Chinese VP Calls for Enhancing Study of Marxism", *Xinhua News Agency*, 10 Dec. 2009; "Chinese Journal on Sinicization, Modernization, Popularization of Marxism", *BBC Monitoring Asia Pacific*, 19 Dec. 2009.

38 "Xi Jinping: Man for All Factions Is Tip for Top", *South China Morning Post*, 23 Oct. 2007; Jane Perlez, "China Leader with Close Army Ties Would Be Force for U.S. to Contend With", *New York Times*, 4 Nov. 2012.

39 Wenzhou, J202-22-450, 15 Jan. 2008, zhongban (2008) no. 2, Central Committee Bureau's Directive on Taking Ideological Work Global, pp. 17~32.

40 Rowan Callick, "China Splashes $10bn in Push for 'Soft Power'", *Australian*, 23 Feb. 2009.

41 Zhang Yuwei, "Confucian Way of Spreading Chinese Culture", *Chicago Tribune*, 21 Jan. 2011.

42 "Beware the Beijing Model", *The Economist*, 26 May 2009; "Chinese Party Paper Views World's Fascination with 'China Model'", *BBC Monitoring Asia Pacific*, 30 June 2009.

43 "China's Real 2010 Defense Spending Estimated at US$240 Bln", *Asia Pulse*, 11 March 2011.

44 Tom Vanden Brook and Calum MacLeod, "China's Military Flexes Its Muscle", *USA Today*, 28 July 2011.

45 Robert Maginnis, "China Lies About Its Huge Military Buildup", *Human Events*, vol. 67, no. 14, 11 April 2011, p. 8; Nuclear Threat Initiative, "China Missile Technology", June 2012.

46 Elisabeth Bumiller, "U.S. Official Warns About China's Military Buildup", *New York Times*, 25 Aug. 2011.

47 "China's Aggressive New Diplomacy", *Wall Street Journal*, 1 Oct. 2010.

48 Don Lee, "Run-In at Sea U.S. Fault, Beijing Says", *Los Angeles Times*, 11 March 2009.

49 Jane Perlez, "Alarm as China Issues Rules for Disputed Area", *New York Times*, 2 Dec. 2012.

맺음말

1 David Barboza, "China's Cities Piling Up Debt to Fuel Boom", *New York Times*, 7 July 2011.

2 Lynette H. Ong, "State-Led Urbanization in China: Skyscrapers, Land Revenue and 'Concentrated Villages'", *China Quarterly*, no. 217 (March 2014), p. 175;

Gabriel Wildau, "Legacy of Chinese Government's Economic Stimulus Is Mixed", *Financial Times*, 20 Nov. 2015.

3　"Researcher Puts China's Local Government Debt at 20 Trillion Yuan", *Dow Jones Institutional News*, 17 Sept. 2013; Hong Shen, "China Seeks Clearer View of Government Debt Mountain", *Wall Street Journal*, 21 Oct. 2013; "China's Hidden Debt Risk", *Korea Times*, 26 March 2013.

4　Dinny McMahon, "With Cash Scarce in China, IOUs Proliferate", *Wall Street Journal*, 4 April 2014; Dinny McMahon, *China's Great Wall of Debt*, Little, Brown, London, 2018도 반드시 보라.

5　Josh Noble and Gabriel Wildau, "Fear of a Deflationary Spiral", *Financial Times*, 1 Dec. 2014.

6　Patrick Chovanec, "China Destroyed Its Stock Market in Order to Save It", *Foreign Policy*, 16 July 2015.

7　Keith Bradsher, "China's Wealthy Move Money Out as Country's Economy Weakens", *New York Times*, 14 Feb. 2016.

8　"Robber Barons, Beware", *The Economist*, 24 Oct. 2015.

9　Gary Huang, "How Leading Small Groups Help Xi Jinping and Other Party Leaders Exert Power", *South China Morning Post*, 20 Jan. 2014; Nis Grünberg, "The CCP's Nerve Center", *Merics*, 30 Oct. 2019.

10　"Chairman of Everything", *The Economist*, 2 April 2016, quoting Geremie Barmé.

11　"No Cult of Personality Around Xi, Says Top China Party Academic", *Reuters*, 6 Nov. 2017; Rowan Callick, "No Turning Back the Tide on Xi Jinping Personality Cult", *The Australian*, 25 Nov. 2017; Viola Zhou, "'Into the Brains' of China's Children: Xi Jinping's 'Thought' to Become Compulsory School Topic", *South China Morning Post*, 23 Oct. 2017; Jamil Anderlini, "Under Xi Jinping, China is Turning Back to Dictatorship", *Financial Times*, 11 Oct. 2017. 보다 개괄적으로 François Bougon, *Inside the Mind of Xi Jinping*, C. Hurst, London, 2018을 보라.

12　Tom Phillips, "Xi Jinping: Does China Truly Love 'Big Daddy Xi' – or Fear Him?", *Guardian*, 19 Sept. 2015. Teng Biao, "What Will This Crackdown on Activists Do to China's Nascent Civil Society?", *Guardian*, 24 Jan. 2015.

13　Peter Ford, "From Occupy Central to Tibet, China Sees 'Hostile Foreign Forces'", *Christian Science Monitor*, 9 Nov. 2014.

14　Edward Wong, "China Freezes Credentials for Journalists at U.S. Outlets, Hinting at Expulsions", *New York Times*, 6 Sept. 2020.

15　Lucy Hornby and Charles Clover, "China's Media Pressed Into Service", *Australian*

   Financial Review, 4 April 2016; "Foreign Journalists Forced to Leave China as Diplomatic Tensions Worsen", *Reuters*, 8 Sept. 2020; Leo Lewis, "Axe Foreign Textbooks, China Tells Universities", *The Times,* 31 Jan. 2015.

16 Robert Fulford, "Pooh Bear Goes Underground in Xi's China", *National Post,* 17 March 2018; Wu Huizhong, "In Echo of Mao Era, China's Schools in Book-Cleansing Drive", *Reuters*, 9 July 2020.

17 Elizabeth C. Economy, *The Third Revolution: Xi Jinping and the New Chinese State*, Oxford University Press, Oxford, 2018을 보라.

18 "The Xinjiang Papers", *New York Times,* 16 November 2019.

19 Peter Ford, "China Targets 'Hostile Foreign Forces' in Crescendo of Accusations", *Christian Science Monitor*, 9 Nov. 2014.

20 "China 'Does Not Share Our Values', NATO Chief Says", *Reuters*, 30 June 2020; "Important to 'Strengthen' Common Policy on China, Says NATO Chief", *ANI*, 14 June 2021.

21 Adam Dunnett, "Three Reasons China Is Losing Its Allure for the Foreign Business Community", *South China Morning Post,* 28 May 2021; Shannon Brandao, "Yes, Manufacturing Really Is Leaving China – And Authorities Are Scrambling to Slow Down the Exodus", *Arabian News*, 11 April 2021.

22 Michael Pettis, "Xi's Aim to Double China's Economy Is a Fantasy", *Financial Times,* 22 Nov. 2020; "China Has Over 600 Million Poor with $140 Monthly Income", *PTI News*, 28 May 2020.

23 Michael Pettis, "Xi's Aim to Double China's Economy Is a Fantasy", *Financial Times,* 22 Nov. 2020.

24 Scott Rozelle and Natalie Hell, *Invisible China: How the Urban-Rural Divide Threatens China's Rise*, University of Chicago Press, Chicago, 2020.

선별 참고 문헌

Archives

Principal Non-Chinese Archives

Barch – Bundesarchiv, Berlin
HIA – Hoover Institution Library and Archives, Palo Alto
MfAA – Politisches Archiv des Auswärtigen Amts, Berlin
MAE – Ministère des Affaires Étrangères, Paris
PRO – The National Archives, London

Provincial Archives

Gansu – Gansu sheng dang'anguan, Lanzhou

91 Zhonggong Gansu shengwei (Gansu Provincial Party Committee)
107 Gongqingtuan Gansu sheng weiyuanhui (Gansu Committee of the China Youth League)
116 Zhongguo renmin zhengzhi xieshang huiyi Gansu sheng weiyuanhui (Gansu Provincial Committee of the People's Consultative Conference)
128 Gansu sheng renmin zhengfu (Gansu Provincial People's Government)
136 Gansu sheng zhengfu jingji tizhi gaige weiyuanhui (Gansu Provincial Committee for Economic Reform)
141 Gansu sheng jihua shengyu weiyuanhui (Gansu Provincial Committee for Birth

Control)

145 Gansu sheng laodongju (Gansu Provincial Bureau for Labour)

151 Gansu sheng duiwai maoyiju (Gansu Provincial Bureau for Foreign Trade)

216 Gansu sheng nongyeting (Gansu Provincial Agricultural Bureau)

238 Gansu sheng huanjing baohuju (Gansu Provincial Bureau for Environmental Protection)

259 Gansu sheng tiyu yundong weiyuanhui (Gansu Provincial Committee on Sports)

Guangdong – Guangdong sheng dang'anguan, Guangzhou

235 Guangdong sheng renmin weiyuanhui (Guangdong Provincial People's Congress)

Hebei – Hebei sheng dang'anguan, Shijiazhuang

879 Zhonggong Hebei shengwei nongcun gongzuobu (Hebei Provincial Party Committee Department for Rural Work)

925 Hebei sheng nongye shengchan weiyuanhui (Hebei Province Agricultural Production Committee)

979 Hebei sheng nongyeting (Hebei Province Agricultural Bureau)

1021 Hebei sheng duiwai jingji maoyiting (Hebei Province Bureau for Foreign Trade)

Hubei – Hubei sheng dang'anguan, Wuhan

SZ1 Zhonggong Hubei sheng weiyuanhui (Hubei Provincial Party Committee)

SZ29 Hubei sheng zonggonghui (Hubei Province Federation of Trade Unions)

SZ34 Hubei sheng renmin weiyuanhui (Hubei Provincial People's Congress)

SZ75 Hubei sheng liangshiting (Hubei Province Bureau for Grain)

SZ81 Hubei sheng shangyeting (Hubei Province Bureau for Trade)

SZ90 Hubei sheng gongyeting (Hubei Province Bureau for Industry)

SZ107 Hubei sheng nongyeting (Hubei Province Agricultural Bureau)

SZ115 Hubei sheng weishengting (Hubei Province Bureau for Health)

Shandong – Shandong sheng dang'anguan, Jinan

A1 Zhonggong Shandong shengwei (Shandong Provincial Party Committee)

Municipal Archives

Hangzhou – Hangzhou shi dang'anguan, Hangzhou, Zhejiang

J101 Zhongguo renmin yinhang Hangzhou zhihang (Hangzhou branch of Bank of China)
J132 Hangzhou shi minzhengju (Hangzhou Municipal Bureau for Civil Administration)

Nanjing – Nanjing shi dang'anguan, Nanjing, Jiangsu

4003 Nanjing shiwei (Nanjing Municipal Party Committee)
5003 Nanjing shi renmin zhengfu (Nanjing Municipal People's Government)
5019 Nanjing shi jihua weiyuanhui (Nanjing Municipal Planning Committee)
5020 Nanjing shi jingji weiyuanhui (Nanjing City Economic Committee)
5023 Nanjing shi tongjiju (Nanjing Municipal Bureau of Statistics)
5054 Nanjing shi caizhengju (Nanjing Municipal Bureau of Finances)
5071 Nanjing shi nonglinju (Nanjing Municipal Bureau of Agriculture and Forestry)
5093 Nanjing shi duiwai maoyiju (Nanjing Municipal Bureau for Foreign Trade)

Shanghai – Shanghai shi dang'anguan, Shanghai

A36 Shanghai shiwei gongye zhengzhibu (Shanghai Municipal Party Committee's Bureau for Industry and Politics)
A38 Shanghai shiwei gongye shengchan weiyuanhui (Committee for Industrial Production of the Shanghai Municipal Party Committee)
B1 Shanghai shi renmin zhengfu (Shanghai Municipal People's Government)
B3 Shanghai shi renmin weiyuanhui wenjiao bangongshi (Shanghai Municipal People's Congress' Bureau for Culture and Education)
B6 Shanghai shi renmin weiyuanhui cailiangmao bangongshi (Shanghai Municipal People's Congress' Bureau for Finances, Grain and Trade)

B45 Shanghai shi nongyeting (Shanghai Municipality's Bureau for Agriculture)

B50 Shanghai shi renwei jiguan shiwu guanliju (Shanghai Municipal People's Congress' Bureau for Office Work)

B74 Shanghai shi minbing zhihuibu (Shanghai City's Militia Command Post)

B92 Shanghai shi renmin guangbo diantai (Shanghai City Radio)

B98 Shanghai shi di'er shangyeju (Shanghai City's Number Two Bureau for Trade)

B104 Shanghai shi caizhengju (Shanghai Municipal Bureau for Finance)

B105 Shanghai shi jiaoyuju (Shanghai Municipal Bureau for Education)

B109 Shanghai shi wuzi (Shanghai Municipal Bureau for Goods and Materials)

B120 Shanghai Shi renmin fangkong bangongshi (Shanghai Municipal Office for Air Defence)

B123 Shanghai shi diyi shangyeju (Shanghai City's Number One Bureau for Trade)

B127 Shanghai shi laodongju (Shanghai Municipal Bureau for Labour)

B134 Shanghai shi fangzhi gongyeju (Shanghai Municipal Bureau for Textile Industry)

B163 Shanghai shi qinggongyeju (Shanghai Municipal Bureau for Light Industry)

B167 Shanghai shi chubanju (Shanghai Municipal Bureau for Publishing)

B168 Shanghai shi minzhengju (Shanghai Municipal Bureau for Civil Administration)

B172 Shanghai shi wenhuaju (Shanghai Municipal Bureau for Culture)

B173 Shanghai shi jidian gongye guanliju (Shanghai Municipal Bureau for Machinery and Electronics)

B182 Shanghai shi gongshanghang guanliju (Shanghai Municipal Bureau of Supervision of Business)

B227 Shanghai shi geming weiyuanhui laodong gongzizu (Shanghai Municipal Revolutionary Committee's Team on Wages)

B228 Shanghai shi renmin zhengfu zhishi qingnian shangshan xiaxiang bangongshi (Shanghai Municipal People's Government's Bureau for Sending Educated Youth to the Countryside)

B244 Shanghai shi jiaoyu weisheng bangongshi (Shanghai Municipal Bureau for Education and Health)

B246 Shanghai shi renmin zhengfu jingji weiyuanhui (Shanghai Municipal People's Government's Committee on the Economy)

B248 Shanghai shi renmin zhengfu caizheng maoyi bangongshi (Shanghai Municipal People's Government's Office for Finance and Trade)

B250 Shanghai shi nongye weiyuanhui (Shanghai Municipal Committee on Agriculture)

Tianjin – Tianjin shi dang'anguan, Tianjin

X43 Tianjin shi gongshangye lianhehui (Tianjin Municipal Federation of Industry and Commerce)
X78 Tianjin shi jihua weiyuanhui (Tianjin Municipal Planning Committee)
X81 Tianjin shi wujiaju weiyuanhui (Tianjin Municipal Price Bureau Committee)
X87 Tianjin shi caizhengju (Tianjin Municipal Bureau of Finances)
X95 Tianjin shi liangshiju (Tianjin Municipal Bureau for Grain)
X110 Tianjin shi jingji weiyuanhui (Tianjin Municipal Committee on the Economy)
X172 Tianjin shi yiqingju (Tianjin Municipal No. 1 Light Industry Bureau)
X175 Tianjin shi duiwai maoyiju (Tianjin Municipal Bureau for Foreign Trade)
X199 Tianjin shi wenhuaju (Tianjin Municipal Bureau for Culture)
X211 Tianjin shiwei bangongting (Tianjin Municipal Party Committee Bureau)
X213 Tianjin shi xuanchuanju (Tianjin Municipal Bureau for Propaganda)

Wenzhou – Wenzhou shi dang'anguan, Wenzhou

J1 Zhonggong Wenzhou shiwei (Wenzhou Municipal Party Committee)
J20 Wenzhou shi jihua weiyuanhui (Wenzhou Municipal Planning Committee)
J27 Wenzhou shi caimao bangongting (Wenzhou Municipal Bureau for Finance and Trade)
J34 Zhongguo renmin yinhang Wenzhou shi zhihang (People's Bank of China Wenzhou Branch)
J51 Wenzhou shi renmin zhengfu (Wenzhou Municipal People's Government)
J80 Wenzhou shi dang'anju (Wenzhou Municipal Bureau for Archives)
J87 Wenzhou diqu weiyuanhui (Wenzhou Regional Committee)
J153 Wenzhou shi xingzheng ganxiao (Wenzhou Municipal School for Administrative Cadres)
J156 Wenzhou shi qiaowu bangongshi (Wenzhou Municipal Bureau for Overseas Chinese Affairs)
J173 Wenzhou shi huanbaoju (Wenzhou Municipal Bureau for Environmental

Protection)

J201 Wenzhou shiwei bangongshi (Office of the Wenzhou Municipal Party Committee)

J202 Wenzhou shizheng bangongshi (Bureau of the Wenzhou Municipal People's Government)

J232 Wenzhou shi jingji tizhi gaige bangongshi (Wenzhou Municipal Office for Economic Reform)

Published Works

Amnesty International, "People's Republic of China: Preliminary Finding son Killings of Unarmed Civilians, Arbitrary Arrests and Summary Executions since 3 June 1989", London: Amnesty International, document dated 14 August 1989.

Bachman, David, "Institutions, Factions, Conservatism, and Leadership Change in China: The Case of Hu Yaobang", in Ray Taras (ed.), *Leadership Change in Communist States*, Unwin Hyman, Boston, 1989.

Barmé, Geremie, "Confession, Redemption, and Death: Liu Xiaobo and the Protest Movement of 1989", in George Hicks (ed.), *The Broken Mirror: China After Tiananmen*, Longman, London, 1990, pp. 52~99.

Barmé, Geremie and John Minford (eds), *Seeds of Fire: Dissident Voices of Conscience*, Hill and Wang, New York, 1988.

Barnett, Robert, "The Tibet Protests of Spring 2008: Conflict Between the Nation and the State", *China Perspectives*, no. 3 (Sept. 2009), pp. 6~23.

Becker, Jasper, *The Chinese*, The Free Press, New York, 2000.

———, *City of Heavenly Tranquillity: Beijing in the History of China*, Oxford University Press, Oxford, 2008.

Béja, Jean-Philippe, Fu Hualing and Eva Pils (eds), Liu Xiaobo, *Charter 08 and the Challenges of Political Reform in China*, Hong Kong University Press, Hong Kong, 2012.

Benton, Gregor (ed.), *Wild Lilies, Poisonous Weeds: Dissident Voices from People's China*, Pluto Press, London, 1982.

Bougon, François, *Inside the Mind of Xi Jinping*, C. Hurst London, 2018.

Burns, Katherine G., "China and Japan: Economic Partnership to Political End", unpublished paper, Stimson Center, Accessed 25 September 2020.

Cao Jinqing, *China along the Yellow River: Reflections on Rural Society*, RoutledgeCurzon, London, 2005.

Callick, Rowan, *The Party Forever: Inside China's Modern Communist Elite*, Palgrave Macmillan, London, 2013.

Chang, Leslie T., *Factory Girls: From Village to City in a Changing China*, Random House, New York, 2009.

Chen Guidi and Wu Chuntao, *Will the Boat Sink the Water?: The Life of China's Peasants*, PublicAffairs, New York, 2006.

Chen Lein-Lein and John Devereux, "The Iron Rice Bowl: Chinese Living Standards 1952 – 1978", *Comparative Economic Studies*, 2017, no. 59, pp. 261~310.

Chen, Nai-Ruenn, *China's Economy and Foreign Trade, 1979 – 81*, Department of Commerce, Washington, 1982.

Chen Yongxi, "Circumventing Transparency: Extra-Legal Exemptions from Freedom of Information and Judicial Review in China", in *Journal of International Media & Entertainment Law*, 2018, 7, no. 2, pp. 203~251.

Chen Yulu, Guo Qingwang and Zhang Jie, *Major Issues and Policies in China's Financial Reform*, Enrich Professional Publishing, Honolulu, 2016.

Cheng, Eddie, *Standoff at Tiananmen*, Sensys Corp., Highlands Ranch, CO, 2009.

Creemers, Rogier, "Cyber China: Upgrading Propaganda, Public Opinion Work and Social Management for the Twenty-First Century", *Journal of Contemporary China*, 26, no. 103 (Sept. 2016), pp. 85~100.

Cui Zhiyuan, "China's Export Tax Rebate Policy", *China: An International Journal*, 1, no. 2 (Sept. 2003), pp. 339~349.

Day, Alexander, *The Peasant in Postsocialist China: History, Politics, and Capitalism*, Cambridge University Press, Cambridge, 2013.

Dikötter, Frank, *The Age of Openness: China Before Mao*, University of California Press, Berkeley, 2008.

―――, *Mao's Great Famine: The History of China's Most Devastating Catastrophe, 1958 – 62*, Bloomsbury, London, 2010.

―――, *The Tragedy of Liberation: A History of the Chinese Revolution 1945–1957*, Bloomsbury, London, 2013.

―――, *The Cultural Revolution: A People's History, 1962 – 1976*, Bloomsbury, London and New York, 2016.

Dimbleby, Jonathan, *The Last Governor*, Little, Brown, London, 1997.

Dong Fureng, *Industrialization and China's Rural Modernization*, The World Bank, Washington, 1992.

Economy, Elizabeth C., *The River Runs Black: The Environmental Challenge to*

China's Future, Cornell University Press, Ithaca, NY, 2004.

———, *The Third Revolution: Xi Jinping and the New Chinese State*, Oxford University Press, Oxford, 2018.

Fang Lizhi, *The Most Wanted Man in China: My Journey from Scientist to Enemy of the State*, Holt and Co., New York, 2016.

Feng Xingyuan, "Local Government Debt and Municipal Bonds in China: Problems and a Framework of Rules", *Copenhagen Journal of Asian Studies*, 31, no. 2 (2013), pp. 23~53.

Garrison, Jean A., "Explaining Change in the Carter Administration's China Policy: Foreign Policy Adviser Manipulation of the Policy Agenda", *Asian Affairs*, 29, no. 2 (Summer 2002), pp. 83~98.

Garside, Roger, *Coming Alive: China after Mao*, Deutsch, London, 1981.

Gilley, Bruce, *Tiger on the Brink: Jiang Zemin and China's New Elite*, University of California Press, Berkeley, CA, 1998.

Greenfield, Gerard and Tim Pringle, "The Challenge of Wage Arrears in China", in Manuel Simón Velasco (ed.), *Paying Attention to Wages*, International Labour Organisation, Geneva, 2002, pp. 30~38.

Haley, Usha C. V. and George T. Haley, *Subsidies to Chinese Industry: State Capitalism, Business Strategy, and Trade Policy*, Oxford University Press, New York, 2013.

Hannas, William C., James Mulvenon and Anna B. Puglisi, *Chinese Industrial Espionage: Technology Acquisition and Military Modernization*, Routledge, London, 2013.

Hannas, William C. and Didi Kirsten Tatlow (eds), *China's Quest for Foreign Technology: Beyond Espionage*, Routledge, London, 2021.

Hastings, Justin, "Charting the Course of Uyghur Unrest", *China Quarterly*, no. 208 (Dec. 2011), pp. 893~912.

Hay, Donald, Derek Morris, Guy Liu and Shujie Yao, *Economic Reform and State-Owned Enterprises in China 1979–87*, Clarendon Press, Oxford, 1994.

He, Henry, *Dictionary of the Political Thought of the People's Republic of China*, Routledge, London, 2000.

He, Rowena Xiaoqing, *Tiananmen Exiles: Voices of the Struggle for Democracy in China*, Palgrave Macmillan, London, 2014.

He Qinglian, *The Fog of Censorship: Media Control in China*, Human Rights in China, New York, 2008.

Holz, Carsten A., "China's Bad Loan Problem", manuscript, Hong Kong University of Science and Technology, April 1999.

―――, "China's Monetary Reform: The Counterrevolution from the Countryside", *Journal of Contemporary China*, 10, no. 27 (2001), pp. 189~217.

Hong Zhaohui and Ellen Y. Yan, "Trust and Investment Corporations in China", in Chen Beizhu, J. Kimball Dietrich and Yi Fang (eds), *Financial Market Reform in China: Progress, Problems and Prospects*, Westview Press, Boulder, CO, 2000, pp. 285~298.

Hornsby, Adrian, "Tiananmen Square: The History of the World's Largest Paved Open Square", *Architectural Review*, 12 Oct. 2009.

Huo yu xue zhi zhenxiang: Zhongguo dalu minzhu yundong jishi (The truth about fire and blood: A true record of the democracy movement in mainland China), Zhonggong yanjiu zazhi she, Taipei, 1989.

Huang Yanzhong, *Toxic Politics: China's Environmental Health Crisis and Its Challenge to the Chinese State*, Cambridge University Press, Cambridge, 2020.

Jia Hepeng, "The Three Represents Campaign: Reform the Party or Indoctrinate the Capitalists?", *Cato Journal*, 24, no. 3 (Fall 2004), pp. 261~275.

Jin Chongji (ed.), *Zhou Enlai zhuan, 1898–1949* (A biography of Zhou Enlai, 1898 – 1949), Zhongyang wenxian chubanshe, Beijing, 1989.

Kan, Karoline, *Under Red Skies: Three Generations of Life, Loss, and Hope in China*, Hachette Books, New York, 2019.

Kelliher, Daniel, *Peasant Power in China: The Era of Rural Reform, 1979 – 1989*, Yale University Press, New Haven, CT, 1992.

Kraus, Richard Curt, *The Party and the Arty in China: The New Politics of Culture*, Rowman & Littlefield, Lanham, MD, 2004.

Kwong, Julia, "The 1986 Student Demonstrations in China: A Democratic Movement?", *Asian Survey*, 28, no. 9 (Sept. 1988), pp. 970~985.

Kynge, James, *China Shakes the World: The Rise of a Hungry Nation*, Weidenfeld & Nicolson, London, 2006.

Lam, Willy Wo-Lap, *Chinese Politics in the Era of Xi Jinping: Renaissance, Reform, or Retrogression?*, Routledge, London, 2015.

Lardy, Nicholas R., *Foreign Trade and Economic Reform in China, 1978 – 1990*, Cambridge University Press, Cambridge, 1992.

Lee, Keun, "The Chinese Model of the Socialist Enterprise: An Assessment of Its Organization and Performance", *Journal of Comparative Economics*, 14, no. 3 (Sept. 1990), pp. 384~400.

Li Zhisui, *The Private Life of Chairman Mao: The Memoirs of Mao's Personal Physician,* Random House, New York, 1994.

Li Zhongjie, *Gaige kaifang guanjian ci* (Key words of Reform and Opening Up), Renmin chubanshe, Beijing, 2018.

Liang Zhongtang, *Zhongguo shengyu zhengce yanjiu* (Research on China's Birth Control Policy), Shanxi renmin chubanshe, Taiyuan, 2014.

Liao Yiwu, *Bullets and Opium: Real-Life Stories of China After the Tiananmen Massacre,* Atria, New York, 2019.

Lim, Louisa, *The People's Republic of Amnesia: Tiananmen Revisited,* Oxford University Press, Oxford, 2015.

Lin Guijun and Ronald M. Schramm, "China's Foreign Exchange Policies Since 1979: A Review of Developments and an Assessment", *China Economic Review,* 14, no. 3 (Dec. 2003), pp. 246~280.

Liu Binyan, *A Higher Kind of Loyalty: A Memoir by China's Foremost Journalist,* Pantheon Books, New York, 1990.

Loh, Christine, *Underground Front: The Chinese Communist Party in Hong Kong,* Hong Kong University Press, Hong Kong, 2019.

Lu Keng, *Lu Keng huiyi yu chanhuilu* (Memoirs and confessions of Lu Keng), Shibao wenhua chuban qiye youxian gongsi, Taipei, 1997.

MacFarquhar, Roderick and Michael Schoenhals, *Mao's Last Revolution,* Harvard University Press, Cambridge, MA, 2006.

Mann, James H., *About Face: A History of America's Curious Relationship with China, from Nixon to Clinton,* Alfred A. Knopf, New York, 1998.

Mao Zedong, *Jianguo yilai Mao Zedong wengao* (Mao Zedong's manuscripts since the founding of the People's Republic), Zhongyang wenxian chubanshe, Beijing, 1998.

McKay, John P., "Foreign Enterprise in Russian and Soviet Industry: A Long Term Perspective", *Business History Review* (Autumn 1974), 48, no. 3, pp. 336~356.

McMahon, Dinny, *China's Great Wall of Debt,* Little, Brown, London, 2018.

McGregor, Richard, *The Party: The Secret World of China's Communist Rulers,* HarperCollins, New York, 2010.

Morino, Tomozo, "China-Japan Trade and Investment Relations", *Proceedings of the Academy of Political Science,* 38, no. 2 (1991), pp. 87~94.

Naughton, Barry, 'In China's Economy, The State's Hand Grows Heavier', *Current History,* 108, no. 719 (Sept. 2009), pp. 277~283.

Ogden, Suzanne, Kathleen Hartford, Nancy Sullivan and David Zweig, *China's*

Search for Democracy: The Students and Mass Movement of 1989, Routledge, New York, 1992.

Oksenberg, Michael, Lawrence R. Sullivan and Marc Lambert (eds), *Beijing Spring, 1989: Confrontation and Conflict. The Basic Documents,* Routledge, London, 1990.

Ong, Lynette H., *Prosper or Perish: Credit and Fiscal Systems in Rural China,* Cornell University Press, Ithaca, NY, 2012.

———, "State-Led Urbanization in China: Skyscrapers, Land Revenue and 'Concentrated Villages'", *China Quarterly,* no. 217 (March 2014), pp. 162~179.

Osnos, Evan, *Age of Ambition: Chasing Fortune, Truth, and Faith in the New China,* Farrar, Straus and Giroux, New York, 2014.

Pai Hsiao-Hung, *Scattered Sand: The Story of China's Rural Migrants,* London, Verso, 2012.

Pan, Philip, *Out of Mao's Shadow: The Struggle for the Soul of a New China,* Picador, Basingstoke, 2009.

Pang Xianzhi and Jin Chongji (eds), *Mao Zedong zhuan, 1949 – 1976* (A biography of Mao Zedong, 1949 – 1976), Zhongyang wenxian chubanshe, Beijing, 2003.

Pei Minxin, *China's Crony Capitalism: The Dynamics of Regime Decay,* Harvard University Press, Cambridge, MA, 2016.

Potter, Pitman, *From Leninist Discipline to Socialist Legalism: Peng Zhen on Law and Political Authority in the PRC,* Stanford University Press, Stanford, CA, 2003.

Prybyla, Jan, "A Systemic Analysis of Prospects for China's Economy", in Joint Economic Committee (eds), *China's Economic Dilemmas in the 1990s,* US Government Printing Office, Washington, 1991, vol. 1, pp. 209~225.

Qin Hui, "Looking at China from South Africa" on www.readingthechinadream.com, retrieved 28 Sept. 2019.

Quintyn, Marc G. and Bernard J. Laurens et al. (eds), *Monetary and Exchange System Reforms in China: An Experiment in Gradualism,* International Monetary Fund, Washington, 1996.

Reardon, Lawrence C., *The Reluctant Dragon: Crisis Cycles in Chinese Foreign Economic Policy,* Hong Kong University Press, Hong Kong, 2002.

Rithmire, Meg E., *Land Bargains and Chinese Capitalism: The Politics of Property Rights under Reform,* Cambridge University Press, Cambridge, 2015.

Rodriguez, Pablo Adriano, "Violent Resistance in Xinjiang (China): Tracking Militancy, Ethnic Riots and 'Knife-Wielding' Terrorists (1978 – 2012)", HAO, no. 30

(Winter 2013), pp. 135~149.

Rozelle, Scott and Natalie Hell, *Invisible China: How the Urban-Rural Divide Threatens China's Rise,* University of Chicago Press, Chicago, 2020.

Ruan Ming, *Deng Xiaoping: Chronicle of an Empire,* London : Routledge, 2018.

Savitt, Scott, *Crashing the Party: An American Reporter in China,* Soft Skull Press, Berkeley, CA, 2016.

Rubin, Barry, *Modern Dictators: Third World Coup Makers, Strongmen, and Populist Tyrants,* McGraw-Hill, New York, 1987.

Salisbury, Harrison E., *Tiananmen Diary: Thirteen Days in June,* Little, Brown, London, 1989.

Shapiro, Judith, *Mao's War against Nature: Politics and the Environment in Revolutionary China,* Cambridge University Press, New York, 2001.

Strittmatter, Kai, *We Have Been Harmonised: Life in China's Surveillance State,* Custom House, London, 2020.

Suettinger, Robert L., "Negotiating History: The Chinese Communist Party's 1981", Project 2049 Institute, Washington, 2017.

Sullivan, Lawrence R., "Assault on the Reforms: Conservative Criticism of Political and Economic Liberalization in China, 1985 – 86", *China Quarterly,* no. 114 (June 1988), pp. 198~222.

Tan, Pamela, *The Chinese Factor: An Australian Chinese Woman's Life in China from 1950 to 1979,* Roseberg, Dural, New South Wales, 2008.

Tanner, Murray Scot, "State Coercion and the Balance of Awe: The 1983 – 1986 'Stern Blows' Anti-Crime Campaign", *China Journal,* no. 44 (July 2000), pp. 93~125.

Teiwes, Frederick C. and Warren Sun, "China's New Economic Policy Under Hua Guofeng: Party Consensus and Party Myths", *China Journal,* no. 66 (July 2011), pp. 1~23.

Theroux, Paul, *Riding the Iron Rooster: By Train Through China,* Houghton Mifflin, New York, 1988.

Tong, James, "Anatomy of Regime Repression in China: Timing, Enforcement Institutions, and Target Selection in Banning the Falungong, July 1999", *Asian Survey,* 42, no. 6 (Dec. 2002), pp. 795~820.

Tsai, Wen-hsuan, "Framing the Funeral: Death Rituals of Chinese Communist Party Leaders", *The China Journal,* no. 77 (Jan. 2017), pp. 51~71.

Tyler, Christian, *Wild West China: The Taming of Xinjiang,* John Murray, London, 2003.

Vogel, Ezra F., *Deng Xiaoping and the Transformation of China*, Harvard University Press, Cambridge, MA, 2011.

Walter, Carl E. and Fraser J. T. Howie, *Red Capitalism: The Fragile Financial Foundation of China's Extraordinary Rise*, John Wiley, New York, 2012.

Wang Hong, *China's Exports since 1979*, St Martin's Press, London, 1993.

Wang Jing, *High Culture Fever: Politics, Aesthetics, and Ideology in Deng's China*, University of California Press, Berkeley, CA, 1996.

Wang Shaoguang, "China's 1994 Fiscal Reform: An Initial Assessment", *Asian Survey*, 37, no. 9 (Sept. 1997), pp. 801~817.

Westad, O. Arne, "The Great Transformation", in Niall Ferguson, Charles S. Maier, Erez Manela and Daniel J. Sargent (eds), *The Shock of the Global: The 1970s in Perspective*, Harvard University Press, Cambridge, MA, 2010, pp. 65~79.

White, Lynn T., *Unstately Power: Local Causes of China's Economic Reforms*, M. E. Sharpe, Armonk, NY, 1998.

Whyte, Martin King, Feng Wang and Yong Cai, "Challenging Myths About China's One-Child Policy", *China Journal*, no. 74 (July 2015), pp. 144~159.

Wright, Kate, "The Political Fortunes of Shanghai's *World Economic Herald*", *Australian Journal of Chinese Affairs*, no. 23 (Jan. 1990), pp. 121~132.

Wu Hung, *Remaking Beijing: Tiananmen Square and the Creation of a Political Space*, Reaktion Books, London, 2005.

Wu Renhua, *Liusi tusha neimu jiemi: Liusi shijian zhong de jieyan budui* (The inside story of the June Fourth massacre: The martial law troops of June Fourth), Yunchen wenhua shiye gufen youxian gongsi, Taipei, 2016.

─────, *Liusi shijian quancheng shilu* (A full record of the June Fourth incident), Yunchen wenhua shiye gufen youxian gongsi, Taipei, 2019.

Yan Jiaqi and Gao Gao, *Turbulent Decade: A History of the Cultural Revolution*, University of Hawai'i Press, Honolulu, 1996.

Yan Pengfei and Ding Xia (eds), *Makesizhuyi jingjixue yu Zhongguohua yanjiu* (Research on Marxist economics and sinification), Zhongguo shehui kexue chubanshe, Beijing, 2015.

Yang Zhongmei, *Hu Yao-Bang: A Chinese Biography*, Routledge, London, 1989

Zha Jianying, *Tide Players: The Movers and Shakers of a Rising China*, The Free Press, New York, 2011.

Zhang Qi and Liu Mingxing, *Revolutionary Legacy, Power Structure, and Grassroots Capitalism under the Red Flag in China*, Cambridge University Press, Cambridge, 2019.

Zhao Xu, Liu Junguo, Yang, Hong, Rosa Duarte, Martin Tillotson and Klaus Hubacek, "Burden Shifting of Water Quantity and Quality Stress from Megacity Shanghai", *Water Resources Research,* 52, no. 9 (Sept. 2016), pp. 6916~6927.

Zhao Ziyang, *Prisoner of the State: The Secret Journal of Premier Zhao Ziyang,* Simon & Schuster, New York, 2010.

Zheng Zhongbing, *Hu Yaobang nianpu ziliao changbian* (A chronology of the life of Hu Yaobang), Shidai guoji chubanshe youxian gongsi, Hong Kong, 2005.

Zhonggong zhongyang wenxian yanjiushi (Central Chinese Communist Party Literature Research Office), ed., *Sanzhong quanhui yilai zhongyao wenjian huibian* (Compilation of Major Documents since the Third Plenum), Renmin chubanshe, Beijing, 1982.

Zhou, Kate Xiao, *How the Farmers Changed China: Power of the People,* Westview Press, Boulder, CO, 1996.

Zhou, Kate Xiao and Lynn T. White III, "Quiet Politics and Rural Enterprise in Reform China", *Journal of Developing Areas,* 29, no. 4 (July 1995), pp. 461~490.

Zinser, Lee, "The Performance of China's Economy", in Joint Economic Committee (eds), *China's Economic Dilemmas in the 1990s,* US Government Printing Office, Washington, 1991.

Zhu Jun, "Closure of Financial Institutions in China", in Bank for International Settlements (eds), *Strengthening the Banking System in China: Issues and Experience,* Bank for International Settlements, Basel, 1999, pp. 304~319.

찾아보기

간쑤성 8, 85, 87, 101, 108, 162, 177, 193, 259, 310, 312~313, 315, 354
경후이창 392
경제특구 12, 122~123, 131, 240, 253
계엄령 145, 190~191, 194~197, 211~213, 222, 229, 279, 322
고르바초프, 미하일 182, 187~190, 192, 237~239
관세 및 무역에 관한 일반 협정(GATT) 51, 270~271
광둥성 8, 75, 82, 85, 90~91, 119, 268, 293, 302~303, 371, 393
광저우 56, 91, 101, 124, 195, 213, 221, 253, 257, 303, 329, 358, 368~370, 382
광쩌 153
구무 45, 117, 124
구이저우성 85, 277
국가 챔피언 305, 308, 362
국제 통화 기금(IMF) 295, 334
그린스펀, 앨런 294
김일성 132

나카소네, 야스히로 139
나토(NATO) 209, 328, 431
난징 28, 73, 116, 143, 168, 195, 365
난징 조약 120, 233
남중국해 74, 279, 283~284, 401~403
남한 430, 173
네이멍구 313, 373
노박, 로버트 49, 51
『논십대 관계』 72
닉슨, 리처드 M. 51~52, 171~172, 283
닝보 193, 257, 301

다롄 124, 247, 257, 285, 288, 302, 359, 368, 425
다섯 번째 현대화 49, 57, 276
다이샹룽 273, 298, 301, 361
다자이 152, 285, 89, 118
달라이 라마 375, 392
대약진 운동 37, 39~43, 49, 64, 67~68, 70, 75, 81, 88~89, 93, 119, 225, 364
대처, 마거릿 131~133, 214, 219, 236

찾아보기 515

덜레스, 존 포스터 225
덩리쿤 61, 198, 280
덩리췬 98, 136~137, 145, 240, 252, 278, 327
덩샤오핑 6, 27~28, 30~40, 42~45, 47, 49~58, 63~65, 67~69, 71~72, 76~77, 84, 93, 95, 97, 99~100, 104, 117~118, 120, 122~124, 131~133, 135, 137~139, 141~142, 145~148, 151, 156~158, 165~166, 172~174, 176~181, 183~186, 189~190, 192, 195, 212, 215~217, 219, 223, 227~229, 231, 236, 239, 242, 244, 252~256, 258, 266~267, 269, 271, 274~275, 279, 284~285, 289, 301~302, 327, 329, 335, 357~358, 361, 383, 396, 402, 431
도널드, 앨런 209
두룬성 184
둥관 90

⊜

라다니, 라슬로 53
라디, 니컬러스 337
란저우 108, 177, 193, 195~196, 213, 315
랴오닝성 27, 35, 252, 309, 319, 393
랴오닝함 401
런완딩 49, 165~166, 172, 177, 218
런우즈 221
런중이 91
레이펑 95~97, 148, 212, 227, 232~233, 286, 395
로드, 윈스턴 173, 283
루빈, 배리 13
루쉰 25

루컹 137, 146
루핑 292~293
룽이런 302
뤼안 157~158
류궈광 116
류빈옌 136, 144, 147
류사오치 138
류샤오보 148, 205, 218, 276, 288, 388~389, 392, 399
류위후이 422
류젠룬 370~371
류징민 370
리, 마틴 235, 338
리구이셴 251, 268
리딩후이 244, 280~282
리동민 35
리루이 10, 158, 194, 199, 203, 207, 251, 275, 433
리루이환 144, 226~227
리셴녠 37, 43, 68, 74, 120, 137, 174, 196
리수셴 245
리시밍 179
리커창 7, 15, 423, 432
리펑 156~157, 163, 171, 174~175, 178~179, 181, 186, 188, 191~197, 211~212, 215, 222, 224, 229, 231, 235, 241, 251, 255, 257, 268, 277, 292~293
리훙즈 321
린뱌오 37, 64
릴리, 제임스 216

⊜

마셸, 사모라 13
마오위안신 27, 31

마오쩌둥 8, 23~28, 30~33, 36, 38~41,
　　43~45, 47~51, 57~58, 62~64, 75, 92,
　　95~96, 119, 133, 135, 138, 187, 205, 225,
　　240~241, 252~253, 269, 274, 278,
　　285~286, 323, 363~364, 384, 426~428
마오쩌둥 사상 37, 48, 57~58, 62, 64, 101,
　　166, 183, 227, 240~241, 327, 396, 425
『마오쩌둥 어록』 26
마훙 123
만주 139, 352
매닝, 로버트 A. 284
맥나마라, 로버트 242
먼데일, 월터 46
멀둔, 로버트 33
멍젠주 389
메르켈, 앙겔라 366
메이저, 존 292
모옌 288
문화 대혁명 6, 8, 26~28, 32, 37, 39~40,
　　42, 44, 47, 49, 56, 58, 60~65, 68, 72, 78,
　　81, 89~91, 98, 101, 110~112, 119~120,
　　148, 186~187, 215, 225, 240~241, 384,
　　426
미중 관계법 333
미테랑, 프랑수아 215
민주 살롱 166, 293
민주의 벽 49~50, 55~58, 142, 145,
　　165~166, 177, 217, 320

ㅂ

바렌 222
바오퉁 222
바웬사, 레흐 220, 237
바진 136

버그스텐, 프레드 337
베르사유 조약 24
베이다이허 156
베이다황 39
베이커, 제임스 A. 216
벤 알리, 지네 알 아비딘 393
보시라이 425
보이보 68, 120, 147, 196, 239, 285
부르주아 자유화 145, 147, 149, 163, 166,
　　183, 185, 224~225, 227, 233, 239
부시, 조지 H. W. 173, 214~216, 244, 318
북한 14, 132, 178~179, 183, 430
브레즈네프, 레오니트 51, 55
브레진스키, 즈비그뉴 54

ㅅ

4대 기본 원칙 57~59, 76, 183, 240, 293,
　　388, 400
4대 현대화 27, 39, 43, 45, 49, 57, 97,
　　119~120, 279, 302
사라와크 284
사르코지, 니콜라 392
사오산 28
사인방 26~29, 31, 34~35, 37, 62, 64~65,
　　110, 112, 140, 145, 215
사하로프, 안드레이 59, 392
산둥성 92, 153
산시성(陝西省) 81, 178~179, 398
산시성(山西省) 89, 315
산터우 122, 257
삼각 부채 248~250, 268, 272, 423
상하이 모델 358
상하이방 278
샤란스키, 아나톨리 59

샤먼 122, 257, 286
샹쑹줘 16
서덜랜드, 피터 271
서로, 폴 62
서비스, 로버트 70
선양 112, 117, 125, 154, 309
선전(深圳) 118, 120~124, 131, 253,
　262~263, 275, 285, 288~289, 359,
　368~369, 398, 424
세계 무역 기구(WTO) 270, 330, 332~333,
　335~338, 341~342, 347~351, 362, 366,
　370, 386~387, 395, 400
셔턱, 존 276
셰바르드나제, 예두아르트 182
솔러즈, 스티븐 235
솔리다르노시치 220, 237, 321
솔즈베리, 해리슨 215
수자, 존 필립 57
쉬원리 320~321
쉬자툰 235
쉬친셴 202
스노, 에드거 50, 229
스빈하이 321
스코크로프트, 브렌트 216~217, 244
스탈린, 이오시프 29, 38, 40, 42~43, 58,
　64, 100, 138
스톨텐베르그, 옌스 431
시노펙 308, 347
시바이푸 363
시안(西安) 82, 139, 178, 187, 212
시중쉰 122, 398
시진핑 8, 10~11, 397~398, 403, 421,
　425~429
신장(新疆) 42, 100, 140, 168, 187, 193,
　222, 354, 356~357, 366, 368, 398
쑤사오즈 166, 185, 218
쑤샤오캉 164, 186, 188, 218
쑤저우 174
쑤전화 32, 34
쑨다우 363
쑨원 24
쑹핑 240~241
쓰촨성 68, 75, 94, 112, 179, 263, 313, 359,
　385, 390

ㅇ

아이웨이웨이 389, 391~392, 394, 399
안후이성 85, 143
야오원위안 34~35
야오위건 310
야오이린 84, 104, 117, 196, 220, 305
양바이빙 232, 266~267
양빈 363
양상쿤 68, 146~147, 183, 192, 196,
　211~212, 215, 231~232, 266
양저우 23
양제츠 402
영도 소조 426
예젠잉 32, 34, 36~37, 43, 47, 50, 131
옌자치 190, 218
옐친, 보리스 239
오바마, 버락 387
오스트롭스키, 니콜라이 96, 233
오자와, 세이지 57
옹, 리넷 314
완리 87, 117, 125
왕단 187, 191, 217, 288, 320
왕둥싱 34~35, 47

왕런중 107
왕뤄수이 97~98, 101, 166, 276
왕뤄왕 145, 147
왕바오썬 276~277
왕빈첸 251
왕쉬 288
왕야오팅 46
왕전 165
왕청화 345
왕치산 425
왕푸징 204, 206~207
왕후닝 278, 325
왕훙원 31, 35
요한 바오로2세 221, 237
우루무치 140, 193, 222, 356, 393
우방궈 309, 396
우얼카이시 187, 191, 218
우징롄 383
우한 106, 117, 139, 143, 154, 195, 253, 421, 430
워커, 리처드 53
원자바오 298, 327, 381, 387, 390, 395~396
원저우 113~114, 117, 157, 170, 193, 257, 301, 313, 325~327, 330, 346, 380
웨이징성 49, 57, 59~60, 96, 145, 166, 276, 320
위안무 181~182, 211, 251, 327
위제 396
위추리 145, 148
윈난성 315, 354
유럽 연합(EU) 350, 387, 392, 431
이화원 60, 194, 207
인민 대회당 23, 29~30, 32~34, 43, 49, 57, 133, 170, 177~178, 183, 189, 191, 199, 205, 212, 233, 254, 267, 320, 388
『인민일보』 7, 39, 97~98, 101, 120, 131, 144, 157, 164, 180, 185, 222~223, 227, 232, 254, 276, 292, 316, 329, 363, 371, 392, 399~400, 427, 429
임칙서 233

ㅈ

자금성 7, 23, 29~31, 60, 199, 204
자오쯔양 10, 12, 74~76, 91, 94, 97, 104, 114, 117, 123~124, 127, 132, 139~140, 142, 145~149, 151, 154~156, 158, 162~163, 165, 172~174, 176, 178~180, 183~186, 188~191, 193, 222~223, 228, 355
자카리아, 파리드 396
장산광 321
장쑤성 90, 94, 268
장옌융 371~372
장웨이웨이 400
장위핑 32~33
장이머우 287
장자강 284~285
장제스 24, 282
장징궈 244
장쩌민 143, 185, 197, 222, 224, 227, 229, 231, 233~234, 239~240, 245, 254~255, 267~269, 277~278, 280~282, 285~286, 288~289, 291~292, 299, 305~306, 311, 317, 319~320, 322, 324~327, 329~330, 335, 352, 354, 356, 358, 362~363, 369, 386, 396, 401
장춘차오 31~32, 34

장칭(마담 마오) 26~28, 32, 34~35,
    60~62, 426
잭슨, 헨리 54~55
저우, 케이트 86
저우관우 276
저우다후 327
저우샤오촨 361, 387
저우양 98, 101
저우언라이 26~28, 30, 35, 39, 43, 45, 56,
    86, 104, 156, 187, 196
저우융캉 367, 394~395, 425
저장성 72, 85, 88, 114, 157~158,
    192~193, 301~302, 316, 325, 364~365,
    398
전국 인민 대표 대회 26, 97, 99, 107,
    142~143, 174, 255, 275, 288, 292~293,
    323, 365, 396, 426~427
정저우 105
정퉈빈 243, 246
주룽지 123, 197, 213, 251~252, 255~256,
    258, 268~273, 298, 300, 312, 318, 322,
    330, 333, 335, 358, 361, 425
주하이 121~122, 257, 266
중난하이 7, 30, 56, 173, 176, 187,
    199~201, 323
지난(濟南) 218, 313
지린성 105

☯

차오스 175, 196, 201, 220
차우셰스크, 니콜라에 238
차이나 텔레콤 307
차이링 188, 205, 218
창사(長沙) 56, 142, 179, 195, 219, 253, 329

창춘 106
천광청 392
천보다 25, 426
천시퉁 186, 231, 232, 277
천윈 50, 67~69, 72, 74, 92~93, 118, 123,
    137, 146~147, 157, 159, 174, 196, 240,
    267
천카이거 287
청두 112, 139, 179, 212, 328
첸치천 284
추이젠 189, 230
추이톈카이 392~393
충칭 286, 359, 365, 393, 425
취거핑 365
취푸 153
친번리 185
칭다오 297, 316

㊀

카오진칭 316
카터, 지미 55, 59
칸, 앨버트 40
코언, 윌리엄 328
콜, 헬무트 214
쿠레시, 모엔 245
크렌츠, 에곤 214, 229
클린턴, 빌 281~282, 320, 329~331, 340
클린턴, 힐러리 402
키신저, 헨리 45, 216~217, 244, 283, 337

㊂

타오주 75
탄쭤런 391
탕구 99

탕하이쑹 349
톈안먼 23~24, 26
톈안먼 광장 7, 23~24, 26, 28, 30, 35~36, 47~49, 139, 156, 169, 175~176, 181~182, 187, 194, 198, 201, 203, 207, 209, 212, 229, 233, 237~238, 244, 289, 323~324, 372, 374
톈진 5~6, 8, 72, 93, 109, 118, 124, 126, 129, 143~144, 151, 154, 226, 257, 322, 358
투르판 42
트럼프, 도널드 303

ㅍ

파, M. H. 209
파룬궁 321~325, 327, 398
파머, 제임스 7
판웨이 400
8대 원로 68, 74
팡리즈 143~145, 147, 172~173, 216, 244~245
팡줴 321
패튼, 크리스 291~293
펑더화이 49
펑전 58~59
페트로차이나 308, 347, 353, 357
폼페이오, 마이크 430
푸둥 255~257, 260, 296, 358~359, 383
푸저우 257
푸젠성 74, 122, 153, 278, 281, 302
프리드먼, 밀턴 46, 172, 260
필립스, 케이트 208

ㅎ

하벨, 바츨라프 388
「하상」 164~166, 218, 228
하오더칭 53
하이난 74, 128, 131, 259, 283, 302, 403
한둥팡 220
항저우 110, 193, 320, 329, 367, 385
허난성 75, 82, 105, 136, 315, 390
허페이 143
험프리, 피터 336, 430
헤이그, 알렉산더 229
헤이룽장성 103, 273, 315
호네커, 에리히 10
호크, 밥 214
화궈펑 28, 30~37, 39~40, 42~43, 45, 47, 50, 64~65, 68, 71, 76, 93, 120, 178
황스 106
황쥐 256
황치 391
황치판 359
후난성 82, 179, 220, 232, 329
후베이성 73, 85, 106~107, 115
후성 233
후야오방 47~48, 58, 64~65, 88, 96, 98, 104, 124, 132, 135~138, 140, 145~149, 174~178, 185, 207, 223, 279, 298, 355
후진타오 322, 325~326, 352, 354, 357, 363, 386, 388, 395, 397, 400, 421
후차오무 63, 97, 98, 101, 114, 136~137, 148
후치리 185, 222
휘스렌 218
흐루쇼프, 니키타 38, 42, 58, 62, 138
히스, 에드워드 131

옮긴이 **고기탁** 한국외국어대학교 불어과를 졸업했으며, 펍헙 번역 그룹에서 전업 번역가로 일한다. 옮긴 책으로는 프랑크 디쾨터의 『해방의 비극』, 『문화 대혁명』, 『독재자가 되는 법』, 에번 오스노스의 『야망의 시대』, 헨리 M. 폴슨 주니어의 『중국과 협상하기』, 캐스 R. 선스타인의 『동조하기』, 『TMI: 정보가 너무 많아서』 등이 있다.

마오 이후의 중국

발행일	2025년 7월 25일 초판 1쇄
	2025년 8월 25일 초판 2쇄
지은이	프랑크 디쾨터
옮긴이	고기탁
발행인	홍예빈
발행처	주식회사 열린책들

경기도 파주시 문발로 253 파주출판도시
전화 031-955-4000 팩스 031-955-4004
홈페이지 www.openbooks.co.kr 이메일 humanity@openbooks.co.kr

Copyright (C) 주식회사 열린책들, 2025, *Printed in Korea*.
ISBN 978-89-329-2528-8 03910